DIVERSIDADE
dos
CARISMAS

HERMINIO C. MIRANDA

DIVERSIDADE *dos* CARISMAS

TEORIA e PRÁTICA *da* MEDIUNIDADE

© 1994 Herminio C. Miranda

Direitos de publicação cedidos pelo autor ao
Instituto Lachâtre
Rua Roque Leitão, n. 5, Vila Gustavo, CEP 02.209-050
São Paulo – SP
Telefone: 11 2277-1747
Site: www.lachatre.org.br
E-mail: editora@lachatre.org.br

Programação visual de capa: Andrei Polessi

Agosto de 2024 – 9.ª edição, 2.ª reimpressão
Tiragem: 2.000 exemplares
Do 74.001.º ao 76.000.º exemplar

A reprodução parcial ou total desta obra, por qualquer meio, somente será permitida com a autorização por escrito da Editora.
(Lei nº 9.610 de 19.02.1998)

CIP-Brasil. Catalogação na fonte

M642d Miranda, Herminio C., 1920– 2013

Diversidade dos carismas: teoria e prática da mediunidade / Herminio C. Miranda – 9.ª ed., 2.ª reimp. São Paulo, SP: Instituto Lachâtre, agosto de 2024.

464 p.
Bibliografia

1. Espiritismo. 2. Mediunidade – teoria e prática. 3. Carisma. I. Título.

CDD 133.9   CDU 133.7

Impresso no Brasil   *Presita en Brazilo*

Há diversidade de carismas,
mas o espírito é o mesmo.
Paulo (I Cor 12,4)

Sumário

Introdução, 11

I – O médium: eclosão, desenvolvimento e exercício de suas faculdades, 15
1) Longa e obstinada vigília. 2) Primeiros passos. 3) Passividade. 4) Identificações indesejáveis. 5) Comportamento padronizado. 6) Insegurança. 7) Novos rumos e esperanças. 8) O médium e o dirigente.

II – Minibiografia de uma médium, 27
1) Introdução. 2) Alucinações? 3) Psicanálise. 4) O reencontro. 5) Terapia de conversa. 6) Vozes. 7) O livro voador. 8) O susto e a primeira psicografia. 9) Novas decepções. 10) Peregrinação pelos centros. 11) Teoria e prática. 12) Definições e decisões. 13) Reflexões sobre a humildade. 14) Mediunidade como trabalho de equipe. 15) Riscos e desvios. 16) O médium e a crítica. 17) Crítica e autocrítica. 18) O crivo da razão. 19) Os excessos da autocrítica. 20) O trabalho mediúnico no centro espírita. 21) Os espíritos são gente. 22) O médium e o grupo: palavras finais. 23) Que é concentração? 24) De novo a passividade.

III – Animismo, 83
1) A teoria e a experiência. 2) O animismo na Codificação. 3) A palavra dos continuadores. 4) O fantasma do animismo. 5) A fraude e o automatismo. 6) Aspectos provacionais do fenômeno anímico.

IV – Interação animismo/mediunidade, 95
1) Introdução. 2) Telepatia. 3) Premonição e previsão. 4) *Replays* do passado. 5) O mecanismo das regressões. 6) A regressão é um bem ou um mal? 7) A busca da sanidade. 8) Reencarnação a metro linear. 9) Reencontros.

V – Desdobramento, 135
1) Introdução. 2) Elaboração inconsciente. 3) Manifestações anímicas. 4) Transe anímico. 5) Utilização mediúnica da faculdade anímica. 6) Mecanismo do desdobramen-

7

to. 7) Caso típico de desdobramento. 8) O cordão fluídico. 9) Inesperadas visitas em domingo vazio. 10) O telefonema. 11) Um espírito toca a campainha. 12) Crianças desencarnadas.

VI – Desdobramento como precondição do trabalho mediúnico, 161

1) Introdução. 2) Interação corpo/perispírito no desdobramento. 3) Desdobramento em desdobramento. 4) Singularidade do mundo espiritual. 5) Psicologia do desdobramento. 6) Visita a Ibraim. 7) O doce mistério da vida.

VII – Condomínio espiritual, 181

1) Introdução. 2) Fim de semana no sítio. 3) Preâmbulo a uma explicação. 4) Teoria do condomínio. 5) Bilocação *versus* invasão espiritual. 6) Manifestação mediúnica de uma condômina. 7) A professora de piano.

VIII – Clarividência, 193

1) Introdução. 2) Uma conceituação questionável. 3) Visão sem olhos. 4) O que dizem autores não espíritas. 5) Casos típicos e atípicos. 6) Espaço e tempo. 7) Conclusões. 8) Vigília e estado de consciência. 9) Vidência e clarividência. 10) Visão diencefálica e audição coclear.

IX – Psicometria, 217

1) Introdução. 2) Mais um termo inadequado. 3) A natureza como cinegrafista. 4) Um pouco de teorização. 5) Pausa para uma historinha instrutiva. 6) Dos arquivos de Bozzano. 7) O pombo pensante. 8) Psicometria ambiental. 9) Psicometria e mediunidade. 10) Como se passam as coisas? 11) A memória de Deus. 12) Hipótese e imagens. 13) O caso do vestido. 14) Detetives psíquicos.

X – *Déja vu*, 241

1) Introdução. 2) Como funciona o processo? 3) Êxtase.

XI – Mau-olhado, 251

1) A "desencarnação" do chuchuzeiro. 2) O sugador de energias. 3) Experiências pessoais. 4) Pesquisando o assunto. 5) O papa e o *malòcchio*.

XII – Fenômenos de efeito físico, 261

1) Introdução. 2) Animismo e mediunismo: persiste a indefinição das fronteiras. 3) Provocação e participação. 4) Força mental. 5) Mistérios da psicosfera.

XIII – Mediunidade, 273

1) Introdução. 2) O médium. 3) Mediunidade e sensibilidade. 4) Fenômenos mistos. 5) Fenômeno mediúnico puro? 6) Mecanização da mediunidade. 7) Spiricom. 8) Uma conceituação mais precisa para o médium. 9) Liberdade controlada. 10) Receita de leitura. 11) Visitantes inesperados. 12) Convivência. 13) Diferentes modalidades de transmissão. 14) Incorporação?

XIV – Aura, 305

XV – Psicofonia, 313
1) Introdução. 2) Gradações da passividade. 3) Responsabilidade mediúnica 4) A psicofonia em ação. 5) Desenrola-se o trabalho. 6) Interindependência das mentes. 7) Autonomia. 8) Regressão da memória e mediunidade. 9) Atividade mediúnica em desdobramento, à distância. 10) Desligamento e retorno à normalidade. 11) Quatro faculdades básicas. Nota: Psicografia.

XVI – Semiologia da comunicação mediúnica, 343
1) A linguagem do pensamento. 2) O caso do sr. Drake. 3) Captação e processamento da mensagem. 4) O problema linguístico. 5) Ponto crítico: a mente do médium. 6) Os códigos. 7) Mecanismos de conversão. 8) Interpretação. 9) O carrossel. 10) Cacos. 11) Condição pessoal do médium. 12) Guias e controles: relacionamento com os médiuns. 13) Aspectos específicos de intercâmbio.

XVII – Canais de comunicação: contribuição dos amigos espirituais, 385

XVIII – Desenvolvimento, 397
1) O médium e o artista. 2) Diversidade dos carismas. 3) Temperamento. 4) A faculdade dominante. 5) Lixo mental. 6) Reforma moral.

XIX – O médium em ação, 411
1) Introdução. 2) Uma lição de Kardec. 3) Disponibilidade e disciplina. 4) Assédios. 5) O trato com os espíritos. 6) Ainda a disponibilidade disciplinada. 7) O apoio dos amigos espirituais.

XX – Atividades paralelas e complementares, 431
Orientação espiritual.

XXI – Os carismas e a caridade, 445

Referências, 461

Introdução

Três opções básicas se colocam diante daquele que se propõe a escrever um estudo como este acerca da mediunidade: 1. a abordagem predominantemente teórica, como a adotada por Allan Kardec em *O livro dos médiuns*; 2. o enfoque experimental caracterizado como depoimento pessoal, do qual dispomos de bons exemplos em *Recordações da mediunidade* e *Devassando o invisível*, de Yvonne A. Pereira; e 3. o tratamento integrado de ambos os aspectos, acoplando teoria e prática, segundo podemos observar em *Recherches sur la mediumnité* e *Les apparitions materialisées des vivants et des morts*, de Gabriel Delanne, ou, mais recentemente, nas obras da série André Luiz que tratam especificamente do problema, como *Mecanismos da mediunidade* e *Nos domínios da mediunidade*.

Cada uma dessas opções tem seus méritos e objetivos próprios. Para este livro adotamos a terceira delas: um tipo de modelo que se revelara satisfatório em *Diálogo com as sombras* e em *A memória e o tempo*, onde aspectos teóricos ficaram embutidos em narrativas com características de depoimento pessoal.

Com esse plano em mente, procuramos montar este trabalho a partir de três módulos distintos, ainda que inseparáveis em suas implicações e na interação de suas motivações. O *primeiro* deles, destinado a documentar problemas básicos que o médium em potencial, ou já em plena atividade, costuma enfrentar; o *segundo*, para estudar mais atentamente aspectos particulares do animismo; e, finalmente, o *terceiro*, no qual tomamos para análise a mediunidade em si mesma.

A distribuição dos fenômenos psíquicos em duas categorias – animismo e mediunidade – é de mera conveniência da metodologia expositiva, que não lhe tira a condição de classificação arbitrária. Isso porque não há entre as duas categorias absoluta nitidez de fronteiras. Ainda que seja, teoricamente, mais frequente o fenômeno anímico puro, isto é, sem interferências de entidades desencarnadas, suspeitamos, inferimos ou sabemos que, em larga faixa percentual de eventos, ocorre ou pode ocorrer participação de seres desencarnados.

Já o fenômeno mediúnico não acontece sem o componente anímico, que é da essência do processo. Para suas manifestações, os espíritos precisam de certa espécie e quantidade de energia de que somente o ser encarnado dispõe. A comunicação entre as duas faces da vida, ou seja, entre espíritos (desencarnados) e seres humanos (encarnados), transita por uma ponte psíquica que tem de apoiar uma cabeceira na margem de lá do abismo e a outra no lado de cá, onde vivemos nós.

Insistimos, pois, em declarar que a classificação é simples conveniência metodológica e não deve ser tomada com rigidez exclusivista.

Quanto ao mais, o enfoque fundamental do livro consiste em estudar as faculdades do espírito humano em ação, tanto quanto possível, da ótica do próprio sensitivo, de vez que ele é o laboratório vivo no qual se processam os fenômenos sob exame.

Estaria equivocada, não obstante, a conclusão de que o livro se destina somente aos médiuns em geral, aos dirigentes e aos que militam em centros e grupos espíritas como participantes de trabalhos mediúnicos. Ao contrário, o tema é de vital importância para um espectro de pessoas muito mais amplo do que poderíamos suspeitar à primeira vista. É que os fenômenos da natureza anímica e mediúnica não ocorrem apenas a horas certas, com determinadas pessoas, nos círculos fechados do espiritismo prático, mas a todo momento, por toda parte, com todo mundo. Não estarei exagerando ao dizer que acontecem com maior frequência na rua, no lar, na escola, no local de trabalho, do que propriamente na intimidade dos núcleos espíritas. A mediunidade não é propriedade do espiritismo e, sim, como fenômeno natural, um dos múltiplos aspectos da própria vida.

Poucos estudos, em verdade, oferecem tão denso conteúdo humano como o da mediunidade. Quer estejamos de um lado ou de outro da vida, como encarnados ou desencarnados, ela é sempre o instrumento de intercâmbio instalado estrategicamente entre os dois planos da existência.

Alto preço em angústias, decepções e desequilíbrios emocionais e mentais, perfeitamente evitáveis, é pago a cada instante em consequência da desoladora ignorância em torno da problemática da mediunidade fora do contexto doutrinário do espiritismo. E não poucos desajustes sérios ocorrem no próprio meio espírita, no qual o conhecimento inadequado, insuficiente ou distorcido acaba resultando em problema mais grave do que a ignorância que busca informar-se de maneira correta.

Seja como for, porém, não há como negar que o maior interessado no estudo da mediunidade é o próprio médium. Daí o esforço em colocar-me, tanto quanto possível, junto dele. Pretendi ver com os olhos dele, sentir com sua sensibilidade, aprender com os fenômenos que lhe ocorrem, descobrir com ele os caminhos percorridos e a percorrer... É a única maneira válida, no meu entender, de preparar-se alguém para ajudar, com observações práticas e teóricas, outros médiuns em potencial na difícil escalada, visando ao exercício adequado de suas faculdades.

A mediunidade não é doença, nem indício de desajuste mental ou emocional – é uma *afinação* especial de sensibilidade. Como na música, somente funciona de maneira satisfatória o instrumento que não apresenta rachaduras, cordas arrebentadas, desafinadas ou qualidade duvidosa.

Não é nada fácil à pessoa que descobre em si os primeiros sinais de mediunidade encontrar acesso ao território onde suas faculdades possam ser entendidas, identificadas, treinadas e, finalmente, praticadas com proveito para todos. O médium precisa de recolhimento para o exercício de suas atividades, mas não deve ser um trabalhador solitário. Ele necessita de todo um sistema de apoio logístico, de uma estrutura que lhe proporcione as condições mínimas que seu trabalho exige.

Peça decisiva nesse contexto é o grupo incumbido de trabalhar mais diretamente junto dele. Exige-se dessas pessoas não apenas um bom preparo doutrinário e experiência, como outros atributos, de maturidade e sensibilidade, que lhes permitam posicionar-se como amigos e companheiros de trabalho e não como chefes, mestres, gurus ou proprietários do médium. E que não se deixem fascinar pela eventual espetaculosidade dos fenômenos ou pelo teor de 'revelações' de autenticidade duvidosa, ao gosto de alguns companheiros desencarnados. Isto quer dizer que não apenas o instrumento tem de estar afinado e em bom estado, mas harmonicamente integrado na orquestra em que atua.

Sou grato à médium cujo nome escondi sob o pseudônimo de Regina, pelo rico material que generosamente colocou à minha disposição, e pela sua insistência comigo em escrever mais este livro que, pensava eu, não estaria na minha programação (Estava!). Sem o toque pessoal que suas vivências emprestaram ao nosso estudo, o livro teria recaído facilmente na aridez da teorização especulativa.

Tal gratidão estende-se aos inúmeros autores consultados no processo de concepção e elaboração deste trabalho, a partir de *O livro dos médiuns*, de Allan Kardec, generosa e fecunda matriz de tudo quanto se tem feito no estudo criterioso das complexidades do tema. Constam da bibliografia aqueles que mais contribuíram para reduzir espaços na minha ignorância, iluminando e ampliando faixas no território explorado.

Devo agradecer também aos autores dos quais me senti impelido a discordar, nesse ou naquele aspecto. Eles costumam ter importante contribuição a oferecer, de vez que até mesmo a divergência pode ser criativa, no sentido de que tem algo a ensinar-nos quanto à melhor definição de conceitos que, de outra forma, talvez permanecessem vagos ou ignorados por nós.

Cabe, finalmente, uma palavra de gratidão aos amigos espirituais que, no seu modo discreto, silencioso, amoroso e competente, sempre acompanham todo o difícil processo de elaboração dos meus (meus?) escritos, desde a germinação da ideia original até o aparecimento do livro nos catálogos, vitrines, estantes e, finalmente, em suas mãos, leitor, pois este é o destino deles.

Em *Diálogo com as sombras*, examinamos o problema da doutrinação; em *A memória e o tempo*, abordamos o da regressão de memória; em *Diversidade dos carismas*, o tema é a mediunidade. Não estarei recorrendo à falsa modéstia se confessar, humildemente, que somente percebi que havia escrito uma trilogia após contemplá-la pronta, na perspectiva que a objetividade então me concedeu.

Se as observações e experiências contidas nestas páginas forem de utilidade a alguém, sentir-me-ei encorajado a me apresentar, um dia, aos meus queridos mentores como aquele obreiro – de que falou Paulo a Timóteo (II Timóteo 2,15) – que não "tem de que se envergonhar" do trabalho realizado. O leitor prestou atenção? O severo apóstolo dos gentios entende que já estaremos bem se nossa modesta obra, seja ela qual for, não nos causar vexames. Quanto ao orgulho, nem pensar... Afinal de contas, orgulhar-se de quê?

H.C.M.

Observação: As citações de originais em língua estrangeira foram traduzidas pelo próprio autor.

Capítulo I

O médium: eclosão, desenvolvimento e exercício de suas faculdades

1. Longa e obstinada vigília

Não dava mais para esperar. Sucediam-se as perplexidades e a moça estava ficando confusa no meio de todos aqueles estranhos fenômenos que ocorriam com ela e à sua volta. Sabia, agora, que o espiritismo tinha um nome adequado para isso: mediunidade. Ela era, portanto, uma pessoa dotada de faculdades mediúnicas. Vira isso em um livro básico e elementar que lera de um só fôlego. E daí? Que caminho escolher entre as diversas alternativas? A quem recorrer? Com quem se esclarecer e se orientar? Como aprender a se utilizar corretamente daquele potencial que não conseguia entender ou controlar?

Uma crônica de jornal, que lera ainda há pouco, dizia maravilhas de um grupo-padrão mediúnico que funcionava sob responsabilidade de respeitável instituição. Estava ali a sua oportunidade, pensou. Recortou a crônica, disposta a falar pessoalmente com o seu autor. A providência inicial, portanto, consistia em localizá-lo. Ligou para a instituição, tão animada pela esperança quanto ingênua e inexperiente. A pergunta foi direta e objetiva: o que era necessário fazer para qualificar-se como frequentadora do grupo? A resposta foi educada, mas firme: o grupo era fechado e seleto. Não admitia ninguém, a não ser por escolha e convite, mediante critérios inquestionáveis. Além disso, informou a voz ao telefone, o grupo era interditado às mulheres. Só homens poderiam frequentá-lo.

No pouco que lera sobre a doutrina espírita, nada encontrara que distinguisse o trabalho dos que se encarnam como homens daqueles que optam pela encarnação feminina. Aliás, o termo *espírita*, escolhido para identificar o adepto do espiritismo, a partir de termo semelhante na língua francesa (*spirite*), é o que se chama um adjetivo de duplo gênero, ou seja, tanto serve para emprego feminino quanto masculino. Diz-se que uma senhora é *espírita* da mesma forma que um homem é *espírita*.

O substantivo *espírito*, por sua vez, não tem feminino. Seja homem ou mulher, o termo que identifica o ser é o mesmo – *espírito*. Não existe *espírito* para seres masculinos e *espírita* para seres femininos, mesmo porque, segundo consta nas obras básicas, o espírito não tem sexo.

Entendiam os dirigentes do grupo, ou a tradição ali adotada, não se sabe por que razões, que a bisonha postulante era uma *espírita* (feminino) e não devia frequentar reuniões abertas apenas aos espíritas masculinos.

Enfim, não lhe cabia discutir o critério. E nem adiantaria fazê-lo. Deviam ter suas razões para assim proceder. O outro obstáculo que interditava sua admissão no grupo era compreensível, embora, em sua inexperiência, ela não o tenha considerado impeditivo. O trabalho mediúnico sério exige, de fato, ambientes reservados, severos padrões de disciplina, afinidades entre seus diversos membros, assiduidade e inúmeros outros componentes, como tivemos oportunidade de estudar em *Diálogo com as sombras*, no qual o assunto é tratado de maneira específica.

Em suma: a moça não podia ser admitida no grupo-padrão por duas indiscutíveis razões. Restava-lhe apelar para a última alternativa: como falar com o autor da crônica que tantas esperanças suscitara em seu espírito?

Isto era mais fácil. (Ou não era?) Ele costumava frequentar as reuniões de caráter administrativo, aos sábados. A que horas? Tinha por hábito chegar mais cedo, bem antes da hora marcada para a reunião, programada para o início da tarde.

Eis porque naquele sábado, pela manhã, a moça partiu do bairro distante rumo à instituição. Tinha de falar pessoalmente com aquela pessoa que encarnava, agora, suas esperanças de encontrar um rumo que lhe permitisse ordenar o verdadeiro emaranhado de dificuldades em que se metera em consequência de toda a fenomenologia que a inquietava e começava a assustá-la.

Chegou às dez horas da manhã, subiu as escadas, apresentou-se, fez perguntas, expôs suas intenções e pretensões. E ficou ali, sentada, aguardando o cronista salvador que, infelizmente, não compareceu à reunião do dia. Voltou a fazer perguntas. Queria saber, agora, a quem deveria dirigir-se para obter as informações de que tanto necessitava para dar um rumo certo à sua vida. Sugeriram-lhe que falasse com o dirigente da instituição.

Nova espera. A essa altura eram duas horas da tarde.

Finalmente chegou o dirigente, acompanhado de um grupo. Ela se levantou e pediu ao informante de sempre para indicar a pessoa, e abordou-a. Nova decepção. Lamentavelmente, disse ele, não poderia atendê-la no momento, pois já estava atrasado para a reunião. Concordaria em falar com ela depois de terminada a reunião? Isto sim era possível, arrematou ele, subindo as escadas que levavam, provavelmente, à sala de reuniões.

Havia agora duas necessidades pessoais a atender: a fome espiritual e a material. Uma podia esperar um pouco mais; a outra, não. A moça desceu, foi à rua, fez um lanche e voltou à sua vigília, disposta a não arredar pé dali sem ter falado com alguém acerca de seus anseios espirituais.

A reunião só terminou às seis horas. O dirigente não escondeu sua surpresa ao encontrar a moça ainda ali, esperando pacientemente. Imaginara, portanto, que sua atitude inicial a levaria ao desencorajamento. Levou-a para uma sala, onde sentaram-se, e ela expôs suas aspirações. Ele escreveu uma pequena apresentação dirigida ao presidente de um centro espírita de sua confiança.

A essa altura, já anoitecia e a moça precisava voltar para casa.

2. Primeiros passos

Não alcançara, é certo, nenhum dos seus propósitos iniciais, mas, ao cabo de um dia inteiro de expectativa e obstinação, conseguira, pelo menos, sair dali com um tímido raio de esperança materializado na carta que, como chave mágica, deveria abrir uma porta e pela qual ela esperava penetrar naquele universo diferente e um tanto secreto, onde suas faculdades seriam, afinal, cultivadas e postas a serviço de uma causa nobre.

Na segunda-feira seguinte, à noitinha, partiu em busca do endereço indicado. Entregou a carta ao seu destinatário, que a leu e mandou-a sentar-se e assistir aos trabalhos da noite, que aliás não eram de natureza mediúnica, mas uma palestra a ser proferida por um homem que ela conhecia apenas de nome.

Muitos problemas teria ali, na difícil fase de adaptação que se seguiria, mas isto ainda era futuro, impenetrável até mesmo às suas faculdades premonitórias.

Aquela noite, contudo, ficou marcada para sempre em sua memória por um verdadeiro sismo emocional, que a colocaria em estado de intensa agitação íntima e lhe deixaria uma sequela de muitos conflitos. É que, no orador da noite, ela identificou a figura central de suas vidências e sonhos, durante os quais cenas emocionantes eram revividas com toda a intensa carga emocional que nelas se depositara. Era ele o homem amado do passado, companheiro de muitas vidas, de felicidade, algumas, de frustrações e de tormentos, outras. Naquela altura, porém, estava de partida para os Estados Unidos, para onde seguiu, pouco depois, em viagem de estudos. Somente ao retornar, meses depois, voltou a procurar o centro que lhe fora indicado sob circunstâncias tão complexas para ser orientada no trabalho que esperava realizar.

Longe de ter chegado ao termo das suas dificuldades – disto ela saberia mais tarde –, elas apenas começavam. Se lhe fora exigida uma cota tão elevada de tenacidade e decisão apenas para que lhe indicassem um caminho, seria agora necessário acrescentar paciência e até humilde resignação à sua obstinação em servir da maneira adequada à causa que desejava adotar.

É certo que o centro, ao qual fora encaminhada, dispunha de boa estrutura administrativa, desempenhava importantes tarefas de natureza social, doutrinária e mediúnica. E como era de se esperar, desenvolvera severos padrões de disciplina e de metodologia para cada setor de atividade, o que é perfeitamente compreensível e até desejável. Como realizar um trabalho sério numa comunidade movimentada e bem frequentada sem regimentos adequados e normas apropriadas de procedimento? Cada um tem de saber o que deve fazer e precisa dar conta da parte que lhe toca no conjunto.

O problema é que a tarefa mediúnica tem peculiaridades que não se deixam enquadrar na rigidez de certos esquemas inibidores. Claro que seu exercício precisa obedecer a uma disciplina operacional suficientemente severa para coibir desvios e ficar ao abrigo de influências negativas próprias do médium ou provocadas por terceiros. Mesmo nos limites de tal rigidez, é necessário deixar algum espaço para que cada médium possa movimentar seus recursos e faculdades pessoais, bem como expressar, de maneira adequada, a personalidade do eventual comunicante desencarnado. Sob esse aspecto, quase se poderia dizer que não há *mediunidade,* e sim *médiuns.*

A mediunidade é a expressão da sensibilidade do médium, seu instrumento de trabalho, e, como faculdade humana, guarda características pessoais, como o modo de caminhar, o tom da voz, a impressão digital, o feitio e ordenação da letra, o temperamento de cada um. Precisa ser disciplinada sem ser deformada, respeitando-se o contexto da personalidade humana no qual ela ocorre. É desastroso tentar impor condições inaceitáveis às suas manifestações.

Esse equívoco de abordagem ocorre com grande parte dos cientistas que em suas pesquisas procuram impor à fenomenologia psíquica em geral, e à mediunidade em particular, padrões e metodologia de trabalho totalmente inadequados, que na maioria das vezes frustram o processo de observação e produzem resultados insatisfatórios. Quem se dispõe a trabalhar com fenômenos produzidos pelo psiquismo humano deve se preparar para respeitar as regras do jogo, decidindo, antes, que tipo de metodologia é aplicável ao estudo que pretende realizar. Se não existe, precisará criá-la; e antes de experimentar os fenômenos em si, testar a própria metodologia desenvolvida para a pesquisa. Isso porque se torna imperioso deixar espaço e condições para que o fenômeno se produza tão espontaneamente quanto possível, ainda que sob condições de controle observacional. O cientista, tanto quanto o dirigente de trabalhos mediúnicos, deve ser um bom observador, dotado de espírito crítico alertado, e ter o bom-senso de interferir o mínimo possível – apenas o suficiente para ordenar a sequência de tarefas e coordenar as atividades que se desenrolam sob suas vistas. Deve, portanto, ser um observador *participante,* certo, mas nunca *inibidor,* pois ele está ali precisamente para fazer com que as coisas aconteçam e não para impedi-las ou forçá-las a ocorrerem da maneira exata pela qual ele entende que devam ocorrer.

Não é muito diferente desta a maneira de pensar de André Luiz, expressa em *Evolução em dois mundos,* (Xavier, Francisco C./Luiz, André 1973) onde se lê:

> Eminentes fisiologistas e pesquisadores de laboratório procuraram fixar mediunidades e médiuns a nomenclaturas e conceitos de ciência metapsíquica; entretanto o problema, como todos os problemas humanos, é mais profundo, porque a mediunidade jaz adstrita à própria vida, *não existindo, por isso mesmo, dois médiuns iguais, não obstante a semelhança no campo das impressões...* (Os destaques são meus)

Logo a seguir, adverte André Luiz que até mesmo 'espiritualistas distintos', que se julgam autorizados a apelar para os riscos da mediunidade – a fim de impedir-lhe a eclosão e, por conseguinte, os serviços que pode prestar – estão sendo influenciados por via mediúnica, traduzindo "interpretações particulares de inteligências desencarnadas que os assistem". Ou seja, estão atuando como inconscientes joguetes de vontades estranhas à sua.

Os médiuns são sensíveis não apenas aos seres desencarnados, mas também às pressões e sentimentos, mesmo não expressos, das pessoas encarnadas que os cercam durante o trabalho. Harry Boddington (*The university of spiritualism*), ao qual estaremos recorrendo com alguma frequência neste estudo, acha até que os médiuns são mais sensíveis às pressões dos encarnados do que às dos desencarnados.

"Extrema elasticidade" – escreve o competente autor inglês – "deve ser adotada na aplicação de todas as teorias relativas aos fenômenos psíquicos."

Isto não quer dizer, obviamente, que o médium possa e deva fazer ou permitir que se faça com ele tudo o que vier à sua cabeça ou à do manifestante, mas é preciso garantir condição suficiente para que o fenômeno ocorra dentro da dinâmica que lhe é própria.

Esse princípio é válido para qualquer grupamento de pessoas, até mesmo quando reunidas para finalidades meramente sociais ou de trabalho material, estudo, debates, ou o que seja. Pessoas agressivas, amarguradas, mal humoradas, pouco educadas causam transtornos em qualquer reunião, o que não ocorre quando os componentes de um grupo se harmonizam, respeitam-se mutuamente e debatem os problemas com serenidade e bom-senso, ainda que divergindo neste ou naquele aspecto.

3. Passividade

No caso do centro, no qual a moça tentava integrar-se para participar das tarefas coletivas ali desenvolvidas, havia um rígido padrão de comportamento mediúnico. Nada da elasticidade recomendada por Boddington e que constitui um dos próprios ingredientes do fenômeno mediúnico em si, de vez que cada médium tem suas peculiaridades, precisamente por ser uma personalidade autônoma. Sem nenhuma experiência de trabalho em conjunto, a nossa jovem entrou assim para um grupo no qual predominavam muitas 'regras' inibidoras.

Nas sessões ditas de desobsessão, exigia o padrão ali adotado que ela 'desse passividade' *exatamente* como os demais médiuns treinados pela casa: imóvel, olhos fechados, mãos juntas e abandonadas tranquilamente sobre a mesa. Nenhum gesto era permitido durante a manifestação, nenhuma palavra em tom mais alto, nenhuma forma de movimentação do corpo, dos membros ou da cabeça.

Acontece que a mediunidade da nossa jovem tinha seus métodos operacionais próprios, o que vale dizer: eram *diferentes* dos que ali se praticavam. Embora disciplinada, sem manifestações ruidosas ou palavras descontroladas, ela gesticulava moderadamente e mantinha os olhos abertos, dando enfim expressão e naturalidade às suas manifestações.

Agia acertadamente a meu ver, permitindo que o espírito manifestante pudesse expressar-se convenientemente, dizer enfim ao que veio e expor sua situação a fim de que pudesse ser atendido ou, pelo menos, compreendido nos seus propósitos. Se ele vinha indignado por alguma razão – e isto é quase que a norma em trabalhos dessa natureza –, como obrigá-lo a falar serenamente, com a voz educada, em tom frio e controlado? Somos nós, encarnados, capazes de tal proeza? Não elevamos a voz e mudamos de tom nos momentos de irritação e impaciência? Como exigir procedimento diferente do manifestante e do médium? Afinal de contas, se a manifestação ficar contida na rigidez de tais parâmetros, acaba inibida e se torna inexpressiva, quando não inautêntica, de tão deformada. Em tais situações, é como se o médium ficasse na posição de mero assistente de uma cena de exaltação e a descrevesse friamente, em voz monótona e emocionalmente distante dos problemas que lhe são trazidos. É preciso considerar, no entanto, que ali está uma pessoa angustiada por pressões íntimas das mais graves e aflitivas, muitas vezes em real estado de desespero, que vem em busca de socorro para seus problemas, ainda que não o admita conscientemente. Não é uma vaga e despersonalizada entidade, uma simples abstração, mas um espírito que se manifesta. É um ser humano, vivo, sofrido, desarvorado, que está precisando falar com alguém que o ouça, que sinta seu problema pessoal, que o ajude a sair da crise em que mergulhou, que partilhe com ele suas dores, que lhe proporcione, por alguns momentos, o abrigo de um coração fraterno. O médium frio e com todos os seus freios aplicados à manifestação não consegue transmitir a angústia que vai naquela alma. É um bloco de gelo através do qual não circulam as emoções do manifestante, a pungência de seu apelo, a ânsia que ele experimenta em busca de amor e compreensão. Nenhum problema é maior, naquele instante, para o manifestante do que o seu, nenhuma dor mais aguda do que a sua. Dizíamos há pouco que a médium *permitia* que o manifestante se expressasse a seu modo, mas, a rigor, ela simplesmente não sabia trabalhar de outra maneira. A entidade parecia assumir seus comandos mentais e utilizar-se, com naturalidade, de seu corpo físico. Se havia alguma ação inibidora ou controladora da parte da médium, era em nível de consciência extrafísica. E, certamente, era isso que se dava, pois nunca houve qualquer distúrbio ou excesso nas manifestações que ocorriam por sua intermediação.

No entanto, o dirigente exigia que o médium transmitisse tudo na rígida postura de um robô, que leva a palavra de um lado para outro, mas não admite que se filtrem, também, as emoções que elas contêm e que as impulsionam.

Quando isso ocorre, o que chega ao dirigente ou doutrinador não é aquilo que partiu do manifestante e, sim, a versão pasteurizada e impessoal que o médium lhe transmitiu, como se fosse um mero (e infiel) telefone. O espírito nem consegue sentir, no ser que utiliza como instrumento, um pouco de empatia, de solidariedade, de fraternidade, de emoção participante, de calor humano.

É nisso que resulta a excessiva e tão decantada *passividade...*

E para esse tipo de passividade nossa jovem não estava preparada. Daí os problemas com os métodos da casa e, obviamente, com os dirigentes do trabalho.

4. Identificações indesejáveis

Mas havia outros aspectos, como o da psicografia, por exemplo. Não somente ali, mas em outros grupos que ela iria frequentar mais tarde.

Logo nos primeiros tempos de trabalho no centro, ela começou a receber textos psicografados. Sem imaginar que aquilo pudesse criar-lhe alguma dificuldade – a regra não era precisamente a de 'dar passividade'? –, o espírito encerrava as mensagens com sua assinatura, procedimento naturalíssimo e rotineiro. O problema é que surgiam nomes considerados como verdadeiros *tabus*, tidos como privativos, exclusivos de determinados médiuns, como se fossem propriedades de tais médiuns. Só através de determinados medianeiros, mensagens de certos espíritos eram confiáveis e aceitáveis.

Tal procedimento choca-se, aliás, com a prática adotada e preconizada pelo Codificador, que exatamente nos pontos mais delicados e controversos gostava de testar a informação dos espíritos com diferentes médiuns. Vemos em *O evangelho segundo o espiritismo* e em *Obras póstumas* mensagens do próprio mentor do espiritismo, o Espírito de Verdade, produzidas por diferentes médiuns, em locais também diversos.

Ali naquele centro, contudo, era um deus-nos-acuda quando o manifestante encerrava sua página com certos nomes-tabus, com os quais nem a jovem médium estava familiarizada, como Bezerra de Menezes, Auta de Souza e outros. Novata no movimento espírita, ela não tinha a menor ideia do que representavam tais nomes. Bastava-lhe saber que as mensagens estavam corretamente formuladas, do ponto de vista doutrinário, e eram acatadas com agrado pelos seus ouvintes e leitores, depois de recebidas nas reuniões públicas. Passavam até pela crítica atenta dos dirigentes do grupo, que nada tinham a objetar nelas quanto ao conteúdo ou à forma. O único problema era mesmo o de que ela "não podia, como médium iniciante", *receber* mensagens assinadas por entidades que lhe eram desconhecidas, mas consideradas *importantes* demais para a insignificância da jovem médium.

E isso em nada contribuía para torná-la mais confiante. Pelo contrário, ia ficando cada vez mais confusa e insegura, cultivando inibições de difícil erradicação que, por pouco, não paralisam sua florescente mediunidade. Ante esses inesperados problemas, ela ficava sem saber como proceder nas situações mediúnicas de que participava. Como fazer, por exemplo, para que o espírito *não assinasse a comunicação?*

5. Comportamento padronizado

Enquanto isso, agravava-se também, a pressão do grupo sobre suas manifestações psicofônicas, chamadas de incorporação. Sua mediunidade operava por desdobramento – ela se via fora do corpo físico; o manifestante aproximava-se e assumia seus controles mentais, sem tumultos ou excessos. Eram normais as manifestações, sem gritos, sem palavras inconvenientes, sem atitudes de agressividade ou descontrole. A entidade conseguia, contudo, expressar adequadamente sua personalidade e seus conflitos, modulando a voz segundo suas emoções, e gesticulando moderadamente e com naturalidade. O problema, porém, é que elas não 'aceitavam' prontamente a 'doutrinação' dos dirigentes incumbidos de lhes falarem. Não se sujeitavam passivamente à esperada obediência e concordância. Elas discordavam, contestavam, expressavam suas próprias ideias e pontos de vista, bem como a intensidade de suas emoções e convicções.

Isso era desastroso para a pobre e aturdida médium. Terminadas as reuniões, ela era chamada à parte para nova sessão de 'doutrinação', dessa vez dirigida especificamente à médium. Coisas como estas: se o médium não é rouco ou gago, o espírito *não pode* falar com voz rouca ou gaguejar; se o médium é mulher, *não se admite* que o espírito fale com voz grave de homem. E nada de gestos ou movimentação do corpo, dos membros ou da cabeça. E nada de olhos abertos. E não podia ela permitir que o tom de voz se elevasse e que a entidade 'respondesse' ao doutrinador, com sua cota de contestação. Mas, senhor, o espírito não estava ali precisamente para ser tratado, entendido, compreendido e, se possível, convencido a mudar de rumo? Se ele se comportasse dentro dos padrões rígidos da casa, aceitasse prontamente os argumentos ou as imposições dos dirigentes, concordasse com tudo e se portasse como um cavalheiro ou uma dama de esmerada educação, então que viera fazer ali?

A moça ia ficando cada vez mais confusa e insegura. Perguntava o que fazer para evitar que as coisas ocorressem daquela maneira, indesejável segundo os padrões ali vigentes, mas a única 'orientação' recebida consistia em dizer que "assim não pode ser", estava encerrada a conversa!

Ademais, a pessoa que lhe fazia tais advertências e lhe transmitia tais 'instruções' também funcionava como médium. Obviamente, sua experiência mediúnica era diferente da dela, pois, como vimos, a mediunidade, mesmo dentro da mesma chave classificatória, tem seus matizes e peculiaridades individuais. O instrutor, no caso, desejava o impraticável, senão impossível, ou seja, padronizar todas as manifestações mediúnicas pela sua, que operava de maneira consciente, sem o que costumamos chamar de incorporação. Em outras palavras, ele não *sentia* em toda a sua plenitude, a presença do manifestante e nem se *entregava* a este para que o próprio espírito operasse seus dispositivos mediúnicos, como no caso da moça. Não que as manifestações por seu intermédio ficassem automaticamente sob suspeição, mas eram diferentes, características de sua personalidade mediúnica.

6. Insegurança

À medida que se elevavam os índices de pressão sobre ela, aumentava proporcionalmente sua insegurança. No exercício da psicografia, tentava conscientemente ou inconscientemente bloquear as assinaturas, o que parece ter conseguido. Ou as próprias entidades resolveram deixar de assinar para não lhe criar dificuldades? O certo é que as mensagens continuavam a vir, com textos aceitáveis, doutrinariamente boas, e sempre filtradas no crivo da crítica, como convém, aliás, mas sem assinaturas comprometedoras.

Contudo, à medida que a mensagem ia chegando ao fim – a médium mantinha-se em estado semiconsciente –, era sempre um momento de tensão e expectativa. Ela ficava nervosa, o coração acelerado, preocupada, *com medo do nome* que pudesse ser grafado.

Nos trabalhos de psicofonia, ia para a mesa mediúnica literalmente aterrada, com receio do que a entidade manifestante pudesse dizer ou fazer. Evidentemente que essas emoções, temores e angústias criavam um clima psicológico negativo e inadequado às manifestações, o que contribuía para agravar as tensões e a insegurança da médium. Mas, o que fazer? Como mudar a situação para a qual ela não via remédios e não recebia instruções precisas de quem estava incumbido de orientá-la? Pois não procurara integrar-se no movimento espírita precisamente para entender o que se passava com ela e como canalizar suas faculdades para a tarefa do bem? Será que estava sendo rejeitada pelas estruturas do espiritismo e não admitia essa difícil e incompreensível realidade? Afinal de contas, desde que buscara o primeiro contato com o movimento entrara em zona de turbulência. E continuava a voar em agitadas camadas atmosféricas, pondo em risco a nave e sua única tripulante. Ninguém vinha dizer-lhe como controlar a instrumentação que havia sido colocada à sua disposição. Tinha, obviamente, uma tarefa ali, mas como levá-la a bom termo se continuava como que perdida, voando sem rumo, sem saber o que fazer ou, pelo menos, como aterrissar? O teto era baixo, o voo cego e os horizontes pareciam impenetráveis e ameaçadores nas suas escuras tonalidades.

Longe de perceber qualquer saída para a luz, ela sentia que voava para o centro de uma tormenta maior ainda do que aquela da qual estava tentando escapar. É que os problemas e dificuldades com os dirigentes do grupo agravavam-se com a passagem das semanas. Se antes os fenômenos eram incompreensíveis, passaram a ser traumáticos. Ela sentia-se desequilibrada, emocionalmente instável, temendo a própria mediunidade, o que suscitou nela um mecanismo bloqueador. Criou-se, com isso, um círculo vicioso. Quanto maior seu esforço em conter as manifestações em busca do padrão mediúnico predominante, mais as coisas se complicavam e mais duvidosa parecia sua mediunidade aos que a policiavam de perto. Entendiam mesmo que suas faculdades traziam vícios de origem, de difícil correção àquela altura. Ao contrário da maioria dos médiuns da casa, que ali mesmo haviam seguido um plano de 'desenvolvimento' segundo os padrões locais, a moça era médium espontâneo, que se aproximara do grupo já pronta para o trabalho, com algum conhecimento doutrinário – e continuava a estudar assiduamente a doutrina – e com experiência de anos de convivência com extensa faixa de fenômenos. A mediunidade era, a seu ver, uma faculdade natural, espontânea, sem artifícios ou temores. Uma função psicossomática como respirar, ver, falar, metabolizar os alimentos e assim por diante. Desenvolver o quê? Modificar onde e por quê? E como? Pois não consistia o exercício da mediunidade em deixá-la funcionar, com as precauções necessárias, é claro, mas permitir a eclosão do fenômeno? A crítica, o exame atento, o debate, o aperfeiçoamento viriam logo após o trabalho. Esse trabalho educativo, no entanto, precisava ser conduzido com serenidade, compreensão, sensibilidade e tato. Em qualquer atividade humana a crítica é desejável, mas precisa ser inteligente, construtiva, sensata.

Isso ali não acontecia. Portanto, não houve condição de dar continuidade ao trabalho a que ela se propunha. E, novamente, sentiu-se ela desamparada e confusa...

7. Novos rumos e esperanças

Não se perdera, contudo, a confiança nos seres espirituais, que aprendera a respeitar e a considerar como verdadeiros amigos. Se os encarnados não estavam conseguindo ajudá-la, por que não recorrer aos desencarnados?

Lembrou-se do dr. Bezerra de Menezes, um dos nomes que lhe causara inesperadas (e, certamente, involuntárias) dificuldades, quando começou a surgir nas comunicações que ela psicografava. Seu nome era tabu para ela, naquele contexto, mas não o espírito generoso que estava ao alcance de sua mente. Decidiu, portanto, 'conversar' com ele na intimidade do recolhimento, como sugeriu o Cristo. Estava precisando de socorro, e com urgência, pois já sua mediunidade ameaçava estiolar-se completamente, na sufocação das pressões que não entendia e não via como contornar.

Enquanto orava e pedia ao dr. Bezerra que lhe mostrasse um caminho, surgiu em sua tela mental, num fenômeno de vidência com o qual estava familiarizada, a imagem de uma pessoa à qual ela deveria procurar para expor seus problemas, pedir orientação e esclarecimento.

Foi recebida com dignidade, ouvida com atenção e teve oportunidade de expor com franqueza seus problemas e dificuldades.

Saiu desse primeiro encontro mais tranquilizada e com novas esperanças, esperanças, que, aliás, se confirmaram depois, em novos contatos para debate e busca de soluções. Conseguiu reordenar suas ideias e emoções, em clima de franqueza, lealdade e respeito.

No devido tempo, organizou-se um novo e reduzido grupo. Ela foi convidada e aceitou o encargo de colocar sua mediunidade a serviço dessa tarefa que iria prolongar-se por mais de uma década de fecundos resultados e muitas alegrias.

Coube a mim, modesto escriba, relatar não apenas a história pessoal dessa moça, nas suas experimentações com a mediunidade, mas, principalmente, aproveitar o arcabouço da história para fazer os encaixes doutrinários e as observações que nos parecerem oportunas.

É nosso desejo e esperança que o relato que se segue, rigorosamente calcado numa realidade e que assume a responsável postura de um depoimento vivo, possa servir de inspiração e ajuda a todos quantos se interessam pela fenomenologia mediúnica e anímica.

Pela sua relevante importância no processo mesmo da utilização racional e proveitosa da mediunidade, destacamos, de início, o ponto crítico das primeiras tarefas em grupos nem sempre com preparo adequado para receber os aspirantes ao nobre trabalho mediúnico.

Ao discorrer sobre a crítica ao trabalho mediúnico, escreve Boddington:

> A análise é [...] essencial, mas tem de ser conduzida com tato; do contrário, poderemos sufocar, logo de início, a própria faculdade que estamos desejosos de examinar. Essa é a maior dificuldade. A mais leve sugestão de fraude, consciente ou inconsciente, é suficiente para fazer recuar muitas almas sensíveis, na fase inicial do desenvolvimento e, até mesmo, liquidar (a faculdade) para sempre. (Boddington, Harry, 1949.)

Encontramos advertências semelhantes em outros autores especializados. Colin Wilson, na obra *The psychic detectives*, por exemplo, citando Hudson, adverte que as faculdades mediúnicas – ele prefere caracterizá-las como "poderes psíquicos":

> [...] frequentemente evaporam-se, quando confrontadas com o ceticismo. A mente subjetiva é intensamente sugestionável daí porque a mera insinuação de fraude leva-a a uma catástrofe nervosa. (Wilson, Colin, 1984.)

8. O médium e o dirigente

Que os médiuns são pessoas de sensibilidade mais aguçada, sabemos todos. Ou não seriam médiuns. E, por isso mesmo, mais sensíveis também à crítica, especialmente quando injusta, grosseira ou mal formulada. É imperioso, contudo, distinguir entre sensibilidade e melindre. O médium responsável e interessado em dar o melhor de si mesmo à tarefa que abraçou não apenas aceita a crítica construtiva e leal, como a procura, desejoso de aperfeiçoar seu desempenho mediúnico. Melindres ficam com os que não admitem a menor observação, a não ser o elogio, o endeusamento, como se fossem infalíveis instrumentos dos mais elevados manifestantes. Vai uma diferença muito grande entre a análise crítica construtiva do trabalho realizado e a implicância, a intolerância, a estreiteza de vistas e até o ciúme.

O dirigente equilibrado, sensato, experiente e seguro dos aspectos teóricos e práticos da mediunidade saberá sempre distinguir com clareza entre o médium que está necessitando de reparos e pequenas ou grandes correções, daquele que ouve, em atitude de aparente humildade, mas não aceita qualquer reparo, por achar-se envolvido em uma atmosfera de autossuficiência e infalibilidade que lhe será fatal, mais cedo ou mais tarde.

É extremamente delicada a posição do dirigente responsável, nesse terreno. Tem ele de exercer toda sua atenção e bom-senso tanto para evitar que se perca ou se iniba um médium que, a despeito de pequenos (ou maiores) equívocos, tem condições de tornar-se eficiente trabalhador, e para auxiliar aquele que pode, igualmente, perder-se pela vaidade se o dirigente não tiver habilidade suficiente ou conhecimento para convencê-lo dos seus equívocos. Convém reconhecer, ainda, que há casos realmente 'irrecuperáveis' de médiuns iniciantes, ou mais experientes, que se deixam envolver pela perniciosa convicção da infabilidade. Cabe, aí, ao dirigente, admitir humildemente que não tem condições de modificar o quadro. Não lhe resta alternativa senão a que costumam adotar os próprios espíritos orientadores, ou seja, a de abandonar o médium assim contaminado pela vaidade aos seus próprios recursos. Não há como violentar seu livre-arbítrio nem como impedir que ele assuma as responsabilidades pelo que fizer de si mesmo e das faculdades que tenha recebido como instrumento de trabalho, a serviço do próximo.

Seja como for, os primeiros contatos de um médium iniciante, ou no qual a mediunidade acaba de ser 'diagnosticada', são altamente críticos, É nessa hora que muito se define do futuro. Se for acolhido com a necessária compreensão e adequadamente orientado e instruído, poderá chegar a ser excelente colaborador na tarefa para a qual, evidentemente, veio preparado. Se mal recebido, tratado com condescendente superioridade, aspereza, incompreensão e intolerância, ante as peculiaridades de suas faculdades, é grande a responsabilidade daqueles que não souberam ou não quiseram estender a mão, no momento oportuno, ao que vem precisamente para ser ajudado a servir.

No caso da moça de que trata este livro, pudemos observar claramente que foi à custa de impressionante obstinação e humildade que ela conseguiu vencer as barreiras iniciais da rejeição. A reação normal e esperada, numa pessoa tratada da maneira como ela o foi, seria a do desencanto, da decepção, do abandono puro e simples da tarefa, o que seria deveras lamentável não apenas para ela como para todos aqueles aos quais ela viria contribuir para que fossem ajudados ao longo dos anos em que, afinal, conseguisse exercer, com equilíbrio e competência, suas variadas faculdades.

Isto nos leva a pensar com uma ponta de angústia na quantidade de pessoas programadas para o exercício da mediunidade, com responsabilidades e compromissos muito sérios nessa área tão crítica, que não conseguem vencer as primeiras dificuldades, derrotadas pelo desencanto com as pessoas que deveriam estar preparadas para ajudá-las e encaminhá-las ao trabalho tão necessário quanto redentor.

Isso sem contar os que nem sequer procuram os centros e os grupos por inúmeras e complexas motivações pessoais injustificáveis: temor, preguiça, orgulho, ignorância, indiferença ou vaidade.

Pelo menos os que buscam o caminho certo, desejosos de aprender e servir, que sejam recebidos com dignidade, com paciência, com amor. É preciso ouvi-los com atenção, aconselhá-los com serenidade e competência, ajudá-los fraternalmente.

É nessa fase inicial que se estabelece a diferença entre um médium equilibrado e devotado à sua tarefa e aquele que recua, desencanta-se, perde-se no emaranhado de suas decepções e nas complexidades de fenômenos que não entende, entregando-se ao exercício desordenado de suas faculdades ou sufocando-as no nascedouro, com imprevisíveis prejuízos para si mesmo e para os outros.

Vimos, há pouco, no entanto, que este livro é um relato de uma história pessoal, cuja estrutura será aproveitada para um estudo informal da mediunidade. Precisamos, portanto, começar pelo princípio.

É o que faremos a seguir.

Capítulo II
Minibiografia de uma médium

1. Introdução

Antes de prosseguir, cumpre-me informar o leitor de que foi necessário, por óbvias razões, preservar certas identificações que nada acrescentariam ao relato, bem como evitar informações que resultassem em constrangimento ou mesmo conflito com as pessoas envolvidas. Estamos empenhados na elaboração de uma obra construtiva e nunca na inglória tarefa da demolição.

Decidimos atribuir à jovem referida no capítulo inicial o nome de Regina, pseudônimo que já havia sido por mim utilizado em *A memória e o tempo*. O leitor encontrará nessa obra um relato sumário de suas experiências e de alguns dos fenômenos com ela ocorridos que dizem respeito ao aspecto específico da memória nas suas interações com o tempo. Para facilitar as coisas, faremos aqui um resumo, diríamos biográfico, de Regina.

Ela é dotada de uma memória realmente assombrosa, pois se recorda com nitidez de seu batismo, com apenas algumas semanas de vida na carne. Já ali estava seu espírito perfeitamente lúcido, consciente da cena que se desenrolava à sua volta: as pessoas, o ambiente e sua participação na mesma. Desagradava-lhe sua incapacidade para controlar o frágil e inseguro corpo físico, com o qual não conseguia ficar suficientemente ereta no colo da madrinha. Mais desagradável ainda foi o choque da água fria, derramada sobre sua cabeça. O pior, contudo, fora o gosto horrível do sal e a repugnante sensação dos dedos do sacerdote forçando a introdução da substância em sua boca. Com seis meses de idade, foi levada a uma dessas quermesses paroquiais do interior. Ao passar, no colo da irmã, por uma barraquinha, viu uma linda bola colorida e desejou tê-la. Sem saber ainda como formalizar o desejo em palavras, estendeu as mãos, tentando agarrar a bola. Tudo em vão, pois a irmã mais velha não percebeu o gesto nem a frustração da criança.

27

A memória ia mais longe e mais fundo ainda, porque, desde a primeira infância, começou a exibir, em verdadeiros espetáculos de videoteipe, imagens estranhas que só muito mais tarde iria saber tratarem-se de ocorrências de vidas suas anteriores.

Nascera em extrema pobreza, na zona rural do interior do estado do Rio de Janeiro. Fora a última dos doze filhos do casal, dos quais apenas seis sobreviveram.

Embora tivesse as alegrias normais da infância pobre, mas não miserável, não se sentia feliz. Muito cedo começou a viver duas vidas paralelas: uma, na casinha singela, de piso de terra batida e paredes de pau a pique; a outra, num mundo tão real quanto aquele, em luxuosos e amplos ambientes, ricamente decorados e mobiliados, forrados de tapetes e revestidos de cortinas imponentes, nas quais predominavam os tons vermelhos e ouro, na imponência do veludo que descia das alturas até o assoalho. Em vez das majestosas camas daquele 'outro universo' paralelo, ela dormia sobre duas tábuas de madeira apoiadas em rústicos cavaletes, com uma esteira por cima – trabalho caseiro de seu pai.

Outras coisas incompreensíveis eram a pele escura e o cabelo característicos dos mulatos (o pai era branco, alfabetizado; a mãe, negra e analfabeta). E apesar de tudo isso ela *sabia*, com toda a convicção, que era branca. Com frequência, tentava raspar a pele do braço com as unhas em busca da cor branca que *tinha* de estar ali, em algum lugar. Quando corria pelos campos, sentia a cabeleira farta, ondulada, macia e sedosa, saltando em torno dos ombros. Se a buscava, porém, com as mãos para acariciá-la ou ajeitá-la, dava apenas com o cabelo áspero, curto e rijo. Afinal de contas, o que acontecera aos seus cabelos e à sua pele? Por que estava ali a esquisita cabeleira que não era, definitivamente, a sua? Onde estaria seu bonito e farto cabelo?

Criada no catolicismo pela mãe devota, rezava com todo o fervor infantil a Nossa Senhora das Graças, pedindo o milagre da recuperação de seus belos cabelos longos e da sua pele alva de outrora. Adormecia cheia de esperanças, ainda enxugando as últimas lágrimas. Mas tudo em vão! Pela manhã, procurava com as mãos ansiosas os cabelos derramados sobre o travesseiro e não os encontrava... e a pele continuava escura, como sempre, e nada conseguia clareá-la.

Sobrava-lhe tempo para tais especulações e vidências, pois ainda não começara a frequentar a escola.

Além do mais, sentia terrível falta de sua mãe. Ou seja, tinha mãe, como todo mundo, mas sabia que *aquela não era a sua*. Sua mãe *de verdade* era diferente. Essa que ali estava e cuidava dela e que os outros diziam ser sua mãe era boa, por certo, amava-a no seu jeito rude, mas era uma estranha. E, além de tudo, *era negra*. A mãe *verdadeira* era branca, carinhosa, beijava-a com frequência e a pegava no colo. Aquela ali não fazia nada disso.

Por isso tinha inexplicáveis angústias, chorava sem motivo aparente, sofria de indefinidas saudades, vagas, incompreensíveis. Onde estaria sua gente: seus pais, seus amigos, a casa rica, a família, enfim?

As dificuldades maiores eram com a mãe, em quem só conseguia ver uma estranha mulher rude e sofrida, negra, a qual não se sentia inclinada a amar. Com o pai, relacionava-se melhor; mas também ele não era de muitos carinhos, embora lhe dedicasse mais atenção que a mãe. Às vezes, a colocava no colo para fazê-la adormecer, e ela, por sua vez, chegava a fingir-se sonolenta somente para ganhar alguns momentos de aconchego. Eram muitas as suas carências, a ânsia de afeto, de atenção, de amor... como se estivesse habituada a outra espécie de relacionamento, o que lhe davam ali era muito pouco para preencher seu imenso vazio interior. À sua maneira, eram pessoas boas e dedicadas, nos limites de suas modestas possibilidades e recursos emocionais, mas ela não os via como pais e irmãos de verdade, não eram *sua família*, nem aquela era *sua casa*.

Por tudo isso, e mais, pela tendência à introversão, refugiava-se na solidão e soltava as asas da imaginação. Conversava com invisíveis personagens de suas visões. Os que assistiam àquilo apenas concluíam que ela estava falando sozinha, coisa não muito rara em crianças de sua idade – quatro a seis anos.

Aliás, foi aí pelos seis anos que lhe morreu o pai. Diz ela que gostava muito dele, e acrescenta significativamente: "Ele era branco." Como se a cor tivesse algo a ver com sua preferência... sofreu muito com a sua inesperada partida. Além do mais, naquela mesma noite, depois do enterro, ela o viu. Ele mostrava-se aflito e lhe dizia que não estava morto e que havia sido enterrado vivo. Provavelmente não percebera ainda que se encontrava em uma condição diferente e ao presenciar o sepultamento do corpo, concluiu que havia sido enterrado com vida. A menina ficou muito angustiada, principalmente porque não conseguiu convencer ninguém a mandar desenterrar o pai, que estaria vivo embaixo da terra. Disseram-lhe que era um sonho, apenas um sonho sem pé nem cabeça.

Seguiu-se um período ainda mais difícil em sua curta existência. Não só ele provia a maior parte dos recursos materiais de sustentação da casa, como era a única pessoa a ter certa compreensão e paciência com suas fantasias infantis. Inclusive a de Papai Noel! Embora risse dela, ela sempre colocou seus humildes sapatinhos no lugar próprio, e era certo encontrar neles algum presentinho singelo, na manhã do natal.

Nunca soube, contudo, que fim levara seu brinquedo preferido: um ursinho de pelúcia marrom, com olhos de contas vermelhas. Por certo, ficara perdido em alguma esquina do passado remoto, quando fora rica, bela e feliz em algum ponto deste imenso mundo.

2. Alucinações?

Algum tempo após a morte do pai, a família mudou-se para um centro maior. Regina, mais crescida, continuava uma criança triste, muito triste. Entraram num período de sérias privações, agravadas nela pela sensação de exílio, de desajuste e de incompreensão. Era como se, adormecida branca, linda, rica e feliz, acordasse de repente ali naquele mundo estranho, numa casa feia e pequena, cercada de gente desconhecida e, pior de tudo, num corpo que definitivamente não era o seu.

As dificuldades se acentuaram com a adolescência, especialmente o desajuste com a família. Não encontrava em seus parentes ressonância alguma para seus anseios sociais e emocionais. Não se importavam com o arranjo da casa, o cuidado com os móveis e objetos, mesmo pobres. Ela ansiava pelo requinte. Queria a mesa bem posta e forrada com toalhas de imaculado linho, os alimentos em travessas apropriadas e, se possível, alguém para servir.

Problemas suscitados pelos preconceitos raciais também se intensificavam. Embora ainda inconformada, fora forçada a aceitar sua pele e cabelos tal como eram. Não havia como mudar a situação. Eram fatos consumados, produzidos por motivações desconhecidas e misteriosas, mas imutáveis. Não admitia, contudo, ser cortejada por um rapaz de cor. Decidira jamais casar-se para não passar adiante a herança genética, que considerava um verdadeiro estigma. A cor era como que a marca visível de uma vergonha, que cumpria sufocar e esquecer.

Longe de atenuar os problemas, a adolescência os agravou. O universo em paralelo tinha agora personagens tão vivos quanto qualquer outro de carne e osso. Sem saber ao certo o que se passava com ela, a menina romântica vivia em toda a sua intensidade uma novela de amor e devotamento. O objeto de sua ternura era um homem que também a amava e a cercava de cuidados e atenções carinhosas, em admirável identidade de propósitos e entendimento. Ela via nele um ser ideal e maravilhoso, o companheiro perfeito. Era compreensível que, em confronto com a áspera existência que levava no mundo material, aquela outra face da realidade fosse a mais atraente. Para *lá*, onde quer que se situasse aquele universo paralelo, ela fugia com frequência, para escapar às angústias e pressões do 'outro'. Ali era querida, tinha o conforto de uma existência protegida, na qual nada lhe faltava, nem mesmo (e principalmente) o amor.

Quando as dificuldades pareciam insuperáveis deste lado, ela emigrava para o outro, em busca da felicidade que lá estava à sua espera. Para isso bastava imobilizar-se, em estado de relaxamento, num móvel que lhe oferecesse um mínimo de comodidade, e soltar a imaginação. E assim passavam-se as horas, num estado de inação e desligamento. Um experimentado psiquiatra talvez diagnosticasse aquilo como crise de catatonia.

A vida seguia seu curso em toda a sua intensidade no universo interior. Agora, não eram apenas as visões de ambientes estáticos fixados em fotografias mentais, como na infância. Havia movimento, cor, som, diálogos com outros seres. As cenas se projetavam, nítidas e reais, como numa tela de cinema a exibir um filme emocionante, no qual a mocinha é ao mesmo tempo personagem e espectadora. Tão reais que ela perdia a noção de tempo e espaço e envolvia-se em conversas com aquelas personagens que *ali estavam*, à sua volta, como qualquer ser vivo.

Cada vez mais ela se entregava àquela realidade e rejeitava a outra. Ali, era intensamente feliz, tinha seu marido, filhos, uma família com a qual convivia.

As tarefas do dia eram desempenhadas como que em estado sonambúlico, mas com impaciência, na ansiosa expectativa das horas de recolhimento, quando pudesse ir para casa e entregar-se aos seus sonhos.

Se ela dispusesse de tempo livre e dinheiro farto, provavelmente teria começado a via dolorosa dos consultórios, em busca de psiquiatras, analistas e psicólogos das mais variadas tendências e doutrinas. Teria ficado coberta de rótulos mais ou menos cabalísticos e estaria saturada de drogas, provavelmente internada em alguma clínica elegante.

Ficaria eu profundamente desapontado se o que se vai ler a seguir fosse tomado como crítica injusta ou ataque às nobres profissões que se interessam pelo sofrimento alheio. Desejo limitar-me a observações em torno de uma realidade incontestável. Sem apontar o dedo acusador para nenhum médico, psiquiatra, analista, ou psicólogo, que conceitos e que teorizações têm suas respectivas ciências, na abordagem de um caso como o de Regina? Os mesmos de sempre. Primeiro rótulo: sofria de alucinações visuais e auditivas. Quanto ao processo de fuga da realidade, de que maneira poderia ser catalogado? Esquizofrenia? Catatonia? Psicose maníaco-depressiva? Autismo? Simples neurastenia? Ou mera hipocondria? E as neuroses? Quantas delas? E complexos? Quais? Pelo menos um aspecto qualquer analista poderia identificar com facilidade: sua óbvia preferência pelo pai com a respectiva indiferença ou rejeição pela mãe caracterizariam o complexo freudiano de Eletra. Certamente que haveria outros: o de inferioridade (a não aceitação da cor da pele e do aspecto dos cabelos); de superioridade (a rejeição de namorados de cor) e outros.

Mediunidade nascente? Animismo? Nem pensar...

Em verdade, ela acabou mesmo encaminhada a um analista. Saberia mais tarde que ele era espírita e até médium. E competente, aliás. Não obstante, via sua cliente como um caso clínico mais do que como um ser humano confuso que busca saídas para seus conflitos interiores e seus choques com a realidade objetiva. Embora de formação espírita, ou tendo pelo menos uma boa noção dos aspectos doutrinários do espiritismo, tratou a jovem com os rígidos e clássicos recursos de sua formação profissional, ou seja, sem utilizar-se dos conhecimentos de que dispunha acerca do dualismo corpo/espírito do ser humano encarnado. Era, portanto, um analista que *também* era espírita, mas não um analista-espírita. Provavelmente entendia o espiritismo como mera teoria do conhecimento, um elemento a mais no quadro geral da sua cultura, mas que nada tinha a ver com o exercício de sua profissão. É possível que atuasse como espírita – e até médium – nas demais situações da existência, não porém como analista. Não há como criticá-lo ou censurá-lo, pois nem sabemos das razões que o levaram a essa postura. Merece todo o respeito pelas opções e procedimento. Somente agora, enquanto escrevemos este relato, alguns psicólogos, analistas e psiquiatras de vanguarda começam a utilizar-se de metodologia terapêutica mais adequada, enriquecida pela valiosa contribuição de importantes postulados espíritas como sobrevivência e reencarnação.

A expressão *postulados espíritas* ficou aí colocada por mera conveniência expositiva, pois na realidade o espiritismo jamais se considerou 'proprietário' ou mesmo criador desses conceitos. A doutrina os adotou como princípios básicos, necessários ao entendimento de aspectos ainda mal compreendidos da vida e que eles iluminam e explicam com clareza. O ponto a considerar aqui é o seguinte: o postulado A ou B é verdadeiro ou não? Podemos, com este ou aquele, explicar racionalmente aspectos ainda obscuros da psicologia humana? Se são verdadeiros, não pertencem a ninguém e, sim, a todos. Isso quer dizer que conceitos como reencarnação e sobrevivência do espírito um dia estarão sendo lidos tanto nos *Evangelhos*, onde aliás se encontram há quase dois milênios – e já se encontravam em outros documentos de conotação religiosa anterior –, como em tratados de medicina, psicologia, biologia, sociologia, antropologia, de ciência enfim, além de compor também a estrutura básica dos estudos filosóficos. Pelo menos na filosofia ninguém estará inovando, porque era exatamente assim que pensava Sócrates, há mais de vinte e quatro séculos. E não me consta que ele fosse um débil mental.

Precisamos, contudo, ver como foi a experiência de Regina com seu analista.

3. Psicanálise

Sem entender o que se passava com ela própria e até mesmo temerosa de que tudo degenerasse numa crise geral de alienação, ela resolveu buscar ajuda de quem estaria profissionalmente preparado para estudar sua problemática, explicá-la e proporcionar-lhe orientação confiável. É que, a essa altura, as fugas estavam se tornando cada vez mais frequentes e mais longas e, por contraste e consequência, o mundo material cada vez mais áspero, difícil e insuportável. Ela precisava trabalhar e tinha elevadas aspirações a realizar, como a de estudar até o limite extremo de suas possibilidades para conseguir um tipo de vida pelo menos tolerável; um acordo entre suas aspirações e aquilo que a vida lhe poderia dar.

Não tardou muito o desencanto com a metodologia terapêutica do analista. Em vez de uma discussão objetiva e racional de seus problemas, ele usava o jargão típico de sua formação e uma terminologia que servia apenas para rotular os fenômenos e não para explicá-los e corrigir os desvios da emoção que Regina apresentava. Falava-lhe em alucinações visuais e auditivas e em processos de fuga, com tendências autistas; abordava o problema das neuroses da maneira habitual e, pior que isso, prescrevia-lhe drogas para relaxar, dormir, combater a inexplicável rejeição pelo alimento e coisas dessa natureza. Em paralelo com os antidistônicos, prosseguia a busca dos 'traumas' de infância. A questão, contudo, é que os tais traumas, que certamente existiam, não estavam guardadinhos à espera da análise, no âmbito de uma vida que mal excedia duas décadas. Eles vinham de longe, muito longe, no tempo e no espaço.

Regina foi dotada, desde a mais tenra idade, daquilo que Joan Grant, escritora inglesa, chama de *far memory* (memória remota). Ao contrário da maioria que esquece – a memória é uma 'coisa' com a qual a gente esquece –, suas lembranças do passado

DIVERSIDADE DOS CARISMAS

varavam as camadas do tempo, escapavam pelas frinchas dos cofres secretos de sua intimidade e se apresentavam dramatizadas, vivas, dotadas de movimento, cor, som e emoção à sua aturdida vidência.

Não caberia aqui uma contestação formal à doutrina freudiana de um passado traumático, nem a de que existe nítida possibilidade de ajustar as emoções em tumulto ou, pelo menos, aliviar os conflitos íntimos quando os traumas são identificados, debatidos e racionalizados. Não que isto seja uma panaceia capaz de solucionar qualquer distúrbio da mente, é claro, mas porque é realmente no passado que se encontram os conflitos que hoje emergem como neuroses e psicoses de variada conotação e terminologia. Não há o que discordar do eminente professor vienense na formulação desses conceitos válidos. Pelo contrário, o que se propõe é que sejam ampliados no tempo a fim de que possam alcançar não apenas os possíveis traumas infantis de uma existência, mas também os mais remotos, de antigas vivências alhures.

Interferindo nesse jogo de emoções em tumulto, havia, ainda, o complicador adicional da mediunidade que nem o analista nem ela estavam levando em conta. Ela, porque não sabia; ele, porque não queria. Grande parte daquela fenomenologia era certamente de origem anímica, ou seja, gerada pelo psiquismo da própria Regina como resultante da manipulação (voluntária ou involuntária) de seu inconsciente, onde se agitavam memórias de muitas vidas que lutavam por emergir e expressar-se. Sem dúvida, porém, participava daquilo tudo um componente mediúnico, pois mediunidade e animismo são fenômenos conjugados e complementares. Isso porque os espíritos desencarnados produzem fenômenos, utilizando-se de recursos anímicos do médium. Ou, para dizer as coisas de outra maneira: o fenômeno resulta de uma ação conjugada entre dois espíritos – um encarnado e outro desencarnado.

Mas isto fica para discussão em outro ponto deste livro. Por ora, basta dizer que, embora o analista não ignorasse tais aspectos, pela sua formação doutrinária espírita – não sabemos em que nível e profundidade –, devia saber que havia ali fenômenos anímicos e fenômenos mediúnicos ou espíritas. Mantinha, contudo, sua postura *técnica*, e encaminhava suas conclusões avaliadoras para o terreno árido, mas 'científico' e 'seguro', da psicanálise ortodoxa e catalogava os episódios como produtos do inconsciente da moça. E daí? – perguntava-se ela. Como resolver aqueles conflitos, ainda que admitida a tese consagrada pelo terapeuta? Estaria ela irremediavelmente condenada a um progressivo agravamento de sua condição a ponto de tornar-se uma alienada?

Após dois anos de assídua frequência ao consultório do analista, a situação continuava a mesma. Os fenômenos se produziam com crescente intensidade e frequência e ela prosseguia vivendo duas realidades, sendo que cada vez mais na realidade II, a subjetiva, a íntima, alienante, em vez da realidade I, a objetiva e penosa, do mundo material.

A certa altura, ela concluiu que estava indo sem rumo a lugar nenhum e resolveu interromper o 'tratamento' e suspender a ingestão de drogas. Durante esses dois anos de ansiada busca, jamais o analista (espírita, repetimos) mencionou de leve conceitos doutrinários ou terminologia espírita, como mediunidade, animismo, reencarnação, causa e efeito e outros. Manteve-se rigorosamente dentro da área profissional, limitado à instrumentação do seu aprendizado acadêmico, sem mesmo tentar introduzir qualquer noção doutrinária, ainda que como simples hipótese exploratória de trabalho.

Dois ou três episódios curiosos e reveladores merecem destaque no relato desta experiência de Regina com o analista.

Percebeu ela, ao cabo de algum tempo, que ele começou a demonstrar profundo interesse pela variada fenomenologia que ela apresentava. Chegou mesmo à realização de algumas experimentações, como, por exemplo, comunicar-se com ela telepaticamente, funcionando ele como emitente e ela como receptora. O sistema funcionou. Bastava que ele se concentrasse, desejando que ela lhe falasse ao telefone que, onde quer que se encontrasse, ela procurava um aparelho e ligava para ele, perguntando se ele a havia chamado, o que ele confirmava. De outras vezes, mesmo sem ser dia de consulta, ele propunha telepaticamente que ela fosse ao consultório, e ela comparecia, movida pelo impulso de ir.

Talvez estimulado por essa receptividade da parte dela, tenha ele decidido experimentar também com a hipnose, de modo a penetrar mais profundamente no seu psiquismo. Parece que pretendia levá-la a uma regressão de memória com a intenção de explorar suas vivências infantis ou, quem sabe, saltar a barreira e aprofundar-se na memória integral, onde se acham protegidos pelo inconsciente os arquivos secretos das vidas anteriores.

Paradoxalmente, ela não se revelou um bom *sujet*, como seria de se esperar: tentaram o procedimento várias vezes, sem êxito.

Certo dia, porém, quando começava já a mergulhar na zona crepuscular da hipnose, ela *viu* a porta do consultório 'abrir-se' e entrar um espírito. Era uma mulher de estatura mediana, vestida como enfermeira ou médica, cabelos curtos cuidadosamente penteados à Romeu. Aproximou-se, postou-se à direita de Regina e lhe disse que estava ali para *impedir* que ela fosse hipnotizada, pois não lhe convinha submeter-se ao procedimento. Prontamente ela ficou em estado de alerta. Fora-se a sonolência que prenunciava o mergulho nos estados mais profundos da hipnose. Como o médico insistisse nos comandos, ela informou-lhe de que ele não conseguiria hipnotizá-la. Ante seu desejo de saber das razões, uma vez que ele usava o procedimento com regularidade (e êxito) com vários pacientes, ela contou o que presenciava. Estava ali, à sua direita, uma senhora para impedi-lo. Dizia-lhe, ainda, que o método não convinha a Regina e que ela se recusasse terminantemente a submeter-se à experiência. Por certo que haveria boas razões para isso, ainda que ignoradas.

O analista ficou desapontado e na maior frustração. Não se sabe se propôs algum termo científico para mais aquela 'alucinação'.

Certa vez, ela lhe disse que, embora referindo-se frequentemente a uma irmã, ele era filho único, o que ele, admirado, confirmou. Seus pais haviam criado como filha uma prima dele que fora para sua casa ainda infante. Aí estava, pois, sua irmã (de criação).

De outra vez, ela lhe falou sobre um acidente grave que ele sofrera quando ainda criança, também confirmado. Como Regina sabia disso? Provavelmente era informada durante seus frequentes desdobramentos.

Tais 'revelações' emergiam espontâneas e sem artificialismos ou 'montagens' especiais para impressionar. Nem era intenção de Regina impressioná-lo com fatos insólitos. Os fenômenos fluíam, tão autênticos como inesperados, e sem demonstrações espetaculares ou transes. Eram mencionados no decorrer da conversa, de passagem, como simples comentário sem maiores consequências. Daí, provavelmente, seu propósito de estudar mais a fundo aquele curioso psiquismo que guardava tantos segredos e mistérios.

Regina decidiu, por esse tempo, que ali não havia nada do que ela buscava, ou seja, explicações que a ajudassem a entender e eventualmente resolver seus conflitos emocionais.

Foi nessa fase que dois episódios da maior repercussão ocorreram na sua vida: a descoberta do espiritismo e o reencontro com a personagem central das suas vidências, que o analista preferira considerar alucinações ou fantasias subliminares.

É o que veremos a seguir.

4. O reencontro

A evidência de que o método psicanalítico falhara com ela na tentativa de reordenar suas emoções causou-lhe decepção e angústia. Onde buscar, então, o socorro de que tanto necessitava?

A situação agravou-se substancialmente a partir da identificação do homem que desempenhava tão importante papel nos seus sonhos. É bem verdade que ela sempre soube que ele era uma pessoa real e concreta e que, portanto, existia em algum lugar à sua espera. De repente viu-se diante dele, ao vivo, atropelada pelas emoções. Além do mais, se nutrira propósitos de uma eventual união, logo verificou essa impossibilidade, pois ele já assumira compromissos de família.

O impacto desse encontro foi tão dramático que ela ficou dois dias recolhida, com febre. Parece ter experimentado ali uma regressão espontânea de memória provocada pela presença física dele. Ou uma espécie de psicometria? Talvez. O certo é que esse reencontro inesperado – e do qual ele não tomara conhecimento – acabou por abrir de vez as janelas através das quais ela, até então, havia contemplado cenas esparsas, como que observadas pelas frestas entreabertas. Além do esposo, via agora dois filhos e, em vez de mera observadora que assiste ao espetáculo da objetivação da memória, ela *vivia* de novo os episódios da vida doméstica com suas minúcias, alegrias e ternuras. Contemplava as crianças com os mesmos olhos e o mesmo coração de mãe e de tudo participava com as emoções frescas e vivas, como se aquilo fosse presente. E era.

Lá fora daquele mundo ideal e feliz, contudo, permanecia à sua espera a dura realidade das lutas, da pobreza, do desconforto, das humilhações e da solidão. Era difícil conciliar as duas faces dissonantes da mesma realidade total. Muitas vezes desejou adormecer naquele sonho para nunca mais despertar.

Mais grave que isso é que, quanto mais se refugiava nas visões de uma perdida felicidade no tempo e no espaço, mais se afastava da realidade I, como um barco que, solto das amarras, distancia-se das praias onde se chocava com as rochas. Por um imperceptível mas crescente processo de envolvimento, começou a ser dominada pelas visões. Já não mais as convocava ao sabor de sua vontade e de suas disponibilidades de tempo; elas ocorriam, agora, à sua revelia, impondo-se por si mesmas. Tinha, às vezes, a impressão de ser duas pessoas distintas. Uma, a personalidade que vivia aquela história, tinha um lar, marido e filhos; era branca, bonita, adornada por basta cabeleira sedosa, inteligente e imensamente feliz. A outra lá estava, inarredável, à sua espera, cada vez que ela retornava da realidade II; era feia, estranha e – segundo ela – também burra, além de infeliz. Um verdadeiro estorvo. Não fosse *aquela mulher* tão desagradável, talvez ela pudesse viver, na sua plenitude, a vida do sonho.

5. Terapia da conversa

Foi quando começou a temer pelo seu futuro. Já experimentava certa dificuldade em deixar o mundo paralelo para enfrentar os compromissos, carências e frustrações deste. Era preciso encontrar ajuda competente e com urgência, enquanto ainda estava lúcida e podia distinguir uma realidade da outra. Sentia, contudo, que no contexto da psicanálise clássica não teria muita chance de encontrar o socorro de que tanto necessitava, pois sua experiência anterior fora uma decepção, como vimos.

Recorreu aos amigos espirituais, no caso ao dr. Bezerra de Menezes, com o qual, diz ela, "não tinha nenhuma intimidade"! Pedia-lhe que a "ajudasse, em nome de uma pessoa que sabia ser muito amiga dele".

Foi, assim, um fenômeno mediúnico que a encaminhou a alguém que procurava ajudar companheiros em dificuldade, não com teorias esdrúxulas e rótulos eruditos, mas com os singelos postulados da doutrina dos espíritos e os conceitos fundamentais dos ensinamentos do Cristo.

Ao fim de algum tempo, breve – não mais que algumas semanas –, Regina começou a aceitar a vida, ou melhor, aquela parte da vida que estamos chamando de realidade I, o mundo objetivo com todos os seus problemas e complexidades. Foi convencida de que não havia duas personalidades nela, apenas uma individualidade em conflito consigo mesma. Aquela *outra* mulher que ela rejeitava era ela mesma, vista de um ângulo diferente. Se na ótica de uma existência contemplamos a nós mesmos vivendo outra vida (passada ou futura), estamos sujeitos a esse baralhamento do senso de perspectiva e identidade. Em outras palavras: se, regredido a uma vida passada, contemplo a presente, testemunho coisas de difícil assimilação como se estivesse anacronicamente mergulhado num futuro incompreensível.

Isto não é mera teorização. Foi exatamente assim que aconteceu com um jovem oficial do exército americano, acantonado na Europa, durante a Segunda Guerra Mundial, conforme já narrei em *A memória e o tempo*. É o que conta Hugh Lynn Cayce, filho do famoso sensitivo americano Edgar Cayce, testemunha ocular do fenômeno. Por regressão da memória, via hipnose, levaram o homem a uma vida anterior na qual ele era um modesto professor do interior dos Estados Unidos, há cerca de um século. Em seguida, despertaram-no sem os cuidados devidos e o oficial conservou sua memória anterior, com total exclusão da atual. Via-se ali, de maneira incompreensível para ele, cercado de gente desconhecida que o chamava de um nome que não era o seu. Ele por sua vez não se reconhecia naquele ambiente, naquela personalidade e indumentária. Quem era ele, afinal? Onde estava? O que acontecera com sua vida? Sua cidadezinha, sua família, seus amigos, seus alunos? Ali estava, pois, na incongruente situação de uma pessoa que, de um passado mais ou menos remoto, contempla uma existência que *ainda não aconteceu...*

Com Regina, a situação era comparável, embora não idêntica. Duas memórias diferentes, ou melhor, dois segmentos diferentes das suas memórias disputavam-lhe a atenção: a de uma remota existência feliz e a de uma vida amargurada e cercada por limitações constrangedoras. Ao regressar das vidências da antiga existência, trazia ainda as lembranças e o agitar das emoções que lá experimentava. Nesse estado de espírito, estranhava aquele ser que era ela mesma, mas que teimava em considerar como se fosse *outra* pessoa.

Seu novo interlocutor era apenas um conselheiro com o qual discutia seus problemas, mas não um terapeuta ou um analista. Dizia-lhe que ela precisava *aceitar* como expressão de si mesma aquele ser que ela, cada vez mais, ia se habituando a tratar na terceira pessoa: ao se referir a si mesma, não dizia *eu*, dizia *ela*. Suas chamadas alucinações, acrescentava o conselheiro, não passavam de vidências ou revivescências de uma vida anterior que, por alguma razão desconhecida, estavam emergindo das profundidades da memória. Havia, contudo, uma vida pela frente para ser vivida em toda a sua intensidade, com todos os seus problemas e, certamente, com o valioso potencial de acertos e conquistas, se tudo fosse feito da maneira adequada. Nas passadas existências nada era possível mudar, ou melhor, *desfazer*, mas na atual tinha de aproveitar as oportunidades para *refazer* o que não fizera bem feito ou com acerto. Talvez as vidências tivessem por finalidade mostrar-lhe uma felicidade perdida, mas reconquistável, um modelo de vida que um dia poderia voltar a ser seu desde que lutasse para corrigir suas próprias deficiências e os erros cometidos. Se é que desejava reunir-se àqueles entes amados (e como desejava!), precisava aceitar a vida presente com todo o seu cortejo de dores e dificuldades e vivê-la da melhor maneira possível, utilizando-se corretamente dos recursos e possibilidades que lhe haviam sido concedidos precisamente para recuperar-se. Quanto aos reencontros, eram mesmo impossíveis e, por mais traumatizantes que fossem, não devíamos permitir que nos aniquilassem na dor. Estamos, aqui, em situações que nos parecem um tanto esdrúxulas e penosas, exatamente para aprender lições que ainda não assimilamos, a despeito de todo um longo passado de experiências.

Isto que os tradutores ingleses de Freud chamaram de "*talking cure*" (a cura pela palavra, pela conversa), funcionou com Regina. Ela acabou convicta de que seu amigo tinha razão e de que era preciso enfrentar a vida e vivê-la, a despeito de todas as suas dificuldades ou por isso mesmo. Pelo que saberia mais tarde, tivera facilidades demais no passado e lutas de menos.

A partir daí começou a *aceitar-se* mais, tal como era, ainda que se esforçando por ser melhor do que sempre fora. Aceitou renúncias, admitiu limitações, reconciliou-se, enfim, com as contingências da sua existência atual como que se adaptando à nova personalidade, ao corpo, à cor, à posição social que antes rejeitara. Curiosamente, desapareceram os persistentes enjoos matinais, a repugnância pelo alimento, os problemas psicossomáticos que a atormentavam. Parece que até então esforçara-se inconscientemente em destruir o corpo detestado que a prendia àquela vida igualmente detestável. Se ela morresse à míngua, de fome ou com alguma doença incurável, estaria livre de tudo aquilo e poderia – assim pensava – entregar-se aos seus sonhos e vidências.

Com o tempo identificou, reencarnados, aqueles dois filhos que tanto movimentavam suas visões junto do marido amado. Primeiro, um deles, que estava espiritualmente bem; depois, o outro, que sua intuição dizia não estar tão bem quanto o primeiro. De fato, do ponto de vista humano, este ia até muito bem, mas espiritualmente ainda causava inquietação ao sensível coração materno. Como dizer-lhes, porém, que eram seus filhos amados do passado remoto? Achou melhor preservá-los, e a si mesma, de tais revelações que nada acrescentariam de desejável ao programa espiritual de cada um.

Uma lição ficou: a de que, uma vez localizados aqueles seres, seus antigos amores, não precisava mais fugir da realidade para ir ao encontro deles. Na verdade eles não estavam *lá*, naquele contexto, a não ser na sua memória, mas *aqui*, não muito distantes dela, em vidas paralelas, ainda que inconscientes das antigas e sólidas ligações emocionais.

Não havia, portanto, nenhuma tendência autista, nenhuma psicose ou neurose de nome estapafúrdio, nem complexos vergonhosos ou alucinações alienantes, ou personalidades fraturadas e cindidas. Era tudo uma só realidade distribuída em segmentos diferentes de tempo e espaço, uma só pessoa que se via obrigada a dividir a atenção em duas ou mais para assegurar-se de que aquele passado estava ali mesmo, como também seus amores, ao alcance da memória e que um dia poderia reconquistar a felicidade que suas visões testemunhavam. Nada mais do que isso.

A partir daí, produziu-se uma nova ordenação em suas emoções e as coisas acomodaram-se em uma perspectiva diferente, numa outra escala de prioridades e valores. Isso não quer dizer que seus problemas estivessem resolvidos ou os conflitos solucionados para sempre, como que por um passe de mágica. Os problemas estavam ali e ali continuaram, mas ela os via agora de uma ótica diversa, segundo a qual eles se mostravam coerentes e solucionáveis e não incongruentes e inabordáveis, como antes. Em suma: não eram mais alienantes. Faltava apenas reorientar e reordenar a atividade mediúnica. Foi o que aconteceu a seguir. Antes, porém, vamos dar um passo ou dois atrás para ver o que aconteceu nesse ínterim.

6. Vozes

Intensificaram-se na adolescência os fenômenos insólitos. Regina não sabia ainda como distinguir os fatos anímicos dos mediúnicos, ou seja, separar os que eram produzidos pelo seu próprio psiquismo – como recordações dramatizadas do passado, ou *flashes* de intuição, como aqueles em que dissera ao analista que ele não tinha irmã e que sofrera um acidente em sua juventude – dos fenômenos nitidamente espíritas, como o da aparição de uma enfermeira ou médica que viera para impedir que ela fosse hipnotizada. Na verdade, ela nem sabia o que era mediunidade. Aquilo eram 'coisas' que aconteciam com ela. Nada mais.

Persistiam, contudo, as angústias, indefinidas saudades, a sensação de perda e de desalento. Havia nela um grande desejo de morrer, embora rejeitasse sumariamente a ideia de suicídio. Morrer, no seu modo de entender, seria voltar para um lugar desconhecido, mas onde sabia ter sido feliz ou pelo menos mais feliz do que agora. Uma das saudades era identificável: a de um amor que ela *sabia* que tinha e estava em algum lugar desconhecido, mas não menos real. Com frequência, essas crises existenciais desaguavam em inexplicáveis choradeiras e desesperos e ela chegava a ficar acamada e febril por alguns dias.

Como explicar e entender aquela confusão mental? Por mais que buscasse o silêncio da meditação, não conseguia as respostas que desejava. E, no entanto, alguém devia tê-las. Não era possível que não houvesse explicação para toda aquela problemática.

Nos seus silêncios, conversava também com Deus, desejosa de saber o porquê de tudo aquilo. Se Deus realmente existia – e disso ela tinha convicção –, então estava sendo injusto com ela. Embora imperfeita como se reconhecia, levava uma existência honesta, de lutas, dentro de um austero comportamento moral, evitando prejudicar quem quer que fosse, sem desejar mal a ninguém, sem invejas ou agressividade.

O catolicismo, que praticava naquele tempo – sem convicção, aliás –, respondia com dogmas inaceitáveis e uma doutrina feita de crenças, não de conceitos racionais.

Aconteceu, então, o inesperado. Nos períodos reservados à meditação e ao repouso, à tarde, começou a ouvir uma voz masculina, muito tranquila, que parecia responder às suas indagações mentais. Pela primeira vez ouviu algo a respeito de reencarnação. A voz não mencionara especificamente essa palavra, mas explicou que, ao nascer, todos nós trazemos uma programação a cumprir, um planejamento a realizar e que nem sempre levamos a bom termo essa programação. Quando isto acontece, é necessário voltar para completar a tarefa. Quanto às queixas acerca da justiça divina, explicava a voz que nós passamos exatamente pelas dificuldades por que temos de passar devido a erros anteriores ou por não havermos realizado o que trouxemos planejado.

Isso, sim, fazia sentido e ela não teve dificuldade em aceitar como válidas as informações. Acabou, portanto, por admitir: — Bem, se é assim, então está tudo certo.

Decorrido mais algum tempo, passou a encontrar-se com esse espírito durante o sono. Ele lhe mostrava cenas e quadros como que em resposta ilustrada a certas perguntas mais complexas. Ela sabia que havia ali a seu lado, no sonho, uma pessoa, mas não lhe conseguia ver o rosto (ou será que se esquecia das suas feições, ao despertar?). E outra coisa: ele não se identificava com um nome. Quando ela lhe perguntou, certa vez, ele limitou-se a dizer:

– Que é um nome? O nome não importa. Sou seu amigo.

Ela entendeu que deveria respeitar seu anonimato e nunca mais o questionou nesse sentido. O importante eram os ensinamentos que ele lhe ministrava, sempre com a mesma serenidade e segurança.

Boddington adverte que os guias experimentados não costumam realmente identificar-se. Se foram personalidades importantes na Terra, os médiuns poderiam ficar intoleravelmente vaidosos. Se, por outro lado, tenham sido pessoas obscuras, o médium pode ficar decepcionado. Em nenhuma das hipóteses há qualquer vantagem ou influência positiva sobre o trabalho que se pretende levar a termo.

Regina habituou-se aos encontros à tarde. Nesse ínterim, meditava sobre as coisas que ele lhe dizia e preparava perguntas sobre aspectos mais obscuros ou sobre novas dúvidas suscitadas. A voz continuava a esclarecê-la pacientemente e confortava-a nas suas dores, e ela começou a viver, afinal, um período de maior calma íntima.

Já há algum tempo ouvia a voz, nos colóquios do fim da tarde, quando a mencionou ao analista. Apesar de espírita convicto e até médium de efeitos físicos, como ela soube mais tarde, ele se manteve firme na sua postura 'técnica', declarando que, provavelmente, era o seu próprio inconsciente que a moça ouvia. (Inconsciente fala?)

Como seria isso possível, no entanto, se a voz lhe dizia coisas desconhecidas e, às vezes, até contrárias ao seu modo de entender? Por outro lado, a voz tinha características próprias, entonações peculiares e adotava uma técnica expositiva cujo mecanismo ela não entendia, como a da projeção de imagens e cenas vivas. Em suma, tinha uma personalidade aquela voz e estava obviamente ligada a uma individualidade autônoma, diversa da dela, com um acervo de conhecimentos muito acima do seu, serenidade e equilíbrio que ela estava longe de possuir.

Convicta, portanto, de que não se tratava de uma alucinação auditiva ou de uma sonorização ilusória de seus próprios pensamentos, Regina decidiu não mais mencionar o fenômeno ao analista. Mesmo porque, se permitisse que ele a 'orientasse' segundo os parâmetros da sua ciência, por mais respeitáveis que fossem, ela acabaria ficando sem seu conselheiro invisível, o que lhe seria desastroso.

E ela continuava sem vê-lo, objetivamente. Na linguagem do analista, a 'alucinação' continuava auditiva e se recusava a apresentar-se visualmente. Certa vez lhe mostrou uma cena para ilustrar uma conversa anterior, ainda sobre aspectos específicos da justiça divina, problema que ela estava decidida a explorar até onde e quando fosse possível. Ela via um grande buraco no chão, de onde saíam pessoas – imaginou que fossem 'mortos' – que, em seguida, entravam numa fila. Todos tinham nas mãos uma lista, como alguém que vai prestar contas e leva suas anotações. Algumas listas eram pequenas, outras arrastavam pelo chão, de tão longas. O ser ao lado de Regina dizia-lhe que, de fato, era uma prestação de contas. Não lhe ficou perfeitamente claro, contudo, se estavam chegando da desencarnação ou se preparando para a reencarnação. Havia alguns maltrapilhos, mutilados, sujos e outros de aparência menos aflitiva. A voz explicou:

– Como você vê, todos têm de prestar contas. Os que estão rasgados trazem ainda muito ódio no coração.

Os colóquios com essa entidade foram uma bênção que ela soube valorizar. Não que o tratasse como um guru infalível, pois tinha por hábito passar suas observações pela sua própria análise racional – atitude que ele próprio estimulava –, mas os novos conhecimentos que vinha adquirindo amenizaram-lhe bastante as crises íntimas, ainda que persistissem seus problemas e dificuldades. Ela ainda experimentava aquela indefinível sensação de angústia e sua mente parecia uma usina viva de perguntas e questionamentos, de vez que pergunta puxa pergunta.

7. O livro voador

Certo dia em que estivera particularmente angustiada, voltara a pensar na morte, não como solução provocada, mas desejável. O dia fora longo, difícil e cansativo. Na visita daquela noite, seu amigo invisível lhe disse, enigmático: – Fique tranquila. Amanhã chegará às suas mãos algo que lhe dará todas as respostas que você deseja. Durma em paz, agora. Confie.

Ela adormeceu. Mesmo porque estava exausta das tarefas do dia e do pranto amargo. Era um sábado.

No domingo, como às vezes fazia, foi à casa de uma das irmãs, onde passava o dia. Usualmente iam todos repousar após o almoço. O calor era intenso naquela época e não tinham disposição para nada após a refeição, senão para dormir. Naquela tarde, porém, seu cunhado entendeu de convidar a esposa e a cunhada para arrumar uns livros que haviam sido trazidos num caixote da casa anterior (haviam se mudado há pouco). Regina e a irmã protestaram energicamente:

– Que absurdo! Com este calor? Logo hoje?

Mas ele se mostrou irredutível. Era preciso fazer a arrumação, mesmo com algum sacrifício. As moças seguiram-no resignadamente para a garagem, embora com direito a justos resmungos. Sentiram, talvez, que seria injusto deixá-lo trabalhar sozinho. Como dono da 'enchente', ele se sentou junto ao caixote de livros, a mulher ao lado e a cunhada mais adiante. Ele ia retirando os volumes e passando para elas, que os examinavam sumariamente para uma classificação preliminar.

Estavam ali já há algum tempo quando um livro soltou-se das mão dele e 'aterrissou' no colo de Regina, que reclamou:

— Poxa, irmão! Cuidado aí, tá?

Como caíra aberto, ela teve a curiosidade de correr os olhos pelo texto para ver do que tratava o livro 'voador'. Achou interessante o que leu. Virou o livro para ver o título: *O que é o espiritismo*. Muito interessante! Não é que encontrara ali algumas das suas próprias dúvidas com esclarecimentos simples e objetivos?

— De quem é esse livro? — perguntou.

— Por quê? Você gostou?

— É, gostei.

— Então é seu. Não sei a quem pertence e nem sei por que veio parar aqui em casa.

Não é preciso dizer que o cunhado de Regina mostrou-se subitamente desinteressado de dar prosseguimento à tarefa. Teve um súbito 'ataque' de bom-senso e admitiu que o melhor era mesmo parar com aquele serviço.

— Foi uma tolice insistir com vocês para virem para cá com este calor. Vamos descansar.

Os livros foram rapidamente recolocados no caixote e os três voltaram para o interior da casa. Só que Regina não conseguiu dormir. Não largou mais do livro, logo devorado com sofreguidão. Somente à noitinha, já de volta à sua casa, é que lhe ocorreu subitamente que o livro materializava a promessa de seu amigo espiritual na noite anterior. Mentalmente, ela lhe agradeceu com ternura e gratidão.

O livro indicava, como leitura subsequente, *O livro dos espíritos*, *O livro dos médiuns* e outros, todos publicados pela Federação Espírita Brasileira.

No dia seguinte, Regina passou pela livraria da FEB, na avenida Passos, e adquiriu duas das obras indicadas. E leu-as com a mesma febril sofreguidão de quem, afinal, encontrou exposta de maneira ordenada toda a complexa rede de informações de que necessitava para começar a entender melhor os mecanismos da vida.

Era um mundo novo que se abria diante de seus olhos. *O livro dos espíritos*, especialmente, foi como um reencontro com a verdade. No fundo, parece que ela sabia que aquele livro estava à sua espera, ela sabia que ele existia. Tudo estava lá, de maneira lógica, simples, compreensível, racional. Aquele Deus, sim, ela podia aceitar, pois não era injusto. A dor não era uma punição, como ela pensava, mas um remédio para a alma doente de tanto errar...

Sintomaticamente, deixou de ouvir a 'voz' durante o tempo dedicado à leitura dos livros básicos. Teria perdido o amigo, dono da voz consoladora, conhecedor de tantos enigmas da vida? Não, disse ele quando voltou. Apenas dera-lhe tempo para ler e meditar sobre as novas ideias que estava absorvendo.

Na verdade, ele nunca mais a deixou. Não que viesse com a mesma assiduidade de antes (disse-lhe, certa vez, que tinha muitas ocupações e responsabilidades), mas nunca deixou de assisti-la e ampará-la nos momentos mais críticos, sempre solícito, simples, sem atitudes para impressionar, com uma palavra de esclarecimento, estímulo, orientação. Explicou-lhe, ainda, que agora ela dispunha de melhores conhecimentos e, além, do mais, ele não podia interferir em seu livre-arbítrio, dado que, como todos nós, ela precisava assumir as responsabilidades pelos seus atos e conquistar o mérito dos seus acertos.

Esse discretíssimo amigo espiritual foi mais uma *presença* do que uma *pessoa* concreta. Cerca de vinte anos depois, ela diria que só o viu quatro vezes. A primeira, no início, logo após a leitura dos livros de Kardec. Regina descreve-o como uma pessoa de elevada estatura e esguia. Apresentava-se vestido com uma túnica singela, meio *evasée*, abotoada na frente. Quando o viu pela primeira vez, ele trazia um livro nas mãos. – É o meu instrumento de trabalho – explicou ele. Era um exemplar do *Evangelho*.

Ele e também outra entidade muito querida que mais tarde se manifestaria a ela somente acorrem nos momentos de crise excepcionalmente aguda ou quando decidem tomar a iniciativa para comunicar-lhe algo decisivo em relação à sua programação espiritual. Em tais casos, ela sente abrir-se um canal que conduz a um caminho luminoso que passa por uma espécie de túnel. É por ali que vem o pensamento deles. Quando um deles vem visitá-la, é por ali que o vê chegar e regressar.

Regina os considera amores muito queridos de várias e remotas existências e que, adiantando-se na trilha evolutiva, estão sempre atentos, velando por ela dos elevados planos em que vivem.

Sem que todos os seus problemas estivessem resolvidos por um passe de mágica, estava agora mais esclarecida acerca deles, bem como dos fenômenos que continuavam a ocorrer. Sabia ela, agora, que se chamava mediunidade ao conjunto de suas faculdades e que cada uma delas tinha sua classificação no quadro geral e uma função específica. Isto queria dizer também que, sendo médium, ela viera incumbida de uma tarefa e precisava desempenhá-la a contento. Que iria dizer, um dia, numa daquelas dramáticas prestações de contas, se não atendesse aos compromissos que certamente assumira?

Mas por onde começar? A quem recorrer?

É o que veremos a seguir.

8. O susto e a primeira psicografia

Lembrou-se, nessa altura, de uma conhecida sua que se dizia espírita. Procurou-a para uma conversa e relatou-lhe o que se passava com ela. Após ouvi-la, a senhora lhe disse que tinha uma irmã, médium, que dirigia um centro. Se Regina quisesse, poderia pedir ao guia da irmã para conceder-lhe uma 'consulta' e dizer-lhe como proceder. Sem nenhuma experiência de tais práticas e não tendo a quem mais recorrer no plano físico, Regina concordou com a proposta e aguardou com certa expectativa a consulta.

No dia indicado, encontraram-se no local preestabelecido, sendo logo avisada pela sua companheira, algo desconcertada, que infelizmente não daria para fazer a consulta na residência da irmã, conforme ficara combinado. A outra tivera de ir ao centro para alguma tarefa inadiável e inesperada e era lá que Regina seria atendida. Inexplicavelmente, a mudança de planos causou certa inquietação à consulente. Teria preferido a consulta particular, que não a exporia mais do que o necessário. Não havia, contudo, como recuar, por isso seguiu em frente, a despeito de seus temores.

O centro funcionava em bairro muito distante. Depois de longa viagem de ônibus, saltaram e seguiram por um caminho estreito ladeado de capim e arbustos. Crescia a inquietação de Regina. Algo não estava bem naquilo, mas ela atribuía tal sensação às reservas com as quais considerava a prática espírita em geral, sobre a qual ouvira comentários um tanto desairosos.

Caminharam um bom trecho até chegar à casa onde funcionava a instituição. Sua companheira adiantou-se e entrou primeiro. Regina a seguiu. Mal transposta a entrada, viu-se aturdida em frente a um enorme grupo de pessoas que se agitavam ritmadamente, em ambiente esfumaçado no qual se misturavam o odor acre do charuto e o dos defumadores. Os agitados bailarinos vestiam-se de branco; o ritmo dos instrumentos era ensurdecedor.

Mesmo assim, Regina 'ouviu' nitidamente uma voz interior que lhe dizia, imperiosa: "Vá embora! Volte para casa imediatamente!" Não havia tempo a perder.

Como uma mola comandada por irresistível força, ela virou-se e saiu porta afora com toda a pressa de que era capaz, quase correndo. Sua companheira saiu-lhe no encalço, preocupada, gritando pelo seu nome e pedindo-lhe que parasse. Mesmo que o desejasse, ela não conseguia deter os passos e logo adiantou-se tanto que a mulher desistiu de detê-la ou de segui-la.

O problema agora era encontrar o caminho certo entre os inúmeros atalhos mal traçados pelo meio do mato. Conseguiu, contudo, chegar (esbaforida) ao caminho principal. Na verdade, não sabe ao certo como conseguiu safar-se daquele labirinto. Quando deu acordo de si, estava já na estrada principal pela qual percorrera bom pedaço. Estaria sob controle mediúnico de alguma entidade amiga? É o que ela supõe.

Ficou ali por algum tempo, até que surgiu um ônibus e ela o tomou de volta. Só então pôde fazer uma avaliação mais serena da situação.

Sentia-se arrasada, desconcertada e com um sentimento de vergonha. E principalmente confusa. Estranha angústia invadiu-a e as lágrimas começaram a correr-lhe.

Se para ser médium precisava fazer aquelas coisas, então ela não o queria ser. Chegou em casa ainda perturbada e confusa. E sem saber o que fazer a seguir. Não tinha uma tarefa a realizar? Seria aquela a única maneira de desempenhá-la?

Diversidade dos Carismas

Um pouco mais calma, lembrou-se de que afinal ela também era médium e que poderia tentar, naquela emergência – e era uma emergência –, receber uma orientação de seus amigos espirituais. Estranho que não havia antes pensado nisso! Deixara-se talvez empolgar pela aparente segurança e experiência da sua conhecida, que se oferecera para levá-la à irmã. Mesmo porque esta já era médium experiente e habituada, segundo parecia, ao trabalho de aconselhamento.

Regina foi à estante, retirou de lá *O livro dos médiuns* e localizou a passagem em que Kardec transmite instruções sobre a maneira adequada de exercer a mediunidade psicográfica. Lá estava. Sentar-se comodamente, fazer uma prece, segurar o lápis pousado levemente sobre o papel e aguardar. Assim foi feito. Na prece, procurou com o pensamento e a emoção aquele amigo especial, pedindo-lhe se possível uma orientação. Se ela era médium, queria servir, sentia-se honrada com o mandato e julgava chegada a hora de dar início ao trabalho, mas por onde começar? Será que existia apenas aquela forma de exercício mediúnico que vira lá no centro do bairro distante? Era para lá que ela deveria ir, enfrentando todas as dificuldades que isso acarretava? Era lá que estaria posta a tarefa à sua espera? E que era aquilo, afinal, que lhe parecera tão diferente de tudo quanto lera a respeito?

A prece ajudou-a a acalmar-se. Ficou ali, imóvel, apenas segurando o lápis, sem exercer maior esforço ou tensão sobre a superfície do papel. O braço foi ficando pesado, pesado e invadido por uma ligeira sensação de dor. De repente, ficou leve como se fosse flutuar, movimentou-se sozinho e sua mão começou a deslizar sobre o papel. Aquilo era novo para ela, uma verdadeira surpresa. Por alguns momentos ela ficou a observar o braço, a deslocar-se como se não fosse parte de seu corpo e sim um objeto destacado e autônomo, que se movia com seus próprios recursos. A mão, contudo, não conseguia traçar senão rabiscos sem sentido. Ela ficou, por um momento, sem saber o que fazer; em seguida, ouviu a voz do seu amigo, que lhe recomendava segurar o lápis com mais firmeza. Feito isso, assistiu maravilhada produzir-se ante seus olhos a primeira mensagem psicográfica, na qual seu amigo se utilizava de sua própria mão para dizer-lhe algo.

Foi uma mensagem sucinta.

Quando a escrita terminou, a mão tomou a iniciativa de abandonar o lápis sobre o papel e voltou à sua condição normal, ou seja, Regina reassumiu o comando sobre seus movimentos. Apanhou a folha de papel e leu o texto, com emoção e lágrimas nos olhos. Ali estava escrito que ela se acalmasse. Era médium, sim, e tinha tarefas a realizar, mas não se preocupasse demasiado com o assunto. Precisava, de fato, frequentar um grupo para exercitar-se melhor. Procurasse alguém que conhecesse as obras de Kardec para pedir orientação. Desejou-lhe paz, abençoou-a em nome de Deus e assinou: "Um amigo".

Ela se sentiu mais segura. O amigo querido ali estava, atento e disposto a ajudá-la. Ela sabia que podia confiar nele.

9. Novas decepções

Dessa vez, ela procurou uma amiga que sabia estar familiarizada com a obra de Kardec. Essa moça já lhe dissera uma vez que tudo aquilo que acontecia com ela resultava de um potencial mediúnico que era preciso cultivar. Indicou-lhe um centro de sua confiança, ali mesmo nas redondezas e que ela frequentava regularmente. Regina passou a comparecer às reuniões públicas de estudo.

Durou pouco, no entanto, sua presença na instituição. Conheceu lá um senhor que fazia parte da diretoria que a ouviu pacientemente e prometeu ajudá-la. Houve, porém, um desentendimento qualquer entre os diretores; ele renunciou ao cargo que exercia e retirou-se da sociedade. Por solidariedade, ela entendeu que deveria também sair.

Era um homem experimentado, simpático e parecia ser 'grande conhecedor' dos aspectos técnicos e práticos do espiritismo. Regina encontrara nele o apoio de que necessitava para suas perplexidades e sua busca. Ficou conhecendo sua esposa, passou a frequentar sua casa e se tornaram, enfim, bons amigos.

Regina decidiu, então, dar início a um culto doméstico para o qual convidou o casal e mais duas pessoas de suas relações de amizade. A ideia foi recebida com entusiasmo por ele. Logo na primeira reunião, surpreendeu-a com um livro de atas, um regulamento e nome já escolhido para o culto, emprestando-lhe as características de um pequeno centro espírita, ainda embrionário. Não era isso que Regina havia imaginado. Ela desejava apenas uma reunião informal para estudo e prece. Não via, porém, necessidade de impor suas ideias, mesmo porque seu amigo espiritual começou a comunicar-se regularmente, sem assinar as mensagens. Continuou utilizando-se da expressão inócua de sempre: "Um amigo". Somente ela sabia de quem se tratava, embora lhe ignorasse o nome.

Durante cerca de um ano, tudo correu bem. Os textos psicografados traziam segura orientação, quase sempre ampliando o tema do estudo da noite ou destacando-lhe aspectos especiais para comentar.

Particularmente, o espírito lhe transmitia outros informes e orientava seus estudos, recomendando permanente consulta às obras de Kardec e ao *Evangelho*, incentivando-a no aperfeiçoamento de sua cultura doutrinária e na prática da meditação.

Decorrido aquele primeiro ano, contudo, as coisas começaram a mudar; de modo imperceptível, a princípio, e depois de forma mais óbvia. A mediunidade de Regina desdobrava-se em vários aspectos e manifestações. Ocorriam fenômenos de vidência, clarividência, premonição, telepatia, desdobramentos conscientes e efeitos físicos, além da psicografia. Ela considerava tudo isso com naturalidade, mesmo porque estava habituada àquela riqueza fenomenológica. Nada via de extraordinário naquilo. Queria servir no que fosse mais útil e da maneira mais correta. Não sonhava projetar-se com o exercício da mediunidade, por entendê-la, acertadamente, como simples instrumento de trabalho. Estava convicta de que não lhe teriam sido proporcionados tais recursos sem um objetivo determinado; não, por certo, para sua satisfação particular ou para exibir fenômenos insólitos perante uma plateia fascinada.

O senhor seu amigo, contudo, começou a ficar cada vez mais empolgado com aquela inesperada variedade de faculdades mediúnicas. Acabara de descobrir uma médium de notáveis possibilidades e não iria perder a oportunidade de trabalhar com ela a fim de desenvolver suas faculdades segundo sua metodologia pessoal.

Cada vez mais entusiasmado, assumiu o comando das atividades, cumulando-a de elogios e expressões de admiração. Começou a exigir dela certas atitudes e exercícios. Fazia experiências, planejava reuniões especiais, trazia amigos para as assistir, colocando a médium em evidência, empolgado pelas comunicações que vinham por intermédio dela. Ao que tudo indica, tinha em mente desenvolver em torno dela um grupo de maiores proporções com o qual pudesse conduzir seu trabalho à sua maneira. Não que isso fosse, em si mesmo, censurável, mas é preciso reconhecer que sua atitude implicava riscos e dificuldades imprevisíveis.

Para Regina, foi uma encruzilhada. Se também se deixasse envolver pela empolgação do amigo, certamente teria enveredado pelo caminho que ele traçara para ela, e não sabe o que poderia ter acontecido, por melhores que fossem as intenções.

Logo, porém, os espíritos amigos demonstraram de maneira inequívoca que não aprovavam os planos traçados com tanto entusiasmo. Os fenômenos passaram a escassear e desapareceram de modo misterioso e inexplicável (para ele). O amigo espiritual deixou de se comunicar. Às vezes era visto por Regina, ao seu lado, na reunião. Ela sabia que ele ali estava, mas nada dizia; ele também não se pronunciava. Era só uma presença vigilante, preocupada talvez, e amorosa.

O homem começou a ficar impaciente e a exigir dela concentração e mais concentração, desejando, quase impondo, que ela produzisse os fenômenos de antes de qualquer maneira. Irritava-se com o silêncio dos espíritos e a culpava severamente. Não conseguia esconder seu desapontamento e sua frustração. Novo risco estava implícito nessa atitude. Regina poderia muito bem ter forçado a produção de fenômenos fraudulentos, consciente ou inconscientemente, apenas para atendê-lo ou cedendo à sua pressão. Felizmente, manteve-se firme. Não podia evitar, porém, a aflitiva sensação de fracasso. Mas resistia, chegando mesmo a dizer-lhe, com franqueza, que não poderia inventar uma comunicação ou um fenômeno apenas para contentá-lo. Ele argumentava que havia qualquer coisa errada no seu procedimento e isso estaria afastando as entidades.

Tais atitudes foram desastrosas por todos os motivos. A mais grave foi a de que criaram no espírito de Regina as primeiras dúvidas a respeito da sua mediunidade, o que a levou a uma posição de insegurança e de hesitações que iria prejudicá-la seriamente no futuro e da qual custaria muito a livrar-se. Nas horas de meditação, procedia a minuciosos exames de consciência e nada via, nos seus atos, que pudesse ter contribuído para o abandono que, segundo ele, merecera de seus mentores espirituais. E as comunicações não vinham mesmo, nem os fenômenos de antes ocorriam mais.

Isso servia para demonstrar que o homem estava prioritariamente interessado no fenômeno e não no estudo e na prece, que foram os objetivos para os quais ela decidira iniciar o seu culto doméstico. Também não estava preparado para guiar os passos dela na difícil e delicada tarefa de maturação da mediunidade, num período inicial de treinamento e ajuste onde se definem atitudes e práticas consolidam-se procedimentos e armam-se dispositivos de segurança. Tudo isso para que o médium se familiarize com os mecanismos operacionais de suas faculdades e até defina, ele próprio, suas prioridades e preferências. Por exemplo, em que modalidade se sente melhor, mais seguro, mais eficiente? Psicografia? Psicofonia? Passes? Vidência?

A assistência de uma pessoa qualificada, competente e experimentada é da maior importância nessa fase delicada. Que critique, sem demolir e sem desestimular; que estimule, sem incensar vaidades; que corrija, sem arbitrariedades, o que lhe pareça errado; que tenha respostas precisas e adequadas ante as dúvidas suscitadas, sem colocar-se como um guru infalível e onisciente; que tenha a segura convicção do que sabe e descontraída humildade de procurar saber o que ignora. Do contrário, desenvolve-se uma mediunidade viciada e até perigosa; ou inibida, artificial, sem espontaneidade. O objetivo, ao que se depreende, era o de convertê-la em uma 'grande médium', em torno da qual se desenvolvesse um trabalho de vulto, que acabaria por projetá-la em indesejável foco de publicidade. A boa mediunidade, em geral, não vai às manchetes. Só excepcionalmente isso acontece e, sem dúvida alguma, não por desejo do médium responsável e discreto.

Perguntado, certa vez, por que não se oferecia ao dr. J. B. Rhine para as pesquisas do eminente parapsicólogo, Gerard Croiset declarou:

> Os testes estatísticos do dr. Rhine somente provariam que sou dotado de faculdades paragnósticas. Disto eu já sei! Estou muito ocupado para brincar de adivinhar cartas de baralho como uma criança! As experiências qualitativas do dr. Tenhaeff são muito mais profundas do que as quantitativas do dr. Rhine. O que eles deveriam fazer é demonstrar o *valor* daquilo que estão tentando realizar, ou seja, como ajudar as pessoas. Isso é mais importante para mim do que descobrir quantas cartas possa adivinhar. (Pollack, Jack H., 1965)

Eis aí um sensitivo que sabe o que quer e não se deixa envolver pelo fascínio da publicidade ou pela pesquisa destinada a provar o óbvio.

Percebendo tudo isso, Regina tomou uma decisão drástica, convidando os participantes do grupo, delicadamente mas com inabalável firmeza, a porem um fim às reuniões. Nada impedia, declarou ela, que continuassem seus trabalhos em outro local, com outras pessoas, mas ali, na sua casa, não havia mais condições de fazê-lo.

Terminou dessa maneira desagradável uma tarefa que ela havia idealizado com amor, simplicidade e boa vontade.

Sua decepção foi grande. O risco, agora, estava em cruzar os braços e abandonar para sempre as tentativas da prática mediúnica, que lhe trazia tantos problemas e tensões. Nessa altura, contudo, ela estava por demais convicta da realidade espiritual e confiante na cobertura de seus amigos desencarnados. Além do mais, não a abandonara a certeza de que tinha tarefas a realizar e de que, logicamente, precisava preparar-se para elas.

Voltava, portanto, às mesmas perguntas de sempre: a quem recorrer? O que fazer? Por onde começar?

10. Peregrinação pelos centros

Era evidente para ela que não podia desempenhar suas tarefas sozinha. Sabia o suficiente para estar consciente de que a mediunidade não deve ser exercida senão com a sustentação de um grupo amigo e afim, harmonioso e equilibrado. Mas, onde estavam essas pessoas em condições de ajudá-la?

Enquanto isso, deu prosseguimento sozinha ao culto do lar, sem trabalho mediúnico. Sabia, contudo, que a solução era provisória; era apenas uma pausa, pois estava convicta de que tinha de descobrir um grupo que aceitasse sua contribuição de trabalho. Não era possível que após toda a programação espiritual, que obviamente aceitara ao reencarnar-se, não conseguisse encontrar quem lhe desse condições de realizar suas tarefas.

Começou sua peregrinação por diversos grupos, descobertos segundo orientação de um ou outro amigo. A rotina era sempre a mesma. Mal chegava, procurando uma acomodação, um cantinho para trabalhar, para oferecer sua quota de colaboração, as coisas começavam a complicar-se. Não porque nada tivesse a fazer ou que precisasse ainda 'desenvolver' sua mediunidade, mas precisamente porque já a tinha pronta e acabada e multiplicada em manifestações que fascinavam uns tantos e geravam especulações ociosas e até ciúmes em outros. Como acolher em grupos já formados na tradição de uma prática cristalizada o médium que chega, diferente, fora dos padrões locais?

Ela via tudo isso de modo diferente. Considerava a mediunidade uma atividade natural e espontânea. Não se sentia mais importante ou diferente dos outros. Acostumara-se, desde cedo, com os fenômenos com os quais convivera toda a sua vida consciente. Só desejava trabalhar sob orientação confiável junto a quem pudesse ajudá-la para que ela, por sua vez, também pudesse servir. Nada mais.

Os dirigentes, contudo, queriam dela a atitude padrão a que estavam habituados. Médium que não se enquadrasse nas condições julgadas ideais não servia; era considerado indisciplinado, personalista, sujeito a influências negativas ou dominado por fenomenologia anímica, o terrível fantasma que assombra tanta gente boa. Infelizmente para ela (ou felizmente), sua mediunidade não se enquadrava naquele tipo de trabalho e de modelo.

Para sua desgraça maior (ou felicidade), ela ainda não aprendera a *controlar as assinaturas* das comunicações. Os espíritos escreviam seus textos por suas mãos e assinavam seus nomes verdadeiros. Isso "não estava bem", segundo lhe diziam com ar preocupado. Ela não tinha condições de 'receber' certas entidades.

Certa vez psicografou um belo soneto sobre a caridade, que foi muito apreciado. Ela, pessoalmente, embora dotada de boa cultura, não se dedicava à poesia, ainda mais àquele tipo de poesia tão pessoal, da notável brasileira que a assinou: Auta de Souza.

Foi um deus-nos-acuda. Um dos dirigentes, também médium – não daquela modalidade –, chamou-a em particular e lhe fez uma preleção um tanto desajeitada sobre o cuidado que era preciso ter "com assinaturas de entidades importantes"! Aquilo era *perigoso*. Era muito cedo para ela estar recebendo tais entidades que só vinham por determinados médiuns de maior experiência, mais prestígio e *status*.

Ela ouviu em silêncio a preleção e registrou-a como nova contribuição à sua insegurança. Só podia a advertência ter um sentido: o dirigente da casa estava convicto de que o soneto não era de Auta de Souza e sim de um espírito mistificador que se aproveitara da inexperiência da pobre e bisonha médium. Cuidado! Era a palavra que ficara ressoando, como um eco, em sua memória...

Meu Deus, que dificuldade!... Onde estava a saída daquele confuso emaranhado de atalhos e de perplexidades, de frustrações e desencantos? Era isso, então, a mediunidade? Seriam mesmo esses vexames e aflições necessários e indispensáveis ao seu exercício? Então não era um fenômeno natural, como sempre ela pensara? Que havia riscos, ela sabia. Lera sobre isso no próprio Kardec, mas por que estrangular o fenômeno no nascedouro, somente porque pairava sobre ele uma suspeita de suspeita? Era isso que ela não entendia. As coisas continuavam confusas e obscuras para ela.

11. Teoria e prática

Pelo que podemos observar do relato contido nas páginas precedentes, são muitas e imprevistas as dificuldades a vencer na fase inicial da mediunidade. Não faltam turbulências, inquietações e perplexidades nem pessoas despreparadas, mas que se julgam 'entendidas', que não apenas podem complicar seriamente as coisas como até levar o médium iniciante a enveredar por atalhos nos quais acabará por perder--se.

Suponhamos, contudo, que o sensitivo (homem ou mulher) tenha conseguido atravessar ileso ou apenas com algumas equimoses e cicatrizes de pequena monta, esse período de turbulência inicial. Está ciente de que dispõe de faculdades mediúnicas que precisam ser ajustadas e postas a serviço do próximo. Acabou conseguindo chegar são e salvo a um grupo confiável, onde é acolhido com boa vontade e compreensão.

Tanto os livros da Codificação como os demais autores responsáveis insistem em algumas constantes que não podem ser desatendidas sem grave prejuízo para o trabalho mediúnico que se programa: a primeira delas é o estudo teórico das questões pertinentes, em paralelo, com a experimentação.

DIVERSIDADE DOS CARISMAS

Kardec, em *O livro dos médiuns*, é incisivo: não há como diagnosticar, logo de início, esta ou aquela faculdade. Discorrendo sobre a psicografia, por ser de maneira geral uma das faculdades mais ambicionadas pelos iniciantes, diz ele:

> Ela se manifesta nas crianças e nos velhos, em homens e mulheres, quaisquer que sejam o temperamento, o estado de saúde, o grau de desenvolvimento intelectual e moral. *Nenhum meio existe de se lhe comprovar a existência. É experimentar.* (Kardec, Allan, 1975)

Lembrando Paulo, segundo o qual "o espírito do profeta está sujeito ao profeta" (I Cor 14,32), Boddington, usualmente enfático, é ainda mais incisivo neste ponto ao escrever:

> Tais considerações demonstram a insensatez de tentar, primeiro, desenvolver a mediunidade e, depois, estudar o ABC do assunto [...].
>
> A recusa ao estudo prévio do assunto nasce da tola noção de que a mente muito cultivada é um empecilho à manifestação dos espíritos. Essa gente diz candidamente que 'jamais lê coisa alguma'. É esta teimosa ignorância que mantém baixo o conceito do espiritismo. (Boddington, Harry, 1948)

Ressalvando que o livro se destina ao contexto espiritualista inglês e tem mais de quarenta anos de publicação, é preciso admitir que ele não deixa de ter fortes razões para assim enfatizar esse aspecto. Mesmo porque, como assinala mais adiante, o trato com os espíritos demonstra precisamente o contrário do que pensam os despreparados manipuladores da mediunidade: quanto melhor o cérebro, melhor o instrumento mediúnico. Isso porque os espíritos manifestantes trabalham de preferência com o 'material' armazenado no inconsciente do médium, ou seja, com os recursos que ele possui e que coloca à disposição do manifestante. Quanto melhor a qualidade e a variedade dos conhecimentos do médium, mais fácil e de melhor nível serão as comunicações. O que leva a complicações e até a obsessões graves é entregar-se cegamente à experimentação sem apoio, sem orientação e sem estudo.

Muitos afirmam, orgulhosamente, que não precisam estudar porque aprendem com os próprios espíritos. Não é bem assim. Sem dúvida, o prolongado e disciplinado intercâmbio com espíritos de mais elevada condição evolutiva, como no caso do nosso querido Chico Xavier, contribui de maneira ponderável para o aprimoramento moral e intelectual do médium responsável, mas são os espíritos os primeiros e mais insistentes em recomendar ao médium que leia, estude, observe, medite, pergunte a quem saiba, permaneça vigilante e ore com frequência para manter o que amigos nossos costumam chamar de "teto espiritual".

Por mais enfática que seja, a palavra de Boddington é irretocável: é, de fato, *insensatez* entregar-se à tarefa mediúnica sem uma noção teórica mínima do problema. Em nosso caso, não há desculpa nem evasivas; dispomos de *O livro dos mé-*

diuns, que deve ser *estudado* – não apenas *lido* – pelos médiuns em formação; logo em seguida a *O livro dos espíritos*.

O trabalho preliminar, portanto, consiste em estudo sistemático da doutrina em paralelo com a experimentação recomendada por Kardec.

12. Definições e decisões

A mediunidade é uma faculdade tão natural quanto qualquer um dos cinco sentidos habituais. Por isso não é necessário nem possível *criar* a faculdade a partir do nada e sim descobri-la, ou seja, identificá-la e aprender a utilizar-se corretamente do que existe nas profundezas de nossa estrutura espiritual. De forma idêntica ou semelhante, aprendemos a correta utilização da visão, da audição, do olfato, do paladar e do tato.

Tomemos o paladar para exemplo. Ninguém *inventa* essa faculdade inata, pronta para utilização, como que programada por milênios e milênios de experiência anterior, documentada na memória integral. É preciso, contudo, em cada existência que se reinicia, reaprender a utilizá-lo adequadamente para selecionar alimentos e definir preferências ou recusar substâncias prejudiciais. Não se pode afirmar que o paladar está sendo desenvolvido e sim que está sendo *exercitado* para que dele se faça bom uso.

Os primeiros anos de uma criança são praticamente destinados a um aprendizado sobre a melhor maneira de utilizar-se do seu corpo físico. É como um sofisticado aparelho vivo que acabamos de receber de alguma loja, mas sem o respectivo manual de operação. As faculdades e potencialidades estão todas ali, à nossa disposição, mas alguém tem de nos ensinar, paciente e metodicamente, a melhor maneira de nos utilizarmos delas. Isso vai desde a alimentação e eliminação a hábitos de higiene, postura, linguagem... é como caminhar: os primeiros passos são incertos e oferecem riscos de queda e por isso precisamos de amparo de pessoas mais velhas que nos transmitam o legado da sua experiência.

O principal obstáculo na fase inicial do treinamento mediúnico está na ânsia prematura de obter mensagens reveladoras antes de um claro entendimento do processo e de suas dificuldades. Há tarefas no aprendizado que competem nitidamente ao médium realizar e ele não deve sobrecarregar os espíritos manifestantes, seus mentores ou guias, com obrigações e esforços de sua responsabilidade pessoal; mesmo porque em geral os primeiros espíritos que se aproximam de um médium iniciante são os de mais baixa condição, como assinalam os textos confiáveis de Kardec e de seus continuadores, especialmente nas manifestações que envolvam efeitos físicos, como deslocamento de objetos, ruídos, combustão e outras. O médium é que terá de esforçar-se por adotar uma disciplina pessoal que possibilite a aproximação de seus amigos espirituais.

No livro *A memória e o tempo*, propus a teoria de que o consciente humano é apenas um dispositivo de passagem de informações, impressões e conceitos, como a cabeça de gravação/leitura de um gravador. Os imensos arquivos da memória ficam no inconsciente, como na memória de um computador superpotente. É com esse material – tornamos a lembrar – que trabalham os espíritos manifestantes dotados de competência suficiente para manipular tais dispositivos. Por conseguinte, quanto mais rica a memória inconsciente, mais fácil o trabalho dos manifestantes, muito mais fácil do que se tiveram eles – e às vezes o fazem – de 'vestir' os conceitos que desejam transmitir com seus próprios recursos, uma vez que não os encontram, suficientes e adequados, nos arquivos inconscientes do médium. A abundância de material, digamos, de boa qualidade no psiquismo do médium resulta em economia de energia no processo, pois a entidade manifestante não terá de fazer o esforço conjugado de 'criar' ali as condições mínimas de que necessita para manifestar de maneira correta o seu pensamento.

O que nos parece um obstáculo facilmente superável, uma vez que muitos espíritos dispõem de incalculáveis recursos próprios, representa na verdade situações incontornáveis. Mesmo em *O livro dos espíritos*, por exemplo, é comum os espíritos declararem que não têm como transmitir certas informações mais complexas, porque não dispõem de palavras adequadas. Não é que faltem a eles palavras, dado que pensam sem palavras, com ideias, imagens e conceitos complexos; eles apreendem e transmitem complexas noções em bloco, em síntese. No dizer de Boddington, um ser encarnado pode levar uma vida inteira a desdobrar uma só frase pejada de significado, consequências e implicações.

Não lhes falta, pois, a palavra e sim, a nós. Não encontram em nós ou, mais especificamente, no médium, as expressões necessárias, as noções mínimas que pudessem utilizar como material de construção das ideias que desejariam transmitir. Em algumas oportunidades, eles declararam que nem eles conheciam suficientemente o problema; o comum, no entanto, é não encontrarem recursos nas estruturas de conhecimento dos médiuns postos à sua disposição.

Isto nos coloca no centro mesmo, no cerne, no fulcro de toda a problemática mediúnica: o pensamento.

Como lembra Boddington, a tarefa do médium é explorar o universo do pensamento. O médium precisa manter desobstruídos os canais psíquicos por onde circulam suas ideias para que por esses mesmos canais e com esse mesmo material psíquico, utilizando-se de sua energia mediúnica, possam os espíritos igualmente fazer circular suas ideias. Mediunidade é pois uma transfusão de pensamento, mesmo quando se trata de energia destinada à produção de efeitos físicos, de vez que é o pensamento e a vontade dos espíritos que as direcionam.

Por outro lado, o médium é um ser que franqueou o acesso da sua intimidade aos seres invisíveis desencarnados (e até encarnados, sob condições especiais). Se ele adota atitudes de descaso, indiferença e preguiça, estará chamando para sua convivência espíritos semelhantes. É como um aparelho receptor de rádio ou televisão: captam a estação na qual se acham sintonizados e não, as outras. Se a pessoa assediada por fenômenos insólitos deseja exercer a sério a mediunidade, precisa a ela dedicar-se com seriedade (Atenção: seriedade e não, fanatismo). Se deseja apenas uma distração para passar o tempo ou um instrumento para fascinar plateias maravilhadas, é melhor dedicar-se a outra atividade. Terá, por certo, menos problemas e assumirá responsabilidades menos graves.

Isto não quer dizer que a mediunidade seja uma carga pesada demais, diante da qual devamos ficar aterrados e esmagados pela preocupação. Nada disso! É preciso, porém, que o médium incipiente esteja convicto de que é exatamente isso que ele deseja.

A mediunidade é instrumento de trabalho, não para uso e gozo pessoal, mas para *servir*. Se a pessoa não se sente preparada para isso, é melhor cuidar de outra atividade. Não se esqueça, contudo, de que não se pode simplesmente apertar um botão, torcer uma chave ou aplicar uma rolha às faculdades nascentes que estará tudo resolvido. Se são apenas sinais esparsos e ocasionais, como já vimos, tudo bem, não vale a pena nem é recomendável forçar o desenvolvimento de faculdades nas quais a pessoa não está sequer interessada senão para 'brilhar' ou brincar com fatos insólitos. Se, porém, se trata de um conjunto de manifestações nítidas, insistentes, abundantes, então é preciso assumir com disposição as responsabilidades ali implícitas, entregar-se a umas tantas renúncias, aceitar certa disciplina mental e de comportamento e dedicar-se às tarefas que obviamente lhe estão destinadas em sua programação espiritual.

Em casos como esses, tudo indica que a mediunidade não é uma fantasia passageira, mas uma responsabilidade, um compromisso, uma tarefa a realizar. Longe de ser um ônus insuportável, é um privilégio concedido para servir ao próximo e, consequentemente, importante fator de aceleramento do nosso próprio ritmo evolutivo.

Temos tido frequentes oportunidades de conversar com espíritos que, aqui entre os encarnados, foram médiuns. Estão sempre bem aqueles que exerceram suas tarefas com dedicação e boa vontade, ainda que com falhas, inevitáveis no contexto da imperfeição humana. Por contraste, temos recebido depoimentos dramáticos dos que rejeitaram suas faculdades e, portanto, as tarefas correspondentes ou delas se utilizaram para obter proveito pessoal ou, finalmente, não as levaram a sério como deviam. São inevitáveis as decepções em tais casos, desencanto dos mais amargos, porque não é com os outros, não podemos transferi-los a ninguém, dado que é de nossa inteira responsabilidade.

Não se trata, pois, de carga insuportável nem de tarefa irrealizável. Nossa programação espiritual antes de renascer é sempre compatibilizada com nossas possibilidades e limitações, nunca calculada para esmagar-nos. É, portanto, realizável. Se exige dedicação, cultivo, sacrifício? Sim. E daí?

13. Reflexões sobre a humildade

Muitas mediunidades promissoras naufragam logo de início, aos primeiros embates, por excesso de confiança ou temor exagerado, por desânimo ante as dificuldades iniciais, por falta de perseverança no treinamento ou por desinteresse em promover certas mudanças íntimas, renunciar a algumas comodidades e pequenos vícios de comportamento ou de imaginação. São muitos, ainda, os que julgam que basta sentar-se à mesa mediúnica para começar a produzir fenômenos notáveis, receber espíritos elevados, ter vidências espetaculares ou curar doenças irredutíveis.

Nada disso. A primeira atitude a adotar-se, seja ou não este conselho tido como 'pregação', é a de humildade. Não pense que sua mediunidade vai abalar o mundo ou servir de veículo a revelações sensacionais. É mais fácil perder-se uma oportunidade de exercício mediúnico razoável pela vaidade do que por qualquer outro obstáculo; e mais desastroso, porque, em vez de uma contribuição modesta, porém positiva, optamos pelo desacerto.

Por outro lado, raramente a mediunidade se define com nitidez, logo de início, por esta ou aquela faculdade e raríssimas vezes ocorre tranquilamente, sem inquietações e perplexidades, às quais o médium, ainda despreparado, não sabe como esquivar-se ou controlar. Quase sempre, nessa fase inicial, os fenômenos são de variada natureza, como se houvesse um propósito deliberado em testar várias faculdades a fim de decidir qual delas é a melhor para aquele trabalhador específico.

Acresce, ainda, que mediunidade equilibrada e funcional resulta de esforço, cultivo, aprimoramento não apenas da faculdade em si, mas do caráter e comportamento da pessoa. Em outras palavras: é resultado de um trabalho consciente, às vezes longo, monótono, cansativo e sem o brilho a que muitos aspiram. Não é, também, para ser forçada.

A esse respeito, esclarece Kardec, em *O livro dos médiuns*:

> A faculdade de ver os espíritos pode, sem dúvida, desenvolver-se mas é *uma das* que convém esperar o *desenvolvimento natural*, sem o provocar, em não se querendo ser joguete da própria imaginação. (Kardec, Allan, 1975). (Grifos meus).

A psicografia, ainda no dizer de Kardec, é a "mais suscetível de desenvolver-se pelo exercício".

O Codificador recomenda, pois, o "desenvolvimento natural" para várias faculdades.

Qualquer que seja, porém, o tipo de mediunidade em desenvolvimento, é preciso que o médium em formação promova um severo e honesto autoexame, a fim de identificar em que aspectos de comportamento precisa mudar e que eventuais virtudes ou qualidades pessoais devem e podem ser revigoradas. E para isso também uma boa dosagem de humildade será de vital importância. Essa é a orientação unânime de todos os autores confiáveis sobre o assunto.

Depois de sugerir exercícios respiratórios, Boddington recomenda que se abra espaço íntimo para considerar, com seriedade, o efeito das virtudes sobre si mesmo e, em consequência, sobre o mundo que nos cerca. É a velha tese de que, mudando o ser humano para melhor, também o mundo melhora.

Para o médium em formação, essa postura é da maior relevância. Ele está em treinamento para receber na sua intimidade a visita mais ou menos regular de seres desconhecidos. Não se deve esquecer de que sua sensibilidade atrai para o intercâmbio individualidades estranhas à sua. Esforçando-se por viver não um clima de santidade impossível, mas de honesto propósito de servir com o que tem de melhor em si, estará atraindo aqueles que têm afinidades com esses propósitos e não os que, ainda desarmonizados, só lhe poderão criar dificuldades adicionais.

"Meditação em torno de temas como amor, sabedoria e conhecimento" – escreve Boddington – "e sobre os métodos para consegui-los devem, portanto, acompanhar todo o trabalho de desenvolvimento da mediunidade".

Disciplina e dedicação, contudo, não justificam excessos nem os exigem. O exercício da mediunidade desde o início acarreta certo desgaste energético que, embora nem sempre seja percebido pelo médium, é uma realidade que não pode ser impunemente ignorada. Tal exercício é, usualmente, à margem e em adição às atividades normais da vida, como trabalho profissional ou doméstico, por exemplo. É perfeitamente possível conjugar tais atividades de forma que a prática mediúnica seja, antes, um benefício também orgânico, além de espiritual, pois representa uma utilização ética de energias normalmente disponíveis no médium.

Tanto é assim que faculdades embotadas, rejeitadas ou ignoradas por médiuns em potencial causam distúrbios às vezes incontornáveis, porque as energias de que os sensitivos dispõem para essa finalidade não estão encontrando seu escoadouro natural no desempenho normal da tarefa. São inúmeros e frequentes os casos de médiuns em potencial que, apenas iniciados no exercício controlado de suas faculdades, livram-se, como por encanto, de pressões íntimas, impaciências, irritações e desassossegos indefiníveis, além de assédios indesejáveis de desencarnados que ele não sabe como controlar ou neutralizar.

Se, porém, entregar-se desregradamente ao trabalho mediúnico, especialmente na fase inicial de ajustamento de suas faculdades, por certo terá problemas de saúde física e mental, acarretados por excesso no esbanjamento de energias psíquicas.

É preciso, portanto, que haja uma disciplina, tempo e lugares certos para o trabalho mediúnico. Sintomas de exaustão devem ser prontamente detectados e combatidos com um período de repouso, mudança de rotina nos hábitos, umas férias e coisas dessa natureza. A mediunidade não é um estado patológico e não deve ser exercida à custa da aniquilação da saúde física do médium.

A mediunidade é, por certo, um privilégio, no sentido de que constitui importante concessão ao espírito encarnado que deseja acelerar seu processo evolutivo, servindo ao semelhante, mas não coroa e cetro a conferir poder sobre os demais, halo de santidade para ser admirado ou virtude pessoal para ser louvada – é apenas uma faculdade natural para ser utilizada como instrumento de trabalho. Por que iria o telefone sentir-se orgulhoso apenas por transmitir a voz humana por seu intermédio? Se assim fosse, a televisão teria direito a uma parcela maior de vaidade, porque, além da voz, transmite também imagem, cor e movimento...

Não é, também, um bem que se possa adquirir como mercadoria com embalagem vistosa, pronta para consumo. Não é sequer consequência natural de mais apurada sensibilidade, embora a sensibilidade seja um dos seus principais ingredientes. São muitos os que querem ser médiuns de qualquer maneira, mas não estão preparados para aceitar as renúncias e devotamentos que o desenvolvimento e a prática da mediunidade exigem de cada um. Daí muitas impaciências e até ressentimentos ou ciúmes. Por que fulana tem faculdades tão notáveis e eu não posso tê-las? Por que não posso psicografar mensagens como de beltrano? Ou curar males orgânicos como a sicrana? Será que vou ficar a vida inteira somente traçando rabiscos ilegíveis no papel?

Em verdade, se a faculdade não está programada para você, não adianta forçá-la. Busque outra tarefa na qual você poderá sair-se até muito bem, como por exemplo a do passe magnético ou a do trabalho social. Ou, simplesmente, compareça à reunião mediúnica para dar a sua presença, sim, mas, acima de tudo, o seu amor. Os espíritos não *criam* a mediunidade para você, segundo suas aspirações e até ambições. Eles apenas se utilizam de recursos já existentes em você para realizarem tarefas comuns de serviço ao próximo. Se você não dispõe daquele mínimo necessário sobre o qual eles possam construir alguma coisa, desista da mediunidade desejada e dirija seu esforço e boa vontade para outra direção. Afinal de contas, a mediunidade é apenas *um dos* muitos caminhos para a evolução.

E aqui estamos de volta ao tema da humildade. É preciso ter humildade tanto para desenvolver faculdades latentes, mas óbvias, seguindo procedimentos adequados, quanto para aceitar a condição de que sua tarefa não é ali, mas sim alhures. Ou seja, você não está programado para ser médium ou se está, não para as modalidades que você *gostaria* de exercer. A regra aqui é fazer o que podemos e devemos e não o que desejamos. É bastante conhecido o drama íntimo de Ingres, pintor e desenhista francês que muito desejava tocar violino, no qual era apenas medíocre, em prejuízo da pintura, na qual era um gênio.

14. Mediunidade como trabalho de equipe

Uma questão a mais – dentre as inesgotáveis perguntas que podem ser, a cada momento, colocadas, sempre que estudamos a mediunidade em geral e, especificamente, as técnicas de treinamento e 'afinação' – é a seguinte: não é melhor praticá-la isoladamente?

A resposta é um claro e enfático *não*! É bem verdade que o silêncio e o recolhimento são considerados "essenciais para todas as comunicações sérias", conforme ensina são Luís, em mensagem sob o número XXIII, em *O livro dos médiuns*. Entenda-se, contudo, silêncio e recolhimento *no grupo mediúnico*, não na solidão. Aliás, na comunicação anterior, subscrita por Fénélon, consta a observação de que "os espíritos não podem ver com satisfação que se conservem no insulamento os médiuns". A faculdade de que dispõem não se destina a uso pessoal e exclusivo, mas para servir ao próximo. Exercendo tais faculdades em grupos bem harmonizados e atentos, terão sempre a oportunidade de debater com os demais companheiros de trabalho o teor das comunicações e até mesmo o comportamento mediúnico, em vez de correrem riscos de se exporem ao "domínio dos espíritos mentirosos que encantados ficam com o não sofrerem nenhuma fiscalização", conforme diz Fénélon.

Quanto à desejável seriedade dos trabalhos, são Luís é firme ao recomendar sejam convidados a "procurar outros lugares" aos que compareçam por mera curiosidade.

Pouco adiante, uma entidade que se assinou Jorge insiste na necessidade de examinar-se sempre com espírito crítico o teor das comunicações, dado que mesmo espíritos animados das melhores intenções estão sujeitos a erro.

"Se sois tão frequentemente enganados" – adverte Massillon – "queixai-vos tão só de vós mesmos".

"Estai, pois em guarda e vigiai incessantemente à porta de vosso coração, como à das vossas reuniões" – observa são Vicente de Paulo, mais adiante – "para que o inimigo não a penetre".

Todas essas recomendações serão de mais segura aplicação quando as diferentes faculdades mediúnicas forem exercidas em um grupo regularmente constituído e que desempenhe suas tarefas com atenção e vigilância. O médium que a pratica isoladamente está exposto a hábeis e envolventes mistificadores. Muitas vezes, nem percebe que já se encontra fascinado por mentirosos que se fazem passar por figuras importantes, assumindo indevidamente nomes que merecem respeito e acatamento.

Um dos mais competentes conhecedores da mediunidade é o espírito que se identifica como Erasto e que, em mais de uma oportunidade, transmite suas judiciosas observações a Allan Kardec, que as incluiu em *O livro dos médiuns*.

Pela sua importância e objetividade, resolvemos transcrever toda a comunicação número XXVII, de sua autoria:

> Repeli, impiedosamente, todos esses espíritos que reclamam o exclusivismo de seus conselhos, pregando a divisão e o insulamento. São quase sempre espíritos vaidosos e medíocres, que procuram impor-se a homens fracos e crédulos, prodigalizando-lhes louvores exagerados, a fim de os fascinar e ter sob domínio. São geralmente espíritos famintos de poder que, déspotas públicos ou privados quando vivos, ainda se esforçam, depois de mortos, por ter vítimas para tiranizarem.

> Em geral, desconfiai das comunicações que tragam caráter de misticismo e de singularidade ou que prescrevem cerimônias e atos extravagantes. Sempre haverá, nesses casos, motivo legítimo de suspeição.

> Por outro lado, crede que, quando uma verdade tenha de ser revelada aos homens, ela é comunicada, por assim dizer, instantaneamente a todos os grupos sérios que disponham de médiuns sérios e não a tais ou quais, com exclusão de

todos os outros. Ninguém é perfeito médium se está obsediado, e há obsessão manifesta quando um médium só se mostra apto a receber as comunicações de determinado espírito, por maior que seja a altura em que este procure colocar-se.

Conseguintemente, todo médium, todo grupo que julguem ter o privilégio de comunicações que só eles podem receber e que, por outro lado, estejam adstritos a práticas que orçam pela superstição, indubitavelmente se acham sob o guante de uma das obsessões mais bem caracterizadas, sobretudo quando o espírito dominador se pavoneia com um nome que todos, espíritos e encarnados, devemos honrar e respeitar e não consentir seja profanado a qualquer propósito.

É incontestável que, submetendo ao cadinho da razão e da lógica todos os dados e todas as comunicações dos espíritos, fácil será descobrirem-se o absurdo e o erro. Pode um médium ser fascinado, como pode um grupo ser mistificado. Mas a verificação severa dos outros grupos, o conhecimento adquirido e a alta autoridade moral dos diretores de grupos, as comunicações dos principais médiuns, com um cunho de lógica e de autenticidade dos melhores espíritos, farão justiça rapidamente a esses ditados mentirosos e astuciosos, emanados de uma turba de espíritos enganadores e malignos. (Kardec, Allan, 1975)

Aí está, pois, sem meias-palavras ou obscuridades, a verdade sobre os riscos que acarreta o exercício desordenado ou invigilante da mediunidade, por melhor que sejam as intenções de seus praticantes e participantes.

O médium que resolva, portanto, praticar suas faculdades no isolamento estará correndo sérios riscos de envolvimento indesejável com os mistificadores da invisibilidade. Os riscos não cessam, é claro, apenas porque ele se juntou a um grupo bem intencionado, mesmo porque são muitos os que se deixam fascinar com impressionante facilidade por manifestações ou textos habilmente arranjados e atribuídos a nomes famosos e respeitáveis. O que protege médiuns e demais participantes desse tipo de envolvimento é a vigilância e a atenção com o teor, o significado e as implicações das manifestações.

15. Riscos e desvios

Equívocos lamentáveis resultam, com frequência, de permitir a médiuns ainda não suficientemente preparados e seguros exercer suas faculdades somente porque produzem fenômenos insólitos e até espetaculares ou dizem coisas que impressionam os assistentes. Isto é particularmente sério e prejudicial quando os grupos entregam-se à perniciosa prática das sessões mediúnicas públicas.

Nesses casos, uma forma de mediunidade mais dramática ou teatral pode conduzir a desenganos imprevisíveis a partir do fascínio que começa a exercer não apenas sobre os assistentes maravilhados, mas sobre o próprio médium envaidecido e convicto de que é um excepcional sensitivo, dotado de poderosas mediunidades, praticamente infalível.

Vários atalhos – todos indesejáveis e funestos – partem desse núcleo de vaidades em jogo. Pode surgir dali um sistema de exploração comercial da mediunidade, por mais legítima e autêntica que seja, de início. Isso é de se esperar, especialmente quando a mediunidade é posta a serviço de interesses pessoais dos médiuns, dos dirigentes e do próprio público, na distribuição de 'consultas' sobre saúde, negócios, problemas de família, rivalidades e até sorte em jogos de azar.

Mil e um artifícios são inventados para justificar a cobrança dos 'serviços' sem que pareça ostensivamente estarem pondo em prática uma 'feira de milagres'. Pode ser sob forma de donativos 'espontâneos' ao grupo, ao médium ou aos dirigentes, ou presentes materiais, testemunhos de reconhecimento, traduzidos em alguma forma concreta, material, e outros artifícios sutis ou mesmo não tão sutis.

Mesmo que o grupo não enverede, porém, pela mercantilização aberta ou camuflada, muitas vezes permite, e até estimula, o endeusamento do médium, que assume a condição de verdadeiro e infalível guru, adota posturas teatrais e começa a vestir-se de maneira diferente, estapafúrdia, ornado de adereços, símbolos secretos e talismãs misteriosos.

Isso nada tem a ver com as práticas recomendadas pela doutrina espírita. Trata-se de exercício inadequado da mediunidade. O espiritismo não se coloca como dono dos médiuns, nem das faculdades que lhes tocam. No contexto do movimento espírita, contudo, não se pode admitir que a mediunidade seja aviltada ou canalizada para promoção pessoal deste ou daquele médium, desta ou daquela instituição. Para que os resultados esperados da mediunidade sejam confiáveis, a doutrina espírita faz questão de manter elevado padrão de qualidade nas práticas mediúnicas.

É, portanto, fácil ao médium iniciante testar e conferir as condições de trabalho que lhe são oferecidas em qualquer grupamento que se diga espírita. Basta confrontar os procedimentos ali dotados com os que recomendam os livros básicos da doutrina. Daí a incansável insistência de todos os autores responsáveis no sentido de que, antes de entregar-se à prática mediúnica regular, deva o médium em treinamento dedicar-se a um criterioso e metódico estudo dos aspectos teóricos da mediunidade, expostos principalmente em *O livro dos médiuns*, manual indispensável na preparação de todo aquele que pretenda devotar-se com seriedade ao correto desenvolvimento e utilização de suas faculdades. Nada de açodamento ou afoiteza nessa hora em que são lançadas (ou não) as bases sobre as quais deverá (ou não) apoiar-se toda uma estrutura de conhecimento e de experiência sobre a qual as faculdades mediúnicas serão postas a trabalhar.

Para isso é preciso: 1. paciência para esperar o momento certo de entrar em ação; 2. serenidade para aceitar críticas e correções necessárias; 3. bom-senso para rejeitar sugestões e 'palpites' de 'entendidos' que nada entendem; 4. cuidado com os que se deixam fascinar pelos fenômenos e acabam suscitando no médium uma falsa euforia que acaba por gerar nele uma autêntica vaidade; 5. humildade para aprender o que

DIVERSIDADE DOS CARISMAS

não sabe e corrigir desvios e equívocos; 6. vigilância para identificar possíveis envolvimentos, tanto da parte dos encarnados como dos desencarnados.

16. O médium e a crítica

Tomemos para exame o aspecto particular da crítica. Nenhum trabalhador espírita responsável e razoavelmente conhecedor da doutrina, médium ou não, contestará a necessidade de crítica ao seu trabalho, seja em que setor estiver sua tarefa dentro do movimento espírita, seja qual for a posição que ocupe nesse contexto. Lamentavelmente, muitos confundem a veemência de certas críticas com hostilidade ou agressão. O que importa é saber se a crítica é justa e bem formulada ou injusta. Se a reconhecemos como justa, por mais que doa e atrite com nossa vaidade, é preciso levá-la em conta, mesmo porque estamos longe da infabilidade. Ninguém pode, se deseja êxito em sua tarefa, deixar de considerar a crítica justa, e até mesmo a injusta.

É indiscutível que a crítica é necessária ao aperfeiçoamento do nosso trabalho, das nossas faculdades e de nós mesmos como seres humanos, ainda que a vaidade saia com algumas equimoses e arranhões.

O médium tem de contar com a crítica ao seu trabalho e deve mesmo desejá-la. Para isso precisa estar preparado, inclusive com boa margem de tolerância para absorver e eliminar alguns excessos porventura atirados contra ele ou contra suas faculdades. A ausência de crítica lhe será desastrosa, fatal para sua mediunidade e para a programação que, obviamente, ele tem a cumprir com o exercício de suas faculdades.

Isto assume incontestável relevo durante o período de treinamento, em que ele estuda não apenas a teoria da mediunidade nos livros indicados, mas também os mistérios, segredos e tendências de suas próprias faculdades, ao vivo, à medida que elas começam a emergir e, depois, a definir-se. Sua posição não é das mais fáceis, e daí tantas quedas e fracassos. Ao mesmo tempo em que ele é o agente do estudo, ou seja, a pessoa que estuda a teoria e a prática da mediunidade, ele é também objeto de estudo; é parte integrante do fenômeno, uma vez que tem que estar atento ao que se passa em seu íntimo, e como funcionam 'nele' – não apenas nos livros – os mecanismos das manifestações.

Daí ser tão importante fazê-lo em conjunto com outras pessoas responsáveis e suficientemente esclarecidas sobre os problemas suscitados, a fim de que possa contar com o apoio, a assistência e até depoimentos críticos; gente em estado de lucidez e vigília, enquanto ele está mediunizado, que deve ter, por isso, melhores condições de ajudá-lo a examinar os fenômenos. Esta é uma das muitas razões pelas quais não se recomenda o treinamento mediúnico solitário. O trabalho precisa ser feito em grupo para que, retornando à sua condição normal de vigília, possa o médium colher os depoimentos daqueles que presenciaram as manifestações e estejam dispostos a analisar com ele o ocorrido. Só assim poderão ser identificados e solucionados os problemas emergentes e corrigidas as práticas inadequadas.

O médium precisa, pois, estar convencido de que pode depositar confiança naqueles que o cercam, não apenas para entregar-se descontraidamente ao trabalho, como para debater seus resultados posteriormente, a fim de programar correções e ajustes que visem ao aperfeiçoamento de sua mediunidade.

Há, portanto, evidente e indiscutível necessidade de exame crítico de cada fase ou etapa nesse trajeto que costuma ser acidentado. É preciso, contudo, que a crítica não seja excessivamente rígida, contundente e agressiva, mesmo que justa, a fim de não inibir ou atemorizar o médium, que ainda não se encontra seguro do que faz e está ali precisamente para alcançar o mínimo das condições necessárias ao exercício de suas faculdades.

Ao contrário dos médiuns presunçosos, que se julgam "infalíveis e consideram inferior e errôneo tudo o que deles não provenha", e dos médiuns orgulhosos "que se envaidecem das comunicações" e acham que "nada mais têm que aprender no espiritismo", ou dos suscetíveis, que se magoam ante as críticas ou "zangam-se com a menor contradição", deve o médium levar em conta as críticas, mesmo que injustas, mas não se deixar abater, sufocar ou inibir ante uma apreciação mais vigorosa acerca do seu trabalho. Somente porque a crítica foi formulada não quer dizer que ela seja correta ou justa. Pode perfeitamente o crítico estar mal informado, não ter sequer as condições mínimas exigidas para fazê-la, ou estar a formulá-la apenas movido por sua vaidade pessoal, pelo ciúme ou por sua arbitrariedade de dirigente que não admite contestação e se julga conhecedor de todos os segredos e mistérios da mediunidade.

Críticas injustas e desastradas têm sido responsáveis pela irremediável aniquilação de promissoras mediunidades. Vimos, no caso particular de Regina, o estado de confusão e insegurança em que ela ficou devido a isso. Diziam-lhe, com severidade, que não podia sequer permitir que os espíritos manifestantes contestassem os argumentos do doutrinador ou expusessem suas próprias ideias. Quanto às páginas psicografadas, não deveria permitir que eles assinassem as comunicações com nomes conhecidos e respeitáveis. Estava, pois, sob suspeita de mistificação, neste caso; e de indisciplina mediúnica, no outro. Em ambos, ficou implícita a suspeita de que estava à mercê de espíritos desajustados, porque sua própria mediunidade era descontrolada. Na sua inexperiência, ela até chegava a admitir que alguma coisa deveria ser feita para corrigir aquilo que os dirigentes do grupo consideravam desvios tão graves. Mas como fazê-lo? Isto ninguém lhe dizia. Também não debatiam o assunto com ela; limitavam-se à crítica que nas circunstâncias assumia a condição de uma censura. Afinal de contas ela era *veículo* das manifestações e fenômenos, não a mente ou a vontade *geradora* deles.

No caso do soneto de Auta de Souza, por exemplo, era de admitir-se que o texto ficasse em observação ou, até mesmo, sob suspeita, por se tratar de médium que, embora com faculdades bem desenvolvidas, era naquele grupo uma iniciante. Não havia, contudo, uma boa e lógica razão para colocá-la sumariamente sob suspeita apenas porque tivera a 'infelicidade' de receber um soneto assinado por Auta de Souza ou uma comunicação subscrita pelo dr. Bezerra de Menezes.

Os textos precisavam ser analisados com muito cuidado, atenção e severo espírito crítico. Tudo bem. A médium e sua produção psicográfica poderiam e deveriam ficar sob observação por algum tempo, durante o qual toda a sua produção mediúnica fosse examinada com rigor quanto aos aspectos formais e de conteúdo doutrinário e ético. Somente em face de conclusões inequívocas e bem documentadas, seria então necessário debater com ela o assunto e fazê-la ver, se fosse o caso, que estava sendo vitimada por espíritos mistificadores. Mas não apenas isso: recomendar-lhe procedimentos e cuidados que eliminassem envolvimentos indesejáveis. Mas isso tudo à vista de um conjunto bem definido de elementos demonstrativos, como por exemplo se os versos de Auta não representassem nada do seu estilo, a métrica estivesse errada, as rimas inadequadas ou forçadas, o ritmo nada tivesse a ver com o de seus poemas habituais nem as imagens fossem as do seu estilo pessoal. Além do mais, se a temática fosse antidoutrinária, contivesse conceitos éticos inaceitáveis, fantasias inadmissíveis ou fossem versos confusos, sem sentido, sem a beleza e sem a harmonia que estamos acostumados a encontrar na obra da excelente poetisa, tanto na sua produção quando encarnada quanto no que escreveu após a desencarnação, através de vários médiuns.

Quanto à incorporação, ou seja, à psicofonia, não era justo rejeitar sua expressão mediúnica apenas porque não estava rigorosamente dentro dos padrões locais. Então todos os médiuns do mundo têm de exercer suas respectivas faculdades exatamente da mesma maneira ou estão sendo mistificados? Se o médium não pode gaguejar porque em vigília não gagueja, então seria inadmissível o estupendo fenômeno da xenoglossia, porque, em sua condição normal, o médium não sabe uma palavra de grego, latim, árabe ou chinês. Está sendo mistificado porque o espírito manifestante, vencendo barreiras que nem sabemos ao certo como, consegue expressar-se na língua que falou quando 'vivo'? E se o espírito manifestante é o de um ex-cirurgião competente, que não pode operar porque o médium nada sabe de medicina e, portanto, não pode 'dar passividade' aos gestos necessários para que a operação seja realizada?

Durante quase meio século de prática regular e constante, o brilhante jornalista inglês Maurice Barbanell serviu de médium ao notável espírito que a si mesmo denominava Silver Birch. Não foram poucas as dificuldades iniciais da acomodação e sintonização do espírito com seu instrumento, a primeira das quais foi a da própria língua inglesa. Barbanell era um competente jornalista, discípulo e amigo do famoso e legendário Hannen Swaffer (aliás, espírita convicto), mas o espírito desconhecia o inglês, apresentando-se como simples índio pele-vermelha americano.

Se por lá estivesse algum dos nossos 'entendidos' dirigentes, provavelmente ficaríamos sem as páginas de ouro que a mediunidade de Barbanell filtrou para nós, provindas da inesgotável sabedoria do velho 'índio' americano. É que Silver Birch venceu as barreiras linguísticas iniciais e conseguiu desenvolver, para seu uso, um inglês limpo, singelo e poético, no qual expressava, com rara beleza e profundidade, os mais elevados conceitos éticos e religiosos.

O crítico injusto e despreparado teria dito ao médium, logo de início, que ele não poderia, de forma alguma, permitir que o espírito usasse seu incerto linguajar inicial porque ele, médium, era um homem culto, civilizado e dotado de grande poder verbal, tanto que era excelente jornalista profissional e autor de vários livros de sucesso.

E mais, muito mais: segundo os dirigentes, que quase conseguiram bloquear a mediunidade de Regina, Barbanell não poderia permitir que o espírito manifestante proclamasse sua convicção na reencarnação, como fazia, uma vez que o médium a rejeitava. Mesmo após quarenta anos de convivência com Silver Birch, apenas conseguiu aceitá-la como eventualidade possível, mas não necessária, e muito menos obrigatória...

Silver Birch, dotado de paciência, bondade e sabedoria, respeitava o ponto de vista de seu médium, mas continuou pregando a reencarnação através dele.

Fica uma pergunta no ar: por que, então, Silver Birch, dono de tão ampla sabedoria, não assumira outra postura e não falava de outra maneira, sem os modismos e imagens do índio? Certamente tinha suas razões para isso. O importante é analisar e estudar criteriosamente o teor de suas belíssimas exposições e a pureza dos seus conceitos, tudo isso formalizado na clareza meridiana de sua linguagem peculiar. A segurança e a finura com as quais passou a manipular a língua inglesa, ao cabo de alguns anos, foram admiráveis. Nenhum termo erudito, nenhuma intenção de enfeitar, de complicar ou de se mostrar como mero criador de frases de efeito. Linguagem antologicamente simples, fácil e bela como instrumento de um espírito lúcido e moralizado.

No entanto, ele se dizia apenas um porta-voz (*mouthpiece*) de outros que estavam – afirmava ele – muito acima dele. De minha parte sempre achei – e não vejo como e por que mudar de ponto de vista – que ele se mantinha naquela identidade para que pudesse transmitir, na linguagem singela de que parece ter tido o segredo, complexidades e belezas que, de outra forma, estariam soterradas debaixo da erudição obscura e desnecessária, pois a verdade é simples e é por isso que os simples têm acesso a ela e não, necessariamente, os eruditos, como dizia o Cristo. É que os eruditos costumam confundir o simples com o simplório e o profundo com o obscuro.

Tais reflexões demonstram para nós as dificuldades encontradiças no caminho do desenvolvimento correto da mediunidade. Ao mesmo tempo em que precisa da crítica, pois sua ausência total seria prejudicial ao médium, deve ele, também, precaver-se em relação à crítica exagerada, contundente e, principalmente, injusta, para que não venha esta última sufocar suas faculdades nascentes ou criar inibições insuperáveis devidas à insegurança e desconfiança em relação a si mesmo e aos fenômenos que, por seu intermédio, ocorrem.

O médium tem de estar atento, de outro lado, quanto ao elogio indiscriminado, bajulador e desejoso de elevá-lo à categoria dos semideuses.

17. Crítica e autocrítica

Nisso tudo, como saber se a crítica que acaba de ouvir é justa e válida e deve ser levada em conta ou se o reparo, além de inoportuno, é incompetente? Como distinguir entre o mero estímulo – para saber, ao menos, que está indo razoavelmente bem – e o elogio barato que o endeusa? A apreciação de um ou outro médium já experimentado é colaboração amiga, expressão velada do ciúme, a ponta aguda da hostilidade surda ou da rivalidade inconsequente?

Por isso, em muitos médiuns iniciantes já habituados, quase familiarizados com a fenomenologia e, portanto, aceitando-a como resultante de faculdades normais, como se fosse apenas uma ampliação dos sentidos habituais, começam a surgir dúvidas e questionamentos, logo que procuram integrar-se em grupos, dos quais precisam para 'afinar' a instrumentação mediúnica e começar a trabalhar regularmente com ela. Que o médium possa enganar-se e ser enganado pelos espíritos, e até mesmo pelos seus próprios sentidos de observação, não é difícil de se compreender. Que também não deva atribuir aos espíritos qualquer fenômeno para o qual não tenha à mão uma explicação aceitável, é certo. Que é preciso estar alerta e vigilante para não se envolver em fantasias é igualmente pacífico. Mas precisa preservar sua identidade e confirmar-se com personalidade naquilo que esteja convicto de estar com a boa doutrina. Para isso é que precisa estudar. Ouça as observações, leve-as em conta, pondere sobre o que lhe dizem mas, também, esteja habituado a distinguir o falso do verdadeiro, o que deve aceitar para se corrigir e aperfeiçoar-se e o que deve rejeitar para não se prejudicar.

Tais atitudes foram as de Regina. Sempre que algo ocorria de maneira insólita, a primeira impressão era a de que podia ter resultado de um fenômeno comum, embora sem explicação pronta e acabada. O desaparecimento de um pequeno objeto, por exemplo. Provavelmente tê-lo-ia colocado em algum lugar diferente e se esquecera, ou alguém havia levado para outro cômodo, colocado numa gaveta, ou coisa assim. Quando, porém, o objeto desaparecia ou reaparecia *enquanto ela o contemplava, em plena lucidez*, então era porque algo insólito estava acontecendo. Se tinha um sonho estranho, ainda que nítido e bem armado, era apenas um sonho; mas se os eventos nele testemunhados ocorriam tal como lhe haviam sido 'mostrados', novamente estávamos ante algo digno de exame e meditação.

Com o decorrer do tempo e a repetição de tais fenômenos, ou a ocorrência de outros semelhantes, cria-se no médium certa familiaridade com eles. É o caso de Regina. Ela não mais se assustava ou ficava perplexa com certas ocorrências no lar, na rua ou nos recintos onde exercia sua atividade profissional, no magistério. Desenvolvia-se uma espécie de intimidade entre ela e os fenômenos observados. Já identificava até seres desencarnados, como ainda veremos; habituara-se a curiosos fenômenos de efeito físico, premonição, vidência, clariaudiência, psicografia, ou intuição, telepatia, desdobramentos e outros.

Quando começou a receber, por psicografia, comunicações do anônimo espírito que apenas dizia ser seu amigo, desinteressou-se, a pedido dele próprio, da sua identificação, concentrando-se no teor, no conteúdo desses textos. Logo compreendeu que o texto não é bom e aceitável apenas porque vem assinado por um nome ilustre ou respeitável nem mau ou desprezível porque não tem assinatura ou a que traz nada quer dizer de especial. Além do mais, já aprendera a confiar no seu amigo. Não lhe faltaram veementes demonstrações de sabedoria e bom-senso e do carinho com os quais examinava seus problemas; ou da sobriedade e firmeza dos seus conselhos. Sentia, na sua presença, além disso, aquilo que o médium aprende logo a distinguir e que chama de 'vibração' do espírito, o que equivale a um documento de identidade. Mesmo que alguém se aproximasse dela tentando fazer-se passar por ele – isto, aliás, nunca aconteceu – ela saberia distinguir o verdadeiro do falso. Além do mais, orava com frequência, pedia assistência e proteção para que pudesse entender e controlar todo o conjunto de fenômenos, para ela desconhecidos, que ocorriam à sua volta. Queria compreender aquilo, saber que teorias e explicações haviam por trás de tantas experiências curiosas. Desejava saber como cultivar tais faculdades, o que fazer delas, como selecioná-las e discipliná-las.

Se numa página psicografada o espírito pusesse uma assinatura, ela sabia perfeitamente que o nome não fora inventado por ela nem acrescentado por mero palpite. O manifestante que não desejasse assinar, não o fazia; o que quisesse fazê-lo, identificava-se. Qual o problema? Nunca lhe passara pela cabeça que pudesse receber um soneto de Auta de Souza, no seu estilo, com sua métrica, no ritmo e com as imagens próprias da autora, tratando de temática elevada, respeitados todos os princípios doutrinários e a pequena peça literária não ser de Auta de Souza. Por quê? Estaria ela falsificando a poesia da grande escritora? Alguém invisível estaria fazendo isso? A troco de quê? E que falsário competente seria esse! E moralizado!

Se advertiam, contudo, é porque desconfiavam de suas faculdades ou de sua honestidade pessoal. E aquilo a deixava não apenas confusa e desencantada, mas também insegura.

Em suma: a crítica era desastrada e inibidora, em vez de ser cautelosa e construtiva. Aquilo marcou-a muito fundo.

Com o tempo e ampliação de sua experiência, readquiriu a melhor parte da perdida confiança em si mesma. Nunca mais, porém, conseguiria considerar os fenômenos mediúnicos que por ela se produziam com a mesma tranquila e espontânea segurança de outrora, quando recorria à sua própria crítica pessoal e aos seus raciocínios, a fim de avaliar os fenômenos insólitos, buscando em primeiro lugar a explicação mais óbvia, mais natural, menos sofisticada. Ocasionalmente, valia-se da competente opinião de seu amigo espiritual, mas não se sentia à vontade para importuná-lo a cada momento, como se ele estivesse permanentemente à sua disposição. Tinha, contudo, íntima e inabalável convicção de que não estava fraudando, nem era vítima da ilusão ou de alucinações sensoriais. Sua mente continuava a funcionar normalmente; ela dava perfeita conta de todos os seus deveres profissionais e pessoais, comportava-se exemplarmente, não era dada a vícios de espécie alguma, entregava-se com regularidade à prece e à meditação. Por que e para que iria mistificar ou estimular a produção de fenômenos que, afinal de contas, muitas vezes, só lhe traziam dissabores e angústias, representavam mistérios impenetráveis ao seu entendimento ou estavam fora e além do seu próprio conhecimento? No estado de vigília jamais teria sido capaz de escrever, em minutos, um soneto no estilo de Auta de Souza ou de quem quer que fosse; ou uma comunicação como as de seu amigo ou do dr. Bezerra, que traziam conceitos e informações que ela ignorava ou até contrariavam posturas pessoais dela.

18. O crivo da razão

A sensação de insegurança quanto à autenticidade de suas faculdades, colocadas sob suspeita e bloqueadas por freios e proibições, acabou por criar em seu espírito um exagerado sentimento de autocrítica que ela levaria muito tempo não para eliminar de todo, mas para superar.

E aqui abordamos outro aspecto que vale a pena destacar.

Claro que o médium não deve (e não pode, senão se perde) ser crédulo e irresponsável, aceitando como bom tudo quanto lhe ocorra, ou qualquer texto que produza, ou qualquer visão que tenha, simplesmente porque provêm (ou assim ele supõe) dos espíritos. A realidade é bem outra. Se os fenômenos provêm dos espíritos, deve examiná-los com a maior atenção e senso crítico, para evitar envolvimentos indesejáveis e até obsessões, ainda menos desejáveis. Se são produtos de sua fantasia e automistificação, então a coisa é ainda mais grave, pois está sofrendo de distúrbios mentais ou emocionais. Terá de ter bom-senso para identificar a falsidade e a coragem de rejeitá-la sumariamente, se é que deseja e pretende preservar sua própria integridade e identidade. Bom-senso como? Se, por exemplo, um texto psicografado for confuso, inconclusivo, mal escrito, ridículo, fantasioso, é certo provir de espíritos desarmonizados e perturbados. Já tive oportunidade de ter em mãos textos assim, que pretendiam ser – segundo as assinaturas neles existentes, – de autoria das maiores figuras do pensamento universal na filosofia e na teologia, como Sócrates, por exemplo. Faltou aí bom-senso, como também espírito crítico, por mínimo que fosse, e sobrou confiança, ingenuidade ou vaidade. Faltou o "crivo da razão" de que nos falou Kardec.

Não é nada difícil para um espírito (ou uma equipe deles) promover fenômenos insólitos em grupamentos humanos despreparados, fazer revelações pessoais, prever acontecimentos de pequena monta, que acabam por ocorrer mesmo, e até promover curas. Por meio de tais artifícios acabam por conquistar a confiança ilimitada dos incautos. Daí em diante, será simples continuidade, impingindo tranquilamente instruções, impondo rituais, formulando doutrinas exóticas, criando até uma nova seita.

A habilidade e a malícia de alguns desses espíritos só é superada pela ingenuidade e excesso de confiança dos encarnados que a eles se submetem. Sei de caso em que se identificaram, para uso externo, com nomes modestos e anônimos, 'revelando', contudo, a uns poucos iniciados, suas 'verdadeiras' identidades, estas, sim, rotuladas com alguns nomes do maior relevo histórico. O relacionamento torna-se uma espécie de deliciosa *cumplicidade*, na qual apenas alguns escolhidos a dedo 'sabem' com quem estão falando, ao passo que para a massa ignara prevalece o 'nome de guerra', modesto, obscuro, anônimo.

Feito isso, é só produzir comunicações aparentemente eruditas, adornadas de revelações científicas, religiosas ou pessoais, sem esquecer fartos elogios aos presentes, a título de 'estímulo'.

Aliás, cuidados muito especiais e severa atenção devem cercar esses aspectos das comunicações escritas ou faladas, em qualquer grupo, em que lugar for, seja qual for o médium ou o espírito que se diz seu autor. Cuidado com 'revelações' mais ou menos sensacionais, com informações acerca de vidas anteriores dos componentes do grupo e, principalmente, com elogios que o destinatário quase sempre considera justos e merecidos, mas que trazem o sutil e insidioso excitante da vaidade pessoal.

Em mais de duas décadas de trabalho junto a grupos mediúnicos nunca ouvi de qualquer amigo espiritual um elogio sequer. Seria porque não correspondi às suas expectativas? É possível, mas se assim fosse, ter-me-iam dito com a mesma serenidade, educação e firmeza, que era melhor encerrar as tarefas ou procurar outras. Se uma vez ou outra mostraram-se agradecidos pela nossa modestíssima colaboração, limitaram-se a dizer que o trabalho era do Cristo, sem o qual não poderia ter sido jamais feito e, portanto, os resultados também a ele pertenciam. E devíamos estar muito felizes por servir, dado que o serviço, por si mesmo, já é um privilégio. Não estamos fazendo favor a ninguém em especial, senão a nós mesmos, ainda mais que cada tarefa tem, invariavelmente, sua própria lição, implícita ou explícita. É na imperfeição alheia que se reflete a nossa própria, como num espelho baço, mas suficiente para nos contemplarmos em toda a nossa inadequação.

Não há, pois, de que se orgulhar. Portanto, cuidado com os elogios, os segredos, as identificações, as revelações e as profecias.

19. Os excessos da autocrítica

No caso de Regina, tais coisas não estavam acontecendo. Os amigos espirituais não exibiam identidades espetaculares, não lhe traziam revelações admiráveis nem promoviam fenômenos dramáticos para impressionar; muito menos, prodigalizavam-lhe elogios ou pegavam-na pela mão para resolver qualquer problema pessoal ou mesmo doutrinário. Limitavam-se a uma presença amorosa, confiante, tranquila e indicavam-lhe o roteiro a seguir: estudo, observação, vigilância, prece constante, procedimento correto, pureza de sentimentos e a dose certa de humildade.

Nas comunicações psicográficas que passaram a transmitir por intermédio dela, após a dramática cena no grupo suburbano, eram encontradas observações de caráter doutrinário e uma firme postura evangélica, sem artificialismos ou misticismos duvidosos. Tudo espontâneo, claro, sem rebuscamentos ou enfeites.

Acostumada a essa convivência descontraída, embora atenta e confiante, mas não crédula, Regina ficou chocada com as suspeitas de que passou a ser alvo quando começou a exercer aquelas mesmas faculdades no centro que lhe foi indicado por quem tinha condições para isso. Já vimos que se tornou insegura e muito crítica quanto à sua própria mediunidade. E até um tanto inibida quanto ao seu exercício, que até então fora controlado, mas descontraído.

Isso foi um grave equívoco de seus supostos orientadores e um sério problema para ela. É certo que o médium deve ser tão impessoal quanto possível na avaliação de suas faculdades e do processo do seu exercício. Precisa examinar-se, ouvir opiniões e conselhos, procurar informar-se do seu desempenho e observar o que ocorre consigo mesmo, antes, durante e depois da manifestação, e coisas dessa natureza, mas não deve bloquear sumariamente o fenômeno. É preciso deixá-lo ocorrer e examiná-lo *depois*, com as lentes de aproximação da observação desapaixonada, pronto a rejeitar tudo aquilo sobre o que paire a mais leve suspeita de inautenticidade. Erasto, em *O livro dos médiuns*, deixou documentada sua muito citada recomendação: é melhor rejeitar nove verdades do que aceitar uma mentira. As verdades rejeitadas, o tempo as confirma, sob outras condições e através de outros médiuns ou do mesmo, ao passo que a mentira aceita veste a toga da verdade e se torna difícil de ser desvestida e apeada do seu falso pedestal.

Seja como for, o médium bem intencionado, responsável e esclarecido precisa manter certa dose de confiança em si mesmo. Do contrário, o melhor que tem a fazer é abandonar a tarefa. Será preferível recuar de um compromisso assumido – o que é, usualmente, o da mediunidade – do que se perder lamentavelmente nos meandros da alienação.

Discorrendo sobre a inibição que os pesquisadores excessivamente críticos produzem sobre os fenômenos que pretendem estudar, Boddington acrescenta que também os médiuns demasiadamente críticos de suas faculdades acabam por inibi-las ao ponto de se inutilizarem para o trabalho a que foram, evidentemente, programados.

Páginas adiante ele retoma o assunto, de maneira ainda mais incisiva: "A predominância de uma atitude hipercrítica no *médium frustra prontamente a eclosão da mediunidade*" (Destaque meu).

Acha ele – entendo que com toda a razão – que a exagerada e obsessiva atitude crítica do médium gera no seu íntimo uma corrente de pensamento negativo que antagoniza o fenômeno nas suas próprias fontes. Correto isso, mesmo porque o campo de trabalho do médium, como temos visto, é o pensamento. Se ele impõe à livre circulação de ideias um sistema de sinais e de válvulas fechadas, não há espaço interior para que o fenômeno se produza. É preciso, portanto, que o médium desenvolva suas faculdades, procure afinar seu instrumento, aperfeiçoe constantemente seus métodos de trabalho e o faça em constante regime de vigilância. A atitude crítica final deve ficar reservada para *avaliar* os resultados e não para *bloquear* o processo em si. Somente se os resultados forem consistentemente insatisfatórios, então, sim, é preciso voltar ao mecanismo, ao sistema, à instrumentação da mediunidade para reexaminá-los de ponta a ponta, passo a passo, a fim de identificar e corrigir desacertos. Não, porém, paralisar todo o sistema para impedir que o fenômeno ocorra. Não se joga fora um aparelho de televisão recém-adquirido somente porque está sem som, a imagem está distorcida ou não se fixa. É preciso revisar todo o circuito, substituir peças defeituosas, restabelecer circuitos interrompidos e reajustá-lo. Ele voltará a funcionar. Não se pode extinguir a vida num organismo, pensando estudar nele a própria vida em ação.

Isso não quer dizer que não devamos analisar e avaliar cuidadosamente os programas de tevê ou rádio que estão entrando em nosso lar. Sim, é preciso fazê-lo e é até possível que nos vejamos ante a contingência de desligar o aparelho para sempre, se chegarmos à conclusão de que todos os programas que chegam à nossa casa são indesejáveis; mas para que saibamos se são ou não indesejáveis é preciso deixá-los vir. Como na comunicação mediúnica, a crítica é *a posteriori* e não apriorística.

Em suma: o exercício da mediunidade responsável e eficiente deve resultar de um equilíbrio entre crítica vigilante, de um lado, e confiança, não menos vigilante, do outro. Como em tantas outras situações na vida, aqui também o radicalismo das posições é igualmente desastroso, tanto num extremo como no outro. Nem confiança exagerada, nem autocrítica obsessiva.

20. O trabalho mediúnico no centro espírita

Não há dúvida, portanto, de que o médium iniciante está sujeito a sérias dificuldades de adaptação ao procurar integrar-se num grupo onde possa desenvolver adequadamente suas faculdades ou promover os ajustes de 'acabamento' ou afinação delas, se as leva em fase mais avançada de operação.

Convicto de que não pode e não deve exercer isoladamente sua mediunidade, vê-se na contingência de selecionar um bom grupo que possa frequentar com regularidade e no qual encontre apoio, orientação e espaço para trabalhar, bem como pessoas não apenas dispostas a esse tipo de colaboração mas também dotadas de outras condições, como conhecimento da teoria, e experimentadas na prática dos fenômenos, dotadas de coração generoso, prontas a corrigir possíveis deficiências e

DIVERSIDADE DOS CARISMAS

desvios na prática mediúnica, mas razoáveis, serenas, compreensivas, que proporcionem estímulo, mas se abstenham do elogio inconsequente.

É difícil reunir tantas condições em um só grupo, especialmente quando são muito amplos e ambiciosos seus planos. Não que os grupamentos espíritas sejam condenáveis porque são grandes. Cresceram impelidos por sua própria dinâmica e devido às carências de seus frequentadores para poderem atender com certa continuidade à multidão que aflui às suas salas de passes, aos auditórios onde ouvem palestras, aos departamentos de assistência social. Para tudo isso é preciso ter um mínimo de estrutura administrativa, uma hierarquia, manipular recursos de vulto, montando e sustentando, enfim, toda uma organização, digamos, burocrática. Tudo bem, mesmo porque é praticamente impossível evitar a expansão dos centros que alcançam certo êxito nas suas tarefas, precisamente porque estão dando o melhor de si no atendimento de crescente número de pessoas que os procuram para suas aflições emocionais, seus problemas espirituais e suas carências materiais.

É desejável, contudo, que em grupos mais amplos o trabalho mediúnico não seja afetado pelo gigantismo, que resulta em complexidades perfeitamente evitáveis.

A solução não está, a meu ver, nem em deixar crescer indefinidamente o grupo mediúnico, nem em extingui-lo sumariamente para cuidar apenas dos aspectos sociais, administrativos e de divulgação.

O trabalho mediúnico é da essência das tarefas coletivas que se promovem em qualquer centro espírita. É por seu intermédio que se mantém o intercâmbio com os seres desencarnados, tanto aqueles que nos trazem a palavra de orientação, de aconselhamento, de sabedoria, como os que vêm em busca de socorro, esclarecimento e ajuda, exatamente por se encontrarem mergulhados em conflitos seculares, dos quais não sabem como sair sozinhos ou relutam em assumir suas responsabilidades cármicas por saberem da carga de dor que os espera. O trabalho mediúnico complementa, amplia e sustenta o trabalho material que se realiza no grupo. O espiritismo é dualista, isto é, está sempre atento aos dois aspectos distintos e integrados sob os quais se manifesta o ser encarnado – o físico (material, orgânico) e o espiritual. Ao cuidar de um aspecto, temos de estar atentos ao outro. Muitos dos que procuram os centros espíritas estão necessitados de ajuda material, tanto quanto de assistência espiritual. Seria incongruente cuidar apenas de uma de tais condições, em total desatenção à outra.

Quando, portanto, intensifica-se a atividade mediúnica a ponto de tornar-se o grupo grande demais, é preciso desdobrá-lo em unidades menores, de forma que, dentro das tarefas normais e sem prejuízo do trabalho global, sejam encontrados espaço e tempo adequados para que continuem a desenvolver-se, harmonicamente, as duas faces do trabalho, ou seja, a material e a espiritual, sem prejuízo de nenhuma delas. O que deve ser evitado é o gigantismo da unidade mediúnica pelas dificuldades de relacionamento que cria e que acabam, fatalmente, por afetar a qualidade do trabalho que ali se pretende realizar.

Tarefas que se desenvolvem em perfeita harmonia e com excelentes resultados em grupos mediúnicos reduzidos, perdem-se muitas vezes em complicações e inesperadas dificuldades à medida que o grupo cresça desordenadamente.

Escreve Kardec, em *O livro dos médiuns*:

> A dificuldade ainda grande de reunir crescido número de elementos homogêneos deste ponto de vista nos leva a dizer que, no interesse dos estudos e por bem da causa mesma, *as reuniões espíritas devem tender antes à multiplicação de pequenos grupos do que à constituição de grandes aglomerações.* (Kardec, Allan, 1975)

E explica suas razões, a seguir:

> Já vimos de quanta importância é a uniformidade de sentimentos para a obtenção de bons resultados. Necessariamente, tanto mais difícil é obter-se essa uniformidade quanto maior for o número. Nos agregados pouco numerosos, todos se conhecem melhor e há *mais segurança* quanto à eficácia dos *elementos que para eles entram.* O silêncio e o recolhimento são mais fáceis e tudo se passa *como em família.* As grandes assembleias excluem a intimidade, pela variedade dos elementos de que se compõem; exigem sedes especiais, recursos pecuniários e um aparelho administrativo desnecessário nos pequenos grupos. As divergências dos caracteres, das ideias, das opiniões aí se desenham melhor e *oferecem aos espíritos perturbadores mais facilidade* para semearem discórdia. *Quanto mais numerosa é a reunião, tanto mais difícil é conterem-se todos os presentes.* (Destaques meus). (Idem)

León Denis também recomenda a prática mediúnica em grupamentos pequenos, de não mais que dez/doze pessoas, quando muito. O número ideal, para ele, ficava entre seis e oito pessoas.

Postura semelhante assume Boddington:

> Em grandes grupos de pessoas não se pode obter a harmonia porque o assunto é tratado de maneira tão diversa que nem mesmo a amizade comum é possível. Com uns poucos amigos escolhidos, a harmonia é facilmente conseguida. Assim, poucos membros, usualmente seis a dez, têm sido a condição mais satisfatória para grupos de desenvolvimento em geral. Outra razão é a de que muitos não podem comparecer regularmente e o absenteísmo resulta em que os dirigentes espirituais têm de trabalhar sem que esteja presente, às vezes, exatamente o componente talvez essencial ao sucesso do grupo. (Boddington, Harry, 1949)

21. Os espíritos são gente

Uma coisa é certa: trabalho mediúnico é atividade séria e não deve ser assumido sem nítida noção de responsabilidade.

São muitos os que se deixam atrair pelos aspectos mais dramáticos e fascinantes da fenomenologia para se sentirem, em pouco tempo, desencantados com a rotina do treinamento, com o esforço, as renúncias, as dificuldades e perplexidades inevitáveis que acarretam não apenas o desenvolvimento, como a prática regular da mediunidade.

Médiuns em formação, levados por impulsos emocionais ou sonhando com a posição de veículos de importantes revelações e fenômenos inusitados, logo se decepcionam. Afinal de contas, como assinala Boddington, acabam descobrindo que "os espíritos não são brinquedos infantis, mas indivíduos dotados de um claro propósito na vida e que escolhem seus médiuns como a melhor instrumentação para alcançarem os objetivos que têm em mente".

Essa observação, alias, contém outras implicações que é bom colocar logo aqui: a de que os espíritos são gente, como qualquer um de nós, embora alguns estejam colocados muitos patamares acima de nós, enquanto outros estão dois ou três degraus abaixo. Não se trata de expor uma hierarquia de valores para exaltar alguns e denegrir outros. Isto é uma realidade pura e simples que é bom admitir logo, para facilitar as coisas.

O ser superior que comparece para trazer a colaboração da sua sabedoria e bondade não é um semideus que deve ser ouvido e seguido servilmente como um guru infalível e, sim, uma pessoa humana que merece nosso maior respeito, a mais doce afeição e que nos inspira confiança. Até mesmo suas observações e recomendações devem ser examinadas com atenção e espírito crítico construtivo. Se eles forem mesmo o que dizem ser, não se aborrecerão com isto; ao contrário, chegarão até a sugeri-lo.

Por outro lado, os que nos buscam para serem tratados, esclarecidos e ajudados não são seres desprezíveis ou monstros inaceitáveis apenas porque seus erros nos parecem tenebrosos e sua aparente maldade seja incompreensível para nós. São seres humanos também, mergulhados em equívocos lamentáveis de que, no fundo, desejam sair, mas não sabem como nem por onde. O médium que os receber sentirá o impacto de suas paixões e desarmonias e poderá até ficar com resíduos vibratórios penosos depois que eles forem 'desligados', mas não nos esqueçamos jamais de que são companheiros de jornada evolutiva em situação de aflitivas angústias e que nos procuram porque precisam de socorro, embora não o reconheçam e nem queiram admiti-lo. Não são nada diferentes do que fomos e ainda somos em grande parte.

22. O médium e o grupo: palavras finais

Para que trabalhos dessa natureza se desenrolem de maneira adequada, o médium tem de estar bem integrado no grupo, que precisa oferecer condições satisfatórias para que todos se sintam bem. O trabalho, portanto, só é bom coletivamente quando é bom em cada indivíduo componente do grupo. Este, por sua vez, terá sempre a resistência do seu elo mais fraco.

Não é tão fácil, portanto, para o médium em formação encontrar o grupo dos seus sonhos, mesmo porque, na maioria das vezes, ele nem sabe ao certo quais as condições ideais para o trabalho que pretende realizar.

Se suas faculdades estão ainda na fase inicial e necessitam de assistência competente para se desenvolverem corretamente, suas dificuldades de adaptação talvez sejam menores – desde que tenha a felicidade de encontrar um bom grupo –, porque se instruirá dentro dos padrões ali adotados. Se já está desenvolvido a ponto de poder participar das tarefas mediúnicas em andamento ali, poderá ter dificuldades bem maiores, como vimos no caso de Regina.

Com a dose certa de boa vontade e de compreensão de parte a parte, tais arestas poderão ser eliminadas. Se, porém, o médium sente que não há como adaptar-se àquele tipo de trabalho ou àquele grupo em particular, deve continuar sua busca. Do contrário, sua maneira específica de exercer a mediunidade estará acarretando problemas para o grupo, que prefere trilhar outros caminhos, como também o modo de trabalhar do grupo estará sempre criando nele um confronto que gera desconfortante mal-estar e até mesmo conflitos mais sérios que precisam ser evitados.

O período de adaptação do médium ao grupo, portanto, é sempre uma fase delicada, tanto na vida do grupo quanto na carreira do médium. Exige atenção especial, compreensão, tolerância de parte a parte, mas não concessões prejudiciais, de um ou de outro lado, que resultem em prejuízo para ambos.

Isto quer dizer que nem o médium deve impor suas condições ao grupo ao qual pretende servir, alterando drasticamente procedimentos e ditando normas e condições, nem o grupo deve obrigá-lo a aceitar condições, segundo as quais se torne impraticável para ele exercer sua mediunidade de maneira satisfatória.

O problema é complexo, insistimos em dizer, porque, mesmo em tais posições de respeito mútuo ou por causa disso, tanto o médium deve permanecer receptivo a observações destinadas a colaborar no aperfeiçoamento de suas faculdades como o grupo deve examinar, com atenção, observações que o médium recém-chegado tenha a oferecer sobre o trabalho e que possam resultar em aprimoramento dessa tarefa. Se cada um se fecha em sua torre de marfim e fica expedindo decretos-leis irrevogáveis e indiscutíveis, não há como se chegar a um entendimento.

Sei que é difícil acolher críticas, mesmo justas. Mas nós só evoluímos mudando; só melhoramos corrigindo defeitos e equívocos. Um pouco de humildade de parte a parte é a única fórmula satisfatória e fecunda.

Não é nosso propósito, neste livro, expor um plano sistemático de trabalho destinado ao desenvolvimento das faculdades mediúnicas. Já que estamos, porém, discorrendo sobre a fase inicial do exercício mediúnico, parece oportuno acrescentar alguns comentários adicionais para finalizar este módulo do livro.

O primeiro aspecto a observar é o de que o dirigente das tarefas mediúnicas oferece melhores condições de êxito no desempenho da parte que lhe toca, se suas próprias faculdades – se as tiver – não o levarem a um estado de inconsciência. Este ponto foi discutido em obra paralela, sob o título *Diálogo com as sombras*, à qual o leitor deverá recorrer, se desejar. Encontro a mesma recomendação em Boddington. Lembrando a importância de um ambiente descontraído, fraterno e sério, o competente autor inglês observa:

> Quando os componentes são selecionados adequadamente e os médiuns funcionam bem, no saudável exercício de suas faculdades, todo o grupo se sente bem. O médium se torna objeto de respeito, desenvolvendo uma atitude de autoconfiança que leva à eclosão de fenômenos satisfatórios. Compare-se esse tipo ideal com os dotados de vontade fraca e caprichosa e ficará evidente por si mesmo o valor de uma sábia liderança. Do que ficou dito, é fácil concluir-se que o dirigente que nunca perde a consciência é mais adequado para presidir reuniões públicas ou semipúblicas. (Idem)

Cabe aqui uma observação adicional. Tanto na Inglaterra, em particular, como na Europa, em geral, e nos Estados Unidos, a mediunidade costuma ser exercida profissionalmente, prática que a doutrina espírita condena formal e explicitamente. São comuns, naqueles países, verdadeiros espetáculos mediúnicos para um público pagante, com as inevitáveis características de *show*, em que médiuns famosos se apresentam distribuindo mensagens aos espectadores. Sem dúvida, ocorrem ali identificações e são transmitidos recados autênticos. Tais fenômenos podem impressionar favoravelmente um ou outro espectador e levá-lo ao estudo mais aprofundado da questão, mas isso não retira à exibição inequívocas características de espetáculo público de diversão, mais ou menos inconsequente.

É por isso que Boddington se refere a sessões públicas. O certo, contudo, é que ele não acha conveniente entregar a direção de trabalhos mediúnicos a pessoas que também estejam sujeitas a entrar em estados inconscientes de transe, e neste ponto específico estamos de acordo. Não, porém, em tolerar a mediunidade remunerada, convertida em atração de palco. (Em vez de palco, eles preferem uma expressão eufemística, designando o local de onde fala o médium pelo nome de *platform* – plataforma. O que não descaracteriza o espetáculo como exibição pública da faculdade mediúnica com fins comerciais e de exibicionismo, que a doutrina espírita rejeita).

23. Que é concentração?

Ainda em conexão com o trabalho inicial do médium, convém discutir, embora sumariamente, o problema da chamada 'concentração'. São muitos os dirigentes de trabalhos mediúnicos que exigem concentração de todos os participantes do grupo. O termo, contudo, é um tanto nebuloso no seu significado nesse contexto e, portanto, dúbio em suas implicações e consequências.

Quando experimentei pessoalmente o fenômeno da regressão da memória (ver a propósito o livro A *memória e o tempo*), aprendi que o trabalho de indução ficaria prejudicado ou arruinado de todo se exigisse dos sensitivos uma atitude de severa concentração. Em vez de qualquer esforço consciente, destinado a obter a clássica concentração, o que se pedia era exatamente uma atitude de relaxamento e descontração, deixando que o fenômeno ocorresse naturalmente, segundo sua própria dinâmica. Quanto mais o sensitivo se empenha em concentrar-se para observar a mecânica do processo e permanecer alerta para o que se passa com ele, mais difícil se torna alcançar a condição básica e indispensável para que as coisas aconteçam como desejado. Dificilmente o sensitivo terá condições de funcionar como agente dos fenômenos e instrumento deles ao mesmo tempo em que os observa como espectador. É certo que, após reconduzido ao estado normal de consciência em vigília, um exame retrospectivo de tudo quanto ocorreu suscitará lembranças e impressões mais ou menos vivas do que se passou com ele, mas, de modo geral, o esforço da chamada concentração é uma das principais causas inibidoras do fenômeno.

Sei que estamos aqui a discorrer sobre fenômenos anímicos – desprendimento, regressão da memória, transe magnético etc. –, mas a experiência com o assunto indica que há uma só realidade subjacente, tanto no fenômeno anímico quanto no mediúnico, dado que estão ambos apoiados no mesmo instrumento básico da sensibilidade e, em algumas modalidades, na mesma capacidade de desdobramento do corpo espiritual.

"Apesar de valiosa, a concentração facilmente se transforma em um estado mental que frustra seu próprio objetivo, ao restringir a emissão de força magnética" – escreve Boddington, em *University of spiritualism*.

Em *Secrets of mediumship*, ele amplia seu comentário, lembrando que o *relaxamento* físico e mental constitui fator "de primária importância no desenvolvimento da mediunidade".

Ao contrário do que muita gente pensa, a concentração não consiste em fixar na mente um pensamento ou imagem, mas precisamente o contrário, ou seja, em *esvaziar a mente de pensamentos*. O que vale dizer, abrir espaço para que o fenômeno anímico ou mediúnico se produza, sem interferências, sem obstáculos, sem distrações que o inibam. Isto é perfeitamente compreensível.

Já vimos que o contexto, o ambiente, o campo de ação da mediunidade é o pensamento. Este conceito é universal e incontestável até mesmo para os chamados fenômenos de efeito físico, pois não há movimento algum de ideias ou de objetos, da vontade, enfim, que não tenha de receber os comandos da mente através do cérebro, a grande central diretora do ser encarnado ou desencarnado. (Muitos esquecem – ou não sabem – que o desencarnado também tem seu cérebro no corpo espiritual, isto é, no perispírito).

Como poderia o espírito comunicante movimentar seus recursos através da mente do sensitivo se ela está teimosamente obstruída ou paralisada na fixação de uma ideia ou de uma imagem?

Sabemos todos que não é fácil fazer parar a maquininha de produzir pensamentos como quem desliga os terminais de um computador com o simples apertar de um botão de comando ou apaga a lâmpada pressionando um interruptor. Muitas pessoas dispõem, contudo, dessa interessante faculdade como que inata, espontânea e pronta para utilização. Acredito que a maioria acabe desistindo de conseguir realizar essa verdadeira proeza. Sem dúvida, porém, é possível despertar e desenvolver a faculdade de controlar o fluxo torrencial e aparentemente inestancável do pensamento. Não é nosso propósito recomendar aqui nenhuma técnica especial, das muitas que existem em livros. Nem me considero autoridade no assunto. Em verdade, tenho certas desconfianças sobre técnicas que se propõem a desenvolver essa faculdade, em tantas lições, ao ponto de produzir prodígios. Não duvido de que alguns de tais prodígios sejam até viáveis, mas questiono a finalidade a que se destinam. Lembro-me sempre daquela ilustrativa historinha do discípulo que, após muitos anos, apresentou-se ao seu guru para lhe anunciar, eufórico, que já conseguia transportar-se de um lado a outro de um rio pelo simples poder da mente. Ao que recebeu uma decepcionante e arrasadora observação:

– Ah, meu filho, você perdeu seu tempo! Você pode fazer a mesma coisa a troco de umas poucas moedinhas atravessando de canoa...

A famosa concentração não é, pois, exatamente o que pensam muitos que ela seja. Experiências de telepatia, como lembra Boddington, falham lamentavelmente até que se descubra que a 'mensagem' mental da pessoa que transmite não consegue ser acolhida pela mente receptora sempre que esta esteja *ocupada* por um pensamento, qualquer que seja ele. Concentrar-se não é, pois, agarrar-se tenazmente a uma ideia ou imagem, mesmo porque também a imagem é um pensamento visualizado, como que objetivado, ainda que sem a participação dos órgãos normais da visão.

Quando a emissão de pensamentos alheios nos alcança, eles se misturam sutilmente aos nossos a ponto de nem sempre conseguirmos distinguir uns dos outros. Sabendo disso é que os espíritos conseguem nos influenciar, seja com pensamentos positivos e construtivos, seja com ideias negativas.

Só com alguma experiência e acurado senso analítico podemos identificar ideias alheias na correnteza normal dos nossos pensamentos, mas isto já é outro problema e fica para discussão mais adiante neste livro. O que importa aqui é entender bem o que é de fato concentração.

Vemos, pelo que fica exposto, que se concentrar é estancar a torrente de pensamento próprio, a fim de que o alheio possa ser recebido; é portanto, criar espaço para receber as ideias alheias, ou claro, nossas próprias, guardadas no inconsciente, onde está a memória de todas as vidas passadas. (Novamente recomendo a leitura de *A memória e o tempo*, onde o assunto foi examinado com mais vagar).

Se as ideias que o médium acolhe são suas mesmas, o fenômeno é anímico; se são alheias, ele é mediúnico e sobre isso temos algo a dizer no próximo módulo deste livro.

Utilizamos acima a palavra *ideias*, mas é certo que também poderíamos ter acrescentado *imagens*, porque não apenas os espíritos manifestantes se utilizam da mente do médium para vestir seus pensamentos com palavras do vocabulário do médium, como podem, também, suscitar imagens e cenas inteiras ou narrativas mais ou menos longas, como se um filme cinematográfico estivesse sendo exibido na intimidade do sensitivo.

Nos fenômenos anímicos, isto é, emergidos das memórias do próprio médium, pensamentos e imagens são sacados do inconsciente dele.

Em ambas as situações, o consciente do sensitivo tem de estar 'desocupado', tem de oferecer espaço mental para que os fenômenos ocorram.

Este aspecto é de tão grande importância na dinâmica do fenômeno mediúnico que Boddington é de opinião que aí está "a causa secreta do fracasso de todas as formas de mediunidade", opinião essa de que partilhamos, pois é também nossa experiência pessoal.

O médium precisa aprender a controlar tanto sua atividade consciente quanto a inconsciente. Há um sutil inter-relacionamento entre esses dois aspectos da mente, como procurei expor em *A memória e o tempo*. Propus, neste livro, o conceito de que o consciente é apenas um dispositivo de passagem, num sentido e no outro, ou seja, tanto do subconsciente e do inconsciente para 'fora', como de 'fora' para 'dentro'. A terminologia inglesa eletrônica dispõe das palavras adequadas: *input e output* (entrada e saída). O que por aí transita fica depositado em dois 'arquivos' especiais: um, o subconsciente, onde se encontra o material de uso corrente que pode ser evocado com relativa facilidade; outro, o inconsciente, espécie de arquivo morto de acesso mais difícil, mas não impossível. O subconsciente retém as lembranças da vida presente e, por isso, é de acesso mais fácil; o inconsciente é o vastíssimo armazém das memórias passadas, desde que começou a funcionar em nós o dispositivo da consciência, que nos identifica como um ser à parte, distinto do mundo em que vivemos e das demais formas de vida nele existentes.

Não sei se Boddington concordaria com esse esquema; é certo, porém, que ele acha que o grande segredo da mediunidade é saber controlar a atividade subconsciente, tanto quanto a consciente. Até que o médium consiga isso, acha ele impraticável a produção de mensagens convincentes que possam ser consideradas como de mentes alheias e não da sua própria. Não estamos muito de acordo neste ponto, mesmo porque a experiência ensina que não devemos dogmatizar com nenhum aspecto da mediunidade ou, para ser mais amplo e abrangente, com nenhum aspecto da complexa atividade mental do ser humano. Acho que por muito tempo – e bota tempo nisso – teremos surpresas e mistérios a decifrar nesse campo de estudo. Testemunhamos, às vezes, notáveis fenômenos e comunicações de irrespondível evidência mediúnica em sensitivos que, obviamente, não demonstram conhecer, com tanta nitidez como desejaria Boddington, a distinção entre ideias próprias e alheias ou que dominem, com perfeição, os dispositivos da mente.

Não há dúvida, porém, de que o bom funcionamento da mediunidade exige certo controle do que se passa no consciente e no subconsciente ou, para dizer de outra maneira, capacidade para ceder espaço mental desobstruído ao espírito comunicante, estranho à individualidade do médium. Isso não quer dizer que o médium capaz de realizar essa operação íntima *domine* toda sua atividade mental, como sugere Bod-

Dington e, sim, que consiga deixar fluir, por seus condutos mentais, o pensamento alheio, como que se pondo à margem para deixar o outro passar.

Tanto isso é verdade que muitas das melhores mensagens e dos mais convincentes fenômenos ocorrem quando o sensitivo – seja ele médium praticante ou não – encontra-se 'distraído' com uma atividade manual rotineira e repetitiva que não o induz a nenhum esforço especial de concentração extenuante. Alguns dos melhores *insights* me ocorrem, por exemplo, pela manhã, enquanto me barbeio. É a típica atividade automatizada que libera a mente para um trabalho, próprio ou alheio, dos mais interessantes. Ideias que, provavelmente, foram discutidas, pensadas ou implantadas durante o sono fisiológico emergem, naqueles momentos de relaxamento, precisamente quando a atividade consciente está reduzida a um mínimo possível, quase ao nível zero, ocupada apenas em tarefas rotineiras, em movimentos e cuidados automatizados, cedendo 'espaço' mental para pensamentos e ideias do subconsciente ou do inconsciente. Em uma de tais ocasiões, fui surpreendido com uma expressão desconhecida que somente depois de atenta pesquisa descobri que provinha da língua alemã – que desconheço –, e que tinha estreita conexão com certas questões que então compareciam, com certa frequência, à minha mente, nas horas de meditação.

Isto quer dizer que, assim que a mente oferece o 'espaço' de que vimos falando, tornamo-nos receptivos a certos 'recados' do inconsciente ou de seres invisíveis que, embora distantes, estão a nós vinculados por qualquer motivo.

É essa, também, a razão pela qual fenômenos de vidência, clariaudiência ou intuição ocorrem a tantas pessoas – mesmo que não sejam médiuns praticantes – no estado crepuscular entre a vigília e o sono, nos momentos que antecedem ao mergulho no sono comum ou na 'volta', quando a pessoa, ainda sonolenta, não despertou de todo. O que nos leva a outra especulação; a de que esse estado de 'esvaziamento' da mente pode ser também resultante de um desdobramento, ou seja, de um afastamento maior ou menor do perispírito em relação ao corpo físico, pois, como sabemos, a consciência 'vai' com o espírito, em vez de 'ficar' no corpo físico. Como, também, a dor física, que desaparece enquanto estamos desprendidos do corpo, seja pelo sono fisiológico, seja pela hipnose ou pela anestesia. São hoje muito bem documentados tais fenômenos, não apenas na literatura espírita, mas também na observação científica, especialmente pelos médicos, nos casos de morte aparente com retomada da vida no corpo.

Como também vimos em *A memória e o tempo*, o dispositivo da consciência, durante o processo do desdobramento, permanece no corpo físico por alguns momentos, de onde a pessoa contempla seu próprio 'fantasma' desdobrado; em seguida, fica como que dividida entre corpo físico e corpo espiritual para, finalmente, emigrar para este último. Uma vez nesta terceira posição, o cérebro físico, embora continue energizado e vitalizado, pois o espírito continua preso a ele pelo cordão fluídico, está como que 'vago', disponível para receber impressões e imagens, não apenas de seu próprio espírito desdobrado, como de outros espíritos, tanto encarnados como desencarnados, próximos ou mais distantes.

Todo esse procedimento ocorre em estado de relaxamento, de descontração, de repouso, durante o qual a realidade física externa fica como que isolada da realidade interna, espiritual, mental. Parece lógico, portanto, concluir que talvez não haja aqui um processo efetivo de bloquear o pensamento e fazê-lo estancar nas fontes profundas da mente mas, sim, uma técnica segundo a qual o perispírito, parcialmente desdobrado no corpo físico, leva consigo o dispositivo da consciência, deixando 'vagos' e em disponibilidade, os mecanismos correspondentes no organismo físico, por onde circulam ideias, imagens e pensamentos sob seu comando. É como se a consciência, ao afastar-se, permitisse que 'alguém' a substituísse no comando do organismo.

De tudo o que ficou dito, fica-nos, portanto, a conclusão de que, em vez de um esforço quase físico ou mental de concentração, o médium precisa é exatamente do contrário, isto é, de um estado de relaxamento que crie, em si mesmo, a receptividade necessária ao desempenho de sua tarefa. O esforço de concentração resulta não apenas improdutivo, mas contraproducente, dado que, em vez de criar um relaxamento propício aos processos mentais, mantém o corpo e a mente em estado de tensão indesejável. Segue-se que o fluxo incessante do pensamento não é propriamente estancado como quem fecha uma torneira, e sim continua a fluir em outro contexto, ou seja, no âmbito do espírito, sem circular, contudo, pelos dispositivos conscientes ou orgânicos do cérebro físico. Esta hipótese parece reforçada quando nos lembramos de que o espírito nunca está inconsciente, a não ser em caso de alienação mental que, por mais que dure, é sempre temporário.

Temos disso evidente demonstração no mecanismo da chamada mediunidade sonambúlica ou inconsciente, na qual o médium como que entrega seu corpo físico ao espírito manifestante, permanecendo consciente, ao seu lado, e até exercendo, quando bem treinado, certo controle para que o espírito, se turbulento, não provoque tumultos indesejáveis.

Mesmo os médiuns que mantêm, no corpo, certo grau de consciência – ela pode estar distribuída entre o corpo físico e o espiritual – acompanham a manifestação que se realiza por intermédio de seus corpos físicos, assistem aos gestos, ouvem a voz, mas não conseguem interferir para que os *seus* pensamentos se reproduzam, e não os do manifestante.

Assim, mesmo tido por inconsciente, no corpo físico, o espírito está sempre consciente, embora sem poder interferir de maneira mais drástica, como às vezes gostaria de fazer para conter impulsos de violência ou de incontinência verbal do manifestante.

Ao discorrer sobre fenômenos de alucinação, Boddington volta a lembrar que a concentração, da maneira pela qual muitos a entendem, deve ser evitada e não, desejada. Acha ele – e como ficou dito há pouco, essa também é minha experiência

– que a pressão e a tensão da chamada concentração devem ser excluídas ou neutralizadas, precisamente para não criarem dificuldades ao exercício das faculdades de que precisamos, livres de distorções e deformações alucinatórias.

É preferível e desejável, no desempenho do trabalho mediúnico, a tranquila espera, em estado de relaxamento e descontração. Tanto o desenvolvimento da mediunidade, portanto, quanto sua utilização regular devem ser regidos pelo princípio da espontaneidade, sem forçar nada, seja para desenvolver faculdades mediúnicas a qualquer preço, seja para produzir fenômenos de qualquer maneira. De tais esforços podem resultar não apenas fenômenos alucinatórios ou fantasiosos, mas também exaustão física e mental indesejáveis.

Por outro lado, quanto mais a consciência do médium interferir com o fluxo normal de suas faculdades e dos fenômenos que por seu intermédio se produzem, menos satisfatório será o resultado de seus esforços, e, em consequência, de seu trabalho. Não se trata aqui de sufocar, reduzir ou extinguir as manifestações próprias da consciência, mas de redirecioná-las, de forma que, no momento oportuno, o pensamento do médium ceda sua vez ao pensamento dos que desejam se manifestar por seu intermédio.

Claro que tudo isto diz respeito, basicamente, ao fenômeno da incorporação, como ainda veremos mais adiante, uma vez que, no exercício da mediunidade psicográfica, as coisas se passam, em certas modalidades, de maneira diversa. Como ainda veremos, o médium pode manter sua mente totalmente ocupada até com pensamentos alheios ou seus mesmos e continuar a psicografar um texto coerente e de elevado teor doutrinário ou filosófico, como na psicografia mecânica, na qual ele apenas 'empresta' seu braço ao manifestante, mas fica com o controle de tudo o mais da sua instrumentação mediúnica, podendo até atender, pela mesma psicografia, outro espírito, com a mão desocupada, e ainda um terceiro manifestante, pela psicofonia.

24. De novo a passividade

Finalmente, resta um aspecto a abordar neste módulo, que é precisamente o da tão falada *passividade*, de que cuidamos páginas atrás, sob outro aspecto.

Um momento de meditação nos assegurará de que passividade não é mais do que a resultante do próprio estado de relaxamento que estamos falando. É um estado de expectativa, sem açodamento, sem ansiedade, sem tensões, embora não seja também uma entrega total, pois o médium disciplinado e bem treinado saberá sempre como exercer certo controle sobre a manifestação, ainda que sem condições para criar bloqueios ou influenciar o pensamento alheio que flui por seu intermédio, a ponto de modificá-lo substancialmente. É certo que as ideias que acolhe de uma entidade manifestante são vestidas com seu vocabulário habitual na língua com a qual ele, médium, esteja familiarizado ou com outra que ele saiba utilizar com proficiência. Nos fenômenos de xenoglossia, o espírito fala por seu intermédio uma língua desconhecida. Em todas essas variedades, contudo, ele funciona como um instrumento *passivo*, sim, mas não inerte, incapaz de participação consciente e até vigilante, postura que ele costuma manter, em espírito, desdobrado do corpo físico, enquanto a entidade se serve deste para transmitir sua comunicação.

O experimentado Boddington adverte, porém, que é tão importante para o médium a capacidade de *entregar-se* passivamente ao trabalho de filtragem de uma personalidade alheia – diríamos que também para a sua própria – como a de resistir à manifestação.

Isto é estritamente verdadeiro. A mediunidade deve resultar, sempre, de uma equilibrada interação entre passividade e resistência ou, para dizer de outra maneira, permitir, mas vigiar, coibindo abusos, sempre indesejáveis ou declaradamente perniciosos. Mas não apenas vigiar ou policiar as manifestações, como também não permitir que elas ocorram em qualquer lugar, a qualquer momento e de qualquer maneira. Assim como o médium adequadamente treinado acaba por distinguir, naquilo que fala ou escreve, o que são ideias pessoais suas do que é alheio, também aprende, logo de início ou pouco mais adiante, a regulamentar o exercício de suas faculdades, recusando-se a passar o controle de seus dispositivos de manifestações quando entender que não é oportuno ou aconselhável fazê-lo.

Isto é particularmente desejável – indispensável mesmo – quando ele trabalha em grupo, cabendo-lhe impedir, a não ser sob condições reconhecidamente excepcionais, que uma entidade lhe imponha uma manifestação enquanto ainda está com a palavra outro espírito, através de outro médium.

O apóstolo Paulo – a maior autoridade em mediunidade nos remotos tempos do cristianismo primitivo – dizia que o espírito do médium deve estar sujeito ao médium (disciplina mediúnica), e mais: só deve falar um de cada vez. Como este e demais aspectos da magnífica *Epístola aos coríntios* foram tratados em meu livro *As marcas do Cristo*, abstenho-me de sobrecarregar este estudo com a repetição das observações que o leitor poderá encontrar naquela obra.

O importante é lembrar – como já assinalava Paulo, com outras palavras – que o médium deve saber quando é chegado o momento de oferecer sua *passividade* e quando deve reagir, com bloqueio da resistência que iniba a manifestação indesejável ou inoportuna.

Em suma: resistir é tão importante quanto ceder. Cada uma dessas atitudes tem seu momento certo.

Acho que sobre essas preliminares da mediunidade ficou dito o essencial. Seja como for, é preciso parar por aqui mesmo, a fim de que o livro não fique grande demais, pois ainda há muito o que dizer.

Nossa próxima tarefa é debater a dicotomia mediunidade/animismo, dado que temos aí alguns *fantasmas* a exorcizar...

Capítulo III
Animismo

1. A teoria e a experiência

Por ocasião dos preparativos ao Congresso Espírita Internacional, programado para Glasgow em setembro de 1937, o comitê organizador escreveu ao cientista italiano Ernesto Bozzano convidando-o a participar dos trabalhos na honrosa (e merecida) condição de seu vice-presidente. Pedia ainda o comitê que Bozzano preparasse um resumo de sua obra, já bastante volumosa àquela época, destacando como tema básico a questão do animismo, de forma a encaminhar uma solução conclusiva para o problema que se colocava na seguinte pergunta-título sugerida para seu ensaio: *Animism or spiritualism – Which explains the facts?* (Animismo ou espiritismo – Qual deles explica os fatos?). O eminente pesquisador italiano alcançara, em 1937, a respeitável idade de setenta e cinco anos – viveria mais seis anos, pois morreu em 1943 –, e o tema proposto pelos organizadores do Congresso significava, como ele próprio o caracterizou, "formidável encargo", dado que se tratava de "resumir a maior parte da minha obra de quarenta anos". A despeito disso, o idoso cientista entusiasmou-se pelo assunto, que se apresentava como "teoricamente muito importante".

Foi assim que os estudiosos dos fenômenos psíquicos se viram presenteados com mais um de seus notáveis e competentes estudos, que a Federação Espírita Brasileira vem publicando, em sucessivas edições, sob o título *Animismo ou espiritismo?*

Não foi difícil para ele responder o que lhe fora perguntado, mesmo porque a resposta estava implícita em sua obra:

> Nem um, nem outro logra, separadamente, explicar o conjunto dos fenômenos supranormais. Ambos são indispensáveis a tal fim e não podem separar-se, pois que são feitos de um causa única, e esta causa é o espírito humano que, quando se manifesta, em momentos fugazes durante a encarnação, determina os fenômenos anímicos e, quando se manifesta mediunicamente, durante a existência 'desencarnada', determina os fenômenos espíriticos. (Bozzano, Ernesto, 1987)

O tema já fora tratado, aliás em outra importante obra, a de Alexandre Aksakof, igualmente publicada pela FEB, sob o título *Animismo e espiritismo* (2 volumes).

Tanto a obra de Bozzano quanto a de Aksakof são enriquecidas com o relato de inúmeros fatos colhidos e examinados com atento critério seletivo. A de Bozzano, como vimos, foi motivada pela solicitação dos organizadores do Congresso de 1937; a de Aksakof resultou de sua corajosa decisão de responder à altura as veementes críticas do filósofo Eduard von Hartmann, intitulada *O espiritismo*, que alcançara certa repercussão pelo prestígio de que gozava seu brilhante autor. Somos levados a crer, hoje, que o fator importante no êxito do livro de Hartmann foi o fato de que era o primeiro ataque maciço e inegavelmente inteligente às teses doutrinárias do espiritismo, ao oferecer explicações alternativas aceitáveis, em princípio, ou seja, a de que os fenômenos, nos quais o espiritismo via manifestações de seres desencarnados sobreviventes, deveriam ser considerados como produzidos pelas faculdades normais da mente humana. O vigoroso estudo de Hartmann como que atendia a uma ansiada expectativa de parte de inúmeros céticos e negativistas irredutíveis, desesperados por uma teoria inteligente que demolisse, de uma vez para sempre, as estruturas do espiritismo nascente. Para estes a obra de Hartmann foi um alívio. Afinal surgira alguém que conseguira 'demonstrar' ser uma grande tolice essa história da sobrevivência do ser que os espíritas estavam a disseminar por toda a parte, conseguindo até 'envolver' figuras da maior projeção na sociedade, nas artes, e, principalmente, na ciência. Era uma loucura, em que alguém precisava mesmo pôr um ponto final. Acharam que Hartmann havia conseguido essa proeza histórica – a de deter com argumentos tidos como irrespondíveis a maré crescente do espiritismo.

Na verdade Hartmann era um pensador de considerável prestígio e montou seu sistema metafísico sobre o conceito do inconsciente, doutrina que expôs com brilhantismo e competência em *Die philosophie des unbewussten* (A filosofia do inconsciente), publicada em três volumes, em 1869, em Berlim. Era seu segundo livro e foi acolhido com respeito. Ele morreu em 1906, aos sessenta e quatro anos de idade, e deixou vasta obra como pensador. Obviamente, suas biografias não abordam o assunto, mas sabemos que ele também sobreviveu como espírito imortal... É certo que voltará um dia para colocar sua brilhante inteligência a serviço de causa menos ingrata do que a de dar combate à doutrina dos espíritos.

O maior impacto da obra de Hartmann sobre o espiritismo, contudo, provém do fato de que ele tinha razão, em parte, pois trabalhou com recursos da meia-verdade. Não, certamente, por desonestidade artificiosa, mas porque estava convicto de suas posturas teóricas e apresentava fatos observados que lhes pareciam dar sustentação. E, realmente, davam-na, porque fenômenos semelhantes ou idênticos aos mediúnicos ocorrem sem que seja necessário convocar a interferência dos desencarnados.

Aksakof concordou com ele neste ponto, como Bozzano também iria concordar mais tarde. Nenhum dos dois estava excluindo ou escamoteando a realidade dos fenômenos anímicos, ou seja, produzidos pela alma dos encarnados. A divergência entre Aksakof e Bozzano, de um lado, e Hartmann, de outro, estava em que este deixou de considerar em seu estudo os fatos *que não se acomodavam* à doutrina animista, ou seja, fenômenos que precisavam, irremediavelmente, da doutrina espírita para serem compreendidos e explicados, pois nada tinham que os justificasse como manifestações anímicas.

Escreveu Aksakof:

> Para maior brevidade, proponho designar pela palavra animismo todos os fenômenos intelectuais e físicos que deixam supor uma atividade extracorpórea ou à distância do organismo humano e mais especialmente todos os fenômenos mediúnicos que podem ser explicados por uma ação que o homem vivo exerce além dos limites do corpo. (Aksakof, Alexandre, 1983)

Em nota de rodapé, ele acrescenta que a palavra psiquismo também serviria a esse propósito, mas por uma questão de uniformidade preferiu ficar com radicais e estruturas latinos (*anima* = alma), dado que o termo destinava-se a ser utilizado em estreita conexão com a palavra *espiritismo*, de origem latina.

Reservava para esta última palavra – espiritismo – somente os "fenômenos que, após exame, não podem ser explicados por nenhuma das teorias precedentes e oferecem bases sérias para a admissão da hipótese de uma comunicação com os mortos".

Observe-se que ele não deseja impor, a qualquer preço, a doutrina da sobrevivência. Embora convicto dela, quer apenas mostrar que há fenômenos muito bem observados e documentados que não se enquadram no rígido esquema de von Hartmann.

O eminente cientista russo propõe para os fenômenos anímicos uma classificação em quatro categorias distintas, todos eles, contudo, resultantes do que ele chama de "ação extracorpórea do homem vivo", isto é, fenômenos produzidos pelo ser encarnado para os quais não há necessidade de recorrer-se à interferência de desencarnados. Nesse quadro ele colocou: 1. efeitos psíquicos (telepatia, impressões transmitidas à distância); 2. efeitos físicos (fenômenos telecinéticos, isto é, movimento à distância); 3. projeção da imagem (fenômenos telefânicos, ou seja, desdobramento); 4. projeção de imagens "com certos atributos de corporeidade", isto é, formação de corpos materializados.

Estou convencido de que teríamos hoje outras categorias a acrescentar e outros fenômenos a enquadrar, bem como fenômenos mistos, nos quais podemos identificar características nitidamente animistas e também interferências ou participação de seres desencarnados. Isto, porém, veremos no momento próprio, neste livro.

É das mais importantes, por conseguinte, a contribuição desses dois eminentes cientistas ao melhor entendimento das faculdades mediúnicas, o russo Alexandre Aksakof e o italiano Ernesto Bozzano, sem nenhum desdouro para o filósofo alemão von Hartmann, que, a despeito de seu brilhantismo, não conseguiu demolir a realidade da sobrevivência do espírito. Sei que muitos consideram o problema ainda por resolver, mas essa é a verdade e o tempo irá demonstrá-la fatalmente e de maneira incontestável, sem mais deixar espaços abertos para os profissionais da negação.

2. O animismo na Codificação

Empenhados na elaboração de uma obra tão abrangente quanto possível, os instrutores da Codificação se viram forçados a sacrificar o particular em favor do geral, o pormenor em benefício da visão de conjunto. Do contrário, a obra assumiria proporções e complexidades que a tornariam praticamente inabordável. Limitaram-se, pois, no caso específico do animismo, a referências sumárias, apenas para indicar a existência do problema, como que o deixando a futuros desdobramentos de iniciativa dos próprios seres encarnados, ainda que sempre ajudados e assistidos pelos mentores desencarnados. É a impressão que se colhe quando hoje analisamos vários aspectos dos ensinamentos que nos legaram diretamente ou por intermédio dos escritos pessoais de Allan Kardec.

No capítulo XIX de *O livro dos médiuns* ("Do papel dos médiuns nas comunicações espíritas"), Kardec reproduz o teor das consultas que formulou a dois dos mais competentes especialistas sobre o fenômeno mediúnico, ou seja, Erasto e Timóteo, que parece terem sido incumbidos de orientar os estudos em torno da mediunidade.

> A alma do médium pode comunicar-se como a de qualquer outro. Se goza de certo grau de liberdade, recobra suas qualidades de espírito. Tendes a prova disso nas visitas que vos fazem as almas de pessoas vivas, as quais muitas vezes se comunicam convosco pela escrita, sem que as chameis. Porque, ficai sabendo, entre os espíritos que evocais, alguns há que estão encarnados na Terra. *Eles, então, vos falam como espíritos e não como homens.* Por que não se havia de dar o mesmo com o médium? (Kardec, Allan, 1975)

Em *O livro dos espíritos* (capítulo VII, "Da emancipação da alma") foi também abordado o tema da atividade espiritual do ser encarnado. Se nos lembrarmos de que a Codificação conceitua a alma (*anima*) como espírito encarnado, temos aí a clara abordagem à questão do animismo, embora o termo somente seria proposto, anos mais tarde, por Aksakof, como vimos.

Cuida esse capítulo da atividade da alma, enquanto desdobrada do corpo físico pelo sono comum, e nisto estão incluídos os sonhos, contatos pessoais com outros indivíduos, encarnados ou desencarnados, telepatia, letargia, catalepsia, morte aparente, sonambulismo, êxtase, dupla visão. Todo esse capítulo cuida, portanto, da fenomenologia anímica, ainda que de maneira um tanto sumária, pelas razões já expostas.

3. A palavra dos continuadores

O estudo mais aprofundado dessas questões parece ter sido reservado aos encarnados. Assumiram a responsabilidade pela tarefa não apenas Aksakof e Bozzano, como outro seguro e competente estudioso espírita, Gabriel Delanne, em obra aliás, não muito difundida no Brasil, já que não foi traduzida para a nossa língua.

Trata-se de *Recherches sur la mediumnité*, com quinhentas e quinze páginas compactas, expondo cerrada argumentação, toda ela apoiada em fatos observados com o necessário rigor científico. O livro compõe-se de três partes: 1. o fenômeno espírita e a escrita automática das histéricas; 2. animismo; 3. espiritismo.

Que eu saiba, é uma das únicas obras, no contexto doutrinário do espiritismo, que estuda em profundidade o problema da 'psicografia automática', ou seja, a escrita produzida pelo inconsciente, funcionando o sensitivo como médium de si mesmo.

Os livros de Boddington também chamam a atenção para este aspecto, mas longe estão da profundidade e da documentação de que se vale Delanne, embora sua atitude seja bem radical ao sugerir que comunicações que estejam dentro das possibilidades culturais do médium devam ser consideradas como originárias do inconsciente do próprio sensitivo. Para o autor inglês, textos de legítima autoria dos desencarnados são somente aqueles que demonstrem conhecimentos superiores ao do médium.

Não apenas julgo o critério demasiado rígido, mas também inadequado, porque dificilmente conheceremos com segurança o vigor intelectual do *espírito* do médium, ou seja, da sua individualidade, em contraste com seu conhecimento como ser encarnado, na faixa da personalidade. Em outras palavras: o médium pode ser um espírito de elevada condição intelectual ainda que, como encarnado, seja *culturalmente* medíocre. É o mais provável, uma vez que a experiência ensina que o acervo mental oculto no inconsciente, na memória integral, tem de ser, necessariamente, muito superior, em volume e qualidade, ao que trazemos no limitado âmbito do consciente e do subconsciente, isto é, nas memórias da vida presente, em contraste com os imensos arquivos das vidas anteriores.

Não é, pois, de admirar-se que um sensitivo dotado de modestos recursos intelectuais, como ser encarnado, seja capaz de produzir, pelo processo da psicografia automática, um texto brilhante, se conseguir criar condições propícias à manifestação anímica, isto é, se permitir que se manifeste em todo o seu potencial seu próprio inconsciente.

Isto, porém, de forma alguma invalida, pelo contrário, confirma a tese de Aksakof e Bozzano, Delanne e outros, de que o fenômeno anímico, longe de excluir a possibilidade de fenômeno espírita, é um fator a mais para corroborar este último.

O raciocínio pode ser colocado na seguinte ordem: admitida a sobrevivência do espírito, seria ridículo e anticientífico declarar que o espírito encarnado pode manifestar-se pela psicografia, mas o desencarnado, não.

Sei que muitos contestarão o argumento dizendo que ele é falho, no sentido de que não está *provada*, ainda, a sobrevivência. Isto, porém, não é objeção que me aflija. Primeiro, porque este não é um livro apologético, concebido para *demonstrar* ou *provar* a existência ou sobrevivência do espírito e, sim, uma discussão do problema da mediunidade. Segundo, entendo que, enquanto os céticos e os negadores duvidam e procuram demolir as estruturas da realidade espiritual, é preciso que alguém assuma essa realidade – que a nosso ver está suficientemente demonstrada – e dê prosseguimento ao trabalho de inseri-la no contexto humano e colocá-la a serviço de um relacionamento mais inteligente, dinâmico e construtivo das duas faces da realidade, uma visível, outra invisível. A rejeição é problema daquele que rejeita, não do que está convencido dessa realidade. A esta altura da história do espiritismo no mundo, não estão mais obrigados os espíritas a continuar de braços cruzados enquanto os negadores se engalfinham em um verdadeiro corpo-a-corpo para 'provar' que estão com a razão nos seus postulados. Decorrido mais de um século, não conseguiram provar que os nossos estão errados. O problema é deles e está com eles, não conosco. Por isso, a postura assumida neste livro é a de que não temos nada a provar a ninguém, mesmo porque não estamos apoiados em crenças ou crendices, hipóteses ou suposições, mas na sólida estrutura de uma doutrina racional, sustentada por fatos bem observados e bem documentados que nos garantem sua autenticidade pelo testemunho repetido e concordante de cientistas e pesquisadores confiáveis.

4. O fantasma do animismo

Essa realidade nos leva à conclusão de que há, sim, fenômenos de natureza anímica, ou seja, que podem ser explicados – e o são mesmo – como manifestações do espírito do próprio sensitivo. Que os críticos insistam em dizer que são tais fenômenos produzidos pela mente ou pelo inconsciente das pessoas, isso é problema deles, empenhados como estão em questões semânticas. O espiritismo nada tem a temer, nem aí nem em nenhum outro ponto de sua estrutura doutrinária. Como tenho dito alhures, o espiritismo tem sua própria teoria do conhecimento que, em vez de resultar de especulações teóricas, ainda que inteligentes e até brilhantes, foi deduzida dos fatos observados. Desmintam os fatos antes de proporem a rejeição ou modificações estruturais inaceitáveis.

Em paralelo com fenômenos de natureza anímica produzidos pelo espírito encarnado, há fenômenos espíritas gerados por seres humanos temporariamente desprovidos de corpos físicos, ou seja, desencarnados.

Essa é a realidade. E uma não exclui a outra, ao contrário, complementam-se e se explicam mutuamente.

Na verdade a questão do animismo foi de tal maneira inflada, além de suas proporções, que acabou transformando-se em verdadeiro fantasma, uma assombração para espíritas desprevenidos ou desatentos. Muitos são os dirigentes que condenam sumariamente o médium, pregando-lhe o rótulo de fraude, ante a mais leve suspeita de estar produzindo fenômeno anímico e não espírita. Creio oportuno enfatizar aqui que em verdade *não há* fenômeno espírita puro, de vez que a manifestação de seres desencarnados, em nosso contexto terreno, precisa do médium encarnado, ou seja, precisa do veículo das faculdades da alma (espírito encarnado) e, portanto, anímicas.

Escrevem Erasto e Timóteo, em *O livro dos médiuns*:

> O espírito do médium é o intérprete, porque está ligado ao corpo, que serve para falar, e por ser necessária uma cadeia entre vós e os espíritos que se comunicam, como é preciso um fio elétrico para comunicar à grande distância uma notícia e, na extremidade do fio, uma pessoa inteligente, que a receba e transmita. (Kardec, Allan, 1975)

Quando falamos ao telefone, por melhor que seja a aparelhagem utilizada, nossa voz sofre inevitável influência do equipamento.

O espírito do médium exerce alguma influência sobre as comunicações que fluem por seu intermédio? Respondem taxativamente os instrutores:

> Exerce. Se estes não lhe são simpáticos, pode ele alterar-lhes as respostas e assimilá-las às suas próprias ideias e a seus pendores; *não influencia*, porém, *os próprios espíritos, autores das respostas;* constitui-se apenas em mau intérprete. (Idem)

E prossegue a aula: assim como o espírito manifestante precisa utilizar-se de certa parcela de energia, que vai colher no médium, para movimentar um objeto, também "para uma comunicação inteligente ele precisa de um intermediário inteligente", ou seja, do espírito do próprio médium.

O bom médium, portanto, é aquele que transmite tão fielmente quanto possível o pensamento do comunicante, interferindo o mínimo que possa no que este tem a dizer.

Quando Kardec pergunta como é que um espírito manifestante fala uma língua que não conheceu quando encarnado, Erasto e Timóteo declaram que o próprio Kardec respondeu à sua dúvida, ao afirmar, no início de sua pergunta, que "os espíritos só têm a linguagem do pensamento; não dispõem da linguagem articulada". Exatamente por isso, ou seja, por não se comunicarem por meio de palavras, eles transmitem aos médiuns seus pensamentos e deixam a cargo do instrumento vesti-los, obviamente, na língua própria do sensitivo.

Reiteramos, portanto, que *não há* fenômeno mediúnico sem participação anímica. O cuidado que se torna necessário ter na dinâmica do fenômeno não é colocar o médium sob suspeita de animismo, como se o animismo fosse um estigma, e sim ajudá-lo a ser um instrumento fiel, traduzindo em palavras adequadas o pensamento que lhe está sendo transmitido *sem palavras* pelos espíritos comunicantes.

Certamente ocorrem manifestações de animismo puro, ou seja, comunicações e fenômenos produzidos pelo espírito do médium sem nenhum componente espiritual estranho, sem a participação de outro espírito, encarnado ou desencarnado. Nem isso, porém, constitui motivo para condenação sumária ao médium e, sim, objeto de exame e análise competente e serena, com a finalidade de apurar o sentido do fenômeno, seu porquê, suas causas e consequências.

Suponhamos, por exemplo, que, ante determinada manifestação espiritual em certo médium de um grupo, outro médium do mesmo grupo mergulhe, de repente, em um processo espontâneo de regressão de memória. Pode ocorrer que ele passe a 'viver', em toda a sua intensidade e realismo, sua própria personalidade de anterior existência. Apresentará, sob tais circunstâncias, todas as características de uma manifestação mediúnica espírita, como se ali estivesse um espírito desencarnado. Vamos lembrar, novamente, o ensinamento de Erasto e Timóteo: "A alma do médium pode comunicar-se como a de qualquer outro". E isto é válido para a psicografia e para a psicofonia ou até mesmo para fenômenos de efeitos físicos. Não nos cansamos de repetir que tais fenômenos não invalidam a realidade da comunicação espírita, e sim a complementam e ajudam a entendê-la melhor.

A fim de que possamos estudar o mundo espiritual, adverte Delanne, precisamos de um instrumento, um intermediário entre as duas faces da vida – o médium.

"Como possui uma alma e um corpo" – prossegue o eminente continuador de Kardec –, "ele tem acesso, por uma, à vida do espaço e, pelo outro, se prende à Terra, podendo servir de intérprete entre os dois mundos".

Não deixa, portanto, de ser um espírito somente porque está encarnado. Os fenômenos que produzir, como espírito, são também dignos de exame e não, de condenação sumária. Algumas perguntas podem ser formuladas para servir de orientação a essa análise. São realmente fenômenos anímicos? Ou interferências pessoais do médium nas comunicações, no processo mesmo de as 'vestir' com palavras, como dizem os espíritos? Por que estariam sendo produzidos? E como? Com que finalidade? Como poderemos ajudá-lo a interferir o mínimo possível a fim de que as comunicações traduzam com fidelidade o pensamento dos espíritos?

5. A fraude e o automatismo

Entendo, à vista da experiência pessoal em cerca de duas décadas no trato constante com a prática mediúnica, que é possível realizar um bom trabalho saneador nas possíveis interferências, não, porém, pela condenação sumária e áspera do médium. Se ele for, comprovadamente, um médium fraudador, precisará ser tratado com certa energia, nunca, porém, com rudeza ou agressividade. Está realmente fraudando? Por quê? Exibicionismo? Vaidade? Desejo de agradar as pessoas? A despeito de fraudes eventuais ou costumeiras, tem ou não faculdades mediúnicas autênticas? Como ajudá-lo a livrar-se dos seus defeitos e fraquezas, a fim de tornar-se um médium confiável?

A história do espiritismo registra episódios em que médiuns dotados de excepcionais e comprovadas faculdades mediúnicas recorreram *também a fraudes*, como a legendária Eusapia Paladino, que produziu fenômenos incontestáveis sob as mais severas condições de controle, perante cientistas atentos e geniais, mas que também produzia, por fraude, ridículas imitações, facilmente detectáveis.

Atenção, porém, para um pormenor importante que tem sido muito negligenciado nas discussões acerca da mediunidade. O fenômeno fraudulento *nada tem a ver com animismo*, mesmo quando inconsciente. Não é o espírito do médium que o está produzindo através do seu próprio corpo mediunizado, para usar uma expressão dos próprios espíritos, mas o médium, como ser encarnado, como pessoa humana, que *não está sendo honesto* nem com os assistentes, nem consigo mesmo. O médium que produz uma página por psicografia automática, com os recursos do seu próprio inconsciente, não está necessariamente fraudando e sim, gerando um fenômeno anímico. É seu espírito que se manifesta. Só estará sendo desonesto e fraudando se desejar fazer passar sua comunicação por outra, acrescentando-lhe uma assinatura que não for a sua ou atribuindo-a, deliberadamente, a algum espírito desencarnado.

DIVERSIDADE DOS CARISMAS

Sem nenhum receio infundado ou temor de estar oferecendo argumentos aos negadores contumazes da sobrevivência e comunicabilidade dos espíritos, Delanne lembra claramente que:

> [...] nas sessões espíritas, ao lado de médiuns verdadeiros, há também automatistas que escrevem mecanicamente e sem consciência *aparente* do conteúdo intelectual da mensagem. Durante muito tempo tem faltado aos espíritas um critério que lhes permita proceder a uma triagem entre as comunicações verdadeiras e as produções subconscientes do médium. (Delanne, Gabriel, 1909). (Grifo nosso)

O critério recomendado pelo pesquisador francês é o mesmo de sempre: submeter a atento exame crítico os textos produzidos a fim de separar o joio do trigo. Sem isto, acabam sendo aceitas como revelações do mundo espiritual tolas fantasias subliminares produzidas pelo próprio médium.

Convém observar, contudo – e isto vai por minha conta –, que a mensagem não é tola somente porque emerge do inconsciente do médium, nem é boa e autêntica porque há segura evidência de ser de origem espiritual. O que vale de fato é seu conteúdo, sua coerência, a elevação de seus conceitos éticos ou filosóficos, ainda que a linguagem possa apresentar-se, aqui e ali, com algumas incorreções. Como o espírito do médium também pode comunicar-se – e o faz *como espírito*, segundo nos assegura a Codificação e *não como ser humano* –, é bem possível que ele tenha uma bagagem espiritual respeitável e uma experiência consolidada por inúmeras vidas que o autorizem a produzir uma comunicação de elevado teor, perfeitamente aceitável do ponto de vista doutrinário e moral e tão *autêntica* quanto as de origem espiritual, de responsabilidade de seres desencarnados.

Após sensatas e oportunas observações de quem sabe do que fala, Delanne acrescenta:

> Parece-nos, portanto, indispensável lembrar que somos mais ricos do que geralmente julgamos. Abaixo da consciência jaz um maravilhoso depósito de documentos inexplorados que têm algo a ensinar-nos sobre o próprio substrato da individualidade, da qual depende nosso caráter. (Idem)

Com o que estamos de pleno acordo. Ainda hoje, no meio espírita, são muitos os que supervalorizam a palavra dos espíritos e consideram com certa desconfiança, hostilidade mesmo ou, ainda, menor dose de confiança o que provém do ser encarnado.

Suponhamos, para argumentar, que, reencarnado em futura existência, um espírito da competência de Erasto ou de Timóteo, de Delanne ou de Kardec produza textos anímicos por psicografia automática, sem nenhuma interferência de seres desencarnados. Certamente teremos a aprender com eles, ante a riqueza de seus conhecimentos e experiência a que se refere Delanne no trecho há pouco transcrito. Seria desastroso rejeitar suas produções apenas porque não se consegue detectar nelas quaisquer sinais de origem rigorosamente espírita. Mais adiante, prossegue Delanne:

> A escrita automática poderá trazer ao nosso conhecimento textos perfeitamente coordenados, soluções de problemas considerados insolúveis pelo sensitivo ou ensinamentos que nos parecerão inéditos, sem que atribuamos, necessariamente, tais produções a espíritos desencarnados. (Idem)

O julgamento de textos, portanto, não deve ser conduzido à base de impulsos e desconfianças apriorísticas e, sim, após criterioso exame crítico de forma e fundo, de conteúdo ideológico e doutrinário. A mensagem é boa? Não importa o nome que a subscreve ou deixa de subscrevê-la. É inaceitável? Por mais 'importante' que seja o declarado autor, deve ser rejeitada sem remorsos.

O que é preciso evitar, em tais circunstâncias, é criar uma atmosfera de suspeição em torno do médium. Por duas válidas e significativas razões. Se a mensagem não está bem, ainda assim não significa, indiscutivelmente, que ele esteja fraudando. Embora isso possa ocorrer, é também possível que ele tenha acolhido um espírito despreparado que não tenha muito que dar de si, nesse campo. Se, por outro lado, a mensagem é aceitável e até boa ou excelente, também não quer dizer que não possa ter sido produzida pelo próprio espírito do médium, como estamos vendo.

Continua Delanne:

> Agora que sabemos da extraordinária riqueza da memória latente, povoada de lembranças de tudo quanto estudamos, vimos, ouvimos e pensamos em nossa vida, que sabemos que a atividade do espírito durante a noite é preservada (na memória), que impressões sensoriais, das quais não temos consciência, podem revelar-se a um dado momento, devemos ser bem circunspectos para afirmar que o conteúdo de uma mensagem não provém do subconsciente. (Idem)

As mensagens devem, por conseguinte, ser examinadas e aceitas (ou rejeitadas) pelo que são em si mesmas e não por serem de origem espiritual ou anímica. Tanto há mensagens boas de origem anímica como mensagens inaceitáveis de origem espiritual. Não estamos autorizados a colocar o médium sob suspeita apenas porque produziu uma mensagem ou manifestação anímica.

Propõe Delanne critério semelhante ao de Boddington para testar a origem da comunicação. Se ela estiver acima da capacidade do médium, poderá ser considerada como provinda de espíritos desencarnados.

De minha parte, com todo o respeito que me merecem esses dois eminentes autores, não acho que o critério, embora válido sob certos aspectos, seja ainda o definitivo, quando sabemos, pela palavra do próprio Delanne, da insuspeitada riqueza cultural que trazemos nos vastos armazéns da memória inconsciente. Sempre que esse material tiver condições de emergir pelo processo da psicografia automática, será compatível com os conhecimentos que o médium traz como espírito encarnado, dono que ele é de vasto material acumulado ao longo de inúmeras existências pregressas.

Jamais nos esqueçamos, contudo, do princípio ordenador da mediunidade, ou seja, o de que ela é um processo de intercâmbio entre as duas faces da vida inteligente e que, portanto, participa de uma e de outra. Do que se depreende que toda comunicação ou fenômeno mediúnico terá sempre um componente maior ou menor de cada uma dessas duas faces da realidade. Há, pois, nas manifestações mediúnicas, um componente espiritual (do desencarnado) e um componente anímico (do encarnado). Como também poderá provir apenas do ser encarnado, sem participação de espíritos desencarnados, pois o espírito encarnado também se manifesta como espírito.

Em suma: o espírito desencarnado precisa do médium encarnado para comunicar-se conosco, mas este pode prescindir, sob condições especiais, da participação dos companheiros desencarnados para transmitir seus próprios pensamentos, armados com o material que se encontra depositado nos seus arquivos inconscientes.

Voltamos, para concluir, reiterando o ensinamento de Ernesto Bozzano sobre a interação animismo/espiritismo:

> Nem um, nem outro logra, separadamente, explicar o conjunto dos fenômenos supranormais. Ambos são indispensáveis a tal fim e *não podem se separar*, pois que são efeitos de uma causa única e esta causa única é o espírito humano que, quando se manifesta, em momentos fugazes durante a encarnação, determina os fenômenos anímicos e quando se manifesta mediunicamente, durante a existência desencarnada, determina os fenômenos espiríticos. (Bozzano, Ernesto, 1987)

6. Aspectos provacionais do fenômeno anímico

O fenômeno anímico exige, por conseguinte, experiência e atenção de quem trabalha com médiuns regularmente ou ocasionalmente testemunha manifestações mediúnicas. Não constitui, contudo, um tabu, nem se apresenta como fantasma aterrador que é preciso exorcizar.

Escreve André Luiz, em *Nos domínios da mediunidade*:

> Muitos companheiros matriculados no serviço de implantação da Nova Era, sob a égide do espiritismo, vêm convertendo a teoria animista num travão injustificável a lhes congelar preciosas oportunidades de realização do bem; portanto, não nos cabe adotar como justas as palavras "mistificação inconsciente ou subconsciente" para batizar o fenômeno. (Xavier, Francisco C./André Luiz, 1973)

Refere-se o instrutor Áulus, nesta passagem, a uma senhora que, embora com as usuais características de uma incorporação obsessiva de espírito perseguidor, estava apenas deixando emergir do seu próprio inconsciente memórias desagradáveis de uma existência anterior que nem mesmo o choque biológico da nova encarnação conseguira 'apagar'. Tratava-se de uma doente mental, cujos passados conflitos ainda a atormentavam e se exteriorizavam naquela torrente de palavras e gestos sofridos como se estivesse possuída por um espírito desarmonizado. No caso, havia, sim, um espírito em tais condições – era o seu próprio e, portanto, ela estava ali funcionando como médium de si mesma, produzindo uma manifestação anímica. Mais que ignorância, seria uma crueldade deixar de socorrê-la com atenção e amor fraterno somente porque a manifestação era anímica. Continua Áulus, mais adiante:

> Um doutrinador sem tato fraterno apenas lhe agravaria o problema, porque, a pretexto de servir à verdade, talvez lhe impusesse corretivo inoportuno em vez de socorro providencial. (Idem)

Em *Mecanismos da mediunidade* (cap. XXIII), encontramos observação semelhante, colocada nestes termos:

> Frequentemente pessoas encarnadas nessa modalidade de provação regeneradora são encontráveis nas reuniões mediúnicas, mergulhadas nos mais complexos estados emotivos, quais se personificassem entidades outras, quando, na realidade, exprimem a si mesmas, a emergirem da subconsciência nos trajes mentais em que se externavam noutras épocas sob o fascínio dos desencarnados que as subjugavam. (Xavier, Francisco C. /André Luiz, 1986)

Lembra esse autor espiritual, a seguir, que se fôssemos levados, pelo processo da regressão da memória, a uma situação qualquer em uma de nossas vidas anteriores e lá deixados por algumas semanas, apresentaríamos o mesmo fenômeno de aparente alienação mental, complicada com características facilmente interpretadas como de possessão pelo observador despreparado. Ou, então, a pessoa seria tida como mistificadora inconsciente. Em ambas as hipóteses, o diagnóstico estaria errado e, por conseguinte, qualquer forma de tratamento porventura proposto ou tentado.

Escreve ainda André Luiz:

> Nenhuma justificativa existe para qualquer recusa no trato generoso de personalidades medianímicas *provisioriamente estacionadas* em semelhantes provações, de vez que são, em si próprias, espíritos sofredores ou conturbados quanto quaisquer outros que se manifestem, exigindo esclarecimento e socorro. (Idem) (Destaque nosso)

Podemos concluir, pois, que muitos médiuns com excelente potencial de realizações e serviços ao próximo podem ser desastradamente rejeitados pela simples e dolorosa razão de que não foram atendidos com amor e competência na fase em que viviam conflitos emocionais mal compreendidos.

Após esse estudo preliminar do terreno – que pretendemos explorar, tendo como material para meditação e confronto as diversas faculdades de Regina e a riqueza dos fenômenos que ela colocou à nossa disposição para essa finalidade –, voltemos a ela, dispostos a estudar a mediunidade, ao vivo, e aprender, com seu exercício, para chegar às formulações teóricas, em vez de partirmos destas para a prática.

Capítulo IV
Interação animismo / mediunidade

1. Introdução

Tanto no médium em desenvolvimento ou treinamento como naquele que já se encontra em plena e regular atividade, fenômenos anímicos ocorrem paralelamente ou conjugados com os mediúnicos, como fenômenos predominantemente mediúnicos com um componente anímico e fenômenos anímicos nos quais se pode identificar ou inferir a participação de espíritos desencarnados. Ainda há pouco propunha este estudo o conceito de que não há fenômeno mediúnico puro, ou seja, sem um componente anímico, uma vez que o espírito desencarnado precisa do médium para a manifestação que pretende realizar, seja intelectual, seja física. Não me atreveria a afirmar que a recíproca também é verdadeira, isto é, a de que o fenômeno anímico precisa sempre da colaboração de seres desencarnados. É certo, porém, que em muitos episódios anímicos essa colaboração é como que evidente por si mesma, ou pode ser confortavelmente inferida. Esta não é, aliás, uma opinião isolada, pois encontro o mesmo ponto de vista em Colin Wilson, como ainda veremos mais adiante.

Sejam quais forem as leis naturais que regulam o mecanismo da mediunidade, na sua interação animismo/espiritismo, o certo é que a sensibilidade é fator básico, comum a ambas as formas de manifestação. O médium ou sensitivo tem condições para a produção de fenômenos anímicos, precisamente porque também as possui para fenômenos espíritas, ou vice-versa. Acho mesmo que se aprofundarmos um pouco mais este aspecto, descobriremos que, além da sensibilidade para captar sutilezas sensoriais que usualmente escapam ao comum das criaturas, um dos grandes segredos da mediunidade é a capacidade de *tomar conhecimento* do que a sensibilidade detectou e gerar os fenômenos correspondentes. Em outras palavras: o médium é aquele que consegue vencer o obstáculo natural dos condicionamentos orgânicos e das limitações dos sentidos comuns para perceber ou exteriorizar fenômenos que passariam despercebidos à maioria das pessoas.

Isso fica bem caracterizado quando um fenômeno mediúnico de vidência, por exemplo, ocorre em um grupo de várias pessoas. Um dos médiuns ali presentes poderá ter uma nítida visão do espírito manifestante, outro perceberá apenas uma forma vaga e mal definida, um terceiro talvez não consiga vê-lo, mas poderá captar, telepaticamente, um pensamento fragmentário, ouvir algumas palavras ou frases, ou sentir um perfume. Outros, ainda, sentirão apenas uma presença, sem nenhum fenômeno sensorial, enquanto os demais nada terão a relatar, porque nada perceberam.

Neste exemplo teórico, no qual reunimos aspectos de vários casos apenas para efeito especulativo, o fato gerador é um só, ou seja, a presença de um espírito desencarnado junto a determinado grupo de pessoas encarnadas. Cada uma destas, porém, sente e expressa o fenômeno de sua maneira peculiar. Ou não o sente. Além do fator sensibilidade há, portanto, um componente *sensorial*. Não sei se me faço claro. Creio poder dizer que a sensibilidade atua como mecanismo de apreensão da realidade, normalmente invisível ou inaudível aos sentidos habituais do ser encarnado, ao passo que o fator *sensorial* é o que atrai para um dos canais de expressão, o que, sem isto, permaneceria apenas como uma impressão indefinível, ou nem isso.

O mesmo sistema de captação e tradução da impressão parece funcionar nas manifestações anímicas e nas espíritas ou mediúnicas. Não há, portanto, uma diferença estrutural entre uma e outra, uma vez que imagens, sensações, impressões e comandos transitam pelo mesmo sistema de circuito interno, nem poderia ser de outra maneira. Dificilmente teria o médium um circuito para manifestações de espíritos desencarnados e outro para as de seu próprio espírito!

O médium, portanto, é quem capta o fenômeno e o reproduz, através do seus dispositivos de comunicação. Se o leitor permite, poderei tentar explicar melhor isto com o exemplo pessoal.

Não disponho de nenhuma faculdade mediúnica explícita. Nunca vi nem ouvi um espírito sequer ou recebi qualquer página psicografada. Sou, no entanto, capaz de sentir o que os médiuns costumam chamar de *presenças* – agradáveis, se são de companheiros harmonizados e de mais elevada condição evolutiva ou um tanto opressivas, quando se trata de companheiros desajustados ou em estado de aflitiva agitação e desequilíbrio. Isso parece indicar que uma sensibilidade rudimentar consegue captar o que costumamos chamar de vibrações amigas ou hostis, mas não consegue remover os condicionamentos e limitações biológicas a ponto de se traduzirem em sensações visuais, auditivas, tácteis ou olfativas. Ou, para dizer de outra maneira: os espíritos não encontram em mim condições para se fazerem vistos ou ouvidos.

Há pessoas que identificam determinadas presenças como este ou aquele perfume, embora não consigam ver ou ouvir os espíritos presentes, ou que os ouvem, mas não os enxergam, ou podem vê-los, mas não conseguem ouvi-los quando falam.

O importante, contudo, em tais especulações, é nos convencermos de que o fenômeno mediúnico tem sempre um componente anímico e este pode ter um componente espírita. Por isso os fenômenos interagem e se conjugam ou ocorrem de modo simultâneo ou alternativo.

Essa realidade experimental observamos em Regina. Para estudar melhor os fenômenos de que ela era instrumento, procuramos distribuí-los por uma classificação ordenadora para a qual não impomos nenhuma condição de imutável rigidez. Neste sentido, propomos examinar, em primeiro lugar, fenômenos anímicos; em seguida, os mediúnicos propriamente ditos, ou seja, espíritas; e, por último, manifestações de caráter misto, nas quais podemos identificar ou inferir componentes de uma e de outra categoria, simultaneamente.

A telepatia é o tema inicial do primeiro grupo.

2. Telepatia

Vimos que Regina desenvolveu um sistema de comunicação telepática com seu analista numa fase em que ainda não estava suficientemente informada sobre as leis e mecanismos que regulam e explicam as diferentes faculdades.

Concentrava-se o analista em seu consultório e *ordenava*, mentalmente, que ela fizesse uma ligação telefônica para ele. Ela acolhia a mensagem telepática, onde quer que estivesse, procurava o telefone mais próximo e ligava para ele, que confirmava, invariavelmente, o comando mental. Em outras oportunidades, convocou-a telepaticamente a comparecer ao consultório, sem chamada telefônica e em dia sem previsão alguma de consulta.

As experimentações funcionaram satisfatoriamente e caracterizaram o analista como um bom *emissor* e Regina como boa *receptora*, bem como o fato de que a recíproca não era verdadeira, ou seja, Regina não conseguia enviar-lhe mensagens telepáticas ou ele não as conseguia captar. Creio mais correta a segunda hipótese.

Mas não foram essas as únicas experiências telepáticas de Regina. Usualmente ela *sabe* que ao chegar em casa, à noite, encontrará o bilhete deixado, por baixo da porta, por alguém que lá esteve e não a encontrou. Ou, estando em casa, que alguém – que ela não identifica claramente – vai telefonar-lhe ou visitá-la.

Quando está à espera de alguma visita já combinada e a pessoa resolve não vir mais, por qualquer motivo, ela sabe da mudança de planos no momento em que a pessoa tomou a decisão ou se viu impedida de ir. Por exemplo: se a visita está combinada para o domingo e a pessoa resolve, no sábado, que não mais poderá ir, Regina sabe da sua decisão ainda no sábado, sem que haja qualquer comunicação telefônica ou epistolar.

Um desses casos ficou bem caracterizado e testemunhado. Uma amiga combinou visitá-la num domingo. Na sexta-feira à noite, Regina, *soube* que ela não iria mais; entretanto, no sábado à tarde, ela percebeu que a moça decidira novamente ir à sua casa, conforme combinara. Quando ela chegou, Regina falou-lhe de suas impressões e ela as confirmou. Realmente um imprevisto ocorrido na sexta-feira levara-a à decisão de adiar a visita, mas no sábado a questão fora solucionada, também de modo inesperado, e a visitante ficou livre para cumprir o combinado.

Certa vez ela saiu para fazer algumas compras e em seguida foi ao cabeleireiro. Estava no salão, sendo atendida, quando de repente 'viu' determinada pessoa conhecida chegar à sua casa, em estado de extremo nervosismo e agitação, tocando a campainha com insistência. A angústia da pessoa era tão intensa que ela voltou para casa tão rapidamente quanto pôde. A pessoa não estava à espera dela, mas deixara um bilhete por baixo da porta, dizendo que precisava lhe falar com toda a urgência.

É comum em Regina outra forma de comunicação inarticulada com características telepáticas. Isto ocorre, por exemplo, quando uma pessoa, às vezes totalmente desconhecida, aproxima-se dela, senta-se e começam a conversar, e ali fica, por algum tempo, em uma sala de espera ou em um banco de praça.

Ao cabo de alguns momentos Regina começa a *ver*, ou melhor, a *perceber*, de maneira inexplicável para ela, aspectos como que 'ocultos' do caso (Uma ligação direta espírito/espírito? Seria um fenômeno de telepatia no qual entra um componente de psicometria). São dramatizações de episódios de vidas anteriores ou preocupações do presente, expectativas, ansiedades, bem como caráter e temperamento da pessoa. Às vezes a situação se torna um tanto embaraçosa, porque ela percebe claramente que a pessoa diz coisa diferente do que está pensando. Esclarece ela que, quando se trata de uma vidência pregressa, ou seja, de vidas anteriores da pessoa, o fenômeno é realmente *visual* – ela *vê* as cenas enquanto que o conhecimento dos fatos da vida atual não se traduz em sensação visual ou auditiva. Ela simplesmente *sabe* que é assim, ou seja, toma conhecimento consciente por um processo ou mecanismo inexplicável para ela.

Isso também pode ocorrer à distância. Se uma pessoa amiga vive um momento de crise mais intensa ou de preocupações opressivas, ela *se liga* na pessoa, como se a estivesse vendo, não, porém, objetivamente, com seus sentidos da visão ordinária. Vários desses episódios têm sido confirmados porque ela se comunica com a pessoa visada para pedir notícias e, ao descrever aquilo de que tomou conhecimento, logo obtém a confirmação. Se a pessoa tem com ela vínculos mais fortes de afeição, ela não apenas vê, mas *sente*, como que fisicamente, suas aflições e angústias.

Certa vez falou ao telefone, pela primeira vez, com uma pessoa que não conhecia. Era para dar um recado apenas. Contudo, à medida que a outra falava, ela começou a vê-la e senti-la. Dessa vez a sensibilidade não apenas captou as imagens, como conseguiu mobilizar o sentido da visão orgânica e Regina viu de fato a moça, como se ela estivesse na sua presença. Era morena, miudinha, tímida, assustada e estava muito nervosa e revoltada com alguma coisa, embora não o manifestasse a Regina. Em seguida ao telefonema, ela narrou o episódio a uma prima da moça, que confirmou o tipo físico e as complicações emocionais em que ela vivia, no momento, e que Regina ignorava. Dias depois a moça do telefone foi apresentada a Regina. Era a própria!

Podemos, portanto, observar que alguns fenômenos, no campo habitual do animismo, são mistos. Nesse, por exemplo, é possível que além do componente telepático tenha ocorrido uma vidência ou clarividência que, por sua vez, pode ter

DIVERSIDADE DOS CARISMAS

sido a resultante de um rápido desdobramento de Regina que 'viu' nitidamente sua interlocutora.

Tais fenômenos são difíceis de caracterizar e classificar, precisamente devido a sua complexidade e imprevisibilidade. Regina explica, por exemplo, que se estiver fortemente vinculada por laços afetivos a uma pessoa, o que vale dizer como que sintonizada um sua onda mental ou faixa pela qual opera seu pensamento, ela a vê, durante um telefonema ou a leitura de uma carta, numa postura mental/emocional 'física', por assim dizer, isto é, ela vê a pessoa como se estivesse diante dela, encolhida, rosto entristecido, às vezes em pranto. Se está nervosa, pode ver sua agitação motora, andando de um lado para o outro ou com gestos descontrolados. Em todos esses episódios, uma constante: Regina observa a aura das pessoas em crise sempre escuras, como que envoltas em uma névoa acinzentada. (Sobre auras, temos algo a dizer em outro ponto deste livro).

Tentando explicar alguns desses fenômenos, Regina acha que, no caso de fatos relacionados com o momento presente da pessoa com a qual está em contato, como suas preocupações, é compreensível que sua mente tenha condições de penetrar naquela faixa mental específica e 'ler' o que ali se encontra. À medida que vai 'lendo', a própria pessoa, tomada de surpresa, vai, sem querer, projetando informações adicionais que ela igualmente capta.

É possível que esta seja uma hipótese razoável, mas o que é "penetrar a faixa mental" de um pessoa? Como se 'lê' o material ali acumulado? E como esse material é selecionado em um arquivo que sabemos vasto e invisível? Enfim, parece mais fácil falar do assunto do que explicá-lo, mas Regina insiste em declarar que nisso "não há mistérios".

Quando, porém, ela capta episódios de existência anterior, as coisas são ainda mais complexas. Ela pensa que nesses casos precisa penetrar nas camadas mais profundas da mente, isto é, "sintonizar-se com o espírito da pessoa", entrar na faixa de tempo onde as coisas estão registradas e ver lá o que se passa. Entende ela que poderá, em tais casos, haver uma participação ou uma colaboração de amigos espirituais da pessoa sob exame, interessados em transmitir-lhe alguma informação proveitosa.

É possível que as coisas se passem mais ou menos assim, mas ante a ausência quase absoluta de dados informativos provindos de pesquisas confiáveis ficamos adstritos mais às especulações do que às explicações.

Digno de consideração especial, contudo, é o conceito de que a mente do sensitivo, neste caso, funcionaria como um dispositivo quase mágico de exploração do tempo, indo buscar na faixa certa o episódio ocorrido em passado mais ou menos remoto que ali se encontra intacto. Algo assim como os "registros akásicos" de que nos falava Edgar Cayce e nos quais ele ia buscar, com fantástica precisão, as informações de que necessitasse para esclarecer problemas pessoais de seus consulentes e propor soluções deduzidas do próprio contexto cármico.

Em meu livro *A memória e o tempo* especulo sobre a hipótese de que o *tempo* é também um *local*, o que parece ser legítimo inferir de conclusivas experimentações com a memória, utilizando-se a técnica da regressão.

Seja como for, o fenômeno nos leva a admitir a necessidade de não apenas um registro (Onde? Na mente da pessoa? No éter em que vivemos mergulhados? Como?) e de um dispositivo psíquico acionado, obviamente, por uma espécie qualquer de energia que nos leva não apenas a sintonizar no ponto certo como a reproduzir imagens, sons, cores e movimentos, que ali estão documentados de alguma forma misteriosa e ainda incompreensível para nós, no estágio atual de nossos conhecimentos. Para que esse esquema seja aceitável, a ideia dos "registros akásicos", a que se referia Cayce e sobre os quais escreveu madame Blavatsky, é uma hipótese a considerar. Veremos isso ao comentar, a propósito da psicometria, algumas interessantes observações de Colin Wilson em seu livro *The psyquic detectives*.

Na verdade o espaço cósmico é um imenso campo onde circulam correntes de força e energias desconhecidas, invisíveis, mas não menos atuantes e reais. O exemplo usualmente invocado é o das ondas de rádio ou televisão, que aí estão por toda a parte, à nossa volta, com sons, cores, movimentos e as emoções que representam, mas que somente captamos munidos de aparelhagem especial, capaz de sintonizar-se com a onda certa e desejada.

Podemos, por analogia, inferir que há uma ligação e, consequentemente, uma comunicação subliminar entre seres e entre estes e as coisas, através do que os instrutores da Codificação designaram pela expressão 'fluido universal', que serviria de veículo a todo esse sistema de comunicação cósmica.

Nesse contexto, o pensamento não está, obviamente, aprisionado nos limites da caixa craniana, mas circula livremente por toda parte, projeta-se a distâncias inconcebíveis, com velocidade infinitamente superior à da luz, até agora tida como velocidade-limite de deslocamento.

Está hoje demonstrado que o pensamento, ou melhor, a energia que o pensamento movimenta é capaz de deslocar objetos materiais, influir sobre plantas, animais, seres vivos em geral e, certamente, transmitir de ser a ser imagens, sensações, emoções e conceitos abstratos.

Comentando, certa vez, o conteúdo do item 223 – números 1 a 6 – de *O livro dos médiuns* ("Do papel dos médiuns nas comunicações espíritas"), o amigo espiritual não identificado de Regina esclareceu-lhe uma dúvida, por escrito:

– Se os homens realmente pudessem entender o papel daquilo que chamamos de vibrações ou correntes vibratórias, muito melhor entenderiam a harmonia do universo e com ele procurariam sintonizar-se.

Há, por conseguinte, toda uma magnetização ambiental, um imenso e multidimensional sistema, no qual não apenas os eventos são gravados, mas ali ficam à disposição de instrumentação adequadamente sintonizada para serem reproduzidos e consultados em circunstâncias especiais. A esse ambiente energético, por onde circula o pensamento inteligente de todo o cosmo, propus caracterizar, em *A memória e o tempo*, como a memória de Deus, que pode ser *lida* se estivermos munidos da aparelhagem psíquica adequada, capaz de sintonizar-se com faixas específicas de nosso interesse.

A imagem ainda há pouco suscitada das ondas de rádio e tevê pode ajudar-nos novamente aqui. Por que algumas pessoas conseguem sintonizar-se com relativa facilidade nesta ou naquela faixa vibratória e outras nunca o conseguem, a não ser raramente? Provavelmente pelas mesmas razões limitadoras impostas pela física e pela geografia à radiofonia.

Para captar de determinada estação o programa que está sendo transmitido (a palavra inglesa aqui é bem mais precisa e sugestiva: *broadcast*, ou seja, atirado, distribuído ou espalhado por toda parte, amplamente), o aparelho receptor deve estar ligado naquela faixa específica de onda (curta, média, longa ou FM) no momento certo e, ainda, na posição geográfica adequada, bem como na escala onde vibra aquele número exato de ciclos em que opera a estação desejada. Além disso, o aparelho precisa estar alimentado pela corrente elétrica adequada ao seu funcionamento. Em algumas faixas de ondas, a interferência pode dificultar ou até impedir a recepção, seja por causa da estática excessiva ou porque a própria onda está sendo deliberada ou involuntariamente bloqueada.

Assim, pessoas com seus dispositivos de recepção defeituosos, desajustados ou insuficientes não conseguem selecionar e receber a faixa certa que, no entanto, ali está à sua disposição. Qual seria a natureza desses bloqueios e defeitos? Podemos imaginar alguns: mente sobrecarregada de preocupações, aborrecimentos, tensões, problemas mais imediatos de sobrevivência física etc.; mentes fechadas sobre si mesmas, que não conseguem projetar-se fora do círculo em que vivem a fim de penetrar o campo vibratório de outras pessoas ou desembaraçar-se de inibições bloqueadoras ou, ainda, que não conseguem livrar-se das *estáticas* (interferências externas fora de seu controle imediato).

Não quer isto dizer que pessoas que não conseguem penetrar o campo mental de outras sejam seres necessariamente desarmonizados ou espiritualmente incapazes, mas que, simplesmente, não trazem na estrutura físico-espiritual os dispositivos destinados a essa finalidade. Dentro das óbvias limitações da condição humana, não está a nosso alcance dispor de todos os recursos possíveis e desejados. Temos de nos contentar com apenas alguns deles, selecionados entre os que poderão desempenhar um papel construtivo na programação espiritual de cada existência que iniciamos.

Sabemos, por exemplo, que a pessoa pode dispor de excelentes faculdades mediúnicas numa existência e não ter nenhuma delas em outra, da mesma forma que numa delas nasce rico, em berço de ouro, ao passo que, na seguinte, talvez retorne para mendigar nos portões (dos fundos) dos palácios que outrora foram seus.

Tudo são lições e nada faz Deus, segundo nos advertem os espíritos, sem um fim útil e necessário.

A telepatia é, pois, uma faculdade anímica resultante de disposições psicossomáticas que habilitam a pessoa dotada a captar, por algum processo ainda desconhecido, pensamentos, emoções e impressões alheias.

Já se tem observado que o termo em si é inadequado, de vez que o grego *pathos* quer dizer moléstia, doença, sofrimento ou paixão. Telepatia seria, portanto, a captação, à distância, de impressões patológicas. É difícil, contudo, desalojar um termo de seu uso corrente depois que ele criou raízes.

Com todo o seu mistério e suas incógnitas, a telepatia aí está como realidade incontestável. É um fenômeno anímico, ocasionalmente produzido com a colaboração de entidades desencarnadas, mas, basicamente, um processo de transmissão de pensamento em estado puro, de mente a mente, sem necessidade de palavras para traduzi-lo.

3. Premonição e previsão

Dotada de variadas faculdades, Regina é habitual viajante do tempo, tanto no sentido presente/passado como no presente/futuro. Vimos algumas das experiências do primeiro tipo no início deste livro e voltaremos a esse aspecto mais adiante. Cuidemos agora do futuro.

De duas maneiras suas incursões no futuro podem ocorrer: apenas *pressentindo* eventos, sem defini-los com a desejada nitidez ou vendo-os como se à sua visão espiritual passasse o filme de amanhã. Para melhor definição das diferentes manifestações, ela resolveu caracterizar as primeiras (pressentimento) como *premonição* e as segundas (vidência) como *previsão*.

Fenômenos de premonição ocorrem quando ela 'sabe' (sem saber como) que alguém esteve em sua casa na sua ausência, ou irá chamar ao telefone, ou quando, caminhando, sente, de repente, que uma pessoa amiga está vindo em sentido contrário, seja naquela mesma calçada, seja na oposta. A convicção leva-a a atravessar a rua para encontrar-se com a pessoa, o que realmente ocorre.

Acho que os casos de pessoas que estiveram em sua casa ou que pretendem chamá-la ao telefone podem ser, alternativamente, classificados como de telepatia, embora não fique excluída a hipótese da premonição. Já o do encontro fortuito na rua apresenta-se com maiores possibilidades de ser premonição mesmo, a não ser que a pessoa esperada viesse pensando nela e lhe 'transmitisse' a mensagem, voluntária ou involuntariamente, o que é difícil apurar.

Também os casos em que a visita está marcada e a pessoa muda de planos mais de uma vez tanto podem ser atribuídos à premonição como à telepatia. Entendo que esta última explica melhor o fenômeno.

Há outros que são de legítima premonição, pois não há como identificar transmissão de pensamento. Um desses é o que ela chama de "o caso do sorteio".

Ocorreu-lhe em um almoço de confraternização em final de ano escolar – reuniões essas, aliás, que não eram muito do seu agrado. Foram todos almoçar em uma churrascaria. Lá pelas tantas, alguém se levantou e disse que havia um brinde a sortear para que ficasse uma lembrança da festa. Preparou os pedacinhos de papel e pediu que cada um dos presentes neles escrevesse seu nome. Não foi mencionado o objeto do sorteio, que, obviamente, era uma surpresa. Ao colocar seu nome no papel, Regina sentiu-se um tanto constrangida porque teve a certeza de que o objeto era uma echarpe e que sairia para ela. Não deu outra...

DIVERSIDADE DOS CARISMAS

Nesse episódio ela poderia até ter captado, por via telepática, a *imagem* da echarpe, mas não havia como conseguir pelo mesmo processo a certeza de que seria ela a premiada. A não ser que algum amigo espiritual invisível lhe houvesse transmitido tal convicção, o que é pouco provável. Os espíritos menos evoluídos dificilmente têm condições de penetrar pelo futuro, ainda que cinco ou dez minutos adiante. Os de mais elevada condição evolutiva não se interessam por brincadeiras, como a de proclamar quem vai ganhar o que ou que número vai dar na loteria.

Acontece, ainda, alguém comunicar-lhe, por exemplo, que vai viajar determinado dia e ela saber, antecipadamente, que a viagem *não será realizada* por motivos que ela ignora, mas sabe que são reais e respeitáveis. É o que acontece.

Em vários dos casos de premonição que Regina colocou à minha disposição, em relato pessoal, feito a meu pedido, vejo interferências telepáticas ou episódios de desdobramento, fenômenos mistos nos quais mais de uma faculdade foi acionada.

Um desses é o seguinte:

Em determinado período de sua vida, Regina partilhava um apartamento alugado com outras três moças. O entrosamento pessoal entre elas não era dos melhores, especialmente porque uma das moças, racista convicta, alimentava rancores e frustrações que se traduziam em hostilidade surda a Regina e tudo fazia para criar contra ela um clima de rejeição. Certa feita, essa moça armou contra Regina um dos seus esquemas malignos e expôs a trama em um bilhete dirigido às demais companheiras, no qual não poupava sua vítima predileta. A mensagem do ódio e da mentira foi alojada debaixo da almofada do meio do *sumier* onde dormiam as moças.

Ao acordar, pela manhã, Regina *sabia* de tudo, embora ninguém lhe houvesse contado nada, mesmo porque suas companheiras já haviam saído para o trabalho. Ela não apenas sabia que as outras ainda não haviam recebido (e lido) o bilhete, como seu conteúdo e onde havia sido escondido. Foi à sala, deslocou a almofada e lá estava o papel venenoso.

Embora possa ter ocorrido aqui um episódio de premonição, o mais provável, a meu ver, é que ela tenha tomado conhecimento de tudo em espírito, desdobrado pelo sono fisiológico.

Os casos de premonição podem, portanto, ter explicações alternativas, ainda que não fique excluída a hipótese admitida por Regina. Quanto aos de previsão, contudo, a participação da telepatia é inaceitável, como veremos.

Um deles é singelo, mas bem característico.

Vivia-se ainda na era do bonde, no Rio de Janeiro, e Regina se dirigia ao seu local de trabalho carregando um daqueles primitivos e pesadíssimos gravadores de som, que hoje parecem verdadeiros mastodontes ao lado dos microgravadores produzidos pela moderna tecnologia. Ficou exausta de arrastar o aparelho até a rua em busca de seu bonde habitual. A essa altura, 'viu', com o sistema visual interno, chegar um bonde no qual vinha, ao estribo, um funcionário da escola onde ela trabalhava.

Parou, arriou no chão a pesada carga e sentou-se. (O ponto era na proximidade de um jardim público e havia bancos). Agora era só esperar a chegada do bonde com o serventuário da escola...

Decorridos alguns minutos, foi o que aconteceu. Lá estava ele pendurado no estribo, tal como ela o vira minutos antes. Regina chamou-o pelo nome, ele desceu, pegou o gravador e incumbiu-se de levá-lo ao seu destino para alívio e satisfação dela.

Há outro caso, no qual não detectamos o fator telepatia. Durante as horas de repouso, Regina assistiu, desdobrada, a um grave acidente com um ônibus interestadual que caíra de um viaduto. Viu ainda um homem sendo retirado do veículo acidentado e 'soube' que era o único sobrevivente. Era como se estivesse no local, na cabeça do viaduto, assistindo à tragédia sem nada poder fazer para evitá-la ou ajudar alguém. Limitava-se a testemunhá-la. Pareceu-lhe apenas um sonho, como tantos outros, embora de impressionante realismo.

Uma semana mais tarde, porém, teve a desagradável surpresa de 'conferir' o sonho. Ao passar por uma banca, lá estava um jornal aberto com as manchetes de um acidente de ônibus e a foto correspondente. Lembrou-se logo do sonho. Era exatamente – mas exatamente mesmo – a visão que ficara documentada em sua memória. Era como se a foto tivesse sido tirada por alguém que estivera no mesmo ponto de observação que havia estado. Comprou o jornal e ao ler a notícia verificou que era mesmo o acidente que já 'vira' acontecer, até o detalhe de que apenas uma pessoa sobrevivera – um homem.

Seu caso mais impressionante, contudo, e no qual vários ingredientes e faculdades se conjugam, é o que podemos identificar como "a trágica viagem a Brasília".

Embora muito jovem – cursava ainda a faculdade –, Regina já exercia o magistério e fizera muitos amigos entre colegas e alunos. A nova capital do país havia sido recém-inaugurada e era grande o interesse em visitá-la. Organizou-se, no colégio, uma caravana que seguiria de ônibus, especialmente fretado para a ocasião, e todos se programaram para a excursão que se realizaria durante as férias de julho. Regina aderiu, preparando-se para a viagem. Um casal amigo, contudo, resolveu convidá-la para ir com eles de carro. Ele era colega de trabalho e a esposa, muito amiga de Regina. Desejavam sua companhia para a longa viagem que fariam, sem pressa, parando pelas cidades que desejassem conhecer melhor. Uma pessoa a mais, e amiga de ambos, tornaria o passeio mais agradável. Ficou combinado que sairiam do Rio com uma semana de antecedência em relação ao ônibus, a fim de chegarem mais ou menos no mesmo dia.

Regina aceitou e agradeceu o convite que lhe proporcionaria viagem mais cômoda e interessante do que a que estava planejada. Começaram os preparativos, ficando a data da partida combinada para um domingo. Desde a segunda-feira daquela semana, contudo, Regina começou a sentir uma forte compulsão para *não ir*. Não havia a menor razão para aquilo, mas o sentimento era inequívoco e insistente. E ela resolveu ceder à sua intuição, ainda que sem saber como justificá-la. Só sabia que não desejava ir e que não iria mesmo.

Na quinta-feira os amigos passaram por sua casa para acertar os últimos detalhes e ela lhes comunicou sua inesperada decisão. A reação foi pronta e inconformada. Não ia por quê? Que motivo teria surgido, assim, imprevisto? Como não havia nenhum a alegar, ela pretextou estar sem dinheiro. Mas isso não seria problema, disseram eles, dispostos a emprestar a importância necessária. Ela recusou a oferta generosa e continuou irredutível na decisão de não mais ir com eles. A despeito da insistência deles, ela se manteve firme. Saíram decepcionados e até um pouco magoados com ela, que também ficara aborrecida consigo mesma em face daquela inexplicável teimosia; mas sem dúvida 'algo' dizia, lá dentro dela, *que não fosse*. Podia perfeitamente estar equivocada, mas resolveu ouvir a advertência interior.

O casal estava igualmente decidido a levar uma companheira de viagem e na sexta-feira foram em busca de uma amiga comum, em Nova Iguaçu. A moça não estava preparada para uma longa e repentina viagem como aquela, mas acabou cedendo ante a insistência do convite e a perspectiva de um passeio interessante sem grandes despesas. Trouxeram-na para a casa deles e foi aí que ela preparou sua roupa, chegando ao extremo de ter de lavar e secar a ferro algumas peças. Realmente eles não queriam viajar sozinhos.

Tudo acertado, partiram no domingo como ficara combinado. A semana começou sem maiores incidentes. Desde que os amigos haviam partido, Regina desligou-se deles e da viagem.

No entanto, na quinta-feira daquela semana – eles estavam ainda em viagem –, teve uma vidência (sonho?), que lhe apresentava nitidamente três quadros enigmáticos, como instantâneos ou fragmentos de uma sequência com um óbvio simbolismo que somente entenderia mais tarde.

No primeiro desses quadros, ela se via na escola, onde trabalhava, diante de um lago, e, nele, um peixe muito irrequieto, cujo corpo tinha formas femininas e os olhos de sua amiga, mulher do colega professor. A identificação era óbvia, pois a moça tinha olhos lindos, verdes, grandes, extremamente expressivos. Diziam dela que 'falava com os olhos', realmente inconfundíveis. De repente, um aluno muito chegado a Regina se põe ao seu lado e lhe oferece, numa jarra d'água, o peixe, que acabara de apanhar para ela. Regina meteu as mãos na jarra para segurar o peixe e ao retirá-las trazia pelos ombros o cadáver de uma mulher.

No segundo quadro, caminhava ela por uma estrada asfaltada aberta na mata. Ao lado dela, de braços dados, caminhava um homem. De repente, quando olha para ele, Regina percebeu que estava arrastando um cadáver!

No terceiro e último quadro, ainda a caminhar pela mesma estrada, surge inesperadamente à sua frente um enorme tronco de árvore tombado, barrando-lhe a passagem. Regina olhou à sua volta para pedir socorro e avistou uma pequena casa um tanto afastada da rodovia. Decidiu ir até lá para chamar alguém, quando dela saiu um homem, de machado às costas, para cortar o tronco. Regina percebe, então, que o tronco é oco, de forma oval como a de uma canoa. Dentro dele ela vê o cadáver de uma mulher.

Após essa tétrica sucessão de imagens, ela *despertou*. Embora intrigada com as visões, não conseguiu descobrir-lhes qualquer sentido, se é que tinham. Nem fez qualquer conexão, no momento, com seus amigos que àquela altura já deveriam estar em Brasília. Imaginou que fosse mais um desses sonhos incongruentes que resistem a qualquer tipo de abordagem interpretativa.

Na noite seguinte, sexta-feira, teve outro desprendimento – não era sono comum –, mas agora a mensagem era descomplicada, ainda que aparentemente sem muito sentido. Via-se acordada por uma das suas vizinhas, à 1h30 da madrugada, para dar-lhe uma notícia de morte de três pessoas, ou seja, de seus três amigos viajantes. Era a vizinha de baixo, a única que tinha telefone no prédio naquela época.

Sábado, pela manhã, às 7h30, ainda estava na cama pensando naqueles sonhos esquisitos, quando a vizinha chamou-a pela janela. Regina recebeu sobre o plexo, na boca do estômago, o imediato impacto de uma sensação desconfortável. Tinha agora certeza do que se tratava, ou seja, que notícia a vizinha tinha a lhe dar. E era. Seria 1h30 da madrugada, disse ela, quando alguém telefonara pedindo para mandar chamá-la. Era para comunicar-lhe a morte de uns amigos, dissera a voz do outro lado. Três pessoas. Ela não quis chamar Regina, àquela hora, por saber que ela morava sozinha e aquilo bem poderia ser uma cilada ou um trote, coisa assim.

– Acho que fiz mal – concluiu ela. Deveria ter chamado você.

– Não importa – respondeu Regina desolada. – Eu sei do que se trata.

De fato, os três haviam morrido em acidente rodoviário.

Vamos alinhar cronologicamente os episódios: 1) Regina *viu* seus amigos já *mortos* na quinta-feira, um dia antes do acidente fatal, que ocorreu na sexta às 7h00 da noite, conforme ficou sabendo depois; 2) eles morreram na estrada para Brasília, aberta em um trecho de matas mais densas; 3) a notícia foi dada por um radioamador local que morava numa casa próxima da estrada. O radioamador entendeu-se com um colega do Rio e pediu para avisar parentes e amigos, cujos nomes e telefones constavam de papeis encontrados com os mortos; 4) o telefonema para a vizinha de Regina tinha sido realmente à 1h30 da madrugada de *sábado*, mas ela soube dele ainda na *sexta-feira*, à noite. Tudo conferia!

Neste caso, a telepatia não pode ser acolhida como explicação, porque as vidências antecederam as ocorrências reais. O que houve aí foi um misterioso jogo de anacronismos, ou seja, um baralhamento no tempo e na sequência dos eventos. Na sexta-feira pela manhã, quando Regina despertou de volta ao corpo físico, ela já vira seus amigos mortos, ainda que envolvidos em certos simbolismos, que no momento ela não soube interpretar. No entanto eles só foram morrer realmente na sexta-feira, às 7h00 da noite, um dia depois de já terem sido vistos como mortos por ela.

O mesmo ocorreu com o telefonema. Ela soube que havia uma chamada para ela na noite de sexta-feira, mas a chamada real somente chegou à 1h30 da madrugada de sábado e ela só tomou conhecimento do fato, pela manhã.

DIVERSIDADE DOS CARISMAS

O fenômeno, aliás, não era novo para Regina, ainda que desta vez tenha sido de intensa e trágica dramaticidade. Houve tempo em que ela experimentava regularmente a vidência antecipada de seu dia de trabalho. Logo pela manhã, as cenas se desenrolavam à sua visão interior com impressionantes detalhes, que depois era só conferir com a realidade do ocorrido horas mais tarde.

Em *A memória e o tempo*, observamos que algumas pessoas conseguem *ir* ao futuro e voltar ao presente para, afinal, *chegar*, pela segunda vez, ao episódio que já viram por antecipação. J. W. Dunne, eminente matemático inglês, realizou durante anos experimentações com esse fenômeno, pelo simples procedimento de anotar seus sonhos. Em seu famoso e muito citado livro *An experiment with time*, ele oferece até uma formulação matemática como base teórica para essas mágicas do tempo. A dra. Louise Rhine, em *Canais ocultos da mente*, estuda situações semelhantes e as documenta com relatos confiáveis de pessoas que viram o futuro acontecer em minúcias, com antecipação de dias ou de meses. Os profetas – bíblicos e leigos, como Nostradamus – superaram barreiras de séculos e até de milênios, foram ao futuro e voltaram para contar o que viram, e nem sempre entenderam com a desejada nitidez.

Na minha opinião, os eventos já existem e nós apenas passamos por eles. É o que pensam, também, Dunne, Oliver Lodge e Pascal. Enfim, estou em boa companhia...

Para Regina a teoria é outra. Acha ela que o tempo decorre em ritmos diversos e, portanto, com diferentes espaços de duração. Os franceses têm a palavra própria para caracterizar o fenômeno, sem recorrer a expressões como *espaço*, que obviamente são geométricos e não cronológicos. Eles preferem dizer *durée*, como se vê com frequência em Bergson, creio que em *Matière et memoire*. Quanto a mim, acho que o *tempo* é, também, um *local*, como ficou dito no já citado *A memória e o tempo*.

Vejamos, porém, como Regina explica sua teoria.

Ela acha que no plano invisível, onde vivem os seres desencarnados, o ritmo é muito mais acelerado do que neste em que vivemos nós, os encarnados. Segundo essa hipótese, os seres espirituais movimentam-se em outra dimensão, como se costuma dizer, na qual a velocidade dos eventos é de difícil apreensão para nós, enquanto encarnados. Porém, uma vez desdobrados, ou seja, na condição de espíritos em estado de relativa liberdade, porque ainda presos ao corpo físico, temos condição de captar o que se passa nessa outra dimensão. Isto parece fazer algum sentido, pois constitui motivo de constante perplexidade a incrível velocidade com a qual certos médiuns psicografam textos de autoria de seres desencarnados. O lápis, em tais casos, voa sobre o papel como se mal o tocasse ou como se o material da grafita apenas se depositasse em bloco, formando palavras ou frases inteiras, em vez de escrever letra por letra. Fenômeno semelhante ocorre – e ainda veremos isto – quando um espírito de mais elevada condição evolutiva em vez de transmitir ao médium uma exposição, palavra por palavra, transfere-lhe tudo de uma vez, cabendo a este desdobrar o pensamento. É como se, em vez de transferir o conteúdo de uma caixa-dágua para outra, através de um cano, a própria caixa fosse colocada subitamente dentro da outra. Devo declarar que a teoria não me parece nada absurda, porque aqueles que experimentaram com a escrita direta, como o conhecido barão de Guldenstubbé, atestam esse fenômeno, no qual a grafita não é esfregada no papel por atrito, mas *depositada* sem movimentação do lápis.

Segundo Regina, uma vez desdobrada do corpo físico, ou seja, na condição de espírito, ela se sente livre da dimensão reservada para o ser humano encarnado e, portanto, do ritmo que lhe é próprio, e mergulha *em espírito* na outra – qualquer que seja o significado disso. Nesse ritmo diferente é que se movimenta o espírito que vive em um contexto energético e não material, como o do ser encarnado. Uma vez liberada da necessidade de arrastar o corpo físico e submeter-se aos seus ritmos lentos, Regina pode assumir sua condição de espírito e viajar no tempo – rumo ao futuro ou ao passado – no ritmo mais acelerado do espírito. Como que cavalgando esse dispositivo e deslocando-se a uma velocidade muitíssimo superior à da luz, ela pode dar uma rápida 'escapada' até o futuro para ver as coisas que lá, naquela escala, já aconteceram, embora não aqui, onde vivemos nós, os lentos. Ao voltar ao corpo físico, reingressa ela em sua dimensão humana habitual, na qual os eventos já vistos do lado de lá *ainda não ocorreram*.

A previsão, ou seja, a percepção do futuro não seria, por conseguinte, a visão de algo que ainda não aconteceu, mas sim de algo acontecido em uma dimensão diferente da nossa e que, no devido tempo, vai ocorrer aqui para nós, os retardatários do tempo.

A ideia não me repugna.

Vivemos, como encarnados, em uma dimensão e sob condições tais que nos mantêm na posição de verdadeiras lesmas cósmicas, enquanto passam por nós seres superlúcidos, pois eles viajam a velocidades muito superiores à da luz se e quando julgarem conveniente explorar passado e futuro. Nosso condicionamento à lentidão é o preço pesado – nos dois sentidos – que pagamos ao aprendizado em nossa viagem através da matéria densa. Aqui estamos impregnados de átomos, bilhões e bilhões deles, limitados a cinco sentidos básicos, contidos nos estreitos parâmetros de um cérebro biológico – que mesmo assim já é um dos prodígios da natureza –, presos, enfim, a um esquema limitador como o encarcerado, que traz pesada bola de ferro acorrentada aos pés. Somos, portanto, balões cativos; pensantes, mas balões...

No fundo, como percebe o leitor, minha teoria de que somos viajantes do tempo não se choca com a de Regina, segundo a qual o tempo tem ritmos diferentes se estamos em um ou outro plano vibratório. Somos como a Alice de Lewis Carrol diante do seu espelho mágico. Do lado de cá, o mundo prosaico, lento, pesado, difícil e monótono. Do outro lado do espelho, tudo é possível, porque temos o domínio do tempo. É um mundo encantado, veloz, fácil, leve, no qual podemos ir *ali* um pouco mais adiante e ver o caminho por onde iremos passar amanhã, depois, ou daqui a dois mil anos...

DIVERSIDADE DOS CARISMAS

Mas a experiência de Regina com o tempo ainda não esgotou para nós suas muitas implicações. Por exemplo: por que, dispondo ela de lucidez, inúmeras vezes comprovada durante seus desdobramentos e sonhos tanto na exploração do passado como do futuro, não trouxe um relato claro no qual as pessoas estivessem perfeitamente identificadas, bem como os pormenores do acidente?

Ela própria nos oferece algumas especulações a respeito desse enigma, atribuindo o fenômeno ao seu envolvimento emocional com as pessoas vitimadas. Ao verificar, no futuro, que eles iriam morrer, ou melhor, ao encontrá-los mortos em uma dimensão que não era a sua habitual, seu próprio psiquismo tratou de camuflar o episódio que certamente lhe causaria terrível impacto se trazido para a memória de vigília em toda a sua crueza. Por isso, na passagem de uma dimensão para outra, de volta ao seu ambiente natural, desencadeou-se um processo de Codificação, ou melhor, de simbolização dos eventos, quebrando o impactante realismo das imagens originais a fim de facilitar a sua absorção no plano físico. Mas, como ela mesma adverte, se prestarmos bem atenção ao processo, veremos com facilidade que todos os símbolos são claros e objetivos. E nem poderiam deixar de sê-lo, pois do contrário não teriam sido fiéis na tradução dos fatos. Vejamos:

Em primeiro lugar, a parte inicial do sonho ou vidência desenrolou-se na escola, para mostrar que um dos personagens do evento era seu colega de trabalho, ou seja, que trabalhavam no mesmo local. E por que a primeira cena ou quadro foi com a moça e não com o marido? Porque a ligação emocional de Regina era maior com ela, sua amiga íntima de algum tempo e com a qual tinha melhor sintonia.

Segundo: a caminhada pela estrada, de braços dados com o amigo. Uma atitude fraterna, mas sem intimidades, com um sentido implícito. Era como que um companheiro de jornada ou, pelo menos, fora até ali. Quando ela o visse novamente, contudo, ele estaria morto. De fato, ela somente descobriu que estava arrastando um cadáver quando olhou para ele, mas isso depois de caminhar alguns passos com um homem que parece não ter identificado.

Terceiro: a terceira pessoa – a moça convidada e que seguiu em seu lugar – Regina mal conhecia. De fato, seu papel na vidência é secundário. Enquanto o contato de Regina com os cadáveres de seus amigos – o casal – foi direto, pois ela puxou a moça morta pelos ombros e arrastou o rapaz pela estrada, também morto, a outra moça ela apenas entreviu dentro do caixão, que lhe parecia como uma transformação onírica do tronco de árvore atravessado na estrada.

Quarto: a casa que ela viu à beira da estrada, realmente existia, e lá vivia o radioamador que mandou o recado do acidente. Foi quem acorreu com intenção de prestar os primeiros socorros, chamando o hospital mais próximo da região e comunicando-se com parentes e amigos do casal, no Rio, através de um colega. Na realidade foi com seu equipamento de rádio que ele avisou a família, como que abrindo caminho para que soubessem do acidente após desembaraçados os corpos das vítimas. Enfim, o rádio – que ela viu como um machado – foi o *instrumento de desobstrução e comunicação* do acidente.

Quinto: a notícia final, transmitida por telefone a Regina, não foi codificada nem disfarçada. Parece que, preparada pelas visões para receber a notícia sem maiores impactos, ela captou o telefonema da madrugada com algumas horas de antecedência e tal como chegaria ao seu conhecimento, ou seja, pelo aparelho da vizinha, precisamente na hora que ela já sabia qual. Tanto foi abrandado esse impacto que, no momento em que a vizinha a chamou pela janela, na manhã seguinte, ela soube, prontamente, do que se tratava. Teve aquela sensação desagradável, mas não foi um impacto de imprevisíveis consequências. Ela já sabia o que tinha acontecido e aceitara o inevitável e imutável. Nada havia a fazer!

Ainda outro aspecto pode ser suscitado. Embora não explícita, o caso admite a hipótese de uma implícita interferência espiritual com o objetivo de preservar a vida física de Regina, seja porque não tivesse ela compromissos cármicos com aquele tipo de desencarnação, seja porque não fosse ainda chegada sua hora de partir. Isto explicaria o hermetismo da simbologia onírica, que somente se decifrou *após o desastre*. Para Regina a essência da mensagem pode ser resumida em duas palavras: "Não vá!", que ela captou pela intuição. Estaria criado para ela um grave problema se a mensagem onírica fosse explicitada com clareza, ou seja, se ela conhecesse, com antecedência necessária, a morte trágica.

4. *Replays* do passado

Em *A memória e o tempo*, relatei alguns episódios em que Regina foi buscar nos misteriosos arquivos da memória integral fragmentos de suas existências. Retorno, aqui, ao assunto para uma abordagem diferente, pelas suas implicações no problema da interação animismo/mediunidade. O objetivo dessa retomada é o de suscitar reflexões em torno das complexidades que o médium iniciante costuma enfrentar para definição e afinação das suas faculdades mediúnicas. Estou certo de que a experiência pessoal de Regina será útil a muita gente que, vivendo situações semelhantes ou comparáveis, entra em pânico, passa a ser considerada perturbada, alienada, obsediada ou desajustada, e acaba entregando-se a práticas realmente alienantes, como o uso de drogas ou fantasias místicas.

Raramente a mediunidade surge límpida, sem 'efeitos colaterais', controlada e pronta para ser utilizada nas tarefas para a qual foi programada. Exatamente porque tem a sensibilidade mais aguda é que o médium em potencial está exposto a fenômenos que, de início, lhe são inexplicáveis e logo tidos, por ele inclusive, como alucinatórios e, por conseguinte, sintomas de uma mente em desequilíbrio.

A própria família contribuiu, às vezes, para complicar as coisas, ainda que com a mais pura das intenções, partindo do pressuposto preconceituoso de que a pessoa que vê 'coisas' invisíveis e ouve vozes está maluca. É até possível que haja realmente um processo obsessivo em curso, mas não é o manicômio que irá resolver o problema e sim, agravá-lo.

De várias maneiras, e suscitadas por motivações diversas, ocorriam-lhe regressões. Algumas puramente anímicas, nas quais ela parecia mergulhar em si mesma por um

DIVERSIDADE DOS CARISMAS

processo de concentrada introspecção para 'ler' seus registros mnemônicos. Não que provocasse o fenômeno, que não parece produzir-se apenas por um impulso da vontade. De outras vezes, entidades amigas desencarnadas interfeririam, seja desdobrando-a a partir de um estado de relaxamento, seja no decorrer das horas de sono comum.

Havia, contudo, uma constante em tais episódios, quanto à sua motivação. Como ficou dito, ela não os provocava. É certo, porém, que pareciam ocorrer como que em resposta a certas indagações íntimas, diante de situações aparentemente inexplicáveis da vida atual, como enigmas de sua própria personalidade, frustrações, privações e provações de diversa natureza, simpatias por determinadas pessoas ou antipatias gratuitas por outras. Acima de tudo, porém, a situação emocional que mais suscitou tais episódios foram os encontros (na verdade, reencontros) com pessoas que lhe causavam impactos tão graves que, mais de uma vez, ela adoeceu, literalmente, a ponto de ter de guardar o leito por alguns dias.

Um desses encontros, como vimos no início deste livro, foi com o homem que figurava em inúmeros dos seus sonhos e vidências. Ela sempre teve certa convicção íntima de que, embora só o visse em tais vidências, ele existia de fato, era um ser humano concreto e estava em algum lugar, talvez à espera dela. Não imaginava, porém, que um dia pudesse estar subitamente diante dele, em carne e osso e, por isso quando o momento chegou, ela não estava preparada para o impacto emocional correspondente. Era ele sem a menor dúvida! Não havia engano possível, mesmo porque, por um processo inexplicável, as feições atuais dele como que se esfumaram para adquirir a conformação exata da figura com a qual estava habituada a conviver durante seus sonhos acordados. O mais grave e traumatizante, contudo, era não poder aproximar-se dele, identificar-se, identificá-lo e trazer para a realidade do cotidiano a vivência daquele amor tão antigo quanto feliz.

Imaginemos a situação. Chegar a ele e dizer-lhe: – O senhor é o principal figurante das minhas vidências... Estaria criada uma situação de constrangimento na qual ela, certamente, passaria por doente mental, ainda mais que ele tinha seus compromissos de família e, portanto, um programa espiritual a cumprir. Identificara, afinal, aquele amigo especial de muitas e remotas existências de convívio, ternura, entendimento e devotamento e que, até então, só conseguira ver em sonho ou por meio de projeções mentais que muitos classificariam cruamente como fantasias da sua imaginação exaltada. E agora o tinha ali, ao alcance dos olhos materiais, podendo até tocá-lo com as mãos, o coração aos saltos, a sensação estranha de irrealidade, expectativa, perplexidade, que rapidamente se degenerou em decepção e desencanto, agonia e dor.

Só lhe restava uma alternativa válida: engolir as lágrimas, estrangular as emoções, respeitar as secretas motivações da lei e voltar a sua solidão, enquanto também ele seguia seu destino. Se-pa-ra-dos...

Depois desse reencontro – do qual ele nem ficara sabendo –, passou a ter vidências em que ele aparecia em outros episódios, sempre ele, às vezes durante a noite, sob a forma de sonho, às vezes em desdobramentos conscientes, durante o dia, nos momentos de repouso e meditação. Em vários desses episódios, a presença de um triângulo amoroso no qual outra mulher parecia disputar-lhe o amor. E a constância e coerência dos tipos psicológicos, ao longo dos séculos e até milênios! É de justiça ressaltar que, dentro desse quadro geral de coerência psicológica, todas as entidades envolvidas no processo cometeram no passado equívocos mais ou menos graves, mas, onde quer que se encontrem hoje, apresentam-se inegavelmente mais amadurecidas e posicionadas em patamar evolutivo mais elevado, a despeito de imperfeições ainda a superar, como é natural.

Regina jamais conseguiu penetrar o segredo que gerou essa triangulação e os compromissos decorrentes. A mais remota 'estação' que suas antenas psíquicas captaram foi no antigo Egito. Em uma daquelas vidas, a 'outra' havia sido a esposa legal e ela, a amada de sempre (que ele respeitou, naturalmente), mas acabou sendo a segunda esposa, quando a primeira morreu, em condições trágicas.

No amplo cenário dos séculos, na Europa, muitas outras vezes teriam encontro marcado. Duas vezes no ducado de Anjou, na França medieval. Ele, o titular da Casa, sempre um tanto 'desligado' dos problemas do dia-a-dia, estudando, meditando, de pouco falar e muito pensar. Suponho tê-lo localizado como certo Foulques II, chamado *Le Bon* (O Bom), que a preciosa *Biographie universelle* descreve como pessoa que "favoreceu as populações e procurou fixar em torno de si, pelos seus gestos generosos, os homens mais sábios de seu tempo".

Compôs ele próprio alguns hinos religiosos em homenagem a são Martinho, e os cantava no coro com os sacerdotes. Era, pois, um homem culto para seu tempo. Era simples e bom, como nos informa seu apelido. Certa vez o rei Luís de Além-Mar pilheriou com ele acerca de seu gosto pelas letras, inusitado em um nobre de sua época:

– Sabei, *sire* – respondeu o duque –, que o príncipe iletrado é um asno coroado.

Sobre ele, apenas uma data: morreu no ano de 958, em Tours.

Segundo as vidências de Regina, duas existências subsequentes foram vividas ali, em Anjou, pelo antigo triângulo. Numa delas, Regina era a esposa legal e titulada do conde e a 'outra', a concubina, tomada (dentre as servas da casa) num momento de impulso por parte dele, ante um impulso semelhante de Regina que resolvera armar-lhe uma 'pirraça', na esperança de se fazer mais desejada, por mais arisca. Deu-se mal a dupla, por causa desse episódio um tanto desastrado. Na existência seguinte, o duque se uniu clandestinamente (mas legalmente) a Regina, uma jovem camponesa, mas acabou cedendo a pressões, conformando-se com um casamento forçado – que não se consumou, pois ele se recusou a conviver com a segunda mulher. Esta era, precisamente, a concubina da existência anterior, que voltara para exigir, como esposa legítima, a posição social e os bens a que se julgava com direito, em virtude das frustrações da vida passada. E, novamente, se viu frustrada.

Descoberta a trama, esta reagiu violentamente, no que, aliás, tinha suas razões, mas descobriu-se impotente para repor as coisas no lugar que entendia certo, pois

Regina era mulher legítima e ele havia assegurado a ela, por escritura, a posse de todos os seus bens. A ela e aos dois filhos gêmeos, aliás.

Regina não sabe que destino teve a 'outra'; 'viu', porém, que ela (Regina) morreu antes do duque e se lembra de ter acompanhado do mundo espiritual, a vida triste e tranquila que ele vivia com os dois filhos, excelentes rapazes. Um destes voltou a ser filho dele, em outra existência, desta vez com a 'outra'...

Em outra vida, ainda na Europa, Regina vê, novamente, o triângulo fatídico em ação. Ela própria é uma jovem de família nobre, a 'outra' é uma duquesa poderosa e arbitrária e ele, ao que parece, o marido dela que, talvez cansado da convivência difícil, retirou-se para um velho castelo, parcialmente em ruínas, onde se dedicou aos seus estudos (desta vez foi a alquimia). Regina, ainda muito jovem, adolescente, foi despachada pela duquesa juntamente com outras crianças (todas órfãs) – ela não sabe como caíram em mãos da mulher –, para bem longe de onde viviam. O homem que dirigiu essa expedição, constrangido a obedecer a duquesa durona, não podia fazer nada para impedi-lo, mas distribuiu-as a pessoas que as aceitassem, mediante recibo, certamente com a finalidade de emprestar à operação um aspecto mais ou menos 'legal'. Regina e mais um menino ficaram com o duque, exilado em seu próprio castelo em ruínas, mas muito feliz da vida por estar em condições de viver em paz, com seus livros, suas experiências e suas meditações. Regina vinha dar o toque final de calor humano a esse quadro idílico e de solitude.

Nem sempre a 'outra' aparece como figurante, mas Regina e ele são personagens cativos em todas essas novelas verdadeiras e coerentes.

Em uma dessas, Regina e ele, ambos religiosos, são obrigados a tomar veneno, em trágica farsa, montada deliberadamente para sugerir um pacto suicida entre eles, pois haviam pulado o alto muro das conveniências e tabus para entregarem-se, uma vez mais, ao magnetismo daquela paixão multissecular. A cena final, a que ela assistiu como personagem e espectadora, foi terrível: era noite, em ambiente fechado de igreja ou claustro, e os dois foram obrigados a ingerir a dose letal, cercados de monges encapuzados. Alguns desses viriam, séculos depois, ao grupo mediúnico em que Regina funcionava como médium. Estavam ainda desarmonizados e perdidos nas sombras de seus equívocos. A 'outra' não aparece nesse episódio.

Ao que se apurou, em existência vivida por Regina numa corte europeia, desta vez sentada num trono, a 'outra' também não figura. Essa foi uma vida em que vários e graves compromissos foram assumidos por Regina que, lamentavelmente, não se saiu muito bem do teste, para muitos fatal, do exercício do poder. Não que tenha sido uma megera arbitrária e violenta, mas é certo que cometeu ou deixou que cometessem em seu nome alguns erros comprometedores...

Disto daria conta, pouco depois, em duas ou mais existências subsequentes, nos Estados Unidos, nas quais se vê, em uma delas, como vítima impotente da famosa "caça às bruxas", em Boston, onde sua incompreendida mediunidade levou-a a passar por tormentos e horrores inconcebíveis. (Este episódio foi narrado mais extensamente em *A memória e o tempo*). A existência seguinte foi no dramático período das

114   Hermínio C. Miranda

lutas pela emancipação do país do domínio inglês, que culminou com os históricos eventos de 1777.

Creio que vale a pena demorar-nos um pouco mais sobre este episódio, pelos instrutivos aspectos que nos oferece à meditação. Prefiro, neste ponto, ceder a palavra à própria Regina, reproduzindo seu relato.

A) Interlúdio Americano

"As lembranças e revelações de possíveis vidas passadas que vieram no desprendimento", escreve ela, "foram sempre provocadas por crises de angústia muito intensas e questionamentos íntimos decorrentes da invencível inadaptação ao mundo objetivo em que tinha de viver. Intuitivamente, eu sabia que tais desajustes tinham suas raízes e explicações no passado; seria, contudo, possível (e desejável) identificá-las com a finalidade de melhor compreender minha situação?

"Sempre tive muita fé. Orava com frequência e fervor, desejando encontrar uma explicação. Não uma solução mágica para os problemas e dramas que vivia, mas uma resposta que me ajudasse a entender a situação e conseguir adaptar-me a ela, aceitando o que tinha de ser aceito e mudando o que pudesse ser mudado.

"Quando pequena, às vezes, sonhava que estava brincando de índio com outras crianças. Exibia um vistoso cocar na cabeça, como os que os chefes de tribos americanas usam nos filmes. Mas filmes eu só veria mais tarde, adulta, quando reconheci cocares iguais àqueles com os quais eu me via nos sonhos. Teria eu sido também uma indiazinha americana?

"Certa vez sonhei que morava em uma fazenda que fora atacada por índios. Não sei como acabou a luta. Lembro-me, contudo, de que era um dia chuvoso e havia muita lama no lado de fora.

"Em vários desses sonhos eu me via em ambiente geográfico que mais tarde identificaria como sendo os Estados Unidos, mais precisamente New England. Usualmente, eu estava sendo perseguida por soldados, porém muitas imagens eram fragmentárias ou não se fixavam melhor na memória de vigília, por isso não posso falar sobre seus 'enredos'. Havia situações angustiantes, quase desesperadoras. Quando visitei aquele país, levada por uma bolsa de estudos, reconheci alguns dos locais com os quais costumava sonhar."

O relato seguinte é de um dos sonhos mais explícitos.

"Encontro-me em fuga num trem. Meu pai é homem muito importante na política. A situação era de conflito armado e os soldados que me perseguem querem na realidade alcançar meu pai, aprisionando-me. Viajo escondida num vagão de carga em que haviam adaptado um fundo falso com um compartimento onde me escondera. É ainda noite, já quase madrugada. Vejo o escuro acinzentado dos primeiros e vagos clarões do distante amanhecer, quando o trem para e alguém entra no vagão, abre a tampa do fundo falso e me tira de lá. Sou informada de que o inimigo havia tomado conhecimento de que eu viajava naquele trem e estava à minha espera na estação seguinte. O trem parara num lugar à beira de um barranco muito alto, com umas cavidades semelhantes a nichos, cujas entradas ficavam cobertas de vegetação. Sem saber ao certo o que fazer, resolveram tirar-me do trem e esconder-me em uma daquelas cavidades do barranco. Ali fiquei, vendo o trem partir. Algum tempo depois, com o trem já desaparecido ao longe, saí da cavidade e consegui pular para o solo, embaixo, pois a altura era grande. À minha frente havia um declive coberto de grama muito verde. Desci por ele sem saber onde estava e o que iria encontrar pela frente. Não sentia medo, pois a grande preocupação era não servir de 'isca' para que aprisionassem meu pai."

Neste ponto termina o sonho e Regina ficou sem saber, naquele momento, o que teria acontecido em seguida. Mais tarde viria a saber por outro sonho.

Novamente, passamos-lhe a palavra:

"Mesmo ambiente geográfico. Encontro-me refugiada em uma de nossas propriedades, localizada em um vale, em região que me parece ser o sul dos Estados Unidos. (O que indica que ela deve ter conseguido chegar a seu destino depois da aventura do trem). É noite e nos preparamos para dormir: eu e duas criadas. Apenas nós estamos na propriedade. Estou muito nervosa e pergunto se elas fecharam bem a casa, o que elas confirmam. Mesmo assim, não confio e vou eu mesma verificar se todas as portas e janelas estão bem fechadas. Estou ainda nessa verificação quando, ao chegar a uma janela que estava entreaberta, estremeço. À frente da casa, estendia-se uma estrada que subia por uma colina para depois descer pelo outro lado. Havia chovido, muito barro se acumulara e o solo estava sulcado, aqui e ali, pelas enxurradas.

"Observo, então, no topo da elevação, uma coluna de soldados que vêm descendo, todos armados. Sei que vêm à minha procura. Sou dominada por intenso medo e me pergunto quem teria me traído, pois só por traição poderiam ter-me descoberto ali, já que a propriedade era local considerado muito seguro. Olho, então, as duas criadas, nas quais reconheço, ali no sonho, que são minha mãe e uma das irmãs da presente encarnação, no Brasil. Pelo olhar, percebo que foi uma delas que me traiu: a que hoje é uma das minhas irmãs!

– Você! – grito eu. – Foi você que me traiu.

"Assustada, ela procura fugir. Eu pego um chicote e castigo-a com toda a minha fúria. Estranho, porém: tenho consciência de que aquilo não está acontecendo no presente e, sim, que se trata de uma cena do meu passado que estou vivendo no sonho. E começo a argumentar comigo mesma: 'Não devo mais fazer isto! (Chicoteá-la.) Agora sou espírita, conheço a doutrina e não devo ter esse ódio e agir assim! Entretanto continuo a espancá-la compulsivamente. (Ver observação sobre anacronismo em *A memória e o tempo*). De repente dou-me conta de que os soldados (*yankees*) estão se aproximando e a criada, aproveitando um momento de hesitação, consegue desvencilhar-se de mim e sai correndo. Só então penso em fugir, embora sabendo que não tenho a menor chance de escapar. Saio pela porta dos fundos, correndo pelas aleias abertas por entre o gramado muito verde, à margem dos quais vejo *sycamores* e creio que *dogwoods* (típicas árvores americanas). Os soldados, a essa altura, já invadiram a propriedade e um deles dispara um tiro contra mim e me atinge pelas costas, na nuca. Caio de bruços, no chão molhado pela chuva, sem soltar um ai. Era final de outono. Ainda sinto (e vejo) as folhas vermelho-amarronzadas, misturadas com terra, em minha boca. Levanto-me, mas vejo meu corpo ali, deitado no chão, o sangue a escorrer. Sei que morri, mas isso não me causa nenhuma emoção especial."

Assim termina o sonho. E a vida...

B) O Primo Antipático

Em uma dessas existências, o videoteipe da memória exibe uma tragédia que acabou bem. Regina é uma jovem órfã e rica herdeira de um castelo à beira-mar, onde vive apenas com os criados. Um primo incumbiu-se de gerir os seus bens, na qualidade de tutor, provavelmente em cumprimento à decisão testamentária dos pais mortos. Era um homenzinho baixo, antipático, ao qual ela sempre teve especial aversão. Propôs casar-se com Regina, mas além de não gostar dele, ela sabia que o casamento era apenas um recurso para ele entrar na posse das riquezas dela, em vez de apenas administrá-las. Chegara ele à petulância de dar-lhe um prazo fatal para a decisão, armando uma situação que não lhe concedia espaço para alternativas.

O sonho a leva de volta àquele dia fatal em que se esgotava o prazo. Regina se sente nervosa e tensa. Vê o primo chegar a cavalo, apear, amarrar o animal, dirigindo-se em seguida à entrada do castelo. Regina se sente desesperada, pois não há mesmo saída. Um criado fiel estava disposto a tudo para defendê-la, mas a atitude era quixotesca.

O primo trouxera com ele outros homens. Regina saiu a correr, na esperança de chegar a tempo de montar um dos cavalos e desaparecer, fosse para onde fosse. Um dos asseclas do primo, contudo, barrou-lhe o caminho. Sentindo-se apanhada em uma armadilha – estava certa de que iriam dominá-la –, optou pela morte voluntária. Subiu rápida a torre circular do castelo, que terminava em um patamar projetado sobre o mar, a grande altura. Segurando com uma das mãos as amplas saias, ela corria desesperada à frente do homem que a perseguia, tentando agarrá-la. Conseguiu chegar primeiro ao patamar. Olhou rapidamente para baixo e teve um segundo de hesitação e medo ao contemplar a espuma das águas chocando-se contra as rochas. Era atirar-se ou ser agarrada pelo homem que rapidamente se aproximava. Fechou os olhos e deixou cair o corpo no espaço.

Mas não morreu, porque se vê, em seguida, sendo tirada das águas e colocada em uma padiola, sob consternação geral. Chegam outras pessoas. Ela está presente e consciente, ainda que seu corpo esteja inerte. Ouve até o que dizem à sua volta, a se lamentarem do ocorrido. Vê-se, depois, atendida em um local, onde cuidam de doentes, algo como um hospital ou casa de saúde da época. Tem a impressão de haver passado um tempo mais ou menos longo sem sentidos. Ao despertar, vê um homem ao lado de sua cama, a cuidar dela. Tem uma expressão doce e bondosa e lhe fala com carinho. Ainda exausta, ela volta a adormecer ou desmaiar. Quando acorda outra vez, sente-se melhor e aos poucos começa a reconstituir sua tragédia.

DIVERSIDADE DOS CARISMAS

As emoções se confundem porque, embora se sentindo melhor, preocupa-se ante a perspectiva de ficar boa e recomeçar a viver aquela insuportável agonia. Lá estariam o castelo, os bens, a solidão e o primo ambicioso e sem escrúpulos. Embora o médico pareça perceber o artifício, ela finge que ainda está mal, para adiar o reencontro com a detestada e temida realidade.

Em um dia daqueles soube que seu parente havia estado lá para reclamar a posse da sua tutelada. Certamente, teria documentos em que se apoiava para isso. Em pânico, resolve contar todo seu drama ao médico, que a ouve pacientemente e a tranquiliza, prometendo tomar certas providências. Regina assegura-lhe que prefere morrer do que voltar para casa e enfrentar o primo.

Ao que ela depreende (ou se lembra, no sonho), o local onde estava sendo tratada pertencia à igreja, que o administrava. O médico recorre a um sacerdote que dispunha ali de muita autoridade e este homem vem visitá-la. Regina repete a história contada ao médico. Ao que parece, ela pertencia a uma família não apenas muito rica e titulada, mas de grande prestígio na região, que ela não localiza no tempo nem no espaço geográfico. Tanto o sacerdote como o médico tratam-na com respeito e deferência. O clérigo perguntou-lhe, por último, para definir bem a situação, se ela queria ou não voltar para casa, e ela foi enfática: – Não! Antes a morte!

O sacerdote mandou chamar o primo e ela sabe que eles tiveram uma entrevista no gabinete de trabalho do religioso. É informada de que o clérigo lhe comunicou que ela não iria voltar para casa e que, tendo pedido a proteção da Igreja, fora acolhida. Se algo lhe acontecesse, o primo seria publicamente responsabilizado. E mais: a partir daquele momento, o primo perdia sobre ela o direito de tutoria, que passava à Igreja. Isto vale dizer que seus bens passavam a ser administrados pela Igreja.

Regina o vê sair dessa reunião furioso, mas impotente. Não tinha como desafiar o poderio da Igreja. Aí termina o sonho...

C) Capítulos Egípcios da 'Novela'

Já as duas existências em Anjou lhe foram narradas em mais de uma oportunidade, em desdobramento consciente, por um espírito tranquilo e amável que fora, em uma daquelas vidas, o notário que dera forma e conteúdo jurídico às disposições testamentárias do duque em favor da camponesa com a qual se casara. A narrativa foi feita ao ar livre – Regina diz que nos próprios jardins do castelo – debaixo de uma árvore de dois troncos que se bifurcavam a partir do solo, formando um V. O simpático notário encerrou o relato da romântica história com expressões tipicamente jurídicas:

– Tudo isto é verdade – disse ele – e dou fé. E eu sei. Eu fui o notário!

Em outra recordação, ela se vê em um hospital. Desta vez é uma freira-enfermeira. Veste um hábito branco, amarrado por um cordão à cintura, do qual pende um rosário.

Sobre uma cama está uma menina de quatorze ou quinze anos de idade. É esguia, clara e loura. E linda. Regina sabe que ela sofre de uma doença incurável e está agonizante, mas ainda lúcida. Encontra-se também ali um homem que ela supõe ser médico, mas tem certeza de que é eterna personagem dos seus sonhos e vidências, o milenar amado de muitas vidas. O assunto da conversa é a menina, obviamente. Regina sabe que a jovem é tida como bastarda. Seus pais nem mesmo são oficialmente conhecidos. No entanto, é filha da própria Regina e do médico, embora ela não se lembre, depois, em vigília, em que circunstâncias a teria concebido, ainda que o soubesse enquanto esteve mergulhada na vivência do episódio.

– Não é justo que ela morra assim, humilhada, sem saber – diz a freira ao homem – Ela tem o direito de saber. Temos de dizer-lhe a verdade. Ela *tem pais* afinal de contas. É justo que tenha essa última alegria antes de morrer.

Regina se lembra, ao acordar, que nenhum sentimento de remorso ou pecado a perturbava. Estava tranquila, ainda que penalizada pelo sofrimento da menina. Não sabe se teria ficado grávida no convento – o que seria muito sério – ou se isto acontecera antes e a família a teria feito desfazer-se da criança antes de encaminhá-la para o convento, como se fez durante tantos séculos. Está convicta, contudo, de que servia ali, naquele hospital ou casa de caridade, como religiosa e enfermeira.

Em uma existência no antigo Egito, ela se vê como esposa do faraó, na verdade a Grande Esposa Real, ou seja, a primeira, pois o filho dela é que estava destinado a ser o sucessor do pai, como prescreviam as leis locais. Mais uma vez – das muitas – ela e o amado são arrastados, irresistivelmente, pelo fortíssimo campo magnético que se criara entre eles ao longo de tantos séculos. Segundo seu desdobramento, ele era um sacerdote e costumavam encontrar-se em uma passagem secreta subterrânea que ligava o templo ao palácio. Foram apanhados lá (alguma denúncia?), e ela diz que ambos foram degolados sumariamente.

Em outra existência, ainda no Egito, ela é preterida junto ao amado de sempre em favor de sua própria irmã, em casamento decidido pelo pai de ambas, como de hábito. Não houve o que convencesse o pai a mudar o esquema: nem choros, nem protestos, nem apelos! A irmã é que se casou com seu amado. Mudaram-se (a irmã e o marido) para local mais ou menos distante, que ela não identifica. Regina não conseguiu dominar a sensação de ódio pela irmã. Além do mais, a ditadura paterna fê-la casar-se com um jovem vizinho, pessoa excelente, rico e de marcante personalidade e que, ademais, a amava profundamente. Casou-se. Não tinha alternativa. O marido tudo fazia para agradá-la, mas o coração dela não estava ali. O ódio que dedicava à irmã transferiu-se, em parte, para o marido, como se ele também fosse responsável pela sua desgraça. Com o tempo, não obstante, ela passou a uma atitude de fria e calculada indiferença, na qual incluía também o filho que tiveram nesse casamento.

Certa vez a irmã veio, com o marido e as filhas, visitá-la. Eram duas meninas, uma de três e outra de cinco anos de idade. O filho de Regina, o único, aliás, ainda era bebê a essa altura, e ela pôde observar o quanto ainda odiava a irmã e como era profundo seu ressentimento em relação ao seu próprio marido. Decidiu não receber a irmã, mas o pai a obrigou a mais esse penoso sacrifício. Jamais esqueceria a cena: ela, o marido, muito constrangidos, e as crianças. Tramou um plano sinistro de vingança. Levou as meninas para passear e não sabe ao certo o que ocorreu, pois sua censura íntima bloqueou a lembrança da tragédia em sua memória de vigília. Ela se lembra de ter saído com as crianças de casa. Daí em diante, apenas fragmentos inconclusivos, nos quais percebe, vagamente, um templo e um volume de água. Teria afogado as crianças? É o que parece.

De volta ao corpo, após essa tétrica vidência onírica, estava ainda consciente de tudo, inclusive da tragédia com as meninas, porém algo muito curioso aconteceu. Ela tomou com a mão um objeto, que não sabe o quê, mas parecia uma 'boneca de pano' ou ainda uma trouxinha destinada a apagar ou limpar alguma coisa. Aproximou-se de corpo físico, ainda desdobrada e consciente. Como sempre, via o cérebro todo iluminado, como uma casa de força com inúmeras lampadazinhas acesas. Munida do tal objeto, foi tocando em certos pontos específicos do cérebro físico, como que apagando certas memórias ali depositadas. Ela sabia perfeitamente que a partir do momento em que saíra de casa para passear com as meninas *não deveria mais lembrar-se de nada, no corpo físico*, ou seja, no estado de vigília. Era como se estivesse aplicando, cuidadosamente, sobre determinados pontos de uma fita magnética, a ponta sutil e precisa de um desmagnetizador eletrônico ou de uma anestesia que insensibilizasse os pontos críticos. Em seguida, assumiu os controles do corpo e despertou, ainda com a certeza de que havia apagado deliberadamente certos pormenores que, certamente, lhe seriam muito penosos e perturbadores de lembrar. Por mais que se concentrasse no assunto, somente tinha a 'boiar', nos oceanos da memória remota, as vagas imagens de um templo e certo volume de água.

Isto se 'encaixa' com precisão na estrutura e na dinâmica proposta em *A memória e o tempo*, segundo a qual o inconsciente é o depósito das lembranças das vidas anteriores; o *subconsciente*, o arquivo da vida atual; e o consciente, a unidade de passagem como um cabeçote de gravador que tanto grava como lê as fitas do nosso cassete pessoal.

Regina acabara de trazer do *inconsciente* para o *subconsciente* lembranças que estariam, dali em diante, à disposição do *consciente*, se não fossem neutralizadas. Por isso – provavelmente instruída a respeito – desmagnetizou os pontos mais traumatizantes, deixando no subconsciente apenas a essência da história, o suficiente para levá-la ao esforço de perdoar a antiga irmã, cuja única 'culpa' fora a de ter amado o mesmo homem que ela amava.

A antiquíssima irmã egípcia também foi identificada na vida atual. E foi exatamente a sensação de inexplicável rejeição que experimentou pela mulher que resultou na consulta aos arquivos da memória integral. Regina se lembra de que, mal terminara a regressão, seu amigo espiritual de sempre lhe disse: – "Você jamais a perdoou. Daí a atual aversão. Você não acha que já é tempo de perdoar?"

Outra observação instrutiva. Embora haja apagado do cérebro físico a lembrança de detalhes perturbadores, a consciência de Regina lhe diz claramente que ela fez algo de terrível com aquelas crianças. Foi uma vingança irracional, como todas as vinganças, agravada por uma crueldade fria e calculada, motivada pelo que ela considerava uma *traição*. Afinal de contas a moça não teve tanta culpa. Também ela gostava do jovem e a decisão de se casar com ele fora tomada pelo pai, autoridade incontestável naqueles longínquos tempos, ao considerar que, sendo a irmã bem mais velha do que Regina, teria poucas possibilidades de arranjar outro casamento. É até possível que ela tivesse manobrado por trás dos bastidores para que isso acontecesse, porque o grande ressentimento de Regina baseava-se no fato de que a irmã, sabedora do seu imenso amor e que ambos já se haviam prometido casamento (a irmã era sua confidente, pois Regina fora criada sem a mãe, que morrera quando ela ainda era bebê e mal começava a andar), poderia ter evitado o casamento.

Mas isto não justifica a crueldade de Regina. Mesmo sem saber dos detalhes, é evidente que o gesto ainda lhe dói na consciência. Ela reconhece perfeitamente que foi uma atitude lamentável e espera já ter resgatado, após tantas existências sofridas, o crime cometido no Egito contra duas criaturas que mal se iniciavam na aventura de viver. Mas isto ela pensa hoje. Naquela época, a paixão, o ciúme, o rancor que trazia no coração – paradoxalmente, por amor –, levaram-na a ver nas duas meninas apenas um instrumento de vingança, trágica e mesquinha ao mesmo tempo.

D) A DIDÁTICA DO PASSADO

O episódio serve também para demonstrar que o espírito parece *saber* que lembranças pode suportar e quais as que precisa sufocar por ainda não estar preparado para enfrentá-las em todo o seu impacto e crueza. Certos remorsos podem levar à alienação e ao desespero. Mas nem sempre é o erro que se pretende esquecer, ou pelo menos não se deseja lembrar. São também episódios e vidas inteiras em que temos receio de tocar, por motivos obscuros, mas respeitáveis. Ocorre-me isto ao lembrar-me de algumas regressões de memória promovidas por magnetização, nas quais os sensitivos pediam para não serem levados a certas épocas passadas ou, ainda que desejando 'ir lá', uma vez mergulhados no transe, a partir de uma ótica diferente daquela da vigília, preferiam por sua própria iniciativa não sacudir a poeira dos séculos que recobria certas lembranças potencialmente perturbadoras. Não é à toa que esquecemos o passado quando reencarnamos... a lei divina que nos protege com o esquecimento é sábia e justa, como todas as demais.

O repertório das novelescas aventuras e desventuras de Regina é praticamente inesgotável, e há sempre uma lição ou outra a retirar desses episódios. Em seus arquivos espirituais há existências de projeção social, riqueza e poder e outras de penúria, renúncias e dificuldades. Quanto ao amor, parece que a grande lição dessa agitada multibiografia é a de que permanece como fruto proibido até que consiga decantar-se das impurezas da paixão.

DIVERSIDADE DOS CARISMAS

Essa mensagem emerge, com singular clareza, de toda a sequência de visões. Como se houvesse um plano deliberado (dela ou de seus amigos espirituais, ou de ambos) de mostrar-lhe primeiro a alegria do amor descomplicado e feliz, sem grandes lances dramáticos e sofrimentos insuportáveis. Isto lhe foi possível observar pelo telescópio das suas faculdades anímicas, no antigo Egito, com o marido de seus sonhos e os dois filhos amados. Tudo ali parecia idílico, em paz, como se a felicidade houvesse encontrado, afinal, na Terra, um ninho onde se abrigou. Não era bem isso, contudo. Pelo que aconteceu posteriormente nas várias existências em que a pessoa de seus sonhos lhe é subtraída por outra ou está fora de seu alcance, depreende-se que era preciso aprender, ainda, a lição da renúncia. E esta foi muito difícil, difícil demais, acima das resistências íntimas. Como se lhe fosse dito: ser feliz assim, e em paz, quando o amor sorri e ninguém interfere, é muito fácil. Vamos ver, agora, como é que você se porta perante a renúncia, quando devem ser respeitadas barreiras impostas pelos princípios éticos, pelas tradições, pelo sentimento de obediência aos pais, pelo amor fraterno, e até pelas convenções sociais, ainda que fingidas e artificiais.

Regina parece ter falhado em vários desses testes (e ele também, é claro, pois os equívocos da paixão são cometidos a dois). Não conseguiram respeitar as barreiras religiosas, livre ou compulsoriamente aceitas e consolidadas por votos sagrados, na época. Desrespeitaram vínculos matrimoniais, recorrendo ao adultério, e ignoraram a ética social dos tempos, gerando filhos considerados bastardos. O ciúme levou-a ao crime de sacrificar duas crianças confiadas e ela pela irmã. Mais de uma vez amargurou-se além dos limites, ao vê-lo unido a 'outras'.

E por isso tudo, nesse vaivém do pêndulo cármico, oscilando através dos milênios, preciosas oportunidades foram desperdiçadas ou não aproveitadas como poderiam ter sido, se houvesse um pouco mais de renúncia, aceitação e serenidade. "O amor", dizia Cayce em transe, "não é possessivo. Ele apenas é."

E por isso, também, parece que todas as dificuldades possíveis e suportáveis foram reunidas e programadas para a existência atual, na qual ela se decidiu por um esforço supremo, disposta a quebrar o círculo vicioso das paixões. Tudo jogou do que tinha no tabuleiro de uma nova existência. Aceitou todas as regras do jogo perigoso: humilhação, pobreza, a solitude na multidão (a pior delas), lutas e renúncias de variada natureza e até a moléstia, nitidamente cármica, com a qual resgata sangue alheio que mandou verter ou permitiu que se derramasse. Teria sido infinitamente mais fácil que tudo isso fosse vivido ao lado do companheiro amado de muitos milênios, mas dessa maneira a lição ficaria mais uma vez por aprender. Precisavam ter, cada um em si, as limitações necessárias e entre eles barreiras que, como sempre, *poderiam* ser saltadas e contornadas, mas que não *deveriam* sê-lo. Era preciso, de uma vez para sempre, lembrar e praticar o ensinamento genial de Paulo: "Tudo me é lícito, mas nem tudo me convém."

Realmente, lícito é, no sentido de que a lei divina tem soluções e dispositivos corretores para qualquer situação equívoca, mas nunca será mais conveniente para o caminhante atravessar pantanais e galgar montanhas pedregosas e escorregadias se pode subir pela estrada principal, em companhia de seus amigos, de mãos dadas com seus amores, a alegria no coração e a convicção da vitória final mais perto, *ali* adiante, a uns poucos séculos apenas. Para que levar milênios fazendo o que podemos fazer em alguns séculos?

Isto quanto aos aspectos éticos do problema. Proponho que vejamos, a seguir, outros aspectos implícitos na mecânica do fenômeno anímico da penetração no passado.

Vamos em frente?

5. O mecanismo das regressões

Pedi a Regina que me descrevesse, com suas próprias palavras, como transcorrem tais regressões e, se possível, o que desencadeia o processo.

Em alguns casos ela diz ser guiada por amigos espirituais desencarnados que lhe mostram cenas do passado que explicam ou justificam situações do presente. É como se lhe dissessem: "Você está sofrendo isso agora, porque no passado fez aquilo."

De outras vezes ela parece agir por sua própria conta e, guiada ou não, vê projetado, como numa tela de cinema, um filme. Ao mesmo tempo em que assiste ao espetáculo, ela se reconhece como uma das personagens da história, embora sem apresentar semelhança 'física' com a pessoa. É que ela sente, com toda a força, as emoções da personagem, seus impulsos, suas intenções e até seus pensamentos secretos. Fica ali, pois, como espectadora e atriz de um drama que sabe ser real e identifica como seu.

Ela imagina que isto seja um mecanismo de projeção a partir do conhecimento inconsciente que ela tem de seu próprio passado. Ou seja, ela vê, fora dela, a dramatização de vivências que na verdade estão dentro dela, nas profundezas do arquivo secreto da memória integral. Eu diria, para oferecer também minha colaboração, que se trata de uma exteriorização da memória, um *replay* de fragmentos de certas vidas que, por alguma razão, foram-lhe permitidos consultar. Tenho minhas dúvidas, contudo, de que isto seja viável por simples impulso da vontade e que o processo possa ser desencadeado sem a colaboração de amigos espirituais, ainda que não identificáveis à sua vidência.

Regina informa, ainda, que teve uma vidência dessas nos Estados Unidos, em plena vigília – sem transe, ou desprendimento, portanto –, ao ser impactada pela presença de uma pessoa que reconheceu como uma das personagens de seu próprio passado.

Em mais de uma oportunidade, tais cenas ou *replays* ocorreram no local onde aconteceram originariamente. Nesses casos, a cena é do maior realismo, como as de um teatro, com contraposição à do cinema, e desenrola-se como na vida real, com suas cores, sons, movimento, emoções, tudo num ambiente tridimensional. Ela ouve as palavras e frases proferidas como se tudo estivesse ocorrendo ali, naquele momento, no *agora*. Não é passado – diz ela –, é *agora*, e ela *está lá*, onde quer que isso esteja ocorrendo.

Às vezes ela tem ao seu lado uma entidade espiritual que vai narrando os acontecimentos ou explicando-os, em alguns aspectos que são mais obscuros para ela, sendo também óbvia a intenção de protegê-la de abalos resultantes de impactos maiores. Ela, por sua vez, tem nítida consciência de encontrar-se afastada do corpo físico, que ela sabe estar "lá em casa", em repouso ou adormecido. E mais: que as cenas a que assiste são episódios autênticos de suas próprias existências passadas e que estão sendo exibidas por algum motivo especial, como o de explicar-lhe certas complexidades e perplexidades de situações que vive na carne. Ali estão coisas que ela viveu e sofreu. Lições que os amigos espirituais desejam reavivar para que ela se fortaleça em suas lutas como ser encarnado. Obviamente que isso denota não apenas que ela conta com devotados amigos que a ajudam, mas também com alguns méritos que a levam a merecer certas concessões e atenuantes.

Conheço outro caso em que a interferência foi decisiva para evitar imprevisíveis complicações. A pessoa se preparava para suicidar-se, quando se apresentou à sua visão espiritual, em estado de grande agitação, uma irmã suicida que pouco precisou dizer além do grito de alerta. Bastou mostrar-se em todo o horror de seu desalinho espiritual para que a pessoa compreendesse, em um simples e dramático relance, a tragédia do suicídio. Esta pessoa também tinha seus créditos e algumas conquistas; do contrário, mesmo que tentasse, a irmã desencarnada não teria condições de sustar o gesto de desespero.

Regina reitera uma informação de interesse. Ela não se vê em tais representações como Regina, com sua identidade física atual, e sim com a forma física, vestuário e psicologia da época em que os episódios se desenrolam.

Finalmente, há uma quarta modalidade de vidência. Nesta, Regina *vive* realmente as cenas, em vez de ser apenas uma espectadora. É como se ela estivesse de volta àquele passado, nos mesmos cenários, com as mesmas pessoas de outrora. Vive aquele *agora*, transportada à época, no vestuário próprio, com o tipo físico de então, e mais as casas, os móveis, toda a ambientação, enfim. Não têm esses episódios as características de uma projeção, de uma representação teatral ou de um filme, mas de uma vivência autêntica, porque ela não está na plateia, mas no palco. É capaz de sentir o tecido de linho cru sobre a pele, o frio das pedras do piso, tanto quanto a agitação das emoções dentro dela. E, no entanto, não perde sua identidade espiritual. Sabe que, em tudo aquilo, continua sendo ela mesma; há como que uma continuidade, uma coerência, uma lógica em todas as coisas. É como se sua individualidade tivesse apenas trocado uma vestimenta por outra, um ambiente por outro, sua história de hoje por uma das que ontem lhe aconteceram. O fio que liga aquilo tudo – conteúdo, sentido e sequência – é a individualidade. Ela sabe que é 'EU' hoje e que é também 'EU' naquele passado que revive, tal como se tivesse tomado a deliberação de voltar sobre seus passos e revisitar o passado que ficou por aí, encravado em uma das intercessões tempo/espaço.

Casos como este é que me levaram a formular a hipótese de que o tempo é também um local, conforme especulações expostas em *A memória e o tempo*.

O problema principal, aqui, consiste em ordenar tais lembranças ou projeções, uma vez que elas emergem não na sequência certinha passado/presente/futuro, tudo encadeado na posição esperada, mas por fragmentos ou manchas que depois é preciso 'encaixar' no lugar correto. Isso porque cenas de vidas diferentes podem ocorrer em um mesmo desprendimento; ou diversas cenas de uma só vida, em diferentes oportunidades de desdobramento; até que uma colagem paciente e meditada consiga pôr as cenas na ordem certa. A memória, como vimos no livro citado, não se preocupa muito com a rígida sequência do tempo, distribuída comportadamente em uma escala cronométrica de dias, anos, séculos e milênios. Ela está guardada em uma dimensão atemporal.

Pode, também, ocorrer a Regina que ela assista (ou reviva) ao fragmento de certa vida em um dia e, dias ou semanas depois, volte àquele mesmo lugar para retomar a história interrompida e prosseguir dali em diante.

Várias dessas existências, entrevistas por processos anímicos, mediúnicos ou combinados, foram-lhe confirmadas. Algumas, por médiuns dotados de recursos de clarividência e de faculdades semelhantes às suas; outras, no decorrer dos diálogos com espíritos manifestados, em trabalho de doutrinação, no grupo mediúnico ao qual ela serve com suas faculdades. Uma dessas vidas, com detalhes expressivos e que ela já conhecia, foi-lhe descrita por um médium americano que jamais havia estado com ela antes.

6. A regressão é um bem ou um mal?

Especulações adicionais tornam-se necessárias ante o fenômeno do mergulho no passado. Conhecer algumas das nossas vidas anteriores é um bem ou um mal?

Regina acha que para ela foi bom, mas reconhece que não é uma regra geral essa reação positiva. Se dependesse de sua recomendação, ela aconselharia manter-se o esquecimento natural que nos impõem os dispositivos policiadores da reencarnação. Ou, pelo menos, que não seja feita nenhuma tentativa por mera curiosidade ou na esperança de que isto vá resolver problemas íntimos. A experiência é sempre impactante e poderá ser traumatizante, criando mais conflitos do que os que pretenderia resolver. Isto porque as emoções adormecidas são suscitadas em toda a sua intensidade original. É preciso estar em boas condições emocionais e mentais para suportar certos impactos. O ideal é que a conveniência e oportunidade de tais buscas passassem por uma avaliação preliminar competente, de psicólogo ou psiquiatra alertado para a realidade espiritual ou, pelo menos, disposto a aprender com o próprio mecanismo que está a examinar; e que o processo fosse conduzido com sensibilidade, sem colisões e conflitos, que poderão agravar a problemática do paciente em vez de ajudá-lo a minimizá-la ou resolvê-la. Vejo essas condições ideais em duas eminentes psicólogas americanas, as dras. Edith Fiore e Helen Wambach, que demonstram possuir em grau adequado uma das mais preciosas facetas da humildade: a de *aprender*, mesmo com aquilo que contraria postulados teóricos consagrados, e mais, principalmente porque os contraria, mas abre novas avenidas ao conhecimento. Por enquanto, são exceções. Um dia, serão a norma.

Ao tempo em que andei experimentando com a memória (como técnica de aprendizado e não como recurso terapêutico), era procurado por pessoas desejosas de se entregarem a uma exploração arqueológica nas suas memórias ocultas. Até hoje, isto eventualmente ocorre, pois a curiosidade é uma constante nesse campo. Sempre questionei tais motivações, esclarecendo delicadamente que não estávamos interessados em trabalhos dessa responsabilidade apenas para satisfazer curiosidades, por mais legítimas que fossem. Além do mais, é difícil prever que reações a pessoa vai experimentar ao confrontar-se com episódios aflitivos, da maior intensidade emocional. Já bastam, à maioria de todos nós, os problemas e as dificuldades da existência presente. Por que sobrecarregá-la com os que vivemos em séculos passados? Ou ressuscitar na memória erros tenebrosos cometidos?

Uma senhora que me pediu, insistentemente, uma tentativa de regressão, estava desejosa de saber o que ocorrera no passado entre ela e a mãe. Por mais que a mãe a cercasse de atenções e de carinho, ela a rejeitava (disfarçadamente), ao ponto da repugnância física. Reconhecia que o procedimento era indigno e sentia-se agoniada por não conseguir libertar-se da sensação desagradável de rejeição, sem a menor razão válida no âmbito desta vida. Era um sentimento de vergonha e de culpa, difícil de superar, situação que não conseguia mesmo contornar.

Conversamos longamente. Se ela tivesse as condições mínimas necessárias ao desprendimento e, consequentemente, à regressão, não seria difícil chegar às razões do problema gerado por conflitos do passado pois certamente conflitos havia – indelevelmente gravados em sua memória integral. De que lhe adiantaria, contudo, identificar a causa? Não era difícil supor qual fosse: a mãe atual, provavelmente em outra posição de relacionamento, causara-lhe algum desgosto profundo, como era óbvio, mas estava envidando o melhor de seus esforços para redimir-se perante a antiga vítima. Entendia eu que a revelação da verdadeira motivação, em toda a sua crueza e impacto, em vez de levar a filha a uma postura de melhor compreensão e consequente aceitação, poderia agravar ainda mais o estresse daquele difícil relacionamento. Mesmo com a melhor boa vontade, iria prevalecer a dolorosa certeza: – Ah, então foi você aquela megera que me fez isto ou aquilo!

E a amiga que me pedia a experiência iria passar a ver a senhora não como sua mãe de hoje – sempre atenta, disposta a ajudá-la, a protegê-la e amá-la, mudada, portanto –, mas a antiga adversária, que talvez tivesse destroçado, com um gesto irresponsável e cruel, toda sua expectativa de felicidade, de paz e de amor.

Acrescentei um conselho que – se assim entender o leitor – pode ser considerado como mera pregação, mas que é uma das muitas verdades singelas e lúcidas do grande tratado universal de psicologia que conhecemos pelo nome de *Evangelho*: "Reconcilia-te com o teu adversário enquanto estás a caminho com ele."

As duas estavam juntas para recompor um relacionamento que se rompera de maneira trágica. A devedora estava realizando seu honesto esforço de repor as coisas em seu devido lugar, mas, pelas reações da antiga vítima, podia-se ver que esta ainda não perdoara a outra e continuava a ver nela aquilo que ela fora, a mulher cruel, e não o que ela está se esforçando por ser agora, a mãe devotada, cujo carinho a filha considerava excessivo e até repugnante. (Esta me confessou, envergonhada, que chegava ao extremo de lavar as mãos após algum contato pessoal com a mãe ou recusar, se possível, algum alimento por ela preparado. Teria sido envenenada?)

O que importava, agora, portanto – disse-lhe eu –, era perdoar, qualquer que tenha sido o problema entre elas; liquidar a questão para sempre, aceitando a companheira devotada ao trabalho da recomposição. Suponho que tenha havido um assassinato frio e premeditado por parte de uma para eliminar a outra, que se tornara um obstáculo à concretização de uma ambição pessoal. E isto não apenas por causa da aversão e da desconfiança da moça, mas também porque a outra decidira trazê-la de volta à vida, como filha. Tais *restituições*, às vezes, têm esse sentido, embora, não seja a regra geral. Não vamos agora achar que todos renascemos porque nossos pais nos assassinaram no passado...

O que se tornava necessário, portanto, era um esforço por parte da jovem no sentido de *aceitar* a mãe como amiga atual, ainda que sabendo-a ex-inimiga e, principalmente, por sabê-lo.

Ela se propôs a começar logo a tarefa, aceitando minha argumentação, que lhe pareceu lógica e construtiva. Prometeu realizar seu trabalho íntimo nesse sentido. Agradeci-lhe com emoção, percebendo que também ela havia sido 'tocada'. Desistiu da regressão – que aliás eu me recusara a fazer – que estava interessada em levar avante com alguém que lhe fosse indicado para isso.

Não soube mais dela. Se algum dia ler este livro, gostaria de saber como se desenrolou o caso daí em diante, pois tudo isso são lições inesquecíveis que a própria vida se incumbe de nos ministrar discretamente, mas com indiscutível poder de convicção, dado que se o argumento da verdade é sua própria presença, não é necessário falar ou fazer sermões, ela simplesmente *está* ali. Resta-nos apenas observar para identificá-la em toda a grandeza da sua simplicidade.

Esta digressão, que foi além do que imaginava, tem um objetivo: o de demonstrar, com casos concretos, a dificuldade de uma decisão sensível e adequada a problemas emocionais. No caso dessa moça, entendo que o conhecimento do passado seria inócuo ou até prejudicial; ao passo que em outros episódios podemos encontrar as características de utilidade e até de necessidade no esclarecimento de problemas atuais ou de atitudes reprováveis, aparentemente gratuitas e inexplicáveis perante certas pessoas.

Vimos, há pouco, um exemplo desses na aversão de Regina por determinada moça que não a hostilizava nem lhe causava contratempo algum. A regressão (aliás, espontânea, como vimos, embora assistida por um espírito amigo) serviu-lhe para mostrar que a culpada era a própria Regina, que, no entanto, não estava disposta a

DIVERSIDADE DOS CARISMAS

perdoar a outra. Ela é que destruíra as vidas de suas filhas em um irracional acesso de ciúmes e de revolta. Mesmo neste caso, porém, o dramático impacto da realidade teve de ser atenuado para não causar novos conflitos. Daí a razão pela qual a cena final com as meninas foi cuidadosamente desmagnetizada da memória de vigília, embora continuando arquivada no inconsciente, ou seja, nos compartimentos da memória com os quais esquecemos, pois os arquivos são indestrutíveis.

Por isso, costumo dizer que a única norma imutável, no trato com os fenômenos da mente, do espírito, do ser humano, enfim, é a de que não há normas imutáveis. Cada caso é um caso, cada situação, um problema diferente. O ser humano é uma realidade em contínuo estado de mutação. Não digo isto pelo gosto duvidoso pelos paradoxos, mas para reiterar velha tese pessoal de que há uma só constante na vida: a própria mutação. Deu para entender? (Ah, o doce mistério das palavras!... Como é difícil falar sobre o *infalável...*)

Bem, acho que já é tempo de voltar à nossa trilha.

Regina jamais buscou informações desse tipo por mera curiosidade. Todas, mas todas mesmo, foram espontâneas e, usualmente, como respostas animadas a perplexidades que ela não tinha como entender. É certo que ela tem consciência de que essas 'explicações', dramatizadas e coloridas pela emoção que as autenticava, foram obviamente selecionadas e dirigidas por amigos espirituais interessados em ajudá-la nas difíceis provações que trouxe programadas para esta existência. É também certo que ela dispõe de créditos que lhe permitiram ser atendida em explicações que, de outra forma, não lhe teriam sido proporcionadas. Confirmação disto decorre do fato de que outras situações, igualmente traumatizantes, não foram esclarecidas. Há limites evidentes que não podem, ou não devem, ser desrespeitados, porque significariam indevida e indesejável interferência no seu livre-arbítrio, o que é válido para todos nós.

Regina sempre teve lembranças do passado, desde a infância, quando ainda não tinha condições para entendê-las, o que a levava, como observamos, a viver duas realidades superpostas ou paralelas. À medida que foi crescendo e se envolvendo mais no processo doloroso de viver, foi se desajustando, porque do confronto daquelas duas realidades resultava uma clara opção pela que lhe proporcionava alegrias e abrigo contra as asperezas da vida considerada normal e comum de toda gente, mas que para ela constituía fonte de excruciantes sofrimentos.

Além disso, ela sentia a importância oculta das revelações e pedia a Deus, em suas preces, que *lhe mostrasse o que estava errado com ela, a fim de que pudesse entender o que se passava* e esforçar-se pelas correções porventura necessárias. Nesse sentido, sim, ela buscava certas revelações, mas isto não lhe teria sido proporcionado se, como dissemos, não dispusesse ela de um mínimo de crédito para consegui-las. Até os primeiros anos de juventude, porém, ainda não tinha conhecimento algum de espiritismo, a não ser que se tratava de algo meio estranho de que era melhor manter-se afastada. Não tinha, portanto, uma ideia precisa do que fosse reencarnação. Ouvira falar disso, mas considerava a doutrina das vidas sucessivas uma grande e fantasiosa tolice.

Por outro lado, ela se manifesta bem consciente do fato de que seus amigos espirituais foram cautelosos na seleção do material de estudo a ser-lhe apresentado, através das suas vidências e sonhos, a fim de não se provocarem mais aflições em vez de aliviar as que ela já estava sofrendo. É certo também que eles sabiam avaliar sua capacidade de resistência íntima para saber o que ela teria condições de suportar sem desequilibrar-se.

Mesmo assim, foi intenso seu sofrimento perante certas revelações, senão todas, pois nem sempre a lição é fácil de ser apreendida.

7. A busca da sanidade

Lembra Regina, ainda, que muitas dessas experiências reveladoras ocorriam em plena vigília, sem nenhum transe, desdobramento ou sono/sonho. Conforme vimos, ela vivia literalmente duas realidades fundidas em uma só, sem entender o que se passava com ela. A continuar aquilo, caminharia irremediavelmente para o desequilíbrio mental e a alienação, que provavelmente não estavam no seu programa.

Aliás, profissionais da área de saúde mental não teriam – como não tiveram – a menor hesitação em enquadrar aqueles estados nos seus esquemas acadêmicos, aplicando-lhes os rótulos definidos pelos tratados científicos que ornam prateleiras eruditas.

Quando procurou dirigentes e entendidos, nos centros espíritas, encontrou um novo tipo de dificuldade: a incompreensão e o açodamento dos que identificam qualquer desequilíbrio emocional resultante de visões do passado – fato mais comum do que muita gente pensa – como obsessão, sendo a pessoa em tais condições logo despachada, sem apelo, para as reuniões de desobsessão ou para as de desenvolvimento da mediunidade. São assim interpretados estados de angústia inexplicáveis, medo não identificado, visões, vozes e coisas desse tipo. É possível, convém admitir, que isto resulte mesmo de problemas obsessivos, mas não é a regra geral, rígida e única.

Temos tido oportunidade de verificar isto pessoalmente, quando procurados por pessoas que estão (ou estavam) sendo tratadas em centros espíritas como obsediadas, claro que sem nenhuma possibilidade de êxito; pelo contrário, com visíveis sinais de agravamento dos problemas. Não há dificuldades insuperáveis em delinear um procedimento de ajuda mais racional a essas pobres criaturas desarmonizadas. Em primeiro lugar, é preciso apurar se a pessoa quer, *de fato*, ficar boa. Muitos se dizem aflitos para se livrarem daquilo, mas, no fundo mesmo, preferem continuar como estão, em situação que lhes proporciona certas (e doentias) 'vantagens'. Outros porque, embora reconhecendo que o trabalho de recuperação, de volta à sanidade mental tenha de ser individual, ficam buscando, aqui e ali, quem possa realizar a mágica de resolver todos os seus problemas. Desejam apenas (ou exigem) que lhe tirem a dor quanto antes, mas não estão dispostos a realizar os esforços, as modificações íntimas, os sacrifícios e renúncias para que a tarefa seja viabilizada. A esses não há como ajudar.

Aqueles, contudo, que se revelam *realmente interessados* em se curar e dispostos aos trabalhos que isso implica, não é difícil ajudar. A primeira medida que a pessoa procurada para essa tarefa precisa tomar é de despojada simplicidade e se resume em poucas palavras: disponha-se *a ouvir* o que a outra tem a dizer! (Isto também é válido em relação aos espíritos desencarnados, nas sessões de doutrinação e desobsessão). A maioria dos dirigentes de grupos e doutrinadores parece desconhecer essa condição elementar. Pessoas apressadas e superficiais não estão preparadas para ajudar aquele que tem um problema íntimo e busca ajuda. É mais fácil 'diagnosticar' logo a disfunção como obsessão ou mediunidade embotada e despachar a pessoa para a mesa mediúnica. A realidade, porém, pode ser (e é, com frequência) bem outra. Instruída por suas próprias experiências pessoais e assistida pelas suas faculdades de percepção, Regina costuma distinguir com clareza uma coisa (problemas emocionais próprios da pessoa) da outra (envolvimento com espíritos desencarnados). Em casos do primeiro tipo, é preciso ajudar a pessoa a entender o que se passa e a conviver com o problema, até conseguir superá-lo, aceitando, porém, condições muitas vezes impostas por complicações cármicas nada fáceis ou decididamente impossíveis de serem desatadas no momento.

Isto se faz com um entendimento aberto, sem cronometragem apressada de tempo, permitindo-se que a pessoa exponha todo o seu problema, coloque suas dúvidas em debate, seja ouvida, enfim, com paciência e interesse. Só assim o núcleo do problema poderá ser identificado para uma orientação segura do que pode e deve ser feito. Como foi dito há pouco, até é possível que a solução seja mesmo a de encaminhar o caso ao tratamento desobsessivo ou à tarefa do treinamento mediúnico. Qualquer que seja a indicação, a preliminar é a de recomendar-se ao paciente o estudo criterioso do assunto, não em livros eruditos e essencialmente teóricos, logo de início, mas em trabalhos mais acessíveis e de fácil entendimento. É preciso que a pessoa tenha um mínimo de entendimento do que está se passando consigo mesma antes de entregar-se a uma experiência sobre a qual tudo ignora.

Muitas vezes Regina consegue apreender, com suas faculdades, aspectos importantes do caso, tendo vidências do passado da pessoa ou sendo esclarecida a respeito pelos seus amigos espirituais.

Para ilustrar, é oportuno citar um caso específico, embora a matéria esteja reservada para um capítulo especial.

Um jovem casal nos procurou através de uma terceira pessoa para pedir uma orientação com relação ao filho de sete ou oito anos que estava apresentando estranhos problemas emocionais na escola. Embora normal em tudo o mais, costumava entrar em pânico ao dirigir-se à escola e, de modo ainda mais crítico, à sua sala de aula. Em muitas dessas ocasiões, era necessário que a irmãzinha maior ficasse com ele ou ele escapulia apavorado. A situação foi se agravando a tal ponto que a família não via mais saída possível e começou a considerar a possibilidade de uma perseguição espiritual, ou seja, uma obsessão. Submetido o caso aos nossos amigos espirituais, tivemos a informação de que não havia ali nenhum componente obsessivo. Em uma existência na França, ao tempo da Revolução, aproximadamente na mesma idade que tinha agora, o menino morrera vitimado por uma tragédia na escola, que se incendiara. O teto da sua sala de aula desabara e ele não teve como escapar. Os pais foram orientados a tratá-lo com muito carinho e despertar nele um sentimento de confiança e uma certeza de proteção para que, mesmo ignorando a causa do seu medo, aparentemente irracional, conseguisse atravessar aquele período que era apenas transitório. Lembro-me ainda da sensação de alívio da mãe ao me dizer que, felizmente, não se tratava de um caso de obsessão. Detalhe curioso: a entidade consultada aconselhou a falar à criança enquanto ela dormia, transmitindo-lhe confiança e serenidade, e que frequentasse o culto doméstico, mas não, sessões mediúnicas.

Vale a pena, ainda, observar que Regina teve, nesse caso, uma vidência de singular nitidez, certamente suscitada pela entidade espiritual que nos transmitiu a orientação.

Cedo a palavra à própria Regina:

"Vi o menino, de nove anos mais ou menos, vestido com uma roupa de veludo azul escuro (não tanto quanto azul-marinho). Nos punhos aparecia a rendinha da camisa de dentro, também observada acima do colarinho do casaco azul. Vestia um calção da mesma cor do casaco, que ia até um pouco abaixo dos joelhos e ali ficava preso por uma fita. Uma meia justa chegava até os joelhos, completando o vestuário. Era uma criança muito bonita. Tinha os cabelos encaracolados."

Regina tem conhecimento de caso semelhante.

Um confrade espírita estava convencido de ser vítima de um problema obsessivo antigo e do qual não conseguia libertar-se. A 'coisa' manifestava-se como uma espécie de pesadelo, durante o qual alguém apertava-lhe a garganta, tentando estrangulá-lo. Entrava nessas crises frequentes durante a noite, despertando a mulher aflita, que ficava por algum tempo a orar ao seu lado.

Os sentidos de percepção espiritual de Regina mostraram-lhe que não havia entidade alguma a perturbá-lo. Alguém o estrangulara de fato na vida anterior e a cena trágica fora compreensivelmente traumatizante para ele, ainda mais que o assassino fora seu amigo pessoal. (O dr. Guirdham relata em seu livro *The cathars and reincarnation* caso semelhante, ocorrido com uma paciente dele e com ele próprio. Aliás, em ambos os sonhos a pessoa que lhes infundia terror era a mesma, pois eles se haviam conhecido no Languedoc do século XIII).

Regina transmitiu-lhe a informação e sugeriu-lhe que ele próprio deveria racionalizar o problema, convencendo-se de que não estava sendo vitimado por nenhum fato novo ou de caráter obsessivo e, sim, que aquilo *já acontecera no passado*; era uma página virada em sua vida. Portanto, não estava acontecendo nem iria acontecer de novo.

O problema desapareceu e ele manifestou sua gratidão a Regina, pois o pesadelo recorrente vinha da infância. Mal acreditava que se tivesse livrado daquilo para sempre.

Tanto um como o outro caso teriam sido considerados, fatalmente, como obsessão por dirigentes e médiuns despreparados.

8. Reencarnação a metro linear

Quanto à reencarnação, há uma curiosidade generalizada. São muitos os que desejam saber, de qualquer maneira, que personalidades animaram no passado, especialmente interessados em gente famosa, na história, nas artes ou até mesmo no crime... O mais lamentável de tudo isso é que existe gente 'faturando' em cima dessa curiosidade, nem sempre das mais sadias, cobrando sessões de regressão a tanto por hora ou por reencarnação. Alguém tendo conhecimento de que eu andava especulando sobre memória, fez-me uma ligação telefônica interestadual, para saber quanto eu cobrava para fazer uma regressão, porque desejava saber quem tinha sido no passado. Respondi-lhe (delicadamente) que não era esse meu ofício. (De fato, jamais cogitara de montar uma estrutura para 'vender' reencarnação a metro linear). Se podia indicar alguém que o fizesse? Também não. Lamento, desculpe-me, muito obrigado... Bom-dia.

Mas há quem o faça, e até médiuns desavisados que proclamam com maior facilidade encarnações passadas de seus interlocutores, quase sempre fantasiosas, apoiadas em mero 'palpite' a que emprestam o *status* da intuição. São muitos, por outro lado, os que nem se preocupam em perguntar ou pesquisar, simplesmente *decidem* que foram fulano ou sicrano, assumindo personalidades que nada têm a ver com sua psicologia nem com suas estruturas de comportamento, dissonâncias essas que podem ser facilmente identificáveis com um mínimo de bom-senso.

Regina tem, a respeito, algumas observações oportunas. Diz ela que, embora a individualidade tenha animado diferentes personalidades em épocas diversas, vivendo tipos variados, *há sempre um traço comum entre as* personalidades, isto é, características da individualidade que constituem a base, a estrutura das diversas vivências. Não seria admissível uma diferença psicológica tão radical entre personalidades vividas em existências diferentes, se a individualidade é a mesma. Há sempre traços comuns, sutis, mas perceptíveis ao observador atento, como conquistas evolutivas já consolidadas ou, reversamente, impulsos de manifestação inferior ainda não superados. Traços assim constituem uma espécie de pano de fundo, sempre presente e sobre o qual se movimenta a personalidade em cada uma de suas vidas terrenas. O processo evolutivo é lento. Pouco muda em nós de uma vida para a seguinte, especialmente quando esta ocorre em espaço de tempo relativamente curto. Dificilmente o egoísta, o vaidoso ou o arbitrário da existência anterior virá generoso, modesto ou humilde na seguinte. Ou vice-versa: o ser mais evoluído, ajustado, pacificado não renascerá mesquinho, vulgar, violento na vida subsequente. Há de haver aí certa coerência, ainda que transformações significativas possam ter ocorrido nesse ínterim, resultantes do esforço aplicado em corrigir-se por aqueles que se convencem de que é bom ser bom. Pode ocorrer, ainda, que a pessoa venha programada para uma vida de ignorância mesmo, sem oportunidade de educação, embora tenha sido um ser de vastíssima cultura em existências anteriores. É certo que encontraremos nele a ignorância, pois não teve condições de ilustrar-se intelectualmente, mas não será difícil identificar, também, evidentes traços de inteligência, a não ser que renasça com graves problemas no cérebro físico.

Dessa maneira, o mais seguro é rejeitar identificações que *não conferem* nos traços psicológicos da personalidade, quando confrontadas umas com as outras. Um confrade esforçou-se, durante anos, em convencer-me de que o Chico Xavier era Allan Kardec reencarnado. Aliás, era o tema predileto de suas conversações essas conexões reencarnacionistas. Quanto ao Chico, suas conclusões baseavam-se em alguns dados reais, mas que evidentemente não se aplicavam ao caso. Lembrava ele que Kardec foi advertido pelo Espírito de Verdade de que iria desencarnar logo que concluída aquela etapa do seu trabalho para voltar, em seguida, em outra existência, na qual encontraria o espiritismo em pleno desenvolvimento para começar a trabalhar bem cedo, ou seja, ainda na mocidade. Ainda outro dado ele mencionava: o de que Kardec, ao comentar essa informação, acrescentara (por sua própria conta) que *supunha* esse interregno de tempo entre aquela existência sua e a seguinte em cerca de trinta anos. Ora, Kardec morrera em 1869 e Chico nascera cerca de quarenta anos após. Além do mais, Chico encontrara o espiritismo em plena fase de desenvolvimento e passara a desempenhar importantíssimo papel, tanto no movimento como, e principalmente, nos aspectos doutrinários, produzindo mediunicamente obras da maior importância e confiabilidade. Não há a menor dúvida quanto a isso e os fatos estão corretamente expostos na sua disposição histórica. Acontece que a psicologia do nosso querido Chico – e sabemos de seus inúmeros predicados – muito pouco ou em nada se assemelha à de Kardec a ponto de justificar a conclusão de que um é a continuação do outro, ou melhor, de que a mesma individualidade tenha animado as duas personalidades.

Aliás o nosso querido confrade, formulador contumaz de identificações desse tipo, não está sozinho na hipótese Kardec/Chico. Este, porém, não é o ponto fundamental aqui, e sim, o de que a busca das encarnações passadas não deve ser empreendida sem as mais relevantes, aceitáveis e necessárias motivações e com os mais severos critérios de avaliação. Ou, para dizer de maneira diversa: como regra geral, jamais deverá ser empreendida, a não ser que um motivo muito importante o justifique. É preciso lembrar, contudo, que, se houver um motivo desses, os próprios amigos espirituais providenciarão para que o conhecimento venha, seja pelos mecanismos do animismo – mera recordação – ou pelos da mediunidade – via fenômeno mediúnico.

Às vezes a exemplificação pessoal é mais eloquente por ser de primeira mão. Rogo ao leitor me conceda algum espaço para isso.

Informou-me, certa vez, respeitável entidade espiritual, através de médium responsável e experimentado, que, em consequência da programação que eu trouxera para esta existência, fora necessário, para evitar impactos desagradáveis e perturbadores, que eu tomasse conhecimento consciente de algumas das minhas vidas pregressas. Era condição mesma do trabalho que me competia realizar, dado que, segundo esse e outros orientadores espirituais meus, a reencarnação seria o tema prioritário da tarefa que me fora atribuída por ocasião do preparo para esta vida. Assim, no próprio decorrer dos trabalhos e experimentações com fenômenos mediúnicos e anímicos – no primeiro caso, doutrinação; no segundo, regressões da memória – muitas vezes fui surpreendido – mas não chocado – com informações sobre existências anteriores da parte de pessoas encarnadas ou desencarnadas que me conheceram alhures, conviveram comigo ou sofreram consequências de equívocos meus. Devo lembrar que o reencontro com pessoas que nos amaram ou que se sentem gratas a nós por algum remoto benefício é sempre agradável, mas que nada tem de reconfortante o reencontro com aqueles aos quais prejudicamos com nossos desvarios. Assim, tanto para aquele que nos traz o testemunho do seu afeto e reconhecimento como para o que ainda não nos perdoou e nos impacta com seu rancor, temos de estar suficientemente preparados para manter serenidade. No primeiro caso, porque podem inocular o sutil germe da vaidade ("Você foi um mestre muito amado!" "Você me salvou da desgraça!" "Você foi maravilhoso!") ou agredir-nos com seu ódio ("Você causou a minha ruína total!" "Você foi um pai insensível" "Você foi um marido infiel"...).

Cuidado, pois, com as identificações. É melhor mantê-las sob rigorosa reserva ou até rejeitá-las sumariamente, ainda que possíveis no quadro cármico e psicológico, do que se entregar a fantasias que certamente resultarão em prejuízos, mais cedo ou mais tarde. E nada de procurá-las deliberadamente, ainda mais se por mera curiosidade.

9. Reencontros

Outro aspecto para o qual é preciso estar atento é o dos chamados reencontros. São muitos os que justificam ou explicam atitudes lamentáveis com a 'fatalidade' de certos reencontros com 'almas gêmeas', ligadas por atrações consideradas irresistíveis. Que tais reencontros ocorrem – e até com frequência – não há dúvida. Não, porém, que a situação justifique o abandono de compromissos retificadores ou a adoção de atitudes equívocas, eticamente inaceitáveis. Só porque encontrou a sua 'alma gêmea', deve a esposa abandonar marido e filhos para seguir o impulso do coração? E os compromissos livremente assumidos e que estão, bem ou mal, sendo cumpridos? E as responsabilidades, que ficam adiadas? E as complicações futuras, que fatalmente virão?

Será mesmo um reencontro ou mero artifício inventado pelos desmandos da paixão? É preciso lembrar que amor não é paixão. O amor precisa saber renunciar, se e quando necessário, mesmo porque ele somente poderá realizar-se em sua plenitude quando ambos estiverem totalmente libertos de compromissos com outras pessoas. Essa liberação nunca vem através do ódio, que apenas consolida os vínculos entre os que se detestam, mas pelo amor, que converte adversários em amigos.

O reencontro com pessoas queridas, as quais amamos de verdade, é possível e costuma produzir violentos abalos emocionais. Jamais deve ser chamado, no entanto, a justificar atitudes desastradas que só teremos a lamentar mais tarde. Mais do que qualquer outra, a revelação precisa ser acolhida com equilíbrio e posta em sua exata perspectiva. É até aconselhável que não seja transmitida à outra pessoa, ainda que ela também haja sentido emoção semelhante. Regina tem sobre o assunto a amadurecida convicção de sua experiência pessoal. Muitas vezes, no passado, ela e o amado ignoraram barreiras e impedimentos que ali estavam postos precisamente para ensinar-lhes a dominarem seus impulsos, em vez de se entregarem às suas paixões.

Por outro lado, há pessoas irresponsáveis que se escudam na desculpa de haverem encontrado a 'alma gêmea' para fugir de situações também criadas para corrigir desvios anteriores. Muitas vezes a outra nada tem de 'gêmea', é apenas uma aventura barata que logo será substituída por uma segunda ou terceira 'gêmea'... Ainda que seja o reencontro de duas pessoas afins e que já viveram as alegrias do amor no passado, se um ou outro (ou ambos) já está comprometido com terceiros, é porque já estava isso previsto e deve ser respeitado.

O *livro dos médiuns* (Item 290 – Perguntas sobre as existências passadas e futuras) nos adverte de que o conhecimento de vidas anteriores é permitido, às vezes, "conforme o objetivo", e acrescenta: "se for para a vossa edificação e instrução, as revelações serão verdadeiras e, nesse caso, feitas *quase sempre espontaneamente* e de modo inteiramente imprevisto".

São semelhantes os critérios segundo os quais existências futuras poderão ser eventualmente conhecidas em suas linhas gerais, ou seja, se de tais revelações resultarem proveitos que possam contribuir para o processo evolutivo. Sempre sábios e objetivos, porém, os espíritos que se incumbem de transmitir essas instruções acrescentam que, estudando nosso presente, poderemos, nós mesmos, deduzir o passado.

Certamente foi com esses conceitos em mente que o Cristo nos preveniu de que a cada dia bastam seus próprios labores. Se substituirmos *dia* por *vida*, o conceito continua perfeito e válido...

Capítulo V
Desdobramento

1. Introdução

Muitas referências têm sido feitas – e ainda o serão –, neste livro, ao fenômeno do desdobramento. Creio que é chegado o momento de examinarmos isto mais de perto e no lugar próprio, pois se trata de um fenômeno tipicamente anímico.

Embora sem o aprofundamento que muitos desejariam, *O livro dos espíritos* cuida do assunto em seu capítulo VIII ("Da emancipação da alma"), ensinando que o "espírito encarnado aspira constantemente à sua libertação, e tanto mais deseja ver-se livre do seu invólucro, quanto mais grosseiro é este". E que durante o sono relaxam-se os vínculos que o mantêm preso ao corpo e, uma vez que este não precisa de sua presença, "ele se lança pelo espaço e *entra em relação mais direta com os outros espíritos*".

Mais adiante informam os instrutores que não é necessário o sono profundo para que se desprenda o espírito encarnado.

> [...] basta que os sentidos entrem em torpor para que o espírito recobre sua liberdade. Para se emancipar, ele se aproveita de todos os instantes de trégua que o corpo lhe concede. Desde que haja prostração das forças vitais, o espírito se desprende, tornando-se tanto mais livre quanto mais fraco for o corpo. (Kardec, Allan, 1981)

O desdobramento é, portanto, fenômeno frequente e comum a todos os seres encarnados, ainda que nem todos disponham de condições para se lembrarem, na vigília, de regresso ao corpo físico, do que fizeram durante o tempo em que estiveram parcialmente libertados deste. É que, colhidas pelo espírito no ambiente que lhe é próprio, as impressões dificilmente são conservadas porque, no dizer dos espíritos, "não chegaram (ao corpo físico) por intermédio dos órgãos corporais".

Ao escrevermos este livro, são muitos os estudos acerca do desdobramento publicados por toda parte, em vários línguas. Nas pesquisas parapsicológicas, o fenômeno foi catalogado como OBE da expressão inglesa *out-of-the-body experiences*, ou seja, experiências fora do corpo. O mais recente interesse da parapsicologia – os fenômenos de morte aparente – também está intimamente relacionado com o desdobramento. Neste caso, rotulado de NDE, do inglês *near death experiences*, experiências de morte iminente, o espírito se desdobra, não levado pelo sono ou pelo estado de relaxamento muscular, mas pela crise que antecede a morte do corpo físico. Dramáticos relatos de muitos agonizantes recuperados por processos de ressuscitação ou espontaneamente, mesmo após verificada tecnicamente a morte clínica, têm surpreendido os médicos. Esses depoimentos testemunham atividades conscientes do ser que – segundo os critérios consagrados pelas convicções materialistas predominantes na classe médica – não deveria mais existir, por estar oficialmente morto, sendo considerada impossível a sobrevivência, uma vez que ninguém pode pensar e, portanto, viver sem cérebro físico.

Ainda bem que a realidade espiritual ignora 'proibições' e 'impossibilidades' inventadas pela ciência e o espírito continua a existir, a sobreviver e a reencarnar-se, à espera de que a ciência se torne menos presunçosa e mais inteligente. Chegaremos lá um dia...

Na verdade, o espírito encarnado desenvolve prodigiosa atividade durante seus habituais desprendimentos parciais do corpo físico, principalmente, mas não exclusivamente, durante o sono comum. Sempre que pode, ele aproveita esses momentos de liberdade relativa para realizar projetos, promover estudos, pôr-se em contato com pessoas amigas que vivem na carne ou na dimensão espiritual e até resolver importantes problemas pessoais a partir de um contexto no qual sua visão é mais ampla, serena e mais bem informada.

2. Elaboração inconsciente

Se o leitor cético achar que isso é mera especulação, estará completamente enganado, pois há um impressionante volume de depoimentos que confirmam essa realidade, que tem sido estudada a sério por pesquisadores competentes. Um deles é Brewster Ghiselin, em sua fascinante coletânea intitulada *The creative process*, na qual reuniu contribuições de compositores, pensadores, poetas, escritores, cientistas e outros intelectuais do mais elevado gabarito para demonstrar a tese do trabalho inconsciente. Sigmund Freud aconselhava as pessoas a dormirem uma noite ou duas com seus problemas mais difíceis, aguardando uma solução mais inteligente e elaborada que, certamente, emergiria do inconsciente.

Estou sabendo, leitor, que isto não prova que o espírito existe, mas você já conhece minha posição – não estamos aqui para provar coisa alguma e, sim, para debater o que poderá ser feito com o conhecimento de que já dispomos sobre o assunto, ainda que rejeitado pela ciência oficial.

Curioso é que são muitos os que, mesmo sem admitir a existência do espírito, como unidade autônoma, independente do corpo físico, servem-se do mecanismo

DIVERSIDADE DOS CARISMAS

em proveito próprio, na convicção de que estão apenas se utilizando do inconsciente – o que é verdadeiro –, que por sua vez somente pode funcionar enquanto vive o corpo – o que é falso.

Ghiselin não foi o primeiro a explorar o assunto. Colhemos em Gabriel Delanne (*Les apparitions materialisée des vivants et des morts*) amostras valiosas de trabalho semelhante realizado por outros pesquisadores do passado. Cita o eminente engenheiro francês o livro do dr. Chabaneix, cujo título é uma verdadeira *hors d'oeuvre* para um banquete intelectual de curiosidades: *Le subconscient chez les savant, les artistes et les ecrivains* (O subconsciente nos sábios, artistas e escritores). Menciona ainda *Medicine de l'esprit*, de Maurice de Fleury, *Étude sur la vie inconsciente de l'esprit*, de Edmond Chalmet, *Notices biographiques*, de Arago, e *Le monde des rêves*, de autor não identificado, citado por Max Simon.

Alinhemos, a seguir, alguns desses verdadeiros achados.

Michelet tinha por hábito somente deitar-se para dormir após examinar, por algum tempo, documentos relacionados com seu trabalho do dia seguinte. Sabia, por experiência própria, que pela manhã estaria bem preparado para escrever seu texto, enriquecido "pelos conceitos depositados em sua memória" e resultantes do trabalho oculto do inconsciente no decorrer da noite.

Maudsley menciona um geômetra que, após procurar em vão a solução de um problema complexo, levou praticamente 'um susto' ao ver surgir um dia, diante de sua visão, a figura geométrica pronta com a solução do problema sobre o qual não pensara mais durante dois anos.

Coisa semelhante ocorreu ao famoso físico e matemático Henri Poincaré, que descobriu o segredo das equações fucsianas por um processo de elaboração inconsciente. Primeiro examinou todo o material que havia a respeito e tentou as soluções viáveis em termos de matemática de seu tempo, sem conseguir chegar ao resultado que esperava e que sua intuição provavelmente sabia ser possível. Em seguida, abandonou deliberadamente o estudo da questão e dedicou-se a outras tarefas. Um dia, ao colocar o pé no estribo de uma condução, em momento em que não estava pensando no enigma das fucsianas, a solução ocorreu-lhe, simples, completa e acabada. Logo que lhe foi possível, desenvolveu os cálculos conforme a indicação inconsciente e chegou à descoberta. Seu depoimento pessoal, nesse sentido, está no livro de Ghiselin.

Alfred de Vigny escreveu no seu diário:

> Tenho na cabeça uma linha reta. Uma vez lançada nessa estrada de ferro uma ideia qualquer, ela segue até o fim, a despeito de mim mesmo e enquanto eu falo e me movimento.

> Em vez de me obstinar a compreender, ao primeiro contato, as proposições que se me apresentam [escreveu Arago], admito provisoriamente sua autenticidade, passo a outra questão e sou surpreendido, no dia seguinte, com a perfeita compreensão do que, na véspera, me parecera envolvido em espessa névoa.

Condillac informa que ao tempo em que redigia seus textos didáticos, se fosse forçado a interromper o trabalho já preparado, mas incompleto, para dormir, acontecia-lhe frequentemente acordar com o trabalho concluído em sua mente.

> Todos esses exemplos colocam em destaque o trabalho da alma enquanto o corpo repousa, mas como os filósofos positivistas e os fisiologistas entendem que a atividade intelectual resulta apenas das funções cerebrais e que o sono é essencialmente o repouso dos centros nervosos, ficariam logicamente obrigados a concluir que estão perante um pensamento inconsciente – o que é, de fato, um disparate. De vez que o pensamento só existe a partir do momento em que se torna conhecido pelo eu, pelo ser pensante. Fora da individualidade psíquica não pode haver senão fenômenos fisiológicos, físico-químicos, completamente desprovidos de consciência. Da mesma forma que um relógio não produz a ideia das horas indicadas pelos ponteiros, o cérebro é apenas o suporte físico do espírito. (Delanne, Gabriel, 1902)

Pouca gente poderia tê-lo dito melhor.

Essa capacidade quase miraculosa da mente de produzir versos geniais ou decifrar problemas científicos, matemáticos ou pessoais com soluções com as quais o estado consciente de vigília não conseguiu atinar, está profusamente documentada no testemunho das próprias pessoas, como os de Henri Poincaré, Mozart, Nietzsche e inúmeros outros. Sabe-se que Niels Bohr teve a súbita visão íntima do modelo atômico que andava tentando conceber, sem êxito, há muito tempo. Não há, pois, dúvida de que o mecanismo inconsciente funciona em regime de autonomia, articulado, porém, com a consciência. Uma vez encontrada a resposta para a questão que a consciência lhe propôs, o inconsciente 'despacha' a informação. Usualmente o problema é resolvido de maneira engenhosa, inteligente e inesperada, pelo processo mais simples possível. O que demonstra não apenas a existência de uma atividade subliminar inteligente, mas uma insuspeitada consciência II que, para fins didáticos, costumamos chamar de inconsciente para não confundir com a subconsciência, aliás bem mais modesta e limitada.

A essa fase dois da consciência que elabora questões de enorme complexidade e produz soluções quase mágicas, temos acesso, usualmente, pelo sono comum ou em estado de relaxamento muscular e mental. Em ambos os casos, portanto, por meio de um fenômeno que o espiritismo identifica como desdobramento.

Esse conceito decorre da estrutura operacional do ser humano encarnado que se compõe de corpo físico, perispírito e espírito. O perispírito é um campo energético, estruturado como o corpo físico e que serve de morada ao espírito, esteja este encarnado ou desencarnado. Ao desprender-se pelo sono ou em estado de torpor, leva consigo a função de pensar e suas respectivas memórias e estados de consciência ou inconsciência. (O perispírito é também o modelo organizador do corpo físico e campo magnético, que mantém sua estrutura e dinâmica enquanto estiver a ele ligado).

DIVERSIDADE DOS CARISMAS

Experiências realizadas pelo coronel Albert de Rochas no final do século passado e princípio deste (ver a respeito *A memória e o tempo*) nos informam de que poderá dar-se um *segundo desdobramento* a partir do perispírito já desdobrado do corpo físico, quando se separa daquele a essência espiritual. Este fenômeno, testemunhado por videntes que às vezes acompanham as experiências do ilustre pesquisador francês e que foi explicitado por um dos seus sensitivos em desdobramento magnético, é confirmado por André Luiz, em *Nosso lar*, quando o autor espiritual desencarnado visitou, conscientemente, o espírito de sua mãe, habitante de plano superior ao seu, após desdobrar-se de seu corpo perispiritual que ficara em repouso numa das unidades da instituição à qual fora recolhido.

Encontramos, ainda, em *Evolução em dois mundos*, capítulo II, esta observação, em nota de rodapé:

> O corpo mental, assinalado experimentalmente por diversos estudiosos, é o envoltório sutil da mente, e que, por agora, não podemos definir com mais amplitude de conceituação além daquela com que tem sido apresentado pelos pesquisadores encarnados, e isto por falta de terminologia adequada no dicionário terrestre. (Xavier, Francisco C./Vieira, Waldo/André Luiz, 1973)

Trabalhando assim com um acervo de conhecimentos muitíssimo mais amplo do que tem à sua disposição no estado de vigília, não é de admirar-se que a alma, ou seja, o espírito encarnado, consiga realizar verdadeiros prodígios em estado de desdobramento.

3. Manifestações anímicas

Muitos livros têm sido escritos sobre comunicações diretas, não telepáticas, entre vivos que se visitam em desdobramento ou são vistos em locais diferentes de onde se acham seus corpos físicos. Houve tempo em que isso foi considerado, literalmente, fato milagroso, como o muito citado episódio de santo Antônio de Pádua (ou Lisboa, como querem os portugueses). Nem todos sabem que isso acontece com mais frequência do que seria de se supor.

Boddington conta em *Secrets of mediumship* um caso curioso desses, narrado em carta pelo próprio cidadão com quem se deu o fenômeno. Escreveu-lhe o homem:

> Há uns poucos anos passei por uma experiência que não tive coragem de contar a ninguém. (Sempre o receio de passar por louco!). Acordei, pela manhã, sentindo-me muito doente, mas decidi arrastar-me de qualquer maneira até o trabalho, na esperança de conseguir aguentar-me até o fim do dia, mas me sentia tão mal que desisti, já a caminho, e retornei à minha casa. Algumas horas de sono me puseram bom novamente e, após uma refeição, fui para o trabalho, como sempre. Três colegas, pelos quais eu costumava passar com uma palavrinha, queixaram-se rudemente de minha atitude pela manhã. Eu os ignorara totalmente. Assegurei-lhes que eu não havia estado ali pela manhã e eles se recusaram a acreditar em mim. Logo em seguida meu contramestre mandou me chamar ao seu escritório e me perguntou à queima-roupa onde eu havia me escondido depois de enca-

rá-lo por um momento através da porta aberta, ali pelas dez horas da manhã. Como poderia eu explicar-lhe que naquele momento eu estava profundamente adormecido em casa? Fui acusado de ter abandonado o trabalho e tive, por isso, duas horas descontadas do meu pagamento. Desde então, tenho lido sobre esse problema, mas não posso ainda compreender o que aconteceu... minha mulher e minha filha testemunham que eu estava em casa. Meus colegas de trabalho comprovam que eu não estava... (Boddington, Harry, 1949)

Aí está, pois, o exemplo típico e bem testemunhado de uma atividade inconsciente do ser em desdobramento. Enquanto seu corpo repousava, mergulhado em profundo sono, o homem que se deitara novamente vencido pelo mal-estar físico, mas disposto de qualquer maneira a ir ao trabalho, desligou-se do corpo adormecido e foi; não, porém, telepaticamente, e sim como pessoa, reconhecida pelos colegas de trabalho e pelo seu chefe, enquanto a esposa e a filha sabiam muito bem que ele estava recolhido ao leito, doente. Ele não conseguiu convencer seus companheiros de que não fora à fábrica naquela manhã nem convencer a si mesmo de que fora. E no entanto estavam todos certos; ele fora com seu perispírito e, ao mesmo tempo, ficara em casa seu corpo, sem conseguir, contudo, trazer para a vigília a consciência do que fizera nesse ínterim.

Boddington narra, entre outros, o caso da srta. Sagée, mas creio ser preferível recorrer ao relato de Aksakof, mais completo e bem documentado, de vez que colhido em primeira mão, da filha do barão de Guldenstubbé que na época estudava no colégio para moças, onde ocorreu o interessante fenômeno. Émilie Sagée era uma jovem professora francesa nascida em Dijon que em 1845 lecionava em um colégio para moças localizado na Livônia, província russa, a cerca de cinquenta quilômetros de Riga, famosa pelo seu pinho.

Logo que a jovem e bela professora foi admitida pelo colégio, começaram a acontecer coisas estranhas. Era comum ser vista em locais diferentes ao mesmo tempo. Enquanto uma aluna dizia que estivera com ela em determinado local, a outra afirmava que isto era impossível, pois acabara de passar por ela em algum corredor ou subindo uma escada distante. A princípio era apenas a surpresa, sendo o fenômeno atribuído a algum equívoco de observação. Com o tempo, contudo, as coisas se complicaram, excluindo qualquer possibilidade de erro ou fantasia. O primeiro desses impactos ocorreu quando todas as meninas – não apenas uma – viram *duas* Sagées, uma ao lado da outra, em plena aula, diante do quadro-negro a escrever. Faziam, ambas, os mesmos gestos, com a diferença de que a pessoa 'verdadeira' tinha um pedaço de giz na mão, enquanto 'a outra', não, limitando-se a imitar os gestos.

Algum tempo depois, uma das alunas, Antoinette de Wrangel, preparava-se para uma festa, ajudada por Émile Sagée, sempre disposta a fazer um favor. De repente a menina viu no espelho duas Sagées às voltas com o vestido, nas costas. O susto foi tamanho que a jovem desmaiou.

Porém nem sempre a figura desdobrada repetia os mesmos gestos da outra, o que demonstra sua autonomia. Às vezes, seu duplo era visto em pé, atrás da cadeira onde ela estava sentada, fazendo uma refeição. De outra vez, a jovem Wrangel (a do vestido) cuidava de Sagée, recolhida ao leito com um resfriado, quando viu a doente empalidecer e contorcer-se na cama como se fosse perder o sentido. Perguntada sobre se estava se sentindo pior, ela respondeu que não, com uma voz fraca. Nesse momento a menina virou-se e viu a 'outra' Sagée, desdobrada, passeando de um lado para outro pelo quarto. (Não houve desmaio desta vez).

Um dia a experiência foi dramática, ainda mais que presenciada por quarenta e duas alunas. As meninas faziam seus trabalhos manuais em torno das mesas do salão, que abria suas amplas portas envidraçadas para o jardim; no lado de fora, podiam ver a professora francesa colhendo flores. Em dado momento a professora que dirigia o trabalho manual levantou-se e deixou o salão. Pouco depois as meninas viram que a srta. Sagée estava sentada na cadeira que a outra deixara vaga há pouco. Como que num gesto ensaiado, todas olharam ao mesmo tempo para o jardim e lá estava a segunda Sagée, que continuava colhendo flores; agora, porém, com gestos mais lentos, como se estivesse meio sonolenta ou exausta. E ficaram conferindo uma figura com a outra. Duas meninas destemidas foram até a cadeira e procuraram tocar a figura da Sagée II. Encontraram certa resistência, como se tocassem um leve tecido de musselina ou crepe. Uma delas passou bem junto da poltrona e percebeu que, em parte, atravessara a figura. A imagem ficou ali por algum tempo e, de repente, desapareceu. Prontamente a jovem Sagée, lá de fora, voltou aos seus movimentos normais, com a vivacidade habitual.

Questionada posteriormente por algumas das meninas, a jovem professora disse que percebera, lá do jardim, a cadeira vazia, e pensou: "Eu preferiria que a professora não tivesse ido embora; certamente, essas meninas vão perder o tempo e cometer alguma travessura."

A jovem Guldenstubbé (Julie), a quem devemos esse minucioso e precioso relato (publicado na revista *Light* de 1883, p. 366), assistiu aos fenômenos durante os dezoito meses em que Sagée lecionou na escola. Preocupados, contudo, com o estranho fenômeno que fora divulgado pelas famílias das alunas, os pais foram cancelando as matrículas até que, das quarenta e duas meninas, somente restavam doze. A essa altura, muito a contragosto, a direção da escola se viu forçada a despedir a amável, bela e competente professorinha, cujo único defeito era desdobrar-se em duas!

Ao receber a notícia, a moça queixou-se, na presença da futura baronesa de Guldenstubbé, que aquilo era muito decepcionante, pois pela décima-nona vez perdia o emprego pelo mesmo motivo.

Tempos depois, a baronesa localizou-a e foi visitá-la, pois sempre fora muito querida entre as alunas. Morava ela, agora, com uma cunhada que tinha muitos filhos ainda pequenos. Menos preconceituosas, as crianças viviam perfeitamente bem com as "duas tias Émile".

Depois disso a baronesa foi para o interior da Rússia e nunca mais ouviu falar de Émile Sagée. Julie de Guldenstubbé era filha do barão de Guldenstubbé, eminente pesquisador que relatou suas experiências de escrita direta em *La realité des esprits*, livro publicado quase que simultaneamente com *O livro dos espíritos*, de Allan Kardec.

4. Transe anímico

O desdobramento é um dos mais curiosos e ricos fenômenos anímicos, como a indicar que o verdadeiro estado natural do espírito é o de liberdade, o de autonomia em relação ao seu cárcere particular: o corpo físico. É como espírito que o ser se move livremente, pensa melhor, decide com maior conhecimento das diversas variáveis a considerar, recorre à memória integral, visita pessoas no mundo espiritual que o possam aconselhar ou ajudar, funciona, enfim, como espírito e não como alma, sendo esta entendida, no contexto da doutrina, como espírito encarnado.

Sobre muitos desses aspectos particulares do desdobramento encontramos outros notáveis depoimentos em Delanne (*Les apparitions materialisées des vivants et des morts*).

Edgar Alan Poe, segundo seu próprio relato, reproduzido por Delanne, escrevia em um estado de semitranse:

> As realidades do mundo me chegavam exclusivamente como visões, ao passo que as loucas ideias do país dos sonhos tornavam-se, por sua vez, não apenas a sustentação de minha existência cotidiana mas, positivamente, a própria existência, única e total. (Delanne, Gabriel, 1902)

Samuel Taylor Coleridge, eminente poeta e filósofo inglês, voltou certa vez de um desses transes (por certo um desdobramento) com todo um poema pronto na mente: Kublai-Kahn. Sentou-se e começou a escrevê-lo febrilmente. Foi interrompido, contudo, por um visitante inoportuno e, horas depois, quando quis retomar o trabalho, não mais encontrou na memória o texto mágico, apenas fragmentos esparsos.

Shelley "sonhava acordado, numa espécie de abstração letárgica", segundo seu biógrafo Medwin, citado por Delanne. De repente, parecia despertar, de olhos brilhantes e lábios fremindo, a voz carregada de emoção e "sua linguagem", diz o biógrafo, "era mais a de um espírito ou de um anjo do que a de um homem". Seria isto um fenômeno mediúnico, anímico ou misto? É difícil catalogar assim à distância no tempo, mas que tudo começava por um desdobramento, não há dúvida.

Balzac, segundo Théophile Gauthier, parecia, às vezes, "acometido de uma bizarra doença, uma febre nervosa, uma espécie de coma". Ficava pálido, abatido, como que sob um estado de "colapso, devido a um congestionamento de ideias, que o transformava num aparente imbecil". Era um "êxtase sonambúlico, durante o qual ele dormia de olhos abertos", perdidos em um estado onírico. Não ouvia o que lhe era dito e, no dizer de Gauthier "seu espírito, vindo de longe, chegava muito tarde para responder".

Nesse curioso estado de desdobramento, o próprio Balzac confessaria depois:

> Ouço as pessoas na rua, sou capaz de assumir suas vidas, sentir os andrajos que trazem às costas, caminhar com pés metidos em seus sapatos esburacados, sentir seus desejos e suas necessidades, tudo passando pela minha alma e minha alma passando pela deles: era o sonho de um homem acordado.

Não há dúvida, portanto, de que o fenômeno aí é anímico ou, mais precisamente, um desdobramento no qual a sensibilidade consciente de Balzac como que se atrelava ou se acoplava à das pessoas que perambulavam pelas ruas.

Por mais estranho que seja o fenômeno, Colin Wilson tem coisa semelhante a relatar em um dos seus notáveis livros, o já citado *The psychic detectives*.

Trata-se de uma senhora da sociedade mexicana, por nome Maria Reyes de Zierold, cujas faculdades foram pesquisadas pelo dr. Gustave Pangenstecher. Desdobrada do corpo físico – ela via o cordão fluídico ligado entre um corpo e outro como o cabo de uma tomada elétrica, que vai do aparelho à fonte de energia –, ela experimentava o mesmo tipo de sensação há pouco descrita por Balzac.

"Vivo absolutamente os eventos que visualizo" – narra a sra. Zierold. "Todos os meus sentidos estão em estado de alerta. Ouço, vejo, provo, cheiro. Vivo as cenas como se presente estivesse.

Mais do que isso, porém, ela acaba *sendo* realmente a pessoa ou objeto pesquisado, num misto de desdobramento e psicometria (sobre a qual falaremos em outro ponto deste livro). Quando o experimentador lhe colocou nas mãos o fragmento de um meteorito, naturalmente sem que ela soubesse do que se tratava, ela se identificou prontamente com o objeto, passou a *ser* o objeto. Viu-se flutuando no ar, cercada de pontos luminosos, nas proximidades do sol, que lhe parecia estar perto, imensamente grande. Sentiu como que uma explosão – ela usou a palavra terremoto – e experimentou, fisicamente, algumas convulsões. Sentiu-se, em seguida, arrancada de onde estivera até então e despenhando no abismo cósmico a uma velocidade crescente. Fechou os olhos enquanto passava por regiões de calor e frio. "Estou horrorizada. Meu Deus!" – exclamou ela. Temeroso de algum acidente, o experimentador retirou-lhe a pedra da mão, rapidamente.

Ao examinar uma concha marinha, ela novamente revive, com todas as emoções, situações ligadas ao objeto:

É certo que tais imagens poderiam ter sido formadas a partir de uma mensagem telepática do dr. Pangenstecher, que sabia que tipo de material estava entregando a ela. Há outra experiência feita com a mesma senhora pela SPR, que, no entanto, exclui essa possibilidade. Ela identificou, com precisão, um caroço de feijão-marinho. Via-se numa floresta tropical, de riquíssima flora, com um rio nas proximidades. Pensou-se que ela estava completamente equivocada, uma vez que a semente havia sido apanhada à beira-mar. Consultas feitas, contudo, a técnicos no assunto confirmaram que a semente provinha de uma planta tropical, provavelmente trazida pela correnteza do rio para o mar e depositada pelas marés, posteriormente, na areia da praia, onde fora encontrada.

Maria de Zierold vinha, a essa altura, de uma série de experiências com o dr. Pangenstecher. Ela era capaz de experimentar qualquer sensação dele, como uma picada de alfinete ou o gosto de uma pitada de sal ou de açúcar que ele colocasse na sua (dele) boca como se a ele estivesse, literalmente, ligada.

É de se supor que o perispírito desdobrado dela se aproximasse dele, como um espírito desencarnado se aproxima do médium para manifestar-se, estabelecendo os contatos necessários à filtragem da comunicação.

5. Utilização mediúnica da faculdade anímica

Parece-nos oportuno examinar, a seguir, a faculdade anímica do desdobramento em sua utilização mediúnica, dado que vamos dentro em pouco defrontar-nos com fenômenos de natureza mista no trabalho de Regina.

Mais uma vez, um pequeno depoimento pessoal. Em reunião pública de debates, realizada há algum tempo, uma senhora, médium, fez-me uma pergunta embaraçosa. Perguntou-me se na sessão mediúnica deveria obedecer ao seu mentor espiritual ou ao dirigente encarnado dos trabalhos. E explicou que o amigo espiritual lhe pedira que se preparasse para ser desdobrada, pois havia trabalho específico a fazer nessa condição. Consultado a respeito, o dirigente negou-lhe autorização, provavelmente por entender que trabalho de doutrinação ou desobsessão tem de ser feito, necessariamente, por incorporação ou psicofonia.

Dei-lhe uma resposta sumária, dizendo-lhe que não via inconveniente em que o trabalho mediúnico fosse conjugado com o de desdobramento, mesmo porque a teoria e a prática da psicofonia nos ensinam que o espírito do médium é, habitualmente, desdobrado para facilitar a manifestação do espírito visitante. Não era meu propósito colocar a resposta em termos tais que ela entendesse que precisava *obedecer* a um e *desobedecer* a outro. Prometi enviar posteriormente, por carta, algumas observações complementares, o que fiz, indicando-lhe a leitura do capítulo XXI, Desdobramento, em *Mecanismos da mediunidade*, de André Luiz, bem como *Recordações da mediunidade e devassando o invisível*, de Yvonne A. Pereira.

Isto nos leva a pensar nas dificuldades que enfrentam nossos queridos companheiros desencarnados para realizarem conosco a tarefa que é, basicamente, deles. Por isso, escrevi, em *Diálogo com as sombras*, que fazemos muito quando não atrapalhamos esses devotadíssimos amigos, que realizam por nós noventa por cento do trabalho, e ainda complicamos os magros dez por cento que nos cabem realizar! É certo que as atividades mediúnicas devem ser disciplinadas, no grupo, e é indispensável que alguém encarnado se responsabilize pelo bom andamento delas. Mas por que, meu Deus, não se estuda um pouco mais a doutrina espírita em geral e a mediunidade em particular, a fim de não criar obstruções ao trabalho dos companheiros desencarnados?

De fato, encontramos no livro citado de André Luiz, o seguinte:

> É imperioso notar, porém, que considerável número de pessoas, principalmente as que se adestram para esse fim (desdobramento), efetuam incursões nos planos do espírito, transformando-se, muitas vezes, em preciosos instrumentos dos benfeitores da espiritualidade, como oficiais de ligação entre a esfera física e a esfera extrafísica. (Xavier, Francisco C/ Luiz, André, 1986. p. 155)

DIVERSIDADE DOS CARISMAS

145

Em outra obra de André Luiz, *Nos domínios da mediunidade*, capítulo 11, o assunto é tratado de maneira ainda mais específica e extensa. O médium é magnetizado, desdobrado, tem seu perispírito desembaraçado de "eflúvios vitais" necessários ao equilíbrio do binômio corpo/alma (e que foram restituídos ao corpo) e, após outros cuidados, é incumbido de uma tarefa mediúnica. André observa, a essa altura, que "o médium, mais à vontade fora do corpo denso, *recebia instruções* que Clementino lhe administrava...". Em seguida, assistido por dois trabalhadores desencarnados, partiu rumo ao espaço, onde tinha algo importante a realizar, em tarefa de cooperação com os espíritos que atuavam junto ao grupo mediúnico.

Em *Evolução em dois mundos*, capítulo XVII, "Mediunidade e Corpo Espiritual", André Luiz nos informa que foi a partir das faculdades de desdobramento, lentamente desenvolvidas com os recursos do sono fisiológico, que começaram a ser criadas as primeiras condições que iriam permitir o exercício da faculdade mediúnica.

> Consolidadas semelhantes relações com o plano espiritual por intermédio da hipnose comum, *começaram na Terra os movimentos da mediunidade espontânea,* porquanto os encarnados que demonstrassem capacidades mediúnicas mais evidentes, *pela comunhão menos estreita entre* as células do corpo físico e do corpo espiritual, em certas regiões do corpo somático, passaram das observações durante o sono às observações da vigília, a princípio fragmentárias, acentuáveis com o tempo, conforme os *graus de cultura* a que fossem expostos. (Xavier, Francisco C./Luiz, André, 1973. p. 134)

Os destaques são meus, com a finalidade de acentuar que foram abrindo possibilidades ao exercício das primeiras faculdades mediúnicas aqueles encarnados que melhor conseguissem se desvencilhar do domínio das células em certas regiões do corpo físico e que também cuidassem de ampliar o aprendizado.

Aproveito a oportunidade para reiterar o que ficou dito em outro ponto deste livro: não há fenômeno mediúnico puro, pois ele depende da cooperação prévia e simultânea do fenômeno anímico (desdobramento e outros). E isso é óbvio, pois o médium é um espírito encarnado, ou melhor, uma alma (*anima*), e por si mesmo somente produz fenômenos anímicos. Estes se tornam mediúnicos quando acoplados a manifestações de seres desencarnados, quase sempre precedidas por desdobramento do espírito do médium, que é desalojado, pela hipnose ou pelo magnetismo, para 'abrir espaço' à aproximação do manifestante.

A insistência sobre esse ponto é deliberada, porque se nota generalizada dificuldade em compreender e aceitar o fenômeno anímico em conjugação com o exercício da mediunidade, como se animismo fosse sinônimo de fraude ou mistificação, quando é o patamar sobre o qual a mediunidade se assenta para poder funcionar. Por isso tanto insistem os espíritos em declarar que os textos ou falas que transmitem costumam assumir certo colorido próprio à personalidade do médium. Isto se pode observar com toda a nitidez, quando o mesmo espírito atua através de médiuns diferentes. O bom médium é o que consegue o mínimo de interferência pessoal naquilo que flui através da sua instrumentação. Mas que o fenômeno tem um componente anímico, não há como deixar de reconhecer, pois é da sua própria essência.

A mediunidade é uma faculdade pessoal, individual, intransferível, e guarda as características típicas de cada personalidade, como a impressão digital, o timbre da voz ou o tipo grafológico. O médium que se anulasse completamente seria um mero robô ou estaria para o manifestante como a máquina de escrever está para o escritor, e o piano, para o pianista. O que se quer é a máquina bem ajustada e lubrificada ou o piano de boa qualidade e afinado. A máquina vai, contudo, reproduzir o texto segundo os tipos de que foi dotada, enquanto o piano tem sua tonalidade própria, com um timbre que não pode mudar. O mais fica por conta da competência do escritor ou do artista.

O tema ainda voltará a nosso debate quando estudarmos, neste mesmo livro, o problema específico da conversão do pensamento manifestante em símbolos, palavras (escrita ou falada), visões, etc. Enquanto não chegamos lá, voltemos à nossa Regina, que neste livro é o fio de Ariadne com o qual esperamos sair, sãos e salvos, do outro lado deste verdadeiro labirinto de complexidades que é a mediunidade.

6. Mecanismo do desdobramento

Regina distingue seus desdobramentos em duas categorias: os que ocorrem em plena consciência, no estado de vigília, e os que acontecem durante o sono, sendo estes os mais comuns, ainda que menos percebidos, pela simples razão de que, assim que se encontra desdobrada em consequência do mergulho no sono, a atividade do perispírito começa a ser traduzida sob o que entendemos por sonho. O aspecto específico do sono/sonho, contudo, fica para outro capítulo.

Regina informa que seus primeiros desdobramentos ocorreram em plena vigília, perfeitamente acordada e consciente. Creio, contudo, que esses foram os primeiros de que tomou conhecimento, pois, segundo sua própria tese – com a qual estou de acordo –, os demais ocorriam durante o sono e, portanto, assumiam as características de sonho.

Nos que ocorreram em vigília, às vezes estava deitada, em repouso, quando começava a sentir uma estranha movimentação dentro dela. Parecia-lhe estar sendo jogada para cima e para baixo, como se fosse um ioiô. É a forma que ela encontra para descrever o fenômeno, porque, na realidade, era como se alguém quisesse tirar alguma coisa de dentro dela, que aí funcionava como uma caixa ou uma forma. Enquanto isso ocorria, ela podia ver a cabeceira da cama ou do sofá subindo e descendo alternadamente, embora tenha logo concluído que não era a cama que se movimentava, mas sua percepção, ou seja, ela mesma, com sua consciência a reboque. Mesmo sem conhecer ainda a teoria que sustentava e explicava o fenômeno, ela acabou igualmente percebendo que aquilo que se movimentava dentro dela era uma duplicata de si mesma, porque o corpo físico, pesado, continuava imóvel, deitado, enquanto o outro ia e vinha para cima e para baixo. Até que num desses impulsos ela saía, como que projetada para fora.

DIVERSIDADE DOS CARISMAS

O mais frequente, contudo, era sair 'por cima', pela cabeça ou, pelo menos, era a impressão que ficava. A sensação, aliás, era angustiante para ela, porque experimentava um empuxo para cima, mas sem entender o mecanismo e sua finalidade, *não se entregava a ele*, criando automaticamente certa resistência ao processo. A meio caminho via, às vezes, parte de si mesma ainda presa ao corpo e outra parte fora. O inusitado da situação dava-lhe um susto e, então, ela despenhava-se para baixo, com uma sensação de vertigem. De outras vezes parecia-lhe ter se convertido numa espécie de pulôver que alguém estivesse ajudando a tirar pela cabeça, mas que, às vezes, engastalhava-se no pescoço. Isso lhe causava uma sensação de sufocação mais psicológica, talvez, do que real, porque ela ficava indecisa e presa, com medo de 'sair', e nem sempre sabendo o que fazer para retornar ao corpo. Mais tarde entendeu que não era um pulôver psíquico que ela estava tentando tirar pela cabeça, mas seu próprio eu que cuidava de sair de *dentro* do corpo físico.

Quando tirava o 'pulôver' de uma só vez, no primeiro impulso, 'caía' estatelada no chão e assustava-se ante a perspectiva de bater com o rosto no assoalho. De repente, contudo, o assoalho parecia abrir-se e ela entrava por ele a dentro, ou melhor, o piso deixava de existir ou de ter a consistência habitual e não lhe oferecia a menor resistência. Começava então a caminhar por um local desconhecido e, a partir de certo momento, não sabia mais o que acontecia, ou seja, não tinha mais condições de acompanhar da sua posição provisória, ainda com a consciência no corpo físico, a movimentação do perispírito. Isto, porém, ela só iria saber muito depois, quando descobriu pelo estudo da doutrina espírita que, como todos os seres encarnados, ela também era um espírito dotado de um corpo sutil habitando um corpo físico.

Quanto à migração da consciência, é fenômeno que o coronel de Rochas confirma em suas notáveis experimentações e de que há notícia mais extensa em *A memória e o tempo*. No decorrer do processo de desdobramento, a consciência (ou, se você quiser, o *eu*) assume progressivamente três posições distintas. Está, inicialmente, no corpo físico e daí é que observa os primeiros movimentos e esforços. (Em Regina, a impressão é de que a cama ou o sofá é que se movimenta.) Em seguida, a consciência como que se reparte, observando o fenômeno ao mesmo tempo, do corpo físico e do corpo espiritual, pois Regina vê um e outro, no ato de se "desencaixarem". Finalmente, a consciência se transfere toda para o corpo espiritual, que começa a movimentar-se numa dimensão diferente da habitual, deixando de atuar no corpo físico; e a partir desse momento ela não sabe mais o que ocorre, a não ser que seja programada para lembrar-se posteriormente ou que não desmagnetize as lembranças gravadas no cérebro físico, como no episódio em que ela se lembrou do sacrifício das duas sobrinhas no antigo Egito. (Ou, talvez, ela apenas colocasse ali, naqueles pontos específicos do cérebro, uma espécie de anestesia a fim de impedir que eles emergissem na memória de vigília, após despertar.)

Esta hipótese nada tem de fantástica, quando nos lembramos de que o famoso pesquisador canadense, dr. Penfield (ver *A memória e o tempo*), despertava lembranças específicas estimulando, com pequeno toque, determinados pontos no cérebro físico onde tais memórias estavam arquivadas, não propriamente nas células físicas, por certo, mas nos pontos correspondentes do cérebro perispiritual. Segundo André Luiz, o corpo físico está ancorado no núcleo das células, enquanto o perispírito, no citoplasma. É, portanto, na intimidade de cada célula que o espírito atua sobre o corpo material; ali está na câmara de compensação, onde se processam as trocas entre um sistema (físico) e o outro (o perispiritual, e deste, ao espírito).

Tudo isso confere com a informação contida na Codificação de que o processo de reencarnação se realiza célula a célula. Estas, como indivíduos microscópicos, são orquestradas para que seja possível realizar-se a maravilhosa sinfonia da vida orgânica.

Continuemos com Regina. Havia um terceiro processo de desdobramento para ela. Neste, ela sentia deslocar-se em círculos, como se estivesse atada à ponta de um cordão que alguém fizesse girar com velocidade, chegando a provocar-lhe a clara sensação de zumbido. Este parecia ser o mais eficiente, porque, de repente, ela se via em pé, ali mesmo no ambiente físico, mas fora do corpo. Lá estava o sofá e nele seu corpo físico, deitado, em repouso, enquanto ela o contemplava por alguns momentos, como que observando se estava tudo bem mesmo e, em seguida, partia para seu destino, fosse qual fosse.

Das primeiras vezes, as saídas eram angustiantes, porque, sem saber do que se tratava e exatamente o que se passava com ela, temia, como todas as pessoas, o desconhecido e seus riscos, imaginários ou reais. Aos poucos foi observando, porém, que não corria perigo algum, não se perdia nem morria só porque se afastava do corpo em repouso. Essa confiante tranquilidade produziu uma sensação de segurança que facilitava consideravelmente o processo, uma vez que ela decidiu não oferecer resistência a ele. Vencido o temor, as impressões desagradáveis desapareceram e os desdobramentos passaram a ser mais suaves e interessantes.

Mais familiarizada com o fenômeno, começou a observar que também ocorria à noite. Parece, não obstante, que era mais fácil tomar conhecimento dele na *volta* ao corpo em vez de na *ida*. Notou isto ao perceber que, ao levantar-se no meio da noite para tomar água ou ir ao banheiro, por exemplo, nem sempre conseguia 'levar' consigo o corpo físico, nas primeiras tentativas. Era assim: sentava-se na cama para se levantar, mas observava o 'outro eu' deitado, ou seja, metade dela estava sentada na cama e a outra metade deitada. Era preciso deitar-se de novo, em espírito, 'apanhar' o corpo físico, por um impulso da vontade, e então levantar-se inteirinha, com os dois corpos fundidos um no outro para as providências que desejava tomar.

Ocorria também acordar durante a noite e ver duas cabeças suas, uma virada para o canto, por exemplo, e outra para o lado de fora da cama. Detalhe: 'a outra' é que estava dormindo, ou seja, o corpo físico.

Uma vez lidos *O livro dos espíritos* e *O livro dos médiuns*, ela passou a entender melhor os fenômenos e a observá-los com maior proveito para seu aprendizado. Mal sabia, àquela altura, que o treinamento das faculdades de desdobramento pelos diversos processos era a base do preparo para o exercício futuro de faculdades medi-

Diversidade dos Carismas

149

únicas que, no devido tempo, estariam acopladas e prontas para entrar em serviço. Nessa época já se convencera de que o desdobramento era um fenômeno natural que nenhum dano lhe poderia causar e que, ao contrário, lhe proporcionava oportunidades valiosas para importantes observações e aprendizado.

Certa noite, uma de suas irmãs dormiu em sua casa com um filho menor, de quatro anos de idade. A criança estava resfriada e tossia muito. Como o apartamento era pequeno e havia uma só cama, ou melhor, um sofá, Regina cedeu-o à irmã e ao menino e improvisou para si mesma uma cama no chão. Estava absorta em seus pensamentos, perfeitamente acordada (irmã e o menino já adormecidos), quando, de repente, viu-se desdobrada. Bem mais familiarizada com o processo, não criava resistências e por isso aprendera a dominar bem seu mecanismo. Uma vez fora do corpo físico, deitado aos seus pés, examinou o ambiente à sua volta. Lá estavam a irmã e o menino adormecidos no sofá e seu próprio corpo ali no chão, em repouso. Ouviu a criança tossir e continuou suas observações exploratórias. Caminhou pela sala e foi até uma saleta contígua, na entrada. Chegou junto à parede, do outro lado da qual era o apartamento vizinho e pensou: "Estou desdobrada; esta parede não existe para mim. Se quiser, posso atravessá-la, mas não devo fazê-lo porque estaria invadindo a privacidade alheia."

Voltou-se para o interior, onde o corpo físico continuava em repouso. O menino tossiu e ela o viu agitar-se. 'Deitou-se' então sobre o corpo físico e, assumindo-lhe os controles, abriu os olhos físicos. A criança voltou a tossir e ela pensou: "É, o menino continua tossindo; realmente me desdobrei. Interessante!" Ouvira, pois, a criança tossindo, tanto na condição de vigília como na de desdobramento, fora do corpo físico. Em seguida, adormeceu e desdobrou-se novamente, desta vez pelo sono natural, e sem consciência, a partir daí, do que fazia e para onde seguia.

Examinemos alguns dos seus depoimentos ainda no campo do desdobramento.

7. Caso típico de desdobramento

Regina tinha uma amiga com muitos problemas pessoais que frequentemente recorria a ela, pedindo conselhos e orientação, pois via em Regina uma pessoa em quem podia confiar. Certo dia, à tarde, Regina começou a detectar, via telepática, certas 'chamadas' insistentes em seu campo mental. Parou o que estava fazendo e fechando a mente a estímulos externos – o que muita gente chama erradamente de concentração, como vimos – procurou identificar de onde provinha o 'apelo'. Era como desdobrar a antena portátil de um receptor de rádio. Percebeu logo que a chamada vinha dessa amiga. E pensou: "M. está precisando de mim, mas agora não posso ir lá."

Mesmo depois disso, continuou captando o insistente apelo. Como era seu hábito, nas tardes de domingo, deitou-se para repousar. Viu-se logo desprendida do corpo físico, e na casa da amiga, falando-lhe: "M., tenha calma; não posso vir agora. Mais tarde virei, lá pelas seis horas." Dito isto, voltou para casa e para o corpo. Fora tão rápido e natural o fenômeno que achou que tudo não passara de um momento de abstração ou divagação. Notou, contudo, que cessara a interferência telepática sobre sua mente e adormeceu. Ao acordar, vestiu-se para sair e foi à casa da amiga. Eram quase seis horas da tarde quando lá chegou.

– Que bom que você veio – disse a amiga ao recebê-la. – Eu estava querendo tanto falar com você que pedia mesmo para você vir.

– O que houve? Você está bem? – perguntou-lhe Regina.

A moça explicou que agora estava, mas estivera muito nervosa durante o dia, até que teve a sensação de que Regina não poderia vir logo, mas que ela deveria ficar calma que mais tarde seria possível a visita.

– Olha – disse ela –, tinha tanta certeza disso que pedi a mamãe para fazer umas batatas fritas para você.

Sabiam da preferência de Regina pelas batatinhas, fritas com muito carinho e competência, e sempre as preparavam quando a amiga almoçava ou jantava com elas. Apesar de nenhuma comunicação pelos canais ordinários, havia uma convicção de que Regina iria mesmo à tarde.

Esse foi o primeiro desdobramento comandado e dirigido pela vontade consciente de Regina. Ela sentiu o chamado da outra, foi lá, deu o recado e voltou. Só mais tarde iria verificar que fora 'ouvida' e atendida. Funcionou tudo direitinho.

8. O cordão fluídico

Aliás, as tardes de domingo pareciam as prediletas para *aventuras* fora do corpo, o que não é difícil de explicar. Regina tinha muitos compromissos durante a semana, profissionais e sociais, além dos que lhe foram acrescidos quando passou a frequentar grupos espíritas para aprendizado e trabalho e dos que tinha como dona de casa. Pouco espaço havia, portanto, em sua vida, para um repouso maior, descontraído, sem a pressão do relógio.

Foi também num domingo à tarde sua descoberta do cordão fluídico, o laço energético que liga o corpo físico ao perispírito como o fio elétrico liga um aparelho à tomada na parede.

Estava ela deitada, em repouso, mas acordada, bem alerta, nem mesmo sonolenta. De repente, vê na parede junto a uma de suas tapeçarias algo intensamente brilhante, um brilho prateado. Pareceu-lhe, de início, ser uma espécie de 'cobrinha' luminosa, irrequieta e tremeluzente, como se tivesse vida. Fixando o olhar, percebeu que a estrutura era semelhante à de uma mola, um tanto estirada, tênue, de aparência frágil na qual os anéis espiralados não eram contínuos como feitos de um só fio, mas constituídos de pequenos segmentos encaixados uns nos outros. Não tinha aparência material, compacta, e sim leve, como feita de energia modulada, ou seja, a estranha luz de brilho prateado e que parecia ter vida própria era um feixe de luz enrolado sobre si mesmo. Sua primeira impressão foi a de que 'aquilo' vinha de baixo para cima, do chão, mas logo percebeu que ela é que estava lá no alto e o cordão ligava-se ao seu próprio corpo físico, mais abaixo. Lembrou-se de referências lidas e concluiu que aquilo deveria ser o tão falado cordão fluídico.

Como sempre acontecia, ela procurou tirar o máximo proveito do fenômeno para observá-lo, estudando-o com atenção. Como se percebe, tinha a consciência dividida equitativamente entre o corpo físico e o corpo espiritual, pois tanto via um como o outro. Desejou tocar o cordão com a mão física, mas não conseguiu movê-la. Procurou pegá-lo com a 'outra', porém a mão passava pelo cordão sem rompê-lo e sem encontrar nele consistência alguma. A cabeça de Regina II (perispiritual) estava à altura do quadro, na parede, a cerca de um metro de distância da Regina I (corpo físico), deitada no sofá. Após as observações, afastou-se mais do corpo físico, permaneceu por alguns momentos ainda na sala e depois mergulhou no mundo mágico, onde o fenômeno mais curioso é o da vida física contemplada da ótica espiritual. Daí em diante, não se lembra de nada mais. A consciência emigrara imperceptivelmente para a Regina II e a comunicação cérebro a cérebro deixou de ocupar sua atenção.

Meditando sobre isto, minha primeira impressão foi a de que deveria ter sido possível a ela tocar e até manusear o cordão fluídico com suas mãos perispirituais. Não seriam da mesma *substância*, ou melhor, constituídas de energias no mesmo grau de condensação? Se o espírito encarnado (em desdobramento) e o desencarnado podem tocar o próprio corpo espiritual e senti-lo tão vivo e sólido como o físico, por que não poderia tocar o cordão fluídico?

Ocorreu-me, então, que a 'substância' do cordão precisa realmente ser mais tênue, não só porque tem uma capacidade quase ilimitada de expansão, ou melhor, de elasticidade, como também porque constituiria insuperável obstáculo ao deslocamento do perispírito no plano espiritual, se pudesse ser livremente manipulado como o fio de uma tomada elétrica. Ao que parece, o cordão é apenas uma ligação energética, uma vibração que opera dentro de uma faixa de onda específica que liga o corpo perispiritual ao físico e não uma *extensão* de um ou de outro. É um campo magnético e não, uma estrutura substancial.

Ao descrever-me esta experiência, Regina acrescenta que gostaria de ser mais curiosa a respeito de tais fenômenos. Talvez pudesse, então, observá-los melhor, testar situações e promover certas experimentações. Observa, porém, que uma vez 'do lado de lá' não tem a mesma curiosidade que costuma ter aqui. É como se, na condição de espírito, achasse aquilo tudo tão natural e rotineiro que não considera necessário perder tempo para satisfazer curiosidades, dúvidas e perguntas que tinha como Regina I, do lado da matéria, presa a um bloco maciço de átomos, moléculas, células e órgãos.

Por mais que se prometa que vai ser diferente na vez seguinte, assim que se desdobra percebe que não tem o mesmo grau de interesse. Tudo lhe parece tão natural e conhecido que não vale o esforço de uma exploração. Na tentativa de explicar essa diferença de postura, ela emprega uma sugestiva imagem:

— É como se eu estivesse em frente a uma casa fechada, doida para saber como ela é por dentro, o que tem lá, como vivem as pessoas ali, de que maneira está decorada, de que cor são as paredes, quantos cômodos e, de repente, abro a porta, entro e vejo que é simplesmente minha casa e eu já sei tudo sobre ela.

9. Inesperadas visitas em domingo vazio

Em uma de suas habituais tardes domingueiras, estava aborrecida e sentindo-se muito só. Ninguém a visitara e ela não estava disposta a visitar ninguém. Em cumprimento à sua rotina de domingo, deitou-se após o almoço para repousar.

O pensamento começou a vagar meio solto e sem rumo certo quando, de repente, ela viu, um pouco acima do encosto do sofá, uma bola acinzentada em formação, ou melhor, algo definindo-se aos poucos como uma bola. Concentrou sua atenção no estranho fenômeno. A bola parecia feita de uma substância nebulosa, com movimentos próprios. Aos poucos foi clareando e definiu-se como uma cabeça humana, perfeita, nítida, pairando a meia altura junto da parede. As feições eram de um jovem muito simpático com um quepe militar de cor creme, ou talvez cáqui.Curiosa por saber do que se tratava e o que aquilo queria dizer, Regina verificou que as feições do jovem soldado eram bastante semelhantes às de uma pessoa com a qual ela se correspondera durante algum tempo – um rapaz que vivia na Argélia e era soldado. Aliás, há algum tempo não recebia carta dele. O primeiro impulso íntimo foi de temor. Jamais aquilo acontecera. Um pouco tensa, perguntou ao rosto quem era ele e o que queria.

– Nada – foi a resposta. – Apenas conversar. Sou um amigo.

– Vá embora – disse ela, e repetiu: – Vá embora!

O rosto se desfez. Mal havia desaparecido a figura, porém, Regina arrependeu-se por ter cedido aos seus temores com desnecessária rudeza. Pesarosa, desejou que ele voltasse. Ele voltou a aparecer, mas em vez de formar-se lentamente, a partir de uma nuvem condensada, ressurgiu pronto e completo e sorriu para ela. Regina estava calma e sem receios agora e por isso mais à vontade. Repetiu a pergunta inicial e ele explicou:

– Quero conversar. Você não estava se sentindo tão só?

Em seguida ela deixou o corpo físico e saiu com ele. Não era a primeira vez que partia em companhia de um amigo espiritual. Lembrou-se de que uma vez Nita a levara a passeio também. (Falaremos de Nita em outro local deste livro).

Podia, agora, ver o dono do rosto de corpo inteiro. Estava mesmo fardado e de fato era em tudo semelhante ao jovem argelino cujo retrato ela tinha consigo. É curioso não ter achado necessário pedir-lhe confirmação disso. Aliás, a pergunta nem lhe ocorreu. Para que perguntar o que certamente já sabia?

O jovem era simpático e muito tranquilo. Dirigiram-se a um bosque, que pareceu a ela ser o mesmo local em que estivera com Nitinha há algum tempo. Numa pequena clareira, sentaram-se à beira de um barranco. Conversaram, enquanto ele se propôs a ensinar-lhe um jogo com pequenas pedras que deveriam ser arrumadas de certa maneira. Explicou-lhe que era um antigo jogo romano, mero passatempo. Fez-se silêncio e ele perguntou:

– Por que você está tão aborrecida?

– Ah, nada de especial. É que tenho me sentido muito só e isso, às vezes, me aborrece.

– Por que você não sai um pouco? Vai a um cinema, por exemplo.

– É. É uma ideia, mas não estou com vontade de sair. Preferia ficar em casa e que alguém viesse me visitar. Mas acho que hoje não vai mesmo aparecer ninguém lá em casa.

Daí em diante ela não se recorda mais do que aconteceu. Só se vê de retorno ao corpo. Ao retomá-lo, sorriu e disse a si mesma:

– É, acho que vou aceitar a sugestão dele. Vou a um cinema.

Cerca de vinte minutos depois, porém, a campainha tocou. Era a amiga M. que foi logo dizendo, ao entrar:

– Olha, eu não vinha aqui, não. Estava até bem longe e já de volta para casa quando me bateu aquilo assim: "Vai lá na Regina!" E, então, eu resolvi chegar até aqui para ver como você estava.

– Que bom que você veio! – foi o comentário, feliz.

Mas não foi só isso. Conversavam há cerca de meia hora quando novamente a campainha soou. Surpresa das surpresas! C., uma velha amiga, que Regina não via há bem um ano ou mais, estava à porta. Alegria, cumprimentos, festa! Ela entrou e comentou:

– Não fique muito feliz com minha visita, não. Na verdade eu não estava pretendendo passar aqui. Vinha para casa, de volta de um plantão de 24 horas (ela era enfermeira), mas, de repente, quando o ônibus estava chegando aqui, me bateu aquilo assim: "Vai lá na Regina!" Quando percebi, já havia dado o sinal... E aqui estou!

Diante disso, Regina sorriu e não teve mais dúvida. Fora o amigo argelino o autor daquela agradável e simpática brincadeira. Sabendo que ela preferia ficar em casa e receber algumas visitas do que fazê-las, ele trabalhara, prontamente (e com indiscutível eficiência), para encaminhar duas amigas para a sua casa, naquela solitária tarde de domingo. Mentalmente, Regina agradeceu-lhe a gentileza. E com emoção.

Nunca mais viu a entidade e jamais ficou sabendo se era de fato seu amigo e correspondente argelino. Nem se ele estava ainda vivo ou se já desencarnara. A correspondência, sempre muito fraterna, fora interrompida sem explicações.

10. O telefonema

Se eu precisasse de um fenômeno para demonstrar que os vivos também se comunicam pelo desprendimento, bastaria o caso narrado a seguir. Mas como este livro não se destina a provar nada a ninguém, mas a ajudar aos que já se convenceram da realidade espiritual, aí vai ele, como simples relato de uma experiência vivida.

Certa noite, Regina encontrou-se em sonho com um rapaz muito simpático. Não tinha, a essa altura, a menor noção de espiritismo. Sequer sabia o que era desdobramento. Tiveram uma longa e fraterna conversa e, ao despedir-se, ele lhe deu o nome e um telefone pelo qual poderiam comunicar-se *do lado de lá*, mergulhados na matéria.

No dia seguinte, Regina comentou o sonho com uma amiga e ela sugeriu testarem a informação onírica, ligando para o número dado.

– E se existir alguém lá com esse nome, supondo-se que o telefone seja mesmo esse? – perguntou Regina, apreensiva.

– Ora – disse a outra. – Fala com ele, ué!

Regina ligou. Atenderam. Era uma gráfica. Ela perguntou pelo rapaz cujo nome deu. Ele estava! E Regina desligou. O sonho não era um sonho, mas um encontro, além dos padrões da matéria. Como iria explicar isso ao jovem do outro lado da linha?

11. Um espírito toca a campainha

Quando sua mãe morreu, Regina não tinha a menor noção da realidade espiritual, sobrevivência, aparições, fenômenos mediúnicos e coisas assim. Desde que a mãe partira, contudo, passou a senti-la constantemente em sua casa. Identificava sua presença, sabia que era ela mesma e chegou a vê-la algumas vezes. Mas, sem saber ao certo o que se passava, não tinha como ajudá-la, mesmo porque não acreditava que a *via* e ficava a buscar as habituais 'explicações' alternativas: ilusão de ótica, alucinação, impressão ou o que quer que seja. No entanto, a mãe 'morta' estava lá, pelos cantos da casa, constantemente chamando por Regina ou tentando lavar a roupa que ficava de molho no balde. Isso durou anos. Certa noite, após recolher-se ao leito para dormir, já bem tarde, a campainha da porta principal tocou. (Nessa época Regina estava mais bem informada acerca dos fenômenos espíritas). Levantou-se e dirigiu-se à porta, ou melhor, pensou que havia se levantado quando, de fato, já estava desdobrada em seu corpo perispiritual. Aproximava-se, ainda, da porta, quando se encontrou com sua mãe, que entrara. Nunca a vira, assim, tão nitidamente. Tal era o realismo da cena que Regina teve a ilusão de estar acordada, em estado de plena vigília no corpo físico. E por isso parecia-lhe que a mãe também estava ali, em carne e osso, viva. Não conseguiu falar muito.

– Oh, minha mãe. É a senhora?

Ela confirmou. Tinha um ar de cansaço e tristeza, a voz era lenta e arrastada como se estivesse exausta. E começou a reclamar, muito confusa, por não estar entendendo as coisas.

– Mamãe – disse Regina suavemente. – A senhora não está mais aqui, entre os vivos. A senhora já morreu, minha mãe. Não pode mais ficar aqui.

A pobre senhora olhou-a, perplexa e confusa, e respondeu com outras perguntas:

– Será, minha filha? Então é isso?

– É, sim, mamãe. A senhora não vê? Eu nem abri a porta e a senhora entrou assim mesmo.

Coitadinha, parece que pela primeira vez em todos aqueles anos – cerca de seis –, ela começou a entender o que lhe acontecera. Olhou a filha com profunda amargura e disse, angustiada:

– Ah, minha filha, então é isso! Agora estou entendendo...

Deu-lhe um longo e comovido abraço e partiu. Regina sentiu naquele abraço toda a angústia e perplexidade que iam no seu espírito. Compreendeu, num instante, o quanto ela deveria ter sofrido durante aqueles anos todos sem saber o que se passava consigo mesma.

Retornando ao quarto, Regina despertou, erguendo o corpo físico, e ali ficou, chorando por muito tempo, sentada na cama, sob o peso daquela angústia, na solidariedade de uma dor que também era sua.

Por muito tempo, depois desse dramático diálogo, Regina ficou sem vê-la ou ouvir seus constantes e lamentosos chamados. Só mais tarde, quando ela já estava bem, veio visitá-la. Estava em paz. E continua vindo, de vez em quando, agora certa de que é mais um dos habitantes do mundo espiritual e não uma pessoa perdida, desorientada, angustiada, que não sabe ao certo o que se passa consigo mesma.

12. Crianças desencarnadas

Há vários outros episódios vividos por Regina em desdobramento, mas os que a seguir relatamos se apresentam com características diferentes, pois em vez de serem fenômenos tipicamente anímicos, com um toque mediúnico, são tarefas nitidamente mediúnicas realizadas no contexto de um desdobramento, ou seja, de um fenômeno anímico por excelência.

Vejamos alguns deles para ilustrar o que estou dizendo.

O primeiro deles poderia ser catalogado como "O Caso dos Três Peraltas".

Em seu relato pessoal deste episódio, Regina faz um preâmbulo para dizer que lamenta desapontar alguns eruditos 'espiritólogos' – a palavra é dela, não tenho nada com isso –, que afirmam não existirem crianças no mundo espiritual, ou seja, que as crianças não se conservam como tal, do lado de lá. Ela afirma que durante muito tempo esteve, e eventualmente ainda está, com crianças no plano espiritual.

Três delas eram realmente endiabradas e chegavam a perturbar-lhe os momentos de repouso. Puxavam-lhe as cobertas, davam-lhe pequenos beliscões, derrubavam coisas de cima dos móveis, mexiam nas panelas na cozinha, enfim, eram crianças levadas e irrequietas como muitas, autênticos 'diabinhos', mas sem maldade. Por algum tempo Regina apenas tomou conhecimento dos distúrbios que provocavam, mas não os via. Isso acontecia com frequência. Um objeto que sumia e reaparecia ou era encontrado em lugar diferente daquele em que ela estava certa de havê-lo deixado; desarrumações ou ruídos que Regina procurava explicar como consequência de seu permanente cansaço físico, ao cabo de longas horas de trabalho profissional e doméstico. Como nada entendia ainda de espiritismo a essa altura, não lhe ocorria que aquilo pudesse ser uma brincadeira dos peraltas invisíveis. Comentando o caso com uma amiga, certa vez, esta lhe disse que tais distúrbios deveriam estar sendo provocados por espíritos brincalhões e que Regina, provavelmente, deveria ser médium em potencial. Não muito conhecedora do assunto, porém, acrescentou que era *perigoso* aquilo e que poderia até provocar nela um imprevisível esgotamento de forças, o que a deixou preocupada.

Certa noite a temperatura estava mais fresca e ela se cobrira com um lençol ao deitar-se para dormir. Aí eles entraram em ação. Puxavam a coberta para um lado e ela puxava para outro. Ela acabou cansada da brincadeira sem gosto. De repente percebeu que havia ali três crianças – dois meninos e uma menina – que deixaram afinal o lençol aos pés da cama e foram se afastando, devagar, até desaparecerem.

Passou a admitir a partir daí que sua amiga tinha razão, mas em vez de assustar--se ante a realidade de que convivia com seres 'do outro mundo', passou a dar-lhes *aquela bronca* toda vez que praticavam travessuras.

– Olhem, eu sei que vocês não precisam dormir e só querem brincar, mas eu sou *gente*, sabem? E tenho de dormir porque amanhã preciso trabalhar. Por favor, vão para casa, tá?

Parece que os demoninhos aceitaram bem o apelo e pararam com as brincadeiras em horas impróprias. Às vezes, ao acordar durante a noite, ela os via ao lado da cama. Comportadinhos como anjos. Sorria para eles que lhe sorriam de volta. Ela virava para o canto e tornava a adormecer. Acabou gostando daqueles 'diabinhos desencarnados!...'

Nesse ponto Regina interrompe seu relato, para uma especulação.

O desaparecimento de objetos, em casa, ocorria de duas maneiras distintas. Às vezes eles removiam os objetos de onde estavam para um local completamente impróprio e inesperado. Regina só os encontrava quando eles mesmos acabavam lhe mostrando o lugar. De outras vezes o processo era mais elaborado. Por exemplo: ela colocava a tesoura sobre a mesinha de centro da sala, enquanto costurava à mão. De repente, num gesto automático, estendia o braço para apanhar a tesoura e ela não mais estava ali. Mas não estava *mesmo*, literalmente. Ela se abaixava, procurava embaixo da mesa, à volta. Quem sabe havia caído e ela não prestara atenção? Nada. Quem sabe estaria debaixo de alguma revista ou pedaço de pano? Nada, nada.

Aí ela se lembrava dos peraltas e ficava brava, fingia-se indignada. No momento seguinte, lá estava a tesoura, de volta ao seu lugar, como se nunca houvesse sido retirada de sua posição. Jamais lhe ocorreu perguntar como é que os danadinhos conseguiam fazer aquela verdadeira mágica. É possível – julga ela – que eles recobrissem a tesoura com algum 'material' que a tornava invisível aos olhos dela, mas como é que ela não a descobria, nem mesmo pelo tato? Será que a desmaterializavam e depois a rematerializavam? Ficou sem saber. Quanto à 'arte', porém, não havia dúvida... eles a praticavam mesmo.

Não eram essas, porém, as únicas crianças desencarnadas que frequentavam a casa de Regina. Durante muito tempo aparecia, de vez em quando, um senhor (espírito, naturalmente), acompanhado por três crianças, para uma visita. (Não eram as três 'pestinhas' das artes, das quais ela também gostava). O homem era alto, empertigado, um pouquinho formal. Lembrava um lorde inglês de postura elegante e discreta. Usava roupa clara e não dispensava a bengala de cabo de prata. Trazia as crianças e, após entregá-las a Regina, retirava-se discretamente e só voltava para apanhá-las na hora de irem embora. De alguma forma não articulada, Regina sabia que aquelas crianças haviam sido seus filhos no passado. O senhor solene e elegante fora tio ou avô delas, ela não sabe ao certo.

A mais velhinha – aí pelos doze anos de idade – deitava-se ao lado de Regina e ali ficavam as duas, em longas conversas, enquanto os dois menores – um menino que aparentava oito anos e uma menina de cerca de dois – divertiam-se pela casa. A menorzinha era mais arteira e gostava de subir em cima de Regina a fim de brincar de cavalinho. Regina adorava tais visitas e, quando ficavam sem aparecer por um período mais longo, ela sentia falta e pedia a Deus, nas suas preces, que os mandasse de volta.

Certa vez ela teve uma experiência marcante e enigmática com a menorzinha, a de dois anos. Como sempre, era uma tarde de domingo e ela estava repousando em seu habitual sofá, após o almoço. E como sempre, cansadíssima, pois nessa época tinha três empregos e no fim de semana estava compreensivelmente exausta. Deixava o pensamento vagar à vontade, sem rumo específico, quando observou que a menina se aproximava, vindo da saleta de entrada, como se acabasse de chegar da rua. Era moreninha, cabelos lisos, pretos, cortadinhos na altura das orelhas, penteados à Romeu, ou seja, com as pontas viradas para dentro. Usava um vestidinho tipo avental com babados nas alças e na bainha da saia e por dentro, uma blusinha.

Surpresa, sem saber ao certo o que dizer, Regina olhou-a com curiosidade. O ambiente estava bem claro, pois no lado de fora brilhava o sol das quatro horas da tarde. Ela se aproximou do *sumier* onde Regina repousava e falou:

– Momóe (assim mesmo, com os dois *o*, em vez de *a*), vim ti visitá.

E Regina meio atônita:

– É, filhinha?

Tomou-a nos braços e colocou-a sentada sobre seu próprio corpo, de cavalinho, e ali ficou, embevecida a admirá-la. Com o que se demonstra que estava desdobrada. (Como poderia ter pego um espírito nos braços, se não estivesse?). Puxou conversa com a menina, desejando saber como ela estava. Ela sorriu, curvou-se e passou o bracinho em volta do pescoço de Regina, que sentiu fisicamente a pressão da sua mãozinha no pescoço e o calor do corpinho dela. – Meu Deus, será mesmo um espírito? – perguntou Regina a si mesma. Era tão real a cena que por um momento ela pensou se, quem sabe, a porta ficara aberta e a criança entrara com a habitual sem-cerimônia que lhes é característica.

Ela continuou a sorrir e em seguida convidou-a para sair.

– Vem comigo. Quero apresentar um amigo a você.

Levantou-se, pulou para o chão, e estendeu-lhe a mãozinha. E Regina, ainda indecisa:

– Mas eu não posso, filhinha! Não posso!

Queria dizer, com isso, que não era um espírito desencarnado como a outra, que pudesse ir a qualquer lugar mediante simples convite. A coisa era bem mais complexa. Mas a menina insistia: – Pode, sim. Anda. Vem comigo.

Regina tomou-lhe a mão e 'levantou-se' do corpo físico, completando assim o desdobramento – que era parcial, visto que ainda pôde sentir a pressão da mão da menina no seu corpo físico –, e começou a caminhar com a criança. Logo chegaram a um bosque e seguiram por um caminho aberto entre as árvores. Alcançaram um pátio em torno do qual havia uma construção com divisórias semelhantes a celas individuais. Eram muitas, cada uma ocupada por uma pessoa que se mantinha, por isso, segregada das demais. Seria um sanatório, uma penitenciária? A menina aproximou-se de um homem retido em uma das celas. Era ainda jovem, muito pálido, com uma expressão alienada no olhar. Regina sentiu certo receio e procurou conter a menina, tentando evitar que ela chegasse muito perto dele: – Cuidado, filhinha! Ele parece perigoso!

Mas a menina insistiu que não havia perigo algum e que o homem era seu amigo. E puxava Regina pela mão para aproximar-se do homem. Ela cedeu. Olhou-o com profunda compaixão, tentando identificá-lo, mas não reconheceu nele nenhuma pessoa conhecida sua.

Regina não sabe o que foi fazer naquele lugar, pois a partir desse momento a memória de vigília não registra mais nada. Não era mesmo para saber, por certo. Deve ter mantido um entendimento qualquer com o pobre ser recluso que a criança identificava como amigo. Quem seria? O que estaria fazendo ali? E por que a menina tanto insistiu para que Regina fosse até ele? Mistérios maiores do que sonha a nossa vã filosofia, como dizia Shakespeare.

Regina, depois dessa amnésia, certamente deliberada ou consentida, vê-se voltando com a menina pelo mesmo caminho percorrido na ida. Ao aproximar-se do corpo físico, beijou a menina e encerrou-se novamente em seu próprio cárcere...

Foi uma curiosa e emocionante experiência. Estranhamente, não mais viu a menina. Sabia, apenas, que se chamava Anita, mas que a tratavam de Nita ou Nitinha.

Durante algum tempo – cerca de dois anos – as crianças deixaram de visitá-la. Regina sentia falta da presença daqueles filhos de outras eras que viviam agora em mundo tão diferente do seu. Teria feito algo errado que desencadeara a ausência? Poderia fazer algo para tê-los de volta?

Certa noite, foi visitada pela mais velha dos três, a de doze anos. Muito feliz, abraçou-a, deitaram-se lado a lado, como de costume, e ali ficaram a conversar. Perguntada sobre os irmãos e por que não tinham vindo também, a menina respondeu que eles estavam se preparando para 'voltar', ou seja, para a reencarnação, e por isso não poderiam vir mais. Ela mesma – acrescentou – vinha pela última vez, porque também iria voltar para a carne. Regina não mais a veria.

Assim foi. Regina chorou amargamente a separação. Estranha coisa da vida! A gente chora, do lado de cá, quando 'morre' uma pessoa amada; e chora, do lado de lá, quando uma se despede para 'viver' na carne. Que bobagem, meu Deus, se tudo é vida...

E quando partem para serem filhos de outras mães e de outros pais ficamos apreensivos como se, com isso, deixassem de ser filhos de Deus. Nosso primeiro impulso é o de pedir ao pai que os ajude e ao Cristo que ilumine seus caminhos, mas Deus sempre ajuda, com sua inesgotável misericórdia, e o Cristo sempre ilumina nossos caminhos, e até nossos atalhos. O que deveríamos, em verdade, pedir-lhes é que nos ajudem a abrir o coração para receber essa misericórdia abundante, e os olhos, para que possamos ver a luz e não ficar por aí a tropeçar, não porque está escuro, mas porque estamos de olhos fechados... Ah, o doce e maravilhoso encanto da vida...

Dez anos se passaram sobre esse episódio. Uma noite, Regina desdobrou-se e foi levada, por uma pessoa que não se identificou – nem ela sabe quem é –, até um lindo parque. Lá chegando, sentou-se junto a um casal ainda jovem que repousava, deitado na grama. Conversavam entre si, mas Regina ficou em silêncio para não perturbar ou interferir. Bastava estar ali. Era tudo paz, e ela estava em paz com o mundo. A Terra parecia estar tão longe e Regina sentia-se como se não tivesse mais nada a ver com ela. Subitamente, a moça olhou-a, sorrindo, e lhe disse:

– Por que você não olha para trás? Vai ter uma grande surpresa!

Regina virou-se e não pôde conter uma exclamação de alegria. Lá estava sua Nitinha, um pouco mais crescida, aí pelos oito anos de idade. Acolheu-a com um abraço iluminado pelo amor. E ela, toda risonha, afastou-se um pouco e disse: Olha quem está aqui também! Era o irmãozinho. Regina até hoje não sabe como não morreu de alegria.

Nitinha contou sua historinha simples. Tivera de voltar para completar "um resto de vida", mas era pouco o tempo que precisara cumprir na carne, não mais de meia dúzia de anos, ao que parece. O irmão também teve programa semelhante. Haviam partido juntos e juntos regressaram ao mundo espiritual.

O problema para Regina, agora, era voltar para seu mundo, lá embaixo, e reassumir o corpo físico adormecido em casa. Foi um drama, pois ela queria ficar com as crianças a todo custo, mas ao mesmo tempo sabia de seus compromissos *lá embaixo* e de vínculos outros, que também os tinha por lá. Havia, ainda, certo trabalho a fazer e que não poderia ser interrompido ou abandonado sem incalculáveis e desastrosas consequências. A decisão era difícil, embora ela sentisse ali que, se assim desejasse mesmo, poderia ter feito essa opção, em prejuízo da tarefa inacabada. Sentia-se dividida entre dois polos de atração: um, na Terra; outro, no mundo invisível! Voltou-se para a moça e perguntou-lhe:

– Se eu ficar aqui, agora, mas preocupada com algo lá na Terra, será que terei algum problema mais grave?

– Se seu pensamento ficar, você também ficará presa lá – disse ela. – Aliás, você *sabe* disso muito bem.

Regina voltou a lutar com o dilema na mente por alguns momentos, ainda indecisa. Os outros pareciam esperar, mas obviamente não queriam interferir para tentar influenciá-la em sua dramática decisão. Finalmente, chegou a uma conclusão:

as crianças estavam bem e havia, na Terra, uma tarefa compromissada a realizar. Decisão final: resolveu voltar para seu cárcere físico. Esse era seu dever. E, afinal, era o que lhe pedia o coração. Foi com as crianças até o lugar onde estavam 'morando'. Era uma casinha singela, com um jardim à frente e um portãozinho. Havia um bosque em frente, não muito distante. Lá foi apresentada a uma senhora que tinha a guarda das crianças. E lhe disse:

– A senhora compreende, eu queria muito ficar, mas não posso. Alguém espera por mim lá embaixo. Não posso deixá-lo. Não seria justo. Há trabalho a fazer e sei que ele precisa de mim. Por favor, fique um pouco mais com as crianças. Cuide dos meus amores. Quando voltar, assumirei a guarda. Deus lhe pague. Muito obrigada.

A senhora sorriu um sorriso enigmático de quem sabe muito mais do que diz. E Regina regressou ao corpo. Desta vez, porém, sem tristezas, e por isso não chorou. Sabia que as crianças estavam bem, tinha a convicção de que ainda havia o que fazer aqui. A decisão fora madura e sensata. Não tinha que olhar para trás nem do que se lamentar. Resumia-se tudo em uma simples e secundária questão de tempo. E, afinal de contas, que é o tempo senão uma curiosa maneira de viajar pela memória de Deus? Tudo estava bem. Estamos todos em Deus, e Ele, que soube nos trazer até aqui, sabe para onde nos leva. Antes de partir, o Cristo disse que ia um pouco à frente para preparar um lugar para seus amigos para que, onde ele estivesse, também eles estivessem. Maneira educada e sábia de dizer que Ele também sabe para onde vamos todos, ou seja, no imperdível rumo da felicidade e da paz. Só que quase todos nós resolvemos seguir pelos atalhos que alongam indefinidamente a jornada. Sem necessidade... E pior que isso: de olhos fechados, tateando nas sombras e tropeçando pelos caminhos, somente porque não queremos abri-los...

Capítulo VI

Desdobramento como precondição do trabalho mediúnico

1. Introdução

Vimos, há pouco, desdobramento como fenômeno anímico puro, ou seja, sem interferência ou componente mediúnico visível, como telepatia, premonição ou encontros no mundo extrafísico entre pessoas encarnadas, como no caso em que um jovem informou a Regina seu nome e telefone. Examinamos fenômenos anímicos nos quais ocorreram atividades mediúnicas com a participação óbvia de seres desencarnados, conservando, contudo, características mais ou menos pessoais. Estão nesta categoria aqueles em que Regina se encontra com crianças que outrora foram seus filhos ou com o espírito de sua mãe e, provavelmente, o caso do soldado argelino que, pelo que se pode supor, deveria estar desencarnado.

Veremos, a seguir, alguns em que a atividade mediúnica é predominante, parecendo ser a própria razão do desdobramento, que se apresenta como preliminar do trabalho no plano espiritual, junto de entidades empenhadas em tarefas de mais amplas conotações e perspectivas.

Acredito que isto seja válido para grande parte dos médiuns em atividade regular, embora sejam ainda escassos os depoimentos pessoais como os de Yvonne Pereira em *Devassando o invisível* e *Recordações da mediunidade*.

Regina não foge à regra. Bem cedo, aliás, no exercício de suas faculdades, percebeu que o médium não trabalha apenas durante as reuniões semanais, o que é válido também para os demais componentes do grupo. Muito tem insistido conosco nosso orientador espiritual com essa recomendação básica, ou seja, de que precisamos nos manter em estado de permanente vigília, não apenas para nos protegermos de investidas a que estamos sujeitos nesses momentos, especialmente da parte daqueles que desejam a todo custo neutralizar nosso trabalho junto deles. Como diz ele: "Nunca sabemos a que momento o Cristo vai precisar de nossa modesta participação em alguma atividade" para socorrer alguém com uma palavra de consolo, de estímulo e de afeto ou para apaziguar uma situação potencialmente explosiva.

Essa advertência tem sido de considerável importância e utilidade para nós. Há sobre isso inequívocos testemunhos quando descobrimos posteriormente, no decorrer do trabalho mediúnico, que os espíritos que se acham em tratamento em nosso grupo nos acompanharam praticamente durante as vinte e quatro horas do dia. Não apenas em busca de um momento de invigilância em que pudessem interferir, mas também para observar – e com a severidade própria dos que se consideram adversários – se realmente estamos procurando agir segundo aquilo que lhes pregamos. A conclusão deles tem sido consistente e, usualmente, muito instrutiva para cada um de nós. Seguindo-nos nas atividades normais da vida, observam-nos em momentos de tensão, impaciência, nervosismo ou irritação, bem como em instantes de tranquilidade ou praticando algum gesto de boa vontade. Observam, em suma, que somos gente como eles mesmos, com dificuldades e imperfeições, limitações e potencialidades, na difícil luta contra nossas próprias mazelas. Percebem que ganhamos, aqui e ali, uma ou outra vitória menor, entre as muitas batalhas perdidas contra o orgulho, a intolerância ou a vaidade. Por isso não tentamos jamais pregar-lhes sermões moralizadores como se fôssemos seres redimidos, em odor de santidade, e eles, uns pobres mendigos espirituais, mergulhados na maldade. Nada disso. Somos companheiros de jornada evolutiva, com problemas semelhantes aos deles, com as mesmas dificuldades e as mesmas imperfeições, apenas em graus diversos, quando muito! Como iremos exigir deles um comportamento exemplar que ainda não temos? Como impor-lhes a humildade, se ainda carregamos pesada carga de nossa própria vaidade? Como obrigá-los a perdoar sem reservas o antigo adversário, se ainda ontem nos ouviam dizer que fulano havia cometido contra nós uma falta *imperdoável*?

Paradoxalmente, contudo, é por ver-nos tão semelhantes a eles mesmos e com dificuldades íntimas tão iguais às deles que, às vezes, resolvem também aceitar as condições em que estamos vivendo, a despeito de todas as lutas e problemas que isto lhes impõe. Sim, pois são muitos os que prolongam, além dos limites do razoável, a permanência no mundo espiritual entre uma existência e outra, porque, ante a gravidade das faltas cometidas e das desarmonias que ainda carregam em si, temem a aspereza da vida na carne, que em tais casos será de duras provações. Analisando nossas dificuldades e nossas reações ante elas, acabam por concluir que a tentativa pode resultar em enorme esforço e sacrifício, mas não é impossível.

Estamos, portanto, expostos a essa observação a qualquer momento, onde quer que estejamos, na atividade diária, na rua, no lar, no trabalho ou mesmo durante as horas de desprendimento, enquanto o corpo repousa.

Declara Gúbio a André Luiz, em *Libertação*:

> – Não mediste ainda a extensão do intercâmbio entre encarnados e desencarnados. A determinadas horas da noite, três quartas partes da população de cada um dos

DIVERSIDADE DOS CARISMAS

> hemisférios da crosta terrestre se acham nas zonas de contato conosco, e a maior porcentagem desses semilibertos do corpo pela influência natural do sono permanece detida nos círculos de baixa vibração, qual este em que nos movimentamos provisoriamente. Por aqui, muitas vezes se forjam dolorosos dramas que se desenrolam nos campos da carne. Grandes crimes têm nesses sítios as respectivas nascentes e, não fosse o trabalho ativo e constante dos espíritos protetores que se desvelam pelos homens no labor sacrificial da caridade oculta e da educação perseverante, sob a égide do Cristo, acontecimentos mais trágicos estarreceriam as criaturas. (Xavier, Francisco C./ Luiz, André, 1974)

Nunca é demais, portanto, insistir, como o faz nosso companheiro mais experimentado, na atitude vigilante onde quer que estejamos, seja qual for a hora do dia ou da noite. Vigilância, esclarece ele, não é ficar como que de guarda a alguma coisa e, sim, estar em estado de alerta a fim de não nos deixarmos envolver em situações prejudiciais à nossa programação espiritual regeneradora.

No trabalho mediúnico ativo não é só o médium que tem tarefas a realizar no mundo espiritual. O que ocorre é que, precisamente por causa do treinamento na utilização de suas faculdades, ele se lembra com maior frequência das atividades desenvolvidas enquanto repousa o corpo durante o sono comum. Mesmo sem dispor de nenhuma mediunidade ostensiva, contudo, guardo lembranças ocasionais e fragmentárias desse tipo de atividade, e não são raros os episódios em que podemos confrontá-los com outros companheiros e verificar que conferem.

Em verdade não é só no plano invisível que se realizam trabalhos paralelos aos que são promovidos em torno da mesa mediúnica. Não poucas vezes verificamos que companheiros encarnados nos são sutilmente encaminhados para atendimento ou a eles chegamos por inexplicadas razões. Em dezenas de histórias verídicas que escrevi para contar episódios dessa natureza, há dramáticos relatos de situações que se resolveram porque tocamos o coração de alguém desencarnado, que parecia bastante duro, com um impulso de fraternidade em favor de alguém que, sem sabermos, estava ligado pelos inquebrantáveis vínculos do amor aos que nos combatiam.

Com frequência observamos que o trabalho continua pela noite adentro. Em nossos desdobramentos durante a semana somos levados a visitar pessoas encarnadas ou desencarnadas, em locais diversos, muitas vezes nos próprios núcleos ou instituições onde militam os companheiros que se acham em tratamento no grupo mediúnico. Algumas vezes é trabalho complementar, outras, é tarefa preliminar ou de observações. Somos, também, levados a reuniões de estudo e debate, assistimos a palestras, recebemos instruções, tomamos conhecimento de planos e estratégias de trabalho a desenvolver, sempre sob a supervisão de nossos orientadores espirituais.

Em algumas oportunidades encontramos em tais reuniões pessoas cujos ombros carregam pesadas responsabilidades no movimento espírita. Regina se recorda de comentários, um tanto surpreendentes, 'ouvidos' do outro lado da vida, emitidos por pessoas que, embora conscientes lá de que não estão agindo da maneira adequada, têm, aqui, mergulhados na carne, a visão toldada, e prosseguem com seus equívocos.

Acontece a Regina, às vezes, perceber que companheiros encarnados, já desdobrados pelo sono, aguardam que ela própria se desligue para seguirem juntos para o trabalho programado. De outras vezes ela observa que tais companheiros a trazem de volta ao corpo físico, momentos antes de despertar, vindos de reuniões ou tarefas no plano espiritual. Ela se aproxima do corpo físico em repouso, mergulha nele, assume seus controles mentais e, de olhos abertos e desperta, ainda os vê ali por alguns momentos.

Pode ocorrer, também, que ela seja obrigada a interromper, por instantes, a tarefa no mundo invisível para atender a algum 'chamado' do corpo físico. Nesses casos, ela volta para o corpo, desperta, atende às suas exigências, deita-se e deixa-o novamente, retornando ao lugar onde o trabalho se realiza. Isso, aliás, é comum acontecer-lhe.

Habituada ao processo do desprendimento, que passou a ser uma rotina para ela, Regina deixa o corpo com facilidade e sem preocupações, mesmo porque sabe que, ante qualquer imprevisto, pode regressar numa fração de segundo. André Luiz nos fala sobre o temor dos seres humanos primitivos que, parcialmente desdobrados pelo sono, permaneciam ali, ao pé do corpo, como a tomar conta dele.

Isto me faz lembrar de uma curiosa e oportuna observação de um companheiro espiritual muito querido que frequentava um antigo grupo ao qual eu doava minha quota de trabalho. Ele tivera uma existência de muitas dificuldades aqui mesmo no Rio de Janeiro, onde viveu pelos subúrbios, conseguindo bravamente manter-se vivo em condições precárias e sofridas. Nunca se queixava, porém. Jamais soube que ligações teria conosco e por que fora encaminhado ao nosso grupo. Foi acolhido com muito carinho e compreensão, e sentia-se bem entre nós. Percebíamos que, mesmo através do seu linguajar mais pobre, limitado ainda às experiências e à ausência de cultura intelectual daquela vida, sua experiência era rica e ele possuía uma inteligência desenvolvida, o que percebíamos pela profundidade do que conseguia dizer, mesmo com suas palavras singelas.

Certa vez nos falou das inquietações que a maioria dos encarnados revela com relação ao corpo físico, enquanto desdobrados pelo sono. E concluiu, à sua maneira sábia e simples:

– Eles ficam como quem está de longe, tomando conta de embrulho numa estação cheia de gente... Ao menor sinal de perigo eles correm para os *embrulhos*...

Dizíamos, há pouco, das pessoas que no plano espiritual têm consciência de que não estão desempenhando suas tarefas de maneira satisfatória, embora aqui continuem a fazê-las do mesmo modo. Na realidade a ótica é de fato diferente, segundo a nossa posição, como sabe qualquer estudioso de perspectiva. Comentávamos, páginas atrás, que lamentamos os que morrem, quando estamos na carne, e os que renascem, quando estamos no mundo espiritual. Coisa semelhante ocorre com os desdobramentos. Quando em vigília, dizemos que adormecemos; mas se estamos do lado de lá à espera de companheiros que se acham acordados, segundo a ótica da carne, ficamos aguardando que *adormeçam* para *acordar* do outro lado e podermos seguir juntos para as tarefas programadas.

DIVERSIDADE DOS CARISMAS

Certa vez, por exemplo, um dos companheiros do nosso grupo estava de viagem. Uma noite, já bem tarde, Regina lia um livro quando, subitamente, viu-o de pé, sorrindo, à sua espera. Disse-lhe mentalmente que aguardasse alguns momentos; preparou-se para deitar, orou e logo abandonou o corpo físico para, em seguida, saírem para alguma tarefa.

2. Interação corpo/perispírito no desdobramento

Há desdobramentos durante os quais Regina é apresentada a pessoas conhecidas que posteriormente vem a encontrar no plano físico. Ela tem tido também oportunidade de conhecer centros de estudo e laboratórios onde vê aparelhos desconhecidos que acabam sendo aqui 'inventados'. Um desses, por ela há muitos anos observado, era um aparelho eletrônico que projetava em uma tela o traçado dos batimentos cardíacos.

Vejamos como ela nos conta esta experiência.

Certa noite, após o desdobramento pelo sono natural, ela se viu em um pequeno quarto de hospital, sentada numa cadeira ao lado de uma cama onde estava deitado um homem (encarnado). Aos pés da cama, na altura normal em que se colocaria um quadro, havia na parede uma pequena tela, como a de um vídeo. Aparentemente o homem não estava muito bem, e ela fora levada ali para ajudá-lo ou para assistir ao exame clínico. De repente, entraram dois jovens vestidos de jalecos brancos. Apanharam um gráfico impresso, enquanto examinavam atentamente a projeção na tela eletrônica. Regina perguntou-lhes: – Então? O que ele tem?

Um dos rapazes respondeu: – Espere um pouco. Logo virá o médico que está cuidando do caso dele. Só ele poderá saber com certeza, porque nós dois não conseguimos chegar a um acordo.

Os rapazes ficaram ainda algum tempo conversando, em voz baixa, enquanto Regina continuava em sua vigília, um pouco tensa. Ao cabo de algum tempo, entrou no aposento um senhor baixo, gordinho, simpático e também vestido com um jaleco branco. Os rapazes saudaram-no com respeito. Ele examinou o gráfico que lhe passaram às mãos, aproximou-se da tela, observou-a atentamente e disse: – Foi exatamente o que pensei: ele teve uma pequena isquemia, mas o perigo passou. Vai ficar bem. Pode voltar.

Surgem, em seguida, mais uma pessoa, um senhor alto, esguio, muito simpático e bem humorado, alegre mesmo, embora discreto. Regina e ele saíram com o amigo de volta à *casa*, ou seja, ao corpo físico. O homem estava ainda um pouco indisposto e enfraquecido, e caminhava devagar, amparado pelos dois. Durante a caminhada, o homem que viera ajudar a levar o doente ia desanuviando a tensão com suas bem humoradas brincadeiras. Atrás deles vinha uma moça que Regina percebia ser encarnada (fácil de identificar pelo cordão fluídico, como se vê nas obras doutrinárias). Soube que a jovem estudava cardiologia na Terra e fazia estágios no mundo espiritual, quando desdobrada.

Na semana seguinte, Regina teve oportunidade de encontrar-se, no mundo físico, com o companheiro que vira sendo examinado no plano espiritual. Não tinha ele consciência do fato que ela narrou, mas é verdade que acordara, naquela manhã específica, após o tratamento, sentindo-se algo debilitado e indisposto. Passara o dia, aliás, em completo repouso. É certo também que ele tinha problemas circulatórios e, ao que tudo indica, tivera uma crise atendida por antecipação, ou melhor, curada ainda no perispírito e, por isso, não chegou a acarretar transtornos ao corpo físico.

Outro pormenor: algum tempo depois, Regina ficou conhecendo pessoalmente aquele senhor alto, elegante e simpático que a ajudara a trazer o amigo combalido de volta ao corpo. Além de parente do outro, eram amigos fraternos de muitos e muitos anos.

Se o leitor está achando algo fantástico tais tratamentos em hospitais invisíveis (para nós encarnados), deixe-me dizer que o amigo Luís Rodrigues, autor de *God bless the devil*, lembrava a possibilidade – por enquanto apenas teórica – de realizar, por exemplo, o reparo 'cirúrgico' no perispírito de uma pessoa nascida com a abertura no palato e, em seguida, reconstituir-se no corpo físico a membrana de vedação.

Hernani Guimarães Andrade me comunicou há muitos anos a possibilidade – para ele é certeza – de um dia a ciência ser capaz de reconstituir um membro decepado, como o antebraço ou uma perna, utilizando-se do campo magnético perispiritual que ali continua por algum tempo. Costuma-se caracterizar essa persistência com a expressão 'membro fantasma'. É comum pessoas que perderam parte de seus membros continuarem sentindo dores ou coceira, por exemplo, em pés que fisicamente não mais têm.

Vejo em Delanne, alguns exemplos curiosos, colhidos em três livros por ele citados: *Du sommeil*, de Macário, *Étude sur la medicine animique*, de Charpignon, e *De la medicine morale*, de Padioleau, os dois últimos premiados pela Academia Francesa de Medicina.

Alguns fatos bem documentados são resumidos por Delanne como por exemplo a mulher que após 'sonhar' que via as coisas de maneira vaga e confusa, apareceu com uma ambliopia (enfraquecimento ou impedimento da visão – ensina Aurélio – sem lesão perceptível dos meios transparentes do olho ou do nervo ótico). Ao que parece, não foi propriamente um sonho, mas uma observação feita por ela mesma, em desdobramento. Ou seja, não foi uma premonição, porém uma verificação de problemas oculares que ainda não se haviam manifestado no corpo físico.

Outra senhora sonhou que falava com um homem que não conseguia responder-lhe. Ao despertar, quem estava afônica era ela. Parece que ela transferiu para outra pessoa o problema que já estava criado nela mesma.

Teste, ministro de Louis-Phillippe, acusado de peculato, sonhou na prisão que havia tido um ataque cardíaco. Três dias depois, foi o que o matou. Arnaud de Villeneuve viu-se em sonho mordido na perna por um cão. Dias depois manifestava-se, no exato local da mordedura, uma grave úlcera.

Galeno menciona um doente que sonhou estar com a perna petrificada e que ficou paralítico dias depois.

Conrad Gessner, sábio conhecido, sonhou que fora picado do lado esquerdo por uma serpente. Tempos depois surgiu, no local, um tumor que o levou à morte. Cornelius Rufus perdeu a vista após sonhar que havia ficado cego. O próprio Macário, autor de um dos livros citados, declara ter tido uma violenta amigdalite, dias após ter sonhado com ela.

É admissível que alguns desses casos possam ser caracterizados como sonhos premonitórios, mas todos eles? É demais.

Num episódio que me chegou em segunda mão por meio de pessoa em que deposito inteira confiança, um homem sentiu-se apunhalado por um inimigo quando em desdobramento no mundo espiritual. Acordou já um tanto sufocado, a expelir sangue pela boca. Buscou imediato socorro médico e não houve como explicar a hemorragia ou as dores que sentia no local da 'punhalada'. Tão misteriosamente como haviam ocorrido, dor e hemorragia cessaram após algum tratamento físico.

E, afinal de contas, em que consiste a dinamização da técnica homeopática, senão um 'desdobramento' da energia contida na matéria dos medicamentos a fim de que a ação curativa se processe através do perispírito do paciente e acabe repercutindo no corpo físico?

E o que é a somatização de problemas emocionais senão uma interação espírito/perispírito/corpo? Da mesma forma, com os sinais trocados, podemos criar condições de cura de males físicos por meio de um esforço da vontade dentro do mesmo circuito espírito/perispírito/corpo.

A primeira das inúmeras curas promovidas por Edgar Cayce foi a sua própria garganta, seriamente afetada. Depois de hipnotizado (e, portanto, desdobrado) ele revelou conhecer o diagnóstico e como curar a doença. Disse que a circulação na região afetada era insuficiente e que o hipnotizador lhe desse sugestões no sentido de fazer afluir para o local uma quantidade maior de sangue. Foi o que se deu. O local ficou vermelho e congestionado por algum tempo e depois voltou ao normal. Não é preciso dizer que Cayce ficou bom.

Aí está porque nada tem de fantástico um tratamento feito no perispírito de doentes, no mundo espiritual, e que evita a eclosão de problemas de saúde no corpo físico.

3. Desdobramento em desdobramento

É comum observar-se em Regina o trabalho mediúnico específico e bem caracterizado em desdobramento. Em várias oportunidades, em vez de o espírito manifestante ser 'trazido' ao grupo, ela é que vai ao encontro dele, do que dá conhecimento antecipado ao dirigente dos trabalhos. Desprende-se e é levada pelos amigos espirituais. Não sei bem o que se passa nesses casos, mas suponho que lá é que se promove a ligação do manifestante com o seu perispírito e, como este continua ligado ao corpo físico, a comunicação psicofônica ocorre normalmente, possibilitando o diálogo com o doutrinador.

Interessante observar que, nesses casos, o espírito manifestante se sente como que em seu próprio ambiente e de fato ali está, pois não foi deslocado para comparecimento ao grupo mediúnico, atraído ou convidado. Pelo que me foi dado depreender, isso acontece quando há certa dificuldade em atrair o espírito até o grupo, em vista de sua obstinação ou dos cuidados de que se cerca, temeroso de afastar-se dali e acabar em dificuldades. (São entendidas como 'dificuldades', neste caso, mudanças substanciais na sua maneira de ver as coisas e de conduzir sua vida).

Num desses episódios, Regina foi levada em desdobramento à região do mundo espiritual onde vivia um espírito que a assustou com a sua aparência terrível, envolto em largo manto negro, dominando toda uma região em que mantinha vários seres literalmente prisioneiros e até acorrentados. Eram reféns que ele conservava como peões num tenebroso tabuleiro de xadrez, em que as peças eram seres humanos e as jogadas, movimentação de destinos alheios. Além do mais, estava indignado com o trabalho do qual ela participava e que já lhe havia subtraído algumas de suas 'peças'. Daí a cólera com que a recebeu, tentando intimidá-la para frustrar a ação do grupo.

Em algumas ocasiões, contudo, ela foi desdobrada não para ir ao encontro de figuras assustadoras, como essa, mas de espíritos de elevada condição evolutiva que, mesmo à distância, transmitiam-lhe seu pensamento, traduzido em palavras por ela. Nesses casos, a dificuldade não estava em descer desdobrada a antros quase inacessíveis das trevas, mas subir a regiões de inconcebível beleza, igualmente inacessíveis, sem preparação e apoio.

Em outras oportunidades, Regina tem trabalhado mediunicamente, ou seja, funcionando como médium, estando já desdobrada, no plano espiritual. De um desses episódios ela se lembra com nitidez.

Era uma reunião ao ar livre, em algum local não identificado no mundo invisível. Havia um lindo gramado e as pessoas sentavam-se ao chão descontraidamente. Um casal, que parecia coordenar os trabalhos, conduziu Regina a uma pequena mesa, em frente ao grupo de pessoas espalhadas pela grama. Ela sentou-se e orou, em silêncio, por alguns momentos. Formou-se um cone de luz, vindo não sabe ela de onde e que terminava aberto sobre sua cabeça, envolvendo-a até o pescoço como um imenso capuz luminoso que se estendia pelo infinito afora. Fez-se um silêncio respeitoso e ela começou a falar sobre o perdão, sentindo-se mero instrumento de ligação entre um plano e outro, tal como na atividade mediúnica habitual, no grupo terreno.

Há outra lembrança semelhante. Já desdobrada, ela foi conduzida a um auditório ou cenáculo enorme, lotado de gente encarnada e desencarnada. Sentia-se algo nervosa e tensa, talvez ante a perspectiva da responsabilidade

DIVERSIDADE DOS CARISMAS 169

de que sabia ter de desincumbir-se. Um homem, amigo seu no plano físico, ali presente, levou-a a uma salinha ao lado, fez uma prece e ministrou-lhe um passe. Ela acalmou-se e, juntos, voltaram ao salão. O seu amigo sentou-se e ela foi colocada na frente daquela pequena multidão. Novamente ocorreu o fenômeno do cone de luz sobre sua cabeça, a envolvê-la, e a entidade comunicante pôs-se a falar, evidentemente à distância. Infelizmente, Regina não se lembra de nada do que por seu intermédio falou o espírito, nem quem seria ele.

Um desses fenômenos ficou mais bem marcado na sua memória de vigília.

Ao retornar da reunião mediúnica semanal, no plano físico, chegou à sua casa vinte minutos antes da meia-noite. Banhou-se, tomou um lanche, leu uma página de *Vinha de luz*, orou e deitou-se. Após um sono mais ou menos breve, acordou normalmente e, logo em seguida, voltou a adormecer. Viu-se, desdobrada, integrando um grupo de pessoas encarnadas que se preparavam para seguir para um local onde participariam de uma reunião no mundo espiritual.

Puseram-se a caminhar conversando tranquilamente e chegaram a um local onde estava armada uma espécie de plataforma. Aguardaram alguns momentos, até que chegou um veículo parecido com um helicóptero que transportava apenas duas pessoas de cada vez, além da que manobrava o aparelho. Regina não deixou de manifestar certo receio e chegou a comentar com uma companheira: – Acho que vou ter medo; imagine se a gente cai lá de cima. Isto porque o veículo não era fechado e os dois assentos destinados aos 'passageiros' pendiam sobre o espaço, como os de um teleférico. Chegada a sua vez, embarcou no estranho veículo juntamente com outra pessoa e a 'coisa' começou a subir e subir e parecia nunca mais chegar ao seu destino. Mas chegou. Era uma nova plataforma onde o aparelho pousou e elas desceram. Ali também o espaço 'físico' era exíguo e precário. Parecia apenas uma estreita prancha suspensa sobre a imensidão do espaço vazio. Uma pessoa as recebeu e as conduziu ao local da reunião, aonde chegaram sãs e salvas.

Era um salão amplo, numa construção também muito ampla, arejada e pintada de branco. Tudo muito simples, quase primitivo e rústico. No salão principal, havia filas de bancos toscos para o público. Respirava-se uma atmosfera de paz indizível. À frente dos bancos destinados ao público, um pouco à direita, ficavam outros, onde se encontravam algumas pessoas já sentadas, todos obviamente à espera do orador convidado para aquela noite.

Regina sabia que o grupo responsável pela instituição que funcionava naquela construção estava ligado aos pioneiros do cristianismo primitivo e via lá entidades veneráveis; algumas ela identificou, outras, não. Seu amigo espiritual – que acompanhara o desenvolvimento de suas faculdades desde o início, como vimos – também estava lá. Foi das raras vezes em que ela esteve pessoalmente com ele ou pelo menos das vezes em que se lembra de ter estado com ele.

Havia grande expectativa enquanto se aguardava o orador da noite, que fora um dos grandes pregadores dos tempos primitivos do cristianismo. Ela foi informada de que este espírito era o coordenador do movimento de restauração do cristianismo à sua pureza primitiva. Era sobre isso, aliás, que estava programado para falar.

No momento seguinte, ela viu-se desdobrada pela segunda vez, pois fora informada de que iria trabalhar mediunicamente, ou seja, colaborar, através de suas faculdades, com a tarefa da noite. Logo em seguida, vê a entidade a falar. Era uma figura esbelta, alta, vestida com uma túnica simples, de cor alaranjada. É a primeira a surpreender-se com o seu desdobramento em desdobramento: – Como posso eu, já estando aqui – pensou ela –, ser desdobrada outra vez? Em verdade, ela via a sua própria forma perispiritual sendo utilizada no trabalho, perfeitamente consciente de estar sentada na primeira fila entre os assistentes. Era como uma materialização, pois à medida que a pessoa falava e gesticulava, ela sentia a repercussão dos gestos e da fala como se ela própria estivesse a falar e fazer os mesmos movimentos. Regina surpreendeu-se por um rápido momento a pensar: – Nem mesmo aqui consigo ficar totalmente inconsciente!

Quando a reunião terminou, generalizou-se uma conversação fraterna e descontraída. Regina foi levada a uma sala onde pôde, então, falar pessoalmente com o seu amigo espiritual, a quem tanto ama, admira e respeita. Falaram, a princípio, de alguns problemas pessoais que a afligiam no momento (lá embaixo, na Terra!) e depois ela lhe perguntou como teria sido possível aquele segundo desdobramento, já que ela se encontrava desdobrada do corpo físico que repousava no seu quarto de dormir. Ele disse que sim, aquilo era possível, tanto que ocorreu, mas não se estendeu em explicações. Acrescentou que se haviam utilizado do recurso porque era muito importante para ela ouvir o que a entidade tinha a dizer e daquela forma seria mais fácil para ela gravar e reter na memória de vigília, o que de fato ocorreu, pois ela guardou, em suas linhas gerais, os principais tópicos da palestra da noite.

4. Singularidades do mundo espiritual

Nunca se sabe, ao certo, que tipo de atividade está planejada para cada um dos desdobramentos de Regina, quando ela se retira para o seu quarto de dormir. Nem todos, claro, são 'viagens a serviço'. Às vezes são de recreio também. Encontros com pessoas amadas, das quais ela se acha separada, aqui no plano físico, por motivos e compromissos vários, ou com amigos espirituais que, embora não nominalmente identificados, ela sabe que são pessoas muito queridas, às quais se ligou em passado remoto e que continuam fiéis aos vínculos de afeição. Em tais ocasiões, há alegrias e emoções profundas em ambientes de beleza indescritível nos quais a paz, a harmonia e o amor não são apenas palavras soltas e vagos conceitos insubstanciais, mas são da própria essência das coisas, como se aqueles mundos fossem constituídos com esses elevados sentimentos e não como o nosso, de matéria densa. E, no entanto, eles são tão sólidos e reais como este, mas sem as opressões e inquietações que aqui experimentamos. Parece que os amigos espirituais desejam nos proporcionar com isto alguns momentos de 'recreio', uma visita a locais que, um dia, serão o nosso próprio 'habitat'. Enquanto não construirmos em nós as fundações do reino de Deus, só nos resta sonhar com aqueles ambientes de serenidade e visitá-los ocasionalmente.

Isto me lembra um espírito do qual cuidamos certa vez. Ele pertencia a uma instituição espiritual que se empenhava, com todas as suas forças, em destruir totalmente as estruturas religiosas da Terra e os sentimentos respectivos no coração dos seres humanos a fim de que – diziam eles – se tornasse possível começar tudo de novo e criar um novo conceito de religião, sem rituais ou dogmas, mas também sem Deus e com a total marginalização da mensagem do Cristo. E certamente com uma hierarquia montada à imagem e semelhança deles próprios para que pudessem difundi-la por toda a parte. Plano ambicioso, por certo, e até admissível, em princípio, em alguns dos seus pontos fundamentais, quando paramos um momento para pensar no descalabro que vai pelo mundo afora em termos de religião. Quando observamos o florescimento de estranhos cultos, a eclosão de confusas lideranças religiosas, a proliferação de seitas, de rituais bárbaros, estapafúrdios, orgiásticos, ridículos... quando vemos religiões que se deixam contaminar pelo fanatismo, assaltam o poder pela força, dominam pelo terror e pela violência e eliminam vidas humanas, a sangue-frio, em nome de Deus.

Mesmo as que não recorrem à violência, muitas delas pelo menos, estão perdidas em seus dogmas arcaicos, em suas posturas cristalizadas e na total irrealidade de suas estruturas de pensamento, sobrevivendo, apenas, porque se assentam em núcleos de poder cuidadosamente montados e sustentados pela força esmagadora do dinheiro.

Realmente, há muito que fazer em termos de reformulação religiosa, mas, como tivemos oportunidade de lhes dizer, nos inúmeros diálogos sustentados com os líderes da estranha comunidade espiritual, jamais chegaremos a uma solução satisfatória tentando apagar mais luzes na meia-luz da irreligiosidade em que vivemos, mas, sim, trabalhando para que mais luzes sejam acesas, ainda que uma simples vela, para diminuir a escuridão. Além do mais, a filosofia que estavam praticando como objetivo final era apenas um disfarce a mais para as suas próprias ambições e um esconderijo a mais para as suas frustrações, pois também eles vinham de fracassos lamentáveis, após inúmeras experiências no campo da religião e da política.

Um de seus dirigentes, contudo, aproximara-se de um de nossos amigos espirituais. Disse-nos, depois, que ia distraído por um caminho e, de repente, viu aquela pessoa ali, sentada num banco de jardim, tranquilamente a ler um livro. Aproximou-se e começaram a conversar, já que fora bem recebido pelo outro. Para encurtar a história: ao fim de algum tempo, ele ficou mais impressionado do que gostaria de admitir pela serena argumentação do nosso amigo e acabou decidido a uma parada para pensar. Era o primeiro indício de um despertamento de há muito desejado por seus amigos, pois não era mau-caráter, apenas um companheiro bem dotado e experimentado que se transviara, ante o receio de enfrentar suas próprias responsabilidades e promover as reformas íntimas de que necessitava. Acabou decidindo permanecer por ali mesmo, ainda que sem disposição para enfrentar as suas lutas pessoais. E pediu ao nosso companheiro que lhe permitisse ficar cuidando daquele belíssimo jardim em que estavam a conversar. Ali estava uma ocupação que ele aceitaria de bom grado. Era uma pessoa honesta, positiva e comovente, embora, ainda há pouco, só pensasse em trabalhar para subverter os conceitos religiosos vigentes na Terra. O nosso companheiro respondeu-lhe que sim, ele poderia ficar, mas quanto ao jardim, cada um de nós tem de construir o seu e cuidar dele, pois não há como cuidar de jardins alheios. Foi a primeira lição, muito sutil, carinhosa e fraterna. Outras viriam...

A historinha (verídica, aliás) nos serve para ilustrar, de maneira dramática, a curiosa realidade do mundo invisível no qual passamos a viver entre uma encarnação e a próxima. O ambiente em que iremos viver esse período é determinado não pelo nosso desejo, mas pelo nosso peso específico, ou seja, pelo grau evolutivo que houvermos alcançado. Se já conseguimos acumular algumas conquistas, ainda que modestas, é como se tivéssemos aderido ao nosso corpo espiritual, uma espécie de boia luminosa que não nos deixa afogar e descer ao fundo escuro das águas que cobrem os abismos. Ficaremos a sobrenadar ainda necessitados de água, mas à superfície, onde brilha o sol. Há seres, porém, que já nem de boia precisam, parecendo ter asas com as quais alçam-se rumo a planos que mal conseguimos imaginar. Não é sem razão que os artistas e teólogos medievais imaginavam os anjos dotados de asas, como os pássaros... Os seres superiores não estão mais obrigados a rastejar pela terra porque já podem voar pela amplidão cósmica.

Alguns de nós, como Regina, visitam, ocasionalmente, regiões mais purificadas, ainda que não consigamos sequer chegar perto das mais elevadas. Vimos, ainda há pouco, na experiência em que ela funcionou como médium após passar por um segundo desdobramento, a inconcebível distância espiritual entre o plano em que vivemos e aquele em que se passaram as atividades que ela descreve. Para figurar objetivamente essa distância, que é vibratória, é moral, que não é mensurável em termos geográficos, o seu sistema de codificação pessoal traduziu a viagem em símbolos oníricos: primeiro a caminhada em grupo e, em seguida, o transporte numa espécie de helicóptero no qual apenas duas pessoas de cada vez poderiam embarcar, como que a sugerir que raras pessoas poderiam ser selecionadas para essa 'viagem'; parecia um teleférico em que o passageiro ficava sentado numa cadeira individual pendurado sobre imensos abismos. É de se supor que a um descuido mais sério em qualquer ponto da trajetória, como um pensamento impróprio ou um momento de invigilância, poderia o viajante precipitar-se de volta àquele minúsculo grãozinho de poeira cósmica em que vivemos, presos a um bloco de carne e ossos... mesmo depois que o aparelho depositou as pessoas, duas a duas, em algum ponto identificável, ainda houve necessidade de um guia que as levasse à instituição a que se destinavam.

Outro pormenor interessante é o de que ela teve de ser desdobrada novamente, numa forma ainda mais sutil que a perispirítica, a fim de poder funcionar como médium de apoio ao orador que veio de regiões muito mais elevadas do que aquela em que se encontravam reunidos os que vieram ouvi-lo.

5. Psicologia do desdobramento

Habituada aos desdobramentos ocorridos ao longo de anos de experiência quase diária, Regina passou a considerá-los como atividade rotineira, em paralelo com o exercício de suas faculdades, seja antecipando trabalhos mediúnicos em preparação, seja complementando-os posteriormente, bem como em reuniões de instrução e de aprendizado, como vimos. Não lhe é difícil, portanto, manter sua lucidez no decorrer do processo, ainda que o desprendimento seja consequência do sono comum. Logo que ocorre o desdobramento – que não apresenta mais aquelas tensões e receios – ela tem consciência de estar fora do corpo físico, sabe onde está e o que está fazendo. O mais importante, contudo, é o que se poderia chamar de deslocamento do centro de interesse com a sua consequente alteração na perspectiva e nas prioridades. Uma vez destacada do corpo físico é como se algo mudasse na sua própria psicologia ou, pelo menos, na maneira de considerar importantes aspectos da vida. Na posse de um corpo mais sutil, que melhor obedece aos seus comandos mentais e certamente com acesso mais fácil a um vasto mundo de informações e perspectivas, sente-se, de fato, outra pessoa. É como se ficassem naquele corpo adormecido e pesado as motivações de muitas angústias e problemas. Não que tais sensações deixem de existir, porque os problemas, ela bem o sabe, continuam, mas se posicionam em novos arranjos, numa diferente hierarquia de valores. No corpo mais sutil, mais senhora de si mesma, ela chega até a lamentar a perda de tempo com aspectos de sua vida que não têm, afinal de contas, a importância com que se apresentam à sua ótica de encarnada, contida pelas bem definidas limitações da vida física:

– É como se eu não tivesse nada a ver com os problemas daquela mulher adormecida que ficou lá na minha cama... – diz Regina.

Como se tudo aquilo que ela é e representa fossem coisas de outro mundo, de outra pessoa, com a qual ela está vagamente relacionada.

Enquanto isso, os trabalhos se sucedem e não teríamos a pretensão nem o espaço para descrevê-los todos e sobre eles tecer considerações específicas.

Ela se lembra de tarefas que desempenhou durante algum tempo no mundo espiritual como, por exemplo, cuidar de crianças enquanto as mães saíam de seu próprio corpo para tarefas inadiáveis. Nesses casos, ela era levada por amigos espirituais aos lares em que deveria servir. Quando isso acontecia, ela já encontrava, ao desdobrar-se, um trabalhador à sua espera. Ao chegarem, encontravam a mãe aguardando apenas sua presença para partir; trocavam algumas palavras e a pessoa seguia, feliz e confiante, porque alguém ficara de plantão junto às crianças adormecidas. Regina informa que nunca teve problemas graves nessas vigílias, mesmo porque dificilmente as crianças *despertavam* do lado de cá, preferindo ficar despertas do outro lado da vida. Tais lares eram usualmente muito simples, em ambientes pobres. Às vezes, resumiam-se em um único aposento onde se apertavam camas, bercinhos, mesas, armário, fogão, enfim o mínimo de que precisa uma casa, por mais modesta que seja. Nunca identificou essas mães ou as crianças, mas eram obviamente criaturas em provações difíceis no plano físico, embora credoras de certa cobertura e carinho de devotados companheiros espirituais.

São frequentes também as idas de Regina em visita a doentes com problemas semelhantes aos que se verificam no corpo físico. Muitas dessas atividades são direta ou indiretamente relacionadas com o trabalho mediúnico em desenvolvimento no grupo que ela frequenta. Um exemplo disso é relatado a seguir.

Certa vez, ela foi levada a uma reunião de instrução num plano que lhe pareceu bastante elevado. Ela sabia que estava ali somente porque seu devotado amigo espiritual conseguira uma autorização especial para ela e naturalmente levara-a sob sua responsabilidade e proteção. Encontrou lá um vasto salão de conferências e visitou departamentos, onde havia grande profusão de aparelhos desconhecidos. Contemplava aquilo algo aturdida, observava e fazia perguntas. Sentia contudo que, onde quer que se encontrasse, estava sob o controle mental de seu amigo, embora ele não estivesse ao seu lado durante a visita. Percebia isso porque, ante qualquer atitude equívoca ou curiosidade injustificada, sentia o pensamento dele induzindo-a a prosseguir. Consciente de estar ali por concessão especial e não porque tivesse méritos pessoais, esforçava-se por se manter atenta e vigilante, preparando com cuidado suas perguntas e escolhendo as palavras que ia dizer. Mesmo assim, houve pequenos incidentes. A certa altura, por exemplo, viu passar uma jovem e, sem saber como, percebeu que a moça era uma recém-desencarnada. A curiosidade (gratuita) levou a melhor sobre seus cuidados e ela se aproximou da moça iniciando uma conversação, com o objetivo de saber como ela se sentia logo após a 'morte'. Já formulava uma pergunta específica, quando a interrompeu, desculpando-se com a jovem e pensando: – Preciso ter cuidado. Não posso decepcionar meu amigo.

Quando os trabalhos da noite terminaram, ela, pelo braço dele, retirou-se descendo as escadarias juntamente com outras pessoas, desconhecidas dela, mas certamente conhecidas dele, pois conversavam animadamente.

Feliz por estar ali ao lado dele e vê-lo integrado naquele ambiente de seriedade e paz, ela aconchegou-se a ele e lhe disse: – Como amo o meu paizinho! Adoro o meu paizinho! Ele sorriu e replicou: – Amar, sim, minha filha. Mas adorar, só a Deus!

Ficou a lição.

6. Visita a Ibraim

Acrescentaremos mais um relato para encerrar este módulo, não apenas pelas suas conotações pessoais, mas pela curiosa lição que ele encerra a respeito do mundo espiritual e de suas leis.

DIVERSIDADE DOS CARISMAS

Regina teve um irmão muito querido que desencarnou aos quarenta e seis anos de idade, vitimado por uma enfermidade incurável. Fora esse irmão que, de certa forma, após a morte de seu pai, substituíra-o nas preferências dela. Foi ele que assumiu a responsabilidade material e moral da família e esforçava-se por suprir, também no coração da menina, a ausência e o vazio que ali ficaram com a partida do pai. Passou a fazê-la adormecer no colo, trazia-lhe balas, encontrava alguns minutos, enfim, para ela. Naturalmente que Regina apegou-se ainda mais a ele, como que somando a afeição que nutria pelo pai à que experimentava pelo irmão, bem mais velho. Esse relacionamento tranquilo e afetuoso continuou pela vida afora, mesmo depois que ela se tornou adulta e ele seguira seus caminhos, casando-se. Era o mesmo afeto de sempre, as mesmas atenções; ele continuava sendo para ela o pai que se fora prematuramente. Dez anos depois que esse irmão morreu, Regina teve com ele um encontro no mundo espiritual. Estava em tarefas compatíveis com o seu temperamento e sua experiência, uma certa continuidade do que vivera aqui na Terra. 'Em vida', sempre fora, descontraído, interessado numa boa roda de samba, namorador, mas profundamente bom, simples, honesto, trabalhador e responsável. Todos gostavam muito dele. Junto dele não havia tristeza que durasse.

Houve um tempo em que a família residira numa região perigosa da Baixada Fluminense, já àquela época famosa pela assídua frequência de marginais. O irmão de Regina arrumou um modesto emprego numa das biroscas locais. Tinha a família para sustentar e não temia trabalho honesto. Acontece que a birosca não era lá esses primores em termos de clientela. Na verdade, tornara-se ponto de encontro de muitos marginais das redondezas. O jovem dava-se bem com todos graças ao seu temperamento descontraído e pacífico. Tinha por norma não se meter na vida de ninguém, aprendera a não fazer perguntas indiscretas e tratava todo mundo, fosse quem fosse, com educação e respeito naturais, sem subserviência. Acabou fazendo bons amigos entre alguns bandidos da região, pobres seres desarvorados e ainda muito comprometidos com as leis humanas e divinas. Desse bom relacionamento resultou inesperado benefício: a família de Regina nunca foi molestada por nenhum dos marginais. Livraram-se até de tentativas de assalto ao serem identificados como 'gente boa' da família do jovem birosqueiro. Mesmo as moças podiam trafegar livremente pelas ruas e atalhos, altas horas da noite, que nada lhes acontecia em respeito e amizade ao irmão mais velho.

Muita gente pensa que os médiuns são meros telefones para o além e que basta discar um número que os 'mortos' atendem prontamente do outro lado. A realidade, porém, é bem outra. Mesmo Regina, em pleno exercício de suas variadas mediunidades, não tem acesso pronto e fácil, à sua vontade, aos seus amigos e parentes desencarnados.

Isto é válido também para mim. Ao escrever estas linhas, passaram-se quase quarenta anos que partiu meu pai, aos cinquenta e sete anos de idade. Não obstante lidar com médiuns, pelo menos nos últimos vinte anos de trabalho, nunca tive oportunidade de falar com ele, receber uma comunicação ou saber como está. Minha mãe, somente vinte anos após sua partida, mandou-me notícias por via mediúnica e, muito caracteristicamente, em seu leve e conhecido estilo epistolar (foi uma excelente comunicadora, na sua especialidade).

Foi o que também aconteceu a Regina. Mesmo exercendo a mediunidade, vários anos se passaram sem que ela tivesse a menor notícia do irmão. Um belo dia, porém, ou melhor, uma bela noite, ela se viu desdobrada junto a ele. Como sempre fora 'em vida', ele estava muito alegre e parecia feliz. Convidou-a para ir ao seu local de trabalho. Era uma região agreste, escura, como que envolvida em permanente neblina, densa e pesada. Foi conduzida a uma casa de pequenas proporções, mas muito limpa, em volta da qual ficava uma forte cerca protetora. O irmão indicou-lhe um cômodo mais espaçoso no qual, para seu constrangimento, havia uma pessoa desconhecida dela. Percebendo seu desapontamento, ele apresentou a irmã ao homem dizendo-lhe: – Não fique preocupada, não. O coronel é boa gente. Estou botando você aqui com ele para maior segurança. Ele é de toda confiança. E quando você ficar sozinha, passa a tranca na porta, que o pessoal aqui é da pesada.

A observação, obviamente, não tranquilizou muito Regina, mas que fazer? Ainda que restasse alguma desconfiança com relação ao homem que ele chamara de coronel, ela confiava no irmão que jamais a deixaria exposta a algum perigo mais sério.

Explicou-lhe ainda que tinha agora alguns afazeres, mas que voltaria dentro em breve para lhe mostrar o resto do seu local de trabalho, no qual evidentemente se sentia à vontade no desempenho de suas responsabilidades.

Ao cabo de algum tempo, ele voltou. Puderam, então, conversar mais à vontade. Disse-lhe ele que continuava mantendo contactos com verdadeiros bandos de marginais desencarnados, como fizera na Terra. Tratava-os com a dose certa de respeito e compaixão, convicto de que não eram assim porque queriam e sim, porque pressionados por contingências que não tinham conseguido superar. Em suma: tinha pena deles e tentava ajudá-los com seus modestos recursos e com o coração generoso, sempre aberto para acolhê-los tão logo manifestassem qualquer predisposição ao socorro. A experiência na Terra estava sendo, pois, de grande utilidade no mundo espiritual. Pouco depois de lá chegado, em consequência da desencarnação, pediu para trabalhar junto desses companheiros transviados que ele compreendia tão bem e que pareciam entendê-lo e aceitá-lo com certo respeito. Fora localizado ali, naquele posto avançado da dor, muito junto ainda da ambientação da Terra, onde viviam multidões desajustadas e sofridas.

Os pobres irmãos que demonstrassem um mínimo de condição eram recolhidos e reencaminhados para centros de tratamento.

– Às vezes – comentou com Regina – passam para o lado de cá por causa dos tiroteios em que se metem no mundo e sequer sabem que já estão mortos. E continuam dando tiros para todo lado. Então vou-me chegando e ele grita: – Pare aí!

Pare ou eu atiro! – Então eu lhe digo: – Mas por que você vai atirar em mim, companheiro? Não 'tou' a fim de prejudicar.

Há uma pausa, a hesitação ainda desconfiada. Naturalmente, pensam eles, é um policial disfarçado que se aproxima para aprisioná-los. O único jeito para demonstrar que não se é da polícia, é continuar caminhando calmamente na direção deles. A desconfiança pode aumentar: aquele desassombro só pode estar apoiado num bom colete de aço à prova de balas. Seja como for, é preciso atirar e, enquanto o pobre companheiro em pânico atira sem cessar, o outro continua caminhando tranquilamente. Ao perceber que não consegue matá-lo, o bandido acaba descobrindo que o outro é um fantasma, ou seja, está morto.

– Tou sim. E você também irmão. Você já tá noutra...

É um momento dramático. Alguns saem a correr desesperados e não há como detê-los. Fica difícil localizá-los depois e convencê-los a viverem uma nova e desconhecida fase da vida na qual tiro não mata e não há o que assaltar. Impressionada com o seu linguajar e sua aparência física, ainda muito terrenos (era o mais pretinho dos irmãos), Regina perguntou-lhe:

– Por que você continua falando desse jeito? Acho que não é mais necessário. E também, por que você continua com essa aparência física tão igual à da Terra?

– Preciso conservar o meu jeito – respondeu ele. Assim posso ajudar melhor. Os 'irmãos' (Regina entendeu que ele falava de seus instrutores e orientadores) não conseguem chegar perto deles porque eles se assustam e fogem espavoridos. Eu não, pois pareço com eles. Pensam que sou um deles e confiam em mim. Observam minha aparência e meu modo de falar. Eu sei que já falei muito certinho (em encarnações em que adquirira muito conhecimento), mas não me dei muito bem com isso. Acho melhor ficar assim como estou. Sou mais útil e não corro muitos riscos.

– Mas todos os que chegam aqui são recolhidos? – perguntou Regina.

– Não. Ih! Longe disso! Está vendo aquela cerca? Quando a coisa aperta muito pro lado deles, eles vêm até aí no portão e começam a gritar e pedir socorro, pedindo para serem tirados de lá, pois não aguentam mais. Aí, eu chego lá no portão (eles não sabem abri-lo) e os examino. Os irmãos me ensinaram a fazer isso e entender quando eles estão prontos ou não para serem resgatados. É só olhar pra eles que eu sei. E então pergunto a eles: "Como é, amigo, você quer mesmo vir pro lado de cá?" E eles confirmam que querem, de verdade. E eu lhes falo: "Bem, se você quer mesmo passar pra cá, tá bem. Mas o lado de cá é o lado de Jesus Cristo, hein? E aqui não tem refresco, não. É a cruz." Então, se querem mesmo, eles aceitam: "Tá bem, seu 'braim. Faço o que o senhor quiser, mas não dá mais pra ficar aqui. Não aguento mais." Mas se eles estão ali falando só por falar, então quando falo na cruz eles saem em disparada, que nem doidos.

Depois dessas explicações, Ibraim levou a irmã a uma pequena construção em meia-água com vários compartimentos semelhantes a celas de um presídio. Em cada uma delas havia uma pessoa. E ele informou:

– Esses daqui são aqueles que morreram inocentes ou que não são ruins de todo, mas ainda não têm condição de 'ir lá pra dentro'. Ficam aí uns tempos. Todo domingo boto meu terno branco e venho conversar com eles. Animá-los. Uma vez por semana, vêm alguns 'irmãos' e fazem uma pregação pra eles. Eu aproveito pra escutar também.

Quanto ao linguajar e à aparência, explica ele que, ao chegar lá, ninguém quer saber quem você é, qual a sua cor ou religião. O que 'eles' querem saber é o *que você fez e o que pode fazer pelos outros.* Isso é o que é importante.

Informou, ainda, que os que comparecem ao portão em busca de socorro e são recolhidos têm de assinar um papel, comprometendo-se a aceitar os regulamentos, obedecer aos 'irmãos' e coisas assim.

– Isso não é necessário prá nós – explica Ibraim –, mas pra eles é. Os 'irmãos' dizem que eles estão ainda muito presos ao sistema da Terra. Por isso, quando a gente usa coisa parecida aqui, eles veem que a 'coisa é séria mesmo'.

Terminada a visita, ele foi levar Regina de volta ao seu corpo físico. Permaneceu ali por alguns momentos e comentou:

– É a primeira vez que tiro férias, depois de dez anos de trabalho.

E ao despedir-se falou:

– Diga lá ao seu pessoal – referia-se aos companheiros do grupo mediúnico frequentado por Regina – que sou muito agradecido a eles pelo carinho com que te tratam. Você sempre foi uma filha pra mim.

Regina despertou com os olhos rasos de lágrimas. Mas feliz. Lá estava seu irmão, tão vivo como nunca, o mesmo temperamento alegre, o mesmo coração generoso, as mesmas atitudes e até o modo de falar, tudo, até o último, inesperado e comovente detalhe: o seu infalível terninho branco. Fora a sua roupa predileta dos domingos, quando saía a passear.

7. O doce mistério da vida

Os desdobramentos de Regina se tornaram fonte inesgotável de experiências, de aprendizado e de oportunidades de trabalho útil em favor do próximo e de si mesma.

Ao cruzar, com frequência que virou rotina, as fronteiras sempre arbitrárias que separam a realidade única da vida em dois compartimentos distintos, ela aprendeu a aceitar a convicção inabalável de que, em lugar de terminar com a morte, como tantos pensam, é tudo uma só continuidade que recomeça alhures sem interromper-se, como quem passa do sono à vigília e vice-versa.

Essa convicção, que ultrapassou a condição de fé porque se converteu em certeza, proporciona-lhe a felicidade de redistribuir seus problemas pessoais – não eliminá-los sumariamente – dentro de uma hierarquia diferente, da mesma forma que suas aspirações e anseios ficam posicionados numa diferente escala de prioridades. Os problemas que vive como ser humano encarnado são apenas o que são – ou seja, dificuldades transitórias e até necessárias –, bem como estimuladoras do processo evolutivo. Correções de rumo e ajustes são medicamentos para mazelas pessoais que persistem ao longo dos séculos. Cansados de tais desacertos emocionais, convencemo-nos afinal de que é necessário tomar certos remédios, ainda que amargos, alguns, e muito *caros*, outros. Como iríamos curar enfermidades persistentes sem a firme decisão de aceitar um tratamento enérgico, dirigido por médicos competentes e bondosos?

Além de tudo isso, muito cedo descobriu ela o maravilhoso instrumento de trabalho que é a faculdade anímica do desdobramento, sem a qual não há como exercer as de natureza mediúnica, ou seja, as que permitem funcionar como intermediários entre as duas faces da vida emissários que circulam entre uma e outra, canais vivos de comunicação e intercâmbio, "oficiais de ligação", como diz André Luiz, entre um mundo e outro.

– Diante das belezas e riquezas da vida espiritual que sou levada a contemplar nessas experiências de convívio pessoal com os dois planos, como poderia eu sentir-me infeliz ante os problemas deste lado ou agarrar-me a eles aflitivamente, quando *sei*, por experiência própria, que os portões da morte se abrem para o reino mágico da felicidade onde vivem tantos de nossos amores?

Isso não quer dizer, certamente, que devamos minimizar a preciosa oportunidade de estarmos aqui, temporariamente ligados a um corpo de carne, pesado e limitador, na expectativa de um desligamento final que nos liberte o espírito. Isso, não. Há tarefas a realizar aqui, mesmo porque, enquanto não formos aprovados no vestibular da vida terrena, não poderemos frequentar as universidades luminosas do mundo maior onde, no dizer de Paulo, não chega o aguilhão da morte.

Por essas e outras, eu próprio, o escriba destas páginas, costumo dizer que não tenho fé em nada disso. *Sei* que é assim...

No que estamos de acordo, não apenas Regina e eu, mas todos aqueles que sabem infinitamente mais do que todos nós reunidos.

Talvez, por isso, cantavam Jeanette MacDonald e Nelson Eddy, num velho filme romântico: "Ah, o doce mistério da vida..."

Por isso, certamente, dizia um amigo espiritual muito querido que, ao chegar de volta ao mundo espiritual, não se deixou impressionar pelo que ignorava e, sim, pelas infinitas possibilidades de aprendizado que se desdobravam ante seus olhos maravilhados...

Capítulo VII
Condomínio espiritual

1. Introdução

Por mais que a gente se dedique ao estudo da fenomenologia anímica e mediúnica, há sempre aspectos inusitados a observar, situações imprevisíveis, eventos literalmente inacreditáveis para os quais fica difícil até mesmo formular uma hipótese de trabalho razoável.

Encontro alguns desses casos na experiência pessoal de Regina, como a evidência da sua bilocação. Mas será que é mesmo bilocação? Às vezes parece que é, de outras, parece que não. Vamos aos fatos.

Vivia ela o difícil período de sua vida, ainda muito jovem, durante o qual frequentava a faculdade e já trabalhava para se manter. Foi uma época de perplexidades. Era grande o número de pessoas capazes de afirmar, sob juramento solene, que a tinham visto em lugares onde ela não podia ter estado. Alunos seus, que a conheciam bem de perto, nas suas feições, porte e gestos, declaravam não apenas tê-la visto, aqui e ali, como ainda informavam que a saudaram e ela respondera com acenos e sorrisos inequívocos para eles.

Certa vez, alguém lhe disse: – Aí, hein? Passeando em Copacabana em vez de estar trabalhando! –, o que não era absolutamente verdadeiro. Isso a deixava confusa, pois não havia como convencer as pessoas de que 'a outra' não era ela. Quem seria, então? Por muito tempo pensou que teria uma sósia. Quando afirmava que provavelmente a haviam confundido com outra pessoa, a negativa era categórica:

– Não; era a senhora mesma. Chamei pelo seu nome, a senhora sorriu e me acenou.

Ou então:

– Cumprimentei-a e a senhora me respondeu.

Despreparada para a observação do fenômeno, à época, Regina não lhe deu a atenção que merecia, o que lamentaria mais tarde. É que nem lhe passava pela cabeça que pudesse estar em dois lugares ao mesmo tempo. Totalmente impossível. Tinha de ser algum mal-entendido ou confusão de identidade com pessoas parecidas com ela.

2. Fim de semana no sítio

Certa vez, a situação foi não apenas dramática, mas traumatizante. Acabara de dar suas aulas num colégio em Cascadura, no Rio, aí por volta de meio-dia e seguia para casa quando, numa das ruas centrais daquele bairro, foi abordada por uma senhora que a cumprimentou alegremente:

– Como é que vai? Tudo bem com você?

Não era, pois, nenhuma confusão de identidade. A mulher diante dela em plena rua, com uma criança na mão, estava lúcida, em estado de alerta, não tendo aparência alguma de alienada. Decididamente, ela conhecia Regina. O problema é que Regina não a conhecia! Veja bem, não é dizer que não a *reconhecia*. Nunca tinha visto aquela pessoa. Mas não quis ser grosseira e respondeu delicadamente que ia bem, obrigada. E a senhora? Não pôde evitar, contudo, que certo constrangimento se revelasse na sua maneira de falar e na reserva da sua atitude. Em seguida, a mulher lhe perguntou o que ela achara do fim de semana. Se havia gostado do seu sítio, da comida etc. Não havia dúvida, portanto: ela estava obviamente equivocada. Mais contrafeita do que nunca, Regina respondeu-lhe que estava ocorrendo ali algum engano porque, infelizmente, ela não conhecia a senhora. Que a desculpasse, portanto. Mas a mulher insistiu, agora um tanto irritada:

– Que história é essa de não me conhecer? Pois você foi recebida em minha casa, com toda a gentileza possível, esteve conosco e agora diz que não me conhece?

– Sinto muito – declarou Regina, com firmeza – mas a senhora está enganada. Eu não a conheço.

A essa altura, a pobre senhora se mostrava não apenas aturdida, mas visivelmente indignada falando com certa agressividade:

– Mas então é assim? Você passa um fim de semana conosco, em minha casa, e depois vem me dizer que não me conhece? Que história é essa? Além de mal-educada, você é mal-agradecida?

Regina procurava habilmente contornar a situação, sem saber o que fazer para convencer a outra do seu evidente equívoco. Tentou fazê-lo declarando seu nome, o que fazia e onde trabalhava. Em desespero de causa, propôs à senhora irem juntas ao colégio, que não ficava longe dali, para que esta se certificasse da sua identidade.

Lembrou-se da sua carteira de identidade, pois a mulher a chamava por outro nome que não o seu. Abriu a bolsa, tirou a carteira e mostrou-a à sua interlocutora.

– A senhora está vendo? Não sou a pessoa que a senhora pensa. Deve ser alguém muito parecida comigo.

DIVERSIDADE DOS CARISMAS

E como que a desculpá-la e até consolá-la pelo equívoco, declarou que muita gente cometia com ela o mesmo engano, dizendo tê-la visto em lugares onde, absolutamente, ela não estivera.

A outra pegou a cédula de identidade, examinou-a atentamente e ficou a conferir o retrato com o original diante dela. Manteve-se um momento em silêncio, perplexa, confusa, assustada mesmo. E saiu com uma conclusão imprevisível:

– Então já sei. Você mentiu para nós naquele dia. Você não era quem você disse que era. É isso.

E deu por encerrada a conversa e aquele estranhíssimo encontro na rua. Estava visivelmente aborrecida, magoada e, por certo, ressentida. Pegou a mão da criança, virou-lhe as costas e se foi.

Nesse dia, Regina ficou seriamente preocupada. A coisa estava indo longe demais. Teria ela uma sósia tão perfeita assim? Estaria ficando perturbada?

3. Preâmbulo a uma explicação

Bem, o ser humano é um animal explicativo. Na realidade, é o único bicho que explica as coisas e fica desesperado quando não descobre, nos seus arquivos mentais, material suficiente para deslindar uma bela confusão dessas. Acho que uma explicação bem imaginada e bem exposta pode não fazer ninguém mais esclarecido sobre o assunto, mas dá ao explicador uma agradável sensação de inteligência e competência.

Vamos tentar a nossa. O leitor sabe, certamente, que há bem documentados fenômenos de bilocação na história religiosa e até leiga. O mais famoso deles é o de santo Antônio de Lisboa, sobre o qual nos referimos alhures, neste livro. Vimos, também, o caso da infeliz senhorita Sagée que era vista em dois lugares ao mesmo tempo e pelas mesmas pessoas, sem a menor sombra de dúvida ou trapaça.

É de se supor, portanto, que Regina pudesse estar num lugar e apresentar-se em outro, ao mesmo tempo, com o seu perispírito suficientemente adensado a ponto de ser visto por conhecidos seus com o sistema normal de visão, sem nenhuma conotação especial. Ou, quem sabe, as pessoas que a viam longe do local onde ela deveria encontrar-se, no momento, eram dotadas de faculdades clarividentes? É, também, uma alternativa possível. Acontece que, para isto, seria necessário um desdobramento bem caracterizado e para que este ocorra o normal é que o corpo físico esteja, pelo menos, em repouso, em estado de relaxamento, quando não adormecido mesmo.

Será que, além do perispírito, há outro corpo que também pode desprender-se, deslocar-se e mostrar-se à visão alheia em locais diferentes? Sem dizer que isso seja possível, podemos supor que é, pelo menos, concebível. Confesso, porém, que a hipótese exige um volume respeitável de boa vontade, pois seria preciso admitir, também, que a consciência de Regina funcionasse, simultânea e independentemente, em dois corpos separados por uma distância considerável.

Acho que por aí a coisa fica difícil de se explicar. Vamos experimentar outra hipótese.

Esta explicação precisa de um preâmbulo que passo a expor.

Conta-nos Regina que, na época em que tais fenômenos ocorriam, estava ela sujeita a mergulhar, subitamente, em períodos de inconsciência. Foi essa, aliás, a razão que a levou a procurar um psiquiatra, temerosa de estar perdendo o juízo. Como todos nós, ele tinha até um rótulo prontinho para o pacote psíquico. Foi só sacá-lo e pregá-lo como um adesivo. Segundo ele, a coisa chamava-se *ausência*. E acontecia, como sempre, de maneira imprevista. Por exemplo: ela tomava um ônibus, sentava-se e, de repente como que se perdia. Voltava, ao cabo de algum tempo, a si, mas não sabia onde estava (nem onde estivera), o que estava fazendo ali, quem era ela, afinal. A situação era angustiante, desesperadora. Quando finalmente conseguia lembrar-se, já estava longe do ponto onde deveria ter saltado do ônibus.

De outras vezes, caminhava pela rua em certo sentido, indo para algum lugar onde tinha compromisso e novamente se perdia passando pela mesma rotina de sempre: perda de identidade, de objetivo, de rumo, até que acordava e vivia alguns momentos de perplexidade, enquanto não conseguia reassumir os comandos da sua mente e sua identidade. Com a repetição de tais episódios, sentiu-se realmente assustada. E se numa dessas ela não *voltasse* mais? Ou não recuperasse sua identidade perdida?

Uma dessas ausências foi marcante.

Ela morava, na ocasião, em Inhaúma, em um conjunto residencial afastado do centro do bairro. A ligação era feita por um dos antigos 'lotações', microônibus, hoje (felizmente) desaparecidos, que circulavam pelo Rio de então. O trajeto era feito usualmente em vinte minutos. Chegando à praça central, ela tomava outra condução para Duque de Caxias, onde trabalhava.

Certo dia saiu de casa e tomou o lotação. Entrou, sentou-se e novamente perdeu-se, ou seja, teve uma de suas ausências. Ao retornar, despertar ou o que seja, foi particularmente difícil localizar-se no tempo e no espaço e recuperar sua identidade. Olhava para tudo em volta de si, sem entender, com a vaga noção de que estava dentro de um ambiente que se deslocava e no qual havia outras pessoas sentadas em poltronas. Lá estava o motorista, acolá as legendas, uma das quais exibia o preço da passagem, mas, a despeito do seu esforço mental, não entendia nada do que se passava, quem era, o que estava fazendo ali ou para onde ia. Era como se acabasse de ser violentamente sacudida de um sono profundo, durante o qual sonhava com outra realidade. E trazia ainda imagens vagas do sonho, que agora se misturavam àquela outra realidade, no ônibus. Qual delas era a verdadeira? O que estava fazendo ali? Quem eram aquelas pessoas?

Pouco a pouco, foi conseguindo localizar-se e identificar-se. Olhou para o relógio e concluiu que se haviam passado cerca de quarenta minutos e que ela estava muito longe de Inhaúma, na altura de Pilares. Saltou no primeiro ponto, oprimida

Diversidade dos Carismas

por uma sensação de angústia, de medo, de perplexidade. Começou a chorar, sentindo-se desamparada, nervosa, confusa, certa de que algo estranho e incompreensível estava acontecendo com ela e à sua inteira revelia. Não tinha dúvida agora: estava perdendo a razão. A caminho da loucura...

Há algum tempo vinha pensando em procurar um psiquiatra, mas agora não era mais um vago desejo, era uma imposição a ser cumprida imediatamente, antes que cruzasse os portais da insanidade, pensava ela.

No começo deste livro, tomamos conhecimento de suas experiências com a psiquiatria. Não nos cabe acusar a psiquiatria, tampouco o seu praticante, certamente qualificado para isso, mas que tem essa ciência a dizer num caso desses, se não admite a hipótese de estar lidando com um espírito imortal? As ciências psi (psicologia, psiquiatria, parapsicologia e tantas outras) teriam de ser as primeiras, no contexto cultural da humanidade, a descondicionar-se das amarras materialistas, a fim de que pudesse o conhecimento dar um passo à frente em termos de entendimento da vida mental. No entanto, continuam estruturalmente presas aos arcaicos conceitos de que o ser humano é matéria animada, pensante, inteligente, mas matéria apenas, basicamente alguns litros d'água, com porções de carbono, oxigênio, hidrogênio e nitrogênio, além de algumas pitadas de cálcio, fósforo e outros sais. E nada mais que isso. Ainda está para nascer, ou melhor, renascer, aquele que terá a coragem de romper com esses esquemas inibidores. Enquanto se espera por essa pessoa, as diferentes correntes das ciências psi distraem-se a trocar figurinhas e rótulos...

Com o tempo, Regina conseguiu dominar suas ausências. Seria, talvez, injusto declarar que ela nada deve por isso à psiquiatria. É possível que tenha sido ajudada de alguma forma. O certo, porém, é que os fenômenos ficaram sob controle desde que ela passou a exercer regularmente suas faculdades anímicas e mediúnicas.

Por algum tempo, ela ainda continuou a perder-se, inesperadamente, mas os fenômenos começaram a esparsar e, a não ser ocasionalmente em breves momentos, ela não tem mais esse problema ao escrevermos estas linhas. Mesmo assim, ela parece ter aprendido a controlá-lo e até usá-lo em seu próprio benefício. Quando se encontra em lugar muito barulhento, por exemplo – ela detesta barulho –, consegue, não propriamente ausentar-se, mas isolar-se como se ficasse pairando pouco acima de sua própria cabeça, onde o barulho lhe chega amortecido como um vago rumor, à distância. Imagino que isto seja um desdobramento parcial, pois ela diz ter condições de ver o seu próprio corpo, de pé ou sentado, mais abaixo, não muito longe no espaço físico, mas o suficiente para desligá-la de certa forma do ruído ambiental. Isto, aliás, nos leva a crer que ela tenha condição de desdobrar-se, mesmo sem estar o corpo em repouso ou em estado de relaxamento total. O que explicaria certos fenômenos de bilocação, mas não o do "fim de semana no sítio da mulher zangada".

Bem, mas eu prometi uma explicação para o caso. Vamos a ela.

4. Teoria do condomínio

Uma vez documentada a sua faculdade de ausentar-se, bem como sua mediunidade nascente, ainda um tanto descontrolada – dado que ela não tinha, àquela altura, a mínima noção disso –, é de se supor que, em estado de relativo relaxamento, sentada numa poltrona de ônibus ou lotação, ela se desprendesse – daí a ausência – enquanto *outro* espírito assumia o controle e seu corpo. A psiquiatria tem para esse caso um vistoso rótulo: *múltipla personalidade*. Como também gosto de pregar os meus adesivos, inventei para o mesmo caso a expressão *condomínio espiritual*. Tanto num como noutro rótulo, o fenômeno é o mesmo, ou seja, uma comunidade de espíritos desencarnados que partilham com um encarnado o mesmo corpo físico. É exatamente como um condomínio, segundo o qual várias pessoas vivem no mesmo edifício e cada um tem a sua hora certa de sair ou de se retirar para descansar. Há até convenção e síndico.

Existe uma rica e confiável literatura científica sobre o assunto que tem servido de tema a filmes do maior interesse, como *As três faces de Eva* ou *Sybil*.

Essa hipótese adapta-se como perfeita luva ao caso do 'fim de semana no sítio'. Regina poderia ter tido uma de suas costumeiras ausências (ou seja, um desdobramento), um espírito invasor *incorporou-se* nela e foi passar o fim de semana no sítio da mulher. Divertiu-se, passou do bom e do melhor e depois devolveu o corpo a Regina, sem que esta percebesse coisa alguma do que ocorreu nesse intervalo. Como vimos, a dona do sítio não a chamava de Regina, e sim por outro nome.

É de fato lamentável que Regina não tivesse ligado maior importância ao fenômeno, na época, e que o seu psiquiatra não tentasse, pelo menos, aprofundar-se mais nos detalhes. Teria produzido um estudo de elevado alcance científico, com base no caso. Havia, apenas, uma séria dificuldade inicial a vencer – a de localizar a dona do sítio. Feito isso, era fazer um levantamento completo do caso para se descobrir como as coisas realmente se passaram. Como foi que a moça foi parar no sítio? A convite de quem? Por quê? Como estava vestida? Onde foi encontrada? Alguém foi apanhá-la em casa? Terminado o fim de semana, como regressou e, com quem e para onde? Deu o seu endereço? Conhecia alguém na família ou entre os amigos mais próximos? Que tipo de personalidade? Que história contou? Seria possível colher o depoimento de outras pessoas da família? E Regina, o que fez naquele fim de semana? Teve alguma ausência? Estava pessoalmente com alguém? (Ela morava sozinha).

Ao que se depreende, ela agiu com impecável naturalidade na sua visita, pois não despertou a menor suspeita de fraude ou estranheza na mulher. É também óbvio que, embora com identidade diversa – nome, personalidade etc – o corpo físico *era o de Regina*. Dificilmente a gente se enganaria com as feições de uma pessoa com a qual passou todo um fim de semana e, em seguida, a encontra, em plena luz do dia, na rua. Se a pessoa fosse apenas parecida, bastariam uns poucos momentos de conversa para descobrir-se o equívoco, mas a mulher não se convenceu disso nem mesmo depois de ver a cédula de identidade de Regina. Para ela aquela mulher não era Regina e, sim, a moça que passou o fim de semana no seu sítio, com a sua família, e que agora recusava-se a reconhecê-la.

5. Bilocação *versus* invasão espiritual

A meu ver, há aqui duas ordens de fenômenos. A primeira consiste em desdobramento que acarreta a bilocação, ou seja, a pessoa é vista em dois lugares ao mesmo tempo. A dificuldade que encontra esta hipótese para explicar o caso do fim de semana está em que é bem mais raro o fenômeno do desdobramento enquanto o corpo físico se mantém em atividade normal ou mesmo mais reduzida. Vimos, com a srta. Sagée que, ao desdobrar-se, no jardim, seus movimentos continuaram, ou seja, ela seguiu colhendo flores, embora mais lentamente, enquanto o outro corpo foi sentar-se na poltrona do salão de trabalhos manuais. Este caso é impecável porque as mesmas pessoas – e muitas pessoas – viam, ao mesmo tempo, a Sagée I e a Sagée II, uma no jardim e outra na poltrona. É possível, portanto, o fenômeno. Regina mesma o confirma, desdobrando-se em ambiente ruidoso a fim de se livrar do barulho, enquanto seu corpo fica lá, não em relaxamento ou sem movimentos, mas normalmente. O famoso fenômeno de bicorporeidade de santo Antônio de Pádua confirma que o normal em tais episódios é ficar o corpo físico em repouso enquanto o perispírito se desloca no espaço (ou no tempo). Segundo os relatos – que parecem fidedignos, porque o fenômeno foi testemunhado por muita gente, tanto de um lado como de outro –, o santo estava pregando, quando se ajoelhou no púlpito e ali ficou seu corpo imóvel, enquanto, em espírito, foi a Lisboa defender a causa do pai, injustamente acusado de crime que não cometera.

Não estamos aqui certificando que o caso se passou exatamente assim, mas que é possível, sem recorrer à hipótese do 'milagre' como *derrogação de leis divinas*.

A outra ordem de fenômenos não é uma bilocação e sim, uma invasão espiritual, via mediúnica. Uma vez a sensitiva desdobrada de seu próprio corpo físico, este fica à mercê de espíritos desencarnados que se incorporam, ou melhor, passam a controlar o corpo alheio e dele se servem, nos seus deslocamentos, como se encarnados estivessem. Exatamente isso acontecia com Eva, com Sybil, com Henry Hawksworth (*The five of me*) e outros tantos.

O leitor interessado em explorar mais este tema poderá ler artigos meus como *As três faces de Eva*, (*Reformador*, de dezembro/1959), *Sybil – O drama da possessão* (*Reformador*, de março/1974) e *Condomínio espiritual*, (*Jornal Espírita*). Sobre o assunto, escrevi também uma obra, ainda inédita, que tem por título *Personalidades múltiplas, Uma releitura nos seus enigmas*.

É preciso considerar, contudo, que, na avaliação dos fenômenos psíquicos em geral, é sempre seguro optar-se pela hipótese mais provável e/ou aquela que se produz com economia de esforço, seguindo a linha de menor resistência, como tudo o que se processa nos vastos laboratórios da vida. Se você derrama um balde d'agua num piso cimentado de um cômodo ou pátio, ela não galgará elevações e ressaltos em desafio às leis que regulam a dinâmica dos líquidos. Ao contrário, ela escorrerá pelos desníveis que levam para baixo, embora invisíveis ao olho inexperto. Não é outra razão pela qual os cursos d'água, desde as suas origens até a foz que os entrega ao mar, buscam os caminhos mais fáceis e, por isso, traçam curvas e ziguezagues caprichosos ao longo dos quilômetros percorridos até o mar.

Por isso, no exame final dos casos há pouco relatados por Regina, prefiro concluir que eram todos devidos a uma incorporação mediúnica e não, a um desdobramento. Ou seja, ela não era encontrada, em seu perispírito adensado, em local diferente de onde deveria estar, mesmo porque nunca teve oportunidade de conferir com precisão a hora em que era vista num lugar, quando deveria estar em outro. Não houve esse rigor científico neste caso. Pessoas lhe diziam tê-la visto, aqui ou ali, há dias, ou semanas atrás, não às tantas horas do dia tal, na rua tal, vestida desta ou daquela maneira. Seria difícil, senão impraticável, saber, ela própria, o que estava fazendo naquele exato momento, a não ser que ocorresse em dia e hora de aula. Esse dado ela não possui. Fico, por conseguinte, com a hipótese mais provável ainda que, neste caso, a mais complexa, porque exige a interferência de um espírito que não o seu. Considerando suas óbvias faculdades mediúnicas desde a infância e sua facilidade de desdobramento (ou ausências, como quer a psiquiatria), a hipótese de uma incorporação espiritual é mais aceitável do que a bicorporeidade, dado que esta não apenas pressupõe certo estado de relaxamento ou repouso, como às vezes, até sono mais profundo. Além do mais, tornar-se-ia muito mais difícil e até pouco provável que seu perispírito desdobrado conseguisse tal grau de adensamento que tivesse a aparência de um corpo sólido, identificável, caminhando à plena luz do dia pelas ruas de uma cidade movimentada como o Rio de Janeiro. O que alunos seus e amigos viam, portanto, em locais diferentes de onde a supunham estar, não era Regina/espírito, com o correspondente corpo físico de Regina, mas um espírito desconhecido na posse do corpo físico de Regina.

Para isso bastava afastá-la temporariamente do corpo – hipnose ou magnetização, às quais ela é extremamente suscetível, como pude eu mesmo verificar – e assumir os controles do seu cérebro e, consequentemente, do corpo material. Todos nós que viajamos de ônibus ou outra condução, regularmente, como rotina de trabalho, sabemos da facilidade com que nos desligamos do ambiente e da paisagem, familiares demais e que nenhum interesse tem a nos oferecer. De um estado de alheamento à sonolência ou ao desligamento efetivo do perispírito não há mais que um passo ou dois, ou seja, alguns momentos. Vimos um episódio em que ela 'perdeu-se' (o verbo é dela mesma) por quarenta minutos, mas continuou no mesmo ônibus, onde foi *acordar* depois, já muito distante do ponto onde deveria ter saltado. Não sabemos, contudo, das vezes em que os espíritos invasores conseguiram fazê-la descer e tomar outro rumo como, por exemplo, ir passear em

Copacabana, onde Regina (corpo físico) foi vista, sem que ninguém suspeitasse de que o espírito que controlava esse corpo *não era o de Regina*.

6. Manifestação mediúnica de uma condômina

No já citado caso de Henry Hawksworth, o sensitivo era um garoto de três anos, quando teve um desmaio (ou seja, uma ausência). Só iria despertar quarenta e três anos depois, aos quarenta e seis anos de idade, casado com uma mulher que ele nem conhecia e com filhos que, a rigor, não eram seus, embora gerados na esposa com a participação de seu corpo físico que, neste ínterim, fora ocupado rotativamente por várias entidades. Estou certo de que a ciência ainda está achando que essas 'personalidades' são fictícias, desdobramentos da personalidade central, facetas ou cisões desta. Na realidade, porém, são espíritos autônomos que vivem em condomínio disputando a posse de um mesmo corpo. Em nossas experiências mediúnicas, ao longo dos anos, tivemos uma única oportunidade (infelizmente uma só) de conversar com um dos espíritos que partilhavam um condomínio desses no corpo da jovem esposa de um amigo que nos procurou para conversar sobre o assunto que o deixava aturdido. O caso era semelhante ao de Regina nas suas estruturas, ainda que não nas consequências, de vez que já se agravara pela consolidação do domínio de uma comunidade de espíritos desencarnados sobre a companheira encarnada. Havia entre eles uma espécie de pacto ou acordo e até certa disciplina para que cada um deles tivesse sua oportunidade de sair com o corpo da única que era, de fato, encarnada. Ao que pudemos apurar, eram todas mulheres e tinham tendências diversas e temperamentos também diferentes, como é de se esperar em pessoas diferentes. Uma era mais caseira e gostava de cuidar das crianças; a outra, um tanto infantil (seria ainda uma criança também?), brincava com os filhos do casal; uma terceira apresentava forte conotação política na sua formação e envolvia-se com grupos ativistas que punham o pobre marido em polvorosa.

A que veio nos falar, utilizando-se dos recursos da mediunidade, manifestou-se como qualquer espírito, sendo muito franca e não fazendo mistério algum. Sim, participava do grupo, entrosavam-se bem e estavam muito satisfeitas com o arranjo; a outra tinha com elas um compromisso – que ela não esclareceu, mas que mencionou discretamente – e não conseguiríamos desfazer o grupo, no qual imperava certa harmonia de interesses.

No caso de Regina, não ficamos sabendo – pela ausência de pesquisa à época e pelo tempo decorrido – quantas e que entidades operavam com o seu corpo e o que faziam, mas tudo leva a crer que havia uma certa comunidade de interesses em torno dela. Diz ela que, às vezes, sem nenhuma razão aparente, sentia-se dominada por um sono quase invencível. Era preciso um tremendo esforço de vontade para não se deixar adormecer em plena aula ou no meio de alguma tarefa qualquer. Nem sempre, contudo, tinha condições de escapar a tais induções. Bastava afastar-se o perispírito do corpo físico – e já vimos que ela tinha a maior facilidade de desdobramento – para que se tornasse possível à outra assumir seus controles mentais. Uma desculpa qualquer aceitável poderia ser formulada para que se vissem tais invasores com liberdade para sair com o corpo dela. Como esta, por exemplo: – Hoje temos de acabar a aula mais cedo, pois preciso ir ao médico.

Por outro lado, convém considerar um importante e dramático aspecto: o de que a memória dos eventos ocorridos durante as ausências, quando o corpo físico fica entregue a outro espírito, *não fica com o dono do corpo* e sim, com o espírito invasor ou possessor. Daí porque, ao retomar o corpo, em local distante daquele em que deveria estar naquele momento, Regina sofria um angustiante período de perda de identidade até que conseguisse retomar todos os seus controles mentais *no corpo* e lembrar-se novamente de que era Regina e acabara de se perder por mais algum tempo, sem saber onde estivera e fazendo o quê.

7. A professora de piano

Debatendo com ela esses aspectos, ao escrever este capítulo, ela achou lógica e razoável a formulação teórica, concordando com a tese de múltipla personalidade ou condomínio espiritual, aplicada aos fenômenos, embora essa hipótese não lhe houvesse ocorrido antes. E acabou por lembrar-se de mais um episódio que demonstra essa incrível, mas autêntica realidade.

Certa vez, quando deu acordo de si, ou seja, ao despertar de uma de suas costumeiras ausências, estava na casa de uma senhora, num bairro distante e desconhecido. Não conhecia também a senhora, mas percebeu, a tempo, que acabara de contratá-la como professora de piano. Estranhou muito a situação, mas conseguiu contorná-la. Não sabia nem como sair do conjunto residencial onde morava a professora, no qual acabara de entrar (obviamente sob o comando de outra mente, outra memória). A professora teve de acompanhá-la até a rua, que Regina não sabia qual era e tampouco em que sentido deveria de tomar condução a fim de voltar para casa.

Outra dificuldade adicional ocorreu. Alguém obviamente contratara a professora (embora à época ela não tenha desconfiado disso) mas era ela, Regina, quem deveria pagar as aulas e o dinheiro que ganhava não era suficiente para essas proezas financeiras. Não houve outro jeito senão dizer à professora que a desculpasse, mas que não tinha como frequentar as aulas regularmente. Sem suspeitar do drama que ela vivia – e nem a própria Regina o sabia – a generosa professora resolveu dar-lhe lições gratuitas.

No caso do fim de semana no sítio, portanto, podemos imaginar a seguinte (viável) situação. Regina deitou-se normalmente para dormir, digamos no sábado, à noite, ou teve uma das suas ausências, à tarde. Prontamente, alguma entidade estranha apossou-se de seu corpo e articulou o passeio do fim de semana. Ou talvez até já o tivesse articulado, tendo tudo combinado com a dona do sítio. Foi, passou lá provavelmente a noite de sábado para domingo e o dia todo de domingo. Em seguida, voltou para casa (como vimos, ela morava sozinha a essa época), dormiu na sua própria cama e acordou normalmente, na segunda-feira, pela manhã, para ir trabalhar, sem a menor ideia de que seu corpo houvesse passado um agradável fim de semana no sítio de uma pessoa estranha.

Não há outra explicação para a perplexidade e teimosa reação da mulher que, durante aquela mesma semana, ao encontrar-se na rua com a pessoa que passou o fim de semana com a sua família, no seu sítio, ouve a outra garantir, com a maior convicção, que não a conhece. Foi demais para a pobre senhora. Sua conclusão é perfeitamente compreensível: ou a moça mentia, ali na rua, ou mentira no sítio. Como a identidade provava que a moça era Regina e não tinha o nome pelo qual se dera a conhecer, não havia alternativa possível: ela mentira no sítio...

O encontro na rua, em Cascadura, e o diálogo surrealista que travaram Regina e a mulher é, em suma, o confronto de duas perplexidades inexplicáveis.

Como este assunto me fascina há muito tempo, tenho procurado estudá-lo sempre que me ocorre a oportunidade. Estou convicto de que o fenômeno da múltipla personalidade é muito mais comum do que seria de se supor, pois raramente é identificado como tal. Trata-se, pois, de um fenômeno mediúnico de possessão, mais ou menos pacífica, e não mera ocorrência anímica ou ausência. Não é, portanto, um caso de bilocação ou bicorporeidade e, sim, um fenômeno anímico (desdobramento) conjugado com outro mediúnico (incorporação).

Capítulo VIII
Clarividência

1. Introdução

Um confrade com o qual tive escassas oportunidades de convivência, ligou-me certa vez para sugerir que eu escrevesse um estudo sobre clarividência. Tomei nota de sua amável solicitação e realizei algumas pesquisas, mas o projetado trabalho ficou limitado a umas poucas notas e indicação de fontes de referência. Algum tempo depois, ele deu por terminada a sua tarefa aqui e partiu para o mundo espiritual. Creio chegado o momento de cumprir a promessa que então lhe fiz, decorridas cerca de duas décadas. É que, naquela ocasião, o assunto me pareceu mais complexo do que eu imaginava e não me senti com preparo suficiente para abordá-lo. Estou certo de que o despreparo prevalece mas, pelo menos, disponho hoje de mais experiência e informação para um exame de maior profundidade na questão.

Começaremos a examinar o vulto do problema e suas dificuldades a partir de *O livro dos médiuns*, no qual encontramos, no capítulo XIV – *Dos Médiuns*, seção número 5 – *Médiuns Videntes*, algumas observações valiosas.

Kardec conceitua como médium vidente aquele que é dotado "da faculdade de ver os espíritos" e acrescenta que "alguns gozam dessa faculdade em estado normal, quando perfeitamente acordados", enquanto outros "só a possuem em estado sonambúlico ou próximo do sonambulismo". O que nos leva a supor que os da segunda categoria só conseguem divisar os espíritos quando em estado de desdobramento, ainda que superficial. Informa ainda o Codificador que raramente a faculdade é permanente, sendo "quase sempre [...] efeito de uma crise passageira".

Ensina, a seguir, que "o médium vidente *julga ver com os olhos* como os que são dotados de dupla vista; mas, na realidade, é a alma quem vê e por isso é que eles tanto veem com os olhos fechados, como com os olhos abertos".

Na sua opinião (de incontestável autoridade, como sabemos), a faculdade de ver os espíritos "pode, sem dúvida, desenvolver-se, mas é uma das de que *con-*

vém esperar o desenvolvimento natural, sem o provocar", a fim de se evitar que a imaginação leve a melhor e comece a produzir alucinações visuais. (O problema da alucinação é outra complexidade que, por enquanto, deixaremos de lado).

Ao cuidar desses aspectos, contudo, Kardec remete o leitor ao capítulo VI do mesmo livro, ao qual foi dado o título *Das Manifestações Visuais*, onde o tema é desenvolvido com maior amplitude e com o assessoramento direto dos espíritos consultados a respeito.

Vemos ali confirmada a suposição de que, embora as visões se produzam sob condições normais de vigília, é comum encontrarem-se os videntes "num estado próximo ao de êxtase, estado que lhes faculta uma espécie de dupla vista".

Aprendemos, também aí, que o espírito se torna visível não por uma condensação de fluidos do perispírito, conforme supunha Kardec, a julgar-se pela maneira com a qual formulou a sua pergunta, mas por uma "combinação de fluidos", dado que não depende apenas da vontade do espírito o apresentar-se à visão dos seres encarnados.

"... não basta que o espírito queira mostrar-se" – ensinam os instrutores – "é preciso também que *encontre a necessária aptidão* na pessoa a quem deseje fazer-se visível". E isto se faz mediante uma "combinação com o fluido peculiar ao médium", como se lê pouco adiante.

Tudo isso ressalta a importância do perispírito nesses (e em inúmeros outros) fenômenos. Kardec o caracteriza, em palavras inequívocas, como "o princípio de todas as manifestações".

Sentindo, contudo, a complexidade da questão, o Codificador encerra o seu *Ensaio teórico sobre as aparições* com uma declaração de humildade digna do seu porte intelectual e moral, ao escrever:

> Longe estamos de considerar como absoluta e como sendo a última palavra a teoria que apresentamos. Novos estudos sem dúvida a completarão ou retificarão mais tarde; entretanto, por mais incompleta que ainda seja hoje, sempre pode auxiliar o estudioso a reconhecer a possibilidade dos fatos, por efeito de causas que nada têm de sobrenaturais. (Kardec, Allan, 1975.)

É digno do maior respeito alguém como Kardec que, empenhado a fundo na elucidação de questões vitais ao entendimento dos mecanismos da vida e contando com o apoio de eminentes espíritos, recusa-se a assumir a postura de 'dono da verdade'; mas não apenas isso, deixa aberta a questão a futuros estudos, contentando-se com a satisfação de ter dado a sua contribuição, ainda que incompleta, ao seu esclarecimento.

Segundo vemos em *Répertoire du spiritisme*, de J.P.L.Crouzet, verbete *clairvoyance*, a questão foi retomada em texto publicado na *Revue Spirite*, 1870, após a desencarnação do Codificador. (Convém lembrar que *O livro dos médiuns* é de 1861).

Pelo resumo de Crouzet, o problema da clarividência ficou assim colocado no artigo póstumo:

1. A visão sonambúlica não se faz pelos olhos, mas por um sentido novo, sendo que somente por analogia atribui-se o nome de *visão* a esse sentido.

2. Na visão à distância, não é o objeto visto que se aproxima do vidente, é a *alma* deste que se aproxima do objeto. É, portanto, a alma que vê e não aquela parte do corpo.

Há outros aspectos que não são de interesse imediato para nós neste ponto.

Boddington é da mesma opinião quanto à natureza da visão clarividente e quanto à sua maneira de operar. De fato, lemos em seu volumoso livro *The university of spiritualism*, capítulo *How the clairvoyant sees*, o seguinte:

> A clarividência obriga o materialismo a admitir a faculdade de percepção independente dos sentidos físicos. Quando, além disso, verificamos que o duplo do clarividente é frequentemente visto no exato local que esteja descrevendo através do seu corpo físico, a milhas de distância da cena descrita, completa-se a hipótese espírita da visão espiritual acoplada a um organismo psíquico. Tato, paladar, visão, olfato e audição não passam de meros canais de ligação com a mente e, por si mesmos, eles não têm consciência. Todos podem ser destruídos, mas a consciência, nunca. (Boddington, Harry, 1948)

Antes de prosseguir na coleta de citações de apoio, temos de fazer uma parada para pensar no que ficou dito até aqui.

O leitor atento terá percebido que falamos de sonambulismo, de visão à distância (não necessariamente de espíritos) e de médiuns videntes.

2. Uma conceituação questionável

Afinal de contas, que vem a ser clarividência? É fenômeno mediúnico, anímico ou misto?

Proponho que comecemos por questionar a palavra em si. Caracteristicamente, Delanne cuida dessa faculdade em seu precioso livro *Recherches sur la mediumnité*, na seção correspondente ao animismo, e propõe a seguinte definição:

> Chama-se clarividência, dupla vista ou lucidez à faculdade de *obter conhecimentos* sem experimentar a influência do pensamento das pessoas presentes e sem servir-se dos órgãos dos sentidos. (Delanne, Gabriel, 1902, p. 198)

Essa conceituação, como se pode facilmente perceber, introduz um novo elemento no problema, já um tanto complexo – o de que a clarividência produz *conhecimento*, não necessariamente visual, como seu nome implica, mas como num *flash* de intuição. Vimos fenômenos semelhantes em Regina, como vemos em outros médiuns. Ocorre, às vezes – e até com frequência –, que eles simplesmente 'sabem' que uma coisa é desta maneira e não daquela, sem terem visto ou ouvido nada a respeito. O termo clarividência teria acomodação também para esse tipo de fenômeno. No entanto, a palavra em si mesma quer dizer *visão clara* (*clairvoyance*, em francês, palavra, aliás, que os ingleses adotaram por transplante).

Em outro trabalho de Delanne, a monumental obra *Les apparitions materialisées des vivants et des morts* (também esta, infelizmente, não traduzida em português), ensina o autor que o termo clarividência era adotado pelos magnetizadores quando seus *sujets*, em estado sonambúlico, tinham condições de "ver, à distância", objetos, pessoas e cenas totalmente fora do alcance da visão comum. Lamentavelmente, a terminologia inicial tende a fixar-se e acaba se tornando difícil, senão impraticável, desalojá-la da sua posição, mesmo depois de comprovadamente inadequada para caracterizar os fenômenos observados no âmbito que ela pretende cobrir. Para dizer de outra maneira: o termo se consolida no vocabulário científico ou técnico antes de se ter uma visão mais abrangente do problema sob exame. Assim que se observou que a pessoa magnetizada podia 'ver' à distância com a maior clareza, como se lá estivesse, cunhou-se a palavra clarividência. Só mais tarde foi possível observar que a pessoa não estava vendo à distância e sim, no próprio local, e não propriamente utilizando-se de seu sentido de visão, mas de suas percepções globais; não no seu corpo físico, mas no corpo espiritual. E mais: que essa faculdade de desdobramento permitia-lhe exercer outros tipos de percepção, como a visão de seres desencarnados ou o mergulho na sua memória e na de outras pessoas ou, ainda, a autoscopia (visão dos órgãos internos próprios), bem como deslocamentos no tempo, rumo ao passado e/ou ao futuro; ou o conhecimento de fatos sem a mínima utilização de quaisquer dos sentidos habituais.

Do que se depreende que o termo clarividência é insuficiente para conter tantos e tão complexos fenômenos, alguns dos quais nada têm com a visão, embora outros possam ser, por analogia, associados a esse mecanismo sensorial. Como vimos, o sensitivo não vê com os olhos físicos; apenas tem imagens mentais, estejam os olhos abertos ou fechados, esteja ele em plena luz ou mergulhado, fisicamente, em densa escuridão.

3. Visão sem olhos

Como podemos observar a esta altura, a palavra menos indicada para rotular os fenômenos de clarividência é exatamente clarividência, que pouco ou nada tem a ver com a visão, tal como a entendemos.

Veja-se, por exemplo, esta preciosa observação de André Luiz, em *Mecanismos da mediunidade:*

> Atuando sobre os raios mentais do medianeiro, o desencarnado transmite-lhe quadros e imagens, valendo-se dos centros autônomos de visão profunda, localizados no diencéfalo, ou lhe comunica vozes e sons, utilizando-se da cóclea...
> (Xavier, Francisco C./Luiz, André, 1986, p.35)

DIVERSIDADE DOS CARISMAS

Diencéfalo é a parte do cérebro que constitui a seção posterior do pós-encéfalo, do qual se desenvolvem o corpo pineal, a pituitária e outras estruturas do terceiro ventrículo. Quanto à cóclea (caracol), é a parte anterior do labirinto, no ouvido. (Funk e Wagnalls, *Dictionary*)

Ainda sobre a função do diencéfalo, na 'visão sem olhos', encontramos outro ensinamento em André Luiz, desta vez em *Evolução em dois mundos*. Discorre o autor espiritual sobre o mecanismo dos sonhos, quando a mente se volta, no sono, para o refúgio de si mesma e:

> [...] mobiliza os recursos do núcleo de visão superior, no diencéfalo, de vez que, aí, as qualidades essencialmente ópticas do centro coronário lhe acalentam no silêncio do desnervamento transitório todos os pensamentos que lhe emergem no seio. (Xavier, Francisco C./Vieira Waldo/Luiz, André, 1973)

Como se observa, portanto, é tarefa habitual do diencéfalo converter pensamentos em imagens, tanto comandado pela vontade do próprio encarnado, como sob o impulso de uma vontade alheia, de seres desencarnados, uma vez realizado o necessário acoplamento mediúnico.

Logo, os espíritos se comunicam diretamente com o cérebro, onde estão localizados os centros de visão, audição ou olfato, sem a necessidade de fazer passar as impressões pelos sentidos correspondentes, utilizando-se para isso, no processo, dos 'raios mentais' do médium.

Em *Nos domínios da mediunidade*, capítulo 12 – *Clarividência e Clariaudiência* – Clementino confirma a atuação direta sobre os centros cerebrais respectivos, esclarecendo que:

> Os olhos e os ouvidos materiais estão para a vidência e para a audição como os óculos estão para os olhos e o ampliador de sons para o ouvido – simples aparelhos de complementação. *Toda* percepção é mental. (Xavier, Francisco C./ Luiz, André)

O que – em outras palavras – é o que diz Boddington, ao informar que os sentidos são meros canais de comunicação com a mente. Esta é que importa.

Clementino vai um passo adiante, ao ensinar que:

> Ainda mesmo no campo das impressões comuns, embora a criatura empregue os ouvidos e os olhos, *ela vê e ouve com o cérebro* e, apesar de o cérebro usar as células do córtex para selecionar os sons e imprimir as imagens, *quem vê e ouve, na realidade, é a mente*. (idem) (Os destaques são meus.)

Idêntico mecanismo ocorre com a dor física. Temos a nítida impressão, e até convicção, de que é o dedo do pé que dói, quando damos uma topada, ou o da mão, quando o atingimos com uma desastrada martelada. Na verdade, porém, se a rede nervosa sofrer qualquer interrupção, por rutura, inibição ou anestesia, entre o dedo do pé e o cérebro, não sentiremos dor alguma.

Quanto ao caso particular da audição, Regina nos transmite algumas valiosas informações adicionais, ao ser solicitada a expandir suas observações.

Realmente ela nota certa diferença na *qualidade* do som (Tonalidade? Volume? Ressonância?), quando captado normalmente pelo ouvido externo ou quando levado diretamente à percepção mental.

"Às vezes," – escreve ela –, "quando entidades me chamam pelo nome, eu as ouço com o ouvido comum, isto é, como se alguém estivesse ali, comigo, fazendo a voz soar no mesmo ambiente físico. De outras vezes – e isto se aplica principalmente a espíritos brincalhões –, o som da campainha da porta de entrada, embora repercutindo 'fisicamente', se assim posso dizer, tinha qualquer coisa de diferente na *qualidade* do som. Tanto que, quando insistiam muito na brincadeira de mau gosto e já cansada de ir à porta sem encontrar ninguém, eu mesma tocava a campainha, repetidamente, para 'conferir'. E concluía: este é o som da minha campainha de verdade. Não vou mais confundi-lo com o que 'eles' estão produzindo."

Parece, portanto, que no primeiro caso ocorria um fenômeno de som direto, equivalente ao de voz ou escrita diretas, dado que parecia a ela captá-lo pelo sistema usual de audição, enquanto permanecia a vibração no espaço ambiental onde se encontrava. Já no segundo caso – o da campainha – o efeito sonoro era, ainda que diferente, de uma fonte geradora externa.

Para melhor explicar tais sutilezas, ela esclarece que ouve de três maneiras diversas: 1. como se alguém estivesse ali, ao seu lado; 2. ainda aparentemente externo, mas com uma sutil diferença na qualidade do som; 3. o som parece ocorrer 'dentro' da sua cabeça, como se não houvesse fonte geradora externa.

Dentro dessa mesma ordem de ideias – a de que os sentidos são meros instrumentos da mente, mas não a visão, a audição ou o olfato, em si – Delanne organiza, para explicar o problema da clarividência, três hipóteses de trabalho: 1. ou o pensamento do agente transmite ao clarividente a imagem de sua pessoa e a dos objetos à sua volta; 2. ou é a visão normal do sensitivo que adquire extraordinária hiperacuidade; 3. ou, finalmente, o pensamento do agente determina uma exteriorização da alma do percipiente, que se desloca ao ambiente percebido por clarividência.

Delanne decide pela terceira e última hipótese, ainda que reconhecendo ser a mais complexa. A primeira ele rejeita pela simples razão de que o agente não tem condições nem de pensar em si mesmo no momento de um acidente, por exemplo, quanto mais no ambiente que o cerca. Como teria condições de transmitir toda a cena para alguém colocado à distância, às vezes, considerável? A segunda é de fácil rejeição. Não há como aceitar que Swedenborg, por exemplo, pudesse ver, de Göteburg, com seus olhos materiais, o incêndio que lavrava na rua em que morava, em Estocolmo, como se lê no relato escrito por ninguém menos do que Immanuel Kant.

Resta a terceira, ou seja, a de que o sensitivo se desdobra de seu corpo físico e vai, em seu corpo perispiritual, assistir à cena. A minha única dúvida com a hipótese de Delanne está em que não vejo como o pensamento do agente pudesse provocar o desdobramento.

O ilustre cientista francês é um expositor brilhante e muitíssimo bem documentado. Os casos com os quais ilustra suas exposições são inatacáveis e ele vai conduzindo o leitor, inexoravelmente, às conclusões de que somente os postulados básicos do espiritismo podem explicar e acolher as inúmeras modalidades de manifestação.

Não resta dúvida, pois, de que a palavra clarividência está sendo utilizada para explicar maior número de fenômenos do que poderia fazê-lo. Ela foi proposta para caracterizar um só fenômeno – o da visão à distância sem recorrer ao aparelho visual do ser humano encarnado. Nada mais que isso, o que a caracteriza como *fenômeno anímico*, ou seja, atividade da alma encarnada, basicamente sem interferência de espíritos desencarnados. Isto nos leva a acrescentar-lhe outra condição – a do desdobramento perispiritual, o grande cavalo de batalha da ciência moderna, que ainda não conseguiu digerir, ou sequer deglutir, a óbvia realidade de uma réplica do corpo físico, estruturado como este, mas de substância sutilíssima, nas últimas fronteiras da matéria, quando o território já é praticamente de domínio da energia. É com esse corpo energético que o ser desdobrado (ou o desencarnado) pensa, vê, ouve, movimenta-se, sofre, ama, vive, enfim. O perispírito, segundo Kardec, "*é o princípio de todas as manifestações*".

4. O que dizem os autores não espíritas

A inadequabilidade do termo clarividência se torna ainda mais óbvia quando dirigimos a nossa busca para obras concebidas e realizadas fora do contexto doutrinário do espiritismo.

Tomemos, por exemplo, Lewis Spence, na sua conhecida obra *An encyclopaedia of occultism*. Convém esclarecer preliminarmente, que mr. Spence, autor escocês de vasta obra no campo específico do chamado ocultismo (desencarnou em 1955, com oitenta e um anos de idade), nunca morreu de amores pelos postulados básicos do espiritismo.

Conceitua a clarividência como "a *suposta* faculdade supranormal de ver pessoas ou acontecimentos distantes no tempo e no espaço e sobre os quais nenhum conhecimento poderia chegar ao vidente pelos canais normais dos sentidos". Assinalei propositalmente a palavra *suposta,* porque ela marca a posição do autor da definição.

Divide ele a questão em três aspectos: a retrocognição (conhecimento do passado), premonição (conhecimento do futuro) e o conhecimento de eventos contemporâneos, ou seja, que se realizam no presente. Acha mesmo que o espiritismo, pelo menos na Grã-Bretanha, começou a desenvolver-se, na terceira década do século

XIX, a partir de uma eclosão de clarividência que, segundo ele, "ainda persiste como destacada característica das sessões espíritas". Com o que ele revela que não conhece bem espiritismo nem clarividência. Mas, vamos em frente.

Logo a seguir, mais um gesto de manifesta má vontade, ao declarar que, a despeito da evidência colhida pela SPR (Sociedade de Pesquisas Psíquicas), "muitos casos podem ser explicados de maneira mais mundana", ou seja, sem recorrer a faculdades especiais. Até que, nesse ponto, estamos de acordo. É claro que muitos fenômenos, tidos apressadamente como de clarividência, podem ser explicados de outras maneiras. O problema aqui é que não estamos falando sobre os que *podem ser* assim explicados, mas dos que *não podem sê-lo*. O próprio Spence admite isto, embora de maneira um tanto oblíqua, ao escrever *muitos casos*, o que obviamente implica a existência de *outros*, pois ele não excluiu *todos*. De que forma explicá-los? Diz ele que é praticamente impossível vendar totalmente os olhos de uma pessoa. Tenho minhas dúvidas sobre isso. Como impossível? Será que nunca se descobriu um processo seguro de vendar os olhos de alguém? Outro 'argumento' é o de que outros casos seriam explicados pela hiperestesia durante o transe. Mas a hiperestesia, como define o próprio mr. Spence, é uma "exaltação das faculdades perceptivas, característica dos estados de hipnose". Claro, portanto, que, se rotularmos o fenômeno da clarividência como hiperestesia, em nada estaremos alterando o fenômeno, que se resume precisamente numa exaltação da faculdade de perceber certas coisas que, em estado normal, não são percebidas. Como ficamos? Lembra ele, ainda, que há aparentes fenômenos dessa natureza quando 'clarividentes profissionais' fingem a faculdade, mas na realidade já mandaram colher as informações de que necessitavam para *produzir* um fenômeno, recorrendo à fraude.

Estas objeções do sr. Spence devem ser admitidas, porque há realmente gente que frauda e mistifica, até mesmo com os mais sérios fenômenos, especialmente aqueles que cometem a ousada imprudência de profissionalizar tais atividades, que não se destinam à comercialização. Estamos bem conscientes de que este aqui pode espiar por uma fresta disfarçada, na venda que lhe puseram aos olhos, ou aquele outro possivelmente tenha mandado antes investigar o seu cliente em perspectiva e depois lhe faça 'revelações' surpreendentes. Mas, e os fenômenos autênticos, como são explicados pelo sr. Spence? Com venda ou sem venda, como pode alguém descrever fraudulentamente um evento que está acontecendo naquele momento a dezenas ou centenas de quilômetros de distância?

Observamos, assim, que o ilustre autor discorre sobre a fraude na clarividência, mas nada diz – nada mesmo – acerca da clarividência em si mesma. E, no entanto, escreve um verbete para explicar em que consiste esse fenômeno...

Encerra o seu artigo com outra afirmativa inaceitável: "A palavra clarividência também é utilizada para indicar a faculdade de ver espíritos desencarnados e, por isso, é aplicada à mediunidade em geral."

Negativo. Mediunidade é uma palavra genérica que abrange várias faculdades. A clarividência é uma delas e nem sempre de conteúdo mediúnico, como ainda veremos mais adiante. Dizer que todo médium é clarividente ou vice-versa, que os clarividentes são médiuns, necessariamente, é incorreto, para dizer o mínimo.

Não colhemos, pois, grande coisa de aproveitável no verbete do sr. Lewis Spence.

Vejamos outro autor, o sr. Nandor Fodor, na sua volumosa *An encyclopaedia of psychic science,* na qual encontraremos mais informação e menos opinião do que no sr. Spence. Para o prof. Fodor, que deixou importante obra no campo de estudo de sua especialização, a definição de clarividência adotada é a de J. B. McIndoe, que a caracteriza como "maneira e percepção que resulta na apresentação de uma imagem visual na mente consciente. Essa percepção pode ser de objetos, cenas ou formas distantes no espaço e no tempo, passado e futuro". (Fodor, Nandor.) Apesar de bem abrangente a definição, o dr. Fodor acrescenta que, em alguns casos, como em sonhos, e principalmente em transe, nos quais a consciência está ausente, as formas podem estar não apenas distantes no espaço e no tempo, mas, também, em "outro plano de existência", ou seja, a "visão dos seres espirituais".

A clarividência, portanto, é para o autor uma faculdade que permite ao sensitivo deslocar-se no tempo (rumo ao passado ou ao futuro) e no espaço, bem como perceber a presença de espíritos desencarnados. Em princípio, estamos de acordo. Veremos daqui a pouco de que maneira pretendemos colocar esses aspectos.

Lembra o prof. Fodor que Richet propôs a palavra criptestesia para catalogar tais fenômenos como clarividência propriamente dita e mais premonição, monição (palavra de ori /origem latina que quer dizer *advertir,* ou seja, um *aviso*), psicometria, radiestesia e telepatia. Myers cunhou outra palavra para substituir telepatia – telestesia – mas limitou seu emprego, conceituando-a como "percepção à distância de objetos e situações por meio da ligação psíquica com o local ou ambiente e, ainda, independentemente da comunicação telepática".

O prof. Fodor vê a clarividência desdobrada em quatro aspectos distintos: 1. clarividência radiológica (visão com efeito Raio-X); 2. clarividência médica; 3. clarividência itinerante; e 4. clarividência de exibição.

A primeira é a que proporciona condições de perceber o conteúdo de espaços fechados, como caixas, envelopes, salas, livros etc., a segunda é a faculdade de ver os mecanismos internos do corpo humano, próprio (autoscopia) ou de terceiros, bem como diagnosticar os males observados; a terceira implica deslocamento do que Fodor chama "centro de percepção", e a quarta é a vidência de espíritos.

A classificação proposta é didática e até faz a concessão de incluir a vidência espiritual, o que nem sempre encontramos em autores devotados à pesquisa científica, como Fodor. Seu esquema, contudo, deixa-me com algumas dúvidas.

Não me parece correto caracterizar a chamada clarividência radiológica, como a que permite ao sensitivo perceber o conteúdo de caixas, envelopes ou cômodos afastados. Pelo menos os exemplos com os quais ele pretende ilustrar sua classificação não me convenceram. Se, como fez Richet com Ossovieck, escrevermos uma frase num papel, dobrá-lo e colocá-lo dentro de um ou dois envelopes e lacrá-los, não me parece que a visão radiológica consiga ler o texto, por causa da superposição das letras, devido à dobragem do papel. Além do mais, tanto no caso de Richet como em experiência, também citada, de Thomas Edison com Reese, as frases foram elaboradas pelos próprios experimentadores, não ficando, portanto, excluída a possibilidade de um fenômeno telepático. Sem dúvida, porém, há sensitivos capazes de ler ou, pelo menos ter uma noção razoavelmente precisa do conteúdo de um papel encerrado em um ou mais envelopes ou dentro de uma caixa. Só não me parece adequado supor que isto seja devido a uma vidência radiológica. O nome deve ser outro, quando excluída a possibilidade da telepatia, como acabamos de observar.

A expressão clarividência radiológica, contudo, aplica-se bem ao fenômeno da autoscopia, na qual o sensitivo vê os seus próprios órgãos internos em pleno funcionamento e localiza os seus problemas de saúde. Essa classificação, portanto, ficaria melhor se conjugada com a que Fodor chama de "clarividência médica".

Quanto a esta, porém, tenho também minhas dúvidas de que seja um mecanismo de clarividência mesmo ou se entra aí um fator mediúnico, isto é, se é o espírito do próprio sensitivo que, desdobrado, tenha condições de acesso a conhecimentos médicos arquivados na sua memória integral ou se ele recebe informações por via mediúnica de um espírito que disponha de tais conhecimentos e que ali esteja disposto a ajudá-lo.

5. Casos típicos e atípicos

Quanto à clarividência itinerante (*traveling clairvoyance*, em inglês) é uma expressão correta e confere com os ensinamentos dos espíritos a Kardec, bem como com as observações de Boddington e de outros, como ainda veremos, ou seja, o espírito do sensitivo se desdobra com o seu perispírito, *viaja,* (daí o verbo *to travel*) e vai ao local onde estão ocorrendo, naquele momento, os fatos que descreve através do seu corpo. O fenômeno é anímico, ainda que possa ter, eventualmente, a participação de espíritos desencarnados. Não devemos, contudo, esquecer, um elemento complicador aqui. É que essa viagem ou deslocamento também ocorre no *tempo*, ou seja, o sensitivo tanto pode ir ao passado como ao futuro. Eis onde e como os fatos parecem confirmar a tese de *A memória e o tempo*, segundo a qual *o tempo é também um local.*

Sobre a clarividência de exibição (*platform clairvoyance*, em inglês) é pratica muito difundida na Inglaterra e também nos Estados Unidos. Consiste em subir o médium em um estrado ou plataforma (daí o seu nome) e fazer 'demonstrações de clarividência', identificando espíritos presentes e transmitindo recados a pessoas, na plateia. Não seria justo condenar sumariamente a prática rotulando-a de fraudulenta, porque há sensitivos com faculdades que permitem feitos como esse; no en-

DIVERSIDADE DOS CARISMAS

tanto, ela costuma ser exercida profissionalmente, mediante um cachê previamente combinado, prática que a doutrina espírita condena formalmente. Daí o esforço de muitos sensitivos para desenvolver logo faculdades em potencial, para a glória mais ou menos fácil da plataforma, ou seja, do palco, açodamento que Boddington condena com veementes palavras, embora não condene a profissionalização em si.

O dr. Nandor Fodor coletou alguns casos para ilustrar o seu quadro classificatório das diversas modalidades de clarividência, e não é difícil observar na sua exemplificação as dificuldades que oferece uma exata conceituação do que é realmente clarividência.

O caso Edison/Reese, por exemplo. O grande inventor, situado num cômodo distante, escreveu num pedaço de papel a seguinte frase pergunta: "Existe algo melhor do que o hidróxido de níquel para uma bateria elétrica alcalina?" Em seguida, foi ao encontro de Reese, que lhe disse prontamente: "Não, não há nada melhor do que o hidróxido de níquel para uma bateria alcalina". Não se pode negar, sumariamente, a possibilidade da clarividência neste caso, mas, uma vez demonstrada como está, a telepatia explica o fenômeno com maior simplicidade.

O mesmo ocorre com Richet, que escreveu um texto assim: "O mar nunca se mostra tão grande como nos momentos em que está calmo. A fúria o diminui". Ossovieck acabou decifrando o texto, não como se o estivesse lendo, mas por aproximações sucessivas. "Vejo muita água, muita água... – começou ele. – O senhor deseja ligar alguma ideia ao mar...Não vejo mais nada!"

Não parece que ele estivesse *vendo* as imagens diretamente no papel, mas sim as que por certo estariam no pensamento do eminente médico e fisiologista francês. Nada vejo aí de radiologia mental, com todo o respeito pelo prof. Fodor.

Em outro exemplo, certo capitão Youatt tem a visão, dita clarividente, de algumas pessoas, praticamente à morte, retidas numa montanha coberta de neve. A visão é tida como sonho e foi de um realismo impressionante. O sensitivo acordou, voltou a 'adormecer' e 'sonhou' novamente com o mesmo local e as mesmas pessoas, ainda em perigo. Pela sua descrição minuciosa, foi possível localizar a cena, que se passava a cerca de duzentos quilômetros de distância.

Uma expedição, arranjada às pressas, partiu e localizou o grupo perdido na neve, no ponto descrito pelo capitão. Não vejo sono nem sonho aí, e sim um desdobramento, com o deslocamento do perispírito do capitão Youatt até o grupo que se debatia na neve.

Já o caso de Stainton Moses é de vidência mediúnica. Conta ele que, no decorrer de uma sessão, viu claramente dois dos seus amigos espirituais, o que se dava a conhecer como Theophilus e o Profeta:

> Eles se mostravam sólidos e nítidos aos olhos, como qualquer ser humano sob intensa luz. Colocando minha mão sobre os olhos, continuei a vê-los, mas virando-me, não consegui vê-los mais. Essa experiência repeti várias vezes. (Fodor, Nandor, 1969)

O caso é de vidência mediúnica e demonstra, como assinala Fodor, que as imagens não trafegam pelos órgãos da visão comum, mas, como ensina André Luiz, vão direto aos centros cerebrais que comandam esse sentido.

Alfred Voult Peters, *apud* Fodor, explica:

> No estado de clarividência todas as sensações corporais parecem fundir-se num único sentido, de forma que a pessoa é capaz de ver, ouvir, provar, cheirar e, acima de tudo, *saber.* (Fodor, Nandor, 1969)

Na realidade, a função dos sentidos é precisamente essa – a de levar alguma forma de *conhecimento* ou informação à mente. Uma vez que a informação chegou lá por via direta, para que se utilizar do sistema auxiliar? Isto nos leva a supor que não há, em verdade, uma *fusão* dos sentidos, como sugere Peters. A informação é que vai ao ponto em que os sentidos ainda não estão desdobrados pelos diversos órgãos ou sistemas, mas apresentam-se como faculdade global de apreensão da realidade. Não é sem razão que os sentidos costumam ser chamados tecnicamente de analisadores. Por isso, a mente acaba *sabendo*, sem precisar ver, ouvir, apalpar, cheirar ou provar com os instrumentos de que dispõe no corpo físico. Se posso falar com alguém a viva voz, face a face, para que iria recorrer ao telefone?

Heinrich Zchokke, igualmente citado por Fodor, dispunha de uma faculdade também observada em Regina páginas atrás, a de perceber (saber) informações não reveladas. Observemos como ele explica isso:

> Acontece a mim, às vezes, quando pela primeira vez me encontro com pessoas desconhecidas, que, à medida que as ouço, em silêncio, vejo cenas do passado delas relacionadas com o que me dizem ou outras cenas em particular, tudo involuntariamente, e como que em sonho, contudo perfeitamente claro diante de mim. (Idem)

Não sei se isto ficaria bem classificado como clarividência ou como uma espécie de psicometria, feita diretamente nos registros da memória da pessoa presente. Ficam abertas essas hipóteses à especulação. Outra observação curiosa: os espíritos explicaram a Kardec, como vimos, que a vidência só ocorre quando o espírito a deseja e o vidente oferece condições adequadas. Há, pois, um intercâmbio de vontades e de recursos energéticos. Suponho que coisa semelhante acontece em casos como o de Regina e Zchokke. Sob condições ideais, parece fechar-se um circuito e o fenômeno se produz. Ou então, como já especulamos, algum espírito amigo presente promove a exteriorização das imagens que o sensitivo capta. Terceira hipótese: as imagens são projetadas inconscientemente pelo próprio narrador. Há pessoas que dispõem desse recurso quase mágico de pintar verdadeiros quadros com palavras. A língua inglesa conta com uma expressão típica para a situação, ao dizer que a descrição é a *gráfica*, seja ela escrita ou falada.

6. Espaço e Tempo

Não há dúvida, porém, de que a grande maioria dos fenômenos de clarividência – especialmente os da chamada itinerante (*traveling*, dos ingleses) – resulta de desdobramento do perispírito do sensitivo, o que pode facilmente confundir-se com mediunidade. Ao tempo em que realizei pesquisas com a memória, pude observar que praticamente todas as pessoas que exerciam qualquer forma de mediunidade, regular ou esporadicamente, ofereciam condições satisfatórias para o desdobramento por meio de passes magnéticos. O que é também válido para a hipnose.

É lamentável que a ciência, em geral, e a pesquisa psíquica, em particular, tenham se mostrado tão obstinadamente relutantes em admitir – ainda que como hipótese de trabalho – a existência de um segundo corpo desdobrável no ser humano, ao qual o espiritismo propõe chamar de perispírito.

(Confesso que, pessoalmente, prefiro o termo *psicossoma*, proposto por André Luiz e outros, ou seja *corpo psíquico*, que aliás figura no capítulo 15 da Primeira Epístola de Paulo aos Coríntios. Os primeiros documentos da Codificação entendem o perispírito – como seu nome indica – como um 'envoltório' do espírito. Em *O livro dos médiuns*, contudo, capítulo XXXII, encontramos o conceito de que "nos espíritos errantes, (o perispírito) constitui o corpo fluídico do espírito")

Uma vez aceita a realidade desse segundo corpo, fica fácil compreender certos aspectos que, sem essa noção, permanecem obscuros e até misteriosos, quando, ao contrário, resultam de simples operações naturais, regidas por leis óbvias por si mesmas.

Seja como for, o fenômeno da clarividência – ou o conjunto de fenômenos conhecidos sob esse nome – tem sido intensamente observado. Adolphe Didier foi estudado a sério pelo dr. Edwin Lee, que dá conta de suas observações em um livro intitulado *Animal magnetism*, segundo informação de Fodor. Outra sensitiva muito estudada e comentada foi Adèle Maginot, da qual se ocupou um paciente pesquisador francês por nome Alphonse Cahagnet. (Nunca me perdoei por ter deixado escapar a oportunidade de adquirir um exemplar da sua obra, em vários volumes, num sebo carioca!).

Adèle desdobrava-se e deslocava-se com a maior facilidade e a grandes distâncias geográficas. Eram tão realistas essas viagens que ela temia pelas feras que, porventura, pudesse encontrar em suas visitas a regiões infestadas delas. Certa vez, trouxe para o corpo físico queimaduras solares que sofrera numa de suas excursões, em espírito (ou melhor, em perispírito), por uma região tropical de intensa insolação. Todo um lado da face até os ombros ficou literalmente queimado no corpo físico, de um vermelho azulado, que somente começou a desaparecer vinte e quatro horas depois. "O calor era tão intenso no local – diz Cahagnet – que não se podia colocar a mão sobre ela."

Certo doutor F. (não identificado no texto) magnetizou uma jovem por nome Jane e mandou-a ver o que estava ocorrendo com Eglinton (previamente avisado), entre oito e dez horas da noite de determinado dia. A moça 'foi' e descreveu o que estava vendo:

– Vejo um homem muito gordo com uma perna de pau e que não tem miolos (cérebro). Chama-se Eglinton. Está sentado diante de uma mesa sobre a qual há alguma bebida alcoólica, mas não está bebendo.

À primeira vista, estava falando de coisas sem pé nem cabeça, mas isso fez sentido depois que Eglinton explicou: ele havia feito um gordo e desengonçado boneco, vestido com suas próprias roupas...

Em experiências de Pierre Janet com Léonie, a sensitiva desdobrada disse a Charles Richet que o seu laboratório de pesquisa estava pegando fogo. E estava mesmo, claro, pois ela foi lá e viu...

Robert James Lee, em desdobramento, excursionava pelo futuro e via, por antecipação – como experiências que vimos com Regina – os crimes que Jack, o Estripador, iria cometer no dia seguinte, com a exata descrição do local.

Não são raros os que podem ir ao passado, como também já vimos e lembra Fodor. Este autor, contudo, prefere considerar tais fenômenos como de psicometria. Ele não explica porque assim entende, mas suponho que seja por consulta a objetos ou talvez contato com os muitos citados registros akásicos de que nos falava Cayce, nas suas 'leituras'.

O prof. Nandor Fodor lembra que essa faculdade pode e deve ser utilizada em pesquisas históricas, um dos meus temas prediletos.

Um dos casos citados por Fodor é o da sra. Thompson, que o narrou em carta publicada pela SPR, em 24 de maio de 1900. Esta senhora, sozinha em casa, convocou mentalmente uma pessoa (viva) a comparecer diante dela naquele momento. Ninguém em especial, mas uma pessoa qualquer. Diz ela que não perdeu a consciência por um momento, ou seja, que não adormeceu, sobre o que tenho minhas dúvidas. O certo é que, de repente, sentiu a presença de alguém e, "ao abrir os olhos", viu com grande surpresa – "por clarividência, naturalmente", diz ela – um amigo seu, o sr. J. G. Piddington, que lhe contou que acabara de ter um forte desentendimento com alguém cujo nome indicou. A veracidade do evento foi atestada posteriormente.

É estranho pensar que alguns pesquisadores do passado tenham tido melhor visão de tais fenômenos do que têm hoje tantos cientistas munidos da mais sofisticada aparelhagem e dispondo de conhecimentos adicionais. Parece mesmo que a verdade se revela melhor àqueles que a enfrentam com simplicidade, não, porém, como simplórios. Decididamente, ela não parece ter grande simpatia para com os orgulhosos e suficientes.

Em 1849, por exemplo, escrevia o dr. Herbert Mayo, eminente professor de medicina, na Inglaterra:

> Acho que a mente de uma pessoa viva no seu estado normal está sempre, de certa forma, atuando extraneuronicamente (fora do sistema nervoso) ou além dos

> limites físicos da pessoa e que no estado lúcido essa percepção extraneurônica parece estender-se a todos os objetos e pessoas à sua volta. (Fodor, Nandor, 1969)

Ou seja, uma parte de nossa atenção, mesmo em estado normal de lucidez, está permanentemente voltada para o ambiente em que nos movimentamos.

Conan Doyle, escritor, médico e espírita convicto, achava que o vidente carrega consigo certa atmosfera ectoplásmica, que emana de seu próprio corpo e sobre a qual o espírito imprime sua imagem. Algo parecido com isso lemos, ainda há pouco, em *O livro dos médiuns*, quando ficou dito que se combinam fluidos do médium e do espírito para que a manifestação se produza. O mesmo conceito, expresso de maneira diversa, está em André Luiz que, conforme vimos, informa que os espíritos atuam "sobre os raios mentais do medianeiro" a fim de transmitir-lhe quadros e imagens.

Interessante me parece reproduzir aqui uma observação do dr. Daniel Frost Comstock, professor do famoso MIT, nos Estados Unidos, segundo o qual uma senhora de seu conhecimento, por ele testada, era dotada de excepcional faixa de visão orgânica, que ia muito além dos limites habituais, no extremo violeta do espectro, a partir do ponto onde a vibração luminosa não produz nenhum estímulo na retina normal. Segundo o dr. Comstock, essa senhora "tinha, de fato, uma visão ultravioleta", em grau que jamais esse pesquisador ouvira falar.

7. Conclusões

As referências, especulações e casos que tivemos oportunidade de examinar nas páginas precedentes nos levam a algumas conclusões a que me proponho expor a seguir.

Ressalta, entre as primeiras conclusões, a inadequabilidade da palavra clarividência para caracterizar a maioria dos fenômenos que usualmente estão classificados como tal. Em alguns deles – monição, premonição, radiestesia e telepatia, para usarmos a classificação proposta por Richet – nada ocorre que se pareça com visão ou vidência, muito menos visão clara.

Embora sem nenhuma precisão científica, o termo clarividência só deveria ser utilizado para caracterizar os fenômenos de visão à distância no espaço, bem como os relacionados com deslocamentos ao longo do tempo (passado e futuro).

A segunda é que o fenômeno de clarividência não ocorre, em princípio, por si mesmo, sendo antes uma espécie de subproduto de outro importante fenômeno anímico, que é o do desdobramento perispiritual.

A terceira conclusão é que a clarividência deve ser entendida como fenômeno anímico, ou seja, uma atividade do espírito encarnado e *não uma faculdade mediúnica*.

A segunda destas proposições talvez precise de algumas ilustrações para uma boa compreensão do que pretendo dizer, quando proponho o condicionamento da clarividência ao desdobramento espiritual.

No caso da sra. Thompson/mr. Piddington, colhido em Nandor Fodor, a sensitiva declara na sua narrativa que esteve consciente o tempo todo, mas isto não quer dizer que estivesse ligada ao corpo físico, encaixada nele sem se desdobrar. Como vimos em alguns exemplos supridos por Regina, o próprio sensitivo não percebe, às vezes, que já está desdobrado. É certo que está consciente, não há dúvida, porém do lado de fora do corpo. Vimos também em Regina experiências (confirmadas por de Rochas) nas quais a consciência fica, às vezes, no corpo (creio que enquanto é curto o espaço físico que separa o corpo material do corpo espiritual), podendo também manter-se, ao mesmo tempo, num e noutro corpo e, afinal, emigrar para o corpo espiritual. Suponho que, mesmo quando a consciência ainda esteja no corpo físico, o perispírito pode já estar desdobrado, a curta distância. Ou, em caso de encontrar-se a distância maior, consegue telecomandar o cérebro físico, a ponto de fazer passar por ele os pensamentos que elabora com a mente. Como temos visto, repetidamente, o pensamento não é uma criação do cérebro, ele apenas circula por ali. A fonte geradora do pensamento é o espírito.

Em experiências memoráveis de Albert de Rochas, observamos que, num *segundo* desdobramento a partir do perispírito já desdobrado, o espírito pensante coloca-se em situação de contemplar o corpo físico em repouso; o perispírito, transformado pela ideoplastia de regressão à condição e ao aspecto etário próprio e o espírito, como pequena chama luminosa de forma amendoada.

Em outras palavras: se um sensitivo de quarenta anos de idade é levado pela regressão à fase infantil, o seu corpo físico continua o mesmo, apenas em repouso; o perispírito assume a forma infantil e o espírito pode desprender-se, deixando o perispírito como que de 'luz apagada', ou seja, mais obscuro. É possível observar-se, então, que o pensamento não é elaborado nem no corpo físico, nem no perispírito e, sim, na pequena e luminosa chama espiritual que seria, provavelmente, o corpo mental de que nos fala André Luiz.

A sra. Thompson não apenas viu o espírito desdobrado de Piddington como conversou com ele. Tenho minhas dúvidas de que isto pudesse ser realizado sem um desdobramento do seu perispírito. Estamos cansados de saber, pela constante reiteração encontrada em vários estudiosos do assunto, desde Kardec, que a visão do sensitivo em tais fenômenos ou a sua audição, olfato e até paladar, nada têm a ver com os sentidos físicos uma vez que o estímulo vai direto ao centro cerebral correspondente. Não duvido de que isto possa ser realizado por certos espíritos sem a necessidade de desdobrar o sensitivo, mas entendo que o caminho mais curto e mais fácil consiste em atuar através do perispírito do sensitivo, mesmo porque, segundo nos informaram os instrutores da Codificação, há, nesse momento, um intercâmbio energético entre manifestante (seja ele encarnado ou desencarnado) e sensitivo, seja o fenômeno anímico ou mediúnico.

Noto certa preocupação nos sensitivos que descrevem tais fenômenos em assegurar ao leitor que estavam, no momento, perfeitamente lúcidos e conscientes. Disso sabemos todos, tanto é que têm condições de relatar posteriormente o ocorrido com riqueza de detalhes. O que pretendo colocar aqui é o fato de que estavam lúcidos e conscientes, sim, mas *também* desdobrados.

Não é difícil explicar isso, pois ocorre com todos nós. É comum passarmos da vigília ou dos estados crepusculares de sono à inconsciência (no corpo físico), permanecermos largo tempo neste estado e, subitamente, despertarmos sem a mínima ideia do tempo intercorrente, convictos de que não 'adormecemos'. Tive a oportunidade de observar isto inúmeras vezes nas experiências de magnetização que realizava quando das pesquisas em torno da memória. Era comum o sensitivo despertar (ou seja, retomar seus controles conscientes no corpo físico), após haver conversado, em transe, por mais de uma hora, sem a menor noção de que estivera a falar coerentemente. Alguns diziam, ao despertar: – É, acho que hoje você não vai conseguir nada, pois não consigo 'dormir'.

8. Vigília e estado de consciência

Experiências semelhantes costumamos ter praticamente todas as manhãs frias e convidativas a um bom sono adicional antes de enfrentar o trabalho do dia. Olhamos para o relógio e resolvemos 'arriscar' mais cinco ou dez minutos de sono. Acordamos sobressaltados, meia hora depois, surpresos ante o tempo decorrido e ainda convencidos de que nos mantivemos conscientes o tempo todo.

Por isso, até mesmo os casos relacionados por Delanne, em suas *Recherches*, sob o título de "*La clairvoyance à l'état de veille*" (A clarividência em estado de vigília) me convencem como fenômenos de clarividência, mas não *em vigília*. Vejamos um dos seus exemplos: o famoso e muito citado caso de Swedenborg, que, de Götemburg, viu o incêndio que lavrava na rua em que ele morava, em Estocolmo. Basta prestar atenção à confiável narrativa de Immanuel Kant para ver que, nas duas vezes em que o sensitivo 'viu' o incêndio, à distância, *ele se retirou do salão* onde estavam os outros convidados (eram quinze). Escreve Kant:

> Às seis horas o sr. Swedenborg, *que se havia retirado, reentrou no salão,* pálido e consternado, e disse que naquele exato momento iniciava-se um incêndio em Estocolmo...

> Às oito horas, *após nova saída* (do salão), disse com alegria: – Graças a Deus, o incêndio foi extinto, à terceira porta que precede à minha. (Delanne, Gabriel, 1902)

Duas vezes, portanto, o sensitivo se retirou para um cômodo onde podia deixar o corpo em repouso e ir, em espírito, a Estocolmo, observar *in loco* o incêndio que ameaçava a sua casa.

Em outro livro de Delanne – *Les apparittions materialisées des vivants et des morts* – podemos colher novo exemplo classificado pelo autor como de clarividência em estado de vigília, no qual também encontramos veementes indícios de que a sensitiva mergulhou no sono por alguns momentos – o suficiente –, desdobrou-se e viu um pequeno acidente com um amigo, à distância.

Trata-se de uma senhora inglesa que nada tinha de visionária sendo, ao contrário, um espírito muito positivo e até desinteressada de tais fenômenos. Pediu mesmo que não lhe revelassem o nome porque temia a chacota dos seus amigos pessoais que 'não tinham por essas questões simpatia, nem grande respeito'.

Ia a referida senhora, de Londres a Southampton, em viagem de trem. Recebera, pela manhã, carta de um amigo comunicando-lhe que iria à caça naquele mesmo dia e que lhe escreveria no dia seguinte, de sorte que ela, ao regressar de Southampton, encontraria carta dele à sua espera. E prossegue:

> No trem, sentindo-me fatigada, deixei cair o livro e fechei os olhos. Eis a cena que logo se apresentou diante de mim: era um campo de caça e dois homens a cavalo se preparavam para saltar um pequeno muro de pedra. O cavalo do meu amigo atirou-se, mas não pôde saltar o muro e caiu de cabeça no chão, projetando o cavaleiro ao chão. Em seguida, toda a cena desapareceu. Eu estive perfeitamente acordada durante todo o tempo. Meu amigo era um bom cavaleiro e não tinha razão alguma para imaginar que um acidente daqueles pudesse acontecer com ele. (Delanne, Gabriel, 1909)

Pois bem, o acidente ocorreu exatamente como a senhora tinha visto, o que, aliás, ficou documentado na carta dele, a prometida carta, na qual ele dizia que havia levado um tombo do cavalo ao tentar saltar um pequeno muro de pedra. Até o detalhe: o cavalo havia tombado de cabeça para baixo, exatamente como sua amiga vira. Convém lembrar que a carta não foi escrita deliberadamente para confirmar a visão pois, ao escrevê-la, o homem não sabia ainda do fenômeno.

Apesar de insistir que não havia dormido – ela reitera a declaração pouco adiante – é difícil acreditar, já que ela própria informa que, se sentindo cansada, deixou "cair o livro e fechou os olhos". Mais uma vez observamos que se confunde com muita facilidade estado de consciência em desdobramento com estado de *vigília*. Como poderia ela, sem desdobrar-se, ver com riqueza de detalhes a queda do amigo no exato local e da maneira exata como ocorreu? Sabemos, além disso, que não é preciso um sono profundo para que o espírito se desdobre; basta um estado de relaxamento. No caso presente, contudo, são veementes os indícios de que a dama 'cochilou' o tempo suficiente para desprender-se, ir ao local onde o amigo caçava, presenciar a cena do tombo e reassumir seu corpo, convicta de que estivera acordada o tempo todo. Consciente, sim; acordada, não me parece.

9. Vidência e clarividência

Vamos dar um passo atrás para comentar certos aspectos da segunda conclusão, ou seja, a de que só devemos atribuir o nome *clarividência* a fenômenos que

Diversidade dos Carismas

produzam efeito ótico, seja sobre os órgãos comuns da visão ou diretamente sobre os dispositivos cerebrais correspondentes. É que incluímos aí a visão do passado e a do futuro, tanto quanto a do presente. Só porque o fenômeno da clarividência antecipa eventos ainda não ocorridos em nosso contexto normal de tempo, não vejo por que jogarmos tais fenômenos para a categoria de premonição, profecia, ou precognição. Da mesma forma que uma penetração no passado não significa, necessariamente, retrocognição. Realmente, ocorre nesses casos um conhecimento (cognição) antecipado ou posterior de eventos, não, porém, que sejam devidas tais informações a qualquer faculdade profética ou retroativa especial do sensitivo, mas porque, uma vez desdobrados, parcialmente libertos do contexto habitual de espaço e tempo sequencial (como os entendemos pela ótica humana de seres encarnados), temos todos, em maior ou menor grau, a condição de *viajar* tanto através do espaço físico, quanto no tempo, no sentido presente/passado ou presente/futuro. O chamado sonho profético não é outra coisa senão uma viagem do espírito ao 'local' que, para nós, presos aos condicionamentos do tempo sequencial, ainda é futuro. Vimos isso com Regina também ou com o sensitivo inglês que descrevia por antecipação onde Jack, o Estripador, iria cometer o seu próximo crime. De forma idêntica, Regina viu um desastre de ônibus e outro de automóvel, sendo que neste viu também seus amigos mortos, tudo isso antes do evento real na 'faixa' de tempo em que vivemos as nossas vidas terrenas, metidos num corpo de carne. O que nos levou a especular, em *A memória e o tempo*, não só que o tempo é um lugar, mas, também, que o futuro já existe.

Em suma: como fenômeno de clarividência, eu colocaria apenas aquele em que há visão à distância, no tempo e/ou no espaço. E mais, que a clarividência é um fenômeno anímico que usualmente depende de um desdobramento perispiritual a fim de que possa ocorrer. Quando o sensitivo vê espíritos desencarnados ou participa de eventos em que há envolvimentos de tais espíritos, então o fenômeno é espírita e, portanto, mediúnico, ainda que também precedido pelo desdobramento. Proponho designar estes casos como fenômenos de *vidência* e não, de clarividência, que ficaria adstrito, vamos reiterar, a fenômenos anímicos de visão à distância.

A vidência é fenômeno mediúnico e o médium correspondente está classificado no quadro proposto por Allan Kardec como médium vidente.

É preciso, contudo, estar alerta para o fato de que a fenomenologia psíquica não é nada fácil de se enquadrar em rígidas e didáticas classificações. Os quadros sinóticos são úteis no estudo de tais complexidades, mas é preciso não dogmatizar ou supervalorizar tais esquemas. Eles precisam ser suficientemente flexíveis para acomodar variedades e combinações fenomenológicas. E nós, igualmente flexíveis para aprendermos com os fatos e aceitar modificações em nossas posturas e convicções.

Por exemplo: não é impossível que, no decorrer de um fenômeno anímico de clarividência, interfira ou apareça no campo visual do sensitivo um espírito desencarnado. Como classificar esse fenômeno misto? Anímico-mediúnico? Vidência ou clarividência? Não é a classificação ou a distribuição cuidadosa da terminologia que vai resolver o problema suscitado pelo entendimento desses e de outros fenômenos. Eles simplesmente ocorrem. Cabe ao observador atento procurar descobrir as leis que os produzem e buscar um rótulo ou um nome para identificá-los. Nunca se esquecendo, contudo, de que não são as palavras que inventamos que *determinarão* o fenômeno, obrigando-o a acontecer desta ou daquela maneira, a fim de não desarrumar os nossos caprichosos quadros classificatórios.

Outro exemplo: há fenômenos de vidência ou clarividência – difícil ainda determinar-lhes a natureza com precisão – em que as imagens ficam como que superpostas, ou melhor, como num quadro menor dentro de um maior. Neste caso, o menor fica como que embutido ou encaixado no maior. O fenômeno ficou exposto em *A memória e o tempo* e para ele arrisquei-me até a desenhar uma ilustração a bico de pena, mostrando uma paisagem externa com um rio, uma casa, árvores etc., dentro da qual, num quadrinho menor, aparece a mão de uma pessoa escrevendo algo numa folha de papel. À falta de designação apropriada, usualmente com sonoros radicais e sufixos gregos, batizei o fenômeno de 'janela psíquica'.

Segundo Regina, isto ocorre de repente, sem nenhuma sorte de preparação ou 'aviso'. Sentada, de pé ou deitada e lúcida (Acordada? Diz ela que sim, mas tenho minhas dúvidas, como já vimos), de repente, no próprio ambiente em que ela se encontra, abre-se uma janela, geralmente larga, através da qual ela vê cenas diferentes daquilo que está ali no ambiente físico em que se encontra.

Às vezes as figuras são estáticas, como *slides* fixos, projetados numa tela. Tudo em cores. É como se fosse um retrato mesmo, ao natural, e não, uma pintura. Como se o movimento de uma cena real ficasse de repente congelado ante seus olhos. Acontece, também, surgirem pessoas ali, também paradas, em posições congeladas, porém, tudo dentro dos limites da janela. Fora desta, no milímetro seguinte de espaço, continua a visão do ambiente físico em que ela se encontra. Certa vez, ela viu, assim, uma figura de mulher, bonita, de perfil, cabelos muito pretos, despejados sobre os ombros. De outra vez, foi um homem, de pé, sem camisa, fumando um cachimbo. Também estático.

Certas cenas têm movimento, contudo. Ela costuma conferir o ambiente onde se encontra a fim de se certificar de que está bem consciente de tudo, ou seja, de que aquilo não é uma ilusão de ótica ou uma alucinação. Como sempre acontece e temos observado, ela insiste em dizer que está *bem acordada* (assim mesmo, com a expressão grifada) enquanto eu, com a mesma insistência, estou convicto de que ela está consciente sim, mas não *acordada*, ou seja, em estado de vigília. Como o desdobramento é consciente, ela acha que está também acordada no corpo físico, o que não é, necessariamente, verdade. Pode até ocorrer que a consciência esteja como que repartida, como vimos em de Rochas, ficando parte no corpo físico e parte no corpo espiritual, ou melhor, no corpo físico e no corpo espiritual simultaneamente. A hipótese, aqui, como lembra o leitor, é a de que, a curta distância entre o corpo físico e o perispírito, a consciência tem condições de estar presente em ambos ao mesmo tempo, o que daria a ela a impressão de estar *bem acordada*. Mas não é o fato de estar ou não acordada que importa aqui e sim, o de que ela tem uma visão simultânea de dois ambientes, com os seus eventos próprios e autônomos.

No quadro maior, ela vê o ambiente em que se encontra fisicamente, seus móveis, as paredes, cortinas etc., até à linha que o separa do ambiente número dois, o menor. A fatia de paisagem que se projeta na janela tem profundidade normal, tridimensional, com as perspectivas próprias. Não é um quadro bidimensional, só comprimento e largura.

Duas dessas curiosas projeções ela gravou bem na memória. Uma delas era uma cena que ela situa aí pelo século XV ou XVI, a julgar pelas roupas usadas pela figura humana presente. Começou vendo os degraus de uma escada estreita. Deixemo-la descrever o que se segue:

– Acompanhando os degraus – diz ela – *dei com uma porta* maciça de carvalho, larga e alta. (Do que se depreende que ela *estava lá* na cena, portanto, já desdobrada e obviamente consciente, mas não acordada). Em seguida, vi uma pessoa que se aproximava. Era um homem alto, bonito, forte e trazia sobre os ombros uma capa de veludo de cor creme-dourado. Seus cabelos eram negros, anelados e desciam até os ombros. Ele chegou e subiu as escadas. Eu via claramente as suas botas. Eram pretas, pareciam de couro muito macio e estavam lustradas. Ele chegou até à porta e parou diante dela, com um pé no degrau de baixo. A cena parou aí e permaneceu como que 'congelada' por algum tempo. Em seguida, a janela fechou-se.

Dentro da nossa classificação, onde poríamos o fenômeno? Como clarividência, ou seja, uma cena vista à distância, no tempo (século XV ou XVI) e no espaço (Europa, talvez), ou uma cena mediúnica, na qual um espírito desencarnado produziu as imagens para ela? Ou, terceira hipótese, uma dramatização de cena registrada na sua memória integral e que, por algum estímulo desconhecido, de repente emergiu na consciência? Não sei como decidir. Ainda mais que temos aqui o complicador da superposição de ambientes, ou seja, a de uma ambiência encaixada na outra, ignorando dogmas espaciais e temporais.

Outra cena: ao abrir-se a janela psíquica, Regina vê um caminho estreito aberto num gramado que ia dar num bosque. Diz ela nunca ter visto tão lindo verde, como se luminoso. Devia ser de manhã cedo, pois ela percebia o orvalho a brilhar na grama. Estava absorta a contemplar o quadro de idílica beleza, quando surgiu, não se sabe de onde, um cãozinho de raça inglesa *sheep-dog* (pastor). Foi como se tivesse entrado pela 'janela', vindo do aposento em que Regina estava fisicamente. O pelo do animal era de um branco meio encardido, próprio da sua raça, mas muito brilhante. No início da trilha, sacudiu-se todo (devia estar molhado, provavelmente dormira fora de casa, pensou ela, e se molhara ao sereno). Em seguida, saiu correndo pela trilha afora, balançando seus pelos, até entrar pelo bosque, onde desapareceu. Regina morreu de pena de perdê-lo. Era um lindo cão. Todo o local era lindo. Era uma pena que ela também não pudesse entrar pela sua janela psíquica e ir ao encalço do cãozinho peralta.

Ela própria, contudo, deixa no ar uma dúvida:

– Ou talvez pudesse? Quem sabe?

E acrescenta um comentário para o qual não tem a minha concordância:

– Nunca experimentei.

Respondo eu: não apenas experimentou, como, em inúmeras outras oportunidades, ela *entrou na cena*, ou se viu lá, em outro tempo e espaço, como personagem de história verídica. A única diferença é que não havia janela psíquica recortada num ambiente físico, uma vez que toda a sessão de clarividência ocorria dentro da janela, que se ampliara de tal forma que fizera desaparecer o ambiente físico. É certo, porém, que seu corpo material, em tais situações, tem de ficar em algum ponto do espaço físico e igualmente preso a um esquema rígido de tempo sequencial, onde ao passado somente se vai pela memória e ao futuro apenas com a imaginação. Mas, no fundo, não é tudo memória?

10. Visão diencefálica e audição coclear

Diz ela, para encerrar, que não sabe como a janela se abre diante de seus olhos; subitamente ela está ali. Sabe, contudo, como se fecha. As figuras ou cenas começam a 'derreter-se', como se estampadas numa fina placa de cera levada ao calor. Não escorrem, porém, de cima para baixo, a desmoronar, como acontece com um cone de sorvete ou uma lâmina de gelo. Derretem-se oscilando lentamente, deformando-se pouco a pouco até desaparecerem.

O fenômeno que estamos aqui designando pela expressão 'janela psíquica' se caracteriza, portanto, por uma dupla visão, no sentido de que o sistema visual comum dos olhos físicos contempla o ambiente físico, enquanto a visão interna ou psíquica observa uma cena ou quadro situado no que costumamos chamar de outra dimensão. Aproveitando o ensinamento de André Luiz, acho que poderíamos chamar esta segunda visão (a psíquica) de *diencefálica*, dado que ela se produz pela excitação direta dos 'computadores' da visão e não, da visão em si, como a conhecemos, a dos olhos físicos.

A ideia de Boddington não difere muito dessa. Discorrendo sobre o desenvolvimento da clarividência, ensina ele, em *Secrets of mediumship*:

> Na maioria das técnicas de desenvolvimento ocorre uma combinação da visão normal com a visão espiritual [...]

> A imagem resultante é mais objetiva e é vista pelos olhos, bem como, pela visão espiritual. (Boddington, Harry, 1949)

Nada impede, portanto, que os olhos físicos vejam o ambiente físico e a visão espiritual (ou diencefálica) registre o ambiente hiperfísico ou espiritual, normalmen-

DIVERSIDADE DOS CARISMAS

te invisível aos olhos materiais. Creio legítimo supor que, assim como a consciência pode, ocasionalmente, ficar distribuída em dois pontos distintos, ao mesmo tempo, ou seja, no corpo físico e no corpo espiritual, também a visão pode ocorrer em paralelo, sem que uma interfira na outra. Ou a audição. O sensitivo pode perceber, ao mesmo tempo, uma voz íntima que lhe fala sem som, enquanto ouve o ruído da rua ou uma pessoa que canta, na casa ao lado. Ainda com André Luiz, diríamos que esse tipo de audição é coclear.

Não exijo patente para as proposições que aí ficam e não passam de esforço honesto para explicar e catalogar fenômenos muito estudados, mas ainda pouco entendidos. Não importa, contudo, que tenhamos ou não nomes apropriados para os fenômenos. Os nomes são meros rótulos, como vivia a dizer Silver Birch. Acha o sábio índio desencarnado que os homens se preocupam demais com os rótulos das coisas. Talvez por isso acabem esquecendo de examinar o conteúdo dos frascos e dos pacotes nos quais vão pregando rótulos.

O Pequeno príncipe de Saint-Éxupery se queixa da fixação das pessoas com os números. Mal nos conhecem, já querem saber quantos anos temos, quantos quilos pesamos, quanto dinheiro há na conta bancária ou quantos carros temos na garagem. Pouco se interessam em saber, contudo, que tipo de pessoa *somos*.

Quanto aos fenômenos psíquicos, claro que os nomes nos ajudam a raciocinar. Não precisamos estar a repetir que desejamos nos referir àquele "fenômeno segundo o qual o sensitivo se desdobra e vê à distância", basta chamá-lo pelo rótulo de clarividência. É preciso cuidado, não obstante, para que o rótulo não se torne mais importante do que o conteúdo do fenômeno, ou seja, como ele ocorre, por que e para que e, se possível, que leis naturais regulamentam a sua eclosão. Essa psicose do rótulo precisa ser controlada, mesmo porque os fenômenos suscitados pelo espírito (encarnado ou desencarnado) não costumam submeter-se docilmente às nossas arbitrárias classificações. Quando pensamos ter conseguido inventar um bom rótulo e descobrir toda a mecânica dos fenômenos, eles explodem de maneira diferente, obrigando-nos a abandonar a 'explicação' anterior que nos parecia tão abrangente.

Colin Wilson, desalentado, queixa-se disso em mais de uma oportunidade. Por exemplo:

> [...] uma das coisas mais desencorajadoras da pesquisa psíquica é que, tão logo a gente consegue elaborar uma teoria sensata e científica para explicar algum problema, descobre-se novo caso que a contradiz. (Wilson, Colin, 1984)

Isto nos leva de volta a Kardec naquele exato ponto em que começamos nossas especulações neste capítulo. Como todo estudioso competente e responsável, ele observou o fenômeno e propôs-lhe uma explicação teórica. Não lhe faltou, contudo, dignidade e humildade intelectual para acrescentar que não considerava a sua manifestação pessoal como 'última palavra' no assunto. Propunha mesmo que se aguardassem novos estudos que certamente viriam, como vieram, com o tempo.

Aliás, esse é um dos mais difíceis problemas suscitados pela pesquisa psíquica: a falta de humildade intelectual dos pesquisadores que, em vez de aprenderem com os fatos, preferem forçar suas teorias prediletas sobre eles, com a tola arrogância de ensinar a Deus como devem ser feitas as coisas da vida... Sobre isso, Monteiro Lobato produziu uma das suas deliciosas e geniais sátiras ao escrever a sua *Reforma da natureza*.

Capítulo IX

Psicometria

1. Introdução

Como qualquer outra atividade humana, a faculdade mediúnica exige certa especialização. O médium não deve exaurir-se no desenvolvimento das faculdades que possa ter em potencial, pois acabará não exercendo bem nenhuma delas; o ideal seria trabalhar com poucas faculdades, porém com eficácia e devotamento. Isto, porém, fica para o capítulo próprio, em que cuidaremos do problema do desenvolvimento da mediunidade. A referência, neste ponto, se destina apenas a substanciar o fato de que a nossa Regina não se aplicou ao desenvolvimento das suas faculdades psicométricas em potencial – o que nos parece correto – concentrando-se em outras, nas quais alcançou bom nível de utilização. Não deixou de demonstrar esse potencial, contudo, ao observar que tinha condições de perceber, extrassensorialmente, o estado de espírito de alguém, simplesmente ao tomar nas mãos uma carta, ainda fechada, que acabasse de receber dessa pessoa.

Teve, contudo, oportunidade de testemunhar um episódio de psicometria, certa vez em que recebia a visita de um amigo que fizera experiências com essa faculdade, mas não quis prosseguir na sua prática. Regina perdera de vista, em sua casa, uma gravura da qual estava precisando com urgência para um trabalho. Ao narrar o caso, disse ela já ter revirado literalmente o seu apartamento e, de modo especial, a biblioteca onde, pela lógica, deveria estar a peça. Será que o amigo psicômetra poderia ajudá-la? Ele relutou, alegando que há muto não fazia aquilo e nem sabia mais como fazê-lo, mas, ante o apelo e insistência dela, resolveu ceder. Não custava tentar. Pediu-lhe algo que pudesse ter estado em contato com a sumida gravura, mas o quê? De repente, Regina lembrou-se: suas mãos. Haviam sido, por certo, a última coisa que estivera em contato com o papel. Ele concordou. Tomou-lhe as mãos, permaneceu em silêncio por alguns momentos e declarou a seguir:

– A gravura está no mesmo lugar onde você guarda uma pequena caixa de madeira com material de costura.

– Ora! – comentou ela a rir – Seria o último lugar onde eu poderia tê-la colocado!

Mas ele insistiu. Era lá mesmo. Bastava conferir. Ela foi e encontrou a gravura recalcitrante. Estava mesmo ao lado de uma caixinha de madeira que lhe servia para guardar material de costura, na parte superior de um armário embutido. Só então Regina lembrou-se de como fora ela parar ali. Esteve a examinar a gravura quando chegaram umas crianças; temerosa de que a estragassem ou a pedissem (era uma peça de relativo valor), achou prudente guardá-la em lugar seguro e provisório para depois dar-lhe o destino que tinha em mente. Era a melhor maneira, naquela emergência, de evitar dizer um *não* às crianças.

É curioso como ela própria assinala que ele não indicara o armário – limitou-se a localizar a gravura ao lado da caixa de costura. Teria sido muito lógico que dissesse:
– A gravura está dentro do seu guarda-roupa, na prateleira de cima, junto de uma caixa de costura. Ao contrário, disse apenas que ela estava "no mesmo lugar onde você coloca uma caixinha de madeira com material de costura".

Prepare-se o leitor para algumas 'turbulências' desse tipo, pois os problemas suscitados pela psicometria não são nada fáceis de serem ordenados num quadro classificatório, tudo bonitinho, com cada coisa no seu lugar e tempo. Basta dizer que ainda não se dispõe de uma teoria ou uma hipótese razoável que sirva indiscriminadamente para todos os casos observados. É preciso acostumar-se à ideia de que, em psicometria, temos montanhas de perguntas para montículos de respostas, se é que podemos chamar de resposta o que sabemos sobre uma das mais estranhas, curiosas e fascinantes faculdades do ser humano.

Ernesto Bozzano estava coberto de razões quando intitulou seu estudo sobre essa questão *Os enigmas da psicometria*.

Convido o leitor a enfrentar comigo alguns desses enigmas. Prometo-lhe uma viagem pelo misterioso território de uma fantástica realidade. Não é preciso levar muito equipamento para essa excursão. Basta segurar-se bem, estar alerta, para examinar tudo com muito cuidado e ter a dosagem certa de humildade intelectual para não se afligir com a própria ignorância. Em outras palavras, seremos duas perplexas ignorâncias a visitar um mundo de coisas incríveis, mas possíveis; fantásticas, mas factuais. Quem tem um fato – disse alguém – não está sujeito ao que tem apenas um argumento. Explicável ou não, a psicometria é um fato. Enquanto não lhe descobrirmos o mecanismo, ficaremos como os índios brasileiros que viram Diogo Álvares Correa, o Caramuru, fulminar, com uma estranhíssima e explosiva máquina, um pássaro na floresta. Virou deus, na hora! Não ambicionemos tanto.

2. Mais um termo inadequado

Comecemos pela palavra em si. Psicometria é um dos termos inadequados para caracterizar fenômenos psíquicos, mas que 'pegou'. Esses rótulos, quando pegam, ficam muito difíceis de serem substituídos por outros mais vistosos ou adequados e, principalmente, mais compatíveis com o conteúdo do frasco. Como se pode facilmente perceber, psicometria seria algo que nos ensinasse a *medir a alma*, o que não faz sentido algum.

O dr. Nandor Fodor, na sua já citada *Enciclopédia*, decidiu-se pela definição proposta pela sra. Hester Dowden, respeitada médium inglesa, também conhecida pelo nome de sra. Travers-Smith por causa de seus dois casamentos. Segundo ela, a psicometria é "uma faculdade psíquica de certas pessoas que as possibilita adivinhar a história ou eventos ligados ao objeto material com o qual se ponham em contato direto".

Como não vamos perder tempo em busca da melhor definição, fiquemos com essa mesma.

3. A Natureza como cinegrafista

Há dois estudos clássicos da maior confiabilidade feitos por dois pesquisadores pacientes e competentes. Um deles é J. Rhodes Buchanan, americano, deão da faculdade e professor de medicina em Covington, Kentucky, Estados Unidos. Ele nasceu em 1814 e morreu aos oitenta e cinco anos em 1899. Seu *Manual of psychometry* foi publicado em Boston, em 1889, após muitos anos de intensa pesquisa. O outro clássico é *The soul of things* (A alma das coisas, um belo título), publicado em 1863 pelo dr. William Denton, professor de geologia em Boston, Estados Unidos. O prof. Denton realizou inúmeras experiências com a sua irmã, Anna Denton Cridge, com a sua esposa e depois com o filho. Foram trinta anos de pesquisa. Sua conclusão não deixa a menor dúvida: a existência da psicometria é inquestionável.

Não podemos aqui mergulhar mais fundo nesses livros fascinantes, primeiro porque, lamentavelmente, não os tenho em mãos (conheço-os apenas de citação) e, em segundo lugar, porque nosso livro ficaria grande demais.[1] Rogo, entretanto, à complacência do leitor para citar uma bela frase do dr. Denton, escritor nato, além de grande pesquisador, e que resume a tese fundamental da sua obra sobre a psicometria. Escreveu ele, em *Nature's secrets* (Segredos da Natureza), o seguinte:

> Desde a primeira madrugada de luz neste mundo infame, quando, em torno de seu berço, tempestuosas cortinas o envolviam, a Natureza tem estado a fotografar cada momento. Que galeria de retratos tem ela! (Denton, William, 1863)

Utilizando-se das faculdades psicométricas de seus sensitivos, tanto Buchanan como Denton mergulharam num passado ignoto, como que vindo de muito além das fronteiras do tempo.

---

[1] Após buscar o raríssimo *The soul of things* durante incontáveis anos, localizei-o finalmente na biblioteca da Universidade da Carolina do Norte. Sobre esse intrigante trabalho, tive a oportunidade de escrever a obra intitulada *Memória cósmica* (Editora Lachâtre).

Ao segurar o fragmento de um meteorito, diz a senhora Denton:

> Meus olhos são arrebatados para cima. Vejo uma espécie de luz nevoenta. Parece deslocar-se por milhas e milhas com enorme velocidade, sempre para cima e para cima. Torrentes de luz surgem à direita, muitíssimo ao longe... A luz brilha a uma vasta distância... (Denton, William, 1863)

Parece que a sra. Denton foi às origens do próprio universo nessa visão fantástica, no momento mesmo em que Deus criava corpos celestes, remotíssimos no tempo e no espaço, dos quais aquele pequenino fragmento de pedra cósmica iria desprender-se um dia e ir parar nas mãos dela, abismos de tempo depois...

Algumas dessas experiências são penosas demais para os sensitivos e há, mesmo, objetos que eles se recusam a tocar, por pressentirem segredos que não convém suscitar. Há pessoas tão sensíveis a esse tipo de manifestação que, segurando nas mãos objeto que tenha pertencido a um 'morto', assumem a aparência da pessoa em vida, seus maneirismos e até podem sentir os sintomas das moléstias que provocaram o desencarne do dono da peça.

Segundo Crowell, em *The identity of primitive christianity and modern spiritualism*, citado pelo dr. Nandor Fodor – Luís Napoleão mandou destruir uma guarita de sentinela na qual três soldados sucessivamente se mataram.

O dr. Dufay – segundo Richet – entregou um objeto dentro de vários envelopes fechados a Marie, uma sensitiva. Ela pensou por um momento e começou a falar como se pensasse alto. A primeira coisa que disse foi que estava ali algo com o qual havia morrido um homem. E continuou: – Uma corda? Não. Uma gravata! Isto é de um prisioneiro que se enforcou porque havia cometido um assassinato. As visões psicométricas ocorrem, às vezes, em rápidos *flashes*, tão rápidos que se torna difícil apreendê-las.

Escreve D'Aute-Hooper, em *Spirit psychometry*:

> Seria impossível acompanhar e descrever as impressões, à medida que passam pela minha consciência. É rápido demais. São como imagens cinematográficas. Parecem voar. De outras vezes, é como se eu fosse um pedaço de pedra, sem nenhuma faculdade de pensar e, no entanto, vendo coisas e assistindo a eventos à minha volta. (D'Aute-Hooper)

Não sei bem se isso é velocidade mesmo. Regina tem às vezes tal sensação quando algum espírito deseja transmitir-lhe uma informação ou um relato mais longo. É como se 'despejassem' em sua mente, de uma só vez, todo o relato. Mozart experimentava sensação semelhante quando 'ouvia' por antecipação toda uma sonata ou sinfonia, ainda a compor, resumida num só acorde. Não parece, pois, que o relato, as imagens ou sons sejam projetados com velocidade, e sim que o ritmo no plano de onde provêm tais fenômenos é diferente do nosso aqui, no mundo material.

Aliás, discutimos ligeiramente esse aspecto ao especular acerca de penetração no futuro. Dizíamos, então, que as coisas ocorrem *lá*, em ritmo muito mais acelerado e se, por um mecanismo qualquer de 'viagem' no tempo, conseguirmos acelerar momentaneamente o nosso próprio ritmo, vamos ao futuro, vemos as coisas que estão acontecendo lá e, em seguida, recaímos no nosso passo lento de tartarugas cósmicas. Voltemos, porém, à psicometria, pois esses assuntos de tempo me deixam usualmente *em órbita...*

Outro aspecto que assinala o prof. Fodor é o de que as visões psicométricas podem ser reduzidas em tamanho ou sobrepor-se a todo o ambiente onde se encontra o sensitivo, o que nos faz lembrar a 'janela psíquica' de Regina. Na psicometria ou em qualquer faculdade, as técnicas e os métodos de cada sensitivo podem variar, mas o resultado é sempre o mesmo e sempre fascinante. Alguns, mal tocam o objeto a ser psicometrado, são imediatamente transportados ao local desejado; outros parecem demorar-se um pouco mais. Há os que rasgam um pedaço do papel, por exemplo, se esse for o caso, e o colocam na boca; há os que tomam o objeto e o colocam sobre a testa ou sobre o plexo solar. Há os que o tomam nas mãos e ficam a acariciá-lo ou a apalpá-lo. Alguns entram numa espécie de transe (desdobramento?), outros não, conservam a sua lucidez. O traço mais comum é o relaxamento de corpo e mente, um estado de passividade. Outros parecem ficar tensos.

Um dos grandes sensitivos do passado, o engenheiro polonês Stephan Ossoviecki, escreveu:

> Começo por parar de pensar e dirijo todo recurso interior no sentido da percepção espiritual. Afirmo que essa condição é alcançada pela minha fé inabalável na *unidade espiritual de toda a humanidade*. (Fodor, Nandor, 1969). (O destaque é meu.)

Prossegue o famoso sensitivo descrevendo suas sensações até que, de repente, vê a pessoa que escreveu a carta (se é esse o caso). Se se trata de um objeto perdido, ele vê, com todos os pormenores, em que condições foi perdido.

4. Um pouco de teorização

Ernesto Bozzano colocou a psicometria entre os fenômenos de telestesia, como se vê no subtítulo de seu valioso estudo *Os enigmas da psicometria*. Logo de início, conceitua ele a psicometria como "uma das modalidades da clarividência" e, por isso, também envolvida dos enigmas da outra. Entende, ainda, que os objetos são meros 'estimulantes' à produção do fenômeno, destinados a estabelecer uma relação entre o sensitivo e as pessoas envolvidas, encarnadas ou desencarnadas. Com o devido respeito pelo eminente e competente estudioso, tenho certas dúvidas sobre isso. É que vejo o objeto mais como uma espécie de 'sintonizador' do que como 'estimulante' e nem sempre há pessoas envolvidas no fenômeno. Aliás, o próprio Bozzano, com o cuidado que o caracteriza, apresenta fenômenos bem documentados em que o sensitivo não ficou 'ligado' a ninguém em particular, mas a objetos inertes, plantas ou animais irracionais. Vimos, ainda há pouco, a sra. Denton acompanhar a trajetória cósmica de um meteorito, desde a sua formação. Em outro ponto deste livro lembramos as experiências feitas, no México, com a sra. Maria Reyes de Zierold que se identificou com uma pedra, uma concha marinha, e com uma semente de planta tropical.

O prof. Bozzano recorre à hipótese semelhante à de Ossoviecki há pouco mencionada, ou seja, a de que há uma "lei de afinidade eletiva" que une as pessoas aos objetos. Ainda que o termo fluido seja um tanto vago, há por certo, uma ligação magnética qualquer, acho eu, não apenas entre pessoas e objetos, mas, também e principalmente, entre as pessoas, como nos propõe Ossoviecki. Como diziam os antigos místicos e ocultistas, toda a vida é solidária entre si. A vida é uma coisa só, proclamava Silver Birch, partilhada por tudo quanto vive sobre a terra. Emmanuel diz que o ser dorme na pedra, sente na planta, sonha no animal e pensa no ser humano. Se dorme é porque já está lá mesmo, na pedra. O dr. Albert Schweitzer pregou a doutrina da reverência pela vida, por entendê-la também una, embora partilhada por todos, cada qual com a sua fagulha pessoal, doação divina que nos faz indestrutíveis e imortais, com todo o potencial da perfeição. Se somos filhos da luz não há como fugir à óbvia evidência de que somos também luz, ainda que não realizada. Sobre isso, certo espírito nos ensinou, certa vez, belíssima lição.

5. Pausa para uma historinha instrutiva

Vinha de séculos e séculos de equívocos lamentáveis. Sua última experiência ou, pelo menos, a que mais fundamente se gravara no seu psiquismo, fora num convento a que fora recolhida contra a sua vontade porque a mãe a consagrara, ao nascer, à Virgem Maria. Não era, porém, o convento que ela queria e, sim, a vida normal de uma jovem de seu tempo. Além do mais, era dotada de faculdades mediúnicas. Via espíritos, conversava com eles e até os deixava incorporarem-se nela. E, o que é mais grave, em momentos absolutamente impróprios. Seja porque não tivesse controle de sua mediunidade, seja porque os espíritos se aproveitavam da oportunidade para produzir certas manifestações no convento, foi um desastre total a sua vida em termos de comportamento conventual. Saiu dali para o mundo espiritual ainda perturbada e revoltada com aquilo tudo, odiando pessoas que a haviam submetido a verdadeiras torturas morais e algumas até físicas. Viveu esse ódio irracional e exerceu o quanto pôde a sua vingança sobre aquelas que, em vida, a fizeram sofrer. Com isto, perturbava-se cada vez mais.

Um dia, reunindo alguma fé encontrada entre os escombros das suas vidas, orou por um momento e foi socorrida, esclarecida e retirada daquela condição aflitiva em que vivera tanto tempo, em desatino. Começou a refazer suas ideias e a buscar novos caminhos rumo à paz. Num desses momentos, orando novamente, teve uma visão extraordinária: via-se como que envolvida em um manto escuro, numa atmosfera densa de sombras que ia com ela a toda parte. Estranhamente, porém, tudo o mais a sua volta estava mergulhado em plena luz. Percebeu imediatamente a lição. O uni-

DIVERSIDADE DOS CARISMAS

verso era todo luz e para que ela se integrasse naquela luminosidade bastava eliminar, por um esforço de vontade, as sombras que a envolviam. É nessa atmosfera de luz que vivemos todos. Cada um o diz à sua maneira, mas é tudo uma só realidade. Paulo declarou que "vivemos e nos movemos em Deus e nele temos o nosso ser"; os ocultistas falam da solidariedade da vida; Bozzano declara sua convicção no fluido universal, tal como os espíritos o disseram a Kardec; André Luiz chama isso de "plasma divino" e acrescenta: "Nesse elemento primordial, vibram e vivem constelações e sois, mundos e seres, como peixes no oceano." Há, portanto, um vínculo entre tudo e todos e tem de haver mesmo porque é o amor que sustenta o universo. Através desse fluido, vínculo ou plasma, os seres e as coisas se entendem na linguagem inarticulada das imagens, dos sons, das emoções.

Bozzano acrescenta mesmo que a existência dessa ligação seres/coisas é "conclusão corroborada por tantas circunstâncias, tendentes todas a demonstrá-la, que a podemos considerar como *definitivamente adquirida pela ciência*".

Vamos, porém, a alguns casos do fichário de Bozzano, a fim de podermos esboçar algumas conclusões próprias a ver se enxergamos as coisas da mesma maneira e pelo mesmo ângulo.

6. Dos arquivos de Bozzano

As suas primeiras transcrições dizem respeito à faculdade psicométrica da srta. Edith Hawthorne, "criatura bexigosa e enfermiça", de precário estado de saúde, anjo de bondade para muita gente, especialmente para as crianças. Fundou uma instituição para cuidar de crianças com problemas de fala.

> Nesses trabalhos era de uma paciência sem limites, a fim de conseguir um tratamento eficaz e tão suave, e tão carinhoso, a ponto de o transformar em distração alegre para os pequeninos enfermos. (Bozzano, Ernesto, 1930)

Pois bem. Um cavalheiro por nome Samuel Jones, com quem se correspondia Hawthorne, mandava-lhe regularmente vários objetos para serem psicometrados por ela. Certa vez, foi-lhe remetido um pedaço de carvão. Naturalmente que ela não sabia do que se tratava, pois o material sempre ficava dentro de invólucros invioláveis (caixas, envelopes, pacotes etc.).

Não vamos reproduzir toda a narrativa, que foi publicada na revista *Light*, de 1903, na página 214. A moça tomou o pacote nas mãos e foi anotando suas impressões, posteriormente remetidas por carta ao sr. Jones, para análise.

Hawthorne começou a ver dois ou três homens a examinarem uma parede negra. Um deles trazia uma lanterna acesa na mão. Estavam, evidentemente, fazendo uma pesquisa cuidadosa e emitiam suas opiniões cautelosamente. (Eram inspetores da mina, acrescenta Jones). O embrulho continha um pedaço de carvão de muito boa qualidade, arrancado a grande profundidade (certo). Vários homens trabalhavam ali, nas profundezas da terra, onde não chegava nem o ruído das carretas, lá em cima. Um dos homens trabalhava sozinho, numa gruta apertada, na qual ele tinha de manter-se deitado. Hawthorne sente-se aflita e ora para que não lhe aconteça nada (Jones informa, em nota, que há muito tempo não morria ninguém ali). Hawthorne acrescenta este curioso comentário:

– Coisa singular! *Os pensamentos desse homem* não se prendem à sua tarefa. Ele *está pensando* na esposa e no filho de tenra idade.

Depois da visão de grande quantidade de água na mina de carvão (posteriormente confirmada), ela percebe que o homem está morrendo, a sangrar pela boca, pelo nariz e pelos ouvidos. Uma visão que a deixa arrasada, mas que para Jones é reveladora. Ele se lembrou, então, de que realmente ali morrera um homem naquelas condições, cerca de vinte anos atrás, vitimado por uma inundação. Foi retirado ainda com vida, mas morreu quatro semanas depois. O filho nasceu horas antes de ele morrer. A família guardava o pedaço de carvão como lembrança. Fora retirado por ele.

Como é que tudo isso pode resultar do simples contato com um fragmento de carvão? Como pode um pedaço de carvão revelar a tragédia de um homem vivida vinte anos antes? Como poderia saber Hawthorne que os pensamentos dele se voltavam, naquele momento, para a mulher e a criança prestes a nascer?

Compulsando uma pequena amostra de terra colhida perto de um velho muro com uma colher e posta numa caixinha que lhe foi remetida, a srta. Hawthorne vê arqueólogos estudando as ruínas de um castelo que ela identifica como o de Dudley.

Bozzano acha que ela poderia ter colhido essas imagens telepaticamente do próprio mr. Jones. É possível, mas há casos em que esta explicação não se aplica.

No exemplo seguinte, ocorre a interferência de um espírito desencarnado. Bozzano, usualmente discreto, usa uma palavra forte para caracterizar o caso: prodígio. Tudo é possível aqui, até mesmo a admissão "do mistério dos 'clichês astrais' dos ocultistas, ou das impressões do ákasa, dos teósofos". (Os destaques estão no original de Bozzano).

Como se observa, isto vai dar muito perto das fotografias da natureza de que há pouco nos falava o prof. Denton.

7. O pombo pensante

Apelo para a paciência do leitor a fim de estudarmos juntos o caso do pombo-correio, uma das coisas mais estranhas do livro.

A história começou assim: o sr. Jones separou um pombo-correio, remeteu-o, dentro de uma cestinha, de trem, a uma cidade distante e lá a ave foi solta. Ao chegar de volta ao seu pombal, tiraram-lhe uma pena e a enviaram à srta. Hawthorne, com as precauções de praxe, para que ela não viesse a saber do que se tratava.

Ela percebe logo que se trata de uma pena. Observem, a seguir, a inexplicável penetração da mente da moça nas emoções do pequenino ser alado. Escreve ela:

> Esta pena esteve encerrada num ambiente muito apertado – um cesto! O pequeno corpo de seu dono é qual feixe de nervos, cujas vibrações o fazem parecer trê-

DIVERSIDADE DOS CARISMAS

mulo; mas a verdade é que ele não treme de medo. E se bem que esteja encerrado no cesto, parece ter compreensão de que será sem demora libertado. Viaja por estrada de ferro, pois *estou sentindo* as trepidações do trem. (Idem)

Percebem? A moça *está viajando* com o animal e sabendo o que se passa na cabecinha dele! Quando o soltam, ela o vê voar e subir, subir, descrevendo círculos, em busca de orientação. (Era de uma raça que tem por hábito subir mais do que as outras). E ela continua como que a voar com ele, acompanhando-lhe as emoções.

> A voar sempre mais alto, não sabe ainda onde paira e tudo que o rodeia parece-lhe novidade. (Atenção, leitor, para o que vem a seguir) Nessa trepidação nervosa, vai ele subindo sempre, até entrar de repente em contato com uma força sutil, ou corrente magnética, que o põe em correspondência com o seu pombal. (Idem)

Ou seja, há uma trilha magnética que ele é capaz de captar com sua sensibilidade o que o liga com a sua casa à distância de muitos quilômetros.

> Ele percebe a corrente magnética mas, enquanto não se julga seguro do contato dessas vibrações sutis, parece experimentar como que uma ansiedade nervosa. Desde, porém, que o contato se estabeleceu, vai-se-lhe aquela ansiedade, readquire confiança, executa algumas evoluções e voa em flecha na direção do pombal.

Dificuldades de orientação ocorrem quando ele sobrevoa cidades, das quais parecem subir vibrações desarmônicas que baralham a sua rota, mas ele consegue vencê-las.

Se o leitor está pensando que tudo não passa de imaginação da moça, desista, porque não é. Ao se aproximar do final da sua jornada, novas tensões aguardam o pássaro. Primeiro, é o seu receio perante uns meninos que ele teme desejam agarrá-lo. Hawthorne observa:

> Não há dúvida de que isto já lhe tenha ocorrido, pois de outra forma não se explicaria esse temor de ser enclausurado noutra casinha que não a sua.

Mr. Jones confirma. Esse pombo foi certa vez agarrado fora de casa e ficou prisioneiro por algumas semanas.

E novamente Hawthorne comprova que não é a sua imaginação que está solta, mas a sua sensibilidade é que está ligada no pombinho:

> Haverá, nas proximidades do pombal, dois gatos, um de pelo rajado e outro de focinho preto com malhas brancas? É que ambos infundem grande ansiedade ao pobre pombo.

Há, sim. "Um gato rajado, cinzento e outro preto e branco" – escreve Jones – "ambos vivendo da pilhagem em torno dos pombais".

Como todas as demais impressões verificáveis são confirmadas, Bozzano é levado a concluir que as não verificáveis são, também, dignas de crédito, com a curiosa observação acerca da trilha magnética que o leva de volta ao pombal.

> E ficamos confundidos ante o caso misterioso dessa sensitiva que se identifica com a débil mentalidade de um pombo, a ponto de viver a sua vida e experimentar as sensações, percepções e sentimentos emocionais ou afetivos que angustiavam aquela minúscula personalidade na trajetória do seu retorno ao pombal. (Idem)

E veja bem o leitor: tudo isso a partir de algo recebido dentro de um envoltório inviolável que, em princípio, ela não sabia que continha uma simples pena de ave!

8. Psicometria ambiental

Do livro *By the ionian sea*, do escritor inglês George Gissing, Bozzano extrai interessante relato em que o autor experimenta visões de um vaso ornamental e de uma belíssima pedra tumular e, em seguida:

> Sucederam-se, então, outras visões desdobradas e desenvolvidas em dimensão e complexidade; presenciei cenas da existência social dos antepassados, vi ruas cheias de gente, cortejos triunfais, procissões religiosas, salões festivos e campos de batalha. O que mais me admirava era o colorido maravilhoso dos ambientes. Impossível dar uma ideia do esplendor desbordante das cores que tonalizavam cada cena! (Idem)

Uma dessas visões fantásticas foi a do episódio em que Aníbal, em Crotona, na Itália, após a segunda guerra púnica, fez massacrar todos os seus soldados, na praia.

> O drama daquela carnificina se desenrolou a meus olhos nas suas mínimas particularidades. E tudo aquilo resplandecia à luz de um sol maravilhoso, sob a cúpula de um céu transparente e de tal modo fascinante que, só de evocar, ainda me sinto deslumbrado de tanta luz e tanta cor. (Idem)

Neste episódio, fico em dúvida se se trata de uma psicometria do ambiente ou de uma regressão da memória espontânea do próprio escritor, que teria participado de tais eventos. Não há dúvida, contudo, de que é possível tanto uma coisa como outra. O médium brasileiro Divaldo Pereira Franco contou-me, certa vez, suas dificuldades ao dormir em hoteis, porque fica a ouvir, pela noite afora, diálogos ocorridos ali, como que comunicados a ele através dos travesseiros. Os fenômenos eram tão frequentes que ele passou a levar, na mala, seu próprio travesseiro.

Da revista *Light* (1904, p. 131) Bozzano extrai caso semelhante ao de Divaldo. Era uma senhora Katherine Bates, escritora espírita que também dispunha dessa faculdade de psicometrar – praticamente à sua revelia – os ambientes em que repousava. Escreve ela:

> Aconteceu-me mais de uma vez ter de deixar um quarto de hotel, belo e confortável, por outro pequeno e escuro, isto por se me tornar insuportável *a atmosfera*

mental ou moral gravada no ambiente por qualquer dos seus ocupantes anteriores. (Bozzano, Ernesto, 1904). (O destaque é meu)

Certa vez, em casa de uma amiga, experimentou tal sensação num belo quarto que lhe foi destinado. Era a influência de um homem, diz ela.

> O que me revelava essa influência era uma forte sensualidade, de criatura não má, mas fraca e inteiramente entregue às circunstâncias e aos seus pendores hereditários, à falta de poderes inibitórios. (Idem)

Sutilmente, ela começou a investigar a situação, pois a amiga tinha dois filhos homens. Um deles ela conhecia e nada tinha daqueles traços. O mais velho ela não conhecia pessoalmente. Sem dizer, de início, a razão, pediu para ver o seu retrato e logo viu (ou sentiu) que não era aquele homem que deixara suas vibrações no quarto. Ela explicou à amiga o porquê das suas pesquisas, já aliviada de que aquilo nada tinha a ver com os filhos dela. Esta, contudo, inteiramente avessa a tais fenômenos, taxou logo de fantasias as experiências da outra:

> Então, disse-lhe: Agora que tive a prova de que não se trata do seu filho, vou descrever minuciosamente o caráter do indivíduo que ocupou este quarto.

Ao cabo da descrição, a outra olhou-a perplexa, retirou-se por um momento e voltou com o retrato de um homem:

> Confesso que você acabou de descrever exatamente este meu cunhado que, de fato, muitas vezes ocupou esse quarto, se bem que meus filhos o fizessem depois dele.

Estava esclarecido o mistério, era o cunhado.

9. Psicometria e mediunidade

O difícil nestes relatos é escolher os casos, dentre os muitos que temos à disposição, mas se o leitor tiver mais um pouco de paciência, vou resumir um deles, um clássico do tipo psicométrico e que nos servirá de apoio, juntamente com os dois antecedentes, para algumas conclusões que não convém antecipar.

A narrativa é de Hugh Junior Brown, rico banqueiro de Melbourne, Austrália, em cuja família passou-se o caso. É preciso acrescentar que Brown é também autor de um excelente livro sobre os problemas da mediunidade, a que deu o título *The holy truth* (A Verdade Sagrada) que teve a honra de ser muito bem acolhido e citado por Frederick W. Myers na sua obra-prima, *A sobrevivência humana à morte corporal*, um dos clássicos da literatura psíquica. O trabalho de Brown foi publicado na revista *Light* em 1908, na página 117. Vamos resumi-lo, sem prejuízo do seu entendimento.

Dois filhos de Brown, um de dezoito anos e outro de vinte, saíram a passear de barco em companhia de um empregado da firma dos próprios Brown, por nome

Murray. Estariam de volta, segundo estimativas, aí pelo dia 14 de dezembro, uma segunda-feira. Isto ocorreu em 1884. Dia 15, já aflito com a demora dos filhos, Brown procurou um sensitivo por nome George Spriggs, pedindo-lhe que fosse visitar sua mulher, que caíra enferma ante a tensão, mesmo porque se opusera tenazmente ao passeio dos meninos, presa de algum pressentimento.

Spriggs mergulhou logo no transe e perguntou à senhora se ela havia feito um passeio marítimo. Estava já na pista, mas ainda não acertara com o caminho. O sr. Brown fez uma referência vaga ao problema que os preocupava, perguntando ao sensitivo se, por acaso, percebia algum sinistro: "Não posso distinguir se eles se acham no mundo espiritual mas, se me trouxer algum objeto utilizado por eles, poderei servir-me disso para os encontrar".

Sabemos que Bozzano sugere – e comprova – que alguns desses contatos por via psicométrica têm a óbvia colaboração de espíritos desencarnados e que até produzem mensagens coerentes e probantes. Mesmo esses contatos, não obstante, somente são estabelecidos depois que o sensitivo tem em seu poder um objeto *sintonizador*. Queria objeto pessoal precisamente para encontrar os meninos, ainda encarnados ou já desencarnados.

Para encurtar a história: – foi-lhe dada uma carteira de dinheiro de um dos rapazes. Prontamente o sensitivo *sintonizou-se* com o caso. Começa ele:

> *Vejo*, num pequeno barco à foz de um rio, duas velas desfraldadas ao vento, uma grande, outra menor... (certo). Descem o rio e parecem preocupados com a entrada no mar... *Vejo* uma espécie de torre com um molhe de pedras à distância... (provavelmente, escreve Brown à parte, o farol de Williamstown). *Agora*, estão navegando em pleno mar, com terra à esquerda; nuvens pesadas, precursoras de tempestade, acumulam-se no horizonte. *Ei-los* que se dirigem para outro quebra-mar (Certo. Foram vistos em Bristol, no dia 14). *Neste momento* esforçam-se para voltar atrás, mas o vento lhes é contrário. (Brown, Hugh Junior, 1908)

Os destaques são meus para evidenciar que não se trata de uma narrativa de evento passado, de quem se lembra e reconta, mas de alguém que está ali, presente, assistindo a tudo, no momento em que as coisas acontecem, embora isto seja passado enquanto o sensitivo fala. Ele está, literalmente, acompanhando a aventura vivida pelos rapazes.

Em suma, o barco naufragou e morreram todos. No dia 17, em nova sessão, desta vez mediúnica, um dos meninos conseguiu, *com muita dificuldade*, dirigir-se à mãe, pedindo-lhe perdão e acrescentando que a culpa foi realmente sua. De fato, ele que comprara o barco e saíra contra a vontade dela.

Não creio, pois, que esses espíritos estivessem em condições de lucidez suficiente para desdobrar toda aquela narrativa que o sensitivo captou com a sua clarividência diencefálica, para usarmos o termo proposto páginas atrás.

No dia seguinte, contudo, estavam em melhores condições e puderam se comunicar com maiores detalhes. Mas, este caso, como se diz de maneira coloquial, é *demais*... No dia 31 foi visto o cadáver de um dos rapazes. Faltavam-lhe o braço esquerdo e parte do direito. E tem mais, dado que, às vezes, a realidade é mais fantástica do que a ficção. Dia 27, em Frankstone, a 27 milhas de Melbourne, um tubarão foi pescado. No estômago do animal encontraram parte do braço direito de William, um pedaço de colete, ainda com o relógio de ouro, as chaves, seu cachimbo e doze xelins em dinheiro. O relógio estava parado às nove horas, momento indicado pelo sensitivo como sendo a hora do sinistro.

Para encerrar este relato, em que a realidade foi muito além da fantasia, convém acrescentar – e isto não está em Bozzano – que, anos depois, *sir* Arthur Conan Doyle, espírita convicto e pregador incansável, discorria sobre estes fenômenos na própria Austrália, quando alguém, no auditório, o confirmou. Era o homem que havia capturado o tubarão!

10. Como se passam as coisas?

Bem. Vamos ver se podemos tirar disso tudo algumas conclusões.

Observa Bozzano que o sensitivo somente pode dar início às suas revelações depois que apanhou a carteira de dinheiro de um dos rapazes. Tentara obter esse *rapport* segurando as mãos da senhora, mas não o conseguiu. Confirmando sua tese de que não é o objeto que 'conta' a história – ele serve apenas de estimulante – Bozzano lembra que a tragédia foi posterior, isto é, somente após ter-se utilizado da carteira pela última vez é que houve o acidente. A informação, por conseguinte, *não estava na carteira*. O pesquisador italiano, contudo, acha que ela serviu para estabelecer o contato com os espíritos desencarnados dos rapazes. O leitor já sabe do meu respeito pelo brilhante estudioso, mas, sem negar que houve esse contato, continuo a afirmar que o sensitivo não dependia dos espíritos dos rapazes para a sua narrativa, pois essa é a lição de outros casos, especialmente quando não há espíritos envolvidos – pelo menos aparentemente – como na dramática narrativa do pombo-correio.

Certamente, Bozzano explora alternativas a essa hipótese, como a do eterno presente, mas não é nada do seu agrado esta. Aliás, ao justificar sua rejeição a essa tese, também não estou muito afinado com ele. Diz ele que essa "confusão de tempo" deve-se a causa menos transcendental, e explica:

> [...] nos fenômenos de clarividência, em geral, é sempre o EU integral subconsciente (ou espiritual) que percebe; e nestas condições não podendo ele transmitir ao EU consciente (ou encarnado) as suas percepções, porque elas são de natureza espiritual, recorre à forma sensorial das imagens pictográficas, que, por sua mesma natureza, não podem sugerir aos sensitivos qualquer ideia de localização no tempo. (Idem)

É certo que a percepção vem do espírito, e tem de ser 'traduzida' para se tornar inteligível aos circunstantes e ao próprio sensitivo. Acho, porém, que elas já se apresentam ao que Bozzano chama de "EU integral subconsciente" sob forma de imagens. O que me parece é que, estando ali a ver objetivamente todo o episódio desenrolar-se ante sua visão diencefálica, o sensitivo não cuida de saber se aquilo é presente, passado ou futuro. Ele está apenas descrevendo o que presencia, como se estivesse assistindo a um filme ou a uma cena de teatro, ao mesmo tempo em que narra o que vê a um cego. O filme é um documento do passado, quando foi produzido. Está sendo visto através da frincha do presente, mas, para aqueles que ainda não o viram, ele é futuro, ou seja, *ainda será visto*. De certa forma, portanto, um filme torna-se intemporal.

Nas cenas presenciadas por Gissing, que viu os soldados de Aníbal sendo massacrados, o autor inglês estava lá, naquele passado que, para ele, era presente. Se os soldados mortos naquele trágico momento fossem dotados de alguma percepção, ainda desconhecida, poderiam estar vendo Gissing, no futuro, a assistir ao massacre.

O que acontece aqui, a meu ver, é que, uma vez deslocados das rígidas cadeias que nos amarram ao corpo físico e ao ambiente tridimensional em que vivemos, também nos libertamos do contexto de tempo acoplado e esta realidade de encarnados. Os consistentes depoimentos dos espíritos nos indicam que, para eles, presente, passado e futuro são uma só realidade. Se isto se chama eterno presente ou não, acaba sendo irrelevante; o que importa é que estamos em face dessa realidade, por mais fantástica que pareça.

Gissing, aliás, não foi o único a assistir a cenas do passado em determinados lugares. Dois meses depois da batalha de Edge Hill, nas proximidades de Keinton, Nothamptonshire, Inglaterra, ocorrida em 22 de outubro de 1624, houve algo parecido com um moderno *replay* de videoteipe no mesmo local. Pastores e gente da vila assistiram a todo o espetáculo, que se projetava no ar, não apenas com as imagens, mas o estrondo das armas de fogo, o relinchar dos cavalos e o gemido dos feridos. A visão durou horas e, como se repetiu durante vários dias subsequentes, foi assistida por muita gente, alguns com melhores qualificações como observadores. A notícia chegou ao conhecimento do rei Charles I, que designou prontamente uma comissão para investigar o acontecimento. A comissão foi e viu duas vezes o fenômeno, e seus membros até reconheceram amigos entre os que se batiam, entre estes, *sir* Edmund Varney.

O dr. Nandor Fodor lembra que Pausânias também informa que, quatro séculos depois da batalha de Maratona, ouviam-se com frequência o fragor do conflito, o relincho dos cavalos, os gritos dos vitoriosos e os lamentos dos derrotados.

Patrick Walker é citado na *Biographia presbyteriana*, publicada em Edimburgo em 1827, ao declarar que, em 1686, a cerca de duas milhas abaixo de Lanark, "muita gente se reuniu por várias tardes" para assistir a confrontos bélicos ali ocorridos no passado. Segundo esse depoimento, dois terços das pessoas viam e ouviam a batalha fantasmal, enquanto o restante nada percebia. O testemunho de Walker é atestado por Andrew Lang, que o classifica de *"triumphantly honest"* e seu relato, como a peça mais singular da psicologia, jamais escrita.

Bem sabemos que muitos espíritos permanecem presos ao local onde lhes terminou a vida física, mas seria inconcebível que ali ficasse todo o efetivo de dois exércitos, repetindo, indefinidamente, os mesmos gestos, ferindo e matando as mesmas pessoas, emitindo os mesmos gritos. Quando uma pessoa assiste ao fenômeno uma só vez e sozinha, ainda se pode invocar a tese da alucinação, mas quando as cenas se repetem e são assistidas por pequenas multidões, em diferentes oportunidades, não temos como escapar de admitir que elas estão gravadas no ambiente e que, de repente, sem sabermos como nem por que, elas se reproduzem, como se funcionasse um dispositivo de videoteipe em *replay*.

11. A Memória de Deus

É por isso que Bozzano recorre à hipótese dos "clichês astrais" ou a das "impressões akásicas". E se tais imagens estão gravadas em algum ponto do espaço e não apenas do tempo, somos levados a pensar um tanto a sério na hipótese de que o tempo é também um lugar, como ficou dito em *A Memória e o Tempo*. Um lugar ao qual pessoas devidamente dotadas podem ir e ver, tanto no futuro como no passado.

Edgar Cayce, em transe, solicitado a produzir seus *readings*, ficava em silêncio por um momento e depois dizia uma frase padrão. *"Yes, we have it here"*. Ou seja, "sim, aqui o temos". Dizia ele recorrer aos registros akásicos para conhecer, no remoto passado das pessoas que o consultavam, que implicações tinha esse passado nas dificuldades ou talentos do presente. Era como se, naquele momento de silêncio, estivesse a procurar numa fita magnética o ponto certo em que estivessem gravados os episódios de interesse à sua análise. Era o mesmo que apanhar, numa prateleira, o cassete de uma remota gravação e repassá-la numa aparelhagem eletrônica de reprodução de imagem e som. Escreve Bozzano:

> Acolhendo a opinião de Gissing ao admitir que suas visões constituem, como tudo parece indicar, uma reprodução autenticamente psicométrica dos acontecimentos a que se reportam, não restaria, então, para explicar os fatos, senão recorrer a uma hipótese já precedentemente enunciada, ou seja, aquela pela qual supomos que os sistemas de vibrações correspondentes à atividade dos seres vivos e da matéria inanimada são registrados em um meio etérico. (Bozzano, Ernesto, 1930)

Em apoio dessa observação, Bozzano cita comunicação colhida no livro da sra. Elsa Baker, *Letters from a living Dead Man*:

> O éter que domina esta quase ilha gloriosa tem nele gravados, em séries ininterruptas, os fatos do seu passado: audácias de pensamento e audácias de execução. E os feitos antigos são de tal arte radiantes, que fulguram através da camada de impressões que se lhes sobrepuseram. (Idem)

E insiste ele, páginas adiante:

Estas percepções não poderiam explicar-se senão admitindo, ou supondo, que os sistemas de vibrações correspondentes à atividade dos seres vivos e à matéria inanimada fossem registrados e conservados por um "meio etérico". (Idem)

O que se conjuga, como ele próprio admite, com Ossoviecki, com a "teoria da intercomunicação telepático-subconsciente de todos os seres vivos".

Em *A Memória e o Tempo* ficou igualmente sugerida a hipótese de tais eventos estarem gravados na *memória de Deus*. Observo com alegria que Bozzano propõe algo parecido na sua ideia de *éter-Deus*. Escreve ele:

De fato, se conferirmos ao éter do espaço, imanente e imaterial no universo, a função de registrar e conservar todas as vibrações constitutivas da atividade da criação, havemos de atribuir-lhe, cumulativamente, os atributos da onisciência, onipresença e onipotência, o que equivale por dizer a *autoconsciência*, de vez que aqueles atributos implicam, necessariamente, uma *Inteligência Infinita*. (Idem)

Coisa parecida, aliás, é encontrada na obra de Stainton Moses, ditada pelo espírito que se chamava Imperator, que, um dia, cedeu ao apelo de Moses e revelou uma das suas identidades anteriores, como o profeta Malaquias:

Todas as inspirações provêm, diretamente, daquele a quem chamais Deus, isto é, do Éter Infinito e Imanente em vós como em tudo e por toda parte. Na verdade, vós, como nós, vivemos mergulhados num Oceano Espiritual imensurável, do qual se originam a ciência e a sabedoria possíveis ao espírito humano. (Moses, Stainton, 1981)

E mais adiante:

Eis a grande verdade da qual já nos ocupamos, isto é, que vós também estais em Deus, visto existir em vós uma parcela deste Espírito Universal Imanente, que é uma manifestação do Ser Supremo. (Idem)

À madame d'Esperance, o espírito Sttaford diz coisa semelhante ao declarar que se fosse possível remontar às origens do universo, encontrariam isso a que chamamos de *nada*, ou seja, "um Nada de matéria, um Nada infinitamente mais maravilhoso, mais poderoso, mais grandioso e sublime do que o universo material que ele produziu". Muitos nomes tem esse poder criador.

O último (desses nomes) inventado pelos sábios chama-se "Vontade Cósmica". Outros, menos eruditos, contentaram-se em chamar-lhe familiarmente Deus.

Não muito distante dessas concepções fica Boddington. Escreve ele na sua University:

Em psicometria percebemos leis aplicáveis a muitas formas de mediunidade. Está provado que todo pensamento é registrado de maneira indelével. Mesmo o pensamento inarticulado inscreve-se no éter psíquico junto com a história, nas rochas,

DIVERSIDADE DOS CARISMAS

233

> nas pedras, nos animais e nos fósseis. Espíritos e psicômetras frequentemente provam isto, ao mencionar ideias e motivações há muito esquecidas ou nunca reveladas. O psicômetra, operando com essas leis, descobre a permanência da energia dinâmica da alma e algo análogo à mente do Grande Arquiteto em operação. Toda forma é a expressão de um pensamento, de Deus ou do homem. Portanto, aqueles que são capazes de ler a "alma das coisas" não apenas leem a história, mas realizam-se em Deus. (Boddington, Harry, 1948)

Segundo Boddington, esse é o verdadeiro sentido da expressão de Jesus ao declarar que Ele e o Pai eram um.

Segue-se de tudo isso, que o universo inteiro não é mais que o pensamento de Deus. Ou seja, a sua memória. O ser humano não apenas contribui com as suas gravações pessoais como, sob certas condições, é capaz de fazer passar em *replay* o videoteipe que ele ou outros gravaram, não importa onde ou quando. Dessa maneira, a moderna eletrônica nos proporciona a imagem perfeita ao entendimento desse velho mistério, um dos grandes enigmas que Bozzano identifica com os fenômenos de psicometria.

Talvez por isso, Boddington recomenda o desenvolvimento da mediunidade a partir de exercícios de psicometria, como se lê no seu livro *Secrets of mediumship*.

O assunto vem tratado por André Luiz no capítulo 26 de *Nos domínios da mediunidade*. Por ali se vê que:

> Todos os objetos [...] emoldurados por substâncias fluídicas; acham-se fortemente lembrados ou visitados por aqueles que os possuíram. (Xavier, Francisco C./Luiz, André)

> [...] Que o pensamento espalha nossas próprias emanações em toda a parte a que se projeta. Deixamos vestígios espirituais onde arremessamos os raios da nossa mente, assim como o animal deixa no próprio rastro o odor que lhe é característico.

> [...] As almas e as coisas, cada qual na posição em que se situam, algo conservam do tempo e do espaço, que *são eternos na memória da vida*. (O destaque é meu.)

Mais adiante, o mesmo conceito de Bozzano e Ossoviecki de que há em tudo...

> Uma integração, afinidade, sintonia... E de uma coisa não tenhamos dúvida: através do pensamento, comungamos uns com os outros, em plena vida universal.

Aí está, pois, um voo rasante sobre o fantasmagórico território da psicometria onde, segundo Bozzano, vemos muito mais enigmas a resolver do que vislumbramos explicações aceitáveis. De certa forma, portanto, esse território inexplorado ainda está, no futuro, à espera dos que vão colonizá-lo. Temos, nos documentos científicos, depoimentos de alguns raros desbravadores afoitos que, inconformados com a passividade de apenas assistir ao fenômeno, tentaram explicá-lo. Fizera-no bem, dentro das naturais limitações, como Buchanan, Denton e outros. Parece que tudo isso acontece dentro de um planejamento que só percebemos, nas entrelinhas, muito mais tarde. Denton e Buchanan foram contemporâneos e chegaram a trabalhar juntos. Além disso, tinham, em suas respectivas famílias, pessoas dotadas de faculdades psicométricas. Além de contemporâneos, eram ambos americanos e ambos cientistas de prestígio. É muita coincidência! Penso que tudo foi combinado para que, juntos, chamassem a atenção das pessoas para o fato de que o mundo é pensamento de Deus, é memória viva, onde não apenas se inscreve cada suspiro ou sorriso, batalha ou pensamento puro, em todo o passado vivido desde as origens, mas também o futuro que do lado de lá já é, enquanto aqui ainda não aconteceu. E é por isso, também, que tempo é lugar. Não está tudo numa só memória?

Algumas pessoas são dotadas de faculdades para ler essas gravações cósmicas e, às vezes, *alguém* lá em cima volta o cassete e reproduz para nós cenas esquecidas, apenas para que lembremos de que poderão estar esquecidas, mas não perdidas. Este é um universo em que nada se perde e, ao contrário do que ensinou Lavoisier em relação ao universo físico, nada se transforma. Fica tudo documentado nos imensos arquivos cósmicos. Um dia teremos todos condições de ler essa história que, por enquanto, mal sabemos soletrar.

E, então, vamos ficar sabendo como foi que Deus fez o mundo e a nós, pois, afinal de contas, não estaremos fazendo nada mais do que ler a sua própria memória onde a nossa história também está gravada. Para sempre. É que também nós somos imortais, ainda que não eternos, faculdade que Deus reservou, sabiamente, para si mesmo. Do contrário, não haveria quem nos contasse a história de vida que ficou documentada na sua memória.

(Não se queixe o leitor de tais transcendências. Não prometi facilidade alguma ao encetar o capítulo sobre psicometria. Ao contrário, pedi que se segurasse bem pois iríamos ter certas turbulências pelo caminho. E olhe que ainda nem tocamos na questão do livre-arbítrio que também está implícita nisso tudo. Fica para outra vez...)

12. Hipóteses e imagens

Como conclusão, creio legítimo supor que o principal enigma da psicometria é o próprio enigma do tempo em seu relacionamento com o espaço. Presos ao corpo físico somos seres condicionados a um universos tridimensional no qual o tempo também se apresenta em três fases ou dimensões: presente, passado e futuro. Como tudo o que ocorre no universo está gravado em fitas magnéticas multidimensionais pelo cosmos afora, certas pessoas, provavelmente auxiliadas ou dirigidas por espíritos mais competentes, são capazes de 'ir' ao passado (e até ao futuro, como está provado) e ler o que ali se encontra gravado, da mesma forma que o cabeçote de um gravador eletrônico pode ler uma fita magnética e alimentar o complexo dispositivo

DIVERSIDADE DOS CARISMAS

mediúnico do aparelho que reproduz, com maior ou menor fidelidade, o que está contido na 'fita'. A qualidade dessa reprodução depende da qualidade do aparelho e sua fidelidade na resolução de som e imagem, desde o cabeçote até o tubo de vídeo e alto-falantes. É todo um sistema que entra em operação. Se você olhar um filme cinematográfico contra a luz, poderá distinguir imagens estáticas ali impressas, embora não o som do filme. Se, porém, tomar uma fita magnética com som e imagem gravados, nada perceberá a olho desarmado. A um exame de laboratório, você verá apenas que há uma película de plástico e uma finíssima camada de óxido de ferro ou cromo. Nada mais. Para saber se alguma coisa está gravada ali você precisará fazer passar a fita por um aparelho apropriado de vídeocassete.

Sei bem que isto não é uma *explicação* e sim uma hipótese formulada por analogia. Não passa de um artifício para se chegar ao entendimento de um complexo problema. A matemática ensina que, às vezes, precisamos de um número falso para descobrir o verdadeiro. No caso, o número não é falso, é apenas hipotético e pode estar certo, *como imagem* de uma realidade que apenas se reflete em nosso plano, ao alcance da nossa inteligência e dentro do quadro dos nossos conhecimentos atuais.

Há alguns anos atrás estaríamos falando de fluidos que serviriam de veículos a todas essas manifestações. Hoje dispomos de imagens mais aproximadas. Amanhã talvez cheguemos à realidade mesma. Evitemos o açodamento que nunca foi bom conselheiro.

Resta uma imagem semelhante para figurar o sistema que liga o psicômetra, ou seja, o cabeçote do gravador, com a fita de VT, ou seja, a memória de Deus. Aí é que, a meu ver, entra o objeto que, em lugar de ser um mero estimulante, como propôs Bozzano – que não dispunha à época de imagem melhor – é um *sintonizador*. Uma vez fechado o circuito, só resta ao psicômetra ler o que está gravado e reproduzi-lo com a possível fidelidade a partir de seus próprios circuitos internos.

Sons, imagens, pensamentos, emoções, cenas históricas e dramas pessoais estão todos gravados por aí à nossa volta. Aprendemos a captar o som com os aparelhos de rádio; som e imagem com a televisão; som, imagem e pensamento com a psicometria que também nos leva a cenas históricas e aos dramas pessoais.

O tempo só espera que amadureçamos um pouco mais para ir-nos mostrando os segredos da vida.

Uma das minhas mais recuadas lembranças, aí pelos seis ou sete anos, foi o fascínio dos 'pré-históricos' aparelhos de galena. Os de minha geração talvez se lembrem mas os jovens têm hoje outras fascinações. Era um pequeno pedaço de mineral acinzentado, de formas mais ou menos regulares, ou seja, cristalizado (que hoje conheço como sulfeto de chumbo), que nos punha em sintonia com as primeiríssimas estações de rádio, num pequeno raio geográfico de alguns quilômetros. Havia uma espécie de agulha que íamos movendo sobre o mineral para conseguir chegar ao ponto em que o som era mais audível, (ou menos confuso, como queira). Então, era a glória, pois os toscos fones de ouvido reproduziam algo muito parecido com música e voz! Eram sons produzidos por gente invisível e que só poderíamos ouvir por meio do aparelhinho mágico... a sensação era a de quem está psicometrando o meio ambiente.

Umas três décadas depois, vivia em Nova York, quando fiquei sabendo que uma das empresas controladas pelo cantor Bing Crosby acabara de inventar um processo pelo qual som e imagem ficavam gravados em fita magnética e a partir dali podiam ser reproduzidos. Estava nascendo o videoteipe.

A tecnologia acabava de decifrar mais um enigma do universo. Fiquei fascinado. Como seria isso? Foram necessárias mais duas décadas e meia para eu compreender que a tecnologia apenas reproduzira o que já existe, ou seja, um aparelho para ler, ouvir e transmitir o som inaudível e a imagem invisível, tal como o psicômetra faz com a memória de Deus. Ou melhor, que Deus permite que ele o faça.

Talvez por isto, Bozzano tenha escrito nas suas *Conclusões* o seguinte:

> Este entrançamento de diferentes manifestações supranormais representa, ao demais, a regra da fenomenologia metapsíquica, provavelmente por serem elas, em última análise, o produto de uma única faculdade transcendental, privativa do espírito humano em sua dupla qualidade de encarnado e desencarnado, e mediante a qual ele se manifesta e evolute. (Bozzano, Ernesto, 1930)

Sem crítica ao autor ou ao seu brilhante tradutor, sinto-me no dever de confessar que prefiro o modo de dizer de nosso querido amigo Paulo de Tarso que expressou tudo isso com uma só frase simples e direta. Assim: "Há diversidade de carismas, mas o espírito é o mesmo."

13. O caso do vestido

Podemos chamar "O caso do vestido" ao mais dramático episódio de psicometria ocorrido com Regina. Foi assim, como está narrado a seguir.

Durante alguns anos ela recebeu de um amigo espiritualista americano pacotes de roupas, calçados e brinquedos usados, para distribuir. Ele recolhia esse material entre frequentadores de seu grupo que lá costumam chamar de igreja mesmo (*church*). Regina retirava os pacotes das repartições próprias, não sem vencer algumas barreiras burocráticas complicadas, selecionava o material, classificava-o e o distribuía pelos vários centros espíritas de seu conhecimento e confiança para entrega aos necessitados. Certas peças ela encaminhava a bazares administrados pelos próprios centros, que as vendiam para aplicar o produto em atividades sociais e, em vez de dar o material, entregava o dinheiro para a finalidade social a que se destinava.

Uma vez ela decidiu comprar um dos vestidos para seu uso pessoal. Eram roupas de boa qualidade que demonstravam, quase sempre, pouco uso e estavam em bom estado, como também os calçados. Os brinquedos é que às vezes necessitavam de reparos de pequena monta. Regina chegou mesmo a desenvolver uma boa técnica de recuperação, restituindo a peça a uma condição de quase nova. Com isso, fez a alegria de muita criança que jamais poderia ter sonhado com um brinquedo 'importado'. O vestido de sua escolha era um longo, simples e elegante, muito do seu gosto pessoal. O dinheiro correspondente foi encaminhado ao centro e ela guardou-o pois não estava necessitando dele no momento, dado que sempre fez suas próprias roupas.

Certo dia, resolveu preparar o vestido para usar. Depois de lavá-lo cuidadosamente e fazê-lo secar, começou a passá-lo a ferro. Sentiu-se logo invadida por uma sensação de tristeza que foi crescendo e dominando seu pensamento e suas emoções. Era uma angústia vaga, indefinida a princípio, mas real. Nada havia, no momento, de particularmente aflitivo para ela. Estava de férias e sentia-se feliz, nada tendo de especial a desejar nem motivo algum para sentir-se melancólica.

A angústia foi num crescendo e trouxe com ela uma sensação de medo, de pesar, que a afligia. Subitamente, ela percebeu que seu ventre crescera, estava muito inchado. Ela percebeu que tinha câncer abdominal e estava prestes a morrer.

Já assustada, a essa altura, foi ao espelho e viu-se, aturdida (com os olhos?), com o ventre crescido e com uma aparência terrível, o rosto lívido e contraído. Não havia dúvida: – Meu Deus! Estou com câncer! – pensou.

Verdadeira comoção interior desencadeou-se nela. Além da angústia, estava como que magoada, não queria morrer. Não era justo partir tão cedo vitimada pelo câncer. Subitamente, as lágrimas começaram a escorrer-lhe pelo rosto abaixo, incontroláveis, à medida que a sensação angustiosa parecia sufocá-la. Caminhou um pouco pela casa e voltou ao espelho. Lá estava a imagem do desespero, em pranto, ventre crescido. E ela pensou: – Mas como é que eu nunca soube que tinha câncer e, de repente, aparece este ventre assim, inchado?

Foi esse o pensamento mágico. Estremeceu, sacudindo a cabeça e disse a si mesma: – Espere aí. Em primeiro lugar, eu não tenho câncer coisa nenhuma. Em segundo, mesmo que eu tivesse, não seria motivo para esse drama todo. Afinal de contas, morrer não é nenhuma tragédia.

Era como se estivesse saindo de um estado de transe. Havia parado para pensar e começou a desdobrar o raciocínio na tentativa de racionalizar aquilo tudo. Afinal, o que estaria acontecendo com ela? Ainda há pouco estava se sentindo feliz e bem disposta, pensando nas coisas boas da vida. Quando foi mesmo que a invadiu aquela sensação de desconforto que chegou ao pânico? Pacientemente, começou a repassar as atividades do dia, analisando o estado mental e emocional ligado a cada uma delas. Acabou chegando ao momento em que passava o vestido a ferro. Percebeu, então, que fora ali que a tristeza começara e foi num crescendo que a levou aos limites do desespero, após haver vestido aquela peça.

Não havia dúvida: era o vestido o causador de tudo aquilo!

Tirou-o imediatamente e jogou-o num tanque com água, temerosa de que ele viesse a 'contaminar' psiquicamente outras roupas suas no armário. Em seguida, tomou um banho, sentou-se e orou por alguns momentos, dirigindo seu pensamento à dona do vestido pois, a essa altura, estava convencida de que a mulher morrera de câncer, sentindo-se injustiçada e infeliz, cheia de temores e aflições e, até mesmo, desesperada e inconformada porque não queria morrer.

Sentiu-se prontamente aliviada de toda aquela pressão emocional.

Sem saber o que fazer do vestido e não desejando dá-lo a ninguém para evitar que outros viessem a sofrer aquelas angústias, talvez sem o mesmo tipo de defesa de que ela dispunha, Regina conversou a respeito do estranho caso com uma amiga mais experimentada. Ela sugeriu que o vestido fosse encaminhado ao centro no qual servia, para que fosse levado a uma reunião mediúnica, onde orariam pela desconhecida pessoa a quem a roupa pertencera. A sugestão não trazia uma boa carga de convicção, mas não lhes ocorreu outra providência a tomar.

Nunca soube Regina do que poderia ter acontecido com a moça do vestido, mas certamente a intenção foi a melhor possível de ajudá-la a superar sua decepção em face da morte que, para muitos, é mal irremediável, quando é apenas uma transição, muitas vezes para melhor.

Daí em diante, Regina passou a ser mais cautelosa; nunca mais vestiu roupa alheia e nem gosta de emprestar as suas. Se alguém lhe pede uma peça emprestada, ela prefere dá-la de uma vez. Nunca se sabe das vibrações que se entranham nas peças e dos 'contágios' psíquicos que possam trazer para quem as usa depois.

14. Detetives psíquicos

Isso faz lembrar alguns dos famosos "detetives psíquicos", dos quais cuida Colin Wilson no seu já citado livro e do que também nos dá conhecimento Jack Harrison Pollack em seu magnífico *Croiset, The Clairvoyant*.

Eles costumam pedir um objeto que a pessoa desaparecida tenha usado, especialmente uma peça de roupa – as íntimas são melhores. A partir do momento em que 'entram na faixa' de sintonia, seguem inapelavelmente a trilha psíquica até encontrarem a pessoa procurada, viva ou morta.

Às vezes, como temos observado repetidamente, o tempo interfere com os seus enigmas. Vejamos mais um destes casos, para o qual, aliás, nem foi preciso tomar nas mãos nenhum objeto sintonizador. Bastou um telefonema.

Um menino de sete anos desapareceu em 21 de fevereiro de 1951, na Holanda. Três dias mais tarde, após buscas infrutíferas da polícia, a professora do menino telefonou para Croiset. Ele começou a ter suas visões, na hora. Vejam só o que ele informa:

> Vejo um quadro bem nítido da criança. Vejo barracas militares e um campo de tiro. O terreno é gramado e há uma pequena elevação. Vejo também água. Foi nessa água que a criança caiu e morreu afogada. Ela ainda está lá. Seu corpo será encontrado por um homem num pequeno barco. Esse homem usa uma fita colorida em torno do boné. Quem vem de Enschede (lugar onde a criança vivia) para Utrecht, tem esse local à sua esquerda da estrada. (Pollack, Jack, 1965)

Donde se depreende que Croiset viu todo o cenário da tragédia e mais o *passado* (o menino caindo na água e afogando-se), o *presente* ("Ele ainda está lá") e o *futuro* (Será encontrado por um homem com uma fita colorida no boné).

Vamos parar por aqui mesmo, antes que a gente também saia por aí, além dos limites de tempo e espaço.

Seja como for, em todo o processo de psicometria há uma sintonização prévia. No caso de Regina, o vestido; com Edith Hawthorne e outros, algum objeto de uso pessoal ou até mesmo o contato telefônico de uma pessoa interessada na solução dos mistérios dos desaparecidos, como vimos com Gerard Croiset. A partir da sintonização, contudo, o processo tem certas constantes que costumam ocorrer com todos os psicômetras que, em última análise, operam utilizando-se da faculdade que os ingleses chamam de *travelling clairvoyance*, ou seja, clarividência itinerante, com a diferença de que viajam não apenas pelo espaço físico, mas também no tempo.

Ao analisar o fenômeno, Frederick Myers escreve isto:

> [...] a clarividência perde, frequentemente, o rumo e descreve casa e cenas adjacentes às desejadas. De repente, como se literalmente recuperasse, pelo faro, a trilha – como se encontrasse um lugar onde tenha estado a pessoa de quem ela está à procura – ela segue a pista com maior facilidade, descobrindo aparentemente tanto eventos passados de sua vida, como circunstâncias presentes. O processo, lembra, com frequência, o cão que, se abandonado longe de casa, acaba encontrando o caminho de volta, a princípio hesitantemente, usando não sabemos que instinto. De repente, uma vez encontrada a trilha pelo faro, segue-a facilmente a despeito de confusões e obstáculos. (Myers, Frederick, 1920)

Na dramática psicometria da pena de pombo feita pela sra. Hawthorne, disse ela, a certa altura, que há uma trilha (magnética? telepática?) que, uma vez identificada na multidão de vibrações que povoam o espaço, leva o pombo direto ao seu pombal, a muitos quilômetros de distância.

O que nos fascina no mistério e nos leva a investigá-lo até decidir os seus enigmas é exatamente o fato de ser misterioso. São os estimulantes que nos excitam a inteligência e os poderosos magnetos que nos arrastam na direção do conhecimento. A vida seria uma insuportável pasmaceira, não fossem seus enigmas e mistérios.

Capítulo X

Déjà vu

1. Introdução

Se é que tive alguma sensibilidade anímica ostensiva foi aí pelo início da adolescência. Via-me, com frequência, em situações da vida nas quais tinha convicção absoluta de já ter vivido aquela cena. As pessoas faziam gestos que eu já vira e diziam palavras que já ouvira e até eu próprio fazia e dizia coisas que para mim eram uma repetição e, portanto, já acontecidas. Totalmente despreparado para esse tipo de manifestação, assaltava-me uma estranhíssima sensação de irrealidade. Como era possível eu saber exatamente o que esta ou aquela pessoa iria dizer ou fazer? Onde estava eu, afinal? No passado, no qual aquilo ainda estava acontecendo? Ou no presente, apenas recordando o acontecido?

Só muitos anos mais tarde é que vim a entender que ali estavam meus primeiros confrontos com a misteriosa e complexa magia do tempo. De alguma forma que ainda hoje me confunde, tanto quanto naquela época, meu espírito desfazia as amarras do tempo e o dominava por alguns momentos, livre e solto pela multidão cósmica de tempo e espaço infinitos. Mas, como o pássaro ainda implume e bisonho que tenta voar sozinho, eu caía logo ao chão, de volta à dura realidade, onde tudo está arrumadinho na sequência certa e familiar, ou seja, – passado, presente, futuro – dentro da qual podemos lembrar o passado, mas não o futuro.

Descobriria, também, que o mundo inteiro adotou a expressão francesa para rotular o estranho fenômeno, chamando-o *déjà vu* – o já visto.

Infelizmente acho que quebrei de uma vez as asas porque nunca mais, depois de adulto, consegui escapar dos grilhões pesados do tempo. Pelo menos que me lembre. Por outro lado, penso agora, de que me adiantaria isso? Eu continuaria a ignorar o mecanismo da coisa...

Um amigo meu, brilhante engenheiro que exerceu cargos de relevo na grande empresa a que servimos durante muitos e muitos anos, viveu inesperadas experiências de *déjà vu*, na cidade de Rotterdam, na Holanda, terra de Erasmo. Andando pelas ruas, de repente, ele descobriu que *conhecia* a cidade sem nunca ter estado lá ou, pelo menos, assim lhe dizia sua memória. Sabemos, contudo, que a memória tem desses mistérios, como o tempo com o qual mantém secretas maquinações para confundir os pobres mortais. O certo é que o meu amigo se sentia familiarizado com as ruas, as praças e locais de maior interesse histórico. Estava, portanto, vendo algo que já vira. O *onde* ele sabia; era ali, em Rotterdam, mas e o *quando*?

Às vezes, como acontecia com J. W. Dunne, tais visões antecipadas, que depois seriam *déjà vu* ocorrem em sonho. Logo ao acordar, Dunne anotava cuidadosamente seus sonhos e, então, era só ficar à espera de que acontecessem.

Coisa semelhante ocorreu com pessoas que contaram suas experiências à dra. Louise Rhine, esposa do famoso cientista criador da parapsicologia moderna. Conta ela, no seu livro *Hidden channels of the mind*, episódios em que, através dos sonhos, certas pessoas vão ao futuro e depois são surpreendidas com a realização do sonhado, em seus mínimos detalhes.

Colin Wilson menciona experiências pessoais do dr. Michael Shallis num livro de 1982, intitulado *On Time*. Certa vez, Shallis era ainda uma criança...

> Lembro-me chegando à porta dos fundos de nossa casa e gritando pela minha mãe para avisá-la de que eu estava de volta, quando me invadiu a sensação de que aquele momento já havia ocorrido anteriormente. Soube imediatamente que minha mãe iria dizer que teríamos salada no jantar e foi o que ela disse naturalmente. Tais experiências duram apenas alguns momentos mas são de dramática intensidade. (Wilson, Colin, 1984)

De outra vez, já adulto, o dr. Shallis dava uma aula quando foi envolvido pela mesma e conhecida sensação de *déjà vu*. Ele sabia, por exemplo, que iria sugerir ao aluno (era um só) certos exemplos constantes de um livro que estava no seu gabinete de trabalho. E que ele, Shallis, iria até lá apanhar o livro. Resolveu, de repente, fazer um teste. Dessa vez ele iria *mudar* o futuro. Decidiu resistir, ou seja, *não ir buscar o livro*. Foi inútil. Tal como já lhe acontecera uma vez, ele ouviu sua própria voz dizendo: – Vou dar um pulo ao meu escritório e apanhar um livro... e foi. Mais uma vez o evento a que, de alguma forma, ele já havia assistido quando era apenas futuro, aconteceu irresistivelmente.

Tais fatos são o desespero dos pensadores.

> O conceito de que o futuro já aconteceu e que nada podemos fazer para modificá-lo, é obviamente irreconciliável com qualquer visão racional da existência humana. Como William James *temos* de acreditar no livre arbítrio, se é que estamos interessados em fazer o melhor que pudermos. (Idem)

Bozzano também enfrenta essa perplexidade, com um enfoque diferente:

DIVERSIDADE DOS CARISMAS

> Em meu livro *Os Fenômenos Psíquicos*, tinha eu concebido no mesmo sentido a conciliação das teses filosóficas do livre-arbítrio e da fatalidade, consideradas em relação com a clarividência do futuro. A fórmula a que cheguei foi esta: "Nem livre-arbítrio, nem determinismo absolutos durante a encarnação do espírito, mas liberdade condicionada" (Bozzano, Ernesto, 1930)

No seu entender, "a única hipótese capaz de explicar o mistério seria a da *reencarnação*".

É certo isso, dado que a reencarnação decide a questão livre-arbítrio/determinismo não no âmbito dos exíguos limites de tempo e espaço, mas na perspectiva da imortalidade em que se projeta o ser humano. É evidente que a reencarnação é uma realidade insofismável e que a própria ciência obstinada do nosso tempo começa a aceitá-la, premida por um volume esmagador de demonstrações. Porém, a despeito de concordar com Bozzano em gênero, número e grau sobre a doutrina palingenésica, ela não me parece decisiva *neste contexto*, dado que se alguém pode ver o futuro que ainda está no dia de amanhã, no mês que vem ou daqui a um século ou dois milênios, então é porque haverá quem o possa ver em nossa última encarnação e mesmo além disso. Em *A Memória e o Tempo* proponho considerar isto dentro do conceito de que Deus não pode ignorar o futuro. E se Deus o conhece, o futuro já existe. Quer isto dizer que não temos como fugir ao nosso roteiro espiritual? A experiência do dr. Shallis com o livro poderia indicar que sim, mas não entendo a coisa dessa maneira. Em primeiro lugar, o dr. Shallis *poderia* – não digo que estivesse – estar sujeito a uma influência espiritual que o induziu a ir buscar o livro. Não creio, porém, que fosse o caso aqui. O que ocorre, a meu ver, é que numa projeção sobre o futuro, o dr. Shallis já havia visto todo o desenrolar da aula daquele dia, fenômeno que muitas vezes ocorreu com Regina. E viu que, em determinado momento, ele dizia ao aluno que iria ao seu gabinete apanhar um livro para discutirem juntos o exemplo que integrava o tema da aula. Chegado o momento em que o *déjà vu* ocorreu, ele quis deliberadamente interferir e simplesmente não o conseguiu. Se tivesse conseguido, então, sim, teria desafiado o seu próprio livre--arbítrio, uma vez que já decidira ir apanhar o livro, fato esse que ele já vira acontecer em alguma dimensão do tempo.

A não ser assim, como entender que algumas pessoas possam descrever, com minúcias, eventos que só irão acontecer dois anos ou vinte séculos depois? Não há como explicar de outra maneira: os eventos previstos já existiam na memória de Deus. Isso não quer dizer que cada um de nós tenha de passar por ali obrigatoriamente, mas que Deus, na majestade da sua postura intemporal, *já nos viu* no futuro passando por ali... Talvez por isso dizia Cayce que Deus é Tempo, Espaço e Paciência. Como iria Ele permanecer à mercê do tempo e do espaço, se tudo isso é criação sua? É preciso que haja uma força ou inteligência acima dos contingenciamentos de tempo e espaço capaz de criar essas realidades sem, contudo, ficar sujeita a elas, o que seria contraditar não apenas faculdades divinas, mas a própria realidade que aí está e na qual vivemos e nos movemos, no dizer de Paulo.

O Criador não cometeria o equívoco ingênuo de se deixar dominar pela sua criação e encerrar a si mesmo no cárcere tempo/espaço em que vivemos.

É isso, portanto: somos criados simples e ignorantes, como diz a doutrina espírita. Com as primeiras luzes da razão, em algum ponto do processo evolutivo, somos dotados da faculdade do livre-arbítrio que será, daí em diante, a nossa bússola, ainda que sustentada pelo instinto – a inteligência que não erra. A ação é livre, mas não a reação. Seja qual for, contudo, a forma de utilizarmos a nossa faculdade de decisão, Deus a respeita até extremíssimos limites de tolerância (Ele é paciente, como dizia Cayce), mesmo porque estamos presos ao contexto fixado nas leis cósmicas que regulam todo o universo material e ético. Sejam quais forem nossas decisões, por mais longo seja o caminho a percorrer, há de haver uma inteligência reguladora que já nos viu percorrendo todo o caminho que vai dar nos últimos patamares da perfeição. Se nós, simples mortais, contidos ainda nos limites de um corpo material, podemos, às vezes, dar certas escapadas ao futuro e ver o que está reservado para nós, por que razão não poderia fazê-lo a inteligência que criou e sustenta todo o imenso sistema universal?

Logo, não é o nosso futuro que está determinado e não temos como escapar dele. *Alguém lá em cima*, contudo, já sabe o que vai acontecer e que decisões vamos tomar, da mesma forma que um bom astrônomo pode calcular quando e onde, no espaço cósmico, se encontrará, daqui a seiscentos anos, determinado corpo celeste. O que para nós parece errático e irregular, complexo e incompreensível, é aritmética elementar na mente divina.

Entendo, pois, o *déjà vu* como simples espiada no futuro, quando nos é exibida, não se sabe por que mecanismos ocultos e ainda incompreensíveis, a dramatização de decisões que ainda iremos tomar, mas que, na escala divina, *já estão tomadas*. Deus é paciente. Ele espera até que tenhamos aprendido a tomá-las corretamente. E estará ainda à nossa espera quando, afinal, chegarmos ao verdadeiro núcleo da sua realidade, de vez que, por enquanto, e por muito tempo ainda, estaremos apenas na sua periferia como partículas infinitesimais que, no entanto, compõem juntas a sua grandeza transcendente.

Em tudo isso, uma só realidade futura está escrita, determinada, inevitável: a da perfeição.

2. Como funciona o processo?

Inúmeros casos de *déjà vu* são de transparente simplicidade, sem as sofisticações de envolvimento com os enigmas do tempo. Diria mesmo que são de rotina. Se nos lembrássemos melhor do que ocorre durante a noite, enquanto desdobrados, tais relatos se multiplicariam de maneira assombrosa. Não diz André Luiz que três quartas partes da população de cada hemisfério andam por aí a movimentar-se, à noite, sem o corpo físico? Não é, pois, de se admirar que, de repente, cheguemos a um lugar que nos pareça familiar.

DIVERSIDADE DOS CARISMAS

Isso ocorre com certa frequência a Regina. Ela tem um caso típico desses. Foi convidada, certa vez, por um casal para passar uma semana em casa deles, fora da cidade. Regina não conhecia a casa, pois nunca estivera lá. A amiga lhe dissera que tinha um espaçoso quarto de hóspedes onde ela ficaria à vontade, confortavelmente instalada. Uma semana antes da viagem, no seu desdobramento 'rotineiro' provocado pelo sono comum, Regina foi até a casa deles e viu o quarto em que iria ficar. Não era, contudo, o cômodo grande e dotado de uma cama de casal de que lhe falara a amiga e, sim, um quarto pequeno, mobiliado com conforto mas com simplicidade: uma cama de solteiro e uma pequena secretária com uma cadeira. Numa das paredes havia um armário embutido. O cômodo se abria para um corredor que ia dar na cozinha. Ao chegar à casa de seus amigos, uma semana depois desse desprendimento, reconheceu logo o quarto que lhe foi destinado. Era exatamente o mesmo que vira em espírito; lá estavam os móveis singelos e a saída para o corredor que levava à cozinha. Para completar o quadro de autenticidade, a amiga explicou que o quarto que lhe estava destinado era o grande, mas que a nora havia chegado com o bebê e foi preciso localizá-los no cômodo maior.

Se Regina não tivesse a faculdade de guardar na memória de vigília a lembrança de seus deslocamentos durante a noite, ficaria perplexa ao ver que, embora nunca tivesse estado naquela casa, conhecia perfeitamente o quarto.

Às vezes, a forte impressão do *déjà vu* é invocada como evidência da reencarnação. É até possível isso, mas a hipótese não deve ser colocada açodadamente sem exame criterioso dos fatos. Em seu excelente *Twenty cases suggestives of reincarnation,* o dr. Ian Stevenson observa, no Caso Prakash, ocorrido na Índia e por ele próprio investigado, que o menino que se dizia uma reencarnação de Nirmal reconhece seu pai da existência anterior, bem como sua irmã Vimla, e sua mãe, Permeshwari Jain. E mais, descobre sozinho a casa onde residiu na vida anterior. Ao chegar contudo, em frente à casa, experimenta alguma hesitação. É que, segundo apurou Stevenson, a família fizera modificações que o famoso cientista descreve assim:

> A entrada da casa havia sido bastante modificada depois da morte de Nirmal, de forma que a entrada principal usada pela família fora consideravelmente deslocada para um lado diferente daquele em que estava durante a vida de Nirmal. (Stevenson, Ian, 1966)

Neste caso, o menino tinha convicção de sua existência anterior e citou nomes de seus parentes, falou sobre as atividades do pai, perguntou por irmãos que não estavam ali no momento em que ele chegou etc. Se, contudo, de nada se lembrasse e, por acaso, visitasse o local onde viviam os seus antigos parentes, iria experimentar uma autêntica sensação de *déjà vu*, inexplicável para ele.

É possível que o caso do meu amigo engenheiro em Rotterdam, tenha sido algo parecido, mas não disponho de elementos para substanciar a hipótese, que é apenas lembrada como alternativa.

246 HERMÍNIO C. MIRANDA

Sem ter como rejeitar o fato, como vimos, só nos cabe descobrir as leis, contentando-nos com hipóteses razoáveis de trabalho. Três dessas hipóteses se apresentam com certo grau de confiabilidade: 1) a pessoa esteve no local em desdobramento, e depois vai lá em estado de vigília; a primeira vez em seu corpo perispiritual, a segunda, fisicamente; 2) a pessoa viveu ali uma existência anterior e, neste caso, é bem provável que o *layout* do local tenha sofrido alterações mais ou menos consideráveis que o sensitivo poderá reconhecer; 3) em vez de deslocar-se apenas no espaço físico, a pessoa desloca-se também no tempo, vê alguma coisa que ainda está por acontecer em dimensão diferente daquela na qual vive na carne e, depois, assiste a uma espécie de *replay*, em videoteipe real, quando, na sua própria dimensão, ocorre o evento que já viu no futuro.

3. Êxtase

Observamos que neste, como em tantos outros, senão em todos os fenômenos psíquicos, o elemento básico é o desdobramento do perispírito do sensitivo, seja para deslocar-se no espaço (visível ou invisível), seja para percorrer, num sentido ou noutro, a misteriosa realidade do tempo (não esqueçamos que Dunne descobriu isso, analisando seus sonhos). Tanto em um como em outro caso, podemos legitimamente concluir que, uma vez afrouxados os vínculos que nos prendem à matéria, o espírito escapa também de limitações de espaço e tempo, de vez que, como princípio inteligente imortal, ele participa de uma realidade hiperespacial/ atemporal. Convém uma vez mais lembrar que, imortal é aquele que não tem fim, não o que não teve princípio, este é eterno. Todos nós começamos a emergir para a vida em algum ponto de remotíssimas eras e, através de sucessivas aquisições funcionais, vamos enriquecendo faculdades e percepções. Se, olhando para trás, o limite é talvez a gotícula de vida aprisionada na célula primitiva que se associou em colônias, para frente não há limites concebíveis, pois somos não apenas herdeiros do infinito e da imortalidade, mas somos essas próprias realidades vivas pensantes e objetivas. Tanto quanto o universo em que vivemos, também somos um pensamento divino. No fundo, partículas vivas suspensas no cosmos como peixes num oceano, segundo a expressão de André Luiz.

Tais participação e integração no Todo levaram o Cristo a declarar: "Eu e o Pai somos um."

A consciência dessa integração pode ocorrer em estados que alguns chamam de "consciência cósmica" ou êxtase (Regina tem uma experiência dessas que veremos daqui a pouco). Com a sobriedade que lhe é característica, *O livro dos espíritos* cuida do problema no capítulo sobre *emancipação da alma*, questões 439/446. Ensinam os espíritos, nesse ponto, que o "êxtase é um sonambulismo mais apurado" pois "a alma do extático ainda *é mais independente*". Estamos, portanto, novamente perante um fenômeno de desdobramento, com a diferença de que é mais profundo ou para dizer

DIVERSIDADE DOS CARISMAS

a coisa de outra maneira: o espírito encarnado fica, no êxtase, mais solto em relação ao seu corpo físico e, portanto, mais independente, como dizem os espíritos.

Ante o inusitado dos fenômenos, para os quais não encontramos analogias que nos ajudem a relatá-los e muito menos a explicá-los, o resultado é uma experiência rigidamente pessoal, intransferível e incomunicável, em vista da dificuldade em traduzi-los em palavras. Por isso, observam os instrutores da Codificação que aquilo que...

> [...] o extático vê é real para ele. Mas, como seu espírito se conserva sempre debaixo da influência das ideias terrenas, pode acontecer que veja a seu modo, ou melhor, que exprima o que vê numa linguagem moldada pelos preconceitos e ideias de que se acha imbuído, ou então pelos vossos preconceitos e ideias a fim de ser mais bem compreendido. Nesse sentido, principalmente, é que lhe sucede errar. (Kardec, Allan, 1981)

Depois de viver uma experiência transcendental para a qual não dispõe de conceitos adequados e nem de palavras apropriadas para relatar, o sensitivo pode ser levado a certas especulações que nada têm a ver com o fenômeno em si e sim, com a reação pessoal dele perante o fenômeno.

Certamente que, preocupado com o assunto, Kardec voltou a ele em *Obras Póstumas*, com estas palavras:

> Como em nenhum dos outros graus de emancipação da alma, o êxtase não é isento de erros, pelo que as revelações dos extáticos longe estão de exprimir sempre a verdade absoluta. A razão disso reside na imperfeição do espírito humano; somente quando ele há chegado ao cume da escala pode julgar das coisas lucidamente; antes não lhe é dado ver tudo nem tudo compreender. Se, após o fenômeno da morte, quando o desprendimento é completo, ele nem sempre vê com justeza; se muitos há que se conservam imbuídos dos prejuízos da vida, que não compreendem as coisas do mundo visível, onde se encontram, com mais forte razão o mesmo há de suceder com o espírito ainda retido na carne. (Kardec, Allan, 1978)

É de notar-se, contudo, que a observação de Kardec visa principalmente ao extático habitual dado a revelações que frequentemente envereda pela fantasia mais desvairada e acaba se transformando em guru, com seguidores tão atentos quanto iludidos com as suas estranhíssimas doutrinas que diz resultarem de seus colóquios com elevados espíritos ou com o próprio Deus.

A dificuldade resulta precisamente da complexidade do fenômeno e da ausência de conceitos aferidores, no contexto humano.

Prossegue Kardec:

> Há, por vezes, no extático, mais exaltação que verdadeira lucidez, ou melhor, a exaltação lhe prejudica a lucidez, razão por que suas revelações são com frequência uma mistura de verdades e erros, de coisas sublimes e outras ridículas. (Idem)

Bem, felizmente, a nossa Regina tem a cabeça no lugar e jamais cuidou de formular qualquer doutrina ou fantasia acerca de sua curiosa experiência; limitou-se a observar atentamente o que ocorreu com ela, subitamente deslocada, em espírito, para uma realidade transcendental, porque incomparável em relação a tudo quanto antes ou depois tenha experimentado.

Como cada experiência dessas é um caso à parte, prefiro transcrever o relato que a meu pedido ela própria escreveu a respeito. Ei-lo:

"Entre todos os fenômenos que me aconteceram" – diz ela – "classifico este como o mais fantástico, o mais gratificante e, ao mesmo tempo, o mais estranho.

"Durante algum tempo, envolvi-me em uma atividade excessiva. Tinha três empregos e várias tarefas dentro do movimento espírita. Cheguei aos extremos da exaustão. A conselho médico, vi-me forçada a reduzir a atividade profissional para recuperar a saúde afetada. Nessa época, eu ouvira dizer que a prática da Hata Yoga era um método que muito contribuía para um estado de relaxamento muscular e nervoso. Entrei para uma das academias especializadas em busca desse recurso. Antes disso, contudo, quis saber exatamente do que se tratava para ter uma ideia do que me esperava na prática da Yoga. Para obter essa informação, comprei alguns livros a respeito do assunto e pude observar, logo de início, que se tratava de algo sério. Muito mais do que as aulas faziam parecer, quando comecei a frequentá-las. Por isso, limitei minha permanência na academia a seis meses apenas, o suficiente para aprender a dominar a técnica da respiração conjugada às posturas físicas correspondentes.

"Depois disso, passei a realizar as sessões de Yoga em minha própria casa, seguindo a orientação dos livros. Como já possuía certa experiência de desdobramento, era fácil fazê-lo com a Yoga. Desdobrava-me fácil e constantemente. Isto porque, ao colocar o corpo em posição de relaxamento profundo, afrouxavam-se os vínculos de ligação espírito/corpo, como no sono comum. Tornou-se até necessário ter cuidado especial com certas posturas que pareciam facilitar ainda mais o desligamento. Percebi logo o risco de desligar-me em pleno esforço para uma postura e deixar o corpo tombar.

"A primeira observação quanto aos exercícios foi a de que, além dos desdobramentos, eu passava a ter um controle mais efetivo sobre o corpo que ficou mais sensível aos comandos da mente. Em pouco tempo me foi possível, por exemplo, localizar uma contração muscular que estava provocando dor e ordenar o relaxamento correspondente. A dor passava como por encanto. Por essa época, andava eu com muitos problemas de saúde: baixa pressão arterial, enxaquecas, engurgitamento do fígado e coisas assim. Tudo isso eu ia curando com os exercícios. Bastava relaxar, dirigir-me aos diversos órgãos com ordens explícitas para que cessassem tais disfunções.

"Certa tarde, após executar a sequência regular de posturas – que eu vinha praticando diariamente há dois anos – entreguei-me ao relaxamento profundo na chamada 'posição do cadáver'. A técnica é conhecida de todos os praticantes da Hata Yoga: começar o relaxamento pelos pés e, gradativamente chegar até a cabeça, expedindo os comandos necessários a cada grupo de músculos. Nesse ponto era como se o corpo não existisse, ou pelo menos eu não o sentia. Normalmente, eu parava nesse ponto, isto é, ia aos poucos reassumindo os controles orgânicos e integrando-os de volta à consciência, até o total despertamento do estado de torpor.

Naquela tarde específica, em vez de prosseguir com a rotina, e despertar, resolvi avançar a partir daquele ponto para ver o que aconteceria. A curiosidade de sempre...

"Continuei, portanto, a aprofundar o estado de relaxamento, até que me senti fora do corpo. Percebi, porém, certas diferenças. Usualmente, era capaz de ver, ao mesmo tempo, meu duplo perispírito e o corpo físico. Desta vez, não. Sentia como se *todo o meu ser* se concentrasse na cabeça ou, mais propriamente, no meio da testa. Em outras palavras: era como se eu fosse apenas 'olho'. Não um olho comum, com a sua conformação conhecida. Era um olho semelhante ao que se vê nas esculturas e pinturas egípcias: profundo e alongado. A visão desse olho parecia não ter limites. E, de repente, *aquele olho que era eu*, começou a ficar cada vez mais independente e cada vez mais *forte*. Com ele eu via tudo.

"Percorri todo o meu corpo com esse olho e via os órgãos internos mais nitidamente do que se estivesse diante de uma aparelho de radioscopia. Os ovários me chamaram a atenção, em particular, pois se mostravam iluminados por uma luz fosforescente. Podia observar as veias, o sangue a circular, o coração pulsando no ritmo que eu lhe determinava. O grande espetáculo, contudo, era o cérebro. Parecia uma usina elétrica, uma casa de força, pulsando todo iluminado e cujo ritmo de funcionamento produzia um fenômeno que eu interpretava como um 'som' característico. De repente, eu saí do cérebro. Aí é que experimentei uma sensação fantástica.

"Todo o meu *eu* era aquele olho e era tudo *luz e vida*. Em seguida, transpus as últimas limitações – as daquele *olho*. Isto é, *eu era*. Eu sabia, e que como me dizia, ou melhor, tinha o *conhecimento*: 'eu sou Vida, eu sou Força, eu sou Tudo. Aquele corpo ali nada é!'

"E sentia aquela força expandir-se a tal ponto que me senti parte do *universo, um* com tudo o que nele havia, como *se tudo fosse um* e eu, parte dessa *unidade*. E ali eu sabia que era Vida, eu era imortal, indestrutível, nada tinha a temer. Eu era parte de Deus e Deus era parte de mim. Uma sensação indescritível em linguagem humana. É como seu eu estivesse abraçando o *universo, a natureza*, tudo; e ao mesmo tempo em que eu era Eu, uma Individualidade, era parte daquele Todo, daquela Unidade, daquele Um.

"Quanto tempo durou, eu não sei. Aos poucos, porém, a sensação de expansão parece ter atingido os extremos limites possíveis à minha condição e começou a diminuir como se encolhesse e, aos poucos, fui ficando menor, menor, até unir-me novamente ao corpo. Quando isto se deu, já no corpo, fiquei ali deitada no chão envolvida em emoções e sensações literalmente indescritíveis, irreproduzíveis em linguagem humana. Lembro palavras soltas, pobres e vazias que nada dizem: alegria, felicidade, gratidão, paz, serenidade, confiança, certeza. *Eu sabia*. E não me sentia triste nem frustrada por ter voltado às minhas limitações, à exiguidade do meu pequeno mundo. Agora eu sabia *quem eu era* e me sentia, de volta ao corpo, como o gênio da lâmpada, novamente preso dentro da minha garrafa. *Mas eu sabia* que aquilo era temporário, que um dia alguém viria abrir a garrafa e eu sairia de novo e, então, o *universo* não teria fronteiras para mim, porque *eu era parte dele*.

"Teria sido a visão cósmica de que falam os místicos orientais? Não sei. Seja o que for, *foi maravilhoso*."

Termina aqui o relato dessa curiosa experiência pessoal. Não há o que comentar. Quando o Cristo disse que somos deuses ou que ele e o Pai são uma só realidade, com toda certeza tinha essa experiência em mente. Não quis dizer com isso que ele é Deus, mas que todos nós somos, dado que somos todos dotados do mesmo potencial divino, não destinados a rivalizar com o Pai, mas a participar do seu pensamento e das suas emoções, da sua sabedoria e do seu amor. Toda partícula de luz é luz também.

Capítulo XI
Mau-olhado

1. A 'desencarnação' do chuchuzeiro

Em tempos outros, ainda jovem, eu vivia numa cidade do interior e, no modesto quintal, colhíamos alguns legumes para os gastos da casa. Certa vez visitou-nos uma vizinha que se revelou encantada com o viçoso pé de chuchu, ao qual endereçou seus melhores elogios. Que beleza! Como é que eu conseguira ter chuchus tão bonitos no exíguo espaço de terreno que mal dava para dois ou três canteiros pequenos?

O chuchuzeiro entrou a 'desencarnar' na hora. Creio que não gostou dos elogios da moça. Mal ela virou as costas, ele começou a murchar como se lhe houvessem extraído, de uma só vez, toda a sua vitalidade. Não houve o que o salvasse. Em poucas horas, pendiam, sem vida, as suas lianas e os frutos caíam irremediavelmente. Estava mortíssimo, sem apelo. Não restava senão limpar o terreno de toda a sua antes vistosa folharada e dos talos sem vida.

Nascido e criado pelo interior, sempre ouvira falar de mau-olhado. Sabia de histórias a respeito contadas por gente que merecia crédito, mas ficava sempre com uma ponta de desconfiança. Seria mesmo possível aquilo? Sem ter ainda firmado um conceito próprio, assumia a velha atitude de que nos fala Cervantes, a de que essa história de bruxarias é bobagem, mas que elas existem, não há dúvida. O malogrado chuchuzeiro foi a primeira demonstração disso. Não havia bruxaria, mas, lá estava ele reduzido a um montão de folhas e caules mortos.

A dúvida ficou no ar por muito tempo, ou melhor, em suspensão na minha mente. Quando li *O livro dos espíritos* pela primeira vez, alguns anos após a dramática 'desencarnação' do pé de chuchu, encontrei esta resposta à pergunta número 552:

> Algumas pessoas dispõem de grande força magnética, de que podem fazer mau uso, se maus forem seus próprios espíritos, caso em que possível se torna serem secundados por outros espíritos maus. (Kardec, Allan, 1981.)

251

Prossegue a pequena dissertação, dizendo que não há poder mágico algum, que somente existe na imaginação de pessoas supersticiosas, ignorantes das verdadeiras leis da natureza.

> Os fatos que citam, como prova da existência desse poder, são fatos naturais mal observados e sobretudo mal compreendidos. (Idem.)

Não creio que a nossa visitante daquele dia fosse exatamente um espírito maldoso, mas não vejo como desvinculá-la do súbito aniquilamento do vistoso pé de chuchu. Alguma descarga magnética involuntária da parte dela? Ou teria ela absorvido para seu uso pessoal as energias que movimentavam o pé de chuchu? É certo que operavam ali leis escassamente conhecidas e que os fatos, por mais estranhos, "mal observados e sobretudo mal compreendidos", como dizem os espíritos, eram 'fatos naturais'.

2. O sugador de energias

A hipótese de que a vizinha possa ter absorvido as energias do pé de chuchu me foi sugerida por outra experiência pessoal que nada tem a ver, aliás, com o 'mau-olhado'. Ou tem?

Veio trabalhar conosco, na empresa à qual eu servia na minha condição de profissional, um homem dotado de grande vitalidade. Logo em nossos primeiros contatos pessoais comecei a notar certo mal-estar inexplicável. Algum tempo decorreu até que eu estabelecesse uma ligação de causa e efeito entre a minha indisposição física e o nosso companheiro de trabalho. Por fim, esse vínculo tornou-se óbvio e isto era particularmente dramático quando conversávamos sozinhos, frente a frente, separados apenas por uma mesa ou escrivaninha. Não sei se consigo descrever a sensação que então experimentava. O mal-estar concentrava-se sobre o plexo solar à altura do que se costuma chamar de 'boca do estômago'. Eu tinha a impressão de que se ligava ali uma espécie de tubo de aspirador que me sugava energias sem que eu pudesse impedi-lo. Eu me contorcia disfarçadamente na cadeira e procurava desviar o corpo de forma a não ficar de frente para ele, mas não adiantava. O 'tubo' parecia flexível e acompanhava os movimentos do meu corpo, mesmo de pé. Saía dali cansado, não poucas vezes com dor de cabeça.

Se a reunião fosse muito longa, os sinais da exaustão eram óbvios e eu custava a me refazer dela. Quando conheci a esposa deste companheiro, não me senti surpreso ante a sua extrema fragilidade. Era uma pessoa simpática, doce e parecia desvitalizada.

Faço uma ressalva urgente: estou convicto de que ele não fazia isso por mal ou mesmo que tivesse a mínima noção de sua estranha faculdade de 'abastecer-se' de fluidos vitais alheios. Estava longe de ser um sujeito mau. Ao contrário, era uma pessoa amável, simples e bem intencionada. Não lhe conheço nenhum gesto de violência, improbidade ou até mesmo de impaciência. Percebia-se que nada daquilo era deliberado e, por isso, nunca mencionei minhas dificuldades com ele a ninguém. Nem sei mesmo se outras pessoas experimentavam na sua presença a desagradável sensação de mal-estar que me atormentava junto dele.

Como encontrei casos semelhantes na literatura psíquica, imagino que o fenômeno seja relativamente comum, ainda que pouco ou mal observado, pois assim como há pessoas que doam energia até mesmo sem contato pessoal direto, há as que, consciente ou inconscientemente, absorvem energias alheias. É o que nos confirma André Luiz, em *Evolução em Dois Mundos*, capítulo XI – Existência da alma. Lembra ele que nem todos se desligam prontamente, pela desencarnação, do "casulo de seus pensamentos dominantes", passando a alimentarem-se por meio de certas "trompas fluídico-magnéticas de sucção". Prossegue dizendo que "semelhantes trompas ou antenas de matéria sutil" existem nos seres encarnados, apresentando-se na aura como "radículas alongadas de essência dinâmica".

São com esses dispositivos que "assimilamos ou repelimos as emanações das coisas e dos seres que nos cercam, tanto quanto as irradiações de nós mesmos, uns para com os outros".

Está aí explicada a minha curiosa experiência pessoal.

3. Experiências pessoais

Mas isto foi apenas uma pausa para relatar episódio paralelo. E o problema do mau-olhado? Existe mesmo?

Como vimos, os espíritos não o negam ao afirmar que há pessoas dotadas de grande força magnética da qual podem fazer mau uso.

Não foi muito fácil encontrar material para uma pesquisa acerca desse tema, mesmo porque é tido por mera superstição pela maioria dos autores que teriam alguma condição para uma contribuição mais esclarecedora. Nada encontrei sobre o assunto em Nandor Fodor, em Lewis Spence ou em Paul Christian, por exemplo. Até mesmo a referência em Deuteronômio nem sempre é traduzida com esse sentido. Vemos, contudo, na *Bíblia de Jerusalém* o seguinte texto: "O mais delicado e mais terno dos teus olhará com maus olhos ao seu irmão, bem como à esposa de seu coração e aos filhos que lhe restem". (Deuteronômio 28,54.) Do que se pode concluir que o mau olho nem sempre vem do maldoso, mas também do delicado e terno, talvez por ciúme ou inveja incontrolável.

Antes de examinarmos mais de perto o mecanismo do mau-olhado, ou melhor, do fenômeno psíquico que leva esse rótulo (inadequado, como tantos outros), rogo espaço ao leitor para citar dois episódios ocorridos com Regina.

Certa ocasião, estava ela na feira fazendo suas compras semanais quando, por motivo qualquer de que não mais se lembra, reclamou do feirante sobre alguma coisa. Fora uma reclamação, digamos, de rotina, sem nenhuma hostilidade ou rancor. O homem olhou para ela carregado de ódio – devia estar muito aflito ou revoltado, pois ela não o ofendera.

– Ao invés de pedir desculpas (é o que deveria ter feito se fosse inteligente o bastante...) – conta Regina – repliquei ao que ele me havia dito. Ele me olhou novamente com os olhos faiscantes de raiva. Imediatamente senti um *soco* no peito, na altura do plexo cardíaco. Senti *fisicamente*, como se ele houvera me dado um tremendo murro, tanto que ficou dolorido o local. E, na verdade, foi o que ele fez – só que com suas emissões mentais e não com os punhos, como provavelmente teria desejado fazer. Não foi à toa que Jesus recomendou que déssemos a outra face quando alguém nos batesse na primeira – conclui Regina.

Observa ela, com justeza, que ninguém está à mercê dos caprichos, ódios e rancores de outras pessoas, *a não ser* que sintonize na mesma faixa vibratória, como se costuma dizer. Nesse caso, é atingido com todo o vigor pelas desarmonias de estados mórbidos alheios. No seu caso com o feirante, ela teria evitado o impacto do 'murro psíquico' se, em lugar de retrucar ao que ele dissera no seu mau humor, deixasse de 'passar recibo' na sua vibração negativa, procurando desculpá-lo ou entendê-lo com uma atitude de simpatia e compreensão pelas dificuldades que, certamente, ele estava enfrentando e que o levava à revolta contra tudo e todos. Nesse caso, a sua cólera tê-la-ia encontrado numa posição de isolamento, sob a proteção de seu próprio equilíbrio, retornando como bumerangue sobre aquele que a atirou.

Certos impactos, contudo, são tão violentos que nos atingem mesmo quando não os provocamos. Tenho disso uma experiência pessoal:

Em decorrência de deveres profissionais, vi-me inúmeras vezes incumbido de representar minha empresa em assembleias gerais de subsidiárias suas, nas quais havia movimentação de pessoal no alto escalão administrativo. Nessas oportunidades, era eu o 'anjo bom' para alguns, que a empresa me mandava eleger, e o 'anjo mau' para outros, que eu tinha ordens de destituir ou substituir. Embora fosse tudo sempre feito entre os sorrisos habituais, certa vez pude experimentar, fisicamente, a potência de um petardo psíquico de vários megatons.

Realizadas as modificações a que eu fora incumbido de fazer, um dos executivos substituídos (contra a sua vontade, obviamente) despediu-se de mim com um vigoroso aperto de mão, um sorriso padrão nos lábios e um estranho brilho nos olhos. Senti uma verdadeira *descarga* elétrica que me subiu, como um raio, pelo braço e foi explodir na cabeça. A impressão nítida foi a de que a 'bomba' abriu uma cratera na altura das têmporas, à esquerda, região na qual ficou latejando uma dor aguda. (Não me ocorrera antes, mas vejo agora, ao relatar esse desagradável incidente, que o petardo tinha mesmo de atingir o lado *esquerdo* do cérebro, pois é o que comanda o lado *direito* do corpo, ou seja, a mão que recebera o aperto fatídico).

Isso foi à tardinha. Não houve o que fizesse passar a dor e nem aquela estranha sensação de que eu tinha um rombo na cabeça, à esquerda. Tinha a impressão de que se olhasse no espelho eu veria o buraco como o de uma bala que entrara por um lado e fugira pelo outro. À noite, fui ver um amigo e confrade porque dirigia um grupo espírita e lhe pedi que designasse alguém para me dar um passe, pois estava com a impressão de ter sido atingido por um impacto psíquico muito forte. Dotado de bem treinada mediunidade, ele me olhou por um momento e disse:

– Foi um verdadeiro petardo que atingiu você...

Uma das senhoras presentes levou-me para um cômodo anexo, fizemos uma prece e ela me deu os passes necessários. Prontamente fiquei curado da dor de cabeça e como que se fechou a 'cicatriz' na cabeça.

Mas eu havia dito que Regina vivenciou dois episódios desses e acabei introduzindo um dos meus depoimentos pessoais. Vamos ao segundo caso.

Certa vez, ela comprou um lindo buquê de monsenhores brancos. Preferiu essa flor por ser a que melhor oferecia resistência ao calor abrasador, àquela época do ano. Chegando em casa, arrumou as flores caprichosamente numa jarra e o arranjo lá ficou como que dominando toda a sala com o encanto peculiar da decoração viva.

Nesse mesmo dia, recebeu a visita de um casal conhecido. A mulher ficou literalmente fascinada pela jarra de monsenhores. A todo momento olhava-a e dizia: "Mas que beleza de flores!" Ao cabo de algum tempo, despediram-se e saíram. Ocupada com outros afazeres, Regina passou cerca de meia hora ou pouco mais fora da sala. Quando voltou a contemplar as flores, teve um choque: elas pendiam, murchas e pálidas, dos seus frágeis e ressecados caules. No outro dia, estavam acabadas. Ela reconhece que a moça não olhou as flores com raiva mas, no fundo, é certo que havia na sua admiração um tom de cobiça ou de inveja, que são vibrações nitidamente negativas, ainda que muito sutis. Tão fortes, porém, que atingiram os pobres monsenhores que não resistiram ao bombardeio.

Aliás, não há dúvidas, à vista de inúmeras e bem documentadas experiências, de que as plantas e os animais, tanto quanto os seres humanos, respondem às emissões mentais negativas ou às positivas. As experiências do dr. (e reverendo protestante) Franklin Loehr, na obra *The power of prayer on plants*, dão testemunho dessa irrecusável realidade. Plantas obtidas do mesmo grupo de sementes e tratadas sob condições idênticas de terreno, umidade, luz e calor cresceram mais vigorosas e saudáveis quando recebiam preces – diretamente ou através da água – do que as outras que eram abandonadas à sua própria sorte ou, pior, aquelas sobre as quais eram disparados pensamentos negativos. Lembro-me da reportagem na revista americana *Time*, logo que as experiências do dr. Loehr foram divulgadas, que as pobres plantinhas escolhidas para o papel de vítimas eram chamadas até de comunistas...

Se aprofundarmos um pouco mais essa realidade, vamos encontrar a mesma verdade universal de sempre: 1. o amor é a grande força construtiva; 2. o ódio, o elemento desagregador; 3. a vida, uma única energia que circula por toda parte, solidariamente; 4. o pensamento é o veículo de tudo isso. Em verdade, o amor não precisa de palavras para expressar-se e, infelizmente, nem o ódio. Eles simplesmente se comunicam a partir do foco emissor e, por onde passam, sintonizam-se com os ritmos que lhes são afins.

Recorremos mais uma vez a Regina para demonstrar a reversibilidade dessas correntes, magnéticas ou psíquicas, seja lá o que for. Basta direcionar o impulso num sentido ou noutro. É tudo uma questão de estrutura espiritual, de equilíbrio ou desequilíbrio. O facínora que ataca para roubar e despede vibrações de desarmonia em relação à pessoa agredida pode ter gestos de extrema ternura com uma filhinha doente, mais tarde.

Certo Dia da Mestra, uma das turmas às quais Regina lecionava resolveu se cotizar para dar-lhe um vistoso buquê de rosas vermelhas – suas prediletas. O verão estava ardente, como de hábito, àquela altura do ano. Ela recebeu as flores de seus alunos do turno da manhã e, como trabalhava em dois colégios, só regressou à casa à noitinha. Nesse ínterim, teve de ficar carregando o buquê de um lado para outro, sem poder tratá-lo devidamente.

À noite, as rosas estavam completamente murchas, caídas sobre as hastes sem vida. Não tinham resistido ao calor e aos maus tratos involuntários, mas não menos prejudiciais. Nada mais havia a fazer senão jogá-las no lixo. Já estava para selar o destino final das flores, quando parou um momento para pensar. Não era possível! Afinal as crianças lhas haviam dado com tanto amor, em testemunho de uma amizade pura e desinteressada. Gastaram com elas o dinheirinho escasso das mesadas. Não era justo atirá-las fora sem consideração.

Assim pensando, e em homenagem às crianças, ela resolveu colocar as flores numa jarra do jeito que estavam. Arrumou-as com muito carinho, com um pensamento de gratidão pelas crianças. Como estava cansada, após o longo dia de trabalho, logo foi dormir.

Pela manhã do dia seguinte, foi grande o impacto. As rosas estavam muito bem vivas, fresquinhas, lindas, como se acabassem de ser colhidas nalgum jardim da vizinhança. Todas abertas mostrando suas corolas generosas e levemente perfumadas. Até as folhas que, ainda na véspera, estavam murchas e pardacentas, exibiam um verde novo, brilhante, saudável. Flores e folhas firmes e elegantes. Regina parou e ficou a contemplá-las por um bom tempo, um tantinho assustada, desse susto que nos causam coisas assim espantosas que antigamente pensávamos ser milagre. No entanto, o único 'milagre' que se dera ali fora o amor. As plantas são muito sensíveis e resolveram, lá entre elas, não desapontar nem às crianças, nem à Regina. Não custava nada voltarem à vida só pelo prazer de proporcionar um pouco de alegria.

Isso explicaria, também, por que certas pessoas têm 'mão boa' para plantas e outras, não. Não são as mãos – ou os olhos – que são boas ou más, elas se limitam a veicular as energias que recebem do centro emissor, de onde provêm. As pessoas que amam plantas também amam a vida e, num nível subliminar, se comunicam com esses seres silenciosos e primitivos, infundindo-lhes a alegria de viver.

Isso eu pude verificar pessoalmente muitas vezes. Por algum tempo, mantive no meu gabinete de trabalho (profissional) uma planta. Entendíamo-nos muito bem e, embora ninguém percebesse, pois nossos diálogos eram mudos, sempre que podia

DIVERSIDADE DOS CARISMAS

eu lhe dava uma palavrinha de estímulo dizendo o quanto ela estava bonita e o quanto me alegrava vê-la participando do meu trabalho, enfeitando o ambiente e espalhando suas boas vibrações. Receio até tê-la tornado um pouquinho vaidosa de tanto elogio e afeto mas, como sabemos, todos temos nossas pequeninas fraquezas. Afinal de contas, ela também tinha suas razões... eram muitos os que a elogiavam (sem mau-olhado...).

4. Pesquisando o assunto

Mas eu dizia, há pouco, da dificuldade de encontrar material confiável de pesquisa, neste assunto. Consegui, contudo, apurar o suficiente para saber que a despeito da sofisticação meio irônica dos autores, que tratam o problema do mau olhado como tola superstição popular, existe uma realidade subjacente nisso. E nem poderia deixar de haver, quando sabemos que tudo isso que nos cerca, visível ou invisível, é pensamento – de Deus ou dos seres humanos encarnados ou desencarnados.

A sabedoria popular é muito mais profunda do que pode parecer. Fenômenos anímicos e mediúnicos da maior importância e de dramáticas implicações foram e continuam sendo considerados meras superstições por muita gente que se diz inteligente, culta, civilizada e superior.

A ideia do mau-olhado é antiga e está espalhada pelo mundo todo, o que se comprova facilmente pelos nomes que servem para designá-la nas diversas línguas. Na Roma antiga, a palavra era *fascinatio* (fascinação). Os gregos diziam *byokagia*. Modernamente se diz *mau-olhado* em português, *evil eye* em inglês, *malòcchio* em italiano, *mauvais oeil* em francês etc. etc...

Segundo apurei, há livros sérios escritos sobre o assunto, como *Evil eye*, de F. T. Elworth, de 1895, *Evil eye in the Western Highlands*, de R. C. Maclagan, de 1902 e até um mais recente, de 1958, intitulado *The evil eye: Studies in the folklore of vision*, de Edward S. Gifford. Infelizmente não os tenho à mão para um exame mais demorado. Dá, no entanto, para perceber que, embora tratado como folclore, o problema interessa aos eruditos. Por outro lado, sabemos perfeitamente que parece haver mais intensa fixação supersticiosa nas camadas ditas elevadas da sociedade do que nas mais humildes. Do contrário, não encontraríamos pessoas dispostas a pagarem tão bom dinheiro por signos, talismãs, berloques e figuras cabalísticas em geral, destinadas a 'proteger' os seus portadores do mau-olhado, *evil eye, malòcchio ou mauvais oeil...* O dia em que essa gente toda descobrir que a proteção está no comportamento pessoal de cada um e não numa peça de madeira ou numa joia de alto preço cravejada de brilhantes, muita indústria vai falir à falta de mercado para suas bugigangas.

Ouço dizer que gregos e romanos eram mais econômicos nisso. Para eles, bastava dar uma cuspida para um lado que estavam livres do *fascinatio* ou da *byokagia*.

Desde muito tempo, contudo, parece ter sido descoberto que a motivação principal do mau-olhado é a inveja e, por isso, era considerado desastroso ouvir elogios. Foi assim que se tornou comum dizer-se o *Benzodeus* (Benza-o Deus) que se ouve pelo interior do Brasil. Em inglês se diria... *as God Will ou God Bless it*. No fundo, a mesma coisa.

Turcos e árabes, segundo a *Enciclopédia Britânica*, acham que cavalos e camelos têm 'olho ruim'. Mas, não somente esses povos, pois muitos no Oriente usam a reprodução de pequenos textos sagrados pendurados em si mesmos ou nos animais que montam, para evitar problemas com o mau-olhado.

Diz-se, também, que ainda hoje a crença é muito forte em Nápoles, onde o cidadão dotado da temível faculdade do *malòcchio* é chamado de *jattatore* (jactancioso, presunçoso), do qual todos fogem. Para algum encontro imprevisto, o melhor mesmo é carregar certos amuletos em forma de chifres, de sapos e de meia-lua. No Egito, as mães costumam atribuir o mau-olhado à aparência doentia das crianças.

Consta na *Britânica* que o receio do mau-olhado é pouco divulgado nas Américas, entre os povos de ascendência europeia. Penso que não é bem isso, pois encontramos tal convicção espalhada por toda a parte. Seja como for, há escassa evidência de que seja apenas uma superstição de gente ignorante. É, antes, uma realidade ainda não muito bem estudada, mas que encontra na ciência e no conhecimento dos mecanismos psíquicos do ser humano sólidas bases para explicá-la. A superstição está em achar que basta dar uma cuspida de lado, agitar uma penca de chaves, bater na madeira, ou usar um talismã para livrar-se de influenciação negativa. A defesa a essas agressões, que de fato existem, consiste em se procurar viver numa faixa vibratória na qual se torne cada vez mais difícil sintonizar com as emissões de desarmonia irradiadas por toda a parte, em muitos *megahertz*.

5. O papa e o *malòcchio*

Nino Lo Bello, na obra *The Vatican Papers*, conta que até a alguns papas é atribuída a faculdade do 'olho ruim'. Um deles, Paulo VI. Curiosos episódios estão narrados no capítulo intitulado *Por que ele pode ter sido o papa mais impopular*.

Em 1975, por exemplo, conta Lo Bello que o aeroclube de Milão, cidade onde Paulo VI havia sido um respeitado e admirado arcebispo, resolveu prestar-lhe uma homenagem. Voou para Roma com uma réplica da imagem da Madonna que fica no *Duomo* da catedral daquela cidade. Ao descer de paraquedas, em plena praça de São Pedro, a estátua partiu-se. De regresso a Milão, o avião sofreu um acidente e toda a equipe da homenagem morreu.

Acrescenta que milhões de italianos atribuíram a razão de tão desastrada homenagem ao 'olho ruim' do papa. Isso é injusto. Paulo VI foi um homem sensível e bom, no entanto, a fama de que era um emissor de 'mau-olhado' espalhou-se por toda a parte e durou os quinze anos de seu papado. O Vaticano, aliás, não julgou necessário promover nenhuma campanha para desmentir a injusta fama do Papa, talvez, por considerá-la ridícula e sem fundamento.

Lo Bello afirma que por toda a Itália se encontra gente usando talismãs e amuletos em defesa do *malòcchio*. "Mesmo os italianos que zombam e declaram não

DIVERSIDADE DOS CARISMAS

acreditar nisso, costumam às vezes, carregar algum desses amuletos." Nunca se sabe... dizem eles. Tal como o ilustre cavalheiro Dom Quixote – sabe-se que não há bruxarias, mas não custa carregar uma figurinha escondida, alhures, na roupa – o autor do livro informa que nem Mussolini estava livre desses receios. Devia ter suas dúvidas (ou certezas, quem sabe?).

Segundo Lo Bello – descendente direto de italianos, embora americano de nascimento – Pio XII também tinha suas precauções contra o *malòcchio*. Por via das dúvidas, evitava encarar de frente o cardeal Montini (futuro Paulo VI), sempre que este ia falar com ele no Vaticano. Aliás, o jornalista e escritor diz mesmo que Pio XII não morria de amores por Montini por causa de divergências pessoais e que este só foi elevado ao cardinalato por João XXIII que, aparentemente, não tinha receio do mau-olhado que imputavam a Montini.

Segundo os entendidos, na Itália é fácil identificar o olho ruim, dado que se parece com o olhar do gato. (Já notaram que o gato não pisca? Ele só fecha os olhos para dormir). Para evitar envolvimentos com o *malòcchio*, os italianos conservam o antigo costume de seus antepassados romanos, cuspindo para um lado ou, então, usam qualquer roupa azul. Há quem sacuda um chaveiro e os que nunca enfrentam uma pessoa, olhos nos olhos. A figa também é de uso generalizado. Tudo isso segundo o nosso competente informante, Nino Lo Bello.

Uma série de desagradáveis coincidências parece ter perseguido Paulo VI. Em 1967, um violento terremoto abalou a Turquia depois que o Vaticano anunciou que o papa visitaria aquele país. Em 1970, foi um ciclone desastroso que sacudiu o Paquistão depois que o papa decidiu visitar o Oriente. Um episódio muito comentado (e lamentado pelos fanáticos torcedores do futebol italiano) deu-se quando, após uma visita ao papa, um time não conseguia mais ganhar nenhum jogo. Não faltou quem culpasse o mau-olhado de sua Santidade.

Lo Bello diz, ainda, que Paulo VI não contribuiu em nada para melhorar sua imagem quando mandou tirar são Nicolau da categoria dos santos da igreja. Ora, na Europa e nos Estados Unidos, é ele a própria figura do que chamamos por aqui Papai Noel. A revolta maior foi em Bari onde o santo é o padroeiro local e, segundo a tradição, seus ossos estão enterrados, desde 1087, depois de tomados aos sarracenos.

Magnífica basílica construída em honra ao santo foi decorada por artistas árabes no século XI, com maravilhosos e intrincados desenhos no piso. Somente alguns séculos depois, descobriu-se que eles escreveram disfarçadamente o grande postulado islâmico: "Só há um Deus e Maomé é o seu profeta". Por isso, o piso de uma igreja católica ostenta uma profissão de fé muçulmana.

Mas, isto, afinal de contas, nada tem com o mau-olhado e entrou no capítulo como Pilatos no credo.

Não há dúvida, porém, de que é injusto atribuir a Paulo VI essa faculdade. Foi um homem compassivo, bom e sensível. É incompatível com a sua inata religiosidade e bondade a ideia de que fosse um *jattatore*, ou seja, uma fonte emissora de desastres que afligiram tanta gente, como lhe desejam atribuir.

É certo, porém, que forças mentais poderosas podem ser manipuladas pelo pensamento e pela vontade. Não há, portanto, mau-olhado no sentido de que um simples olhar possa fazer murchar uma planta ou adoecer uma pessoa; há, contudo, sentimentos desarmonizados que, potenciados pela vontade consciente ou inconsciente, acarretam distúrbios consideráveis em pessoas, animais e plantas. O pensamento é a mais poderosa energia no universo e circula por um sistema perfeito de vasos comunicantes, através de toda a natureza. Segundo as intenções sob as quais é emitido, tanto pode construir como destruir. Dar vida, como retirá-la. Nada mais que isso.

Do ponto de vista do nosso estudo, é um fenômeno anímico, dado que é uma atividade do espírito encarnado. Pode, no entanto, contar, eventualmente, com a colaboração ou envolvimento de espíritos desencarnados, tanto secundando aquele que quer ajudar com pensamentos positivos de vitalidade e harmonia, como aquele que deseja destruir.

Seria muito bom que toda a gente soubesse que, assim como o amor tem a sua resposta e desencadeia uma reação positiva que retorna ao que ama, o mal também dispara um mecanismo que tanto o leva ao seu alvo como traz de volta ao emissor a resposta correspondente. Um dia todos nós vamos entender que não é inteligente ser mau. E, então, não haverá mau-olhado...

Capítulo XII
Fenômenos de efeito físico

1. Introdução

No roteiro originário elaborado para este livro, foi minha intenção deixar de considerar as manifestações de efeito físico. Pelas suas complexidades e amplitude, a questão não poderia, a meu ver, ser tratada no contexto temático da mediunidade em geral sem prejuízo ao seu entendimento. Mesmo porque não alimentei a pretensão ambiciosa de abranger todos os aspectos da fenomenologia psíquica. Alguma coisa, contudo, precisa ser dita sobre o assunto, o mínimo possível a uma visão sumária dos problemas envolvidos, principalmente porque muitos são os que se deixam fascinar pelo espetáculo, às vezes dramático, que os fenômenos promovem.

Milhões de pessoas foram testemunhas e participantes dessa 'empolgação' quando o sensitivo israelense Uri Geller apresentou-se na televisão brasileira, repetindo, aliás, o êxito que alcança onde quer que se exiba a um público sempre ávido e atento.

No seu minucioso quadro classificatório das modalidades de manifestações e de faculdades, Allan Kardec identificou duas categorias de médiuns: os de efeitos físicos e os de efeitos intelectuais. Colocou no primeiro grupo 'os que têm o poder de provocar efeitos materiais ou manifestações ostensivas" e no segundo, os que considerou "mais aptos a receber e a transmitir comunicações inteligentes".

Conforme tivemos oportunidade de observar ao comentar tais aspectos, fenômeno mediúnico de fato, na plenitude de sua conotação semântica, é o de efeito intelectual, no qual o sensitivo funciona, realmente, como canal de comunicação entre desencarnados e encarnados.

A certa altura (*Livro dos médiuns*, Item 99), um espírito explica, à sua maneira, o que julga ocorrer no fenômeno de transporte. Em nota explicativa à 19a pergunta, Erasmo corrige a informação do manifestante, esclarecendo o seguinte:

O que os envolve (os objetos transportados) não é matéria propriamente dita, mas um fluido tirado, metade, do perispírito do médium e, metade, do espírito que opera.

O papel do médium aí é, por conseguinte, apenas o de *provocar* o fenômeno, cedendo parte de sua energia magnética de ser encarnado para que o fenômeno se produza.

Coisa semelhante, ainda que sob outro enfoque, ocorre com o fenômeno da escrita direta. Entendia Kardec que tais fenômenos seriam de ordem intelectual mas, contra a sua opinião, os espíritos "insistiram [...] em incluir a escrita direta entre os fenômenos de ordem física". E justificaram-se, dizendo o seguinte:

Os efeitos inteligentes são aqueles para cuja produção o espírito se serve dos materiais existentes no cérebro do médium, *o que não se dá* na escrita direta. A ação do médium é aqui toda material, ao passo que no médium escrevente, ainda que completamente mecânico, *o cérebro* desempenha sempre um papel ativo. (Kardec, Allan, 1975) (Os destaques são meus.)

Devo confessar que encontrei certa dificuldade em perceber o exato sentido e conteúdo da expressão "materiais existentes no cérebro", necessários, segundo os espíritos, à produção dos efeitos inteligentes.

Recorrendo ao original francês de que disponho (*Le livre des médiuns*, 12a edição da *Librairie de la Revue Spirite*, sem data), encontro, à página 227, a expressão correspondente "*matériaux cérébraux du médium*" – materiais cerebrais do médium.

Eu estava supondo, ante o texto em português, que Kardec se referia a material (ideias, conceitos, vocabulário) guardado no cérebro, ou melhor, na memória do médium. Na realidade, ele se refere ao próprio cérebro em si, órgão incumbido de controlar as funções e tarefas inteligentes do ser encarnado. É, portanto, servindo-se dos "materiais cerebrais do médium", isto é, do conjunto de células nervosas que constituem o cérebro, que os espíritos produzem os fenômenos intelectuais e não, propriamente, do material *existente* no cérebro, como que ali arquivado, à disposição do manifestante. O texto se refere, portanto, e no meu entender, ao cérebro como central nervosa, como posto de comando do sistema e não como *instrumento* da memória.

Feita essa digressão, prossigamos.

Logo em seguida, ao discorrer sobre os médiuns curadores, os espíritos têm isto a dizer:

Esta faculdade *não é essencialmente mediúnica*; possuem-na todos os verdadeiros crentes, sejam médiuns ou não. As mais das vezes é apenas uma exaltação do poder magnético fortalecido, se necessário, pelo concurso de bons espíritos. (Idem)

DIVERSIDADE DOS CARISMAS

Foi, aliás, a propósito dos médiuns curadores (Item 175, p. 208 e seguintes), que Kardec manteve um diálogo mais explícito e mais longo com os seus amigos e instrutores.

As curas sem a utilização de remédios, a um toque ou gesto, deverão ser consideradas como ação do magnetismo pessoal de cada um, o que coloca o fenômeno na categoria anímica. O que caracteriza a mediunidade de cura é a intervenção de um espírito no procedimento. "A intervenção de uma potência oculta, que é o que constitui a mediunidade", escreve Kardec, "se faz manifesta, em certas circunstâncias..."

Mesmo assim, contudo, os espíritos observaram que as pessoas dotadas de energia magnética também devem ser consideradas como médiuns, de vez que tais recursos pessoais são fortalecidos e ampliados pelos espíritos que se interessam pelo magnetizador ou pelo doente.

2. Animismo e mediunismo: persiste a indefinição das fronteiras

Tais considerações nos levam a concluir que há fenômenos de efeitos físicos na área específica do animismo, bem como os há na categoria de fenômenos mediúnicos. Como se pode observar, contudo, tanto no primeiro caso pode ocorrer (e há com frequência) participação de espíritos desencarnados, como no caso do fenômeno mediúnico é óbvia a presença de um componente anímico, sem o que a manifestação não se produziria.

Cabe enfatizar que os instrutores da Codificação não vão ao radicalismo de considerar certos fenômenos de efeito físico como de mediunidade propriamente dita, nos quais o sensitivo funciona como intermediário que recebe e transmite certa categoria de manifestação. Por isso, diz Erasto que a faculdade de cura "não é essencialmente mediúnica".

Peculiaridade interessante podemos identificar, por exemplo, no fenômeno da escrita direta que os espíritos, no dizer de Kardec, insistiram em considerar como "de ordem física", dado que, nele, o cérebro do médium não "desempenha um papel ativo", como na psicografia. No entanto, a escrita direta assume, com frequência, as características de mensagem, como se pode ver no famoso livro do barão de Guldenstubbé, *De la Realité des Esprits*, sobre o qual escrevi um estudo para *Reformador* (agosto/1975), sob o título *O tempo, o preconceito e a humildade*.

Em 16 de agosto de 1856, às onze horas da noite, em casa do barão, um espírito que o autor do livro conheceu pessoalmente 'em vida', em resposta ao ceticismo do conde d'Ourches, também presente, escreveu esta mensagem: "*Je confesse Jésus en chair*" e assinou A. vG. Aí está um fenômeno de efeito inteligente, no qual os cérebros de médiuns eventuais não foram acionados.

Evidentemente que alguém no grupo forneceu os recursos energéticos para que os espíritos pudessem produzir materialmente os textos escritos sem se utilizarem da psicografia. O barão, pesquisador e autor do livro, contudo, é extremamente parcimonioso em explicações analíticas dos notáveis fenômenos por ele obtidos. É de se supor que ele próprio, sua irmã, ou o seu amigo conde d'Ourches funcionassem, inconscientemente, como doadores dos fluidos necessários à produção dos escritos, mas disso não ficamos sabendo porque ele se manteve olimpicamente à margem do espiritismo doutrinário que se desdobrava, em paralelo, sob a competente coordenação de Allan Kardec. (A primeira edição de seu livro é de 1857, precisamente o ano em que foi lançado *O livro dos espíritos*).

> Somente a escrita direta do mundo póstumo" – escreve o barão de Guldenstubbé – nos revela a realidade do mundo invisível, de onde promanam as revelações religiosas e os milagres.

Não hesitou mesmo em considerar o que chamou de 'catecismo do espiritismo de Allan Kardec', como uma "paródia vulgar do espiritualismo experimental", ainda que mais valiosa, a seu ver, do que as "elucubrações absurdas dos concílios da Igreja Católica".

Logo na introdução de seu livro, ele declarou que foi em 13 de agosto de 1856 que, pela primeira vez, demonstrou a testemunhas inteligentes e dignas de fé "sua maravilhosa descoberta *da* escrita direta dos espíritos, sem intermediário de qualquer espécie".

Mal sabia ele que alguém no seu círculo, talvez ele próprio, estivesse a fornecer os recursos magnéticos necessários para que os espíritos tornassem possível sua "maravilhosa descoberta".

Esse mesmo tipo de participação involuntária, inconsciente ou ignorada, ocorre em outros fenômenos de efeito físico, como materialização, transporte, *poltergeist*, cura, voz direta, assombração e outros. Seria difícil, senão impraticável de todo, determinar em cada fenômeno e manifestação o grau de participação de espíritos e o de seres encarnados.

Até onde, por exemplo, pode ocorrer uma interferência de entidades desencarnadas em fenômenos que a parapsicologia investiga sob a categoria genética de PK (psicocinética)?

A extraordinária sensitiva soviética Nina Kulagina provou, sob estritas condições de controle laboratorial, sua capacidade de mover, 'com o poder da mente', segundo os pesquisadores, pequenos objetos, sem tocá-los. Escrevem Gris e Dick, na obra *The New Soviet Psychic Discoveries*.

> Ela se concentrava exclusivamente sobre o objeto alvo de tal forma que somente sua imagem ocupa toda a mente dela. Pouco antes de se mover o objeto, ela diz aos pesquisadores que sente uma forte dor na espinha dorsal e a vista fica toldada. Os médicos observaram que a sua pressão arterial subiu significativamente. (Gris, Henry & Dick, William, 1979)

E pouco adiante:

DIVERSIDADE DOS CARISMAS

> Ao alcançar o pique de seu estado emocional, ela parecia estar a ponto de perder a consciência. Nesse exato momento, uma mão invisível parecia tocar o objeto e movimentá-lo. (Idem)

Como se pode inferir, ela concentra, com enorme esforço de vontade, uma considerável carga de energia sobre o objeto a ser movimentado, dando até a impressão de que mão invisível produz o fenômeno.

Experiências com outros sensitivos especializados em fenômenos de efeito físico puderam documentar a formação de uma espécie de membro ou alavanca ectoplasmática com a qual os objetos são movimentados. É o que foi observado, por exemplo, com Eusapia Paladino.

No caso Kulagina, segundo informaram Gris e Dick:

> Os cientistas também mediram o campo energético das descargas elétricas em torno do seu corpo. Verificaram que, quando Kulagina se concentrava no esforço de mover o objeto, o campo energético reduzia-se à metade do normal para uma pessoa. Acreditam eles que Kulagina absorvia energia ambiente com o seu corpo e, em seguida, descarregava-a no objeto alvo para fazê-lo mover-se. (Idem)

Por óbvias razões, o enfoque da pesquisa soviética é solidamente materialista e, nem por hipótese, se infiltra nos relatos que chegam até nós qualquer implicação de natureza espiritual. Ou, pelo menos, o que poderia sugerir tal envolvimento é deliberada ou involuntariamente ignorado.

Digo isto porque encontro na narrativa de Gris e Dick uma enigmática observação que nos remete a uma informação que Kardec recebeu dos espíritos. Vejamos:

> Várias vezes, durante as experiências telecinéticas com Sergeyev, Kulagina perdeu os sentidos. Os instrumentos destinados a medir o campo elétrico em torno dela mostravam que, quando ela absorvia energia elétrica ambiental e a enviava ao objeto, ela ficava totalmente exaurida de energia. Em várias oportunidades, uma força elétrica ambiental *penetrava rapidamente seu corpo*, usualmente através de um braço, e deixava marcas de queimadura na pele. Tais manchas podiam ser facilmente vistas, de vez que Kulagina preferia vestidos de mangas curtas para as suas experiências. (Idem). (O destaque é meu)

Páginas atrás, ao comentarmos o problema da mediunidade de cura, encontramos esta observação dos espíritos a Kardec:

> Esta faculdade não é essencialmente mediúnica: possuem-na todos os verdadeiros crentes, sejam médiuns ou não. As mais das vezes é apenas uma *exaltação* do poder magnético fortalecido, se necessário, pelo concurso de bons espíritos. (Kardec, Allan, 1975)

Destacamos, naquela oportunidade, o aspecto de que não se tratava, em essência, de mediunidade, conceito que também considero aplicável à faculdade telecinética de Kulagina, que é eminentemente anímica. Nada impede, contudo, que, dispondo a sensitiva soviética de grande poder magnético, seja assistida por espíritos interessados nas pesquisas que se desenvolvem atrás da Cortina de Ferro, caso em que a energia que eles consideram como "força elétrica ambiental" e que penetrava pelo seu corpo, poderá ser perfeitamente uma transfusão magnética promovida pelos espíritos.

3. Provocação e participação

O desgaste energético do sensitivo especializado na produção de fenômenos de efeito físico é fato bem conhecido dos pesquisadores. Parece, às vezes, tão premente a demanda de energia impregnada de magnetismo animal gerada no ser encarnado que há casos em que o sensitivo não apenas perde uma parte substancial de seu peso, como é parcialmente desmaterializado, como no dramático episódio vivido por madame d'Esperance e narrado por Alexandre Aksakof, no livro *Animismo e Espiritismo.*

Insistimos, contudo, em dizer que é tarefa inglória a de catalogar e explicar toda a vastíssima gama de fenômenos psíquicos e as inúmeras categorias de faculdades empregadas na produção de tais fenômenos.

Lembremos, somente para exemplificar, o caso do médium brasileiro Zé Arigó, que assombrou o mundo com suas dramáticas operações a canivete.

O primeiro impulso é o de classificá-lo, prontamente, como médium de efeitos físicos, que apenas provocaria a eclosão dos fenômenos operatórios. Mas as coisas não parecem ocorrer com essa simplicidade linear. Na realidade, Arigó emprestava todo o seu corpo e principalmente o cérebro para que competentes médicos desencarnados pudessem promover tão desusadas operações, sem instrumentos adequados, sem anestesia e sem nenhum cuidado aparente com as condições mínimas de assepsia. O controle corporal do médium era tão perfeito que, subitamente suas mãos adquiriam a destreza e segurança indispensáveis aos melhores cirurgiões. E não eram mãos delicadas e habituadas aos instrumentos da cirurgia, e sim, mãos de trabalhador braçal, de ex-minerador, como eu mesmo pude observar.

Estaríamos, por certo, equivocados, se, impressionados pela riqueza da fenomenologia física que ele produzia, o considerássemos apenas como alguém que *provoca* o fenômeno, mas não funciona especificamente como médium, no sentido exato da palavra, ou seja, como intermediário. Na realidade, ele foi um médium na ampla acepção do termo, por servir de medianeiro entre o médico desencarnado e o seu paciente encarnado.

A classificação deve ser sempre flexível, no sentido de que há faculdades (e fenômenos) que participam de ambas as categorias, simultaneamente. Em outras palavras: há mediunidades de efeitos físicos, nas quais podemos observar efeitos intelectuais, tanto quanto o próprio efeito físico é a resultante de um impulso inteligente.

Encontramos, nas experiências do barão de Guldenstubbé, comunicações inteligentes obtidas pelo fenômeno físico de escrita direta. Vemos, por outro lado, uma abundância de fenômenos altamente sofisticados e inteligentes, como complexas intervenções cirúrgicas abdominais produzidas por um médium considerado, basicamente, de efeitos físicos, como Arigó.

> Se analisarmos os diferentes fenômenos produzidos sob a influência mediúnica [escreveu Kardec], veremos que, em todos, há um efeito físico e que aos efeitos físicos se alia *quase sempre* um efeito inteligente. (Kardec, Allan, 1975)

Chamo a atenção para os destaques (meus) que evidenciam, mais uma vez, a precisão da linguagem de Kardec, que revela uma densidade extraordinária de conteúdo, a exigir do leitor mais que mera atenção, um permanente estado de alerta, se é que ele pretende penetrar mesmo as sutilezas dos ensinamentos que lhe estão sendo oferecidos.

Em todos os fenômenos mediúnicos, portanto, há um componente físico, e nem poderia ser de outra maneira, já que a sua finalidade é promover um evento suscitado para impressionar o ser inteligente aprisionado num contexto físico. Já a recíproca não é verdadeira; nem sempre um fenômeno físico ocorre simultaneamente com um efeito inteligente, ou seja, ele pode ocorrer isoladamente, sem conteúdo ou significado intelectual específico.

Para entender melhor a questão precisamos voltar às observações dos espíritos a Kardec acerca da escrita direta. Vamos reproduzir o que então disseram:

> Os efeitos inteligentes são aqueles para cuja produção o espírito se serve dos materiais existentes no cérebro do médium, o que não se dá na escrita direta. A ação do médium é aqui toda material, ao passo que no médium escrevente, ainda que completamente mecânico, o cérebro desempenha sempre um papel ativo. (Idem)

Aplicando-se isto ao caso Arigó, podemos observar que os médicos desencarnados obtinham um efeito inteligente – diagnósticos, prescrição de medicamentos, cirurgias –, conduzindo todo processo através do cérebro do médium, mas com os conhecimentos que lhes eram próprios, a fim de poderem comandar os gestos necessários para a cirurgia, por exemplo. Eis um caso, portanto, em que a ação do médium não é simplesmente a de suprir os fluidos de que os espíritos precisavam para as suas tarefas. Ele como que se integrava no procedimento, o que é função própria do médium. Isso não ocorre, por exemplo, num fenômeno de *poltergeist*, no qual, na maioria dos casos, as pessoas encarnadas que fornecem as energias magnéticas necessárias nem sequer têm consciência de estar agindo como fontes geradoras de recursos energéticos destinados àquele fim. Não há transe ou perda de consciência nem a chamada incorporação. Os espíritos incumbidos da promoção dos distúrbios simplesmente tomam das pessoas adequadas as energias de que necessitam para a realização do fenômeno. O que nos leva de volta ao problema da rigidez classificatória, que dificilmente se aplica a todos os casos. Mediunidade ocorre quando se dá a interferência de espíritos desencarnados num fenômeno do qual participam necessariamente os encarnados. Temos, no *poltergeist*, um fenômeno no qual a interferência espiritual é, às vezes, óbvia e às claras e que, no entanto, os encarnados não funcionam especificamente como médiuns e, sim, como meros supridores de energia magnética.

Isto coloca o *poltergeist* numa categoria mista, dado que nem seria correto classificá-lo rigidamente como fenômeno mediúnico e muito menos como fenômeno anímico.

4. Força mental

Por isso tudo, falávamos das dificuldades de incluir neste livro o exame dos fenômenos de efeito físico. A notícia que aí fica é mais um lembrete, quase uma provocação, para que estudos mais aprofundados retomem tais aspectos.

Ao comentar alguns aspectos do 'mau-olhado', observamos que, em verdade, não é o olhar em si que acarreta os fenômenos abordados, mas a energia magnética emitida e dirigida com forte impulso (consciente ou inconsciente) da vontade para um objetivo específico. No fundo, o mesmo mecanismo que vimos em operação com a sensitiva soviética Nina Kulagina. Ao que tudo indica, é esse mesmo tipo de energia, por idêntico processo de emissão dirigida pela vontade, que penetra o campo mental alheio ou se transmite telepaticamente.

Essa energia telecinética, ampliada ou não na intensidade de seu poder por algum espírito desencarnado, é que atua sobre objetos inanimados, além de agir sobre seres vivos como plantas, animais e pessoas.

Uri Geller é um emissor desses, já bastante estudado em laboratórios e submetido a testes suficientemente rigorosos para documentarem suas faculdades.

Muitos anos antes da fama do sensitivo israelense se espalhar pelo mundo afora, Regina observou algumas experiências semelhantes às suas. É incontestável, por exemplo, seu poder psicocinético sobre o mecanismo dos relógios, especialmente de pulso, de seu uso pessoal. Acabou tendo de desistir de usá-los, passando aos eletrônicos que se têm revelado menos suscetíveis à influenciação mental.

Ela selecionou um caso típico para documentar essa curiosa faculdade.

Por circunstâncias estranhas à sua vontade, atrasou-se, certa vez, na ida para o trabalho. O início de sua aula estava marcado para uma hora da tarde. Faltavam alguns minutos e ela ainda estava bem longe do colégio. Habituada a uma severa autodisciplina de pontualidade, começou a experimentar um estado íntimo de tensão que se avolumou a ponto de desejar com intensidade que o tempo parasse. A todo momento, consultava o relógio de pulso, acompanhando o inexorável fluxo dos minutos.

Ao tomar o segundo ônibus, o relógio marcava vinte minutos para as treze horas. Durante todo o percurso, o relógio foi o principal objeto de sua concentrada atenção. Ao chegar à escola, respirou aliviada, pois ele marcava exatamente treze horas. Conseguira, enfim, chegar à hora certa! Logo, porém, teve a decepção de verificar que a sua turma já a aguardava na sala de aula, pois ela estava chegando com um atraso real de vinte minutos. Em contradição com o seu, os relógios do colégio marcavam a hora certa, ou seja, uma e vinte da tarde. Como o seu continuava a trabalhar regularmente, só havia uma explicação possível: ela conseguira, com o poder de sua vontade, atrasá-lo vinte minutos. Meio constrangida, ela o acertou, verificando que não lhe faltava corda, nem apresentava qualquer defeito mecânico, pois continuou funcionando normalmente.

Não foi esse o único episódio da espécie e, por isso, ela está convicta de sua faculdade telecinética. Condição, aliás, que ela já observou em mais de uma pessoa de suas relações.

Há pessoas que não conseguem usar relógios mecânicos por muito tempo, pois eles começam logo a apresentar defeitos, parando, adiantando ou atrasando sem motivo aparente. Ao perceber que tais fenômenos não eram simples incidentes, Regina passou a observá-los melhor, verificando que acontecia o mesmo com relógios novos, comprados com garantia e que, levados ao relojoeiro, funcionavam perfeitamente, não apresentando defeito algum.

Reconduzidos ao pulso dela, os relógios voltavam a apresentar defeitos e paradas inexplicáveis. Bastava deixá-los sobre a mesinha ou em alguma gaveta, em casa, que funcionavam perfeitamente. Não havia dúvida, portanto: o problema estava com Regina e não com os relógios; era ela a fonte geradora das energias perturbadoras que exerciam influência telecinética sobre os mecanismos.

5. Mistérios da psicosfera

Aliás, a palavra psicosfera acabou sendo introduzida na terminologia doutrinária precisamente para expressar o conceito de uma atmosfera ou zona psíquica resultante de uma concentração de energia mental harmoniosa, num extremo do espectro, ou perturbada e perturbadora, no extremo oposto.

Regina é particularmente sensível à psicosfera das cidades e, dentro destas, de determinados locais, fenômeno que faz lembrar o que denominamos alhures de psicometria ambiental.

Cada cidade tem, a seu ver, uma espécie de 'aura vibratória' específica mais pura ou mais poluída, segundo as correntes de pensamento nelas dominantes. Lamento dizer aos cariocas que a psicosfera do Rio de Janeiro lhe parece sempre "opressiva, sufocante, desarmonizante". Certos locais se apresentam, à sua sensibilidade, particularmente aflitivos.

Ocorre-lhe, com frequência, voltar para casa com uma terrível dor de cabeça, após percorrer algumas ruas a fazer compras, ou com cansaço físico incomum. Sabe de pessoas que experimentam sensações semelhantes, como mal-estar, náuseas, tonteiras, muitas vezes sem saberem a que atribuir tais desconfortos.

Em épocas que precedem às festas de Natal, Dia das Mães etc, durante as quais muitas pessoas saem à rua e povoam as lojas em busca de presentes, a situação é particularmente aguda. Após observar o fenômeno, repetidamente, ela evita sair à rua em tais ocasiões. É como se ela 'ouvisse' o pensamento das pessoas, muitas vezes agoniadas por não disporem de dinheiro suficiente para comprar aquele mínimo de coisas que desejam. Ela percebe um zumbido ou burburinho indefinido, não o ruído físico do ambiente, mas de uma qualidade imponderável, opressiva, inquietante. Parece perceber, também, vibrações outras, suscitadas pela ganância dos que estão apenas interessados em vender, bem como pensamentos de impaciência, irritação, competição e rivalidade entre compradores e vendedores.

Com certo esforço de vontade, ela consegue bloquear por algum tempo essa onda psíquica, como que isolando-se temporariamente do ambiente, mas esta não é atitude que se possa sustentar por um tempo mais longo e ela acaba tendo mesmo de se retirar por não suportar a pressão criada pela agitada psicosfera do ambiente.

Isto a levou a observar outros aspectos curiosos. No bairro onde reside, notou que duas galerias estão sempre vazias, como que abandonadas. Poucas pessoas se aventuram a ir ali para fazer compras. Sem saber por que, houve quem comentasse com ela que ia até o meio da galeria e voltava, como se esbarrasse numa parede invisível.

No seu entender, é o que realmente se dá. As galerias parecem estar sob uma psicosfera negativa, opressiva, sendo por isso pouco frequentadas. A situação é agravada, obviamente, pela ansiedade e expectativa dos lojistas que passam logo a temer pelo êxito de seus respectivos negócios. O que resulta em acabarem eles próprios como que 'expulsando' fregueses em potencial. O índice de 'mortalidade' comercial ali é elevado. Raramente uma loja dura mais do que alguns meses no ambiente negativo.

Em alguns pontos da cidade (Regina identifica até ruas, que prefiro não revelar), ela percebe, *visualmente*, por clarividência, uma densa camada escura pairando acima das lojas ou nas próprias ruas, criando um ambiente psíquico sombrio e opressivo.

Já em cidades do interior, especialmente as do sul de Minas, que ela frequenta com certa regularidade, a situação é inteiramente outra. Há uma espécie de transparência, não apenas no ambiente físico e psíquico, mas também com relação às pessoas.

Em uma de tais cidades, ela observou que o ambiente era mais 'limpo' nos dias em que a afluência de turistas era menor e a cidade ficava mais entregue às suas atividades normais, com os habitantes locais.

Visitando certa vez uma família amiga, que costumava realizar modesto trabalho mediúnico semanal, tive oportunidade de ouvir um espírito que se apresentava como preto velho. Sabedor de minhas caminhadas pela praia, a entidade estimulou-me a continuar com a prática que muitos benefícios traziam às minhas combalidas coronárias. E acrescentou, à sua maneira peculiar, que, ao chegar à beira d'água, saudasse as entidades que ali serviam, de vez que cada local especial da natureza tem os seus guardiães e trabalhadores: praias, florestas, recantos naturais, parques, jardins etc...

Ali estão, como vimos, para servir e zelar pela psicosfera ambiental procurando o quanto possível corrigir os desmandos e agressões que o ser humano pratica, a cada momento, contra a natureza que deveria ser tratada com a maior reverência e gratidão. A vida é uma só força que circula por toda a parte, em cada ser. É o que nos ensinam, com a eloquência da unanimidade, todos aqueles que sabem.

Mais uma observação pessoal, para encerrar. Incidentalmente, descobri certa vez em nosso trabalho mediúnico, que os anônimos trabalhadores das praias estavam se utilizando das vibrações de minhas preces (tenho o hábito de fazê-las, enquanto caminho) para socorrer entidades que vagam por esses locais ou ali se acham ainda retidas por terem desencarnado sob condições traumáticas: afogamento, quedas e acidentes outros.

Capítulo XIII
Mediunidade

1. Introdução

Temos visto, reiteradamente, neste estudo, que os fenômenos psíquicos se enquadram em duas categorias distintas: *os anímicos* – produzidos pelo espírito do próprio sensitivo, ainda que, eventualmente em colaboração ou com o suporte de espíritos desencarnados – e os mediúnicos – nos quais o sensitivo é que se coloca na posição de colaborador de espíritos desencarnados, cedendo-lhes, nem sempre voluntariamente, o comando temporário de seu corpo físico, via perispírito, a fim de que o ser desencarnado, que não dispõe no momento de seu próprio corpo material, possa comunicar-se com os encarnados.

No primeiro caso, ou seja, no animismo, a realidade percebida pelo sensitivo, por ele interpretada e transmitida, não tem, em princípio, necessidade de outro ser encarnado ou desencarnado que participe do fenômeno. É como se qualquer um de nós, não dotado de faculdades especiais, estivesse em cima de um muro descrevendo às pessoas que ficaram de um lado o que se passa do outro.

Para facilitar o entendimento de tais fenômenos, embora vivamos todos numa só realidade – a vida – com todas as leis físicas e morais que a regulam, para fins didáticos e de clareza expositiva convém dividir essa realidade única em duas fases ou planos a que chamaremos realidade I e realidade II. Digamos que a realidade I seja aquela que percebemos com os nossos sentidos habituais: visão, audição, tato, olfato e paladar. Não podemos ignorar, a esta altura da civilização, que existe uma realidade II que transcende à de número I e que, portanto, fica fora dos limites impostos aos nossos sentidos habituais. Talvez seja hoje mais fácil compreender essa realidade invisível, inaudível, impalpável, quando nos lembramos de que à nossa volta, onde quer que estejamos, o espaço está literalmente saturado de programas de rádio e tv, dos quais não temos a mínima ideia a não ser que disponhamos da aparelhagem necessária para 'traduzi-los' para um ou mais de nossos sentidos. Mas não só ondas de rádio e tv povoam o espaço à nossa volta. Há sons que nossos ouvidos não captam por estarem programados para uma faixa relativamente estreita de quarenta ou cinquenta ciclos até doze ou quinze mil, quando muito. Para vinte mil ciclos, somente o ouvido de um cão. Da mesma forma, para percebermos determinadas vibrações luminosas precisaríamos ter os olhos de um gato ou de uma ave noturna, tanto quanto vibrações mais elevadas, que ultrapassam os limites da nossa visão e nos cegam momentaneamente ou, talvez, para sempre. Videntes experimentados nos dizem que não conseguem ver determinados espíritos de elevada condição evolutiva, por se apresentarem como focos de luz intensíssima.

Assim como somos cegos acima ou abaixo de certos padrões visuais e surdos acima ou abaixo de nossas limitações auditivas, também somos cegos e surdos a fenômenos que ocorrem em planos ou dimensões diferentes do nosso, a não ser que sejamos dotados de faculdades especiais para detectá-los. Tais faculdades, porém, não estão implantadas nos nossos sentidos habituais, como já observamos, e sim, nos centros nervosos que as comandam, pois já vimos que os sensitivos dotados de vidência 'veem' de olhos abertos ou fechados, indiferentemente, da mesma forma que os dotados de faculdades *audientes* (não apenas auditiva), 'ouvem' vozes e sons que não vibram no meio ambiente usual da mesma forma como ouvimos o grito de uma criança ou o latido de um cão que nos chega da rua. Propusemos para esses dois tipos de percepção, como o leitor deve estar lembrado, os nomes de visão *diencefálica* e de audição *coclear*.

É certo, portanto, que os encarnados vivem dentro das limitações impostas pela sua própria condição de seres espirituais ligados a um corpo físico. Para voltar à ideia do rádio e da tv, há pouco utilizada, a coisa se passa como se, ao renascer, cada um de nós fosse dotado de um simples radinho de pilha para apenas cinco estações ou, se quisermos ampliar a imagem, um receptor portátil de tv para cinco canais, cada um deles correspondendo a um dos nossos sentidos. Não importa que em torno de nós trezentas emissoras de tv estejam em pleno funcionamento e alguns milhões delas pelo mundo afora. Só conseguimos 'receber' som, imagem, cheiro, paladar e tato pelos canais apropriados da nossa instrumentação pessoal, à qual estamos condicionados enquanto estivermos na carne. Essa é a nossa realidade. Propus chamá-la de realidade I por ser a que está ao nosso alcance, ou melhor, ao alcance dos sentidos habituais. Sabemos, no entanto, que acima, abaixo, em paralelo, por toda a parte, embutidas umas nas outras sem se misturarem jamais, há uma compacta multidão de vibrações: sons, imagens, movimento, emoção, vida em outra realidade paralela fora do nosso alcance. É o que chamamos realidade II.

Alguns de nós, dotados de faculdades especiais, conseguem perceber sons e imagens da realidade II. São os sensitivos, palavra que lhes assenta bem precisamente porque dispõem de sensibilidade mais apurada do que o comum das pessoas. Não que sejam melhores ou piores, são apenas *diferentes*. Não se pode dizer que um músico seja melhor do que um pintor ou este pior do que um arquiteto, um médico ou um economista. Cada um aplica seu talento e suas inclinações a determinado ramo de atividade ou conhecimento. O trabalho de um músico ou de um arquiteto só é comparável com o de outro músico ou arquiteto e aí, sim, podemos dizer que um nos parece melhor do que outro. Mesmo assim, muitas vezes por um critério subjetivo, pessoal. Fulano é melhor do que sicrano nesta ou naquela atividade *para nós*, segundo o nosso modo de observar e avaliar. Apenas isso.

É certo, contudo, que vivemos dentro de uma só realidade, mas, quando encarnados, só temos acesso a uma das faces, ou seja, à realidade I. No entanto, não somos corpos físicos e, sim, seres espirituais, eventualmente aprisionados num corpo material. Somos espíritos, apenas estamos num corpo físico. E por isso, ainda que nossos cinco sentidos não consigam ultrapassar as contingências da realidade I, não podemos ignorar sumariamente a realidade II, dado que, como espíritos, também participamos dela. E é como espíritos que às vezes percebemos fenômenos que ocorrem no seu âmbito. O fenômeno dito anímico é, portanto, uma percepção da realidade II por quem está condicionado à realidade I.

2. O médium

Às vezes, porém, os habitantes da realidade II – os espíritos desencarnados – desejam, por motivações diversas, comunicar-se conosco, fazer-se vistos, ouvidos, percebidos ou transmitir para nós suas ideias, pensamentos, reflexões, sua realidade, enfim. Como não dispõem de corpo físico para isso, precisam tomar emprestado o corpo de alguém que o tenha em condições de sintonia apropriada. Ou, em outras palavras: precisam de um *intermediário*. Se tomarmos a palavra 'intermediário' e a desmontarmos cuidadosamente, veremos que contém um radical ('médio' ou meio), um prefixo ('inter') e um sufixo ('ário'). O que significa que o intermediário é alguém que fica no meio de duas posições, que se propõem a certa forma de comunicação. O intermediário de um negócio – às vezes chamam-no corretor, por exemplo – é alguém que põe em contato para que se comuniquem e se entendam (ou se desentendam) comprador e vendedor. Ele é, portanto, o termo médio de uma operação de comunicação. Quando a comunicação é espírita, ou seja, entre um espírito desencarnado e os encarnados, dizemos que o intermediário é um 'médium'. Por isso é que Allan Kardec conceituou o médium em *O livro dos médiuns* da seguinte maneira: "Médium – (Do latim *medium*, meio, intermediário) – Pessoa que pode servir de intermediária entre os espíritos e os homens."

A definição proposta pelo Codificador é irretocável por poucas e boas razões. 1) O médium é uma *pessoa*, ou seja, um ser humano dotado de certas faculdades especiais de sensibilidade; 2) *pode* servir, mas nem sempre *quer* e nem sempre tem *tarefas* a exercer no campo específico da mediunidade, ou, no âmbito mais limitado desta, poderá ter tarefas em determinado tipo de mediunidade e não em outros; 3) é um *instrumento* para que a comunicação se faça, mas não a *fonte geradora da mensagem*, seja ela visual, auditiva, olfativa ou qualquer outra; 4) opera entre espíritos desencarnados, de um lado, e espíritos encarnados, de outro. Podemos acrescentar um quinto elemento na análise da definição kardequiana – a de que o médium é uma pessoa que *serve* e, portanto, é um *servidor*. Cabe-lhe fazê-lo com dignidade, fidelidade e honestidade, nada acrescentando ou subtraindo às impressões que, plantado na realidade I, ele colhe na realidade II, de espíritos desencarnados.

Discorrendo sobre fenômenos de efeito físico – especialmente dos que hoje seriam classificados de *poltergeist* – Kardec adverte, em *O livro dos médiuns*, (Cap. V, 91) ser necessário "não atribuir origem oculta a tudo o que não (se) compreenda". Acrescenta, logo adiante, que "seria verdadeira superstição ver por toda parte espíritos ocupados em derrubar móveis, quebrar louças, provocar, enfim, as mil e uma perturbações que ocorrem nos lares, quando mais racional é atribuí-las ao desazo". (Desazo – desmazelo, desleixo, descuido).

Tais fenômenos ocorrem com relativa frequência, como se demonstra hoje em extensa e bem documentada literatura científica. O leitor interessado nesse aspecto particular deve recorrer à publicação O *poltergeist de Suzano*, de Hernani Guimarães Andrade ou, do mesmo autor, *O poltergeist de Guarulhos*.

Quando autênticos – e não devidos ao *desazo* –, surge uma questão que Kardec não hesitou em colocar para os instrutores da Codificação, já que fenômenos mediúnicos precisam de médiuns para ocorrer. Que médiuns produzem fenômenos físicos aparentemente 'espontâneos'?

"Os espíritos nos disseram", informa-nos Kardec, "que, em tal caso, há sempre *alguém cujo poder se exerce à sua revelia.*"

Quer dizer há alguém por perto que fornece a energia, ainda que inconscientemente. Isso tem sido demonstrado inúmeras vezes, pois os fenômenos cessam quando se afasta a pessoa que, sem o saber, funciona como médium. Há casos em que os fenômenos 'acompanham' a pessoa por onde ela for, ou seja, continuam ocorrendo na sua presença, onde quer que ela esteja.

Tive uma pessoa dessas na família. Uma ocasião em que passou uns dias conosco, ouvíamos barulhos inexplicáveis, como se alguém estivesse atirando pedras de pequeno tamanho sobre o telhado e dentro de casa. As pedrinhas caíam sobre os tacos do piso com o ruído característico. Uma delas, pelo menos, eu peguei no pequeno corredor interno. Os fenômenos ocorriam tal como Kardec observa, ou seja, à revelia da pessoa que parecia suprir as energias necessárias à ocorrência deles.

Concluiu Kardec:

> Essas pessoas ignoram possuir faculdades mediúnicas, razão por que lhes chamamos médiuns naturais. São, com relação aos outros médiuns, o que os sonâmbulos naturais são relativamente aos sonâmbulos magnéticos e tão dignos, como aqueles, de observação. (Idem)

Há, portanto, uma categoria de mediunidade espontânea, natural, já em fase operacional e outra que precisa ser cultivada, desenvolvida e treinada a fim de que manifeste todo o seu potencial.

Pela riqueza da fenomenologia anímica e mediúnica ocorrida com Regina, estou convicto de que ela foi, desde o início, médium natural que apenas precisava aco-

DIVERSIDADE DOS CARISMAS   277

modar-se a um contexto acolhedor e receptivo em que pudesse realizar suas tarefas. Isso não quer dizer que não precisasse ainda fazer alguns ajustes nas suas faculdades ou que nada mais tivesse a aprender e desenvolver. Infelizmente, porém, são muitos os que entendem que desenvolver faculdades mediúnicas é padronizá-las, impor-lhes uma verdadeira camisa de força, proibindo autoritariamente qualquer característica pessoal. Em outras palavras: os médiuns de determinado grupo têm de produzir os mesmos fenômenos, de maneira idêntica, desde a postura física até o tom da voz; não podem movimentar-se mais do que o mínimo tolerável; se é mulher, não pode falar com voz grave quando o manifestante for o espírito de um homem; se o espírito ainda está preso à gagueira, o médium não pode gaguejar; se deseja assinar o seu nome e esse nome for considerado importante, não deve permitir que o faça ou estará sendo mistificado, quando não seja o próprio mistificador.

Com tantas obstruções, inibições e freios psíquicos, a comunicação que sai 'do outro lado' de tão densa barreira pouco tem de sua autenticidade e espontaneidade originárias. Ou seja, não é mais o que o manifestante pensou realizar. O fenômeno produzido ou a comunicação transmitida terá como elemento predominante a contribuição do médium e não a do espírito manifestante. O médium deve ser disciplinado e exercer controle sobre o fenômeno, mas não a ponto de inibi-lo ou deformá-lo. Aí, sim, é que o fenômeno tem mais a ver com animismo do que com mediunidade.

O que se tem a evitar é que a mediunidade natural se exerça sem nenhum controle ou método, em qualquer lugar, a qualquer momento, à inteira revelia do sensitivo, o que não era, definitivamente, o caso de Regina. Kardec afirma que...

> [...] o que há a fazer-se quando uma faculdade dessa natureza se desenvolve espontaneamente num indivíduo é deixar que o fenômeno siga o seu curso natural: a natureza é mais prudente do que os homens. (Kardec, Allan, 1975)

A observação é sobre médiuns de efeitos físicos, mas é claro que a mediunidade espontânea e natural não ocorre somente nessa categoria, dado que são inúmeros os médiuns que começam a ouvir vozes, testemunhar vidências, psicografar ou até receber espíritos por incorporação, sem que tenham qualquer noção do que lhes esteja acontecendo e nenhum conhecimento teórico sobre a mediunidade. Há, pois, médiuns naturais em qualquer das modalidades conhecidas. Um desses – que se tornaria excelente médium, dotado de várias faculdades e teria até projeção nacional – disse-me que não passou por nenhum processo específico de 'desenvolvimento'. Na primeira vez que se sentou à mesa mediúnica, tomou o lápis e psicografou uma comunicação aceitável.

O que é necessário em tais casos, no dizer de Kardec, é que "o indivíduo passe do estado de médium natural ao de médium voluntário". Ou seja: é preciso que o médium aprenda a controlar, pelo poder de sua vontade, a sua mediunidade natural, não a obstruí-la ou deformá-la com a finalidade de padronizá-la segundo modelos arbitrariamente predeterminados.

Tanto é assim que, ainda no capítulo XIV de *O Livro dos Médiuns*, Kardec recomenda que:

> [...] a faculdade de ver os espíritos pode, sem dúvida, desenvolver-se, mas é uma
> das que convém esperar o *desenvolvimento natural*, sem o provocar, em não se
> querendo ser joguete da própria imaginação. (Os destaques são meus.)

Um ou outro fenômeno espontâneo e ocasional não precisa ser tomado como indício de mediunidade a ser desenvolvida e praticada, dado que todos nós, seres encarnados, temos certo grau de sensibilidade e estaremos sujeitos a episódios mediúnicos esparsos.

"A mediunidade", escreve Boddington, "é apenas *um* dos roteiros evolutivos. Outros podem ser mais fáceis para você percorrer". Quando, porém, começam a ocorrer com certa frequência, necessitam de atenção, cuidados e esclarecimentos que dificilmente o iniciante tem condições de prover por si mesmo. O mais comum é que comece a rejeitar os fenômenos, seja porque tenha assumido uma atitude preconcebida quanto a eles – ceticismo, convicções materialistas ou ortodoxo-religiosas –, seja porque teme as manifestações ou as considere como sintomas de perturbação mental. São muitos, portanto, os obstáculos iniciais que a mediunidade encontra logo nas suas primeiras manifestações.

Regina, por exemplo, demorou algum tempo a descobrir que os fenômenos que produzia ou testemunhava estavam devidamente estudados e classificados no contexto da doutrina espírita, que ela ignorava. Mas, pelo menos, não se apavorou e não os rejeitou sumariamente. Ao contrário, habituou-se a conviver com eles e considerá-los naturais, embora insólitos. Mesmo assim, passou por um longo período de perplexidade e chegou a temer pela sua sanidade mental. De fato, é difícil assimilar um conjunto de fenômenos tão ricos e vivos como os que aconteciam com ela e à sua volta, saber-se o epicentro, o elemento gerador deles e ignorar o que realmente está se passando, qual o significado e finalidade de tudo aquilo e o que lhe compete fazer.

Mesmo nos médiuns naturais, portanto, o processo de esclarecimento, entendimento de tudo aquilo, não está livre de umas tantas crises que precisam ser identificadas e superadas. Que crises são essas? Já mencionamos algumas: rejeição dos fenômenos, por exemplo. Se o médium em potencial é materialista, católico praticante, ou protestante convicto – pois a mediunidade desconhece tais condições e fronteiras –, julga-se vitimado por alucinações, ilusões de ótica, ou pelo 'demônio', ou necessitado de exorcismo. Há os que experimentam um pavor realmente patológico de tudo quanto diga respeito a espíritos.

Em qualquer de tais situações, podem ocorrer crises emocionais das quais resultem problemas graves de perturbação. Há pessoas que tanto se obstinam em rejeitar até mesmo um simples exame do assunto que levam uma vida inteira pressionadas por mediunidades embotadas às quais não dão oportunidade de desenvolvimento e de utilização racional e equilibrada a serviço do próximo e, afinal de contas, de si mesmas.

Como vimos há pouco e convém insistir, fenômenos esparsos e ocasionais são sempre indícios de uma forma ou outra de mediunidade em potencial, mas não sig-

DIVERSIDADE DOS CARISMAS

279

nificam, necessariamente, que a pessoa tenha vindo com o compromisso da tarefa mediúnica, mesmo porque sempre nos resta o direito ao livre-arbítrio. Só porque a mocinha viu o espírito da falecida vovó não temos de levá-la imediatamente a um centro espírita para 'desenvolver-se'. Calma.

Se, porém, os fenômenos continuam a ocorrer e de maneira variada – vidência, efeitos físicos, desdobramentos conjugados com episódios nitidamente mediúnicos, e coisas desse tipo – então é chegada a hora de procurar alguém que possa opinar com conhecimento de causa e orientar com segurança.

Além do mais, a fenomenologia que ocorre nessa primeira fase quase nunca é disciplinada e de elevado teor espiritual. A mediunidade raramente começa com a manifestação suave de entidades de elevada condição evolutiva. Isto é particularmente crítico nos fenômenos de efeito físico, como adverte o sempre seguro Kardec, no capítulo XIV de *O Livro dos Médiuns:*

> Os seres invisíveis que revelam sua presença por efeitos sensíveis são, em geral, espíritos de ordem inferior e que podem ser dominados pelo ascendente moral. A aquisição deste ascendente é o que se deve procurar.

De fato, é comum que esses primeiros chamamentos para a tarefa mediúnica sejam algo incômodos, insistentes e até perturbadores (achamos sempre inoportuno aquele que nos desperta para o trabalho do dia). É como um processo de iniciação. Torna-se necessário vencer os obstáculos iniciais a fim de que o caminho fique desobstruído para que espíritos de mais elevada condição se aproximem.

Essa primeira crise, portanto, precisa ser superada com equilíbrio, paciência e vigilância. O médium em potencial tem de conquistar o que Kardec define como "ascendente moral" pelo seu procedimento correto, protegido pelo recurso da prece.

O problema seguinte está em procurar entender o que se passa com o indivíduo. Os fenômenos que se sucedem e o inquietam ou lhe trazem conflitos íntimos (já imaginou um materialista convicto que começa a ver espíritos?) precisam ser avaliados com serenidade e isenção. É preciso recorrer a alguém que realmente tenha condições de o ajudar. Não adianta tentar ignorar o problema. Ele existe e persistirá. Especialmente quando há compromissos programados para o exercício mediúnico como ser encarnado. Chegou a hora da busca. O que está acontecendo? O que significa tudo isso? Que finalidade tem? O que devo fazer? Estou louco?

Especulações ociosas nada resolvem. Nem hesitações ou adiamentos. É preciso enfrentar o problema e buscar ajuda de alguém que saiba, queira e possa contribuir decisivamente para esclarecimento dos problemas suscitados.

Quatro alternativas diferentes podem ocorrer:

1. *ausência de orientação,* quando o médium iniciante acha que pode resolver sozinho suas dificuldades. O risco é grande de acabar mesmo perturbado ou obsediado, joguete de espíritos irresponsáveis ou vingativos;

2. *orientação inadequada,* quando a pessoa chamada a opinar não está suficientemente qualificada e agrava a situação com sugestões e 'palpites' de 'entendido' incompetente, o que acarreta complicações verdadeiramente desastrosas;

3. *desorientação*, quando o médium iniciante se apavora, entra em pânico e, em vez de procurar examinar serenamente a situação e avaliar tudo com bom-senso, atira-se atabalhoadamente a uma atividade febril e desordenada, adotando tudo quanto seja sugestão, comparecendo a qualquer centro que lhe seja indicado, submetendo-se a qualquer treinamento ou ritual que lhe digam necessário para desenvolver suas faculdades. Pode ser até que seja um excelente médium em potencial, mas estará em sérias dificuldades dentro em pouco;

4. *orientação correta*, neste caso, o médium incipiente teve a sorte (ou o bom-senso) de encontrar a pessoa certa que o ajuda a ordenar as coisas, orientando-o a observar os fenômenos com espírito crítico, a estudar os aspectos teóricos da questão em livros confiáveis e, eventualmente, a integrar-se num grupo que lhe proporcione as condições de que necessita para desenvolver a sua tarefa.

Em suma: é preciso admitir que o problema existe e buscar ajuda competente para avaliar a situação e finalmente traçar (e cumprir) um programa de estudo e treinamento.

3. Mediunidade e sensibilidade

Só há fenômenos mediúnicos quando o sensitivo funciona como intermediário entre espíritos e seres humanos encarnados. Nos demais casos, ele é apenas uma pessoa dotada de certa sensibilidade para perceber o que se passa na realidade II que aos demais seres encarnados é, habitualmente, imperceptível.

Vejamos se conseguimos explicar isso graficamente.

Assim, por exemplo:

A) Fenômeno Anímico:

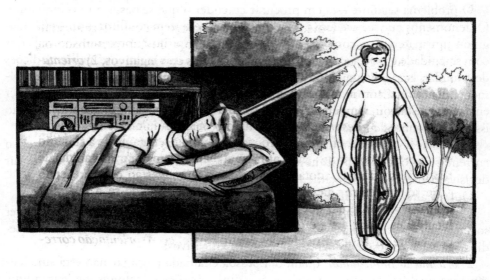

B) Fenômeno Mediúnico:

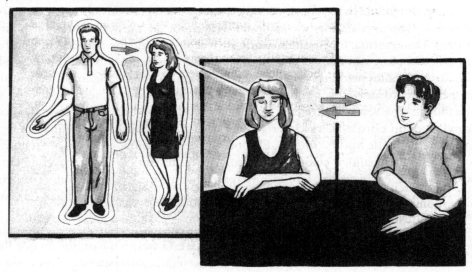

O que vemos aí? No primeiro caso, o do fenômeno anímico, o sensitivo fica entre as duas realidades, usualmente com o corpo físico em uma delas (número I) e o perispírito na outra (II). Pode assim contemplar a realidade II como que embutida na realidade I (caso da janela psíquica de que falamos anteriormente) ou apenas a realidade II, sem nenhuma obstrução ou interferência da de número I, quando, por exemplo, se desloca no espaço ou no tempo e vai a locais onde certos eventos estão ocorrendo, já ocorreram ou ainda irão acontecer. Ele não está servindo de intermediário entre espíritos desencarnados e seres humanos encarnados. É apenas um sensitivo que dispõe de faculdades que lhe permitem perceber uma faixa mais ampla da realidade global. Ou ainda: é um ser que, além da visão normal ou da audição normal, tem também a visão diencefálica e a audição coclear.

Já no fenômeno mediúnico o processo é diferente. Ele se destaca ou se isola da realidade I, na qual vive, e se coloca em posição tal que permite a um ser da realidade II transmitir-lhe imagens, sons, pensamentos, ideias, emoções, operando-lhe o corpo físico através dos dispositivos de controle localizados no corpo perispiritual.

No fenômeno anímico ele é um observador direto, tem um papel ativo, relata uma experiência pessoal de contato com a realidade II. No fenômeno mediúnico o seu papel é passivo, funcionando como instrumento de comunicação após destacar-se ou isolar-se da realidade I, abstraindo-a. Coloca-se, a seguir, numa posição intermediária na qual se torna acessível aos seres que vivem na realidade II, transmitindo aos que ficaram na realidade I, à qual pertence pelo corpo físico, aquilo que é induzido a transmitir. Seu papel é semelhante ao de um telefone, por meio do qual duas pessoas conversam, ao de um teletipo que transmite mensagens escritas, ou ao de um rádio transmissor que funciona como intermediário de sons. Na realidade, porém, o médium é muito mais do que um telefone, um teletipo ou um transmissor de rádio ou tv porque, por mais passiva que seja a sua postura, é sempre um ser pensante, dotado de livre-arbítrio, condicionado ao seu grau de cultura e evolução, de moral e inteligência, de fidelidade ou dedicação, de harmonia ou desarmonia íntimas. Dessa forma, o pensamento que ele recebe da entidade manifestante acaba retocado com um tom mais leve ou mais carregado de seu próprio colorido pessoal. Um dos eminentes pesquisadores ingleses desencarnado, empenhado em transmitir seu pensamento através de um médium – e dos bons –, ficou impressionado ante as dificuldades que teve de enfrentar. Disse que era o mesmo que falar através de uma grossa placa de vidro a uma secretária meio surda e não muito competente (em verdade, chamou-a de burra – *stupid*). Ele poderia ter acrescentado que, quase sempre, o vidro está meio sujo, o colorido é muito forte ou há um barulho terrível do lado do médium e coisas assim. Como um aparelho transmissor, o médium também está sujeito a períodos tempestuosos, estática emocional, defeitos técnicos, antena quebrada ou fora de posição, circuitos internos deficientes.

O bom médium, portanto, é aquele que mantém o seu vidro bem limpo, não permite que as paixões carreguem nas suas cores e está atento o bastante ao que lhe dizem do outro lado. Procura, ainda, ser um secretário competente, estudando e aperfeiçoando sua técnica, buscando adquirir uma boa cultura geral, (se possível com conhecimento de outros idiomas), ter um comportamento pessoal condigno, desenvolver hábitos de civilidade, ser atento e cuidadoso para evitar erros ou interpretações defeituosas. Nada retirar ou acrescentar aos textos ou às informações que lhe incumbiram de transmitir.

Voltaremos ao assunto quando cuidarmos do complexo processo de desenvolvimento mediúnico. No momento, temos ainda outra observação a acrescentar.

4. Fenômenos mistos

Repassando na mente alguns dos fenômenos relatados neste livro, podemos notar que alguns deles são mistos, ou seja, não são totalmente anímicos. Isto quer dizer que, em muitos deles, há participação ostensiva, presumida ou inferida, de espíritos desencarnados. O sensitivo desdobrado encontra-se com outros espíritos e realiza certas tarefas em conjunto com eles sem, contudo, nada ter a transmitir, ou seja, sem funcionar como intermediário entre esses espíritos e os seres encarnados. Pode ser que ele assista a uma projeção de imagens suscitadas por uma regressão da memória espontânea, mas também pode ser que tais projeções sejam promovidas por companheiros espirituais invisíveis que o tenham induzido à condição que lhe permite o acesso a tais imagens. No caso dos rapazes australianos afogados, por exemplo, o sensitivo funcionou também como médium. Ou seja, ele desdobrou-se, assistiu a toda a aventura, em *replay*, narrou-a com minúcias para os pais e, posteriormente, atuou como médium para um dos rapazes. Na primeira parte do trabalho, ele operou ativamente, deslocando-se no tempo e no espaço, observando e narrando o que via. Na segunda, funcionou passivamente, limitando-se a transmitir o que lhe 'dizia' o jovem recém-desencarnado por afogamento.

São muitos, portanto, os fenômenos ou os episódios dentro de cada fenômeno específico em que o animismo é suscitado, apoiado ou dirigido pelos espíritos, o que equivale dizer que são fenômenos anímicos com um componente mediúnico. Não nos arriscaríamos a fixar limites percentuais para essa participação. Como dizia Lutero, estaríamos tentando medir o vento com uma vara. Digamos, porém, para figurar uma hipótese de trabalho, que o fenômeno anímico fosse de cor amarela e o fenômeno mediúnico de cor azul. Neste caso, a fenomenologia mista resultante teria uma coloração esverdeada, desde o verde pálido mais suave até os tons mais carregados de verde, dependendo não apenas da tonalidade original de cada cor como da dosagem de cada uma na composição do tom final.

O que pretendo deixar bem marcado é que pode haver – e, com frequência, há mesmo – um componente mediúnico em muitos fenômenos anímicos. Essa participação pode ser ostensiva ou facilmente identificável, quando o sensitivo vê, ouve e conversa mentalmente com os espíritos durante o desenrolar dos fenômenos anímicos, ou apenas percebe a presença deles, intuitivamente, mas não os vê nem os ouve. Ou, afinal, não tem a menor ideia de que eles estejam por ali, a participar ou até a promover os fenômenos. É difícil, portanto, no estado atual dos nossos conhecimentos, determinar com maior precisão até que ponto o fenômeno anímico traz consigo um componente mediúnico, ou seja, a participação de espíritos desencarnados. Acredito que mais tarde isto ficará mais bem definido, ainda que não com rigor matemático, em tantos microvolts para cada um, segundo a deliciosa brincadeira de Guy Lyon Playfair em seu livro *The indefinite boundaries*.

5. Fenômeno mediúnico puro?

E isto nos leva a uma recíproca não menos autêntica. Será que todo fenômeno mediúnico é puro ou, para usar o impacto preciso dos números, cem por cento mediúnico, sem participação anímica?

Estou consciente de que minha resposta poderá surpreender ou até mesmo desagradar a muita gente, mas não vejo como deixar de dizer *não*. Como ficou dito alhures, no meu entender, não há fenômeno mediúnico puro, pois haverá neles, sempre, um inevitável componente anímico. A razão é simples, direta, objetiva e irrecusável: a comunicação mediúnica só se torna possível quando o espírito se utiliza de um companheiro encarnado, ou seja, de *uma alma* (*anima* = espírito encarnado, como a conceituaram os espíritos). É o que está dito, sem rodeios nem meias palavras, na resposta à questão número 134 de *O livro dos espíritos:*

– Que é alma? – perguntou Kardec.

– Um espírito encarnado – responderam os espíritos.

De que maneira iria um ser desencarnado (espírito) – que em nosso esquema estamos chamando de habitante da realidade II – comunicar-se com seus companheiros encarnados (almas), sem utilizar-se das faculdades *anímicas* destes? Se lhes fosse possível prescindir do componente anímico, eles não precisariam de médiuns!

Voltemos à nossa imagem colorida. Se o pensamento do espírito desencarnado comunicante fosse azul e o do médium fosse amarelo, a mensagem não poderia fugir a uma tonalidade esverdeada. O ideal, por certo, é o de que a tonalidade seja a mais suave possível a fim de que predomine o tom azul no verde resultante, esforçando-se o médium para que o seu amarelo seja o mais pálido possível, evitando influenciar o azul espiritual que está sendo pingado no seu frasco anímico amarelo. O bom médium é aquele que reduz ao mínimo possível a interferência da sua personalidade, das suas paixões e das suas imperfeições para não 'sujar' a mesclagem, mas mesmo nas comunicações filtradas através das mais límpidas mediunidades vamos encontrar um levíssimo tom de verde no azul predominante. Para nos certificarmos disto basta comparar mensagens dos mesmos espíritos recebidos por médiuns diferentes. Ainda que interessados na forma e na maneira correta de expressar o pensamento, os espíritos ficam mais atentos ao conteúdo da mensagem do que, propriamente, à sua expressão gramatical. Isso não quer dizer que não recomendem o estudo, o cultivo da mente do médium; pelo contrário, é o que pedem com insistência. No entanto, um espírito como o dr. Bezerra de Menezes, por exemplo, tanto pode perfeitamente transmitir seu pensamento, em toda a sua pureza, pelo médium modestíssimo de um grupo roceiro, como através dos intermediários mais sofisticados e cultos dos grandes centros, desde que as condições de dedicação, boa vontade e fidelidade sejam atendidas.

6. Mecanização da mediunidade

Dizíamos há pouco que a comunicação mediúnica só se torna possível quando o espírito se utiliza de um companheiro encarnado. Examinemos isto de outro ângulo.

Não duvido de que seja possível, um dia, talvez não muito distante, inventar aparelhos eletrônicos capazes de participar do processo da comunicação espírita. Aliás, ao escrevermos este livro (1984) temos notícias de esforços bem sucedidos nesse sentido. O que, afinal, não representa surpresa totalmente imprevista, quando nos lembramos de que as manifestações inteligentes, em meados do século dezenove, ocorreram através de toscos objetos inertes, como as mesas (girantes) e, posteriormente, a cestinha de vime e, ainda hoje, a prancheta conhecida mundialmente pelo nome de *ouija*, bem como o copinho emborcado sobre uma superfície plana e outros dispositivos semelhantes. A ideia não é nova. Em meu livro *O que é o fenômeno mediúnico*, especulo acerca da verdadeira natureza do misterioso instrumento bíblico conhecido pelo nome de *urim*, que, a meu ver, era uma prancheta para trabalhos mediúnicos.

Em todos esses casos, porém, continuo entendendo ser indispensável a presença de alguém dotado de certas faculdades especiais que supra os recursos magnéticos de que necessita o espírito manifestante para movimentar a mesa, a prancheta, a cestinha de vime ou o copinho. É de supor-se que o mesmo recurso seja necessário para movimentar a aparelhagem eletrônica, que continuará sendo apenas um

DIVERSIDADE DOS·CARISMAS

instrumento destinado a facilitar a comunicação entre as duas faces da realidade, ainda que mais sofisticado e, talvez, mais eficiente. A cestinha utilizada por Allan Kardec e através da qual os espíritos produziram a síntese monumental de *O Livro dos Espíritos* só se movimentava quando as meninas-médiuns tocavam-na com a ponta de seus dedos. As mesas girantes batiam o pé, marcando as letras pelo seu número de ordem no alfabeto, enquanto um grupo de pessoas reunidas à sua volta criava condições necessárias para isso, fornecendo o que, à época, costumava-se chamar de fluidos.

7. Spiricom

Com relação ao problema do intercâmbio com os seres desencarnados por processos eletrônicos, recomendo ao leitor o excelente livro do dr. Hernani Guimarães Andrade, *Morte, Renascimento e Evolução*, em especial o capítulo IX – O Spiricom.

Ao especular sobre as energias ainda desconhecidas da ciência terrena, que os espíritos estão empregando nesse projeto, escreve Hernani:

> Não sabemos como produzi-las à vontade e muito menos como controlá-las. Na comunicação por meio do Spiricom, há estrita necessidade do agente humano, capaz de doar parte das referidas energias, a fim de propiciar a desejada interação entre o espírito e a matéria que ele deve acionar – neste caso, produzir ondas sonoras semelhantes à sua voz, lançando mão dos auditons. (Andrade. Hernani G., 1983)

Isto quer dizer que a sofisticada parafernália eletrônica não conseguiu eliminar a participação do médium, aqui caracterizado como "agente humano capaz de doar parte das [...] energias" necessárias à produção do fenômeno, tal como nos assegura a Codificação e segundo observamos na prática.

E já que estamos com o livro do dr. Hernani em mãos, aproveitemos a oportunidade para outra interessantíssima observação e, de novo, nos reportemos à Codificação, quando nos ensina insistentemente que a linguagem do espírito é o pensamento.

Atenção para o que diz o dr. Swann, sábio desencarnado que dirige uma equipe de técnicos empenhados no projeto Spiricom.

> Nós deixamos para trás, diríamos, em níveis mais baixos, muito do uso da chamada voz. Nosso trabalho é feito principalmente de energias do pensamento ou da mente. Chamá-la-emos pensamento porque isto é como vós a entendeis. Mas deixe-nos dizer que essas são energias da mente dirigidas em um certo foco ou um certo padrão. (Idem)

Tal como na mediunidade, o problema continua sendo, portanto, o de converter energias mentais (pensamento) em palavras faladas, no caso do Spiricom, ou faladas e escritas, quando a comunicação é dirigida através do médium.

Isso tudo quer dizer uma só coisa – que o espírito desencarnado precisa de certa quota de magnetismo ou energia vital do ser encarnado para manifestar-se, mo-

286   Hermínio C. Miranda

vimentando objetos ou instrumentos a isso destinados. Nem sempre a pessoa que fornece tais recursos magnéticos tem consciência da sua participação no fenômeno, como costuma ocorrer nos casos de *poltergeist*, na maioria dos quais somente se identifica com precisão o doador de fluidos quando, afastada determinada pessoa, os fenômenos cessam como por encanto e, às vezes, acompanham a pessoa por onde ela for. (Ver, a respeito, um dos antológicos estudos de Ernesto Bozzano, que me veio às mãos em tradução francesa sob o título de *Phénomènes de Hantise*.)

Nas experiências ditas de 'voz direta', muito estudadas e praticadas na Inglaterra, até hoje, a voz somente é direta no sentido de que o espírito manifestante não se utiliza do aparelho fonador do médium, indo direto à trombeta que lhe serve de amplificador, mas é igualmente certo que, não estando presente a pessoa dotada das faculdades adequadas, o fenômeno não ocorre. Situação semelhante verificou-se com as inúmeras experiências de escrita direta do barão de Guldenstubbé, narradas em seu notável livro *De la realité des esprits*.

8. Uma conceituação mais precisa para o médium

No famoso banquete de Baltasar, narrado na Bíblia, o espírito que produziu, na parede, as três palavras fatais que anunciavam o fim do poderoso monarca, dispunha, no momento, de fluidos à vontade para escrevê-las diretamente, já que o salão estava cheio de convivas que, inconscientemente, forneceram-lhe os recursos magnéticos suficientes.

De minha parte, tenho certa relutância em classificar essas pessoas como médiuns, no sentido específico da palavra. É que a manifestação não ocorre *através* delas, como na psicofonia, onde atuando sobre os controles mentais do médium, o espírito parece falar pela boca do médium, ou na psicografia, ao escrever por suas mãos. No caso do *poltergeist*, da escrita ou voz direta, ou até mesmo da vidência, o sensitivo *não é um intermediário* do fenômeno e sim, uma pessoa que se limita a suprir recursos magnéticos para que ele se realize, ou seja, para que o espírito consiga movimentar os instrumentos de comunicação colocados à sua disposição.

Retomemos por um momento a imagem da mistura de tintas. Suponhamos que a única cor visível aos olhos humanos fosse a verde, mas o espírito somente tem consigo a azul. Ele precisa de um pouco de amarelo para produzir certa manifestação visível aos seres encarnados. Isso não quer dizer que, ao tomar um pouco de amarelo para elaborar o verde de que necessita, ele esteja convertendo a pessoa encarnada, dona do amarelo, em seu médium.

Já com a psicofonia e a psicografia, não. A pessoa é, de fato, a intermediária, ao colocar seu corpo físico à disposição da entidade para que esta se utilize da instrumentação própria e necessária ao processo de se fazer entender pelos demais encarnados. Eu não poderia escrever este livro à máquina, se não dispusesse de uma. Nem poderei escrever a lápis, se não tomar de um, segurá-lo devidamente entre os dedos e fazê-lo deslizar sobre o papel com a pressão e os movimentos adequados à produção gráfica das palavras com as quais desejo 'vestir' o meu pensamento. Nesse

DIVERSIDADE DOS CARISMAS

sentido, a máquina e o lápis são intermediários (médiuns) entre meu pensamento e o leitor, numa comunicação (anímica) produzida pelo meu espírito encarnado. Quando, porém, o espírito desencarnado deseja fazer o mesmo, ou seja, transmitir a alguém na carne o seu pensamento traduzido em palavras (faladas ou escritas), ele precisa não apenas de lápis e papel ou de um microfone para gravar o que pretende dizer, mas de uma pessoa encarnada que tenha condições de acionar os instrumentos normalmente utilizados para essas tarefas que estão fora do seu alcance e controle.

Por tudo isso – e espero que me tenha expressado com a necessária clareza –, fenômeno mediúnico, mesmo no seu mais aproximado grau de pureza possível, somente os de psicofonia e psicografia, nos quais o sensitivo é de fato um intermediário através do qual a entidade desencarnada se manifesta. Poderíamos admitir ainda nesta categoria os de vidência e audiência, sob condições que discutiremos daqui a pouco. Quanto aos demais, o envolvimento do sensitivo no fenômeno não caracteriza a intermediação, dado que não é através dele que a entidade se comunica. Ele apenas presencia ou testemunha o fato ou, quando muito, participa dele, mas o fenômeno em si poderá até ocorrer sem o sensitivo ou à revelia dele.

Por conveniência didática, diz-se que este médium é de efeitos físicos, aquele é vidente, o outro é psicógrafo. Na realidade, médium mesmo, no verdadeiro sentido da conceituação proposta por Kardec é aquele que serve de intermediário e não o que apenas entrega sua quota de magnetismo ou ectoplasma para que o fenômeno se produza ou que a ele assista como espectador, ainda que privilegiado.

Vejamos, por exemplo, o caso da materialização, nos quais os seres desencarnados adquirem consistência suficiente para serem vistos e até apalpados. Espíritos especializados no assunto retiram dos presentes, e de outras fontes de energia, recursos suficientes para que a materialização se produza. O espírito manifestante como que aprisiona, temporariamente, nas malhas do campo magnético de seu próprio perispírito as substâncias assim recolhidas e consegue adensar-se suficientemente para se tornar visível. Qual será, contudo, o grau de participação e envolvimento do sensitivo em tais fenômenos? Em experiências controladas por cientista idôneos, verificou-se que o ser materializado tinha aproximadamente o peso que faltava ao sensitivo presente. Numa de tais experiências, madame d' Espérance ficou com metade de seu corpo desmaterializado, na presença de Alexandre Aksakof e outros. Ao cabo de algum tempo, seus fluidos lhe foram devolvidos e ela recompôs seu corpo físico que 'sumira' da cintura para baixo.

Não estamos, com isto, questionando a classificação proposta em *O Livro dos Médiuns*. Há médiuns facultativos, involuntários, impressionáveis, audientes, falantes, videntes, sonambúlicos, curadores, pneumatógrafos, mecânicos, intuitivos, semimecânicos, inspirados, de pressentimentos, bem como tipólogos, motores, de translação, de efeitos musicais, de aparições, de transporte, proféticos, pintores, novatos, improdutivos, lacônicos, explícitos e tudo o mais que ali se encontra devidamente estudado.

Todo esse desdobramento minucioso e competente tem por finalidade colocar, num quadro tão abrangente quanto possível, os diferentes tipos de manifestação e as peculiaridades e características de cada sensitivo. As duas grandes categorias básicas, contudo (ver item número 187 de *O livro dos médiuns*), são a de *médiuns de efeitos físicos e médiuns de* efeitos intelectuais. Se prestarmos suficiente atenção ao que escreveu Kardec poderemos perceber, com nitidez, a matização de sua conceituação acerca das duas categorias.

Diz ele que médiuns de efeitos físicos são "os que têm poder de *provocar* efeitos materiais, ou manifestações ostensivas", ao passo que os médiuns de efeitos intelectuais, são "os que são mais aptos *a receber e transmitir* comunicações inteligentes" (Os destaques são meus).

Nesta segunda *categoria, o sensitivo é, de fato, um intermediário, dado que recebe, processa* e transmite uma ideia, um pensamento, uma impressão visual, auditiva ou intuitiva. No outro caso, não, ele apenas *provoca* efeitos materiais, emprestando um pouco de suas energias para que os próprios espíritos produzam as manifestações desejadas.

Não há dificuldade em demonstrar essa realidade, ou seja, a de que, no fenômeno intelectual, o espírito do médium *participa* e, por conseguinte, pode interferir com intensidade maior ou menor, ao passo que, no fenômeno físico, seu poder de controlar ou influir é praticamente nulo. Se um espírito turbulento, desejoso de produzir uma manifestação de *poltergeist*, faz despencar uma panela da prateleira da cozinha ou um copo de cima de uma mesa, o sensitivo não poderá obrigar a panela ou o copo a cair suavemente, sem estrondo ou fratura. O espírito pode fazê-lo. Se provoca incêndio em peças de vestuário ou em móveis, não consegue fazer com que o fogo queime menos, mesmo porque, muitas vezes, a pessoa encarnada que *provoca* tais incidentes e acidentes não tem a mínima consciência de seu envolvimento no fenômeno. O verbo *provocar* tem muitos sentidos; o caso sob exame, porém, é o de número 4 do *Aurélio*, ou seja, *tornar fácil, promover, facilitar*. Na língua original em que escreveu Kardec, encontramos *provoquer*, no Larousse, como *produzir, ocasionar, favorecer*. Ficamos com este último sentido.

Tanto é esse o pensamento de Kardec que ele escreve mais adiante:

> Sob a denominação de *médiuns de efeitos intelectuais* abrangemos os que podem, *mais particularmente, servir de* intermediários para as comunicações regulares e integrais. (Kardec, Allan, 1975.) (O primeiro destaque está no original; o outro é meu.)

Ou seja: intermediário mesmo – e, portanto, médium –, no exato e amplo sentido do termo, é aquele que recebe e transmite comunicações inteligentes e não o que apenas provoca manifestações ostensivas. Não que a palavra seja inadequada, mas não deve ser tomada, em ambas as categorias, pelo seu valor absoluto, quando o próprio Codificador a desejou matizada.

Por outro lado, Kardec ensina também que as diferentes espécies de manifestações estão numa ou noutra das duas categorias, mas que algumas delas "participam de ambas", ou seja, têm um componente físico e um efeito intelectual. Para ser mais específico:

> Se analisarmos os diferentes fenômenos produzidos sob a influência mediúnica, veremos que, em todos, há um efeito físico e que aos efeitos físicos se vê ali quase sempre um efeito inteligente. (Idem)

É certo isso também. Ao efeito físico, no qual o espírito induz o médium a tomar do lápis e escrever sobre o papel, está aliado o efeito intelectual fixado no texto escrito. O efeito físico resultante das vibrações sonoras da voz no médium psicofônico é condição indispensável para que o conteúdo intelectual da comunicação oral se produza. A recíproca também é verdadeira, ou seja, a queda de uma panela da prateleira da cozinha só pode resultar de uma causa inteligente que a deslocou deliberadamente, uma vez que ela estava em posição de estabilidade que não lhe permitiria cair por si mesma. Da mesma forma, a materialização de um espírito é fenômeno físico que demonstra trabalho intelectual preparatório e operativo.

Acho, portanto, que as duas mediunidades básicas e típicas são as de psicografia e psicofonia, mas o quadro aceita ainda, como já vimos, as de vidência e audiência, dado que o médium vê ou ouve uma realidade (imagem ou som), interpreta-a e a transmite, com participação direta no processo de comunicação do fenômeno, situado como verdadeiro intermediário dele. Daí a sua responsabilidade e a necessidade de um bom preparo para que seja apenas o instrumento através do qual a comunicação flui e não o seu editor ou *copidesque*, credenciado para suprimir certas expressões ou trechos e modificar ou acrescentar outros por sua própria conta.

9. Liberdade controlada

A questão é delicada e, por isso, tão complexo o fenômeno da mediunidade, de vez que, simultaneamente com o propósito de deixar fluir em toda a sua pureza a mensagem mediúnica (vocal, escrita, visual ou auditiva), o médium precisa precaver-se para que o espírito manifestante também se mantenha dentro de um comportamento razoável, sustentando-se entre ambos uma atitude de mútuo respeito e colaboração. É, por certo, nesse sentido que Paulo recomendou, nas suas instruções aos coríntios sobre a mediunidade, que "o espírito do profeta (médium) está sujeito ao profeta". Ou seja, não deve o médium permitir que o manifestante faça e diga o que bem entenda, da mesma forma que deve abrir-lhe espaço para que diga ao que veio e expresse, responsavelmente e com autenticidade, o seu pensamento.

Como, porém, obter esse equilíbrio ideal entre permitir a livre manifestação do espírito comunicante e, ao mesmo tempo, não permitir que ele abuse da sua liberdade de expressão? Boddington tem a respeito uma importante observação na obra *Secrets of Mediumship:*

> Recém-chegados ao mundo espiritual, a visão deles (espíritos) nem sempre está suficientemente preparada para discernir o corpo humano, mas são capazes de distinguir a luz da aura e aproximar-se dela. Percebem, a seguir, que quando se envolvem na aura do médium, seus pensamentos fluem ao longo dos seus respectivos canais e acabam expressando-se na palavra falada ou no gesto, através do médium. Mais tarde compreendem que o mecanismo do corpo do sensitivo também passa ao seu controle. Assim começa o conhecimento deles acerca da mediunidade. Os médiuns devem, portanto, guardar-se contra todo e qualquer distúrbio emocional que os afete na vida diária, com maior vigor do que empregaria o mais positivo e frio racionalista que normalmente sopesa todas as situações com uma equilibrada capacidade de avaliação. (Boddington, Harry, 1949)

Em *Grilhões Partidos*, capítulo 19, obra psicografada por Divaldo Franco, de autoria espiritual de Manoel Philomeno de Miranda, vemos um exemplo desse contato inicial de um espírito com a mediunidade, quando o autor descreve com realismo uma dramática cena de possessão, na qual o espírito se aproxima da jovem encarnada e nota que ela sente a sua presença.

Em outras palavras, cabe ao médium viver o dia-a-dia em estado de permanente vigilância, fugindo de situações equívocas provocadas pelo que Boddington chama de "distúrbio emocional". Tem de ser tão disciplinado nesse ponto e tão positivo, ou mais, do que as pessoas que por natureza procuram resolver tudo com equilíbrio e de cabeça fria. Uma vez que essa atitude de serena observação e avaliação no trato com o mundo que o cerca seja desenvolvida e consolidada no médium em estado normal de vigília, fixa-se nele uma segunda natureza de equilíbrio que não vai permitir espaços para que o espírito manifestante possa fazer dele tudo quanto lhe venha à cabeça.

Qualquer pessoa que tenha vivido alguns anos de experiência com trabalhos mediúnicos reconhece prontamente a importância de tais observações. Os espíritos em estado de perturbação encontram com facilidade em médiuns dominados por emoções indisciplinadas condições propícias para manifestarem sua própria agressividade. Ali estão, como que à sua disposição, os elementos que desejam para as explosões emocionais, a gritaria, os gestos violentos, situação que não encontram no psiquismo do médium que já cultivou e consolidou atitudes de paciência, serenidade e equilíbrio emocional.

Há, contudo, uma não menos importante observação adicional a fazer neste ponto. O médium não deve ser uma espécie de múmia animada, através da qual se manifeste o espírito. Não podemos esperar e nem exigir que um espírito indignado com alguém que a seu ver o prejudicou gravemente no passado – e ele sempre se considera vítima inocente – ou irritado com os componentes do grupo que se "metem indevidamente" na sua vida, venha com palavras doces, gestos suaves, atitudes cordatas, falar da sua indignação ou irritação. É preciso deixá-lo falar e, dentro dos limites das conveniências que o bom médium poderá traçar, como já vimos, manifestar, com autenticidade e espontaneidade, seu pensamento em palavras e em gestos. Muitos são os dirigentes de grupos que exigem de seus médiuns uma postu-

DIVERSIDADE DOS CARISMAS

ra uniforme, contida, inexpressiva, rígida, sem uma alteração de voz, sem um gesto de enfado ou de irritação, sob a alegação de que o médium deve saber controlar a manifestação. Deve, sim, mas não inibi-la a ponto de descaracterizá-la.

Nota-se, por outro lado, que a exigência de controlar excessiva e abusivamente a manifestação choca-se, frente a frente, com o temor que assalta os dirigentes, quando suspeitam que seus médiuns estão sendo vitimados pelo temível 'fantasma' do animismo. Será que não percebem que, com a exigência irredutível de obrigar o médium ao controle exagerado da manifestação mediúnica estão precisamente estimulando o predomínio do mediunismo sobre a mediunidade, ou seja, a imposição da personalidade do médium sobre a do espírito manifestante? Pois é o que acontece em tais casos. O espírito emite um pensamento de inconformação e impaciência ou irritação, mas a ideia que o médium traduz é de quase conformismo, em palavras educadas e bem medidas que nada têm a ver com as emoções que as estão suscitando na mente do manifestante.

Relembrando nossa figura da combinação de cores, é como se o pensamento azul do espírito, em vez de chegar mais ou menos esverdeado aos seres encarnados a que se destina (no caso o doutrinador), chegasse praticamente amarelo porque o médium rejeita a contribuição do azul até mesmo para compor um tom leve de verde. Prefere deixar passar apenas o seu próprio amarelo. Ou seja, reproduz um quadro completamente diferente daquele que o espírito está tentando pintar.

Ante uma distorção tão séria no pensamento do manifestante, como vamos ter condições de ficar inteirados de sua história, de suas angústias, de suas aflições e problemas, se o que estamos ouvindo *não é* o seu relato fiel e sim, uma *pasteurização* insípida das suas emoções? É como se o médium ouvisse o espírito dizer que odeia alguém e resolvesse, por sua própria conta, dizer que fulano está dizendo que não tem grande afeição por sicrano. Pois não é precisamente esse ódio a causa central de toda a sua problemática? Não é a esse núcleo que temos de dirigir a atenção, se é que desejamos ajudá-lo a curar-se das suas aflições? Kardec ensina que a doutrinação consiste em levar o espírito a modificar seu modo de pensar e de agir. Se, porém, suas ideias já nos chegam modificadas, depois de passar pela severíssima censura do médium, não saberemos jamais o que modificar. Na realidade, ele está mesmo com ódio desta ou daquela pessoa e se considera inocente da aflição que a pessoa lhe impôs. Quer vingar-se e se julga com todo direito à vingança. Vamos deixar que ele diga o que pensa e o que sente para que possamos avaliar a sua situação e oferecer a nossa singela e amorosa colaboração. Nada disso será possível, ou será muito difícil, se não lhe proporcionamos a oportunidade de dizer, tanto quanto possível com suas próprias expressões, do tumulto que vai no seu atormentado espírito.

Daí a importância transcendental da educação mediúnica adequada. Há, por certo, um componente anímico em toda comunicação e disso temos falado repetidamente, mas é preciso que a interferência anímica seja apenas disciplinadora, nunca inibidora ou sufocante a ponto de descaracterizar o pensamento do espírito manifestante. A mensagem resultante precisa ser verde, tão azulada quanto possível, apenas com os toques necessários de amarelo para que o médium marque sua posição e presença, como a dizer: diga você o que quiser, mas não se exceda, porque o instrumento de que você se utiliza é meu; eu não abuso dele e nem vou permitir que você o faça.

10. Receita de leitura

Muita gente pensa que, por ser médium, a pessoa é necessariamente espírita ou tem pleno conhecimento dos mecanismos da mediunidade. O mais grave é que até médiuns pensam assim e decidem, por sua conta e risco, que não é preciso estudar coisa alguma sobre o assunto porque são médiuns naturais, espontâneos e dotados de amplos e variados recursos. Quanto mais ostensivas, contudo, e mais atuantes suas faculdades, maiores os riscos que correm de se equivocarem no desenvolvimento e na utilização das diversas formas de mediunidade de que se acham dotados, se não se prepararem corretamente para isso. Lamentavelmente, são muitos os que consideram a mediunidade um privilégio, a marca de uma preferência divina, um talento especial que os coloca acima e à parte dos demais seres que são cegos e surdos aos espíritos desencarnados. É certo que a mediunidade é um dom, não, porém, para exibição ou projeção do sensitivo.

É natural que o médium principiante ignore de início toda a complexa estrutura teórica que vem sendo formulada para a mediunidade, a partir de *O Livro dos Médiuns*. Isto, não obstante, é mais uma razão para considerar os fenômenos com atenção e respeito e buscar logo informações confiáveis sobre o assunto a fim de entender o que se passa. Só assim poderá evitar envolvimentos indesejáveis ou vícios de formação de difícil correção posterior.

O primeiro passo nessa caminhada rumo a um desenvolvimento racional e balanceado das faculdades de que se percebe dotado é dedicar-se ao estudo sistemático da doutrina dos espíritos, a começar pelo *O Livro dos Espíritos*, seguido de *O Livro dos Médiuns* e dos demais da Codificação, bem como das obras dos continuadores de Kardec.

O conselho é válido também para os que não disponham de nenhuma faculdade mediúnica ou sensibilidade especial, como eu. Já contei alhures como foi o início da minha busca. Logo que minha atenção foi solicitada para o problema, por intermédio de uma precariíssima e fragmentária experiência caseira com o copinho, à qual assistira de 'cabeça fria', mas atento, procurei quem eu sabia estar bem informado acerca dos aspectos teóricos do espiritismo e o consultei, como a um médico, solicitando-lhe uma 'receita de leitura'. O meu querido amigo, homem culto, dinâmico, positivo, engenheiro militar de elevada patente, tomou de um bloco de papel e 'prescreveu', com a sua letra firme, elegante e clara: *O livro dos espíritos, O livro dos médiuns* e acrescentou dois nomes que, àquela altura, me eram totalmente desconhecidos: Gabriel Delanne e Léon Denis.

Passou-me o papel e acrescentou: – Daí em diante, você irá sozinho. Estava eu posto no caminho e até hoje não vejo por que deixá-lo para enveredar por um dos muitos atalhos que surgem, às vezes tão convidativos, à beira da estrada principal.

Não apresentei jamais sintomas óbvios de mediunidade aflorante. Exceto um ou outro fenômeno inexpressivo e vago. Nunca vi um espírito ou os ouvi falar a não ser através dos médiuns com os quais tenho trabalhado. Costumo dizer que, se dependesse do meu testemunho visual ou auditivo, jamais acreditaria na existência de espíritos desencarnados, até que eu próprio voltasse a ser um deles. Se alguma forma de mediunidade ostensiva viesse, no devido tempo, a manifestar-se em mim, acho que encontraria consolidadas as estruturas doutrinárias correspondentes. Entendi logo que a minha tarefa não estava programada para essa área e aprendi também que tais programações a gente traz nas profundezas dos arquivos secretos da memória e, com um pouco de boa vontade, é possível tomar conhecimento delas através dos mecanismos da intuição que se desenvolvem com a prática habitual da meditação diária, na solidão e no silêncio.

Por isso, não ambicionei faculdades mediúnicas. Acho que numa seara tão grande e tão atarefada como a do Cristo, na qual são poucos os trabalhadores dispostos a servir, não cabe a nós escolher a tarefa, rejeitar a que nos foi designada ou buscar a que poderá acarretar-nos projeção, mas também assumir os seus ônus e desenganos. Além do mais, como assinala Paulo, com sabedoria e competência, em sua *Epístola aos Coríntios*, cada um tem uma função específica na seara. "Se todo o corpo fosse apenas olho" – escreve ele – "onde ficaria o ouvido? E se fosse apenas ouvido, onde o olfato?". Quanto a mim, contentei-me em ser ouvido para depois escrever sobre o que me foi ensinado.

11. Visitantes inesperados

As primeiras manifestações mediúnicas de Regina encontraram-na ainda despreparada do ponto de vista doutrinário, porque começaram muito cedo em sua vida, ainda na infância, como vimos, e se tornaram tão naturais e rotineiras que ela confundia pessoas encarnadas com as desencarnadas pela simples razão de não saber que umas eram 'vivas' e outras 'mortas'. Isso continuou até mais tarde, ainda adolescente ou pouco depois, quando as vidências se sucediam com impressionante e espontâneo realismo.

Certa vez, em sua casa, sozinha, deixou-se envolver pelo silêncio do ambiente. Era uma tarde de verão, quente e abafada. Deitou-se no chão para descansar e refrescar-se visto que o contato com o tecido dos móveis estofados se tornara insuportável naquela quadra do ano. Estava ela assim deitada, em repouso – e, provavelmente, já um tanto desdobrada, pois ela se desprende com a maior facilidade –, quando notou que entrava pela sala uma mulher magrinha, ainda jovem, com um vestido estampado de flores miúdas em fundo verde claro. A essa altura, ela já aprendera a distinguir *gente* de *espírito*, mesmo porque ninguém poderia ter surgido assim de repente na sua sala com a porta de entrada fechada à chave.

A moça estava deprimida e infeliz, logo se percebia. Queixava-se de muitas coisas, mas principalmente de sua aparência 'física'. Achava-se feia e se mostrava, obviamente, descontente consigo mesma por isso. Declarou ainda que viera até ali porque se sentia muito entediada, 'cheia' mesmo daquela vida sem graça. Regina propôs-lhe que ficasse à vontade e procurou confortá-la dizendo-lhe que afinal ela era uma mulher jovem, estava bem e tinha ainda muito futuro pela frente no plano em que se encontrava. Muito preocupada com a sua aparência, ela chegou-se a um espelho, ajeitou-se um pouco e comentou: – Veja o meu cabelo como está horrível!

Regina não se lembra como terminou a inesperada visita e nem ficamos com elementos, na historinha, para saber se a moça era um espírito desencarnado ou alguém encarnado que ali viera em desdobramento para uma palavra de desabafo.

Muita gente, ainda hoje, questiona toda essa história de roupas e cabelos ou aparência 'física' dos espíritos. A questão é antiga. Os mesmos perguntadores de sempre questionavam Joana d' Arc, desejosos de saber se os espíritos que ela via estavam vestidos ou não. Sua resposta continua atual, válida, perfeita: O senhor acha que Deus não tem com que vesti-los?

Kardec narra o caso do espírito que se manifestou exibindo sua tabaqueira. Não necessariamente que continuasse a tomar o seu rapé no mundo espiritual, – é que ele quis trazer um testemunho objetivo de sua identidade. São inúmeros os exemplos.

No caso da pobre moça desalentada que visitou Regina naquela tarde, minha impressão pessoal é a de que se tratava de uma pessoa ainda encarnada, mas isto é irrelevante. O importante, aqui, é a naturalidade, o realismo do fenômeno de vidência, a conversa entre as duas, o gesto muito feminino da mulher desgostosa consigo mesma que vai ao espelho, ajeita os cabelos e deles se queixa pelo abandono em que estão. Enfim, uma pessoa deprimida, vivendo um estado de insatisfação e desencanto, que vai em busca de alguma compreensão para os seus problemas pessoais. No contexto global da vida, talvez desprezíveis, mas para ela, que os vive e lhes sofre a pressão, tornam-se de importância e significado transcendentais.

Provavelmente, saiu dali mais consolada. Onde quer que esteja, ainda agora, que receba nossa contribuição de afeto e carinho.

Seu caso me faz lembrar outros observados no decorrer de nossos trabalhos mediúnicos, ao longo dos anos. Como o da moça que se apresentava num elegante, mas surrado, vestido vermelho, as unhas cuidadas, mas com o esmalte desgastado em alguns pontos; enfim, uma pessoa que se esforçava por apresentar-se da melhor maneira possível dentro dos seus precários recursos. Quando conseguimos desarmar toda aquela estrutura de vaidade e de artifício, empenhada em nos envolver nas suas malhas, explodiu em lágrimas, revelando toda a angústia que ia na sua alma sofrida e pressionada, joguete de paixões alheias que a utilizavam impiedosamente nas suas tramas secretas. Tinha gravíssimos compromissos perante as leis divinas e, por isso, estava presa a esquemas aflitivos, como que chantageada ao ponto da degradação, vivendo uma existência detestável. Acolhemos o seu espírito atormentado com muito carinho e compreensão, em respeito às suas dores, que eram muitas e antigas. Pediu-nos perdão pelas tentativas de envolvimento e referiu-se à sua 'aparência física', aquele vestido horroroso, o único que tinha, as mãos maltratadas, os cabelos mal cuidados.

Outra nos dizia, ainda há pouco, que passara um tempo, que não tinha como avaliar, servindo a uma organização tenebrosa onde até a tortura era empregada para coagir e punir recalcitrantes. Não estava lá porque queria, e sim por não ter para onde ir, pois estivera, antes, à mercê de seres ainda mais impiedosos e implacáveis, em ambientes ainda mais terríveis, dado que fora assassina e suicida. Além do mais, utilizavam-se de pressões contra uma jovem encarnada que em outros tempos fora sua filha para obter dela serviços lamentáveis. Uma das suas queixas era com relação à sua aparência. Logo depois de recolhida pelos nossos amigos espirituais – diz ela – 'tomou um banho', coisa que não sabe há quanto tempo não fazia e trocou de 'roupa'. Era um alívio. Sentia-se, afinal, limpa e decentemente vestida, ainda que com simplicidade. Antes, informou-nos, a sua aparência era a de uma megera em trapos e malcheirosa. Voltava a ser *gente,* ainda que longe de estar pacificada e livre de suas angústias e de sua revolta, o que é perfeitamente compreensível.

Esse é o realismo que se desdobra ante a visão dos médiuns. Para Regina, viraram rotina episódios semelhantes. Lembra-se ela do tempo em que não era informada sobre a doutrina espírita, via espíritos sem que soubesse que se tratava de gente desencarnada. Para ela eram pessoas comuns e, nas escolas em que lecionava, chegava a pensar que eram funcionários da casa. Só passou a perceber que havia algo estranho naquelas cenas e aparições, quando notou que só ela as via. Às vezes, eles surgiam em plena sala de aula, como se acabassem de atravessar uma das paredes ou portas fechadas. Mas esses detalhes só começou a perceber mais tarde pois, a princípio, não lhe ocorria especular como aquelas pessoas haviam entrado. Talvez não os tivesse visto abrirem a porta – pensava –, dado que os tinha por pessoas reais, funcionários da própria escola que ali estavam por alguma razão específica.

Quando se dispunha, contudo, a interromper a aula para atender ao 'inspetor' que acabara de entrar, percebia a perplexidade dos alunos que não estavam vendo ninguém estranho ali. Não restava saída senão dar uma desculpa qualquer e seguir com a aula, mas isso a deixava algo confusa. Para evitar tais incidentes, ficou mais atenta e reservada, somente se dirigindo a alguma pessoa que entrasse na sala durante a aula depois de certificar-se de que era gente mesmo ou quando um ou outro aluno lhe chamava a atenção para o fato de que o inspetor estava à porta e queria falar-lhe.

Numa dessas escolas havia um espírito que fazia sempre o mesmo trajeto, seguindo pelo corredor lateral. Era um homem baixinho, corpulento e estava sempre de guarda-pó branco, o que a levava a tê-lo como um inspetor desconhecido que servisse a outra ala do colégio. Se, porém, se aproximasse da sua sala e ela interrompesse a aula para falar-lhe, ele desaparecia misteriosamente.

Eram frequentes suas aparições, sempre da mesma maneira e sempre em torno daquela sala. Quando as crianças perceberam as dificuldades de Regina com ele, começaram a brincar com a professora falando do 'inspetor fantasma' que a rondava. Um dia Regina identificou o fantasma do guarda-pó. Ele estava num velho retrato em que figuravam administradores e servidores do colégio. Era o antigo proprietário, fundador e diretor do colégio, desencarnado há muito. Talvez estivesse por ali a ver se tudo ia bem como ele queria...

12. Convivência

Com o tempo, ela se acostumou ao convívio com espíritos desencarnados e se despreocupou do assunto. Tratava-os, como até hoje, como pessoas comuns, sem tentar 'doutriná-los' ou 'exorcizá-los'. Eram pessoas que, por alguma razão pessoal, perambulavam por antigos locais onde viveram, sofreram e lutaram. Seres como outros quaisquer.

Como também havia os brincalhões que escondiam suas coisas e só indicavam o lugar em que se encontravam depois que ela, já impaciente da procura infrutífera, ficava 'brava' com a brincadeira de mau gosto. Nessa oportunidade, surgia um deles à sua vidência e, depois da 'bronca' que levava, desculpava-se, humildemente, desarmando-a: – Ora, você não precisa ficar zangada. A gente estava só brincando. – Mas será que não têm mais o que fazer? – Reclamava ela, ainda fingindo-se zangada.

Não eram, contudo, maldosos e, em mais de uma ocasião, prestaram-lhe pequenos favores, como mostrar o lugar onde estava algo que eles *não haviam escondido*. Boa gente, ainda que um tanto irresponsável nas suas brincadeiras que, apesar das juras, eles continuavam a praticar de vez em quando. Um deles até amparou Regina, evitando que ela caísse escada abaixo, quando descia um viaduto. O espírito segurou-a pelos cotovelos até que ela pudesse equilibrar-se sobre os pés. Como? Só perguntando a ele.

Eu próprio tive, certa vez, uma experiência semelhante que nunca soube explicar. Era ainda adolescente e viajava diariamente de trem a uma cidade vizinha, onde cursava o ginásio. Certa vez, num movimento imprudente e desastrado, ao passar de um carro para outro com o trem em movimento – os vagões de passageiros ligavam-se por uma pequena varandinha aberta – tropecei no ponto crítico da passagem e já despencava meu corpo entre os dois carros para ser triturado lá embaixo, nos trilhos, quando senti como se me agarrassem por baixo dos braços e me pusessem novamente em pé, fora de perigo.

Certa vez estava Regina com forte dor de cabeça. Ainda tinha aulas para dar, das cinco da tarde às nove da noite. E pensava: – Meu Deus, como vou trabalhar com esta dor terível? Mal acabara de pensar, surgiu na sala uma mocinha aparentando quinze ou dezesseis anos. Vinha acompanhada de uma criança, um menino de uns dois ou três anos presumíveis. Ela aproximou-se, sorriu e disse: – Vou dar um jeito na sua dor de cabeça. Convidou Regina a deitar-se num sofá e colocou a mão sobre sua testa. Regina morava, nessa época, em um pequeno apartamento conjugado e providenciara uma divisão com cortinas. Enquanto recebia os passes da mocinha, observava, preocupada, que o danadinho do garoto subia pela cortina acima até a sanefa e se deixava escorregar pelo pano abaixo. Não se conteve e falou: – Menino, desce daí já! Você vai acabar derrubando essa cortina!

A mocinha pareceu não dar a mínima importância ao caso. Sorriu e continuou o seu trabalho. Regina, já aflita, pediu sua interferência junto ao endiabrado pirralho.
– Mande ele parar com isso! Vai acabar com a minha cortina! E ela, muito calma:
– Ah, deixa ele brincar. Pode deixar que não vai acontecer nada com a sua cortina.

Só então ocorreu a ela que eles eram 'apenas' espíritos. E comentou: – É mesmo! Tinha-me esquecido.

Depois disso, a moça deve tê-la feito dormir, porque acordou cerca de vinte minutos depois, 'novinha em folha' e foi trabalhar.

Episódios como esses e outros narrados no início deste livro foram como que a fase de 'aquecimento' de Regina para o trabalho que a esperava. Ela nem se apavorou com a mediunidade nascente – a rigor nem sabia que aquilo se chamava mediunidade – nem se deixou fascinar pelos fenômenos. Considerava-os como coisas que aconteciam e, por muito tempo, não sabia distinguir gente encarnada de gente desencarnada. Era tudo gente, para ela (e não é mesmo?). Logo que percebeu o significado de tudo aquilo, tomou a decisão acertada, orientada, como vimos, pelo seu amigo espiritual que, a princípio, era apenas uma voz, depois passou a escrever pelas suas mãos e, afinal, manifestou-se à sua visão, ainda que em raríssimas oportunidades. Tão discreto e cuidadoso, que ela não sabe até hoje descrever suas feições; apenas sua aparência física.

13. Diferentes modalidades de transmissão

Já vimos como transcorreu sua primeira experiência com a psicografia. Foi um recado breve e positivo. Segundo seu depoimento pessoal, as primeiras manifestações psicográficas foram caracterizadas como mecânicas, ou seja, observava o braço a mover-se sozinho e não sabia o que estava a escrever. Passou, mais tarde, a ser semimecânica essa manifestação. Ela sentava-se na clássica postura, de lápis na mão, diante de um punhado de folhas de papel. De repente, sentia o braço ir ficando mais e mais pesado até que, subitamente, parecia leve outra vez e, num frêmito, a mão começava a escrever. Até hoje é assim que ocorre, ainda que, em algumas vezes, não sinta a rotina do braço pesado e comece logo a escrever.

Por outro lado, não tem a menor ideia sobre o que pretende o espírito escrever, mas, à medida que ele desenvolve o tema, ela começa a acompanhá-lo como se lesse o que ele escreve por sua mão. Se, por qualquer motivo, ele interrompe o processo, ela para no ato, porque não há na mente dela o menor indício do que ele pretende continuar dizendo. Segundo ela informa, é como se estivesse de pé, atrás de alguém a escrever, lendo por cima dos seus ombros à medida que as palavras vão sendo postas no papel. Se a pessoa para de escrever, ela não saberá de que maneira continuaria o texto.

Na realidade, a coisa se passa mais ou menos dessa maneira, dado que seu perispírito, ligeiramente afastado do corpo, fica ali ao lado, a ler por cima dos ombros do seu corpo físico o que o espírito manifestante está escrevendo com a sua mão.

Com alguns manifestantes, ela vê, em imagens, o que o espírito lhe transmite e, neste caso, desliga-se do texto que a sua mão escreve, acompanhando a narrativa, não pelas palavras, mas pelas próprias imagens. Não ocorre aí uma 'tradução' das imagens em palavras. Os fenômenos são simultâneos e independentes.

Ela acha que, nesses casos, ela vê diretamente o que se passa na mente dos manifestantes, onde não há sons nem palavras, mas imagens. Ou, talvez, eles projetem tais imagens externamente pelo simples trabalho intelectual de pensar enquanto eles próprios escrevem.

Há espíritos que preferem ditar as comunicações e ela vai anotando o que ouve, como uma estenógrafa comum. Outros, se aproximam e apenas solicitam que ela dê tal ou qual recado para esta ou aquela pessoa. A técnica empregada por eles nessas diferentes formas de transmissão varia, presumivelmente, segundo o estado evolutivo de cada um. Alguns articulam claramente as palavras enquanto falam, como qualquer pessoa comum que ali estivesse a dizer alguma coisa. Outros não: aproximam-se dela, colocam a mão sobre a sua cabeça e como que transfundem na mente dela o pensamento puro. Ainda outros parecem também falar, mas ela não percebe nenhum tipo de articulação das palavras, ou melhor, *os lábios deles não se movem*. E, no entanto, ela tem a nítida convicção de ouvi-los normalmente e é até capaz de distinguir tons familiares de voz ou modismos de cada espírito, uma vez habituada a eles. Estamos, pois, diante da audição coclear, ou seja, os espíritos manifestantes movimentam energias específicas junto à cóclea, no ouvido interno, sem nenhuma interferência com a instrumentação auditiva externa que serve para captar sons e encaminhá-los aos centros nervosos específicos.

Pode ocorrer também, em tais casos, que ela veja as imagens enquanto eles lhe falam, ou seja, combina-se a visão diencefálica com a audição coclear. Mais uma vez nos socorre, no esforço de melhor compreensão do fenômeno, a analogia com a eletrônica. Como sabe o leitor, pode-se gravar um programa de rádio ou um disco que está sendo 'tocado', captando o som emitido com o microfone do gravador – sujeito, naturalmente, à perturbação dos demais sons e ruídos ambientais – ou gravá-los diretamente, interligando os circuitos internos: o da fonte emissora do som com o do gravador, sendo que, neste caso, o som ambiental fica totalmente excluído da gravação (conhecida como *on-line*).

Diríamos, portanto, que, no primeiro caso, o microfone do gravador corresponde ao ouvido do ser humano; no segundo, quando o impulso energético emitido pela fonte geradora vai direto ao circuito interno do gravador, teríamos o equivalente à audição coclear.

A analogia eletrônica serve também para figurar a visão diencefálica, que ocorre quando transcrevemos um cassete de *video tape, on line*. Neste caso, imagem e som são ligados diretamente aos circuitos internos.

O dirigente espiritual dos trabalhos mediúnicos, no grupo em que ela exerce sua tarefa, utiliza-se de técnicas diversas, adequando-as, talvez, a cada caso.

DIVERSIDADE DOS CARISMAS

Na reunião mediúnica, costuma-se comunicar falando naturalmente por seu intermédio, como nas manifestações normais de psicofonia. Se, porém, tem alguma necessidade de comunicar-se com ela fora dos trabalhos mediúnicos – isto é raro, mas acontece em situações emergenciais, quando precisa transmitir alguma instrução específica de caráter urgente –, ele não lhe fala de maneira articulada, ou seja, movimentando os lábios. Ela confessa que, embora a captação mental da mensagem seja perfeita, isto é, ela não perde o menor fragmento, às vezes encontra certa dificuldade na captação escrita de tais comunicações. É como se ele projetasse o seu pensamento na forma de imagem, em bloco, dentro da mente dela, ou em ritmo tal que as imagens se sucedem vertiginosamente, como se o filme a que estamos assistindo de repente disparasse nos carreteis ou a gravação fosse reproduzida em velocidade superior àquela em que foi originariamente gravada. Ou seja, como se uma gravação feita em 3 ¾ polegadas por segundo fosse reproduzida à velocidade de quinze polegadas. A esse fenômeno de compactação do tempo caracterizamos, em *A memória e o tempo*, como o de "superação do ritmo da necessidade", expressão de Bergson. Vivendo numa dimensão diferente da nossa, os espíritos não estão sujeitos à lentidão dos nossos ritmos, por não estarem contidos pelas rígidas limitações que nos impõem tempo e espaço. É como se estivessem voando sobre nós em aviões a jato, a fantásticas velocidades, e transmitissem textos e informações enquanto seguimos, a pé, por uma estrada cheia de tropeços e buracos. Eles dizem o que pretendem, mas, e nós? Como vamos desdobrar aquilo tudo que, em nosso *ritmo necessário*, é material para uma hora; por exemplo, se o avião passou a vinte mil quilômetros por hora?

Por isso, quando se trata de uma comunicação mais extensa ou uma instrução mais importante, e ela deseja registrá-la por escrito, esse espírito se dispõe, a pedido dela, a reduzir o seu ritmo a fim de que a mão dela consiga pelo menos capturar a essência do seu pensamento. A impressão que fica a ela é a de que ele 'desce' alguns níveis na escala vibratória a fim de aproximar-se um pouco mais dela. Mesmo assim, a mão também parece fazer o seu esforço pessoal – comandada pelo cérebro, naturalmente – e escreve com velocidade acima do normal.

A famosa médium britânica Geraldine Cummins teve um de seus textos cronometrados, certa vez, em 16 de março de 1926, quando escreveu precisamente mil setecentas e cinquenta palavras em uma hora e cinco minutos, quase vinte e sete palavras por minuto. A informação é de Nandor Fodor. Discorrendo sobre outra famosa psicógrafa, a sra. Curran, médium de um espírito que se chamava Patience Worth, o dr. Fodor também menciona a velocidade dos escritos, dizendo que as letras *"tumbled in her mind"*, ou seja, eram *despejadas* em sua mente. Tanto a sra. Cummins como a sra. Curran escreveram livros do maior interesse literário e histórico, especialmente sobre as origens do cristianismo. O dr. Usher, professor de história da Universidade de Washington, classifica o livro *The sorry story*, recebido pela sra. Curran, como "a maior história escrita sobre a vida e os tempos do Cristo, desde que os Evangelhos foram concluídos".

Lembra, ainda, Regina que, nos seus encontros com o orientador espiritual do grupo, no plano invisível, as coisas se passam de maneira diferente, mesmo porque ela não tem de escrever o que ele lhe informa. Diz ela ver um suceder rapidíssimo de imagens como que comprimidas, no que ela chama de "frase pictórica". É a sensação de que ele está transmitindo todo um bloco de informações num único pensamento compactado, tal como Mozart dizia 'ouvir' toda uma sonata num só acorde. É como se o texto inteiro de uma comunicação extensa fosse 'despejado' subitamente, e de uma só vez, na mente dela, como ocorria com a sra. Curran. Caberá a Regina, posteriormente, desdobrar aquilo tudo quando em estado de vigília, caso resolva registrar por escrito as instruções recebidas em desdobramento. Só que 'lá', a comunicação foi de espírito a espírito, ressalvada a diferença de condição vibratória de cada um. De volta à carne, o problema não consiste mais em *entender* o que ele lhe transmitiu – que isso ela entendeu – mas em colocar *tudo aquilo* na sequência certa, dentro das rígidas limitações de seu próprio ritmo e espaço mental de ser humano encarnado.

Quando você vê toda uma paisagem iluminada pela poderosa descarga luminosa de um raio que durou exíguos segundos, poderá gastar muito tempo a descrevê-la a alguém que não viu a cena iluminada. Por isso Regina tem a convicção de que, em tais casos, não consegue fixar no papel nem um terço do que apreendeu com o espírito. Fica de tudo a essência, o relevante, nada mais. O resto é um vago agitar-se de imagens fugidias e sensações indefiníveis. Ela acha ainda que, ao transmitir-lhe esse espírito algo por intermédio da psicografia, ocorre fenômeno semelhante de compactação. Ele não escreve palavra por palavra o que quer dizer, mesmo procurando 'descer' – a palavra é dela – até ao seu nível e ritmo.

Pode ocorrer, também, que ela receba 'recados' e comunicações brevíssimas de alguns dos mentores do grupo através de um fio luminoso que vem não se sabe de onde e é ligado no alto de sua cabeça. De outras vezes, abre-se diante dela uma espécie de caminho ou canal luminoso que atravessa todo e qualquer obstáculo material – paredes, móveis, prédios. É por esse caminho ou tubo que a entidade desce até certo ponto e lhe fala dali ou, por outra, lhe transmite daquele ponto o informe que deseja dar.

Como se vê, embora basicamente a estrutura do processo de comunicação seja sempre a mesma, a sua dinâmica varia segundo a condição do médium, do espírito comunicante ou das circunstâncias do momento, bem como da técnica utilizada, seja ela psicografia, psicofonia ou comunicação direta, mente a mente.

Mas, e a chamada 'incorporação', como se processa?

14. Incorporação?

A ligação do espírito manifestante com o médium se dá por uma espécie de *acoplamento* dos respectivos perispíritos na faixa da aura, onde, em parte, se interpenetram. Daí a impropriedade do termo *incorporação*. O espírito desencarnado não *entra*, com o seu perispírito, no corpo do médium após desalojar o deste. Não é preciso isso e nem possível. Kardec adverte que o manifestante não se substitui ao espírito do médium. O que ocorre, portanto, é a ligação entre ambos pelas terminais do perispírito de cada um, como o *plug* de eletricidade se liga numa tomada. É por esse acoplamento que o médium cede espaço para que o manifestante tenha acesso aos seus comandos mentais (cerebrais) e, dessa forma, possa movimentar-lhe os instrumentos necessários à fala, ao gesto, à expressão de suas emoções e ideias.

Observemos como Hernani Guimarães Andrade entende esse acoplamento:

> O mecanismo da 'incorporação mediúnica' é fácil de compreender. Ela pode principiar pela aproximação da entidade que deseja comunicar-se. Esta poderá, eventualmente, influenciar o 'médium', facilitando-lhe o 'transe'. O médium passa então a sofrer um desdobramento astral (OBE) e sua cúpula, juntamente com o corpo astral, deslocam-se parcial ou totalmente, de maneira a permitir que a cúpula e o corpo astral do espírito comunicante ocupem parcial ou totalmente o campo livre deixado pelo 'corpo astral' do médium. A incorporação é tanto mais perfeita quanto maior espaço é cedido pelo astral do médium ao afastar-se do seu corpo físico, deixando lugar para a cúpula com o corpo astral do comunicador. Este – o espírito comunicante – deverá também sofrer um processo semelhante ao desdobramento astral para permitir que sua cúpula e corpo astral possam justapor-se ao espaço livre deixado pelo médium. (Andrade, Hernani Guimarães, 1984)

Encontramos, mais adiante, outra informação de nosso particular interesse:

> [...] a superposição do corpo astral do espírito ao restante equipamento mediúnico implica na justaposição do cérebro astral da entidade comunicadora ao cérebro fisiológico do médium. Embora grande parte da consciência do médium tenha se deslocado juntamente com sua contraparte astral, ele ainda mantém o controle da situação, graças à sua ligação com o corpo físico através do 'cordão prateado'. Por isso, o médium nunca está inteiramente inconsciente durante o processo da incorporação deste tipo. As ideias que lhe afluem ao cérebro por indução do cérebro da entidade podem, no momento, parecer-lhe ideias próprias. Mas, passado o transe, quase sempre ele se esquece exatamente do que acudiu à mente na ocasião. (Idem)

Isto a que Andrade caracteriza como *maior ou menor ocupação de espaço* pelo espírito comunicante no médium é que parece graduar o tipo de manifestação.

Como observa o cientista, em outro ponto de seu livro, a comunicação fica, às vezes, na faixa fenomênica da telepatia, que ele assim descreve:

> O médium, em transe, exterioriza-se ligeiramente, mas sem ocorrer a OBE (experiência fora-do-corpo). Dá-se, apenas, uma pequena disjunção da cúpula, o suficiente para facilitar o acesso à camada áurica interna. Esta operação facilita o contato entre a camada áurica do espírito e a do médium. A transmissão é então efetuada como já explicamos: o médium usa seus próprios meios de expressão, inclusive seu linguajar comum; mas isto não impede que as ideias transmitidas sejam as do espírito. (Idem)

Continuamos, pois, dentro do inabalável ensinamento dos espíritos, segundo o qual, a linguagem deles é o pensamento.

É nesse mesmo sentido – de gradação, no envolvimento mediúnico no processo – que podemos ler em Kardec (*A Gênese*, Cap. XIV, n 47) a seguinte observação:

> Na obsessão, em vez de agir exteriormente, o espírito atuante se substitui, *por assim dizer*, ao espírito encarnado; *toma-lhe* o corpo para domicílio, sem que este, no entanto, seja abandonado pelo seu dono, pois isso só se pode dar pela morte. (Kardec, Allan, 1979)

E mais adiante:

> De posse momentânea do corpo do encarnado, o espírito se serve dele, *como se seu próprio fora:* fala pela sua boca, vê pelos seus olhos, opera com seus braços, conforme o faria se estivesse vivo. Não é como na mediunidade falante (psicofonia), em que o espírito encarnado *fala transmitindo o pensamento* de um desencarnado; no caso da possessão é mesmo o último que fala e obra. (Idem)

Sob esse mesmo aspecto do problema, encontramos em *O livro dos médiuns*, capítulo XXIII, item 240, a seguinte informação:

> A subjugação pode ser moral e corporal. No primeiro caso, o subjugado é constrangido a tomar resoluções muitas vezes absurdas e comprometedoras que, por uma espécie de ilusão, ele julga sensatas: é como uma fascinação. No segundo caso, o espírito atua sobre os órgãos materiais e provoca movimentos involuntários. (Kardec, Allan, 1975.)

Da combinação de todas essas informações convergentes, podemos concluir que o espírito manifestante induz o médium a falar, convertendo seu pensamento em palavras ou se apossa mais amplamente dos controles mentais do médium, de tal maneira que ele mesmo fale ou aja como se o corpo fosse seu.

Isto parece contradizer o conceito de que a linguagem dos espíritos é sempre o pensamento, mas não é o que ocorre. Num caso, o pensamento do manifestante é *induzido,* como diz Andrade, cabendo ao médium convertê-lo em palavras. No outro, o próprio manifestante o converte, usando o instrumental de expressão do médium que, não obstante, continua a participar do processo sem contudo poder interromper ou mudar o fluxo das ideias que circulam pelo seu psiquismo. Em ambos os casos, a fonte geradora do pensamento é a mente do manifestante.

Andrade explica a sutileza da participação sem interferência, ao esclarecer que "grande parte da consciência" do médium se desloca, quando seu perispírito se afasta, para ceder espaço à entidade manifestante. Grande parte, não toda.

Isto nos leva, ainda, a entender melhor a aparente contradição de Kardec ao afirmar que a entidade espiritual manifestante não se substitui ao espírito do médium, ao mesmo tempo em que declara, alhures, que ela pode tomar-lhe o corpo como se seu fosse. O grau dessa posse, consentida ou não, guarda relação direta com o maior ou menor 'espaço' ocupado no psiquismo do médium, mas nunca chega ao extremo de uma substituição, como adverte Kardec, ainda que, às vezes, assim se afigure ao observador despreparado.

Capítulo XIV

Aura

"O perispírito" – escreve Kardec em *O livro dos médiuns*, item nº 109 – "como se vê, é o princípio de todas as manifestações."

O leitor desprevenido que se inicia no estudo da Codificação poderia perguntar-se: Todas? Saiba ele que é em todas mesmo. Kardec só produz tais afirmativas depois de haver testado escrupulosamente seus pontos de apoio e suas possíveis objeções. É, realmente, o perispírito o componente indispensável à produção de qualquer fenômeno psíquico, seja ele anímico ou mediúnico.

Com a mesma convicção, afirmou em *Obras Póstumas*, no capítulo *Manifestação dos espíritos*, itens 10 e 11:

> O perispírito serve de intermediário ao espírito e ao corpo. É o órgão de transmissão de *todas as sensações*. Relativamente às que vêm do exterior pode-se dizer que o corpo recebe a impressão, o perispírito a transmite e o espírito, que é o ser sensível e inteligente, a recebe. Quando o ato é de iniciativa do espírito, pode se dizer que o espírito quer, o perispírito transmite e o corpo executa. (Kardec, Allan, 1978.)

Seja, portanto, acoplando seu perispírito ao do encarnado, seja tomando a este as energias de que necessita, o espírito desencarnado precisa recorrer ao perispírito de pessoas com faculdades mediúnicas para produzir os fenômenos que deseja e estão ao seu alcance promover. Isso porque ele não dispõe de corpo físico para movimentar um objeto, escrever um texto, manifestar-se oralmente ou pintar um quadro. Só poderá fazê-lo tomando o corpo de alguém emprestado, corpo este que somente pode ser movimentado para realizar a tarefa desejada quando uma vontade espiritual *quer*, e o perispírito *transmite* esse comando ao corpo físico que, então, fala, escreve, movimenta-se, enfim.

Prossigamos, porém.

> O perispírito não se acha encerrado nos limites do corpo, como numa caixa. Pela sua natureza fluídica, ele é expansível, irradia para o exterior e forma, em torno do corpo, uma espécie de atmosfera que o pensamento e a força da vontade podem dilatar mais ou menos. Daí se segue que pessoas há que, sem estarem em contato corporal, podem achar-se em contato pelos seus perispíritos e permutar a seu mau grado impressões e, algumas vezes, pensamentos, por meio da intuição. (Idem)

Essa borda perispiritual que "se irradia para o exterior e forma, em torno do corpo, uma espécie de atmosfera" é a aura, que André Luiz conceitua da seguinte maneira em *Evolução em Dois Mundos:*

> A aura é, portanto, a nossa plataforma onipresente em toda comunicação com as rotas alheias, antecâmara do espírito em todas as nossas atividades de intercâmbio com a vida que nos rodeia, através da qual somos vistos e examinados pelas inteligências superiores, sentidos e reconhecidos pelos nossos afins e temidos e hostilizados ou amados e auxiliados pelos irmãos que caminham em posição inferior à nossa. (Xavier, Francisco Cândido/ Luiz, André, 1973.)

Não é preciso dizer mais para configurar a importância da aura no ser humano. É o nosso passaporte, o nosso documento de identidade, a radioscopia da nossa intimidade física e espiritual para aqueles que têm os olhos de ver de que nos falou Jesus.

O tema tem suscitado o interesse de inúmeros estudiosos, tanto do ponto de vista do antigo ocultismo até dos modernos pesquisadores apoiados em dispositivos eletrônicos altamente sofisticados.

É digno de nota o fato de que, abstraídas algumas fantasias especulativas, originárias de imaginações descontroladas, há uma espécie de consenso em torno das principais características da aura. Vejamos, por exemplo, o que diz Paracelso, em citação que colhemos em Lewis Spence, na obra *An Encyclopaedia of Occultism.*

> A força vital não fica encerrada dentro do ser humano, mas irradia-se em torno dele como uma esfera luminosa e pode atuar à distância. Nesses raios seminaturais, a imaginação da pessoa pode produzir efeitos sadios ou mórbidos. Pode envenenar a essência da vida e causar doenças ou purificar a que se tornou impura e restaurar a saúde. (Spence, Lewis, 1960.)

E mais adiante:

> Nossos pensamentos são, simplesmente, emanações magnéticas que, ao escapar de nosso cérebro, penetram em diversas cabeças e levam consigo, juntamente com um reflexo de nossa vida, a imagem de nossos segredos. (Idem)

O pioneiro no estudo científico da aura foi o dr. Walter J. Kilner, médico inglês nascido em 1847, em plena Inglaterra vitoriana, numa família tradicionalmente dedicada à medicina. Seu pai, John, foi membro do sisudo Royal College of Surgeons e seu irmão, Charles Scott Kilner, também médico de prestígio e competência.

Dr. Walter Kilner pesquisou a aura humana durante uma boa parte de sua vida profissional. Familiarizado com estudos de Röntgen e Blondot, bem como de Reichenbach e outros, Kilner teve a ideia, aí por volta de 1908, de que a aura humana poderia se tornar visível mediante o uso de um filtro colorido apropriado. Suas experiências, nesse sentido, levaram-no ao emprego da dicianina, um corante extraído do alcatrão. A substância tem a propriedade de produzir certo grau de miopia que, por sua vez, leva o observador a perceber mais facilmente a radiação da faixa ultravioleta.

Em 1911, o dr. Kilner encontrou-se em condições de duplicar suas observações e conclusões num livro intitulado *The Human Atmosphere*, que era acompanhado de algum material de pesquisa, inclusive óculos especiais para a dicianina.

Esse livro provocou inevitável celeuma entre seus colegas médicos, que não lhe pouparam estocadas irônicas de olímpico desapreço, tais como esta, publicada, em longo artigo crítico, em *The British Medical Journal*, de 6 de janeiro de 1912:

"O dr. Kilner não conseguiu convencer-nos de que sua aura seja mais autêntica do que a visionária adaga de Macbeth."

Com a Primeira Grande Guerra, a dicianina, produzida em laboratórios alemães, desapareceu do mercado e o dr. Kilner teve de interromper suas pesquisas. Em 1920, saiu nova edição aumentada do seu livro, desta vez recebido com maior respeito e endossado por alguns médicos de prestígio, mas o dr. Kilner nem chegou a ver 'em vida', os artigos mais compreensíveis do *The Medical Times* e do *The Scientific American*, pois morreu em 23 de junho de 1920, aos setenta e três anos de idade.

Seja como for, seu magnífico trabalho ficou situado como que numa área crepuscular, entre a ciência e o chamado 'ocultismo', pela maioria de seus colegas de profissão e céticos de outros matizes e profissões. Não faltou quem o acusasse de envolvimento com o famigerado ocultismo e até o considerasse um clarividente, suposições que ele contestou explicitamente. Qualquer que seja a razão, contudo, seu trabalho não despertou maior interesse na classe médica e coube a um espiritualista convicto e dinâmico,

Harry Boddington – ao qual temos recorrido frequentemente neste livro – dar continuidade aos estudos de Kilner, mesmo sem contar com a formação universitária de seu predecessor.

Boddington projetou uns óculos especiais que em muito facilitaram o estudo da aura.

O livro do dr. Walter Kilner não ficou esquecido, especialmente nos meios espíritas ingleses, nos quais sempre foi citado, mas permaneceu esgotado durante cerca de meio século. Em 1977, de passagem por Londres, encontrei uma nova edição, lançada no ano anterior. É a que tenho em meu poder, não mais com o antigo título, mas como *The Human Aura*, edição da Citadel Press (Secaucus, New Jersey, Estados Unidos, 1976).

A técnica de pesquisa é minuciosamente descrita pelo dr. Kilner e ilustrada com sessenta e quatro desenhos a traço, colhida entre as inúmeras observações que realizou em outras tantas pessoas.

Seria impraticável resumir, em poucas linhas ou mesmo numas tantas páginas, o paciente trabalho do eminente médico. Suas observações clínicas são expostas com clareza e segurança. Tomemos três exemplos:

> Modificações na forma e tamanho da aura resultam de severas doenças nervosas, como epilepsia, histeria, hemiplegia e, uma vez estabelecidas, tornam-se permanentes, ao passo que se forem devidas a distúrbios nervosos transitórios, como ciática, herpes etc, uma vez curado o paciente, a aura gradualmente retoma sua condição normal. [...]

> Todo e qualquer dano às faculdades mentais causa automática redução da aura, em tamanho e nitidez, sendo que ela é também mais estreita nas pessoas de mente débil. Tais fatos dão apoio à observação de que os mais sofisticados centros cerebrais estão intimamente interessados na geração de energia áurica.

> Quando o paciente desmaia, a aura perde muito de seu brilho e se reduz em tamanho. As alterações resultam, provavelmente, da temporária exaustão. (Kilner, Walter, 1976)

Pouco adiante declara ele que, a despeito de sua natural repugnância, teve oportunidade de examinar alguns cadáveres e em nenhum deles encontrou qualquer traço da aura. O fato não lhe constitui surpresa, dado que já havia observado que este fenômeno ocorria mesmo nos estados de hipnose. Observou, também certa perda de nitidez da aura nos casos de doença do paciente. Embora ele não o comente, é de supor-se que a aura dos pacientes hipnotizados não seja detectada, simplesmente porque ele se acha ausente, em estado de desprendimento ou desdobramento.

É uma pena que seus estudos tenham permanecido tanto tempo relegados à indiferença e até hostilidade da classe médica, em particular, e dos pesquisadores, em geral, até serem retomados, principalmente pelos soviéticos, a partir da descoberta do "efeito Kirlian".

Segundo observações do dr. Kilner, qualquer alteração na saúde do indivíduo, se reflete na aura, seja na região afetada, quando circunscrita, seja em toda ela, quando a moléstia se generaliza pelo corpo físico.

Ao escrever um prefácio especial para a republicação do livro de Kilner, em 1976, Leslie Shepard lembra que o problema da aura ainda permanece no território limítrofe entre ciência e clarividência. Ainda que cauteloso quanto às conclusões do dr. Kilner, Shepard expressa suas esperanças de que novas edições da obra suscitem o interesse de modernos pesquisadores, providos, inclusive, de aparelhagem e conhecimentos mais sofisticados.

Por outro lado, a não ser a pesquisa de Boddington – e que consta, principalmente, de sua obra capital, *The University of Spiritualism* – quase nada tem sido feito, em termos de aplicação das tecnologias indicadas pelo dr. Kilner, no estudo dos fenômenos mediúnicos, anímicos, de obsessão e possessão.

Que alterações, por exemplo, ocorrem na aura de um médium no momento em que se acha sob a influência de um espírito desencarnado? Em que pontos ou

DIVERSIDADE DOS CARISMAS

setores da aura se ligam os perispíritos de seres encarnados e desencarnados? Que distúrbios provoca o acoplamento do perispírito de um invasor espiritual em sua vítima? Que características especiais oferece a aura de um médium em potencial ou em atividade? Que alterações ocorrem na aura de uma pessoa que ministra passes ou que os recebe?

Inúmeras são as referências de Harry Boddington à aura, em seus escritos, mas é no capítulo VIII – "*Marvels of the human aura* – de *The university of spiritualism*", que encontramos uma exposição mais ampla sobre o assunto. Para não expandir o nosso próprio estudo além dos limites que estamos procurando impor-lhe, tentarei um resumo das principais observações de competente autor inglês:

1. A aura é uma espécie de radiação luminosa que envolve o corpo humano, sendo constituída por inúmeras partículas de energia.

2. Essa radiação é singularmente sensível ao pensamento, ao qual responde com presteza.

3. A aura funciona como parte integrante da consciência.

4. Sua qualidade – aspecto, coloração, formato – varia segundo os temperamentos, o caráter e a saúde das pessoas.

5. Ela é "essencial a todas as manifestações psíquicas" e o meio através do qual operam os médiuns de cura, além de atuar como o próprio princípio ativo da cura.

6. "O fato de algumas pessoas serem médiuns e outras não, levou os espíritas a aceitarem, como hipótese de trabalho, a teoria de que os médiuns irradiam uma substância psíquica específica, que forma um vínculo semimaterial entre eles próprios e seus comunicantes invisíveis."

7. "Está provado que, a não ser que o magnetismo dos espíritos se mescle harmoniosamente com o dos sensitivos, eles não conseguem fazer notar sua presença."

8. Devidamente manipulada e condensada por um impulso da vontade – já vimos que ela se deixa influenciar facilmente pelo pensamento –, a aura se apresenta como ectoplasma, matéria prima para a produção de pequenos bastões, pseudópodes, ou materializações. Como ela reage ao pensamento e ao choque, exatamente como o corpo humano, pode-se concluir que ela constitui uma extensão do sistema nervoso.

9. A formação desses bastonetes e pseudópodes nas sessões de materialização resulta, na opinião de Boddington, de um esforço consciente da vontade do médium e não de uma inconsciente exteriorização sua, segundo afirmam os materialistas e negadores em geral.

Faço uma pausa para dizer algo acerca do termo pseudópode, que, literalmente, quer dizer, pé falso. O dicionário de Aurélio nos diz que a palavra serve para conceituar a "saliência protoplasmática que se forma na periferia dos leucócitos e das amebas e outros protozoários, servindo-lhes para a locomoção". Esta é a razão pela qual se chamam pés falsos, porque não são, a rigor, pés, mas servem para caminhar. No caso da fenomenologia psíquica de efeitos físicos, especialmente nos deslocamentos de objetos, como vimos no capítulo próprio deste livro, a formação de pseudópodes observada em experiências com Eusápia e outros médiuns não se trata de uma saliência protoplasmática, como na biologia, mas de saliência ectoplasmática. É com esse tipo de pseudópode ou bastonete, já fotografados em algumas experiências, que o sensitivo consegue deslocar objetos sem tocá-los com qualquer membro ou parte de seu corpo físico.

Prossigamos, no entanto, com Boddington e suas observações acerca da aura.

10. A aura não deve ser considerada como uma força cega, de vez que a consciência opera através dela da mesma forma que operamos através do sistema nervoso.

Discorrendo sobre as diversas cores da aura e seu significado, em termos de saúde física e características de temperamento e caráter, Boddington nos oferece um amplo quadro classificatório que não nos parece necessário reproduzir aqui. Uma de suas observações sobre as sessões mediúnicas, contudo, é o que se diria 'imperdível', e está apresentada da seguinte maneira: "Se a harmonia prevalece" (entre os componentes do grupo), "as cores se mesclam, mas, se verificar-se uma lacuna entre dois participantes, eles devem ser deslocados até que a falha desapareça."

Se as cores se recusam a mesclar-se, é melhor que os participantes desarmônicos se retirem do grupo ou, então, os resultados serão insatisfatórios. A aura de um novo participante pode anular completamente resultados positivos obtidos de outras vezes em que ele não se achava presente. Por outro lado, dois médiuns aparentemente do mesmo tipo, nem sempre intensificam o fenômeno. Ao contrário, sabe-se de casos em que um destrói a influência do outro. Um espírito amigo de Cora Tappan, e que se identificava como Benjamim Franklin, declarou que isto, às vezes, é devido ao fato de que um deles produz uma energia elétrica, ao passo que no outro ela é fosfórica. Separados, podem produzir fenômenos de natureza semelhante, mas, juntos, neutralizam-se mutuamente.

Devo acrescentar que a mixagem das cores deve ter sido observada e comunicada a Boddington pela sua esposa nas inúmeras experiências que realizou com ela, que dispunha desse tipo de faculdade. No meu entender a observação faz sentido. Cada um de nós tem uma vibração própria que, à visão dos sensitivos dotados da faculdade específica, pode traduzir-se em cores diversas. Não é de se admirar que certas vibrações não se combinem entre si e que outras se oponham ou se anulem mutuamente. Todos nós que lidamos com a mediunidade em ação sabemos que há pessoas que, introduzidas num grupo mediúnico, podem paralisar e neutralizar os melhores médiuns, ainda que involuntária ou inconscientemente.

Comigo mesmo ocorreu coisa parecida. Fui convidado, certa vez, para presenciar o trabalho de certa senhora que andava muito em evidência pelas suas manifestações ditas mediúnicas, em contato com seres interplanetários. Sem que houvesse o menor esforço negativo de minha parte – pelo contrário, eu estava interessado em observar a coisa, com absoluta isenção – a moça não conseguiu praticamente nada naquela noite. Eram óbvios o seu desapontamento e a perplexidade e mal-estar dos demais circunstantes, habituados às palestras com os misteriosos seres invisíveis,

DIVERSIDADE DOS CARISMAS

bem como meu próprio constrangimento. Devo ter deixado entre eles uma impressão horrenda de 'pé-frio'. Prefiro concluir, com Boddington, que as nossas cores não se misturaram, de jeito nenhum...

É precisamente por causa da necessidade de uma harmonização entre as auras, que Boddington lembra que os espíritos estão constantemente a advertir quanto ao uso de drogas, álcool, alimentação inadequada e todos os hábitos, enfim, que "aviltem a mente ou esgotem os nervos". A aura, acrescenta ele, está "indissoluvelmente ligada a todos os órgãos do corpo do qual exala como o perfume de uma flor".

Não há como evitar, portanto, que substâncias tóxicas ingeridas ou pensamentos desarmoniosos admitidos afetem substancialmente a aura, produzindo distúrbios consideráveis no processo da comunicação mediúnica. Isso porque, não apenas a aura do médium tem de estar em boas condições vibratórias de limpeza energética, mental e emocional a fim de que possa oferecer seus encaixes aos espíritos manifestantes, como as auras dele e dos demais precisam estar adequadamente harmonizadas no grupo, como um todo. Se um participante comparece com elevada dosagem de álcool no sangue ou com uma refeição pesada, em processo de digestão, será impraticável sua integração harmoniosa no grupo. Os espíritos nos dizem que em tais casos aplicam o recurso extremo de isolar a criatura para que, já que não pode ajudar, pelo menos não perturbe os trabalhos, uma vez que sua aura se apresenta literalmente suja e desarrumada.

Pelas suas implicações na temática da aura e pelas interessantes observações e ensinamentos que proporciona, julguei oportuno incluir neste módulo uma notícia acerca do livro do dr. Carl A. Wickland, *Thirty Years Among The Dead*, um clássico entre os estudos do fenômeno psíquico.

Sob orientação de amigos espirituais, que começaram a manifestar-se através da sua esposa, o dr. Wickland passou a cuidar, com êxito para ele inesperado, de distúrbios mentais e psicossomáticos em pacientes vitimados por influências espirituais indesejáveis.

Segundo depoimento consistente dos próprios espíritos, usualmente sem consciência de que haviam 'morrido', eles eram atraídos pela aura de certas pessoas, conhecidas ou desconhecidas, e ali permaneciam como que aprisionados e em grande confusão mental. Como que aderidos ou imantados ao perispírito dos encarnados, viviam, às vezes, várias entidades em disputa feroz pela posse do corpo da vítima, que cada um julgava pertencer-lhe.

O dr. Wickland mandou construir um aparelho especial, com o qual aplicava no paciente obsidiado um choque elétrico que desalojava os espíritos ligados à sua aura. Logo verificou, contudo, que, passada a desagradável sensação do choque, eles voltavam à condição anterior e davam prosseguimento ao conflito pela posse do corpo, do qual cada um deles, inclusive o encarnado, procurava expulsar os demais.

Foi então que os amigos espirituais do médico propuseram trazer os pobres seres desorientados para que fossem esclarecidos, individualmente, pelo doutor – que se revelou um bom doutrinador –, através da mediunidade da sra. Wickland.

Vejamos como o autor e médico coloca o problema. Diz ele às páginas 90 e 91:

> O organismo de todos os seres humanos gera uma força nervosa e magnética que o envolve numa atmosfera de emanação vital e luz psíquica conhecida como aura magnética. Essa aura é vista como luminosidade pelos espíritos ainda presos às sombras do ambiente terreno e que podem sentir-se atraídos por pessoas particularmente suscetíveis a esse tipo de invasão. Tais espíritos se revelam frequentemente incapazes de abandonar essa atmosfera psíquica e, devido ao resultante estado de confusão – mesmo lutando por libertarem-se –, acabam convivendo com o médium, ressentido da presença deles e desnorteado por uma sensação de dupla personalidade. Após retirar de um paciente vários espíritos, a princípio turbulentos, tivemos a seguinte experiência, que demonstra claramente o sofrimento que os espíritos suportam quando se enredam na aura de uma mortal. (Wickland, Carl. s/d)

Segue-se a transcrição de um longo diálogo, no qual o espírito, totalmente ignorante de sua real situação, diz, a certa altura:

> Eu estava no meu lugar. Havia muitos de nós, todos embolados, homens e mulheres. Tínhamos um lar, mas não podíamos sair dali. Às vezes, o ambiente era tépido. Por algum tempo, eu permanecera sozinho na escuridão. Antes de ser preso, pude falar uma vez, mas agora estou só. Você não tem o direito de me colocar aquelas coisas que queimam . (Idem)

Como se pode observar, o espírito viveu algum tempo na situação de erraticidade mencionada na Codificação espírita. Sentia-se sozinho e mergulhado em trevas. Atraído pela aura de uma pessoa que oferecia condições propícias, ele se aproximou e acabou como que imantado ali, juntamente com outros espíritos em condições semelhantes às suas. No jargão popular, era uma situação de 'encosto', da qual o médium involuntário e despreparado sofria penosas consequências, inclusive doenças de natureza psicossomáticas.

Depreende-se, ainda, do texto e das sumárias observações adicionais do doutor que, após afastados os demais espíritos – e como eles reclamavam dos choques elétricos! – a manifestante (era uma mulher), ficou sozinha e conseguiu até comunicar-se através da sua vítima e hospedeira, mas acabou também desalojada por verdadeira tempestade magnética provocada pelos choques aplicados pelo dr. Wickland, com a sua temível aparelhagem.

Eis aí, portanto, exemplos vivos de que a aura é, de fato, a 'plataforma onipresente' de que nos fala André Luiz, "antecâmara de todas as nossas atividades de intercâmbio com a vida que nos rodeia", extensão viva do perispírito que, segundo Kardec, é o "órgão transmissor de todas as sensações" e "princípio de todas as manifestações".

Não há, pois, como minimizar ou ignorar a importância da aura e do perispírito no estudo dos fenômenos de natureza anímica ou mediúnica.

Capítulo XV

Psicofonia

1. Introdução

Escreve Allan Kardec em *O livro dos médiuns* cap. XIV, item 166:

> Os médiuns audientes que apenas transmitem o que ouvem não são, a bem dizer, médiuns falantes. Estes últimos, as mais das vezes, nada ouvem. Neles, os espíritos atuam sobre os órgãos da palavra, como atuam sobre a mão dos médiuns escreventes. Querendo comunicar-se, o espírito se serve do órgão que se lhe depara mais flexível no médium. A um, toma da mão; a outro, da palavra; a um terceiro, do ouvido. O médium falante geralmente se exprime sem ter consciência do que diz e muitas vezes diz coisas completamente estranhas às suas ideias habituais, aos seus conhecimentos e até fora do alcance de sua inteligência. Embora se ache perfeitamente acordado e em estado normal, raramente guarda lembrança do que diz. Em suma, nele, a palavra é um instrumento de que se serve o espírito, com o qual uma terceira pessoa pode comunicar-se, como pode com o auxílio de um médium audiente. Nem sempre, porém, é tão completa a passividade do médium falante. Alguns há que têm a intuição do que dizem, no momento mesmo em que pronunciam as palavras. Voltaremos a ocupar-nos com esta espécie de médiuns, quando tratarmos dos médiuns intuitivos. (Kardec, Allan, 1975.)

Examinemos atentamente essas observações de Kardec. Em primeiro lugar, a terminologia. Para que não paire dúvida, lembremo-nos de que médium escrevente é o mesmo que médium psicógrafo e que falante é psicofônico. O Codificador distingue ainda o audiente do psicofônico, chamando a atenção para o fato de que o primeiro limita-se a repetir o que está ouvindo do espírito comunicante, enquanto que o outro não tem necessidade disso porque o espírito vai diretamente ao seu aparelho fonador, sem precisar falar-lhe ao ouvido.

É igualmente de nosso interesse anotar a observação de que o espírito recorre ao instrumento que lhe parece mais adequado, no médium, ao seu trabalho. Por isso, escreve por meio de um, fala por meio de outro ou dita ao ouvido de um terceiro. Eis uma boa razão pela qual o médium deve deixar que suas faculdades passem por esse processo de seleção natural, por iniciativa dos próprios espíritos que o procuram para se comunicar. É preferível ao sensitivo desenvolver bem uma única espécie de faculdade, se esse for o caso, do que ficar forçando o desenvolvimento de muitas delas, na ilusão de que o bom médium é aquele que trabalha com muitas faculdades simultaneamente. Às vezes, é a própria *entourage* do médium, ou seja, seus admiradores, áulicos e companheiros de trabalho, que suscitam esses aspectos, estimulando vaidades perfeitamente dispensáveis, como todas o são. E por isso, numa atitude de "semostração", como dizia Mário de Andrade, o médium se esforça por exibir o mais amplo leque possível de faculdades.

Observamos, ainda, no informe de Kardec, que o médium falante (ou psicofônico) "geralmente se exprime sem ter consciência do que diz", ou seja, há comunicações que não passam pela sua própria consciência ou, pelo menos, ele não guarda nenhuma lembrança delas. Outras há que estão, evidentemente, bem acima do seu próprio nível cultural e contêm ideias estranhas às suas habituais. Convém chamar atenção para o fato de que esse é o critério mais seguro para avaliar a autenticidade da presença do espírito, como já tivemos oportunidade de observar alhures, neste livro. É certo que, sendo também um espírito e trazendo nos arquivos da sua memória integral uma volumosa bagagem de conhecimentos, o sensitivo pode ser médium de si mesmo, ou seja, transmitir uma comunicação anímica, e não espírita. Contudo, o indício mais evidente de que a manifestação provém de inteligência estranha à sua está no fato de que o nível de conhecimento ali revelado é superior ao que seria de se esperar da inteligência do médium em seu estado normal, dentro das limitações impostas pelo mecanismo constritor da encarnação.

2. Gradações da passividade

Vemos, ainda, que Kardec aborda o problema da passividade dizendo que nem sempre ela é *tão completa*. Do que depreendemos que a passividade também pode ter, e tem, suas gradações no exercício das faculdades mediúnicas, como vimos repetindo insistentemente. Essa palavra, aliás, é mais abusada do que parece por médiuns e dirigentes despreparados. Creio que vale a pena determo-nos, por alguns instantes, nesse aspecto, pela importância que tem o conceito da passividade nos diversos mecanismos da mediunidade em operação. Muitos entendem que tornar-se passivo, ou 'dar passividade', é entregar-se totalmente aos espíritos manifestantes para o que der e vier. Não é isso. Passividade total, sem reservas, é inércia, é indiferença, é inatividade. Para se ter uma ideia mais exata, a palavra *inércia*, por exemplo, vem de termo latino que nos leva ao seguinte rosário de palavras de conotação negativa: inação, indolência, preguiça, ociosidade, torpor, desleixo, incúria, moleza, indiferença, apatia e outras mais, que deixamos de fora. (Ver *Novíssimo Dicionário Latino-Português*, de Santos Saraiva, 8a . edição Garnier, Rio/Paris). Ne-

DIVERSIDADE DOS CARISMAS

315

nhuma das atitudes correspondentes a essas palavras é adequada para caracterizar o exercício da mediunidade, sob a alegação de que é preciso 'dar passividade'.

Encontro no *Webster's* (Dicionário inglês da G. & C. Merrian, 2a edição, 1949), a matização que buscamos. No verbete sobre o termo *passivo* (*passive*), os dicionaristas americanos propõem as seguintes nuances: "receber ou suportar sem resistência ou reação emocional; submissão paciente" e, em outro sentido: *inativo, inerte*.

Podemos observar, portanto, que a passividade é graduada, é matizada, como muito bem afirmou Kardec, com a sua indiscutível competência de linguista. Receber uma comunicação sem resistência, e transmiti-la fielmente, sem reações emocionais, é dever do médium responsável. Não deve, porém, entregar-se indolente ou indiferentemente ao espírito manifestante para que ele diga o que quiser e faça o que bem entender com o seu corpo, sua inteligência, seus conhecimentos ou a sua falta de cultura. Precisa, o médium, dispor de uma bem treinada passividade que ele consiga matizar, graduar nas suas manifestações, uma passividade seletiva que lhe permita uma boa filtragem da comunicação, mas não se deixe dominar pelo comunicante ao ponto de este forçar a sua passagem com qualquer tipo de material. A palavra filtragem proporciona, aliás, uma boa noção do que estamos desejando caracterizar, pois o filtro não acrescenta nada à água que recebe para uso posterior, mas também não permite que passem os detritos porventura contidos nela. Ademais, se a água é pura, nada há a temer ou a reter, mas se ela se apresenta turva e cheia de impurezas, é sua função barrar a passagem de tais impurezas. Já vimos o que sugere Boddington para que isto seja possível – a chave deste segredo *está no comportamento do médium como ser humano*. Pessoa controlada, serena e equilibrada, será médium controlado, sereno e equilibrado. Além do mais, o espírito do médium nunca está inconsciente, ou então, estaria completamente alienado e não seria um médium confiável. A sua consciência ausenta-se, temporariamente, *do corpo físico*, enquanto este serve de instrumento para que a manifestação mediúnica se produza, mas não deixa de funcionar alhures, no veículo perispiritual.

Atentos à conceituação proposta pelo dicionário latino e pelo americano, podemos resumir, para concluir, que passividade é uma atitude de calma, de atenta e responsável receptividade, sem resistências ou reações desnecessárias; uma atitude paciente e até tolerante, se for o caso, mas nunca submissa, inerte, desleixada, indolente, apática ou indiferente.

Da próxima vez que ouvirmos, portanto, alguém dizer que os médiuns devem 'dar passividade', é bom ter em mente o que significa isso, com a maior nitidez e convicção, pois o médium pode, e deve, interferir, quando for necessário filtrar a comunicação carregada de impurezas, mas deixar que ela siga o seu curso fluentemente, com paciência e tolerância. Sei que a posição é difícil. O exercício correto da mediunidade é difícil mesmo e quem não estiver suficientemente preparado para a tarefa ou disposto a suportar seus contratempos e renúncias, deverá procurar outra atividade na seara. É melhor ser apenas um bom e silencioso frequentador de sessões de desobsessão para contribuir com o seu apoio ao trabalho, do que aven-

316 HERMÍNIO C. MIRANDA

turar-se como médium despreparado que poderá causar consideráveis turbulências ao grupo.

3. Responsabilidade mediúnica

Muitos acham bonito ser médium e veem os médiuns envoltos numa auréola de prestígio e de energia. Há médiuns que não apenas gostam disso, mas até estimulam admirações boquiabertas, como se fossem verdadeiros gurus. É inegável que a mediunidade exercida com segurança, conhecimento, responsabilidade e humildade é, de fato, coisa admirável de se observar em operação, seja pela qualidade dos fenômenos, seja pela limpidez das comunicações escritas ou faladas. Não é uma beleza ler um soneto de Bilac ou um poema de Castro Alves que acaba de ser recebido pelas mãos de um Chico Xavier? Ou um livro como *Memórias de um Suicida*, pela Yvonne Pereira? Claro que é. É também emocionante assistir a um atleta bater um recorde mundial, a um virtuoso do piano ou do violino tocar uma bela sonata, mas poucos são os que pensam nos anos e anos de disciplina e renúncia, de estudo e aplicação que estão por trás de tais desempenhos.

Mediunidade é dom inato mas, como qualquer outra faculdade, pode (e precisa) ser desenvolvida e treinada. O bom corredor nasce com pernas fortes e longas, bom sistema respiratório, coração resistente, mas não nasce corredor; ele precisa fazer-se, e só o consegue quando se aplica com dedicação total ao desenvolvimento de suas metas. O médium em potencial não pode fazer por menos, se é que deseja chegar a dominar a sua instrumentação a ponto de cedê-la aos espíritos, ao mesmo tempo que mantém sobre ela sua atenta vigilância. Isto se aprende, se cultiva e se exerce.

Desejo, a seguir, demonstrar, ao vivo, o que entendo por um médium responsável que, longe de entregar-se, às cegas, ao exercício da mediunidade, procura estudá-la, observá-la, esmiuçá-la nas suas mais sutis características a fim de orientar-se devidamente, com um mínimo de riscos, pelos seus meandros, segredos e mistérios. Transcrevo, para isso, o depoimento escrito, feito ao meu pedido, por esse médium.

"Se a psicografia apresenta variantes na sua mecânica" – escreve ele – "a psicofonia, muito mais. O problema começa com a palavra incorporação, de vez que incorporar significa 'dar forma corpórea, juntar num só corpo, dar unidade, introduzir, embeber, entrar a fazer parte, juntar-se', entre outras conotações que encontramos no *Novo Dicionário da Língua Portuguesa*, de Aurélio Buarque de Holanda. Por isso, muita gente acha que o espírito comunicante 'entra' no médium para falar ou agir. A palavra, portanto, não está bem empregada. O que acontece, então, na chamada incorporação?

"Segundo informações de que dispomos, vindas de amigos espirituais e orientadores (Silver Birch é um deles), e da minha própria experiência, as coisas se passam da seguinte maneira:

"A entidade comunicante aproxima-se do aparelho mediúnico e as duas auras – a dele e a do instrumento – se unem e, então, a entidade passa a comandar os centros nervosos do aparelho. Esse controle é exercido, obviamente, através do cérebro fí-

DIVERSIDADE DOS CARISMAS

sico do médium, via perispírito, já que o espírito manifestante não pode comandar diretamente um corpo que não é o seu. (Ver quadro da página 114).

"O que acontece, portanto, é que o espírito do médium cede o controle parcial do corpo, ao qual está ligado e pelo qual é responsável, ao comunicante que, através do seu próprio perispírito, assume tais controles, enquanto o perispírito do médium se coloca ao lado. É, pelo menos, o tipo de 'incorporação' que ocorre comigo.

"Agora, vejamos bem: o espírito do médium não perde sua autonomia nem sua autoridade e soberania sobre o corpo emprestado à outra individualidade que o manipula. O corpo é de sua inteira responsabilidade e somente através de seu perispírito pode a entidade desencarnada atuar sobre o mesmo. O espírito do médium empresta sua aparelhagem física, mas continua dono dela, vigilante, de olho o tempo todo para certificar-se de que nada lhe aconteça. Tanto é assim que, se julgar necessário, poderá interromper a comunicação a qualquer momento. Não há, a rigor, mediunidade inconsciente. O espírito está sempre consciente e atento. A diferença está em que a consciência não se expressa pelo cérebro físico (que, naquele momento, está sendo manipulado por uma mente estranha), mas sim no perispírito do médium, usualmente desdobrado e presente, à curta distância. Por isso se torna difícil ao médium registrar a comunicação transmitida por intermédio do seu cérebro físico, mas gerada por outra mente que não a sua. Ao retornar ao corpo, ele encontra vagas impressões do que por ali flui, vindo da mente do espírito comunicante. Coisa semelhante acontece com o sonho, do qual nem sempre podemos nos lembrar, porque as atividades desenvolvidas pelo sonhador não ficaram registradas no cérebro físico, e sim na sua contraparte espiritual. Isso não quer dizer que a pessoa ficou inconsciente enquanto sonhava. Apenas não guardou a lembrança do que aconteceu e pensou.

"Isto se dá com certos tipos de mediunidades (como é o meu caso). Observe-se, contudo, que, quando digo passividade, não quero dizer inatividade e sim entrega vigiada, cessão, empréstimo temporário.

"Sei, por informação de companheiros, também médiuns, que a psicofonia pode assumir características outras, bem diferentes da minha. Em alguns deles, depreendo que a comunicação ocorre em nível mental, isto é, o médium 'ouve' antes o que o espírito tem a dizer, podendo, assim, interferir diretamente na comunicação dizendo muitas vezes o que ele, médium, quer e ache que deva dizer, e não exatamente aquilo que ouviu do espírito. Nesses casos, o médium cerceia a liberdade do comunicante, censurando e modificando a comunicação, quando e onde achar conveniente, a seu inteiro arbítrio.

"Há médiuns nos quais a comunicação vai se formando palavra por palavra embora inaudíveis, alinhando-se em frases que, lentamente, vão sendo comunicadas".

Fecho, neste ponto, a citação. E a comento de maneira sumária. Em primeiro lugar, a técnica do processo que, segundo Kardec, se promove pela "mistura dos fluidos" perispirituais do manifestante com os do médium. Em seguida, a nítida definição de atribuições, responsabilidades e limitações e, finalmente, o fato de que, como vimos há pouco, em Kardec, o médium audiente não deve ser confundido com o psicofônico. Um *repete o que ouve*, o outro *empresta seu corpo* para que o próprio manifestante *fale por ele*, manipulando centros que comandam a fala. Num caso, há (ou pode haver), censura prévia, uma interferência deliberada e voluntária do médium no teor da comunicação. No outro, a censura também pode (e deve) ocorrer, mas não pelo processo de seleção direta de palavras mas por um bloqueio psicológico, mais sutil. Diríamos que, no primeiro caso, é uma *peneiragem*, no segundo, o processo é de *filtragem*. Em ambos o médium dispõe de recursos para policiar o que flui através da sua instrumentação.

A interpenetração de fluidos a que alude Kardec, ocorre, segundo Boddington, quando a aura do médium e a do espírito se tocam – conceito semelhante ao formulado por Regina, que diz que "as auras se unem". Em verdade, a aura é uma extensão do perispírito, irradiando-se até uma distância de alguns centímetros além dos limites do corpo físico do ser encarnado. No seu excelente livro *The Human Aura*, hoje injustamente esquecido, o dr. Killner estuda com minúcias a aura, os fenômenos que produz e as modificações que apresenta, em conjunção com as eventuais disfunções orgânicas da pessoa. Escreve Boddington:

> É fato bem estabelecido que, a não ser que o magnetismo dos espíritos se misture harmoniosamente com o dos sensitivos, eles não podem fazer sentir suas presenças. (Boddington, Harry, 1948.)

Mais adiante em seu livro, Boddington volta ao assunto. Aliás, a aura é um de seus temas prediletos, a julgar pelas inúmeras referências esparsas, além de um capítulo especialmente dedicado ao assunto na sua obra *University of spiritualism*. Acha ele que até o tipo da mediunidade é determinado pela qualidade específica da aura e esta, pelo tipo psicológico do indivíduo, bem como por suas emoções. Vejamos:

> Indivíduos sujeitos a estados de transe profundo são as pessoas mais práticas e objetivas, sem a menor ambição por se projetarem dessa maneira. O transe inconsciente ocorre com menor frequência àqueles que pensam rápido e que, aparentemente, não possuem a qualidade especial de aura através da qual o estado de transe se torne possível. (Idem)

Isto faz sentido, quando nos lembramos de que certas faculdades mediúnicas acham-se conjugadas com outras tantas disposições orgânicas, como os médiuns de efeitos físicos (cura, materialização, transporte etc.), são os que têm condições de produzir e movimentar maiores quantidades de ectoplasma.

4. A psicofonia em ação

Para uma visão mais prática e mais ampla da mediunidade psicofônica em ação, procuremos estudar, a seguir, alguns aspectos dos trabalhos mediúnicos dos quais Regina participa.

DIVERSIDADE DOS CARISMAS

Cerca de uma hora antes de se dar início aos trabalhos mediúnicos, a sala é preparada e mantida fechada. Encontros e conversações dos diversos componentes do grupo são realizados em outro cômodo. Minutos antes da hora regulamentar, dirigem-se todos à sala destinada ao trabalho. Em silêncio, cada um toma o seu lugar. Regina começa prontamente a bocejar, incontrolável e abundantemente, a ponto de lhe escorrerem lágrimas pelos olhos. Uma languidez percorre-lhe o corpo e ela vai ficando sonolenta. Certamente começa a ser magnetizada, o que ocorre, às vezes, até mesmo antes de entrar na sala de trabalhos mediúnicos.

Uma vez todos acomodados, o dirigente faz uma prece, após a leitura de uma página de Emmanuel ou de outro autor. Volta o silêncio a reinar no ambiente. Em poucos momentos, manifesta-se o orientador espiritual ou outro trabalhador desencarnado, do grupo. Regina informa que esse mentor é uma entidade de considerável nível evolutivo. Suas vibrações são sempre suaves e harmoniosas. Sente sua aproximação e, à medida que vai se entregando ao transe, parece que a sua mente vai se interiorizando, como se alguém sentado na fila da frente se levantasse e passasse para trás para dar lugar a outra pessoa.

Em seguida, ela experimenta sensações semelhantes às que tem quando se desdobra e expande. Outras vezes, sente como se alguém a abraçasse, envolvendo-a numa atmosfera diferente da habitual. Tem a impressão de estar balançando para a frente e para trás, até que percebe estar fora do corpo e o espírito comunicante o assume.

De outras vezes, o vê chegar por um lado, um pouco atrás, colocar a mão direita sobre a sua cabeça, o que lhe causa uma sensação de estar diminuindo de tamanho. Em seguida, ele começa a falar.

Uma companheira do grupo, dotada de clarividência, diz que o espírito se aproxima de Regina e parece abraçá-la de forma que ela 'desaparece' dentro dele. Segundo Regina, é tudo muito suave e agradável, como uma aragem mansa. Supõe ela que, a essa altura, a aura dele já deva estar em contato com a dela.

"Sinto instintivamente respeito quando estou diante dele" – escreve Regina. "Ele é amoroso e amigo, mas sinto nele aquela austeridade comum às pessoas que se impõem pela autoridade moral, com a sua simples presença. Jamais fez qualquer brincadeira ou empregou qualquer expressão mais descontraída. Certa vez, 'reclamei' porque nem ele, nem nossos outros mentores se comunicavam com mais frequência, com aquelas 'mensagens pessoais' de que tanto gostamos. E ele respondeu: – Já dissemos tudo o que precisava ser dito. Vocês todos têm conhecimento das próprias responsabilidades e já aprenderam que dificuldades e lutas são instrumentos de aprendizado evolutivo. Agora é trabalhar. Nosso tempo é escasso e precioso. Não podemos utilizá-lo em conversas meramente sociais. Há muito que fazer.

Ficou a lição de seriedade e responsabilidade. Outra coisa: não é ele dado a elogios, nem mesmo a título de estímulo, como tantos gostam. Está sempre a lembrar que é uma alegria merecer a honra de servir ao Cristo. Ao encerrar, com êxito, uma tarefa particularmente difícil, costuma observar que os resultados não são nossos, dado que pertencem ao Cristo, que nos possibilitou obtê-los. Em outra ocasião, observou que o trabalho que empreendem poderia também ser feito sem o concurso do grupo de pessoas encarnadas. Só que demoraria um pouco mais. Todos sabem, contudo, que sua aparente severidade não é frieza, nem indiferença; muito pelo contrário, mas é tradução fiel, em ação, da seriedade com a qual realiza suas tarefas, sempre com elevado senso de responsabilidade.

Por isso tudo, ninguém no grupo se sente encorajado a dirigir-lhe questões de natureza pessoal. Já se sabe em que tom ele responderia. Com a precisão de sua linguagem e sua característica bondade, diria que não devem os espíritos influenciar decisões que são da alçada de cada um, porque estariam, assim, interferindo com o livre-arbítrio pessoal alheio.

5. Desenrola-se o trabalho

Terminadas suas breves recomendações – ele não é nada prolixo – retira-se suavemente. Regina experimenta apenas um ligeiro movimento do tronco para trás e, em seguida, para frente, ou seja, o mesmo balanço que experimentou quando ele se preparava para falar por seu intermédio. No momento seguinte, ela se encontra novamente 'dentro' do corpo físico. O mentor coloca-se, então, à sua direita e ali permanece durante o desenrolar dos trabalhos da noite, sempre atento, vigilante, seguro, tranquilo.

É chegado, então, o momento de começar a receber as entidades que vêm para tratamento. Faz-se uma pausa e Regina procura silenciar a mente, como se a esvaziasse de qualquer pensamento a fim de poder entregar-se ao trabalho. Normalmente, ela não percebe, visualmente, a entidade que se aproxima. Sente a presença de alguém, pelo que os médiuns costumam caracterizar como 'vibração'. E começa novamente aquela sensação de que a mente está se levantando da cadeira da frente para ir sentar-se na fila de trás, a fim de dar lugar a alguém. Ao contrário da incorporação do mentor, que se processa com a maior suavidade, acompanhada de uma leve sensação de balanço e expansão, a manifestação de entidades desarmonizadas é rude e impactante. Logo que se ligam a Regina, ou seja, quando suas auras entram em contato, ela experimenta um forte choque como se tivesse tocado um fio elétrico desencapado. Ela tem a impressão de que é esse choque que a retira bruscamente do corpo. Às vezes, já fora do corpo, sente dificuldades na garganta, como se alguém estivesse a remexer com ela ou como se estivesse engasgada. Certamente isto resulta das manipulações um tanto inábeis do manifestante nos centros nervosos que comandam a fala.

Ocorre, a essa altura, certo baralhamento na sensação de presença no ambiente. Ela está e, ao mesmo tempo, sente não estar ali; o corpo físico, à curta distância, é seu; mas, naquele momento, ela não parece dominá-lo e controlá-lo. Está ligada a ele, sim, mas sem ter à sua disposição os comandos respectivos. Percebe que o corpo fala, gesticula, argumenta, enquanto ela é simples espectadora do que se passa. Sente-se independente, ou seja, é dona dos próprios pensamentos e de sua maneira de ser. Nada está alterado na sua personalidade e na sua maneira de considerar as coisas. Frequentemente, discorda do que está sendo dito através de seu corpo, mas não consegue interferir. Se quiser gritar, por exemplo, ou dirigir-se ao doutrinador, como já experimentou certa vez, não o conseguirá.

Do seu ponto estratégico, e perfeitamente lúcida, percebe o que se passa na reunião, tanto ostensiva como secretamente. Ou seja: nota alguns atentos e interessados no desenrolar da tarefa, os que estão contribuindo com a sua quota de amor fraterno no tratamento do espírito em desarmonia, ou os que estão impacientes ou 'desafinados', por qualquer motivo. Percebe ondas de energia irradiando-se do coração de alguns e que se dirigem ao seu corpo físico, 'onde' se encontra a entidade em tratamento.

Sente, por outro lado, a repercussão dos males 'físicos' de que se queixa a entidade ou, mesmo quando ela não dá voz a essas queixas, embora sinta as dores correspondentes. É curioso que não consegue falar se o espírito manifestante não tem língua, por ter sido cortada em alguma encarnação passada; gagueja, se o espírito teve esse problema; parece embriagada ou drogada, se é esse o caso com o espírito; e assim por diante. Experimenta não apenas o desconforto físico das mazelas 'orgânicas', mas, também, estados de aflição, angústia, desespero, revolta ou ansiedade. É difícil livrar-se dessas verdadeiras 'contaminações' físicas e psíquicas, dado que as sensações fluem de um perispírito para outro, através das 'tomadas' que ligam as auras.

Às vezes, ela percebe quadros vivos e cenas de intensa dramaticidade, como se estivesse assistindo a um filme, enquanto a entidade fala pelo seu corpo, que está ali como um boneco de marionete sendo manipulado por outra inteligência que não a sua, através de cordões que lhe são invisíveis. Em se tratando de espíritos profundamente desarmonizados, raramente tais cenas são tranquilas. Ao contrário, algumas são realmente dolorosas e até chocantes: assassinatos brutais, execuções frias, torturas, gente acorrentada, incêndios, um horror! Tudo como se estivesse acontecendo ali, naquele mesmo momento, ao vivo. Vê a entidade em pranto e percebe que as lágrimas estão escorrendo pelas suas próprias faces, naquele corpo que, ao mesmo tempo, é e não é seu. E acaba se comovendo com essas aflições.

É certo que, com seu aguçado estado de acuidade enquanto desdobrada – percebe até sentimentos e intenções dos circunstantes – é capaz de acompanhar, em todas as suas minúcias, o desenrolar do diálogo entre o espírito manifestante e o doutrinador. Curiosamente, no entanto, ao regressar ao corpo físico e retomar seus controles, tem apenas lembranças fragmentárias do que se passou. Só mais tarde, à medida que os companheiros comentam a reunião e repassam um ao outro detalhe mais relevante, ela começa a reconstituir alguma coisa a respeito. Mas é como se procurasse se recordar de um sonho do qual acaba de despertar, juntando pontas soltas e costurando os pedaços uns nos outros com a intenção de obter uma noção mínima do que se passou. É que as ideias, conceitos e lembranças que constituem o diálogo, não se originaram na sua mente e nem mesmo 'passaram' por ela, de vez que ela continuou a pensar e observar com inteira autonomia, como vimos, e em perfeita consciência da sua posição de dona do corpo, mas, parcial e temporariamente desligada dele. Não sei se, caso feita uma regressão da memória com ela, seria possível reconstituir o diálogo entre o espírito e o doutrinador. Tenho minhas dúvidas de que isto fosse possível, porque esse diálogo não está na sua memória, e sim, na do espírito. Seria difícil registrar toda a conversa e as emoções alheias, ao mesmo tempo em que pensa e observa com a sua própria mente. Nunca consegue, assim, reconstituir toda a comunicação. De volta à casa, após encerrado o trabalho, procura não se fixar demais, mesmo nos aspectos mais relevantes que, porventura, tenha guardado na memória.

6. Interindependência das mentes

Ao abordar o problema da autonomia das duas memórias, pareceu-me correto que assim fosse, em princípio, explicada a ausência de lembrança por parte de Regina, que somente retinha episódios isolados, fragmentários e mais marcantes, mas eu ainda não estava plenamente satisfeito com a explicação que, repito, parecia acertada, porém, incompleta.

Pois não deve a comunicação passar, necessariamente, pela mente do médium antes de se 'materializar' na palavra falada ou escrita – perguntava-me. Por que razão não ficava lá retida?

Ocorreu-me, então, que isso é verdadeiro, sim, mas com uma ressalva importante: o que passa pela mente do médium não é exatamente o que o espírito pensa – não são as memórias que se fundem uma na outra – mas os impulsos do comunicante, para que ele possa ter à sua disposição os comandos psicomotores de que necessita para movimentar os centros adequados no corpo do médium. A entidade desencarnada não manipula, à sua vontade e arbítrio, a memória do médium, que tem a sua inviolabilidade preservada. Ela não coloca ou retira nada de lá. E nem o médium pode invadir ou interferir na mente da entidade que, por seu intermédio, se comunica. Tanto que não lhe é dado conhecer o que o comunicante vai dizer ou fazer a seguir. Se este interromper a psicografia de um texto ou uma frase que está dizendo, o médium não sabe o que virá a seguir. Isto demonstra que o médium não está participando do processo de elaboração da comunicação, apenas cede o seu instrumento para que ela se veicule.

Em suma: as memórias individuais permanecem autônomas em ambas as entidades: médium e espírito comunicante. Se falta ao manifestante a palavra ou expressão adequada, ele precisa buscá-la no 'dicionário verbal' do médium, mesmo aí, contudo, parece haver uma consulta subliminar entre ambos, sem que um invada a memória alheia. Parece haver um confronto mental no campo do pensamento puro e o que o espírito do médium 'traduz' na expressão que ele usaria para se fazer entendido pelos destinatários da comunicação.

São diferentes, portanto, os circuitos utilizados. É como se, num sofisticado equipamento de som e imagem, fosse cedido apenas o acesso aos dispositivos de comando do toca-discos, por exemplo, e não os circuitos eletrônicos da parte nobre do sistema, por onde circula o material gravado nos cassetes da memória de seu proprietário. Em outras palavras: o manifestante pode tocar o seu disco, mas não tem acesso às gravações que fluem pelos circuitos privativos destinados aos cassetes da memória do médium. Ele movimenta o toca-discos alheio, emprestado, mas utilizando-se de seu próprio sistema interno, também privativo.

Se, por acaso, surge a necessidade de obter uma palavra ou imagem típica, para expressar certos matizes de pensamento, o manifestante faz a consulta como quem opera o terminal de um computador que tenha acesso à memória do seu instrumento mediúnico, mas não pode simplesmente 'ir lá' e remexê-la, em busca da desejada expressão.

Esse fenômeno da autonomia das memórias parece bem evidenciado ainda nos casos ditos de múltipla personalidade ou condomínio espiritual. Desconheço exemplo em que um espírito saiba o que o outro fez e pensou através do corpo por eles utilizado. Cada um que toma posse do corpo, provoca um desligamento dos circuitos do dono do corpo, ligando a sua própria tomada para ativar seus circuitos pessoais. Horas, dias ou anos depois, ao retirar-se, pode deixar sequelas físicas e até algumas vagas imagens mentais, mas não a lembrança do que disse ou fez enquanto esteve na posse do corpo alheio, pois a instrumentação da memória veio com o invasor e com ele se vai. Basta conferir essa realidade com os vários casos hoje documentados como, para citar apenas um, o de Hawksworth, no livro *The five of me*, que teve os seus circuitos desligados aos três anos de idade, foi 'ocupado' por quatro entidades diferentes durante quarenta e três anos, e só retomou a posse do seu sistema aos quarenta e seis anos de idade, sem lembrança do que ocorreu nesse ínterim. Fica por responder uma pergunta: onde esteve ele durante todo esse tempo e o que fez? Lamentavelmente, os pesquisadores que cuidam de tais casos não têm a mínima noção da realidade espiritual e, por isto, tantas oportunidades preciosas de estudo são desperdiçadas. É provável que o espírito dono do corpo fique hipnotizado, em estado de torpor, ou que, embora vivendo em paralelo, desligado de seu próprio corpo, ao voltar, de nada se lembre, precisamente porque durante todo o tempo em que esteve desligado somente operou a sua memória perispiritual, nada registrando nos cassetes celulares do cérebro físico. É natural, portanto, que nada encontre ali para orientá-lo, da mesma forma que ocorre ao espírito reencarnado que, na imensa maioria dos casos, esquece totalmente não apenas a existência anterior como o período vivido no espaço entre uma existência e outra.

Enfim, são enigmas da memória que ainda persistem porque persiste a arrogante postura da ciência que se obstina em ignorar a realidade espiritual. Um dia, com menos orgulho e mais humildade intelectual, tais enigmas serão todos decifrados.

E com isto, voltemos a Regina.

7. Autonomia

Regina nos proporciona uma sólida convicção de autonomia. Deixem-me ver se consigo explicar isso.

Como trabalhamos juntos durante muitos anos, é natural que chegasse a conhecer bem a personalidade dela, suas características de temperamento, sua maneira de considerar as coisas, sua ética, suas ideias, seu comportamento, grau de cultura, preferências e idiossincrasias. É de se esperar, portanto, que eu esteja em condições de distinguir com relativa segurança e convicção se falo com ela ou com outra entidade, através do seu corpo físico. Embora valendo-se de seu corpo e até de uma outra expressão que lhe é habitual, a entidade se manifesta com indiscutível autonomia no modo de falar, nos gestos e até cacoetes ou deficiências que porventura ainda traga consigo, como vimos há pouco. Ou seja, se o espírito ainda não se libertou de sua gaguez, não recuperou o uso da língua que lhe fora decepada em 'vida' ou se tem problemas na garganta – rouquidão, câncer, voz anasalada –, tudo isso se reproduz através dela. Há, às vezes, fenômenos de xenoglossia, e pode ocorrer com frequência – como também acontecia com outro médium muito seguro com o qual trabalhei alguns anos – que o espírito manifestante não encontre, em nossa língua, a palavra exata que deseja para expressar alguma ideia. Neste caso, o manifestante faz uma pausa e permanece em silêncio por rápidos instantes, como se estivesse a procurar no 'dicionário' vivo da mente de seu médium a palavra ou expressão recalcitrante.

Em outro grupo junto ao qual servi, tínhamos um amigo espiritual alegre e descontraído, embora firme na sua participação no trabalho, que sempre iniciava a tarefa com uma conversa amena, sem toques de personalismo ou de 'ocultismo'. Certa vez, para significar precisamente que os espíritos que levam suas tarefas a sério não são de estar resolvendo problemas que competem a nós, encarnados, resolver, buscou na mente do nosso médium a expressão adequada, achou-a e disse, com um sorriso:

– Os espíritos não são de botar azeitona na empada de ninguém...

Às vezes, depois da dita palavra pesquisada, ele acrescentava: – É essa a palavra que encontro aqui, na mente do nosso irmão. Esse espírito apresentava uma curiosa característica: falava com carregado sotaque francês – fora francês na sua existência mais recente. Antes de começar a comunicação, o médium parecia adaptar-se ao seu modo de ser, como que produzindo para ele uma garganta especial, ectoplásmica, após ligeira regurgitação. Até expressões suas em português denunciavam, às vezes, as matrizes francesas que as produziam. Companheiro muito querido, bem-humorado, mas também severo quando necessário. Sua aparente rudeza era a fachada tênue atrás da qual procurava ocultar um magnífico e generoso coração.

Essa busca de expressões adequadas também ocorre com Regina e frequentemente acontece de ser inglesa a palavra achada, de vez que ela conhece bem essa língua. Certa vez, todo o diálogo foi em inglês, dado que o doutrinador também o conhece. Creio que o espírito manifestante assim preferiu porque fora sua língua naquela existência, na Inglaterra vitoriana, na qual fora um membro da igreja anglicana.

É importante, contudo, assinalar que o espírito manifestante encontra em Regina espaço suficiente para que – dentro de óbvias limitações de bom-senso e ética –

DIVERSIDADE DOS CARISMAS

expresse à vontade o que pretende dizer, gesticule, module a voz nos tons desejáveis, mostre sua indignação ou angústia, seus remorsos e esperanças, alegrias e tristezas. É preciso que os médiuns se esforcem por não 'pasteurizar' a comunicação, tornando-a incolor, inexpressiva, asséptica e irreal. Se o espírito ali comparece deprimido, indignado ou irônico, ele vai manifestar exatamente tais sentimentos, sem jamais faltar às regras da civilidade, sem usar palavrões, sem berrar impropérios, *porque isso o médium não faz na sua vida normal*. Não há nele campo para esses despropósitos. Da mesma forma que o espírito interrompe, às vezes, sua narrativa em busca de uma palavra apropriada e acaba encontrando-a, se ele procurar o palavrão, não irá encontrá-lo. Mesmo o ímpeto inicial de irritação ou indignação vai se atenuando no decorrer do diálogo. Em primeiro lugar, porque o psiquismo do médium não o alimenta e, em segundo, porque o doutrinador deve deixá-lo falar sozinho por algum tempo, a fim de que ele próprio se esvazie das suas aflições. Poucas violências prevalecem por muito tempo quando não são resistidas. O conceito, que parece paradoxal – e talvez o seja –, é indiscutível. É só experimentar. Uma pessoa que berra despropósitos como um possesso a outra que se limita a ouvir com paciência e calma, acaba sentindo-se tola, atirada ao ridículo de um berreiro que não faz sentido. E, se o espírito intenta elevar a voz mais do que o necessário, costumamos pedir-lhe, calmamente, que se controle, e dando-lhe a razão do apelo: se ele tem razão no que diz, não precisa gritar; se não a tem, não *adianta* fazê-lo, pois não é a gritaria que lhe vai dar a razão.

A observação produz sempre resultados surpreendentes.

Não há a menor dúvida, contudo, que ali está uma entidade inteiramente diversa de tudo quanto Regina é e pensa. Dentro das limitações já assinaladas, o espírito fala, gesticula, extravasa toda a sua indignação e revolta; se for o caso, pode até ir à agressão verbal ao doutrinador que está se metendo na sua vida; formula ameaças, ironiza, reclama, alteia a voz e a modula como quiser, produzindo um autêntico retrato psicológico, com riqueza de elementos que permitem ao doutrinador avaliar a situação em que se encontra e caracterizar, com nitidez, que fala a uma entidade diferente da pessoa que lhe serve de intermediária. Se, ao contrário, sua comunicação fosse muito bem comportada, tranquila, com palavras bem escolhidas, sem veemências verbais e gestuais, então, sim, ficaríamos em dúvida quanto à autonomia da entidade. Poderíamos, em tais casos, ser levados à suspeita de que estávamos a falar com o próprio médium e não com um espírito desencarnado. Seria desastroso para o trabalho, a meu ver, que o comunicante fosse dominado pelo médium de tal maneira a ponto de produzir uma comunicação bem educada e artificial que jamais conduziria ao verdadeiro núcleo dos seus problemas.

É esta exagerada contenção dos médiuns – treinados para serem bem comportadinhos, com as mãos imobilizadas sobre a mesa, os olhos fechados, a voz controlada – o fator responsável por muitas dificuldades encontradas pelos grupos em ajudar certos espíritos que comparecem para serem tratados. Como ajudá-los, se o informe que recebemos deles não é a expressão dos seus problemas e sim, uma versão toda arrumadinha e comportada, produzida em segunda mão, pelo médium inibido?

Tem de haver, portanto, um meio termo entre permitir que o espírito faça tudo quanto entender e como entender ou bloqueá-lo de tal maneira que ficamos sem saber das suas verdadeiras e profundas motivações. Não podemos exigir de um espírito que se sente indignado com uma situação, para ele das mais aflitivas, que se comporte como um bem educado diplomata, numa conferência internacional de negociações políticas. Que não quebre a mesa com seus murros, é claro, mas que lhe seja permitido dizer dos sentimentos e das emoções que lhe sacodem o ser. O médium que não consegue esse equilíbrio entre os dois extremos não está corretamente preparado para a sua tarefa. Se bloquear demais estará dando a sua versão do conflito que lhe é mostrado, não o conflito mesmo, nas palavras, expressões, gestos e emoções de quem as sofre. Está, em suma, convertendo uma comunicação mediúnica numa narrativa anímica, fazendo chegar ao doutrinador *o que ele entende ser o problema* do comunicante, não o que este pensa e sente, em primeira mão.

Não que se deva culpar o médium por essa atitude restritiva, mas à sua formação, que não foi adequada. Criou-se na mente de alguns responsáveis pela tarefa do treinamento dos médiuns tal pavor ante o fantasma do animismo que qualquer participação do médium na comunicação é considerada censurável e indesejável. No entanto, essa mesma mentalidade acaba empurrando o intermediário para o outro extremo, ao obrigá-lo ao que estou chamando de 'pasteurização' da comunicação, inibindo qualquer palavra mais ríspida, qualquer gesto ou tom de voz diferente. Para esses dirigentes, o médium tem de falar com a sua própria voz, sem movimentar as mãos, sem abrir os olhos, sem deixar passar expressões que, afinal de contas, autenticam a presença de uma entidade com tais ou quais problemas. Pois não é totalmente diferente da sua a personalidade do ser que ali está, tentando comunicar-se? Como vamos exigir que sejam idênticos na maneira de expressar-se?

Creio que a autonomia das entidades manifestantes ficou bem caracterizada em cerca de meia centena de narrativas reunidas sob o título: *Histórias que os Espíritos Contaram*. Cada narrador é uma personalidade bem marcada nas suas atitudes, na linguagem, no tom de voz, na sua postura ante a vida.

Se os dirigentes criarem exageradas inibições no médium este não conseguirá dar autenticidade à comunicação. E mais: o espírito manifestante não logrará sequer discordar do doutrinador por causa da dominação que este exerce sobre o médium. Não que sua autoridade se estenda ao espírito, mas é que o médium acaba, com as suas inibições, inibindo o manifestante. Como vimos ainda há pouco, o espírito só consegue dizer impropérios quando encontra campo para isso no médium, da mesma forma, não consegue dizê-los, ainda que o desejasse, se o médium não lhe dá condições. Como dissemos, o médium não tem, neste caso, as tomadas próprias. Da mesma forma, se o médium trabalha assustado, temendo a autoridade inibidora do doutrinador, a comunicação se trunca e se deforma irremediavelmente. Há doutrinadores desastrados que, terminada a sessão, se dirigem aos médiuns para censurá-los, publicamente, por terem permitido que o espírito alterasse a voz, manifestasse sua indignação de maneira mais veemente ou ousasse discordar dele, doutrinador. E lá vem a recomendação: – É preciso controlar essas expansões indesejáveis. Mas, Deus do céu, o espírito não está ali precisamente para debater seus problemas, mostrar a sua indignação e dizer por que razão está indignado? Como fazê-lo com as mãos tranquilamente depositadas sobre a mesa, os olhos fechados, a voz monocórdia, inexpressiva, sem um gesto, sem um olhar, sem uma palavra mais veemente? A essa altura, não é mais o espírito que se manifesta e, sim, aquilo que o médium permite que seja peneirado. Aí sim, o fenômeno terá muito mais de animismo do que de mediunidade.

O assunto exige ainda algumas explorações adicionais, em maior profundidade, porque, no grupo em que Regina colabora com a sua mediunidade, também praticamos a regressão da memória nos espíritos, por meio da magnetização.

8. Regressão da memória e mediunidade

Duas posturas essenciais é necessário colocar aqui. *Primeira:* é preciso deixar falar o espírito tão livremente quanto possível dentro das normas habituais de procedimento, a fim de que possamos ter uma visão nítida da sua problemática. Do contrário, não poderemos ajudá-lo. E mais: nessa fase de exame, nas profundezas das suas dores, ele não deve estar magnetizado ou hipnotizado e, portanto, deve *preceder* a qualquer tentativa de magnetização para que ele fale exatamente o que sente no momento. *Segunda observação:* mesmo depois de hipnotizado ou magnetizado e regredido no tempo, em busca de suas memórias pregressas, ele não está à mercê da vontade e do arbítrio do doutrinador ou magnetizador. É certo que ele experimenta, quase sempre, uma compulsão de dizer coisas que, sob condições normais, ele não diria; não, porém, que isso seja induzido. Ouvimos, com frequência, ele (ou ela) declarar que não sabe por que está dizendo isto ou aquilo. Observamo-lo, inicialmente, a resistir à magnetização e, posteriormente, a relutar em dizer o que ele sabe que *precisa dizer.* Nunca, porém, é forçado a dizer o que não quer.

Pelo contrário, frequentemente pedimos que ele diga apenas o que deseja; o objetivo da regressão – dizemos – não é forçá-lo a contar a sua história para satisfazer eventuais curiosidades, mas para que tome conhecimento dos fantasmas e das aflições que traz arquivados na sua memória e que ele bloqueou para esconder-se, por algum tempo da dor.

Por isso, hipnotizado ou não, o espírito não apenas é deixado livre para expressar seu pensamento e suas emoções, mas até estimulado a fazê-lo a fim de que possamos avaliar toda a extensão de sua dor, de suas angústias e podermos, dessa maneira, ajudá-lo a resolver seus 'impasses'.

Do tema específico da regressão da memória cuidou o livro *A memória e o tempo*, ao passo que algumas referências constam de *Diálogo com as sombras.* Julgo oportuno, contudo, uma breve notícia aqui.

Depois de alguns anos de pesquisa teórica e experimental com a regressão da memória em seres encarnados, comecei a aplicá-la, como valioso instrumento auxiliar, ao trabalho mediúnico em geral e, de modo especial, aos casos de doutrinação.

A técnica é de grande eficácia nos casos em que o espírito manifestante se coloca obstinadamente na posição de quem está apenas cobrando uma dívida, no exercício pleno de um direito que lhe asseguram as leis divinas, ao vingar-se de alguém que, no passado, tenha cometido contra ele atrocidades e arbitrariedades.

Em princípio, isso é verdadeiro, pois é fato que a lei autoriza, ou melhor, *tolera* ou permite a cobrança da dívida cármica. O Cristo advertiu, a propósito, que o pecador é escravo do pecado, que nossas faltas nos seriam cobradas até o último centavo e que não insistíssemos nelas para que não nos acontecesse ainda pior. Não há dúvida, portanto, de que ele caracterizou, com nitidez incontroversa, a conexão entre erro e dor, crime e reparação. Isso não quer dizer, contudo, que a vítima tenha de tomar a vingança em suas mãos ou assumir a postura de cobrador para que a reparação se faça perante a lei cósmica que regula o equilíbrio ético do universo. Quer ele se vingue ou não, o devedor tem seus ajustes programados inapelavelmente perante essa lei 'imburlável', como todas as que compõem o código divino. Antes de ser cometida contra indivíduos, as nossas faltas são primariamente contra a lei, e à lei teremos de responder por elas, mais do que à vítima. E, por isso, quando alguém assume o papel do vingador ou do cobrador, dá-se mal, porque reabre o ciclo da dor que virá como reação futura. E foi por isso que o Cristo prescreveu o perdão universal, setenta vezes sete, porque, perdoando, estamos nos *libertando* da dor; caberá ao algoz fazer o mesmo, pelos processos que lhe forem prescritos no devido tempo.

O problema é que isto é filosofia demais para quem está condicionado ao ódio, à devoradora paixão da vingança. Tem-se a ilusão de que a vingança aplaca as dores, quando as cultiva e nutre, prolongando-as no tempo. Acha-se que, vingando, se liberta quando, ao contrário, fica-se preso ao antigo algoz, convertido em vítima. E não há como sair, à simples força de argumentos, desse terrível círculo vicioso.

É diante de semelhante impasse que costumamos recorrer à técnica da regressão da memória, para que o vingador seja confrontado com o seu passado e se certifique das razões pelas quais sofreu as aflições que lhe foram impostas pela sua vítima de hoje. Da mesma forma que esta vítima abriu suas guardas e se expôs aos impactos do ódio, submetendo-se aos trâmites da vingança porque errou contra o seu carrasco de hoje, este sofreu anteriormente porque a mesma lei atuou, em sentido inverso, ou seja, sobre ele, cobrando-lhe alguma falta cometida contra alguém.

O objetivo da regressão, portanto, é ir buscar, na memória do vingador de hoje, o episódio que o expôs aos rigores da lei, quando sofreu nas mãos do seu adversário. Se está se vingando, por exemplo, porque lhe exterminaram a família e lhe tomaram os bens, é certo que acabaremos dando com um episódio documentado na sua memória em que ele próprio destruiu, a sangue frio, famílias inteiras e usurpou bens alheios.

O processo da regressão da memória como instrumentação auxiliar à mediunidade nos permite, assim, mostrar ao perseguidor de hoje o argumento irrespondível, fornecido por ele mesmo, para convencê-lo de que ele pode, claro, exercer sua vingança, mas não lhe convém fazê-lo porque se expõe a outra reviravolta, em futuro imprevisível, mas inevitável.

Ora, em nossa prática mediúnica, observamos que os passes magnéticos dados no corpo do médium alcançam o espírito manifestante que a ele se acha ligado pelo respectivo perispírito, através de suas auras. Uma vez adequadamente saturado de fluidos magnéticos – e nesse caso alguém precisa dispor de tais faculdades no grupo mediúnico – o espírito mergulha em sonolência e pode ser, com relativa facilidade, regredido no tempo em busca das suas memórias bloqueadas, mas não perdidas, porque tudo se grava nos cassetes invisíveis da mente.

O leitor poderia perguntar que efeitos teria uma regressão dessas sobre o médium. É certo que ele recebe, também, a sua quota de magnetismo induzido pelos passes que são aplicados, afinal de contas, em seu corpo físico. Também ele fica um tanto sonolento, mas ao retomar o corpo, logo que o espírito manifestante é desligado, é fácil reconduzi-lo à normalidade por meio de passes dispersivos, aplicados transversalmente, em vez de longitudinais, como os passes indutivos.

Feita essa digressão, voltemos ao exame das diversas modalidades de incorporação experimentadas por Regina, no exercício da sua mediunidade.

Percebe ela, por exemplo, que às vezes a entidade reluta em incorporar-se, e mesmo estando ali, ao seu lado, ainda se mostra indecisa ou mesmo disposta a recuar. Ela diz sentir os entrechoques da luta que se passa na intimidade do espírito sob forma de pressão indefinível que, se durar muito tempo, causa-lhe enorme canseira. Em certas ocasiões, ela precisa mesmo pedir a ajuda do doutrinador para que a ligação se faça com o auxílio de passes magnéticos. Em tais casos, o impacto do choque elétrico que ela costuma experimentar é bem mais forte. Parece que o espírito chega com uma carga superior à sua. Não há como ligar suavemente os dois campos magnéticos vivos, em situações como essa. Como na eletricidade, o circuito está aberto ou fechado, ligado ou desligado; não pode estar meio aberto ou meio fechado.

De outras vezes, ela vê a entidade à sua frente, antes da incorporação, a fazer-lhe ameaças dizendo, entre outras 'amenidades', que vai 'acabar' com ela. Também em tais situações ela pede ajuda, mesmo porque já se encontra, naquela etapa da incorporação, com a sua sensibilidade um tanto exacerbada como se estivesse com 'os nervos à flor da pele'. Como ainda se acha no seu próprio corpo e condicionada às suas limitações, acaba por registrar uma tendência à intimidação. Cabe ao doutrinador, nesse momento, proporcionar-lhe o conforto de sua presença e de sua confiança, assegurando-lhe que nada poderá acontecer àquele que está a serviço do bem, o que é estritamente verdadeiro.

9. Atividade mediúnica, em desdobramento, à distância

Há casos em que a entidade a ser tratada não se encontra no recinto da reunião, e sim no seu reduto. Regina percebe logo, ou é informada pelos amigos espirituais responsáveis pelo trabalho, que terá de ser desdobrada e levada até onde se encontra a entidade com a qual se deseja o diálogo. É lá, onde o espírito tem suas instalações e o seu grupo, que é promovida a ligação perispírito a perispírito, e é de lá que a comunicação é transmitida ao corpo físico, junto à mesa de trabalho mediúnico.

Como esses casos são, usualmente, muito marcantes, ela guarda alguns episódios na lembrança.

Terminados os preparativos para a reunião, o orientador espiritual comunicou-lhe que iriam 'sair', que Regina o acompanhasse. Ela informou o doutrinador, perguntando-lhe se devia ir. A resposta foi pronta, sumária, e positiva: – Sim. Regina desligou-se do corpo e saiu. Retirou-se da sala de trabalhos por uma porta lateral – que ela informa não ser a que existe no plano físico e, sim, outra invisível – e, após caminhar algum tempo, chegaram a uma região onde o terreno era bastante acidentado. O amigo espiritual trazia uma pequena lanterna semelhante a um lampião a querosene ou gás com uma alça por cima e o foco luminoso dentro de uma campânula de vidro. Desceram por um barranco, percorrendo uma trilha estreita e barrenta. Era possível divisar pequenas cavernas, mais abaixo, simples buracos abertos no barranco. O amigo espiritual caminhava à frente e Regina a um ou dois passos atrás. Entraram numa das cavernas. Era exíguo o espaço lá dentro e havia símbolos e apetrechos de magia por toda a parte. Foi pelo menos a impressão que ela teve daquele estranho instrumental. Ao fundo, um pequeno altar ou coisa parecida. No centro, sentava-se, imóvel, uma figura humana de aspecto assustador. Era um homem de nariz adunco, expressão facial indescritível, vestindo um manto indefinível. Dormitava, no alto da sua cabeça, um corvo negro e soturno. Tranquilizada pela presença do amigo espiritual, Regina não se sentiu apavorada e manteve-se calma. Foi daquele sinistro cenário de pesadelo que a comunicação se transmitiu.

De outra vez, ela foi levada ao encontro de uma entidade que fora, 'em vida', um homem terrível, cujo nome a história registrou precisamente pelo vulto das suas façanhas bélicas e suas conquistas territoriais. Ele estava como que plantado em pleno deserto, sozinho, à sua espera. Sua primeira impressão foi aterradora, mas logo percebeu – provavelmente os dirigentes espirituais do grupo lhe transmitiram algo a respeito – que todo aquele aparato não passava de uma 'fachada' para impor respeito. Aparentemente, o atrabiliário guerreiro estava já esvaziado de seus impulsos. O simples fato de poder ser abordado por um grupo mediúnico, em trabalho, já servia para dar o tom do seu estado de espírito. Embora ainda resistam e reajam, os espíritos em tais condições já estão começando a ceder ao cansaço, ao enfado, ao desencanto, e dispostos a dar uma parada para pensar e até reiniciar a marcha renovadora, em busca de outros horizontes.

Mas, lá estava ele, ainda impressionante, de pé, espada à cinta, desafiador. Um dos olhos estava coberto por uma tira de pano escuro, como os artistas costumam

DIVERSIDADE DOS CARISMAS

figurar os piratas. Foi dali, daquele remoto ponto na sua 'geografia' pessoal, que a ligação foi feita para que o doutrinador, lá na mesa de trabalho, pudesse falar com o antigo líder.

Outra experiência assustadora para Regina foi seu encontro, em desdobramento, para servir de médium junto a uma comunidade de bruxos. Saíra a caminhar, sempre sob a proteção do orientador espiritual do grupo, até que se encontrou numa clareira, em plena floresta densa e escura. Chegaram a um ajuntamento de espíritos de aparência soturna, vestidos de maneira estranha, mascarados ou encapuzados. Um deles empunhava um estandarte de cor amarelada, no qual se desenhava uma caveira. A curiosa 'procissão' caminhava sob uma luz baça que mal permitia distinguir certos detalhes. De repente, eles começaram a dançar um ritual com a óbvia intenção de intimidá-la. Desse ponto em diante – até aí ela descreveu todas as peripécias ao doutrinador – ela não se lembra de mais nada. É que o chefe daquela fantástica confraria das sombras acabara de 'incorporar-se', isto é, estabelecer com ela as ligações perispirituais para dialogar com o doutrinador.

Em outra oportunidade, Regina foi levada a um 'campo' onde o espírito com o qual estava programado o contato havia 'enterrado' dezenas de pessoas que ele assassinara, quando encarnado. Só esta incrível façanha é suficiente para evidenciar o vigor de sua mente e a relativa facilidade com a qual manipulava os recursos da hipnose. Não só conseguiu arrebanhar suas próprias vítimas – certamente comprometidas, também gravemente, perante a lei – como reduzi-las à inação, convencendo-as a se deixarem 'enterrar'. A terrível entidade estava de plantão debaixo de uma árvore e dali não concordava em arredar o pé. Feita a ligação, pôde ser doutrinada. Já na reunião seguinte, foi possível levá-lo à sala mediúnica, obviamente indignado, porque o haviam afastado – segundo ele, pela violência – de seus domínios.

Por motivos inteiramente diversos, também os contatos com alguns mentores ocorrem por incorporação ou ligação à distância, como já vimos. Uma dessas entidades, por quem a médium tem uma ternura muito especial e antiga – Regina foi sua filha em agitado período da civilização egípcia –, certa vez comunicou-se dessa maneira. Encerrara-se o atendimento da noite aos espíritos necessitados, quando Regina divisou, ao longe, através de um cone luminoso, a figura da entidade. Foi de lá mesmo que ela começou a transmitir-lhe seu pensamento, mas não por incorporação ou contato espiritual e, sim, por palavras, via telepática. Ela parecia 'falar' e Regina repetia o que 'ouvia', como uma intérprete.

A entidade, porém, preferiu modificar o processo para que a comunicação fosse mais nítida. Logo Regina sentiu-se desdobrada e levada até o espírito. Via-se, ela própria, como uma adolescente, com cerca de quinze anos de idade, vestida com uma túnica leve e esvoaçante, à moda egípcia, que lhe descia até os joelhos. A entidade estava num local à beira mar, em frente a um lindo bosque. Sentou-se em um banco e Regina sentou-se ao seu lado, tão feliz que não conseguia articular uma só palavra. O espírito puxou-a para si, deitou-lhe a cabeça em seu colo e começou a acariciá-la mansamente. A partir desse momento, ela percebeu que, através de seu corpo, lá na sala mediúnica, a comunicação chegava aos demais companheiros. Foi um momento inesquecível para ela. De volta ao corpo, foi vencida pelas emoções e começou a chorar, sufocada.

De outra dessas comunicações também ela se lembra. Fora levada até determinado local, por um caminho iluminado. Subitamente, aproximou-se venerável entidade que parou a poucos passos dela. O espírito ergueu o braço direito e começou a transmitir o seu pensamento enquanto o 'alto falante' do corpo físico, junto aos companheiros encarnados, reproduzia o teor da mensagem.

10. Desligamento e retorno à normalidade

A desincorporação dos companheiros em tratamento sempre causa certo choque, como no início, ao serem feitas as ligações perispirituais. De volta ao corpo físico, Regina, como outros médiuns, pode necessitar de alguns momentos para reassumir a consciência de sua própria identidade, do local onde se encontra e coisas assim. É como se, subitamente acordada por uma explosão, ela precisasse tomar conhecimento do que se passa. A intensidade dessas dissonâncias depende, obviamente, do estado de desarmonia do espírito que acaba de servir-se de seu corpo físico. Alguns deles, mesmo que causando choque inicial ao se incorporar, desligam-se sem grandes problemas porque conseguem tranquilizar-se durante o longo diálogo mantido em função dos passes que receberam e das preces que foram pronunciadas em seu favor. O mais comum, no entanto, é o desligamento algo traumático. Traumatismo, aliás, que dura pouco, pois ela costuma ser atendida prontamente com passes transversais de dispersão e, em seguida, passes longitudinais tranquilizadores, ou imposição de mãos sobre a testa e a nuca, por exemplo, sobre a garganta, quando particularmente afetada, ou ainda sobre o plexo solar.

Algumas situações específicas podem ocorrer entre as muitas variáveis possíveis. Às vezes, por exemplo, o espírito ameaça continuar incorporado. Embora nunca o tenham conseguido, é certo que a luta que se trava deixa Regina exausta, quando, afinal, a entidade se desliga.

De outras vezes, ela própria reluta em reassumir os controles de seu corpo, dado que a sensação de euforia e liberdade ou a convivência, por alguns momentos, com entidades muito amadas e carinhosas acabam por gerar na sua mente a passageira ideia de que seria preferível 'ficar lá', naquele outro mundo melhor, onde as pessoas são tão maravilhosas. Mas isto também é passageiro. Logo, logo, o canário que voou pelo espaço livre e cantou a melodia do amor universal volta, abre a porta da sua própria gaiolinha, fecha-a atrás de si e vai cantar o cântico melancólico da *saudade do futuro,* quando, um dia, estará livre para sempre.

Acontece, ainda, ela reassumir o corpo mas ficar, por alguns momentos, debruçada sobre a mesa, um tanto inerte. Ouve o doutrinador que lhe fala e pede que volte, mas, a princípio, não consegue mover-se. Só após uma série de passes de dispersão, ela reage, afinal, ao estado de lassidão e reassume os controles mentais.

DIVERSIDADE DOS CARISMAS

333

Após certas incorporações mais traumatizantes – quando os espíritos despertam, em desespero, para uma realidade dolorosa –, ela 'volta' com uma terrível sensação de 'vazio' na mente, como se não tivesse mais cérebro, fosse incapaz de pensar e nem mesmo soubesse da sua identidade. É uma sensação angustiante e aflitiva. Ela percorre com o olhar o ambiente, observa as pessoas em torno da mesa, rostos familiares, afinal de contas, mas nada daquilo faz sentido para ela. Onde está? Quem é aquela gente ali? Que estão fazendo? E quem é ela própria? É hora de o doutrinador interferir mais uma vez com os passes para dispersar fluidos que ainda envolvem e com palavras que lhe assegurem que ela é Regina, que tudo está bem e em paz. De repente, ela descobre que é ela mesma. [É a mesma sensação que experimentava quando voltava de suas 'ausências', durante a fase de fenômenos já relatados alhures, neste livro, sob o título "Condomínio Espiritual", o que parece comprovar a nossa teoria de que, durante tais 'ausências', ela, provavelmente desdobrada, tinha seu corpo controlado e dirigido por outra(s) entidade(s).]

É claro que, ao retornar, o médium pode encontrar no corpo os resíduos magnéticos deixados pela entidade que acaba de ser desligada. Durante algum tempo – às vezes, mais de uma hora – viveram naquele corpo pessoas atormentadas por mil problemas aflitivos: dores físicas e morais, estados de angústia, rancor, ansiedade, insegurança e temor. Enquanto em desdobramento tais sensações lhe chegam por via indireta, por reflexo e, portanto, atenuadas, de volta ao corpo, reintegrado a todos os seus dispositivos sensoriais, ele sente uma realidade física, a presença da dor concreta, pessoal, como se fosse própria.

Pode encontrar, ainda, como eco visual, imagens que se projetaram da mente da entidade tratada, ou seja, ele continua vendo cenas que parecem ter ficado, por um momento, retidas no seu psiquismo, ou na atmosfera psíquica que o envolve. Talvez o cérebro físico capte a criação mental das entidades, que persiste, em vista da dramática intensidade com a qual as imagens foram disparadas e sustentadas.

Algumas dessas vidências *a posteriori* são revestidas de trágico realismo. Regina se lembra de uma delas, particularmente chocante: um homem amarrado a um cepo, com a cabeça esfacelada por sucessivas arremetidas de um daqueles infernais instrumentos de agressão medieval constituído por uma bola cheia de pontas de ferro por toda a superfície e que gira, presa por uma corrente, também de ferro, a um cabo como o de um chicote. Foi uma cena inesquecível.

O realismo de tais vidências é impressionante. Quando o grupo cuidou de uma comunidade de judeus que morreram vitimados por atrocidades promovidas por oficiais nazistas, ela foi ao encontro de um deles que ainda se via detido num dos tenebrosos campos de concentração da época. Lá ela ficou depois que a entidade foi desligada – um jovem ainda perplexo, sem entender sequer o que acontecera com ele. Estudava na França quando, em visita à Alemanha, fora agarrado e levado para o campo de concentração onde acabou trucidado como os outros. Só que ele não sabia que já estava 'morto'. Recusava-se a aceitar aquela realidade dura que ceifara, de um só golpe, todas as suas esperanças. Terminada a manifestação, Regina não conseguia voltar para o corpo e despertar, embora pudesse ouvir a voz do doutrinador a chamá-la. Sentia-se encerrada num espaço cercado de arame farpado, finamente tecido e eletrificado. Tinha receio de atravessar a cerca. Só depois de ouvir palavras de confiança e tranquilização do doutrinador, conseguiu vencer sua inibição e atravessá-la. Daí se pode ter uma ideia de como estava a pobre entidade fixada naquele terrível ambiente onde a sua vida física se extinguira e onde ainda se mantinha mentalmente aprisionada, ignorando sua condição de ser desencarnado.

Se a entidade se apresenta com algum defeito 'físico' – como paralisia, dor localizada em algum órgão, um membro decepado ou coisa semelhante, ela encontra o local ainda sensível ou com uma sensação de desconforto. Quando necessário, alguns passes são dados e ela retoma logo a normalidade. Certa vez, ao retomar o corpo, não conseguia mover as pernas e nem as sentia. A entidade que acabava de se retirar era paralítica da cintura para baixo.

Outro espírito a deixou com resíduos de seus problemas circulatórios, dado que desencarnara de um infarto. Durante a conversa com o doutrinador, levado por forte emoção, começou a passar mal. Ao reassumir o corpo, Regina estava sentindo dores precordiais.

Alguns médiuns se queixam de mal-estar depois das reuniões. Se o médium nos primeiros momentos, ao retornar ao corpo físico, sofre repercussões dos resíduos ali deixados pela entidade manifestante, bastam-lhe alguns passes para que se refaça com relativa presteza.

Terminado o atendimento da noite, às vezes, tem-se a palavra de algum amigo espiritual, quando há tempo disponível para isso, pois há um respeito severo ao horário.

A prece final encerra os trabalhos. É possível que Regina ainda tenha algum breve recado a transmitir ao doutrinador, mas não por incorporação. Ou, então, ela pode identificar (ou não) certos espíritos que comparecem por motivos diversos: vêm participar do trabalho, têm qualquer vínculo com um companheiro encarnado ou se mostram interessados no trabalho que está sendo desenvolvido junto aos companheiros em tratamento. Raramente se comunicam esses 'visitantes', que se portam com irrepreensível discrição. Regina os vê, por vezes, aproximarem-se de um ou outro companheiro encarnado e envolvê-lo num abraço fraterno e carinhoso.

11. Quatro faculdades básicas

O problema da clarividência foi abordado no local próprio deste livro, em conexão com a fenomenologia anímica. Vamos retomá-lo, a seguir, com enfoque algo diferente a fim de estudá-lo no seu aparente envolvimento com os fenômenos mediúnicos.

Iniciemos, pois, com uma ligeira recapitulação.

Partindo do conceito formulado por Allan Kardec de que médium é a "pessoa que pode servir de intermediária entre os espíritos e os homens", não há como deixar de concluir que somente há fenômeno mediúnico quando entra em ação

DIVERSIDADE DOS CARISMAS

essa estrutura básica, na qual figuram o espírito desencarnado, o intermediário e os seres encarnados. A comunicação mediúnica é o seu produto. Por isso, estamos propondo um reexame em certos aspectos da fenomenologia psíquica que estão sendo indevidamente tomados por mediunidade quando são manifestações anímicas.

Tomemos, para objetivar tais aspectos, quatro das mediunidades básicas: psicofonia, psicografia, vidência e clariaudiência.

Antes de irmos adiante, proponho abrir certo espaço para algumas considerações de natureza terminológica. São bons e adequados os termos psicofonia e psicografia, que classificam manifestações psíquicas faladas ou escritas. Já o mesmo não se pode dizer de vidência (ou clarividência) e clariaudiência. A uma primeira abordagem do problema, propusemos separar o termo *clarividência* para caracterizar apenas os fenômenos de vidência à distância, pelo espírito encarnado em desdobramento, o que o conceitua como fenômeno anímico. Neste caso, ficaria o termo vidência reservado apenas para os fenômenos de natureza nitidamente mediúnica, quando contamos com o esquema básico de que há pouco falávamos, ou seja, quando há espírito (fonte emissora), médium (veículo) e seres encarnados (destinação). Seja como for, porém, o termo *vidência*, bem como *clarividência*, estão fora de compasso com os demais (psicofonia e psicografia). Por certo comodismo tradicional, foi adotada a primitiva expressão clarividência – visão clara – sem melhor exame das suas possibilidades e de seu conteúdo semântico. Era a palavra proposta pelos primeiros magnetizadores franceses – *clairvoyance*. Pelo mesmo comodismo, os ingleses a adotaram sem alterar uma só letra, dado que poderiam tê-lo feito já que dispõem, em sua língua, das palavras adequadas para traduzir tanto *clair,* como *voyance,* ou seja, *clear* e *vision,* visão clara. Parece, contudo, que a palavra nasceu com inusitada força, se impôs e consolidou. É até compreensível que tenha servido aos seus propósitos iniciais e ainda possa servir para caracterizar os fenômenos anímicos de visão à distância, mas para fenômenos mediúnicos é inadequada. A maneira correta de rotular a chamada mediunidade clarividente é o termo psicovidência, coerente com as demais há pouco citadas. Por extensão, em vez de clariaudiência, igualmente imprópria para o fenômeno da audição mediúnica, o termo desejável teria de ser psicoaudiência. E, assim mesmo, com algumas concessões à mistura de grego (no prefixo) com o latim, o que não ocorre com psicofonia e psicografia.

Digamos, pois, que as quatro modalidades básicas de mediunidade de efeito intelectual são psicofonia, psicografia, psicovidência e psicoaudiência. Isto, porém, voltamos a lembrar, quando entra em ação o esquema estrutural já conhecido, isto é, espírito manifestante, médium e ser encarnado. E mais: estamos no pressuposto de que o espírito manifestante (como está implícito na conceituação kardequiana) é um ser desencarnado. Se, porém, esse espírito é o do próprio médium – e ele inegavelmente pode comunicar-se por intermédio do seu próprio corpo –, então teremos a comunicação anímica. O exemplo mais comum disso é o da regressão da memória, na qual o ser encarnado desdobrado assume a sua condição de espírito, com acesso à sua memória integral e fala, psicofonicamente, pelo seu próprio corpo. Acho possível, por analogia, admitir que a comunicação seja mediúnica quando o espírito encarnado desdobrado transmite uma mensagem psicofônica ou psicográfica através de outro médium pois, neste caso, ele está funcionando como um desencarnado, como assinala Kardec ao dizer que, se o espírito desencarnado pode dar a sua comunicação, também o encarnado pode fazê-lo, e o faz, *como espírito*.

Da mesma forma, se o médium reproduz, por psicografia, um texto de autoria de um espírito desencarnado, está produzindo uma mensagem mediúnica, de vez que funciona como intermediário entre um espírito e seres encarnados. Se, porém, o texto provém de seu próprio espírito, por escrita automática, como tão bem estudou Gabriel Delanne em *Recherches sur la mediumnité*, então, estará produzindo um fenômeno anímico.

Vejamos, agora, esse mesmo conceito aplicado à vidência e à audiência. Se o sensitivo vê – visão normal ou diencefálica – uma cena no mundo espiritual e não a transmite a ninguém, falta o termo final da equação mediúnica, ou seja, os seres encarnados. Não está, portanto, produzindo uma comunicação mediúnica, e sim, observando um fenômeno com seu próprio espírito. Se ouve ruídos, música ou frases pronunciadas por espíritos desencarnados, também não se caracteriza nenhuma comunicação mediúnica, a não ser que ele as reporte a alguém, com algum objetivo.

Há médiuns, por exemplo, que pela psicovidência contemplam figuras espirituais invisíveis às demais pessoas presentes e lhe transmitem suas impressões ou recados. Assim, por hipótese: – Vejo, ali, um mulher, vestida desta ou daquela maneira. Ela tem os cabelos longos e claros, presos por uma fita azul, no alto da cabeça. Diz ela que se chama Aurora e manda dizer ao sr. Fulano, aqui presente, que está bem, apenas muito saudosa de todos os que deixou na Terra.

Trata-se, portanto, de uma comunicação mediúnica por psicovidência, combinada com psicoaudiência, pois o médium viu e ouviu o espírito transmitindo as informações pertinentes a pessoas encarnadas que lhe estavam vinculadas por laços de amizade ou de família.

Divaldo Franco transmitiu-me, certa vez, um desses recados mediúnicos psicovidentes e psicoaudientes. Apresentou-se à sua visão espiritual uma senhora, que ele descreveu com precisão, pedindo-lhe para dizer-me – eu estava presente – que agora entendia bem a carta que eu lhe escrevera. Havia, contudo, uma dúvida na curta mensagem: ela me apontava, mas dizia a ele que transmitisse o recado a João.

Só eu mesmo poderia ter entendido essa mensagem cifrada. É que pouco depois de iniciar a tarefa da divulgação pela escrita, que se desdobraria em mais de uma dúzia de livros, eu escrevera e publicara em *Reformador*, um pequeno artigo intitulado *Carta à Mãe Católica*, no qual fazia minha profissão de fé espírita, mas em total respeito pelas convicções de minha mãe e com muito carinho pela sua maravilhosa personalidade. Além do meu nome e das iniciais HCM, usava eu, àquela época, o pseudônimo João Marcus, e a carta fora assinada simplesmente *João*. Só após essas explicações, Divaldo pôde entender a enigmática comunicação mediúnica psicovidente e psicoaudiente.

Essas distinções me parecem fundamentais ao bom entendimento dos mecanismos da mediunidade, bem como à exata conceituação de fenômeno mediúnico, em contraste com fenômeno anímico. Este último não constitui nenhum fantasma assustador que é preciso combater tenazmente a ponto de inibir médiuns e espíritos manifestantes. É certo que precisam ser corretamente identificados, um e outro, e isso não é difícil de ser feito se aplicarmos ao exame de cada caso, como recomenda a doutrina, os critérios aferidos do bom-senso, instruído por um conhecimento seguro, convicto e profundo do espiritismo e dos fenômenos que ocorrem no seu contexto. Suponhamos que o médium escreva uma mensagem psicográfica que o dirigente atento imagina ser de autoria de seu próprio espírito. Ou melhor, que seja uma comunicação anímica, recebida segundo a técnica que os ingleses chamam de escrita automática. Qual o problema? O espírito do médium também não terá o que dizer, só porque está encarnado? Kardec observa sutilmente que alguns dos seus comunicantes eram espíritos que, naquele momento, poderiam estar encarnados e falavam *como espíritos*. O que se tem a fazer num caso desses é aplicar a mesma recomendação de sempre: examinar cuidadosamente o conteúdo da mensagem e julgá-la na base de um texto como outro qualquer, isto é, pelo seu valor intrínseco, não pela sua origem. Tem algo aproveitável? Está coerente com os postulados fundamentais da doutrina espírita? Oferece sugestões razoáveis? Chama atenção para aspectos interessantes? Traz uma contribuição construtiva? Faz uma advertência necessária?

É o que importa. Além do mais, podem textos como esses servir como elementos auxiliares no estudo da própria personalidade do médium e trazer contribuições que venham resultar em benefício para o seu trabalho.

Se a comunicação é psicofônica, ou seja, se o médium transmite uma mensagem como espírito e não como ser encarnado, nada de apavoramento. Examinemos o que ele tem a dizer. É o que ocorre, por exemplo, no fenômeno de regressão da memória, casos em que o sensitivo tem coisas da maior importância a dizer. Observamos, em *A memória e o tempo,* que o espírito de uma empregada doméstica inculta (Josephine), uma vez desdobrada pelo coronel de Rochas, transmite a ele observações e orientações de incontestável valor. Na vida normal, de vigília, contudo, era astronômica a distância cultural entre ela e o eminente cientista. Acho mesmo que algumas mediunidades embotadas ou inibidas poderiam até ser desobstruídas e postas a funcionar com melhor aproveitamento, após algumas sessões de desdobramento consciente e regressão, conduzidas por pessoas devidamente preparadas para isso. Quanto a mim, tenho casos concretos a respeito para corroborar a tese.

Se, por outro lado, o médium tem uma crise espontânea de regressão em plena sessão mediúnica e fala como espírito, é preciso ouvi-lo com a mesma atenção que daríamos a um espírito desencarnado nele manifestado. O que terá a dizer? E por quê? O que se pode fazer para ajudá-lo? Tais regressões ocorrem, às vezes, sem que os circunstantes percebam, provocadas pela presença de espíritos desencarnados vinculados aos médiuns por antigos episódios ainda não solucionados satisfatoriamente.

Animismo não é sinônimo de fraude ou mistificação. Se ocorre, tem sua razão de ser e é preciso investigar que razões são essas e como resolver os eventuais problemas suscitados. E se ocorrer fraude ou mistificação, também será preciso pesquisar o problema e não investir contra o médium.

Além do mais, é preciso insistir e reiterar, incansavelmente, que o fenômeno mediúnico só existe acoplado ao fenômeno anímico. Sem espírito encarnado (*anima*) funcionando como médium, não há fenômeno mediúnico. Todo fenômeno mediúnico tem, por conseguinte, uma coloração anímica, um componente anímico, uma colaboração óbvia e indispensável *do espírito encarnado*, que os espíritos definiram como *alma*.

Pelo que ficou exposto neste livro, até aqui, podemos observar que há uma riqueza muito mais ampla de fenômenos anímicos do que de fenômenos mediúnicos, e que estes nunca ocorrem em grau de pureza absoluta, ou seja, sem o mais leve toque de animismo, pois a alma do médium nele se envolve – e tem mesmo de envolver-se –, do contrário não haveria fenômeno mediúnico.

Discutidos tais aspectos, sem esgotá-los, obviamente, mas creio que com as conotações suficientes a uma boa avaliação da questão, acho que podemos passar às considerações em torno dos problemas específicos do que estamos chamando de *semiologia da comunicação* e do desenvolvimento da mediunidade.

Nota: Psicografia

Tão habituados estamos a considerar a psicografia como fenômeno tipicamente mediúnico que nos esquecemos dela como fenômeno anímico, no qual o sensitivo funciona como médium de si mesmo, ou seja, de seu próprio espírito. A psicografia é um fenômeno dicotômico que tanto pode figurar na categoria dos fatos anímicos quanto entre os que compõem o amplo leque de manifestações mediúnicas.

Quanto ao termo em si – e ao contrário de vários outros, como vimos – julgo poder considerá-lo adequado a uma aceitável conceituação dos fenômenos que se propõe rotular. Trata-se realmente de uma escrita (grafia) de natureza psíquica, ainda que dotada de características peculiares e específicas pois, no fundo, toda escrita é manifestação do psiquismo humano.

Ainda está pouco difundido o emprego da palavra, especialmente entre os povos de língua inglesa – entre os quais circula uma boa literatura especializada de pesquisa – de vez que continua sendo usada, nesse idioma, a conhecida expressão *automatic writing*, isto é, escrita automática, bem mais imprecisa, como se vê.

Para não expandir esta breve notícia além dos limites em que estamos procurando conter este livro, valho-me do excelente estudo do dr. Nandor Fodor, verbete *Automatic writing*, de sua *An Encyclopaedia of Psychic Science*, na qual o assunto é tratado com abundância de informações, critério seletivo e bom-senso.

Define ele a escrita automática como "textos produzidos sem o controle do ser consciente". Poderíamos, de certa forma, questionar sua conceituação, por sabermos que o espírito exerce pleno controle da situação e está sempre consciente, sem o que não poderia produzir o texto. O que ocorre é que a consciência está presente no ser em vigília e ausente (mas não inexistente) no estado de transe. Não há, portanto, esse automatismo que a expressão parece sugerir, como se os textos emergissem de um mecanismo impessoal, à revelia do consciente.

À sua maneira, e com sua terminologia específica – que pode divergir da que adotamos no contexto da doutrina espírita – o dr. Fodor está bem alertado para o fato de que os textos da chamada escrita automática tanto podem emergir do próprio sensitivo, como serem gerados em mente estranha à dele. Em outras palavras: o eminente estudioso sabe que há uma psicografia anímica e uma psicografia mediúnica, embora não se utilize de tais palavras. A dificuldade – não apenas dele, mas de todos nós – consiste em distinguir uma da outra, aspecto a que aludiu Gabriel Delanne, que propõe alguns critérios aferidores com essa finalidade.

Escreve Fodor:

> É a modalidade mais comum de mediunidade, fonte de inúmeros casos de autoilusão e, ao mesmo tempo, um dos mais elevados e preciosos dons espirituais, de vez que, se confiável, abre um canal direto de comunicação com a finalidade de obterem-se ensinamentos do além. Entre esses dois extremos, muitos problemas de complexa natureza se apresentam ao pesquisador. (Fodor, Nandor, 1969.)

Realmente, é esse o quadro. Tão complexo que não apenas tem gerado autoilusões desastrosas, mas também equívocos lamentáveis em pesquisadores que deixam sua competência neutralizar-se ante a paixão pelas ideias preconcebidas, tentando enquadrar o fenômeno num corpo morto de hipóteses prediletas, em vez de deduzir as leis que o regem a partir da serena observação dos fatos.

É preciso observar, ainda, que nem sempre a comunicação psicográfica de características mediúnicas provém de um espírito desencarnado. Já Kardec nos alertava para esse aspecto, ao informar que o espírito encarnado também pode comunicar-se através de um médium, como se desencarnado estivesse, pois não deixa de ser espírito somente porque está preso a um corpo material. Sobre esse aspecto, o dr. Fodor tem interessantes contribuições a oferecer. Segundo ele, o jornalista inglês William T. Stead recebeu, durante quinze anos, comunicações dessa natureza de vários de seus amigos encarnados. Não lhe foi difícil comprovar a exatidão desses textos em meticulosa pesquisa pessoal que levou a termo e o convenceu da autenticidade deles.

Pôde verificar nessas pesquisas que nem sempre os comunicantes tinham conhecimento do que lhe transmitiam. Stead não foi, porém, o único psicógrafo a produzir esse tipo de fenômeno. Ele próprio conhecia pelo menos uma dezena de outros sensitivos com os quais acontecia o mesmo tipo de manifestação.

Há, a respeito, curioso depoimento de uma sensitiva de nome Felicia Scatcherd que, a certa altura e relutantemente, começou a receber mensagens assinadas por pessoas que ela sabia vivas e bem conhecidas, embora lhe fossem pessoalmente estranhas. Pelo menos um desses episódios ela conferiu. Sabendo que, num jantar para o qual fora convidada, em Paris, iria encontrar-se com determinado cientista (famoso, diz ela), levou consigo os textos que havia recebido dele, meses antes. Não foi surpresa para ela ouvi-lo expressar os mesmos sentimentos que lhe havia transmitido por psicografia, em linguagem, aliás, que obviamente não era a sua habitual. Ficou em mim a frustração – que partilho com o leitor – de não saber se o cientista tomou conhecimento do fenômeno e o que pensou a respeito.

Intrigado com o problema, Stead perguntou, certa vez, a Julia, o espírito que se comunicava regularmente com ele, como era possível alguém transmitir-lhe, pela psicografia, coisas que nunca lhe diria pessoalmente. O espírito respondeu-lhe que o ser encarnado não revela segredos pessoais a não ser deliberadamente, mas que o ser real é muito diferente – ele fica "atrás dos sentidos físicos e da mente, usando um e outro como lhe apraz".

Mas Stead não estava ainda satisfeito, e voltou a questionar: como podia ele obter de um amigo encarnado informações tão precisas, sem o conhecimento do comunicante?

Julia informou o seguinte: – O ser real nem sempre se preocupa em dar conhecimento ao seu próprio cérebro que transmitiu certa informação pela mão de alguém.

Ainda segundo o dr. Fodor, uma senhora, que ele menciona apenas pela inicial S., recebia, regularmente, mensagens psicográficas de Frederick Bligh Bond, o famoso pesquisador de Glastonbury, perfeitamente lúcido e ainda encarnado.

Nos seus comentários sobre o assunto, Bligh Bond declara que a temática das comunicações girava em torno das suas pesquisas arqueológicas. A partir de 1922, após um encontro pessoal com a sensitiva, intensificou-se o fenômeno, como se acabasse de ser reforçado o vínculo que havia entre eles. As comunicações passaram, daí em diante, a conter respostas a certas dúvidas que Bond tinha em mente, ainda que não conscientemente formuladas.

Ao que parece, portanto, seu espírito desdobrado servia-se da sensitiva para esclarecer aspectos que, como ser encarnado, constituíam verdadeiros enigmas para ele. Se dispusesse da sensibilidade adequada, ele próprio teria conseguido produzir os textos com as informações, por psicografia anímica.

Conta ainda Bond que, certa vez, a senhora S. lhe enviou uma carta que ele, Bond, escrevera a si mesmo, devidamente assinada com o seu nome, ainda que a letra não fosse a sua.

Não há como ignorar a dificuldade que existe em atestar positivamente se um texto recebido por psicografia é de origem mediúnica ou anímica. Isso não quer dizer, porém, que não seja possível fazê-lo. A mesma dificuldade prevalece quando se deseja identificar, com precisão, o espírito comunicante, tanto na psicografia anímica, quanto na mediúnica, ou, ainda, na psicofonia. A doutrina espírita não

DIVERSIDADE DOS CARISMAS 341

ignora ou minimiza tais dificuldades, mas alerta para o fato de que o fenômeno anímico não exclui nem renega o fenômeno espírita ou mediúnico. Ao contrário, confirma o dado que se o espírito encarnado pode manifestar-se pela psicografia, pela psicofonia, ou por qualquer outra faculdade ao seu alcance, inclusive materializando-se parcialmente, por que não pode fazê-lo o espírito desencarnado que dispõe de maior quota de liberdade, de conhecimento e de apoio para o que pretende realizar nesse campo?

Além disso, existe abundante documentação testemunhal com suficiente credibilidade para demonstrar a autenticidade do fenômeno. Nosso objetivo aqui, como ficou dito alhures, não é o de provar a realidade espiritual, mais do que suficientemente demonstrada, e sim, o de desdobrar o conhecimento decorrente para que o agnosticismo de alguns não retarde a marcha dos que desejam seguir em frente. Lembremos apenas um caso, dentre muitos, o da mensagem autógrafa de Chaumontet, o falecido prefeito de Chessenaz, na Suíça, constante do livro *Des Indes à la Planète Mars*, do prof. Flournoy e que deixou sem explicações o autor do livro, adversário declarado e enfático da doutrina dos espíritos.

Acresce que, muitas vezes, como lembram Delanne e o próprio dr. Fodor, os textos produzidos por psicografia estão bem acima do nível mental e cultural dos sensitivos, o que, na opinião de ambos, denuncia uma fonte estranha e superior. Mais uma vez, como ficou dito alhures neste livro, não devemos ignorar que o espírito do sensitivo (encarnado), pode dispor de conhecimentos e sabedoria de nível muito mais elevado do que transparece em seu estado habitual de vigília, mas claro é que esse é mais um componente a levar-se em conta no julgamento da autenticidade mediúnica da comunicação.

Podemos tomar, como exemplo, a excelente mediunidade do nosso Chico Xavier, para citar apenas um dos mais conhecidos no Brasil. Por muito culto e sábio que seja o espírito que conhecemos encarnado como Francisco Cândido Xavier, seria impraticável para ele produzir tão vasta e poliforma obra literária, a começar pela insuperável dificuldade da poesia, típica de tantos autores, nitidamente caracterizados e diferenciados, como Augusto dos Anjos e Gonçalves Dias, por exemplo.

Por outro lado, como lembra o dr. Fodor, o exausto 'argumento' da banalidade das comunicações psicográficas deve ser abandonado, por imprestável. "É uma atitude totalmente injustificável" – escreve ele. "Não há razão que exclua a participação do além", acrescenta mais adiante. Para documentar-se, nesse sentido, oferece alguns exemplos convincentes, dos quais podemos selecionar alguns.

Lombroso declara-se favoravelmente impressionado por algumas estrofes que Dante-espírito escrevera através de um médium por nome Scaramuzza. Eram, ao todo, três cânticos em *terza rima*. Harriet B. Stower confessa honestamente não ser ela a *autora do famoso romance A cabana do Pai Tomás. Atônito ante o poema intitulado Jerusalém*, Blake escreveu entusiasmado: "É o mais grandiloquente poema do mundo. Posso elogiá-lo, de vez que não ouso pretender ter sido mais do que um secretário. Os autores encontram-se na eternidade." Pouco adiante, acrescenta que escrevia vinte ou trinta linhas de cada vez, "sem premeditação e até mesmo contra a minha vontade".

Muitos outros livros, do melhor nível intelectual, foram assim produzidos ao longo do tempo. Dentre os vários, que cita nominalmente, o dr. Fodor destaca *Arcana of nature*, "um profundo livro científico, com o qual somente os escritos de Andrew Jackson Davies são comparáveis em plenitude e objetivo". É de autoria de Hudson Turtle. Lembra, ainda, o caso de *The mystery of Edwin Drood*, romance que Charles Dickens concluiu, depois de desencarnado, através da mediunidade de um obscuro mecânico americano. Cita, ainda, *Oashpe*, publicado em 1882, e que caracteriza como uma "nova Bíblia cósmica", recebida, por psicografia (*automatic writing*), pelo dr. John Ballou Newbrough.

Não deixou de mencionar os dois livros da jovem médium francesa Hermance Dufaux, *A vida de Joana d'Arc* e *Confissões de Luís XI*, lembrando que Allan Kardec atestou a confiabilidade da sensitiva.

Não há dúvida, porém, de que no meio de uma ampla safra de obras mediúnicas do melhor calibre há muita literatura de segunda classe e livros francamente inaceitáveis. Mas é preciso lembrar que o falso não destroi o autêntico, apenas tenta imitá-lo, com o que reforça, por contraste, a autenticidade do genuíno.

Mas a lista de Fodor ainda não se esgotou. Ele menciona os notáveis escritos da sra. Geraldine Cummins, especialmente a sua série sobre as origens do cristianismo, atribuídos a Felipe, o Evangelista, e a Cléofas. Ou a famosa obra mediúnica da sra. Curran, pela qual escrevia o espírito que se identificou com o Patience Worth.

Para não expandir mais este capítulo, que pretendia ser breve, vamos resumir, para concluir.

A psicografia é a faculdade através da qual espíritos encarnados e desencarnados se manifestam por escrito. Deve ser considerada como fenômeno mediúnico quando o manifestante é um espírito desencarnado. É uma faculdade anímica quando se manifesta o próprio espírito do sensitivo encarnado que, em tais casos, pode perfeitamente revelar um conhecimento acima do seu nível habitual, como ser encarnado. Uma terceira categoria de manifestação psicográfica, como vimos, é aquela na qual se manifestam espíritos encarnados através de sensitivos também encarnados. De minha parte, não hesitaria em considerar esse fenômeno como de natureza mediúnica, de vez que o manifestante, desdobrado do seu corpo físico, atua como espírito desencarnado, através de um médium.

A psicografia não deve ser confundida com o fenômeno de escrita direta que Kardec chamou de pneumatografia e que ficou na categoria de fenômeno de efeito físico, como já vimos, ao passo que a psicografia é atribuição de médiuns de efeitos intelectuais.

Capítulo XVI

Semiologia da comunicação mediúnica

1. A linguagem do pensamento

> Os espíritos só têm a linguagem do pensamento, não dispõem da linguagem articulada, pelo que só há para eles uma língua. (Kardec, Allan, 1975.)

Para explicitar essa ideia básica, os instrutores da Codificação acrescentaram a Kardec mais adiante que, ao se dirigirem ao médium, ser encarnado, não o fazem em francês, inglês, árabe ou grego, mas pela "língua universal que é a do pensamento". Convém enfatizar o relevante aspecto dessa informação que nos assegura, em termos inequívocos, que os espíritos só têm uma linguagem – a do pensamento.

Antes de prosseguir, vamos recorrer novamente ao nosso esquema básico do processo da comunicação, figurado na página seguinte.

O espírito (esquerda), transmite seu pensamento ao médium (direita), ligeiramente desdobrado. Este o processa, converte e o retransmite ao encarnado.

Se o espírito manifestante pudesse transmitir o seu pensamento diretamente ao ser encarnado com o qual desejasse comunicar-se, não precisaria recorrer a nenhum intermediário (médium) e, por conseguinte, nem ao recurso da linguagem humana, utilizando-se diretamente da única linguagem de que dispõe, ou seja, a do pensamento. O problema é que ele não encontra, na grande maioria das pessoas encarnadas, as condições necessárias e suficientes para assim proceder. Precisa valer-se de alguém que lhe sirva de intermediário e que possa captar o seu pensamento, convertendo-o em palavras escritas ou faladas inteligíveis à pessoa ou às pessoas às quais a mensagem se destina.

Logo, a comunicação mediúnica é a resultante de um entendimento telepático (de mente a mente), entre o espírito manifestante e o médium, e deste para o destinatário, já convertido no sistema de linguagem articulada, isto é, palavra escrita ou falada. Não é difícil, portanto, concluir que o ponto crítico da comunicação mediúnica está na conversão do pensamento alheio em linguagem articulada. O processo como um todo, por isso mesmo, está sujeito a algumas complicações significativas, que precisam ser levadas em conta a fim de que possam ser contornadas e superadas, se é que temos por meta uma comunicação confiável. O médium não apenas precisa interpretar corretamente o pensamento do espírito comunicante, como convertê-lo em palavras suas, adequadas e fieis aos conceitos que recebe, *passados*, e não *falados* nesta ou naquela língua. Se já existe dificuldade em traduzir uma língua ouvida em outra falada, maior será a de falar ou escrever sobre conceitos que não ouvimos nem lemos, mas recebemos por meio da linguagem inarticulada do pensamento.

Duas condições vitais são, portanto, exigidas do bom médium: sua capacidade de *interpretação* e a sua capacidade de *conversão* do pensamento em palavras, especialmente nos fenômenos de psicovidência.

Afirma Boddington:

> A capacidade de interpretar é, às vezes, mais valiosa do que a expressão literal do que é percebido na vidência, porque é principalmente pelo simbolismo que os espíritos alcançam o nosso entendimento. Usualmente, uma forte impressão ou apreensão intuitiva ajuda o vidente na elaboração de suas descrições. Quando isso não ocorrer, mantenha o cérebro em estado de passividade, de modo calmo e firme, e mentalmente busque o sentido da visão. (Boddington, Harry, 1948.)

DIVERSIDADE DOS CARISMAS

A sugestão é reconhecidamente difícil de ser posta em prática, dado que a mente tem de estar, ao mesmo tempo, apassivada e ativa, na busca do sentido da visão. Recorrendo ao nosso esquema, podemos observar que tais visões são de natureza diencefálica, ou seja, o espírito comunicante excita, pela força do seu pensamento, o núcleo cerebral que controla a visão, e não o sistema ocular propriamente dito. Podemos corroborar esta hipótese com um exemplo citado por Boddington, o da médium inglesa Rowan Vincent, que deixava seus amigos perplexos ao declarar que, "a despeito de descrever os espíritos, *ela não os via*". Ou seja, não os contemplava como seres objetivos, diante de seus olhos físicos, mas os tinha tão nítidos na mente que era capaz de descrevê-los com minúcias que positivamente os identificavam.

2. O caso do sr. Drake

A propósito da dificuldade de interpretação, Boddington tem a relatar um episódio ilustrativo e até um tanto divertido. Em visita a vários médiuns confiáveis, certo cavalheiro obteve comunicações convincentes de seu 'falecido' pai. Irritava-se, porém, com os verdadeiros 'palpites' que os médiuns lhe davam acerca da profissão ou dos gostos pessoais de seu pai.

Insistiam em dizer que o pai fora um fazendeiro, ou criara patos, ou adorava patos.

Isso durou algum tempo. Certa vez, um vidente lhe perguntou se seu pai costumava vender patos. – Certamente que não, respondeu o nosso amigo, já um tanto irritado. – Por que, então, ele insiste em me mostrar o pato? É um pato macho. Como você chama a um pato macho? Seu pai está rindo e disse que você tinha de saber do que se trata.

Foi, então, que se esclareceu o mistério de tanto pato nas vidências: os palmípedes machos chamam-se, em inglês, *drake*, e o espírito somente queria dizer que o nome dele era esse, ou seja, que ele era o velho sr. Drake!

O incidente nos suscita interessantes especulações. Observamos que o médium percebe o espírito a rir e a 'dizer' que o filho encarnado, ali presente, devia saber muito bem o que aquilo significava. Por que razão, então, não dizia logo o seu nome? Assim: – Diga-lhe que sou o sr. Drake, seu pai.

É simples a explicação: o fenômeno era de psicovidência. O espírito não estava 'falando' ou escrevendo, pelo médium, e sim, *mostrando-se* a ele pela vidência diencefálica. Ora, se a única linguagem do desencarnado é o pensamento, ele só poderia transmitir a palavra drake, 'mostrando' um animal com esse nome, ou seja, projetando, com a força do seu pensamento, uma ave conhecida pelo nome que ele queria transmitir, mas não tinha como dizer ou escrever, pelo menos com aquele médium. Lembram-se de que os espíritos usam a faculdade *mais flexível* que o médium lhes oferece?

Episódios como esses são prontamente agarrados pelos negadores profissionais para invalidar o fenômeno mediúnico. É fácil criticar, mas é também arriscado para quem não tem a mínima ideia do que realmente se passa na dinâmica do processo de comunicação. A verdade é que os espíritos, como vimos há pouco, *não se utilizam de palavras*, mas do pensamento puro. Sem poder *articular* a palavra Drake, para identificar-se através da vidência, serve-se de uma imagem, exibindo-se com um *drake* (pato) para expressar o que deseja, ou seja, sua identificação como sr. Drake.

É fácil mostrar-se à psicovidência rindo, ou transmitir ao médium, via telepática, a ideia de que ele, o espírito manifestante, é o pai do Drake mais jovem, mas como *dizer* que ele é sr. Drake, se não dispõe de linguagem específica para falar e se não encontra no médium os recursos necessários para expressar-se de outra maneira? Ainda bem que existia, na língua inglesa, um termo que servia como sobrenome do espírito e para designar um palmípede. Mesmo assim, foi difícil fazer chegar ao entendimento do médium e do filho que o pato figurava na história não para indicar preferências ou a ocupação do espírito em vida, mas o seu sobrenome.

Imagino a dificuldade que teria eu, se tivesse de transmitir a alguém, por esse sistema, o meu nome, para o qual não vejo pato ou ganso que sirva...

3. Captação e processamento da mensagem

Se, porém, a comunicação é psicofônica ou psicográfica, a coisa se torna mais fácil. O espírito manifestante manipula os dispositivos psicomotores apropriados do médium e lhe dita, por audição coclear, o seu nome, escreve-o no papel ou faz o médium pronunciá-lo, enviando um comando ao sistema apropriado. Como fazê-lo, porém, se somente dispõe da vidência e dos recursos telepáticos, mas não tem nas mãos o 'painel' que o liga com o psiquismo do médium, nos centros que controlam a palavra (escrita ou falada)?

Boddington encontra algumas complexidades aqui:

> Clarividência é considerada visão ampliada, mas os videntes ficam frequentemente perplexos para explicar o processo pelo qual eles percebem as informações que lhes são transmitidas. É difícil dizer se elas chegam pela visão, pela audição, pelo controle (psicofonia), pela impressão vocal que flui do desencarnado ou pela telepatia, vinda de pessoas do auditório. Cada um desses fatores entra ocasionalmente na comunicação. Quando a mixagem é perfeita, pode suscitar a ideia de que o médium não é uma entidade individualizada, mas parte da consciência universal que se manifesta. É claro que uma percepção ou compreensão abrangente figura nas melhores formas de clarividência. (Idem)

Como podemos observar, o que está em jogo no mecanismo da captação de uma comunicação espiritual não são os sentidos, individualmente – visão, audição, tato etc. –, mas o dispositivo central que comanda e integra os sentidos numa percepção global, onde a mensagem captada não é visão, nem audição e, por conseguinte, não é também palavra e, sim, uma ideia, de vez que os instrutores foram taxativos e enfáticos ao declarar que os espíritos não têm linguagem articulada; apenas a do

Diversidade dos Carismas

pensamento. Logo, eles não impressionam os sentidos um por um, mas o núcleo central, no cérebro, onde as impressões sensoriais são analisadas, processadas e convertidas em imagens, sons, ou palavras faladas e escritas, ou permanecem como meras impressões que jamais atingem o estágio sensorial. A tradução sensorial do pensamento recebido do espírito manifestante já é elaboração do médium, e não emissão do espírito.

No caso do sr. Drake, por exemplo, o espírito teria formulado a seguinte programação: – Para que ele tome conhecimento de que me chamo Drake, preciso transmitir-lhe a ideia de que tenho um pato (*drake*) seguro pelas mãos. Em vez de chegarem, porém, a essa conclusão, que poderia ter sido ajudada pelo filho encarnado, os médiuns ficavam a imaginar explicações outras: que ele fora um fazendeiro, um criador ou caçador de patos, que gostava de pato assado, ou, ainda, simplesmente que gostava do bicho por qualquer razão pessoal não específica. Se fosse no Brasil, seria bem possível elaborar-se logo uma interpretação que levasse ao jogo do bicho. Como, ao que eu saiba, não existe pato na escala zoológica dos bicheiros, é provável que a interpretação fosse mais elaborada. O leitor de bom humor deve ler o complicado raciocínio de dona Angelina, mãe de Zélia Gattai – *em Anarquistas graças a Deus* –, para identificar, com acerto, o palpite que lhe estava sendo proporcionado pelo sonho de uma das suas filhas, irmã da autora. É uma delícia...

Comentando este aspecto, lembra Regina que nos livros de André Luiz *todo mundo fala!* É verdade. Duas razões existem a meu ver para que assim seja. *Primeira:* os livros de André são narrativas dramatizadas, escritas em linguagem didática, na qual o pensamento já aparece convertido em palavras que o nosso Chico psicografou. *Segunda:* os diálogos reproduzidos pelo autor espiritual não são comunicações mediúnicas, mas conversações entre espíritos desencarnados.

Acrescenta Regina que, usualmente, os espíritos *lhe dizem* o nome para se identificarem, especialmente os que comparecem como 'visitantes' ao grupo em que ela serve. Outros *conversam* normalmente com ela.

Também isto é certo. É preciso lembrar, contudo, que ela dispõe de recurso mediúnico adequado a receber, pela audição coclear (psicoaudiência), os nomes e os diálogos mentais, usualmente, senão sempre, realizados em estado de transe mais profundo ou mais superficial.

Por outro lado, observo com muita frequência a dificuldade que encontram certos espíritos em transmitir nomes, datas, aspectos geográficos e outros dados concretos e objetivos. Drake, por exemplo, *dizia* ao médium que seu filho deveria saber do que se tratava, mas não conseguia, ou não queria, simplesmente transmitir o seu nome, a não ser através da imagem do pato.

Mais de uma vez se pôde observar, portanto, que clarividência é uma palavra bastante inadequada para rotular o fenômeno que leva esse nome. Só porque alguns aspectos da comunicação assumem feição visual, não quer dizer que o sensitivo seja clarividente ou psicovidente. Ele percebe, ao que parece, uma realidade global, via

348   Hermínio C. Miranda

pensamento, e só depois de conhecida, processada pela unidade central do cérebro e distribuída pelos respectivos sentidos, então, sim, torna-se imagem, som ou palavra. Entram em jogo, então, variados sentidos, como supõe Boddington. Realmente, uma vez que a ideia do pato, para servir de identificação, foi transmitida pelo espírito e captada pelo médium, ele acaba 'vendo' um pato na visão diencefálica, e, com alguma ajuda, descobre afinal que o espírito apenas desejou transmitir o seu nome. Somente nesse estágio final é que a visão diencefálica se torna palavra – *drake*. O espírito, contudo, não a pronunciou, pois ele não se utiliza de palavras, nem usou patos para isso, mas a ideia (pensamento) de um pato.

Vimos, por outro lado, nas instruções de Kardec, que o espírito manifestante recorre à condição *mais flexível* que encontra no arcabouço psíquico do médium. Digamos que o médium tenha melhor inclinação e desembaraço para a psicografia. O espírito comunicante emite um pensamento – comando que vai ativar centros motores da palavra escrita. Basta ao médium apanhar lápis, papel e escrever, não o que está pensando por sua própria conta, pois ele pode até distrair-se com outra coisa, como acontece a muitos psicógrafos, mas o que outra mente, ligada no momento à sua, está pensando. Ele apenas assiste, portanto, à sua mão que escreve. O pensamento do espírito comunicante está atuando sobre centros nervosos incumbidos de movimentar a mão do médium. A sua visão, no caso da psicovidência, ou o seu aparelho fonador, no caso da psicofonia. Na fase em que a comunicação flui entre o espírito e o médium, o problema da palavra ou da visão ou do som *ainda não surgiu*; ele só ocorre e é resolvido na etapa seguinte, entre o médium e os destinatários da mensagem ou comunicação.

Observamos, portanto, que há três etapas distintas na comunicação mediúnica. *Primeira*: transmissão do pensamento do espírito manifestante para o médium; *segunda*: recepção desse pensamento e processamento dessa informação na unidade central sensorial do médium, que a converte em imagem, som ou palavra; e, finalmente, a *terceira*: quando o médium emite para o destinatário não mais um pensamento, mas a palavra, escrita ou falada, com a qual procura descrever a 'imagem' ou o 'som' recebido do espírito sob forma de pensamento puro.

Quando a parapsicologia quebrou o tabu filosófico de que tudo quanto vai ao intelecto (à mente) tem de vir necessariamente por um dos sentidos, apenas confirmou essa realidade, ou seja, a de que o pensamento se transmite puro, de mente a mente, e só se torna expressão sensorial depois de devidamente processado pela unidade central de comando dos sentidos. Por isso é que Rowan Vincent descrevia com minúcias *espíritos que ela não via*.

4. O problema linguístico

> Os nossos pensamentos não precisam da vestidura da palavra para serem compreendidos pelos espíritos e todos os espíritos percebem os pensamentos que lhes

DIVERSIDADE DOS CARISMAS

desejamos transmitir, sendo suficiente que lhes dirijamos esses pensamentos, e isto em razão de suas faculdades intelectuais. (Kardec, Allan, 1975.)

O problema linguístico não ocorre nesse nível, portanto; quando, porém, se torna indispensável vestir o pensamento com a palavra para que o destinatário (encarnado) o compreenda, cabe ao médium fazê-lo.

> Essa a razão por que, seja qual for a diversidade dos espíritos que se comunicam com um médium, os ditados que este obtém, embora procedendo de espíritos diferentes, trazem, quanto à forma e ao colorido, o cunho que lhe é pessoal. Com efeito, se bem o pensamento lhe seja de todo estranho, se bem o assunto esteja fora do âmbito em que ele habitualmente se move, se bem o que nós queremos dizer não provenha dele, nem por isso deixa o médium de exercer influência, no tocante à forma, pelas qualidades e propriedades inerentes à sua individualidade. (Idem)

Aí está a teoria do nosso modesto esquema das cores, proposto páginas atrás. Imaginando que o ser encarnado somente perceba a cor verde e que o espírito só disponha do azul, torna-se necessário o amarelo do médium para produzir o melhor verde possível. Não deixará este, contudo, de apresentar manchas ou tonalidades amarelas na contextura do verde azulado.

O espírito comunicante, como diz Kardec, "compreende, sem dúvida, todas as línguas, pois que as línguas são expressão de um pensamento". Muitos nem percebem a tolice que dizem, ao tentarem ridicularizar o espiritismo, porque Sócrates, Galileu ou Paulo, o Apóstolo, se expressaram em francês, junto de Allan Kardec, através dos médiuns da época. A tola tentativa de ridicularização somente pode demonstrar a ignorância de quem a propõe, pois os espíritos não falam línguas, eles apenas pensam.

Tive mais de uma demonstração experimental dessa verdade no decorrer das inúmeras experiências de regressão da memória em seres encarnados, como ficou registrado no livro *A Memória e o Tempo*. Num dos casos, a sensitiva via, diante de si (visão diencefálica), um texto em árabe, que, em estado de vigília, ela não conhecia, e por isso declarou-se incapaz de lê-lo para mim. Disse-lhe eu, então, que de fato ela não podia ler uma língua que lhe era desconhecida, mas o texto era a expressão gráfica ou visual de um pensamento cujo sentido ela podia captar, o que realmente aconteceu.

Em caso semelhante – chamei-os de fenômenos de xenótica, visão de um texto em língua estranha à do sensitivo –, a pessoa via nomes em caracteres gregos, língua que não conhecia em vigília. Neste caso, porém, ela descreveu a forma das letras (um triângulo=delta; um K=kapa, e assim por diante), tornando possível decifrar nomes.

Também relacionada com o problema linguístico foi a experiência na qual o sensitivo, desdobrado e regredido no tempo, a uma experiência na França, não falava francês como seria de esperar. Perguntado a respeito, disse ele que falava, sim, *"aqui em cima"*, ou seja, com o corpo perispiritual, mas *lá embaixo*, no corpo físico, não 'saía' em francês. É que recuado no tempo em que fora francês, ele *julgava* falar francês, quando apenas pensava. Ao chegar aos seus próprios centros nervosos, no corpo físico, aquele pensamento era convertido não em termos da língua francesa mas em português, sua língua materna nesta vida, para a qual estava programada sua personalidade.

Sustentei, a propósito disso, uma correspondência com o eminente prof. Stevenson que, embora à época mantivesse seu ponto de vista de que a pessoa recuada a esta ou àquela existência deveria falar a língua correspondente, acabou convencido ao longo dos anos de que realmente o espírito parece prescindir da língua e apenas emitir pensamento puro.

5. Ponto crítico: a mente do médium

De tudo isso se depreende a responsabilidade do médium e o seu envolvimento no processo da comunicação mediúnica. É ele que 'veste' o pensamento dos espíritos e os converte de uma linguagem sem som, sem imagens e sem palavras em sinais ou códigos que permitam o entendimento de tais mensagens por aqueles que não têm como captar o pensamento por via direta.

Por isto é que tanto insistem os espíritos no cultivo da mente do médium. Se já é bem difícil a uma mente bem arrumada e rica em informação converter seu próprio pensamento em palavra, falada ou escrita, imagine-se a dificuldade encontrada por aquele que precisa converter em palavras o pensamento alheio e, ainda mais, sem estar devidamente preparado para isso, em virtude de sua própria insuficiência de conhecimentos. É o que informam os espíritos a Kardec:

> Efetivamente quando somos obrigados a servir-nos de médiuns pouco adiantados, muito mais longo e penoso se torna o nosso trabalho, porque nos vemos forçados a lançar mão de formas incompletas, o que é para nós uma complicação, pois somos constrangidos a decompor nossos pensamentos e a ditar palavra por palavra, letra por letra, constituindo isso uma fadiga e aborrecimento, assim como um entrave real à presteza e ao desenvolvimento das nossas manifestações. (Kardec, Allan, 1975.)

O leitor já pensou em ditar um texto em inglês, por exemplo, a uma pessoa inculta, que mal fale o português e que, ainda por cima, seja analfabeta? Ou tocar uma sinfonia devidamente orquestrada para cem instrumentos através de uma "gaita de dez centavos", como dizem os espíritos?

Ao contrário, quando o médium oferece boas condições, "o nosso perispírito, atuando sobre o daquele a quem *mediunizamos*, nada mais tem que fazer senão impulsionar a mão que nos serve de lapiseira ou caneta".

DIVERSIDADE DOS CARISMAS

Mesmo nesse caso, contudo, os espíritos precisam do cérebro do médium; do contrário não conseguiriam movimentar a sua mão e nem fazê-lo expressar, na língua que lhe é própria, o pensamento que é deles.

Isso ficou bem claro num incidente de aparência irrelevante que Kardec registra numa pequena nota em *O livro dos médiuns*. Era sua intenção classificar o fenômeno de escrita direta entre os de ordem intelectual. Contra a sua opinião, porém, – e ele o confessa honestamente – a escrita direta ficou classificada como fenômeno de efeito físico, porque disseram os instrutores:

> Os efeitos inteligentes são aqueles para cuja produção o espírito se serve dos materiais existentes no cérebro do médium, o que não se dá na escrita direta. A ação do médium é aqui toda material, ao passo que no médium escrevente (psicógrafo), *ainda que completamente mecânico*, o cérebro desempenha sempre um papel ativo. (Idem) (O destaque é meu.)

Com sua austeridade e franqueza habituais, os espíritos não hesitam em descrever, com realismo, aquilo que observam e transmitir, com objetividade, o que desejam ensinar. É de notar-se, ainda, *en passant*, que o núcleo mesmo de *O livro dos médiuns*, ou seja, o seu capítulo XIX – "Os médiuns nas comunicações espíritas" – foi elaborado à base de ensinamentos de dois competentes, lúcidos e experimentados técnicos da espiritualidade, ou seja, Erasto e Sócrates. Em uma das comunicações Timóteo assina juntamente com Erasto.

Pois bem, quando se trata de enfatizar a importância de uma mente bem arrumada e bem provida de informações que resulte em facilidade para a comunicação, os espíritos escrevem isto:

> [...] como já te dissemos em instrução anterior, o vosso cérebro está frequentemente em inextricável desordem e, não só difícil, como também penoso, se nos torna mover-nos no dédalo dos vossos pensamentos. (Idem)

Para concluir, Erasto e Timóteo ensinaram que:

> [...] os espíritos não precisam vestir seus pensamentos; eles o percebem e transmitem, reciprocamente, pelo só fato de os pensamentos existirem neles. Os seres corpóreos, ao contrário, só podem perceber os pensamentos quando revestidos. Enquanto que a letra, a palavra, o substantivo, o verbo, a frase, em suma, vos são necessários para perceberdes, mesmo mentalmente, as ideias, nenhuma forma visível ou tangível nos é necessária a nós. (Idem).

Boddington, de certa forma e com outras palavras, reitera essa observação ao declarar que:

> [...] os espíritos afirmam consistentemente que é mais fácil para eles utilizarem-se das próprias palavras e expressões do médium do que despejarem sobre ele ideias completamente novas. (Boddington, Harry, 1949.)

Ao sentar-se diante de uma máquina com a qual possa escrever um texto, o datilógrafo tem de aceitá-la no estado em que se encontra e ficar sujeito ao seu ritmo, ao esforço que ela exige para movimentar as teclas, bem como ao tipo de letra que ela imprime sobre o papel. Como iria ele escrever em caracteres tipo paica, se a máquina só dispõe de letras tipo elite, por exemplo? Ou escrever em preto, se a única fita de que dispõe é embebida em tinta vermelha? Se o teclado estiver na ordem habitual (asdfg,qwert etc.), ainda bem, mas e se as letras estiverem distribuídas em outro arranjo, ou melhor, desarranjo, conforme se queixam os espíritos?

Em suma: no sistema que produz a comunicação mediúnica, desde a mente do espírito comunicante até o conhecimento do destinatário encarnado, o elo fraco da corrente é o médium. Quanto melhor for ele, mais seguro o sistema e, em consequência, o processo. Quanto menos apto ou menos preparado ele, mais precária a comunicação, por melhor que seja o esforço penoso dos espíritos em torná-la inteligível e coerente.

Mediunidade não é, pois, tarefa que se deva assumir sem um inequívoco senso de responsabilidade. O médium desleixado, indiferente, presunçoso, leviano, mercenário, egoísta, de má-fé, como consta da classificação proposta por Kardec, está na verdade recusando grave responsabilidade para transferi-la, aumentadas quando de futuro lhe for cobrada sua atitude de irresponsabilidade. Por mais paradoxal que pareça, uma das mais graves responsabilidades na vida é precisamente a da irresponsabilidade.

6. Os códigos

Pelas especulações precedentes – e elas mal arranham a superfície do problema – podemos inferir como são complexos os mecanismos da comunicação mediúnica. Não é justo, contudo, atirar toda a carga às costas da mediunidade, pois a comunicação em geral é problema complexo mesmo. Muitas vezes, ficamos literalmente bloqueados, sem saber como expressar uma ideia que em nossa mente parece tão clara e óbvia. Nem sempre nos conseguimos fazer entender falando ou escrevendo a alguém e, de outras vezes, não entendemos a pessoa que deseja aflitivamente explicar-nos alguma coisa que lhe parece tão evidente por si mesma.

E isso quando falamos a mesma língua, vivemos no mesmo contexto histórico, geográfico, político, social, cultural etc. Imagine-se a dificuldade se os contextos são diferentes, no tempo e no espaço, na língua e nos costumes.

Conta Gina Cerminara, no seu brilhante livro *Insights for the Age of Aquarius*, algumas curiosidades acerca da tradução da Bíblia nas inúmeras línguas e dialetos do mundo. Por exemplo: na língua falada pelos índios da tribo Misketo, na Nicarágua, não há a palavra *perdão*, que também não existe entre os esquimós do Labrador.

Para os índios da América Central, perdão tornou-se: "tirar de nossos corações os erros do homem", enquanto que para os esquimós, perdão ficou sendo "ser capaz de não pensar mais nisso..." Aliás, ela começa o capítulo 23 de seu livro com a frase de Shakespeare: "*To be or not to be, That is the question*". A famosa fala de Hamlet foi traduzida do inglês para o francês, em seguida para o alemão e depois para o italiano e, finalmente, retraduzida para o inglês. Só nesse pequeno giro através de três línguas modernas e ricas, a frase voltou quase irreconhecível: "*Is it or isn't? That's it*". Ou seja: "É ou não é? É isso!" Um verdadeiro horror. E isto com uma ideia já posta em palavras, ou seja, que não depende mais da interpretação do pensamento. Se Shakespeare, como espírito, desejasse transmitir a algum médium conceito semelhante, como seria o seu pensamento interpretado? Talvez algo como isto: o grande problema é saber se vale ou não vale a pena viver. Ou então: será que eu existo mesmo, ou sou apenas um louco que pensa ser Hamlet? Ou ainda: eu existo porque penso ou penso porque existo?

Costumo dizer (e escrever) que muitos e importantes ramos do conhecimento humano estão à espera da contribuição vital e decisiva da realidade espiritual para saírem de seus impasses e de suas perplexidades. Isto é válido para a totalidade das ciências que, de alguma forma, cuidam do ser humano direta ou indiretamente desde a psicologia até à economia e à política. As técnicas de comunicação estão incluídas aí.

Começa que o mecanismo da comunicação exige nítida distinção entre individualidade (espírito) e personalidade (ser encarnado). Como já vimos, o espírito não fala nem escreve nesta ou naquela língua, ele apenas pensa. Se o leitor experimenta alguma dificuldade em aceitar isso como válido, basta dar uma parada e prestar atenção em si mesmo. Se você está pensando em comprar um livro, fazer uma viagem ou escrever um artigo, você não vai pensar palavra por palavra sobre cada passo que tiver de dar. Assim: – Amanhã, na hora do almoço, na cidade, vou entrar numa livraria, na avenida, procurar um vendedor e pedir a ele tal ou qual livro. Se ele tiver o livro, eu lhe pergunto o preço. Se for até tantos cruzeiros, fico com ele, mando-o embrulhar, pago, recebo o troco e saio.

Nada disso ocorre, a não ser que você esteja se preparando para as frases que vai dizer aos pais da moça com a qual você pretende se casar, ou pensando em como vai abordar o seu chefe para pedir um aumento de salário. Nesses casos, costumamos ensaiar algumas expressões – o que raramente dá certo, aliás, porque, na hora mesmo, sai tudo diferente. O certo é que toda a decisão de comprar um livro ou pedir aumento é formulada num impulso; é simplesmente pensada num nível onde a palavra não aparece, porque não se faz necessária.

No caso em que você pensa sem palavras, é o seu espírito que está em pleno comando, e ele não precisa de nenhuma língua para falar consigo mesmo. E se fosse o caso, qual delas escolheria, diante de tantas que já falou a sua personalidade em outras quantas vidas?

Sempre que você quer comunicar-se com outra pessoa, contudo, já precisa da palavra ou de algum outro símbolo que tenha para essa pessoa o mesmo significado que tem para você. Em outras palavras, esse símbolo tem de ser comum a ambos. Daí o termo comunicar, ou seja, tornar comum. A palavra é, portanto, um código de comunicação, um símbolo, uma convenção. Ficou acertado, por exemplo, que, juntando quatro letras P – A – T – O, temos, em português, a representação escrita de um palmípede que suscita ou não em nossa mente a imagem correspondente. É como um dicionário. Para traduzir na nossa linguagem comum a imagem pensada, temos a palavra pato. Já se você for falar com um inglês ou americano, a palavra pato não serve para suscitar a mesma imagem, ou por outra, não corresponde à imagem do palmípede que tanto o brasileiro, como o inglês e o chinês, têm em mente. A imagem é sempre a mesma, em toda parte onde o bicho seja conhecido, qualquer que seja o símbolo gráfico ou falado que tenha sido convencionado para representá-lo. Por isso, a escrita começou com os pictogramas. Observe a ilustração abaixo. Era assim que se expressava quem desejava dizer que saiu de barco, passou três dias caçando com quatro companheiros e caçou cinco patos.

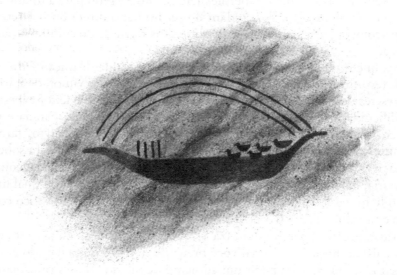

Aí estão: a canoa, os quatro homens, os cinco patos, e os três dias expressos em três sóis cruzando o céu. Simples, não é? As coisas se complicaram quando se passou ao uso de símbolos, ou seja, uma segunda geração de símbolos. E isso só foi possível depois de inúmeras e complexas convenções, como a de modularizar os sons a fim de poder recombiná-los. Por exemplo, um pauzinho com a barriga para a esquerda é um *d*, se a barriga estiver para a direita é um *b*; se estiver em cima, é um *p*; se forem duas barrigas, é um *B* maiúsculo, e assim por diante. Se você tiver de mencionar um pato numa conversa ou numa carta com alguém de fala inglesa, terá de utilizar os termos *duck* (ou *drake*, se quiser ser mais preciso, caso se trate de um pato macho).

Isto significa que você tem de transformar a imagem de um pato na palavra correspondente e depois vertê-la para a língua que você desejar, senão o norte-americano ou o inglês não irão entender o que você quer dizer.

Observamos, portanto, que temos de usar um código bastante complicado a fim de nos entendermos pelo mundo afora. O ideal seria (digamos será), quando o sonho do ilustre e respeitado dr. Zamenhof tornar-se realidade. Então o nosso código de comunicação será um só – o *esperanto*. Enquanto isso não acontece, temos de aprender, penosamente, um por um, e somos considerados verdadeiros gênios quando sabemos manipular, com relativa segurança, oito ou dez desses códigos. Mas que é isso ante os milhares que existem por aí, vivos e mortos, línguas e dialetos?

Não é de se admirar que seja tão confusa a humanidade, pois não consegue se entender adequadamente!

7. Mecanismos de conversão

Cada vez que precisamos comunicar nosso pensamento a alguém, temos de confrontar nossos códigos a fim de nos entendermos razoavelmente. E isso ocorre até quando falamos a mesma língua, dado que, raramente, dois códigos são exatamente iguais. A dificuldade aumenta quando, por exemplo, A fala português, B fala alemão e procuram entender-se em inglês.

Quando iniciamos o estudo de uma língua estrangeira, temos necessidade de traduzir para a nossa cada palavra lida ou ouvida, do contrário ficaremos sem entender o que estamos lendo ou escutando. Só com bom desenvolvimento posterior teremos condições de ler ou ouvir diretamente, sem recorrer à tradução. Ficamos, assim, com um código adicional à nossa disposição, de modo a receber informações naquela língua sobressalente.

Para recorrer a um dos nossos esquemas habituais – ou códigos – vamos em busca de socorro na eletrônica.

Conforme ficou dito em *A memória e o tempo*, o espírito recebe ao renascer um cassete virgem, novinho em folha, onde vai gravar as experiências que tiver no decorrer da nova existência que se inicia. Embora memórias de todas as existências anteriores continuem preservadas no seu inconsciente, ele renasce sem lembranças anteriores. Por isso, na fase infantil, ele se deixa guiar docilmente pelos instintos, e, embora como espírito tenha consciência de tudo, não consegue expressá-la através do novo corpo ao qual acaba de ligar-se. Desde os primeiros momentos, contudo, todas as experiências vividas vão sendo gravadas, aliás, em videoteipe, como se pode comprovar com os fenômenos de *replay* que costumam ocorrer nas proximidades da morte ou em face de algum perigo em que a morte seja bem provável ou iminente.

No fim de alguns anos de gravação, o cassete já dispõe de elementos suficientes para possibilitar ao novo ser reencarnado o mínimo necessário de condições de vida. Ele já sabe falar mais ou menos a língua que seus pais falam e, com alguns anos mais, terá condições de escrevê-la também e ler o que nela estiver escrito. Ampliando o seu aprendizado, terá posteriormente o seu cassete todo programado para aquela existência, não apenas com a linguagem com a qual ele pode se comunicar com os que o cercam, mas com hábitos e costumes em que foi treinado.

Por isso, se alguém se aproxima para transmitir-lhe alguma informação, tem de usar cassete idêntico ou muito parecido com o seu, onde as palavras e imagens tenham o mesmo significado. Nem ele irá entender alguém com um cassete diferente (alemão x português, por exemplo), nem terá condições de captar o pensamento puro, onde imagens e conceitos são idênticos. É nesse sentido que dizíamos há pouco que o aprendizado de uma língua adicional representa a criação de um cassete sobressalente que nos serve para a comunicação com pessoas que usualmente estariam fora do alcance da nossa compreensão.

Seja como for, porém, a personalidade (isto é, a pessoa encarnada) fica programada dentro de certas limitações que paradoxalmente lhe são necessárias, indispensáveis mesmo, ao seu intercâmbio com outras pessoas também encarnadas. No nível da individualidade, porém, continuam livres de tais limitações e podem entender-se pelo pensamento, sem necessidade de palavras.

Na intimidade do ser, ainda é possível perceber um ou outro informe vindo da individualidade para a personalidade por via intuitiva ou pelo sonho; mas de uma personalidade para outra recorre-se à comunicação codificada, num confronto de cassetes, ainda que seja também possível a comunicação telepática, ou seja, mente a mente.

O sonho, aliás, é veículo constante de mensagens da individualidade para a personalidade e, como em qualquer outro mecanismo de comunicação, a estrutura e a dinâmica do processo são idênticas às da mediunidade, de vez que também se trata de converter pensamentos em imagens, símbolos ou palavras.

Em seu já citado livro, *Insights for the Age of Aquarius* Gina Cerminara lembra um exemplo ilustrativo não apenas do trabalho intelectual realizado enquanto o corpo repousa, mas dos recursos de que se utiliza a mente para converter em símbolos inteligíveis ao ser encarnado pensamentos não formulados em palavras, ou seja, como faz a mente para 'vestir' o pensamento de forma a torná-lo perceptível.

(Isto me faz lembrar uma antiga versão cinematográfica de *O homem invisível*, baseado numa história de H.G. Wells. O "homem invisível" somente aparecia quando 'vestido', ou melhor, o que aparecia mesmo era a roupa dele. Numa das cenas ele vai desaparecendo, enquanto se desembaraça de uma espécie de gaze enrolada em torno da cabeça e cobrindo todo o rosto. Li posteriormente uma explicação de como foi filmada a cena. Pintaram-lhe o rosto de negro, enfaixaram-no com a gaze e depois filmaram a cena contra um *background* totalmente negro. À medida que ele desenrolava a gaze, o rosto como que sumia contra o fundo negro, o que causava a ilusão de que ele desaparecia. Em suma: ele só se fazia visível quando enfaixado e vestido, tal como o pensamento, que precisa se converter em símbolos ou códigos, quando não pode ser transmitido em seu estado puro, de mente a mente).

A dra. Cerminara conta que o inventor da máquina de costura Singer, mundialmente conhecida, estava tendo dificuldades com a agulha. Tudo o mais funcionava satisfatoriamente, mas o ponto da costura, problema fundamental a todo o processo, era ainda inadequado. Certa noite, ele sonhou com uma tropa apresentando armas e notou que as pontas das baionetas eram furadas! Ao despertar, sabia como fazer suas agulhas: era só colocar o furo bem junto da extremidade inferior.

E por que não sonhou logo com a agulha furada na ponta? Podemos perguntar. Não sei que resposta teria o leitor. De minha parte, acho que agulha furada na ponta era um dado de que ele ainda não dispunha na sua memória e, segundo nos ensinaram os espíritos, o pensamento utiliza para expressar-se o 'material' guardado na memória. Por isso, são, às vezes, tão confusas as imagens do sonho, precisamente por estarem a expressar, em símbolos, pensamentos meramente formulados (ou aventuras) numa dimensão em que os nossos conceitos habituais são inadequados, para dizer o mínimo.

Robert Monroe, em seu livro *Journeys out of the body,* conta episódio semelhante ao citado pela dra. Cerminara.

Em julho de 1959, ele sonhou que voava em um avião que passou por baixo de fios telegráficos ou telefônicos e caiu pouco adiante, espatifando-se contra o solo. Somente ele conseguira sobreviver ao desastre. Dentro de três semanas, ele teve de fazer uma viagem ao estado de Carolina do Norte e reconheceu os passageiros, que já vira no seu sonho ou vidência. Mesmo assim, resolveu seguir viagem. A certa altura, o aparelho começou a enfrentar turbulências provocadas pelo mau tempo e Monroe achou que a tempestade aparecera no sonho simbolizada pelos fios. Mas não houve nada de grave; chegaram todos sãos e salvos ao destino.

Quatro dias depois, Monroe teve um ataque cardíaco, em consequência do qual passou vários meses hospitalizado.

Concluiu, portanto, que o sonho era de fato premonitório; ele se equivocara apenas na sua interpretação. É que, nem passava pela sua cabeça (consciente) que viesse a ter algum problema cardíaco, de vez que dois médicos lhe haviam dito, ainda há pouco, que com uma coisa ele não precisava se preocupar: seu coração, que estava ótimo.

Percebemos, portanto, que a individualidade (inconsciente) enviou à personalidade (consciente) uma clara mensagem de perigo iminente, com risco de vida. Não sei se isto lhe ocorreu, mas vejo nos fios elétricos, sob os quais voara o avião do seu sonho, o símbolo claro das veias e artérias pelas quais circula o sangue, enquanto pelos fios circulam mensagens telegráficas, telefônicas ou simples energia elétrica. Ele, porém, estava tão certo de que o problema não podia ser cardíaco, que viu na advertência do seu próprio pensamento um avião que, no entanto, simbolizava o risco de vida que ele estava correndo. Curioso ainda observar que, tal como no seu sonho, ele salvou-se do 'acidente' circulatório.

8. Interpretação

Boddington tem razão, portanto, ao ensinar que o grande problema é o da interpretação da mensagem contida no pensamento. E tem razão Colin Wilson que, ao reproduzir o sonho de Monroe, em seu livro *Mysteries*, concluiu: "O que parece sugerir que, mesmo os mais elevados níveis da mente têm problemas de comunicação."

E como têm! É precisamente do trampolim da comunicação, de onde o pensamento salta para a nossa limitada realidade de seres encarnados, que muita ideia se fratura irremediavelmente. E mesmo depois de integrada em nossa realidade, a ideia já simbolizada está sujeita a mil e uma deformações diferentes, ao menor descuido de quem a retransmite. Experiências conclusivas têm sido feitas para testar o testemunho visual e auditivo de grupos que acabam de assistir a uma cena. Os resultados são inacreditáveis nas suas dissonâncias e discordâncias frontais.

Escreve a competente dra. Cerminara:

> Se todos os seres humanos fossem dotados de faculdades telepáticas, problemas desses nunca ocorreriam. Mas, à falta de compreensão direta de mente a mente, os seres humanos têm de codificar suas mensagens em palavras (e algumas vezes em imagens). Em seguida, outras mentes precisam decodificar a mensagem. O 'verdadeiro' sentido de alguma coisa só pode estar, então, na correta decodificação da mensagem que ali está contida. (Cerminara, Gina, 1978.)

Qualquer descuido, tanto na codificação quanto na decodificação, poderá ser fatal ao sentido da mensagem.

Para enfatizar tais aspectos críticos da comunicação, a dra. Cerminara lembra algumas passagens importantes da Bíblia (Antigo e Novo Testamentos), algumas das quais servem de base a pontos doutrinários ou até dogmas da maior importância teológica e que, no entanto, apresentam dúvidas quanto à maneira pela qual foram codificadas em palavras e posteriormente decodificadas para serem aplicadas a situações específicas.

Tomemos um de seus mais dramáticos exemplos. É o versículo 43, capítulo 23, do Evangelho de Lucas, que assim diz: "Eu te asseguro: hoje estarás comigo no Paraíso."

O leitor sabe, naturalmente, que se trata do diálogo de Jesus com o chamado "bom ladrão". Pois bem, o dr. George M. Lamsa, competente conhecedor da Bíblia, nascido no Kurdistão, onde ainda se fala o aramaico, a língua de Jesus, entende que a ênfase correta para a frase deveria ser posta na palavra hoje, ficando o texto reapresentado da seguinte forma: "Eu te asseguro hoje: estarás comigo no Paraíso."

Em verdade, se atentarmos para o processo evolutivo das vidas sucessivas (que a dra. Cerminara aceita, aliás), observamos que o texto proposto pelo sr. Lamsa faz sentido. É difícil entender que mesmo um "bom ladrão" pudesse ir direto ao paraíso, naquele mesmo dia, para ficar em companhia do Cristo. Essa posição ele só teria conquistado ao cabo de inúmeras existências. (Estamos admitindo o termo paraíso, como um estado de pureza e felicidade espiritual, não um local geográfico).

Poderiam ser facilmente multiplicados exemplos de dificuldades e tropeços que o pensamento encontra para se manifestar, ou seja, para se converter em símbolos gráficos, imagens ou palavras de forma a poder ser comunicado a alguém. As palavras – disse alguém cujo nome não encontro mais na memória – servem para ocultar o pensamento e não para expressá-lo. Como isto é verdadeiro! Elas somente conseguem transmitir uma distorcida e esmaecida imagem daquilo que pensamos. Vemos numa tela a representação de uma paisagem, mas não o original, com as suas verdadeiras cores, perspectivas, movimento e vida, pois a vida circula e pulsa na paisagem contemplada, mas não na tela pintada, por mais genial que seja o pintor. Além do mais, o pincel e a tinta, ou o mármore e o buril captam momentos fugidios de um tema real, reproduzem movimento congelado, sugerem cores e formas, mas não a realidade mesma do tema, sua 'alma'.

Não sejamos, porém, ingratos aos mecanismos da palavra falada e escrita, que continuam sendo o mais sofisticado processo de comunicação de que dispomos, dentro das nossas limitações físicas e espaciais, mentais e biológicas. Esse dispositivo representa milênios incontáveis de refinamento de um processo que começou com os grunhidos inarticulados do ser que dava seus primeiros passos rumo à perfeição. A despeito de reconhecidas deficiências e da multiplicidade quase caótica em que se desdobrou, a linguagem é o nosso instrumento de comunicação no plano físico. Ela é um conjunto de sinais sonoros e gráficos que combinamos engenhosamente para identificar objetos, seres e coisas, bem como ideias e conceitos abstratos. Na verdade, é um prodígio que consigamos expressar tanta coisa com um punhado de sons e símbolos gráficos.

A memória integral guarda zelosamente todo o conhecimento acumulado. Nada se perdeu ali nem se transformou, como poderia supor o fanático admirador de Lavoisier. A memória é o registro fiel de tudo quanto nos ocorreu através dos tempos, tanto na carne como fora dela, no intervalo entre uma existência e outra. É preciso, contudo, lembrarmo-nos de que ela não é um depósito de palavras, nesta ou naquela língua, mas um videoteipe de eventos, ideias, conceitos e informações, tudo isso expresso em pensamento puro e não em códigos ou símbolos. Códigos e símbolos precisamos é para comunicar a alguém o que ali está arquivado, caso não o possamos fazer mente a mente.

Tal acervo de conhecimento e de informação permanece em seu estado puro, como foi captado. Ao reencarnar-se, a individualidade como que se retira para os bastidores a fim de que a personalidade possa livremente desempenhar o papel que lhe foi atribuído na nova peça que se inicia. Está de novo no chamado 'palco da vida'. Ainda que receba uma ou outra 'dica' da individualidade, cabe-lhe demonstrar sua capacidade de viver por sua própria conta e risco o novo papel, de vez que continua inteiramente respeitado seu direito ao livre-arbítrio.

Por mais amplo e valioso que seja o acervo de conhecimento de que disponha nos arquivos secretos da memória integral, o ser encarnado começa a nova vida com uma folha em branco diante de si, ou, para reverter à nossa imagem predileta, começa a gravar no seu cassete virgem os símbolos de um código que lhe servirá para comunicar-se com os demais seres que o cercam, procurando de certa forma 'traduzir' um pouco do muito que conhece. Ao mesmo tempo em que este cassete grava o material necessário – ambiente, família, cultura, civilização, costumes etc. –, também condiciona e limita o mecanismo da comunicação, que se resume, afinal, em um processo de confronto de símbolos, como já vimos.

Na realidade, portanto, o sensitivo é um comunicador, no sentido mais amplo da palavra, tanto consigo mesmo, ligando-se pela intuição, pelo sonho ou vidência aos armazéns da memória integral como, voltado para fora de si mesmo, serve de canal de comunicação entre os seus conhecimentos e os demais seres ou, afinal, entre seres desencarnados e encarnados. Daí porque Boddington considera tão importante a acuidade ou capacidade de interpretar símbolos e imagens a fim de comunicar ideias com relativa precisão.

9. O carrossel

Extraímos de um mero e despretensioso filme feito para TV uma curiosa experiência e uma preciosa lição.

O filme narrava a história de um maníaco que aterrorizava uma comunidade, colocando explosivos de alto poder destrutivo em pontos críticos da cidade, sacrificando inúmeras vidas. Incapaz de identificar o criminoso com a presteza necessária e fazer parar a chacina, a polícia, desesperada, recorreu a uma sensitiva no esforço de saber onde o terrorista faria explodir a sua próxima bomba. O maníaco incendiário sempre escrevia uma carta para a polícia, dizendo a hora em que iria provocar a próxima explosão, mas nunca o local. A moça concentrou-se e declarou, mais ou menos, o seguinte: estava entrando em contato com a mente do criminoso. Via um local com muitos cavalos; eram pequenos esses animais e andavam em círculo. Havia cores, muitas cores. E crianças. Muitas crianças alegres. Essa a 'mensagem' visual, telepática, que ela percebia. Diríamos, com a nossa terminologia, que era uma visão (anímica) diencefálica, uma projeção visual do que ia na mente do terrorista. Como interpretá-la, porém? De que maneira decodificá-la, a ponto de saber onde a polícia deveria atuar para impedir o massacre? A próxima e urgente etapa, por conseguinte, consistia em 'traduzir' aquele código visual em conhecimento e este em ação.

Um policial presente logo arriscou o primeiro 'palpite' interpretativo. Talvez se tratasse de um hipódromo de corridas. A sensitiva admitia a interpretação como possível e justificava que não conseguia ver com maior clareza porque o homem estava bloqueando sua própria mente a fim de não 'irradiar' suas intenções por toda a parte.

Outro policial, que não espera nada de positivo daquilo tudo, apela para o sarcasmo e até para a agressão, declarando que a sensitiva seria mais uma dessas farsantes, de tantas que existem por aí. Ela o olha intensamente e começa a falar:

– Setecentos e cinquenta dólares. Vejo setecentos e cinquenta dólares. Você está precisando dessa importância. Não. Não é você... É alguém ligado a você. Sim. Uma mulher (e descreve a pessoa). Ela está relacionada com algum local onde há objetos de arte. Ela trabalha lá. É uma galeria.

Faz uma pausa e pergunta:

– Acredita em mim, agora?

Ele não se atreve a responder. Prefere retirar-se da sala e sai, batendo a porta.

Estavam, contudo, empenhados numa corrida contra o tempo, dado que se aproximava a hora marcada para a explosão e ainda não se identificara o local escolhido pelo criminoso.

Observemos algumas tentativas de interpretação: 1.º policial: cavalos correndo em círculo; pode ser um hipódromo; 2.º policial: mas ela disse cavalos pequenos... pôneis, talvez. 3.º policial: cores e crianças (Quem sabe se uma fábrica de brinquedos?); 4º policial (aliás, uma mulher e, portanto, mais intuitiva): cores... cores... crianças alegres... um parque de diversões! Cavalos pequenos em círculo... um carrossel! – gritou.

E era mesmo. A bomba estava num parque de diversões, colocada num eixo central de um carrossel e a polícia chegou a tempo de impedir a explosão do artefato que causaria verdadeira tragédia, pois havia muitas crianças lá, no momento.

Como se pode observar, o processo consiste em duas etapas básicas: a comunicação de um pensamento e sua interpretação. Quando o terrorista planeja colocar o explosivo num parque de diversões, no eixo central de um carrossel, e o faz, é difícil, senão impossível, impedir que o seu pensamento se irradie. O fato de a moça dizer que ele está bloqueando a mente é mais um recurso da cinematografia do que uma realidade, pois o pensamento cria imagens e elas se difundem, a despeito do esforço de controle daquele que pensa. Os espíritos, usualmente, não precisam nos perguntar sobre o que estamos pensando. Ao se aproximarem de nós, descobrem-no pela simples leitura das imagens e emoções que estamos projetando. O que a sensitiva recebia, portanto, em sua vidência diencefálica, era a imagem tal como projetada pelo criminoso, imagem essa que ela retransmitiu, à sua maneira, aos policiais, mas que, na intimidade da sua mente, era idêntica à que estava na mente do terrorista. Em suma: a imagem era a mesma para todos, só que nem todos tinham a sensibilidade treinada para percebê-la através do diencéfalo; apenas a sensitiva oferecia as condições necessárias a isso. Quanto à interpretação, um policial viu logo um hipódromo. Talvez gostasse de apostar em cavalos de corrida, jogo muito comum nos Estados Unidos, onde o filme foi rodado. No seu cassete pessoal, cavalos correndo em círculo significava hipódromo. O segundo policial lembrou-se de pôneis, uma visão poética, ligada à infância, certamente em sintonia com suas preferências pessoais ou com o símbolo correspondente em seu cassete. O terceiro associava cores e crianças com uma fábrica de brinquedos. Lembrava-se de que o criminoso já havia colocado explosivos numa delas. Talvez estivesse a ponto de repetir a tenebrosa façanha. Era a sua experiência de policial que prevalecia na escolha. No seu 'dicionário' pessoal, o símbolo tinha esse significado: fábrica de brinquedos. Finalmente para a mulher policial, cores, crianças, cavalinhos em círculo, alegria, tinham a tradução correta: um carrossel. Era a sua experiência de mãe, talvez, ou com crianças em geral.

Quanto ao policial descrente, nem sequer consegue sintonizar-se pois não confia no processo que lhe parece grosseira fraude, nada mais. Ao perceber que a coisa é mais séria do que lhe parece, sua reação é psicologicamente explicável: retira-se para não ter de enfrentar uma realidade que intimamente rejeita. Considerando-a mentirosa, pode dar de ombros – é mais cômodo; se, porém, se vê obrigado a aceitá-la, faz uma confissão pública de ignorância. O melhor é fugir.

A sensitiva, portanto, percebe ao vivo, de mente a mente, todo o processo disparado pelo criminoso, mas não consegue traduzi-lo em linguagem positiva, mesmo porque não se arrisca a interpretá-la. Ela apenas comunica o que percebe na sua vidência sem visão. Em tais casos, a melhor atitude da parte do médium é mesmo a de abster-se de interpretar aquilo que lhe está sendo mostrado, limitando-se a transmitir, o mais fielmente que lhe seja possível, tudo quanto percebe, até os mínimos detalhes. Às vezes, é precisamente um dado considerado irrelevante que vai dar a contribuição decisiva para uma identificação ou para caracterizar o conteúdo de uma mensagem.

10. Cacos

Kardec escolheu com acerto a palavra adequada para definir a pessoa que serve de intermediária entre os espíritos e os seres encarnados. O médium é um canal de comunicação não inerte, indiferente, mas um simples canal, por intermédio do qual deve fluir a comunicação, qualquer que seja o tipo de faculdade da qual o espírito resolva utilizar-se do conjunto das que ele dispõe. Estou convencido de que é por isso que os instrutores espirituais tanto insistem em que o médium cultive sua mente, suas emoções e, principalmente, sua ética. A recomendada passividade não quer dizer submissão a qualquer capricho do espírito manifestante, mas o médium deixa de cumprir corretamente sua tarefa a partir do momento em que deseja ser mais do que lhe permitem suas faculdades. Ele é um intermediário, um canal, um veículo através do qual flui a mensagem. Ao dizer isto, não estou esquecido de que é preciso, ao mesmo tempo, exercer certa vigilância sobre o que se passa durante a

DIVERSIDADE DOS CARISMAS

manifestação para que o espírito, por sua vez, não exorbite na utilização dos dispositivos mediúnicos que lhe permitem comunicar-se.

Parece que a palavra-chave aqui é *autenticidade*, sobre o que discorremos alhures, neste livro. Uma vez que é necessário codificar o pensamento alheio para que outros possam compreendê-lo, é preciso ter cuidado para que o teor da comunicação seja autêntico, fiel à sua fonte, expressão correta do pensamento daquele que o emitiu.

Em teatro, diz-se que um ator está introduzindo cacos nas falas quando, em vez de restringir-se ao texto do autor da peça, acrescenta palavras ou frases inteiras de sua própria elaboração, nem sempre adequadas ao espírito da peça. Nesse caso, não está sendo fiel ao texto e pondo em jogo a autenticidade do pensamento do autor.

Isto me lembra um episódio que Divaldo Franco me contou. Estava ele a fazer uma das suas eloquentes palestras em país estrangeiro, para um público de língua inglesa, razão pela qual precisava de um intérprete, já que não tem a necessária fluência em inglês. Competia-lhe dizer uma frase de cada vez e esperar que o intérprete a traduzisse para o público e, então, ele passava à frase seguinte. Logo percebeu, contudo, que cada um dos seus períodos dava assunto para o intérprete falar vários minutos. Em vez de funcionar como uma espécie de 'médium', ou seja, um canal de comunicação que se limitasse a veicular o seu pensamento, o cavalheiro estava mesmo é fazendo outra conferência por sua própria conta e risco. Obviamente, o pensamento original não estava guardando a autenticidade tal como formulado.

Se eu me visse numa situação dessas, falando, por exemplo, a um grupo de língua russa – da qual nada entendo – e o intérprete me fizesse uma conferência em paralelo, sem meu conhecimento, sentir-me-ia terrivelmente frustrado e, talvez, visse-me forçado a interromper a conversa. Com Divaldo, porém, a coisa foi bem mais fácil e menos traumatizante. Aproximou-se dele um espírito que conhecera a língua inglesa, Divaldo passou-lhe os controles devidos e a palestra prosseguiu, tranquilamente, agora na língua local. Delicadamente, o intérprete foi dispensado, de vez que a palestra tinha mais 'cacos' do que textos legítimos.

Este é um exemplo extremo – estamos prontos a reconhecer – e nem mesmo é um caso típico de mediunidade, mas, sim, de mera transposição de conceitos de uma língua para outra. Creio, porém, que o exemplo serve para ilustrar uma das inúmeras dificuldades que podem surgir no processo da comunicação. Não cabe ao médium, portanto, interferir, modificar, corrigir ou interpretar o pensamento alheio, mas veiculá-lo fielmente e com autenticidade.

11. Condição pessoal do médium

Preocupada com esse aspecto crítico da comunicação, Regina interpelou, certa vez, o seu paciente amigo espiritual, que lhe respondeu, por escrito, da seguinte forma:

"A influência do médium se exerce mais nas *condições por ele mesmo criadas* para que possamos apresentar o nosso concurso, do que propriamente na sua *vontade* ou na sua *personalidade*. Nesse exato ponto é que começam as dificuldades. Para que possamos apresentar um trabalho mais ou menos puro e escorreito é necessário que encontremos *caminho livre*, a fim de que o nosso pensamento não tropece nas dificuldades do médium, isto é, suas ideias, seus problemas, sua condição moral e intelectual. Idênticas condições são exigidas daqueles que com ele trabalham. Sempre que uma comunicação se apresenta truncada e mal redigida, é porque teve de passar por uma série intrincada de vibrações contrárias, as quais impediram que o pensamento emitido fluísse em linha regular, sem atalhos pelo caminho". (Os destaques são meus).

Acho que vale a pena demorarmo-nos um pouco sobre isto.

Sempre me fascina o poder de síntese dos espíritos mais experimentados e evoluídos. Eis aí um desses exemplos típicos, num texto singelo e sumário, no qual se consegue dizer tanta coisa interessante.

Podemos observar, portanto, que a interferência do médium nas comunicações que circulam por seu intermédio não resulta de um exercício direto da sua vontade, ou de algum aspecto específico de sua personalidade, mas das *condições* que ele cria dentro de si mesmo, como que obstruindo os canais por onde deve passar a comunicação ou criando uma espécie de 'estática' nos circuitos que estão sendo utilizados pelo espírito comunicante. Logo, não é consciente e deliberadamente que ele interfere no teor da comunicação, a não ser naquelas em que ele tenha visão diencefálica ou audiência coclear e diga coisa diferente do que está vendo ou ouvindo. Nos demais casos, porém – psicofonia ou psicografia –, ele não interfere de maneira direta e consciente, mas sim, pelas *condi*ções que estão instaladas no seu psiquismo. Ou seja: ideias preconcebidas, problemas pessoais, posturas éticas, procedimento habitual, deficiências culturais e coisas desse tipo.

Por exemplo: a pessoa de temperamento violento, agressivo e impaciente que funcionar como médium oferece condições apropriadas a um espírito também dado à violência, agressividade e impaciência, que encontra nela os circuitos como que já ligados para esse fim. Podemos, por outro lado, imaginar as dificuldades que nela vai encontrar um espírito pacífico, sereno, moderado, para fazê-la veicular uma comunicação aconselhando a paz, a serenidade, a moderação. Não que o médium se oponha deliberada e conscientemente aos termos da mensagem falada ou escrita; o espírito comunicante é que precisa fazer um grande esforço para vencer resistências e obstáculos implantados, por toda a parte, no psiquismo do médium, a fim de obter um mínimo de autenticidade para a mensagem que porventura deseje transmitir por seu intermédio. Não é de se admirar, em casos assim, que a mensagem saia truncada.

Conheço um exemplo eloquente de tal situação. Todos sabem que Maurice Barbanell, competente jornalista inglês e diretor da revista *Two Worlds*, era o médium de Silver Birch, tendo trabalhado longos anos com ele. Pois bem, o sábio e tranquilo índio americano conseguia vencer as resistências de Maurice Barbanell e falar so-

DIVERSIDADE DOS CARISMAS

bre a reencarnação. Pessoalmente, contudo, o jornalista e médium não aceitava o conceito das vidas sucessivas. Já nos últimos anos de sua longa existência, começou a admiti-lo; não, porém, como condição de rotina, mas, sim, como optativa e ocasional, dado que, a seu ver, o espírito também evolui no plano espiritual (o que é verdadeiro) e não precisa se reencarnar (o que é falso). A despeito dessa divergência doutrinária entre o espírito e o seu médium, resultou da associação de ambos uma vasta, rica e valiosa literatura, recolhida nas sessões semanais de psicofonia. Isso porque Barbanell, a despeito das habituais imperfeições humanas, era de comportamento exemplar, de uma integridade ética muito sólida e de um coração compassivo (foi vegetariano, por princípio, e pregou, durante toda a sua vida, o respeito aos animais). A não ser, portanto, quanto à sua resistência filosófica ao conceito de reencarnação, Silver Birch encontrava no seu psiquismo livre trânsito para as ideias humanitárias e evangélicas que desejava transmitir. E o fazia num belíssimo e singelo inglês tocado de poesia e amor fraterno. Deus era o *Great White Spirit* (O Grande Espírito Branco); a Jesus ele chamava, carinhosamente, de o Príncipe da Paz ou, simplesmente, o Nazareno.

Por outro lado, o espírito dado à violência e à agressividade dificilmente conseguirá seu intento — dar um murro na mesa, gritar um palavrão, exasperar-se além da medida — ao manifestar-se através de um médium pacificado, controlado, tranquilo.

É nesse sentido, portanto, que o médium pode e deve influir ou deixar de influir nas comunicações veiculadas por seu intermédio, ou seja, educando-se, aprendendo a controlar seus impulsos negativos, pacificando-se intimamente, para que se faça respeitar com naturalidade, praticamente sem esforço consciente de sua parte. Como ficou dito alhures, neste mesmo livro, isso não quer dizer que o médium deva bloquear sumariamente o espírito manifestante, a ponto de 'pasteurizar' a sua comunicação, com o que estaria roubando toda a autenticidade do pensamento emitido pelo manifestante. Em outras palavras: se o espírito é calmo e controlado, não é o médium violento que vai torná-lo agitado e agressivo, mas se o espírito é violento, o médium equilibrado permitirá que, dentro de certos limites do bom-senso, ele manifeste seu pensamento até com indignação, mas sem exageros. Como iríamos forçar uma pessoa realmente irritada, por motivo que lhe parece justo — embora raramente o seja —, a falar como se estivesse recitando uma prece?

De tudo isto ressalta uma curiosa conclusão: é através do mecanismo da comunicação mediúnica que a gente percebe que a educação do médium *não é propriamente como médium, mas como ser humano*. Não sei se me faço entender. Quero dizer que, antes de ser um bom médium — desenvolvendo e treinando suas faculdades —, o indivíduo tem de procurar ser *uma boa pessoa*. Pessoas desarmonizadas podem dispor de excelentes faculdades mediúnicas, mas, se não se reeducarem, serão instrumentos de espíritos também desarmonizados, dado que é a programação da desarmonia que os espíritos encontram nela ao se manifestar. O que equivale dizer que não é a *mediunidade* que se desarmoniza ou se desequilibra, mas o *médium*. E é assim que o médium vai sendo arrastado, cada vez mais, para o exercício de uma faculdade atormentada, de vez que rejeita, automaticamente, por incompatibilidade, os espíritos harmonizados que poderiam ajudá-lo nas suas tarefas, e como que se oferece, sem defesas, aos que estão desequilibrados. Chama-se a isto sintonia.

Quer isto dizer que o médium não deva trabalhar com espíritos desajustados? Claro que não. O Cristo não ensinou que são precisamente os doentes que necessitam de médico? O de que precisa o médium é ser equilibrado para poder cuidar dos desequilibrados, encarnados e desencarnados. Esta é a sua tarefa.

Esses aspectos, que estariam melhor colocados no capítulo específico sobre o desenvolvimento da mediunidade, foram trazidos para aqui pelas suas implicações no mecanismo da comunicação, na sua semiologia. Isto quer dizer que, se o médium recebe do espírito comunicante um impulso ou um sinal de violência, ele não terá de ser violento para ser fiel ao comunicante. Ele pode perfeitamente transmitir o tom da indignação ou da irritação, sem apelar para o exagero e, ao mesmo tempo, sem descaracterizar a comunicação se, além de ser um médium bem treinado, for também uma pessoa equilibrada e sensata.

Mas não para aí o alcance das observações contidas na instrução do amigo espiritual de Regina. Ela vai além, chamando a atenção para a postura das pessoas que servem junto ao médium, ou seja, aquelas que compõem o grupo de trabalho mediúnico. Sua palavra é inequívoca: "idênticas condições são exigidas daqueles que com ele (médium) trabalham".

Quer dizer que os demais participantes do trabalho mediúnico também podem influir nas comunicações? É exatamente isso. Podem. Os espíritos se utilizam, nas suas manifestações, de recursos magnéticos colhidos entre os encarnados, sejam ou não médiuns ostensivos. Ele se sente encorajado a fazer pilhérias e ironias ferinas, por exemplo, quando alguém no grupo acha graça no que ele diz, da mesma forma que se sente estimulado à agressividade, se percebe que alguém no grupo está achando que ele tem mesmo razão e que deve logo apelar para a violência.

Não há dúvida, portanto, de que é difícil ser médium e que é muito difícil aos espíritos fazer transitar, através de certos médiuns, comunicações autênticas, fiéis, e bem arranjadas, porque o mais comum, como se observa da verdadeira 'queixa' que fizeram a Kardec, é encontrar mentes em desalinho, com tropeços de toda a sorte pelos caminhos por onde deve fluir a comunicação.

Em resumo: a única linguagem dos espíritos é o pensamento inarticulado, ou seja, não expresso em palavras ou símbolos. Se fosse possível transmitir esse pensamento *in natura,* puro, de mente a mente, entre desencarnados e encarnados, não estaríamos escrevendo este livro e nem Kardec, provavelmente, teria escrito *O livro dos médiuns.* Mas não é assim que se processa a comunicação espírito/ser encarnado, de vez que ela precisa ser convertida de pensamento puro em um código previamente acertado, de símbolos, como palavra escrita ou falada, som ou imagem.

O médium não cria, em si, a mediunidade, apenas a desenvolve, submetendo-se a determinadas disciplinas e treinamentos para exercê-la adequadamente. Mas, positivamente, ele deve e precisa ajustar-se como pessoa humana para que, em lugar de obstruir o fluxo da comunicação, ele o facilite. Para isso, deve convencer-se de que é apenas um canal, um veículo da comunicação, não o autor ou coautor dela.

Voltemos, por um momento mais, à definição proposta por Kardec:

> Médium – (do latim – *medium,* meio, intermediário) – pessoa que pode servir de intermediária entre os espíritos e os homens. (Kardec, Allan, 1975.)

Atenção, porém, para o termo que rege a definição: pode servir. Poder, pode, mas só *deve* se estiver devidamente preparada, não apenas como médium, mas, principalmente, como ser humano. Do contrário, é melhor buscar outra atividade na seara espírita. Será melhor e menos comprometedor do que aviltar ou deformar um dos aspectos mais delicados e críticos de toda a fenomenologia, ou seja, o da comunicação.

12. Guias e controles – relacionamento com os médiuns

O leitor que se dedicar ao estudo da mediunidade em textos de língua inglesa, encontrará constantes referências ao *control* (controle) do médium.

Nosso primeiro impulso seria o de traduzir essa palavra com a expressão guia espiritual, ou espírito familiar, originariamente adotada por Allan Kardec. Há, contudo, matizações que precisamos distinguir a fim de penetrar mais na intimidade do assunto.

Embora a palavra *control* seja, na opinião de Nandor Fodor, equivalente a guia espiritual, acho que esta expressão pode ter conotações bastante diferentes dado que nem sempre o guia de um médium é uma presença constante no dia a dia de sua atividade, como costumam ser os controles entre os ingleses e americanos, por exemplo. Em verdade, a figura do controle me parece mais atuante, ou melhor, mais ostensiva, na prática britânica e americana do que entre nós, mas não muito bem caracterizada, de vez que o termo é usado para referir-se a qualquer outro espírito que se manifeste diretamente pelo sensitivo, sem a intermediação do guia.

Entendem eles, como controle, o espírito que supervisiona o trabalho mediúnico de seu pupilo, não à distância, como um guia formal, incumbido apenas da orientação do médium e de suas tarefas, mas como participante. É o controle que opera prioritariamente as faculdades de seu médium, transmite instrução e mensagens próprias ou de terceiros (não incorporados), mantém a boa ordem dos trabalhos e bloqueia interferências indesejáveis ou inoportunas, embora possa, eventualmente, ceder sua vez a um outro espírito, a seu critério exclusivo e pessoal.

Em vista da sua familiaridade com o sensitivo, apoiada usualmente em fortes e antigas vinculações pessoais, o controle adquire considerável proficiência na manipulação das faculdades mediúnicas que, de hábito, ele próprio ajudou a desenvolver. A ampla literatura a respeito nos mostra o *modus operandi* de inúmeros controles que demonstram, pela súbita e oportuna interferência no fluxo de certas comunicações, a sua atenta vigilância sobre o processo de manifestação de outro espírito, quando for o caso.

Não são muitos, contudo, os espíritos que obtêm permissão para se utilizar diretamente do médium ou conseguem fazê-lo, ainda que autorizados pelo controle. O que mais comumente observamos é o trabalho do comunicante em transmitir seus pensamentos ao controle para que este, mais familiarizado com o médium, consiga adequá-lo às faculdades e características deste.

Creio poder citar como exemplo dessa intermediação, entre nós, o trabalho de Emmanuel, ao trazer espíritos recém-desencarnados, especialmente jovens, em acidentes traumáticos, para que transmitam, pela psicografia de Chico Xavier, mensagens coerentes, bem ordenadas e ricas em indicações identificadoras, como nomes próprios, locais e circunstâncias que somente os familiares têm condições para conferir.

Segundo informação de Ranieri, Emmanuel interferiu, de maneira enérgica e decisiva, certa vez, quando tomavam rumo indesejável trabalhos de materialização a que se dedicava o nosso Chico.

Além disso, é ele o autor de grande parte, senão da maior parte, da obra psicográfica captada pelo Chico, em seus muitos anos de exercício constante da mediunidade. Sua presença é, ainda, percebida ou inferida em trabalhos outros, escritos por diferentes espíritos, de vez que encontramos prefácios ou apresentações suas em obras de André Luiz, Irmão X, Neio Lúcio...

Cria-se, dessa forma, um relacionamento pessoal proveitoso ao médium responsável e honestamente dedicado à sua tarefa. Ele aprende a confiar no amigo espiritual, de quem se habitua a receber apoio seguro e eficaz que, no entanto, respeita seu livre-arbítrio. Os guias ou controles, quando também responsáveis e bem preparados para o trabalho a que se propõem, não costumam interferir em questões pessoais, a não ser em casos extremos e com apoio em sólidas razões. É hábito deles deixar que a decisão final fique a critério de seus pupilos, aos quais, via de regra, transmitem opiniões e sugestões, e não comandos ou imposições. Se o relacionamento atinge estas últimas características, alguma coisa não está bem nele: ou o médium começa a transviar-se ou o guia não corresponde à condição que deseja aparentar.

De modo geral, contudo, a tarefa dos guias espirituais ou controles junto dos médiuns é exercida por espíritos de elevado *status* evolutivo, competentes e firmes naquilo que fazem. Como esse trabalho é considerado de natureza missionária, no mundo espiritual, é claro que a vinculação guia/médium não é fortuita e, sim, programada antecipadamente em todas as suas minúcias. Há sempre uma série de compromissos, deveres e obrigações assumidos, de parte a parte, quando se

DIVERSIDADE DOS CARISMAS

prepara uma tarefa dessas que, em princípio, tem a duração de toda uma existência na carne.

Não é difícil depreender-se quão desastroso é para o médium, uma vez chegado o momento de dar início à sua parte da tarefa, começar a refugá-la, seja por comodismo, egoísmo, indiferença, irresponsabilidade ou qualquer dificuldade de natureza meramente humana. É claro que seu livre-arbítrio será respeitado e nunca será arrastado, à força, para o exercício da tarefa combinada e para a qual seu guia está pronto e disposto a colaborar. Em casos assim, não apenas está ele assumindo grave responsabilidade, não pelo que fez, mas pelo que deixou de fazer, como também porque, sem a amorosa cobertura de seu orientador espiritual, ficará à mercê de espíritos desajustados que o induzirão a mais fundo mergulho em seus equívocos pessoais, em lugar de ajudá-lo a galgar um degrau ou dois nos inúmeros patamares da bíblica escada de Jacó.

Há que considerar, ainda, no reverso da medalha, aquele que, não estando devidamente preparado ou programado para um trabalho mediúnico de fôlego, insiste em exercer faculdades insuficientes ou inadequadas, bem como diferentes daquelas em que foi treinado.

Mesmo o dr. Fodor – que se coloca na postura de cientista e pesquisador, e não de espírita – observa que:

> É certo que as qualidades morais (do médium) exercem importante papel. Se a mente e os objetivos do médium são puros, se ele ora pedindo ajuda, ou se solicita aos seus bons amigos espirituais que o orientem, parece que a solicitação é atendida. (Fodor, Nandor, 1969.)

Acha, contudo, o dr. Fodor que nem sempre são do melhor gabarito os que se propõem servir como guias ou controles, e parece até que alguns disputam a oportunidade de fazê-lo. De minha parte, entendo a situação de outra ótica. A disputa pode ocorrer e ocorre até com significativa frequência, não, porém, entre guias que estejam a disputar um cargo (ou encargo), mas entre espíritos cujas intenções são, no mínimo, discutíveis, em agressivo assédio ao sensitivo. Ainda mais que sabemos que não poucas mediunidades se apresentam, de início, sob vigorosa pressão perturbadora de espíritos desajustados. Muitos são os médiuns que pagaram elevado pedágio obsessivo antes de alcançarem condições satisfatórias para o eficiente e equilibrado exercício de suas faculdades.

Em algumas frases, o dr. Fodor traça um sumário perfil dos controles dizendo que, por muito experientes que sejam, guardam certas limitações e, às vezes, precisam consultar outros companheiros a fim de responder a questões mais complexas ou fora do alcance de seus conhecimentos. Isto é verdadeiro.

Como escreveu Kardec, os espíritos não são mais do que seres humanos desencarnados e, por isso, não se convertem em sábios ou santos no momento seguinte ao da morte do corpo físico. Na própria Codificação, encontramos questões que, mesmo as entidades que compunham a equipe do Espírito de Verdade, declaram, com a singeleza pura da grandeza, desconhecer ou não ter como explicar, pela carência de terminologia ou de conhecimentos adequados por parte dos encarnados.

São pacientes e sempre dispostos a ajudar, mas, na expressão do dr. Fodor, "não acatam ordens e gostam de ser tratados com cortesia". Criam, usualmente, uma atmosfera de religioso respeito, mas nem todos se apresentam como pessoas de santa disposição.

Walter, controle da médium Margery, não hesitava em despachar uns tantos palavrões, se algo o desagradava de maneira especial, ou de mandar às favas os que o atormentassem com perguntas impertinentes. Conta Fodor que uma dessas irritações deu-se com Houdini, que o acusou de estar fraudando. Walter despejou sobre o mágico um monte de maldições, em linguagem *unprintable,* ou seja, impublicável.

O controle da sra. Travers-Smith, que se identificava como um antigo sacerdote egípcio, ao tempo de Ramsés II, também praguejava e xingava à vontade, quando as coisas, no seu entender, não corriam bem... Outro controle da sra. Travers-Smith, de nome Peters, e que se servia do grupo para promover suas próprias experiências, era excelente para criar testes para as suas pesquisas, mas, quanto ao seu caráter, ainda segundo Fodor, não era, como se diz, flor que se cheirasse.

Às vezes, os controles se especializam em determinadas tarefas: um para trabalhos de efeitos físicos, outro para psicografia, e assim por diante, bem como para este ou aquele assunto. Um espírito que se identificou como Cristo d' Angelo, junto de um médium de nome Rossi, declarou que só dispunha de poderes com a voz, ou seja, trabalhos de psicofonia. A observação é de profundo interesse por duas razões importantes: primeiro, porque vemos um espírito que expõe, honestamente, suas próprias limitações, transmitindo aos médiuns uma lição, não apenas de humildade, mas de não pretender desempenhar tarefas que não estão ao seu alcance ou não se acham incluídas na sua programação; segundo, porque nos leva à evidência – nem sempre reconhecida e comentada – de que há espíritos que funcionam como médiuns de outros espíritos.

Destaquemos este último aspecto para um comentário mais extenso.

Mais uma vez, há que fazer uma distinção que nos propicie uma interpretação mais nítida dos complexos aspectos aqui envolvidos. O fato de funcionar o controle, ou guia espiritual do médium, como intermediário para certas comunicações, não quer dizer que todos eles operem como médiuns, no sentido habitual da palavra. Muitos deles apenas captam as emissões de pensamento de um companheiro espiritual e as retransmitem ao médium encarnado para que este possa convertê-lo em palavras escritas, faladas ou símbolos.

Embora isso não deixe de ser uma intermediação, não representa, a rigor, uma forma de mediunidade tal como a conhecemos, se ficarmos adstritos ao conceito de que o médium é aquele que serve de intermediário entre os seres desencarna-

Diversidade dos Carismas

dos e os encarnados. Há, contudo, exemplos bem caracterizados de espíritos que não apenas descrevem o que estão captando de outros espíritos, mas funcionam mesmo como médiuns de tais companheiros, servindo de ponte psíquica àquele que não tem condições de se utilizar de um médium encarnado a fim de alcançar, com seu recado, outros seres encarnados. (Não é este, creio eu, o caso de Emmanuel, que parece criar condições para que o próprio espírito transmita o seu pensamento ao Chico, em vez de utilizar-se de Emmanuel como médium.)

André Luiz relata um episódio, em *Libertação*, em que o espírito se concentra, como médium, para que Matilde consiga manifestar-se perante Gregório.

Mais de uma vez, nos anos de prática de trabalhos mediúnicos, tive a oportunidade de presenciar fenômenos semelhantes. Numa de tais ocasiões, o espírito manifestante produziu um convincente fenômeno de xenoglossia. Acho que era tão forte a sua fixação no idioma da língua que falara na terra – húngaro –, que o seu pensamento estava sendo transmitido pelo médium nessa língua (devo acrescentar que o médium nada conhecia de húngaro, na sua presente existência, embora tenha sido húngaro na vida imediatamente anterior). De repente, suspendeu-se por alguns momentos a penosa tentativa de diálogo. Quando o médium voltou a falar, já nos foi possível o entendimento em português.

Interrogado, posteriormente, um de nossos amigos espirituais – podemos considerá-lo como um dos 'controles' do médium, ou seja, um espírito familiar – nos explicou que, em vista da dificuldade criada pela dramática xenoglossia e pela aflição do espírito em manifestar-se, ele, 'controle', interferiu no procedimento, passando a funcionar como intermediário entre o manifestante e o médium. Ou seja, o pensamento continuou sendo o do húngaro, agora, porém, retransmitido ao médium de tal maneira que este podia vazá-lo em português.

Reportando-se novamente ao caso de Emmanuel, nas tarefas em que ele traz a Francisco Cândido Xavier espíritos que, sozinhos, não teriam condições de se manifestarem, e os assiste, é oportuno verificar, mais uma vez, a fantástica precisão dos conceitos doutrinários e experimentais, sempre que a fonte é boa. Digo isto, porque encontro na erudita exposição do dr. Fodor, esta observação:

> [...] no caso de Cristo d'Angelo, alguns espíritos muito fracos para transmitirem suas mensagens aos destinatários, com suas próprias vibrações vocais, manifestaram-se através do controle, do que resultava certa mixagem no sotaque e predominância ocasional do timbre de voz usualmente empregado pelo controle. (Idem)

Os problemas da comunicação, contudo, são de tal maneira complexos que não podemos ter a esperança de chegar ao fundo deles com apenas algumas especulações, principalmente porque, a cada estágio que alcançamos, uma nova safra de dificuldades está a nossa espera.

Por exemplo: se o espírito não fala, mas apenas usa a linguagem do pensamento, como é que pode ter sotaque ou falar línguas que o médium não conhece?

Evidentemente não há explicações para tudo, e ainda há pouco observávamos que nem os espíritos, amplamente mais experimentados do que eu, se arriscam a definir, conceituar e explicar tudo o que lhes seja perguntado. Pelo menos, não é esse o procedimento dos espíritos responsáveis e sensatos. O que não impede que possamos formular e propor hipóteses que ficam, como costumava assinalar Kardec, à espera do teste final da verificação.

Entendo que, realmente, o espírito não fala. Conforme já vimos, há uma unanimidade no sentido de que a linguagem deles é o pensamento. Ocorre, não obstante, um acoplamento do perispírito da entidade manifestante com o do médium, através da aura, como também já vimos. É por meio desse mecanismo que o espírito manifestante assume certos controles do corpo físico do médium, através do qual irá como que 'materializar' sua mensagem. Vimos, também, como Hernani Guimarães Andrade, que a profundidade do transe depende do mais amplo ou mais reduzido 'espaço' que o médium conceda a esse acoplamento do perispiritual. Parece lógico concluir-se, portanto, que nos casos em que a chamada incorporação é mais completa, ou seja, quando o médium cede o máximo de espaço possível (sem abandonar, de todo, o controle remoto de seu corpo), o espírito parece ficar mais à vontade e com mais efetivo controle sobre o instrumento humano de que se utiliza no momento. Como também observamos alhures, Silver Birch se refere a um "punhado de fios", através dos quais ele mantém os comandos que lhe facultam transmitir seu pensamento. Uma vez reunidas condições para que esse comando seja o mais completo possível, é claro que lhe é facultado impor aos instrumentos até suas características pessoais – sua língua mais recente, cacoetes, tiques nervosos, gagueira, sotaque e até mesmo o tom de voz. Segundo pude observar, sempre que tais fenômenos ocorrem, o médium mergulha num transe mais profundo, do qual desperta sem se lembrar do que ocorreu ou do que disse enquanto sob controle do manifestante. Daí a expressão (inadequada, a meu ver) de mediunidade inconsciente. O espírito do médium afasta-se mais de seu corpo físico a fim de ceder mais espaço. Não, porém, que mergulhe na inconsciência.

Um médium de meu conhecimento, e com o qual trabalhei durante alguns anos, dizia-me que, com certos espíritos que recebia por incorporação, ele se mantinha lúcido e consciente, acompanhando até o diálogo com a pessoa incumbida de falar com os espíritos; com outros, isso não ocorria. Parece que, para se manifestarem, precisavam de mais 'espaço' no seu psiquismo. Um desses espíritos era de uma presença particularmente marcante e característica. Vivera na França do século XIX – morrera na revolução de 1848 – e conservava o seu forte sotaque ao se utilizar da instrumentação mediúnica. Era fácil para nós identificar sua aproximação porque, momentos antes de começar sua manifestação, o médium parecia regurgitar certa quantidade de ectoplasma, como se estivesse – e isto é opinião do próprio médium – a elaborar uma espécie de garganta fluídica, através da qual pudesse o espírito expressar-se. Seu tom de voz era baixo e profundo, e o sotaque francês lá

DIVERSIDADE DOS CARISMAS

estava, inequívoco, característico e constante. E como reclamava (com a ternura de um irmão amoroso) do aparelho fonador do médium, que ele dizia assemelhar-se a uma chaminé semiobstruída pela 'picumã' dos muitos cigarros fumados, ao longo de muitos anos!...

Parece que, assim como certos espíritos atuam diretamente sobre os centros nervosos da visão (diencéfalo) ou da audição (cóclea), uns tantos outros devem atuar diretamente sobre os centros nervosos da fala ou da motricidade. Basicamente, o processo é um só: a força mesma do pensamento que expede comandos mentais aos diversos centros, como se o corpo que lhe está sendo emprestado pelo médium fosse seu próprio, tal como ensina Kardec. Isto explica, ainda, porque é possível a um só médium, como tem sido observado, 'receber', simultaneamente, dois ou três espíritos, um deles escrevendo com a mão direita, outro utilizando-se da esquerda, enquanto um terceiro fala, por psicofonia.

A digressão, contudo, está nos levando longe demais, e ainda temos algo a dizer acerca dos controles, guias ou espíritos familiares.

Podemos observar que os guias ou controles costumam atuar também em grupos, contando com a colaboração de companheiros desencarnados de nível semelhante ao seu, ou se colocam como auxiliadores mais modestos, embora não se perceba nenhum ranço de comando e hierarquia nesse relacionamento, e nada, absolutamente, de autoritarismo, ainda que haja uma nítida definição de *autoridade*. Há, pois, uma autoridade que não se impõe, mas é reconhecida sem constrangimento e acatada com respeito.

Em algumas (raras) oportunidades, podem até ocorrer incidentes devidos a algum equívoco da parte dos espíritos participantes da reunião, ou, mais comumente, por causa de problemas suscitados entre os próprios encarnados. Conta o dr. Fodor que, numa sessão em que Stainton Moses funcionava como médium, houve um descontrole qualquer e, em vez de se produzirem focos luminosos, como estava programado, o cômodo ficou literalmente cheio de uma fumaça fosforescente que deixou o médium apavorado, julgando-se em chamas. Em outra ocasião, em vez do perfume prometido, algo saiu errado com os preparativos, de tal sorte que o ambiente ficou insuportável por causa do mau cheiro, que expulsou todo mundo da sala.

Os controles ou guias espirituais raramente se identificam com algum nome conhecido do passado. Optam pelo anonimato e preferem ser avaliados pelo trabalho que realizam, pelas ideias que transmitem, pelos ensinamentos que ministram. Costumam ser simples, tranquilos, profundamente humanos e compreensivos. Enérgicos, quando necessário, nunca são autoritários. Parecem, às vezes, um tanto frios e distantes, indiferentes e até insensíveis ao observador desatento. É preciso, no entanto, compreender que a visão que têm dos problemas humanos é inteiramente diversa da que costumamos ter aqui. Por que razão iriam se afligir ante a dor maior de um amigo encarnado, se sabem que é precisamente aquele o amargo remédio prescrito pela lei divina para corrigir uma grave disfunção espiritual do passado? Deveria o médico deixar de operar um paciente em estado grave ou de receitar um remédio salvador, porque a operação vai doer ou o remédio é amargo?

Os amigos espirituais que se responsabilizaram pela tarefa de nos orientar partilham conosco o sofrimento que experimentamos, procuram amenizar as dores físicas e morais com a sua presença ou com uma palavra de consolo e estímulo, mas, ainda que possam, não interferem para remover as dificuldades que ali foram postas precisamente pelo valor educativo que representam para o espírito em tarefas retificadoras. Sabem eles que nenhum sofrimento é gratuito. Não é, pois, indiferença ou insensibilidade, mas precisamente porque nos amam e estão ali para nos dar o apoio de que necessitamos, o que jamais inclui o ato de carregar para nós a cruz que nos cabe.

Os médiuns costumam aprender logo a identificar seus vários amigos e guias espirituais por sinais ou vibrações específicas e características de cada um: a maneira de 'incorporar-se', de saudar, um gesto breve com as mãos, o tom de voz, um sotaque especial, certos maneirismos, enfim, perfeitamente identificadores. Tão marcantes são essas características, apesar de sutis e quase imperceptíveis, que quando um espírito mistificador tenta imitá-las, procurando assumir a identidade alheia, pode ser, com relativa facilidade, desmascarado, se o grupo estiver atento e for bem orientado.

Embora eu não tenha tido disso experiência pessoal, estou informado de que certas incorporações provocam no médium sensíveis alterações em batimentos cardíacos, temperatura, pressão arterial ou reações na bioquímica do sensitivo. Examinemos as diversas incorporações ocorridas com o médium JohnTichnor, em Nova York. Conan Doyle observou que sua pulsação era de cem batimentos, quando controlado pelo espírito do coronel Lee; cento e dezoito, quando sob influência de Black Hawk (Gavião Negro); e oitenta e dois, em seu estado normal.

Experiências sob melhor controle científico foram feitas, com resultados semelhantes, com a sra. Eillen Garret, em quem não apenas as pulsações eram consideravelmente alteradas, mas também pressão arterial, temperatura e reação a certas drogas.

Sabemos, por outro lado, que espíritos desencarnados em decorrência de doenças graves costumam transmitir ao médium as sensações que experimentaram quando ainda na carne – dispneia, taquicardia, dores, bem como cegueira, gaguez ou mudez (geralmente porque a língua lhes havia sido cortada, como tivemos oportunidade de testemunhar, mais de uma vez, em trabalhos práticos). Isto, porém, é uma observação de passagem, de vez que não é o caso com os guias de mais elevada condição evolutiva.

Por mera curiosidade informativa, lembraremos os nomes de alguns controles e guias de médiuns conhecidos do passado. Os de Daniel Douglas Home jamais

DIVERSIDADE DOS CARISMAS

se identificaram nominalmente. Referiam-se a si mesmo como – "nós", e isso lhes bastava.

Relutantemente, ao que eu saiba, identificaram-se alguns dos muitos espíritos que trabalhavam junto de Stainton Moses, revelando as personalidades que se ocultavam atrás dos pseudônimos com que assinavam as comunicações por meio das quais transmitiam seus ensinamentos: Imperator teria vivido como Malaquias, o profeta bíblico; Preceptor declarou ter sido Elias; Vates dizia ter vivido como Daniel; Theophilus, seria João Batista; Theosophus, São João Apóstolo; e, assim por diante. Entre os sábios e filósofos, identificaram-se Sólon, Platão, Aristóteles, Sêneca e outros. Rector dizia ter sido Hipólito; Prudens identificava-se como Plotino.

A médium Rosemary, que produziu material mediúnico do maior interesse, era controlada por um espírito que preferiu ser chamado de Lady Nona, e que fora, em tempos remotos, esposa de um faraó.

O conhecido controle que se apresentava como John King identificou-se como Henry Owen Morgan, bucaneiro e pirata. Foi, na opinião do dr. Fodor, "o mais romântico controle espiritual" e tem uma longa e dramática atuação na história das experimentações mediúnicas do século dezenove. Kátia King, que se apresentava como sua filha, tornou-se mundialmente conhecida por causa das experiências de materialização realizadas pelo eminente cientista britânico William Crookes, em trabalho com a médium Florence Cook.

Curioso aspecto da questão é a extraordinária riqueza de guias e controles que assumem identidades de índios americanos, a começar por Silver Birch, o conhecido amigo espiritual do jornalista Maurice Barbanell, com o qual trabalhou regularmente creio que mais de quarenta anos consecutivos. É longa a lista de guias índios, especialmente de médiuns britânicos: North Star (sra. Leonard), Red Cloud (sra. Roberts), White Eagle (sra. Cook), White Feather (sr. Sloan) e inúmeros outros.

Ao que tudo indica, viveram entre os índios americanos entidades bastante experimentadas nas lides espirituais e que certamente traziam na memória integral uma respeitável bagagem de conhecimentos e até mesmo elevado grau de sabedoria. O assunto estaria a exigir um estudo mais aprofundado, tema para uma excelente tese de doutorado que nos proporcionasse uma visão mais clara dessa temática fascinante.

Além dos índios, porém, é comum encontrarmos guias que se identificam melhor com vivências na China, na Arábia ou no Egito. O que importa, contudo, não é a identidade que o espírito escolhe para se apresentar ou para se ocultar, e, sim, a qualidade e o nível do trabalho que realiza junto do médium. Pelo menos nas manifestações que chegaram ao nosso conhecimento, o Espírito de Verdade recusou, sistematicamente, a identificar-se a Kardec, como se observa no diálogo constante de *Obras póstumas*, ocasião na qual o Codificador insistiu e reiterou sua solicitação, enquanto a entidade se manteve irredutível.

Só ficamos sabendo, por lógica inferência, que se tratava do próprio Cristo, ante a bela mensagem que aparece assinada por Jesus, em *O livro dos médiuns*, capítulo XXXI e, posteriormente, reproduzida com ligeiras alterações, mas com idêntico conteúdo, em *O evangelho segundo o espiritismo*, cap. VI – O Cristo Consolador.

Esse é, aliás, o texto em que a entidade exorta: "Espíritas, amai-vos, eis o primeiro ensinamento; instruí-vos, eis o segundo."

As demais mensagens incluídas nesse mesmo Capítulo VI, confirmam o autor delas como sendo o próprio Cristo: "Venho, como outrora, entre os filhos desgarrados de Israel..." etc.

Espíritos que se apresentam como guias ou controles permanentes, mas se revelam autoritários, impacientes, sempre prontos a ditar ordens, impor rituais, vestimentas ou posturas exóticas, ou pregam doutrinas peculiares, precisam ser considerados com senso crítico severo e extrema cautela, para que o grupo não se envolva em dificuldades imprevisíveis e deixe de realizar tarefas proveitosas para as quais, porventura, estivesse programado.

É muito conhecida, no Brasil, a atuação dos guias e controles que se identificam como índios, caboclos, pretos-velhos, vovós ou crianças, especialmente, mas não exclusivamente, na área da umbanda. É aspecto esse que considero, pessoalmente, com grande respeito mas, sobre o qual não me sinto preparado para discorrer, mesmo porque existe ampla literatura a respeito, de autoria de pessoas mais bem informadas no assunto do que eu.

É bom lembrar, ainda, que controles em geral, e não especificamente guias, nem sempre são entidades desencarnadas, o que quer dizer que podem ser espíritos que se acham encarnados. Embora sem condições de assumirem tarefas que exijam maior quota de presença e participação, podem, contudo, manifestar-se com alguma regularidade.

O dr. Fodor lembra que quem primeiro chamou a atenção para esse aspecto foi Allan Kardec, simultaneamente com o juiz Edmonds, nos Estados Unidos. Cita o dr. Fodor um artigo do juiz sobre o assunto, na publicação *Spiritual Tracts*, de 24 de outubro de 1857. A manifestação ocorreu através de sua própria filha, Laura, que funcionava como médium. Edmonds conhecia a pessoa, mas não a via há cerca de quinze anos. Diz ele que a identificação foi perfeita, à vista de vários elementos de indiscutível autenticidade. O juiz concluiu, obviamente, que o seu amigo estava já desencarnado, mas verificou, mais tarde, que ele continuava muitíssimo bem 'vivo'; acrescenta ele que vários outros episódios, da mesma natureza, consolidaram sua convicção na realidade do fenômeno.

Muitos outros casos aparecem narrados em livros como *Seen and unseen*, de E. K. Bates, *Animismo e Espiritismo*, de Aksakof, *There is no death*, de Florence Marryat, e tantos outros que o dr. Fodor cita na sua extensa pesquisa sobre esse aspecto particular da fenomenologia mediúnica.

Não há, pois, como deixar de simpatizar com o desalento de Colin Wilson, quando se queixa da dificuldade de conceituar, definir e catalogar fenômenos psíquicos (humanos, em geral, diria eu). Aí está um fenômeno híbrido e complexo. Temos visto aqui, neste livro, que nem todas as manifestações resultam de puro exercício da faculdade mediúnica. Vimos espíritos que funcionam como médiuns de outros espíritos. Como podemos observar, há seres encarnados que se manifestam como espíritos, através de sensitivos encarnados. Como conceituar este último caso? O espírito encarnado que se desdobra para manifestar-se alhures está produzindo um fenômeno anímico de desdobramento e deslocamento espacial para ir ao encontro de um médium e, simultaneamente, um fenômeno mediúnico, pois funciona como entidade desencarnada que, muitas vezes, nem se identifica (ou sabe, conscientemente, que ali esteve). De outras vezes, o espírito encarnado atua através de seu próprio organismo, também como espírito, na plena posse de seu potencial, de sua experiência, de seus conhecimentos acumulados ao longo de muitas existências. Isto pode ocorrer quando fala em regressão da memória, desdobrado, quando escreve por psicografia anímica, por inspiração, ou desenha, pinta etc.

Este aspecto foi percebido com extrema acuidade por Frederick W. Myers que, em sua obra acerca da sobrevivência humana, *Human personality and its survival after codily death*, tem isto a dizer:

> O gênio mais completo seria, assim, a expressão da autopossessão mais completa, da ocupação e comando do organismo todo pelos elementos mais profundos do eu, que atuam com o apoio de um conhecimento mais perfeito e através de canais de comunicação mais seguros. (Myers, Frederick W. M., 1920.)

Páginas adiante, já na conclusão, reitera ele essa interessantíssima observação ao declarar que:

> O gênio, como dissemos, resulta de uma espécie de clarividência exaltada, mas não desenvolvida. A invasão subliminar que inspira o poeta ou o músico proporciona-lhe uma percepção profunda, mas vaga, desse mundo invisível, no qual o vidente ou médium percorre com a visão mais limitada, porém mais precisa.

Entendia, portanto, o eminente pesquisador britânico que a genialidade se torna manifesta quando o espírito encarnado consegue vencer e dominar o organismo a ponto de fazê-lo dócil instrumento da experiência e saber de que dispõe nas amplitudes da sua memória integral.

Não, leitor, não estamos fugindo ao tema deste módulo, ou seja, o do controle. Estamos falando do espírito encarnado que assume o controle do seu corpo, não apenas no sentido de mantê-lo em bom funcionamento de rotina, mas para expressar-se através dele, como o faria um médium encarnado. Para que utilizar um médium, se ele dispõe de seu próprio corpo e sabe como utilizá-lo adequadamente?

378   HERMÍNIO C. MIRANDA

Enfim, são amplas as especulações, mas já é tempo de colocarmos um ponto final antes que o capítulo vire um novo livro por si mesmo porque o autor perdeu, sobre o assunto, o controle que deveria ter mantido.

13. Aspectos específicos de intercâmbio

Tivemos oportunidade de examinar alhures os comentários dos espíritos incumbidos de discutir, juntamente com Kardec, os problemas da comunicação entre encarnados e desencarnados. O confronto com depoimentos de outros espíritos – que examinaremos a seguir – nos dá a exata medida da coerência e universalidade dos ensinamentos provindos do mundo espiritual, sempre que a fonte é boa e confiável.

Começaremos com Silver Birch, o sábio amigo espiritual do jornalista e médium inglês Maurice Barbanell. Recolho suas observações do excelente livrinho *Guidance from Silver Birch,* organizado por Anne Dooley, no qual o capítulo sexto – *Problems of communication* – é de nosso especial interesse aqui.

Referindo-se ao médium, diz o espírito:

> Você tem de vocalizar o que começa como imagem, pensamento ou ideia, na mente do comunicante. Com o médium de transe (psicofônico), o controle nunca é cem por cento eficaz. O instrumento é um ser humano e o controle varia conforme o guia é bem sucedido, parcialmente sucedido ou falho na sua tentativa de se mesclar com a aura do médium. Enquanto isso ocorre, o médium deve transmitir, se possível, a imagem, o pensamento, o quadro ou a ideia que recebe da mente do comunicante. O médium pode estar cansado, enfermo, desarmonizado, de mau humor, faminto, ou comeu, bebeu e fumou demais; mil e uma coisas. Tudo isso afeta a maneira pela qual o guia e o seu instrumento devem ajustar-se. (Dooley, Anne, 1966.)

É como se estivéssemos a ler, em outras palavras, as mesmas observações de responsabilidade dos espíritos ligados à Codificação:

> Pode haver ideias subconscientes na mente do médium, ideias fortes, dominantes, que insistem em lançar seus tentáculos, porque estão tentando encontrar sua expressão final. Às vezes, o único meio de se livrar delas, é expressá-las e, em seguida, anulá-las. Eis porque, às vezes, vocês percebem que ideias do médium foram expostas pelo espírito. (Kardec, Allan, 1975.)

Além disso, o processo da manifestação, em si mesmo, representa considerável esforço da parte do espírito, trabalho árduo e, muitas vezes, inglório, que ele aceita exclusivamente por amor aos que se acham na carne. Isso não é fácil, segundo Silver Birch: "Eis porque somente aqueles que amam vocês estão em condições de realizar esse esforço."

Descobrimos no livro do dr. Fodor – *An encyclopaedia of psychic science* – observação praticamente idêntica, apenas expressa em palavras diferentes, pelo prof. Hodgson, e se refere especificamente ao fenômeno da psicografia mediúnica. Vejam:

Diversidade dos Carismas

> Os pensamentos que passam através da consciência que controla a mão tendem a ser escritos e, por isso, uma das dificuldades do processo consiste em evitar a expressão escrita de pensamentos que não são para serem incluídos na comunicação. (Fodor, Nandor, 1969.)

Não basta, porém, uma boa sintonização entre o espírito e o médium, de vez que novas dificuldades são encontradas no que o espírito caracteriza como "processo de transmitir o pensamento, a imagem, ou o símbolo – pois *não usamos* palavras em nosso mundo".

Prossegue ele:

> Não pense, pelo fato de você me ouvir falar com facilidade através deste instrumento, que isto seja fácil. Mesmo eu tenho de usar uma verdadeira multidão de 'fios' para manter certo controle sobre o instrumento. A qualquer momento, qualquer desses fios pode se romper e lá se vai o meu poder de controle. (Idem)

Muitos são os fatores que interferem no processo, em prejuízo do fluxo normal da comunicação.

Por isso tudo, escreveu Julia, através do jornalista William Stead:

> Quando experimento, eu mesma, as extraordinárias dificuldades em enviar mensagens deste lado, fico admirada, não do tão pouco que conseguimos em nossas pesquisas, quando eu estava aí, com você, mas que tenhamos conseguido tanto. Isso, porque, a barreira está em vocês, nas condições que vocês nos oferecem.

Ao prof. Hyslop, eminente pesquisador britânico, dizia seu 'falecido' pai, através da médium:

> Você me interrompe. Tenho de ir-me embora porque minhas forças começam a esgotar-se e não sei mais o que estou fazendo. James, estou ficando mais fraco. Espere aí, até que eu volte. (Idem)

E, no entanto, tais comunicações vinham através da sra. Piper, médium experimentada, segura e de muitos recursos.

Ao que se depreende desses e de inúmeros outros depoimentos, o espírito manifestante – a não ser os mais experimentados e de melhor nível evolutivo – não consegue evitar que a sua própria mente fique um pouco toldada, ante o impacto causado pelo contato com a instrumentação orgânica do médium.

O próprio Myers-espírito, a despeito da sua longa experiência com fenômenos psíquicos, quando ainda encarnado, e da importância de sua obra, queixa-se das dificuldades que experimentava ao ligar-se a algum médium – e os teve excelentes, à sua disposição.

Manifestando-se, certa vez, por psicografia através da sra. Holland, escreveu isto: "Algumas destas coisas estão chegando aí, a vocês? Ou a alguém? Ou estou apenas me lamentando como o vento – sem palavras e sem ouvido?"

Com Geraldine Cummins, Myers teve oportunidade de discorrer sobre suas experiências pessoais como espírito desencarnado, no processo da comunicação, depois de ter pesquisado o assunto durante tantos anos como encarnado.

> Quando nós, seres desencarnados, desejamos nos comunicar através de algum sensitivo, mergulhamos num estado onírico ou subjetivo. Dois níveis diferentes, nesse estado, são importantes para nós. Se estamos apenas em transe ligeiro, desligamo-nos das lembranças dos fatos concretos de nossa vida na carne. Se, porém, nos comunicamos diretamente, através do médium, apesar de conservarmos a nossa personalidade e nosso modo de falar, ficamos, com frequência, incapazes de transmitir, por meio da escrita ou da voz do médium, muitos fatos sobre a nossa existência passada na Terra, algumas vezes até mesmo o nosso nome. (Cummins, Geraldine, 1955.)

Interessantíssimas, tais observações. Por elas, ficamos sabendo que para o espírito também há uma espécie de transe, um estado de sonho, no qual algumas de suas faculdades ficam como que meio 'apagadas', a ponto de o espírito envolver-se até numa crise de identidade pessoal, como observa o prof. Hyslop.

Reportando-nos ao caso de sr. Drake, anteriormente comentado, confrontemos com ele este outro depoimento de Myers, ainda no livro da sra. Cummins. Escreve o espírito:

> É verdade que nos comunicamos por meio de quadros ou imagens, sinais que a mente do sensitivo capta. Algumas vezes podemos transmitir, por meio de um sinal ou de um símbolo, um nome ou palavra desconhecidos do médium. (Idem)

O problema do mecanismo da comunicação, contudo, fica abordado de maneira mais específica e extensa, com o próprio Myers-espírito, por Elizabeth Gibbes, a fiel companheira de trabalhos mediúnicos de Geraldine Cummins. O diálogo figura também em *The road to immortality*. A sra. Gibbes, pelo que depreendo do texto, havia testemunhado algumas sessões em que Myers se comunicava por outra competente médium, a sra. Osborne Leonard, que tinha como *control*, segundo a terminologia inglesa – equivalente ao nosso guia – um espírito por nome Feda. Vejamos o diálogo:

Pergunta Gibbes a Myers:

> Quando você se comunica por intermédio da sra. Leonard e Feda, parece que você permanece na sua própria mente, por assim dizer, transmitindo seus pensamentos para Feda interpretar. Quando a comunicação se faz por psicografia, parece que você controla diretamente a pessoa que escreve. Você quer explicar até que ponto você se lembra da sua vida terrena, nessas duas condições?

DIVERSIDADE DOS CARISMAS

– Ah! Isso é muito interessante! Devo explicar os métodos. Quando permaneço em minha própria mente, como você diz, realmente tenho acesso às minhas lembranças. Agora, tais lembranças talvez parecessem a você uma esgarçada nuvem, se você dispusesse de recursos suficientemente fortes para observá-las. Mas Feda, que está em contato com um ser humano, pode, se nos esforçarmos por concentrar-nos numa faixa específica de lembranças, ler o conteúdo de tais lembranças. Ela capta o que ali encontra e o transmite à mente do médium, através da qual as lembranças encontram sua expressão.

Quando falo diretamente, seja através desta senhora, seja através de outra médium, o processo é bem diferente. Eu penetro na mente da médium a fim de produzir a necessária impressão sobre o que deverá ser transmitido à mão que escreve. Ao fazer isto, minha mente mescla-se com a dela, que fica sob meu controle de maneira quase completa. Mas, a não ser que eu deixe de exercer esse controle a fim de ir em busca da lembrança de um fato específico, não estarei em condições de transmitir aquele fato ou fragmento de minhas lembranças através dela.

O que quero dizer é isto. Tenho de deixar a mente dela, perder contato com ela, para obter algum fragmento de minhas lembranças, pois o conjunto de minha memória está fora da mente da médium. Fica muito difícil para mim reassumir o controle do meu 'navio' – se é que posso dizer isso – quando mergulho nas minhas lembranças. Posso, contudo – e isto é importante – utilizar-me das amadurecidas faculdades da minha mente quando me comunico diretamente. Lá estão o conhecimento e as lembranças, até certo ponto, da nova vida extraterrena. Imagine uma múmia ou uma concha. Minhas lembranças terrenas solidificaram-se, por assim dizer, numa forma desse tipo. Estão mortas como uma múmia, mas podem ser revitalizadas se eu penetrar nelas.

Do ponto de vista do médium escrevente (psicógrafo), prefiro o controle direto (sem a interferência do guia), dado que dessa maneira minha mente fica em condições de usar os recursos mentais dela (da médium), para expressar minhas ideias. Agora, essas ideias recebem certo colorido ao transpirar pela mente dela, apenas, contudo, naquilo em que ela possui preconceitos muito fortes que possam inibir o pensamento transmitido por mim. Encontro, porém, poucas barreiras desse tipo na mente dela. Ela é solta e flexível. Por intermédio de Feda, sou capaz de transmitir lembranças. Já trabalhei com ela anteriormente e ela é singularmente rápida em captar o sentido daquilo que tenho em mente. Naturalmente, que cada nova sessão mediúnica, com um diferente assistente, representa para mim um reaprendizado do abc da comunicação. (Idem)

Esta longa, detalhada e precisa explicação de um espírito altamente qualificado, do ponto de vista intelectual, e que experimentou pessoalmente durante longos anos com a técnica da comunicação mediúnica, não deixa sombra de dúvida acerca das dificuldades que os manifestantes encontram em qualquer modalidade de mediunidade – psicofonia direta ou indireta, psicografia, vidência etc. – sempre que desejam transmitir seu pensamento.

Mesmo habituado, como estava, às técnicas de observação, bem como à melhor maneira de transmitir suas ideias, a dificuldade é tão grande que, a cada sessão, confessa ele, é como se tivesse de reaprender o abc do procedimento a ser empregado.

Há, contudo, outro importante depoimento de Myers sobre o assunto, este constante da introdução que a sra. Gibbes escreveu para o livro de Cummins. Escreve Myers:

> É muito difícil manipular, deste lado, a mente. Nós a impressionamos com a nossa mensagem. Nunca impressionamos o cérebro do médium diretamente. De forma alguma. A mente do médium acolhe nossa mensagem e a remete ao cérebro. O cérebro é um mero mecanismo. A mente é como cera macia que capta nossos pensamentos, na íntegra, mas deve produzir as palavras para vesti-los. Daí a dificuldade na correspondência cruzada (uma só mensagem através de diferentes médiuns). Podemos conseguir transmitir o pensamento, mas as palavras dependem largamente do conteúdo da mente do médium e em que termos ele (ou ela) vai emoldurar o pensamento. Se eu enviar metade de uma frase através de um médium e a segunda metade através de outro, só posso transmitir o mesmo pensamento com a sugestão de que uma parte dele seja processada por um médium e o restante por outro... Comunicamos uma impressão através da mente do médium. Ele recebe a impressão de maneira curiosa. Tem de contribuir para a formação do corpo da mensagem, nós lhe damos o espírito dela. (Idem)

Podemos, assim, concluir, ante todos esses depoimentos pessoais que, mais do que um consenso, há uma unanimidade na maneira de considerar os inúmeros e complexos problemas suscitados pelo processo, aparentemente simples, de um espírito desencarnado comunicar-se, verbalmente ou por escrito, com as pessoas que continuam encarnadas. Algumas ideias básicas estão presentes em todos esses depoimentos, como a de que a linguagem dos espíritos é o pensamento e que cabe ao médium dar formas, corpo ou expressar esse pensamento de maneira inteligível. A simplicidade é, pois, enganosa, como adverte Silver Birch. Cada sessão, ainda que do mesmo espírito, com o mesmo médium, pode oferecer tão graves complexidades que Myers chega a dizer que cada uma delas exige um reaprendizado do processo.

Ao comentar o caso do sr. Drake, neste livro, formulamos uma pergunta: por que razão o espírito manifestante não disse logo o seu nome (eu sou o sr. Drake), em vez de mostrar um pato, ou seja, em vez de criar a imagem de um pato?

As coisas não se passam com tal simplicidade. Myers conta, através de Geraldine Cummins, no já citado livro, sua experiência pessoal como espírito. Desejoso de manifestar-se através da sra. Leonard, aproximou-se dela, numa sessão, com esse objetivo. Lá estava Feda, o guia espiritual da médium (embora isso me pareça estranho, Myers diz que ele era invisível a Feda. Por quê?). Feda percebeu (como?) que havia ali um espírito desejoso de estabelecer contato com alguém, através da sra. Leonard.

Diz Myers:

DIVERSIDADE DOS CARISMAS

> [...] ela lançou em torno de si uma rede de energia psíquica, com a qual capta os símbolos que tentamos mostrar-lhe.
>
> Foi difícil, a princípio, 'jogar' meu nome dentro da rede, mas finalmente consegui. Foi com a sua ajuda (de Geraldine, que estava presente) que o consegui, utilizando-me de sua forma fluídica (perispírito) a fim de obter a energia necessária para precipitar minha imagem na rede. Você compreende que, inconscientemente, isso foi importante, dado que seu desejo de ajudar facilitava as coisas e, assim, eu pude utilizar-me da sua energia e, finalmente, ser reconhecido. (Idem)

Não é nada fácil, portanto, a simples transmissão de um nome próprio, e, por isso, Silver Birch recomenda que se tenha paciência com médium e comunicante. Estão ambos fazendo o melhor que podem para tornar inteligível uma mensagem, que é apenas pensamento.

Geraldine Cummins chama a atenção para o fato de que é desastroso para o bom fluxo da comunicação disparar ao espírito comunicante uma série de perguntas, como se ele tivesse sendo submetido a interrogatório ou exame vago.

Phinuit, um espírito que serviu junto da sra. Piper – não parecia ser uma entidade de grande experiência –, revelou que, após 'entrar no médium', como dizia ele, só se lembrava da mensagem que lhe havia sido confiada para ser transmitida, em alguns minutos. Após isso, ele ficava todo confuso e se punha a repetir a mensagem sem saber, sequer, como desligar-se do médium.

Silver Birch informa que há, ainda, um longo caminho a percorrer no aperfeiçoamento dos métodos de comunicação entre as duas faces da vida. Diz ele:

> Em nosso mundo, há uma constante experimentação, pesquisa e investigação em todos os campos da comunicação na área mental e física, bem como na cura. (Dooley, Anne, 1966.)

O assunto é de enorme complexidade, um processo que ele caracteriza como "altamente intrincado e delicado".

> Se as pessoas fossem bastante evoluídas e suas vidas fossem mais voltadas para o espírito do que para a matéria, em lugar de mais material e menos espiritual, como no presente, então, a tarefa seria bem mais fácil, de vez que o vínculo entre nós é o espiritual. (Idem)

Certamente, tinha isso em mente quando alguém lhe perguntou o que tinha ele a dizer acerca das tendências atuais do espiritismo (o livro de Anne Dooley é de 1966). Ele respondeu, entre outras coisas, o seguinte:

> Como sempre tenho dito, aquilo que vocês chamam de espiritismo é apenas um nome. Para mim, é a lei natural em operação. Interesso-me pela divulgação do conhecimento, de forma que a ignorância seja vencida. Aplaudo qualquer

esforço do indivíduo ou do grupo, no sentido de espalhar esse conhecimento. (Idem)

Algo semelhante se pode dizer acerca da mediunidade, que não constitui um aspecto do espiritismo, ou, longe disso, uma exclusividade; a mediunidade é um dos aspectos da lei natural, um mecanismo delicado e ainda pouco entendido, que nos serve para manter um inteligente intercâmbio com os seres humanos que se acham do 'outro lado' da vida.

Muitos gostariam de manter conosco uma convivência criativa e amena, mas, por enquanto, são ainda precários os meios de comunicação, não por culpa deles, é certo, mas pelas complexidades mesmas do processo e, principalmente, pela negligência nossa em proporcionar os melhores recursos possíveis, mesmo dentro de reconhecidas limitações.

> Todo o objetivo de nossa manifestação no mundo de vocês [escreve Silver Birch] consiste em chamar a atenção para a realidade espiritual. É simplesmente isso. Seria muito fácil para nós deixarmos de nos interessar pelo mundo de vocês e suas atividades. Não há o que nos obrigue a manter contacto com vocês, e vocês não dispõem de meios para forçar nossa atenção. Nossos esforços são voluntários, porque os amamos, juntamente com toda a humanidade, e desejamos ajudá-los. (Idem)

Myers-espírito, por sua vez, declarou a Geraldine Cummins:

> Muitas almas desejam ardentemente comunicar-se, mas aqueles que os amam negam-lhes condições para que isso aconteça. (Cummins, Geraldine, 1955.)

Acrescenta, a seguir, que é um gesto de bondade permitir que tantos desencarnados tenham oportunidade de comunicar-se com os que ficaram um pouco mais na carne.

A mediunidade é o único recurso ao nosso dispor para realizar essa importante e humanitária tarefa. Num processo ainda tão precário e difícil de intercâmbio como esse, o elo fraco do sistema está do lado do ser humano encarnado. Nunca será demasiado o esforço de estudar bem de perto esse mecanismo, a fim de podermos oferecer aos nossos irmãos do mundo póstumo o mínimo de condições de que necessitam para trazerem o seu recado e para que possamos aprender com eles um pouco do muito que sabem.

Capítulo XVII

Canais de comunicação: contribuição dos amigos espirituais

Na elaboração deste livro não nutri a tola pretensão de esgotar o assunto, escrevendo uma espécie de tratado definitivo acerca da mediunidade.

O projeto foi bem menos ambicioso, mesmo porque tinha de ser compatível com as minhas limitações. O plano diretor consistiu em confrontar a experiência de cerca de duas décadas no trato das faculdades mediúnicas, em plena atividade, com leituras não menos intensas e extensas sobre o assunto, que sempre exerceu sobre mim irresistível atração.

Em muitas oportunidades, movido pela ânsia de entender melhor certos enigmas e complexidades, pude sentir insuficiências de conhecimentos que me impediam a penetração mais profunda na temática. Sempre que achei prudente ou admissível, procurei formular hipóteses plausíveis, ao passo que, em outros aspectos, não me atrevi nem me arrisquei a conceitos meramente especulativos, que iriam apenas acrescentar um componente de incerteza ao que, já de si mesmo, é difícil.

Num desses aspectos mais complexos e sutis, porém, os queridos amigos espirituais, que estiveram sempre atentos durante a elaboração do trabalho, resolveram trazer-nos uma contribuição direta.

É sobre o que vamos conversar a seguir, ou seja, acerca do mecanismo específico da própria comunicação, ficando desde já entendido que a exposição é de minha autoria, mas os ensinamentos nela contidos proveem da experiência pessoal de companheiros espirituais muito queridos e consideravelmente mais competentes no assunto do que eu.

Já vimos alhures que *comunicar* é tornar comum, ou seja difundir, divulgar, disseminar, transmitir ideias. Reduzido à sua expressão mais simples, o processo poderia ser figurado como um ponto de origem e outro de destinação de ideias, interligados por um sistema qualquer de transmissão. O jargão da moderna eletrônica encontrou a palavra certa para este sistema, chamando-o de *canal*. De fato, a comunicação flui através de um canal entre a fonte geradora e o seu destinatário.

Dois tipos de canais servem ao processo da comunicação mediúnica: os *condutores*, localizados no perispírito do médium, e os *expressores,* que se situam no seu cérebro físico, distribuídos estes últimos pelos diversos segmentos que comandam os sentidos, expressão corporal e facial, gesticulação, fala, habilidades manuais, como escrita, desenho e outras.

São, portanto, os canais condutores que funcionam como elementos de ligação entre o espírito do médium e seu corpo físico, veículos do pensamento gerado pela individualidade espiritual do próprio sensitivo e que também servem a pensamentos alheios.

No fenômeno anímico, que poderíamos comparar a um circuito interno, fechado sobre si mesmo, pensamentos emitidos pela unidade central da individualidade circulam pelos canais perispirituais e vão ao cérebro, onde estimulam os canais expressores que, por sua vez, irão expedir (ou não) os comandos à ação desejada no corpo físico.

Já no fenômeno mediúnico, o sistema é aberto; de um lado, os terminais receptores dos canais condutores colocados à disposição da entidade comunicante, do outro, os terminais do circuito expressor, que converte o conteúdo da mensagem em texto, fala ou formas outras de expressão visual ou auditiva do pensamento.

Na realidade, quem cede os canais condutores é a *individualidade espiritual do médium* que interrompe, não o seu pensamento, mas a expressão deles que, em vez de circular rumo ao cérebro físico, é como que desviada como a corrente de água de um rio, a fim de deixar desocupado o leito para que águas de outra origem possam escoar por ali.

Isto nos proporciona uma visão mais clara da tão 'discutida concentração' que, no fundo, consiste, não propriamente em 'esvaziar' a mente, deixando de pensar, mas em redirecionar o pensamento, de forma a desobstruir o canal condutor a fim de cedê-lo, livre e desembaraçado, ao comunicante.

Quanto melhor for a capacidade do médium em promover essa desobstrução, maior será a facilidade do comunicante em expressar suas características pessoais. O que nos leva a considerar que a chamada 'passividade' do médium é, de fato, uma aptidão em ceder seus canais condutores e expressores, submetendo-se aos comandos que emanam da entidade manifestante e não mais aos seus próprios. Podemos dizer isto de outra maneira: o único comando que a individualidade do médium expede ao seu próprio sistema de comunicação é o de que se ponha à disposição de outrem, obedecidos, obviamente, alguns limites bem definidos.

É como se alguém emprestasse temporariamente a sua casa a outra pessoa. Algumas situações básicas ocorrem:

1. o inquilino poderá ser acolhido e conviver, harmoniosamente, e por algum tempo, com o proprietário dela, sem nada modificar no seu interior e com total respeito aos hábitos de seu hospedeiro;

2. o proprietário pode se afastar, a maior ou menor distância, enquanto o novo morador se instala, abrindo para este, espaço e condições para que ele possa imprimir à casa que lhe foi cedida algumas de suas características pessoais, como nova disposição de móveis, quadros e objetos, novos arranjos decorativos e coisas semelhantes;

3. o proprietário se retira, levando consigo móveis e objetos de uso pessoal, enquanto o inquilino traz seu próprio mobiliário e objetos, arranjando-os ao seu inteiro gosto pessoal e adaptando a moradia aos seus hábitos e preferências.

Em qualquer das situações esboçadas, o visitante que conheça bem o proprietário da casa será capaz de distinguir uma pessoa da outra, ou seja, o inquilino do proprietário, observando atentamente as características de um e de outro e comparando-as, num confronto de marcas pessoais, expressões típicas, opiniões habituais, formação ética e aspectos outros diferenciados.

É conveniente acrescentar que, por mais que o inquilino se caracterize e se identifique com as suas idiossincrasias e preferências, não há como alterar a casa em si mesma, isto é, suas estruturas de sustentação: paredes, teto, piso...

Esta imagem nos ajudará a compreender melhor a maneira pela qual se expressa a comunicação, que fica sempre na dependência do tipo de cessão que o proprietário fez de sua casa ao inquilino temporário.

Em outras palavras: o estilo e o conteúdo da comunicação dependerão sempre das características pessoais do médium e do tipo de sua mediunidade, o que pode acarretar consideráveis variações entre extremos bastante afastados um do outro, como também depende do grau evolutivo da entidade comunicante, que pode se apresentar como um inquilino correto e educado ou desleixado e rude. Observemos mais de perto as situações:

1. se o médium oferece condições para um desdobramento mais completo, como no sono fisiológico profundo (caso do morador que se retira com seus móveis e objetos de uso pessoal), o comunicante pode assumir, de tal maneira, o controle dos canais condutores que consegue impor aos canais expressores características pessoais bem marcadas, como mudança de voz, gesticulação, modismos, cacoetes, expressões típicas, opiniões e simbolismos de sua preferência;

2. se o médium desdobra-se apenas parcialmente, sem desligar-se mais amplamente, e permanece junto ao corpo físico (caso do morador que se afasta, mas deixa seus móveis e utensílios), o comunicante encontra maior limitação e não consegue impor suas características pessoais, exceto umas poucas, dependendo do maior ou menor espaço que a individualidade espiritual do médium lhe tenha concedido;

3. se o médium não se desdobra e apenas cede parcialmente seus canais condutores, o pensamento do comunicante se transmitirá junto com o do médium, em paralelo, interferindo um no outro;

4. se o médium não se desdobra e permanece consciente (fisicamente), utilizando-se de seus canais condutores, não consegue cedê-los, nem parcialmente, ao

comunicante, este permanece, junto ao médium, ou à distância, expressa seu pensamento, a individualidade espiritual do médium o capta e o manipula nos seus canais condutores, mas a comunicação perde suas características, passando a ser uma expressão do que o médium deseja transmitir e não necessariamente do que o comunicante lhe confia para ser transmitido.

Para melhor entendimento do que vimos expondo, faz-se necessária nítida distinção entre personalidade e individualidade: a individualidade é a soma das experiências vividas em todas as nossas existências na carne, enquanto a personalidade é *manifestação* do ser em *cada uma* dessas vidas.

Se, portanto, a entidade comunicante se acha bastante afastada de sua personalidade da vida física, perde muito das características que teve na Terra e passa a expressar-se mais na condição de individualidade. Em qualquer caso, o importante é que seu pensamento chegue, tanto quanto possível, tal como formulado e emitido, mesmo após ter passado pelos canais condutores do médium. No entanto, qualquer que seja o tipo de mediunidade, sempre se notará algo do médium no 'produto final', que é a comunicação. É o que se figurou, há pouco, com a imagem da casa que preserva suas estruturas e permanece no seu local com um mínimo de suas características intactas. A mensagem será sempre uma fala ou um texto que passou por aquela 'casa' específica, e não, outra.

Por isso, há sempre uma inequívoca responsabilidade do médium na comunicação. Se é um proprietário zeloso, moralizado e esclarecido, a própria estrutura e ambiente de sua casa criarão certas inibições ao impulso temporário, impedindo que este modifique, a seu talante, as condições que lhe são oferecidas para se manifestar. Da mesma forma que o indivíduo moralmente desajustado se sente algo intimidado ou tolhido em presença de alguém em quem reconhece superioridade moral, o comunicante inferiorizado percebe, no bom médium, uma barreira que ele não consegue vencer para se expressar desrespeitosamente – é a autoridade moral.

Fator vital, portanto, a uma boa comunicação, reside nas condições morais do médium. Por isso, é importante que ele esteja sempre vigilante, policiando seus atos e pensamentos, como alguém atento à limpeza e higiene de sua casa. É preciso ser zeloso mesmo quando está só, pois nunca sabe, o médium, a que horas poderá chegar um visitante ou em que momento amigos espirituais precisarão dele para um trabalho, ainda que de mera exemplificação ou participação, que ele pode até desconhecer conscientemente. A consciência de sua responsabilidade pessoal é essencial ao médium. É certo que isto acarreta certas dificuldades em termos de vivência terrena, mas é condição mesma ao exercício de uma mediunidade confiável.

Vimos, há pouco, como é importante que o pensamento do comunicante chegue ao destinatário da comunicação na maior pureza possível. Médiuns orgulhosos, vaidosos e preconceituosos sempre relutam em ceder seus canais e neles conceder suficiente espaço e liberdade ao comunicante.

DIVERSIDADE DOS CARISMAS

Em comunicações nas quais o médium tenha algum interesse pessoal, consciente ou inconsciente, como o de agradar (ou desagradar) ao destinatário, o conteúdo da comunicação pode sofrer distorções, semelhantes às interferências e à estática, em ondas de rádio e tv.

Medo, orgulho, vaidade e lisonja formam bloqueios e criam obstruções e interferências, não nos canais expressores, mas nos condutores, situados no perispírito, como vimos, sob o comando da individualidade espiritual do médium. Isso quer dizer que interferências modificadoras ou deformantes no conteúdo das comunicações ocorrem numa fase em que elas *ainda não se expressaram*, encontrando-se a caminho nos canais condutores.

Como sempre, estas observações suscitam novos aspectos que, obviamente, surgem sob forma de perguntas, em nossa mente. Esta, por exemplo: o comunicante usa sua própria linguagem, ou a do médium?

O comunicante não usa a sua nem a linguagem do médium, mas o seu pensamento. Este é que é vestido com o vocabulário com o qual está programado o canal de expressão do médium. É o cérebro que, recebido o pensamento gerado pelo comunicante, incumbe-se de comandar os instrumentos necessários à fala ou à escrita.

Como, então, funciona o fenômeno da xenoglossia, segundo o qual o comunicante parece falar a sua própria língua e não a do médium?

O processo continua sendo o mesmo: a entidade comunicante emite seu pensamento e o envia através dos canais condutores do médium, nos quais pode encontrar matrizes de línguas que o médium tenha falado em outras existências. Isso, contudo, não é indispensável, dado que os elementos básicos que integram o mecanismo da conversão do pensamento puro em palavras estão programados em todos nós. Como o alfabeto que, na condição de um conjunto de símbolos gráficos destinados a instrumentar a exteriorização do pensamento, é o mesmo, qualquer que seja a língua que utilize tal sistema. A linguagem é apenas um processo de arrumação de uns tantos símbolos básicos e comuns a várias línguas. Palavras diferentes descrevem, por exemplo, os mesmos objetos pelo mundo afora. Ou, para usar outra imagem, com as mesmas sete notas fundamentais e seus recursos auxiliares, é possível 'escrever' qualquer melodia, sem recorrer a palavras. Qualquer que seja a língua que fale o compositor ou o virtuoso que a toca, as notas têm sempre o mesmo valor e tonalidade, podendo ser arrumadas e rearrumadas para expressar diferentes pensamentos musicais em diferentes peças, montadas todas com as mesmas sete notas básicas.

Convém enfatizar que não é no cérebro físico que ficam gravadas lembranças de línguas faladas em outras encarnações do médium; o cérebro somente registra o que se aprende durante a existência do corpo físico a que pertence. A linguagem que ali está, com as suas estruturas arquivadas é, como a de um computador, composta de símbolos sonoros e gráficos, cada um com o seu valor próprio. Mas, não é aí que ocorre o processo mesmo da elaboração do pensamento, que vem do espírito, ou seja, da individualidade, através do perispírito, pelos canais condutores, por meio dos quais alcança os expressores.

Importante papel cabe, portanto, ao sistema constituído pelos canais expressores, que operam em dois sentidos, de vez que, não apenas recebem, convertem e transmitem comandos vindos do espírito, via perispírito, como recolhem estímulos e impulsos vindos do exterior, pela instrumentação dos sentidos físicos, e que são retransmitidos ao espírito, sempre via perispírito.

O cérebro físico, portanto, funciona basicamente como instrumento da personalidade encarnada, programado com as estruturas de sua linguagem materna, seus hábitos, seus automatismos, suas preferências por este ou aquele tipo de alimento, vestimenta, moradia etc. Isso, porém, não o situa como unidade autônoma, livre dos controles e interferências da individualidade. O mecanismo da intuição é um exemplo ilustrativo dessa dicotomia. Uma ideia ou pensamento intuitivo tanto pode vir das profundezas da própria individualidade encarnada, como da mente de outra entidade espiritual.

Daí porque o conteúdo da intuição parece transcender a capacidade ou o conhecimento da personalidade, o que de fato ocorre, dado que provém de fontes geradoras mais amplas, às quais a personalidade não tem habitualmente acesso fácil.

Peculiaridades outras, no mínimo curiosas, podem ser observadas com proveito no atento exame de problemas específicos da mediunidade em exercício. Um exemplo que sempre suscitou nosso interesse foi o de entidades espirituais que induzem o médium a expressar-se num português carregado de sotaque alemão, francês ou espanhol.

Interpelados a respeito, nossos companheiros explicaram o fenômeno da seguinte maneira: da mesma forma que um estrangeiro, expressando-se numa língua que não lhe é familiar, não consegue desvencilhar-se de toda influência de sua língua materna, a entidade manifestante, ainda fixada na personalidade de sua mais recente encarnação, não percebe que não precisa falar a linguagem articulada à qual esteve condicionada (no caso, alemão), bastando-lhe *pensar* (É possível até – e isto é especulação minha – que, com a região perispiritual correspondente ao cérebro físico ainda um tanto densa, continue a entidade a utilizar-se de seus próprios canais expressores, em vez de procurar apenas impressionar com o seu pensamento os canais condutores *do médium* para que este processe a informação à sua maneira habitual). Da mesma forma que uma pessoa sozinha costuma *dizer, pensando*: "agora vou fazer isto ou aquilo", a entidade espiritual *pensa em palavras*, e não abstratamente, fazendo o seu pensamento circular pelos canais condutores já envolto nos símbolos da linguagem que *julga estar falando*, conforme seus condicionamentos pessoais. O que ocorre, portanto, é que ao atingir o centro cerebral do médium, a fim de expressar-se, o pensamento encontra a codificação de símbolos e sons próprios ao médium e não os familiares à entidade comunicante. Entram, pois, em conflito os dois sistemas de expressão, sendo necessário um esforço do comunicante para converter suas palavras em símbolos correspondentes à língua estranha que ali encontra.

Um exemplo ilustrativo nos ocorre para tentar um melhor entendimento disso. Figuremos os canais expressores do cérebro do médium como uma máquina de escrever com teclado adaptado à língua inglesa. Suponhamos, ainda, que se aproxime dela um datilógrafo que somente conheça o português e que esteja interessado em escrever a palavra *comunicação*. Lá estão, no teclado, postas à sua disposição, as mesmas letras que podem servir tanto ao português como ao inglês ou ao francês e espanhol. Até mesmo as raízes da palavra desejada são idênticas: *comunicação, communication, communicacción* etc., mas o nosso datilógrafo imaginário, desejoso de escrever *comunicação*, percebe que não dispõe da cedilha (ç), nem til (~), no teclado inglês que lhe foi oferecido.

Após um momento de vacilação, ante a inesperada dificuldade, ele conseguirá contornar o obstáculo e, provavelmente, datilografará a palavra '*communication*', ou, talvez, 'comunicacao'. Da mesma forma, o inglês, ante teclado brasileiro, datilografaria *communicaçon* e o francês *communicacion,* o alemão *kommunicacion* etc.

É esse processo de elaboração e reelaboração mental que leva a entidade a vacilações, hesitações ou silêncios entre uma palavra e outra. Lembro-me de um companheiro espiritual que costumava se manifestar com forte sotaque francês – sua mais recente encarnação fora na França. Às vezes, faltava-lhe a palavra adequada, em português, para expressar seu pensamento. Ele parava e dizia: "Deixa-me ver se encontro aqui na mente do meu irmão (médium) a palavra certa." Usualmente a encontrava mesmo.

Já o nosso caríssimo Hans (entidade tratada em nosso grupo atual que depois incorporou-se aos trabalhos), um tanto fixado na sua personalidade alemã, apresentava-se, de início, com um sotaque extremamente carregado e com expressões claramente elaboradas em estruturas linguísticas alemãs, concordâncias típicas e até mesmo o ritmo e as entonações peculiares à sua bela língua materna.

Com o correr do tempo, em subsequentes manifestações, ele começou a libertar-se dessas dificuldades e limitações e está aperfeiçoando, pouco a pouco, sua maneira de se expressar. Não que ele se tenha familiarizado com a língua portuguesa, programada no cérebro da médium, mas porque está conseguindo dominar melhor o processo da comunicação, em particular, e o da manipulação do seu próprio pensamento puro e não em palavras, com que se vai libertando gradativamente do mecanismo da linguagem articulada.

Isto nos leva a outras sutilezas e enigmas ou curiosidades de que é tão fértil a mediunidade. O caso é que cada médium é único, ou seja, um indivíduo singular, com suas peculiaridades, capacidades e limitações. Por isso, embora o sistema e o processo da comunicação, reduzidos à sua estrutura mais singela, sejam sempre os mesmos, há matizes inesperados, criados pela coloração que cada um – médium e espírito comunicante – empresta àquilo que faz. Isto é particularmente observável quando o mesmo espírito se manifesta ocasionalmente através de médiuns diferentes ou quando o mesmo médium recebe espíritos diferentes.

Em verdade, tanto na psicografia como na psicofonia, o caminho é sempre o mesmo, ou seja, a circulação do pensamento pelos canais condutores e a 'materialização' desse pensamento na palavra escrita ou falada, através dos dispositivos expressores.

É costume afirmar-se que, na psicografia, a entidade comunicante atua sobre o braço ou a mão do médium para movimentá-los e que, na psicofonia, a atuação se exerce sobre os órgãos da fala. Isso é verdadeiro, segundo nos esclarecem amigos espirituais competentes, mas num sentido mais profundo. Não é a entidade comunicante que toma literalmente a mão do médium, como alguém que ajuda uma criança a escrever guiando sua mãozinha sobre o papel. A entidade atua com o seu pensamento através dos canais condutores que levam o impulso da sua vontade ao cérebro do médium, a fim de ativar o centro próprio que comanda os movimentos do braço e da mão.

O mesmo mecanismo atua, de maneira idêntica, na psicofonia. Os impulsos chegam ao cérebro através dos canais condutores e ali estimulam os centros próprios da fala.

No caso do companheiro espiritual que falava com forte sotaque francês, é possível que ele precisasse mesmo elaborar, com auxílio do médium, algumas adaptações à garganta deste, por não conseguir, sem esse recurso adicional, ativar de maneira adequada e eficaz os centros cerebrais de comando da fala. O certo, porém, é que o espírito comunicante não vai diretamente aos órgãos que 'materializam' a comunicação, mas aos centros que comandam esses órgãos; mesmo assim, não vai a esses centros diretamente, mas sempre por intermédio dos canais condutores.

Frederick W. Myers informou, já na condição de espírito, através da mediunidade da sra. Geraldine Cummins (Ver *The Road to Immortality*, Ed. Aquarian Press, Londres, 1955), o seguinte:

> É muito difícil, deste lado em que nos encontramos, lidar com a mente do médium. Nós a impressionamos com a nossa mensagem, nunca impressionamos diretamente o cérebro do médium. Isto está fora de dúvida. É a mente que recebe nossa mensagem e a envia ao cérebro. Este é um simples mecanismo. A mente é como cera macia, recebe nossos pensamentos como um todo, mas deve produzir as palavras com que vesti-los. (Cummins, Geraldine, 1955.)

As observações de Myers-espírito nos levam de volta, ainda que sob outro ângulo, à questão da 'vestidura' do pensamento.

Por não haver encontrado expressão mais adequada – também nós, encarnados, enfrentamos dificuldades para 'vestir' nossos próprios pensamentos –, eu costumava dizer que o espírito comunicante transmite seu pensamento em *bloco* ao médium ou, mais especificamente, à individualidade espiritual do médium (Myers emprega aqui a expressão *inner mind*, ao pé da letra, mente interna, e que, na tradução, simplifiquei para *mente* apenas, pois acho que a mente é sempre interna).

Recebido esse 'bloco' de informações, o médium trataria de explicitá-lo em palavras faladas ou escritas. Seria mesmo correta a expressão *bloco*? E mais: poderá a entidade alternativamente ditar o seu pensamento palavra por palavra?

O amigo espiritual que se colocou à nossa disposição para estes esclarecimentos explicou que pode ocorrer uma e outra coisa, segundo o tipo de mediunidade, bem como conforme o 'espaço mental' que a individualidade do médium conceda ao manifestante e a própria condição evolutiva da entidade comunicante. São, portanto, vários e de naturezas bem diversas os componentes do processo.

No caso da comunicação em 'bloco', portanto, caberia ao médium explicitar o pensamento recebido?

Novamente, pode ocorrer uma e outra coisa, ainda segundo a capacidade do médium, seu nível ou grau de desprendimento e características de sua mediunidade.

A expressão 'em bloco' não caracteriza a contento o que ocorre. Não se trata de um bloco, como um tijolo, uma pedra ou um pacote, devidamente arranjado, como poderia parecer. A expressão mais aproximada e correta seria uma *unidade*. Esse pensamento uno – Myers emprega a expressão "como um todo" – é composto de partes. Não é difícil entender que uma unidade (ou um todo) seja a resultante de harmoniosa integração de partes ou unidades menores, da mesma forma que um átomo é um conjunto de partículas subatômicas, uma molécula resulta de uma aglomeração de átomos e um corpo físico é a integração de vários órgãos que, por sua vez, constituem sistemas operacionais ou um grupo de indivíduos formam uma família, uma raça ou nação.

O elemento complicador, no caso da 'unidade' de pensamento, é o de que os 'componentes' desse conjunto têm sua velocidade própria, infinitamente maior do que a frequência na qual se movimenta o ser encarnado. Não é, portanto, o pensamento – principalmente das entidades mais evoluídas – que se fraciona em inúmeros componentes. Ele parece fracionado ao ser trabalhado pelo médium, que se encontra situado numa faixa de frequência na qual a velocidade é muitíssimo menor do que aquela em que o pensamento é formulado, pela entidade comunicante.

Talvez – e isto ocorre por minha conta, agora – uma imagem nos ajude a entender o aspecto particular da 'velocidade' neste contexto. Contemplado em estado de repouso, o disco de Newton apresenta, distintamente, as suas sete cores fundamentais. Levado, porém, a uma velocidade específica, as cores como que se fundem numa só e ele se apresenta totalmente branco. Não que as cores componentes deixassem de existir no disco, mas a vista do observador é que, incapaz de acompanhar a velocidade do disco, percebe apenas a tonalidade resultante. Da mesma forma, uma hélice em alta rotação se nos afigura um círculo.

Quando duas entidades evoluídas se comunicam no mesmo nível de frequência mental, o pensamento é um todo e, ao mesmo tempo, constituído de partes que o integram, assim como na fotografia de uma paisagem, tanto se pode perceber o conjunto de um só *relance* (velocidade), como focalizar a atenção nas partes que a constituem: uma árvore, um canteiro de flores, um grupo de pedras, o céu e as nuvens à distância etc. Porque, neste caso, a imagem na foto é estática, isto é, não se apresenta com o efeito – velocidade.

O que nos leva a dividir o pensamento, provocando inevitável retardamento no seu ritmo de expressão, é a dificuldade de colocá-lo em palavras, um processo que se reduz a uma espécie de 'materialização' do pensamento. Podemos entender isso melhor se nos fixarmos na diferença que existe entre ver a fotografia de uma paisagem e descrevê-la, verbalmente ou por escrito. Para isso, temos de 'decompô-la' nas suas partes a fim de explicitá-la, de tal forma que a pessoa que não a tenha diante de seus olhos possa 'reconstituí-la' imaginariamente.

E, mais uma vez, podemos observar que o processo da comunicação continua sendo, basicamente, o mesmo nas suas estruturas, quaisquer que sejam a modalidade e as peculiaridades individuais do médium ou do comunicante.

A imagem da foto ilustra bem esse ponto. A foto de uma paisagem é uma 'mensagem' artística dotada de poder evocativo ou sugestivo, contida toda num só bloco ou unidade, composta de elementos ou detalhes que a integram. Também ela vai ao cérebro do médium pelos seus canais condutores – no caso, o sentido da visão, funcionando de fora para dentro. O processo estaria encerrado aí, a não ser que a pessoa que contempla a foto, deseje transmitir a alguém a 'mensagem' nela contida – digamos que seja uma mensagem de paz bucólica ou de simples beleza estética. Cabe-lhe, portanto, funcionar como 'médium' entre a foto e os canais condutores da pessoa à qual ele deseje transmitir a mensagem contida na paisagem. Essa mensagem é, de início, apenas um pensamento ou, para usar a nossa terminologia, uma unidade de pensamento que lhe compete 'vestir' com palavras que a descrevam para outrem, de tal forma que esta segunda pessoa possa reconstituir, na sua mente, a imagem original que irá gerar uma sensação de paz ou simplesmente de prazer estético.

Aí está, pois, o mesmo processo estrutural: a mensagem inicial, sob forma de imagem fotográfica, como fonte geradora, e o 'médium', com seus canais condutores e expressores. Se a mensagem fica com o médium, encerra-se o processo, depois de percorridos os canais condutores e documentada a experiência sensorial. O médium a transmitiu a si mesmo. Se ela precisar ser retransmitida, os canais expressores terão de ser acionados de forma a movimentar mecanismos que possam atuar, sob o comando do cérebro, como os da palavra falada, escrita, ou, ainda, braços e mãos que reproduzam a foto, numa tela ou num papel, por meio de pinceis, lápis ou tinta própria.

Como podemos observar, cada aspecto do exercício da mediunidade oferece saídas, entradas ou tomadas para especulações e explorações teoricamente inesgotáveis e de profundo interesse.

Resta um aspecto relevante a abordar e que ressalta, espontâneo e conclusivo, destas observações. É o de que o corpo físico não passa de um instrumento, um mecanismo, ao passo que os comandos centrais e a capacidade de decisão se localizam no espírito, ou seja, na individualidade. A tendência natural de quem observa a mediunidade em exercício é a de considerar o médium como um corpo físico, quando, na realidade, médium, de fato e de direito, é o perispírito, que funciona sempre como agente de ligação entre o corpo e a unidade de comando, situada na individualidade.

Mesmo nos casos em que ocorre um desdobramento mais amplo e o espírito cede canais condutores de seu perispírito à entidade comunicante, sem procurar influenciar, em nada, a comunicação, a individualidade estará sempre alerta e pronta a interceptar ou impedir qualquer pensamento inconveniente ou até mesmo a interromper dramaticamente a comunicação, se assim julgar conveniente ou necessário. Age como o proprietário que, após ceder as dependências de sua casa, mantém-se atento para que o inquilino não deprede seu patrimônio. Tem para isso condições de expulsá-lo e poderá impedir, se assim o desejar, a sua retomada intempestiva. Isso, naturalmente, quanto ao médium equilibrado, de bons padrões morais, dotado de autoridade moral de que falamos alhures, neste mesmo capítulo.

Tivemos disso um exemplo vivo, quando, em nosso trabalho mediúnico habitual, uma comunicação foi drasticamente interrompida e retomada, momentos depois.

Segundo apuramos posteriormente, não foram os dirigentes espirituais do grupo que forçaram a entidade a se afastar, nem ela o fez por vontade própria. O que ocorreu foi o seguinte: empenhada em escapar à conexão mediúnica, a entidade manifestante passou a submeter o corpo físico do médium a insuportável pressão. Temeroso de que algum dano mais grave pudesse resultar, a individualidade do médium não viu outro recurso senão o de interceptar seu próprio canal de comunicação, ou seja, os expressores, com o que provocou a pronta ejeção da entidade, já parcialmente ligada ao aparelho mediúnico. Em seguida, o espírito do médium, ou seja, sua individualidade, expediu comandos mentais adequados de reforço às condições de seu corpo físico, permitindo que a entidade retomasse suas conexões, já agora, porém, mais contida pelas resistências que veio encontrar no sistema perispírito/corpo físico.

Daí em diante, o procedimento foi normal, ainda que a entidade, em si, apresentasse sérias dificuldades no diálogo, por causa de sua brilhante inteligência e dos vastos conhecimentos de que dispunha, bem como no desejo de continuar exatamente como era e fazendo o que estava fazendo no mundo espiritual.

Uma nota agradável deverá ser acrescentada, para informar que esta entidade – uma mulher – que se nos apresentava com tanta relutância, proporcionou-nos alegrias inesperadas e profundas ao terminar, após um período mais ou menos longo, por aceitar nossa palavra e principalmente nossas comovidas e sinceras vibrações de afeto e respeito.

Confessaria, mais tarde, já disposta a uma retomada, que relutara em manifestar-se justamente porque temia que conseguíssemos convencê-la a mudar, o que considerava não ser de seu interesse ou desejo, quando nos foi trazida.

Para concluir, devemos reiterar com a mesma insistência de sempre e, agora, com palavras de nossos queridos amigos espirituais, que "as chamadas escolas de médiuns ou sessões de desenvolvimento mediúnico existentes na Terra deveriam visar ao *desenvolvimento das qualidades morais e individuais* do médium, *como pessoa humana,* e não da faculdade em si. Esta, quando está programada para expressar-se ostensivamente, o faz por si mesma, na sua própria dinâmica. O estudo dos mecanismos da mediunidade esclarece o médium e o ajuda a entender o que lhe cabe fazer, a fim de deixar fluir melhor o pensamento alheio por seu intermédio; mas só o seu aperfeiçoamento pessoal melhora a qualidade da comunicação.

"Isto ocorre" – prosseguem nossos amigos – "porque o comunicante não anula os canais condutores do médium para ligar-se diretamente aos canais de expressão ou exteriorização." Para isso, teria de desligar completamente o perispírito do médium de seu próprio corpo físico e tomar-lhe o lugar. Isto, contudo, resultaria em morte do médium o que, por sua vez, impediria a manifestaçáp mediúnica. O comunicante utiliza os condutores nas condições em que os encontra no médium e, portanto, seu pensamento levará a coloração que aí lhe é imposta. Se os canais se apresentam limpos, o pensamento se expressará limpo; se poluídos, o pensamento sairá poluído; se confuso ou superlotado de problemas e preocupações pessoais, o pensamento sairá truncado e confuso. O cérebro físico funciona como conversor e tradutor do pensamento do próprio espírito que habita aquele corpo físico, tanto quanto do pensamento alheio. O perispírito é, pois, médium do próprio espírito encarnado, tanto quanto de espíritos desencarnados, pois é ele o elemento de ligação entre a individualidade, que pensa, e a personalidade, que se expressa no meio em que vive encarnada.

Capítulo XVIII
Desenvolvimento

1. O médium e o artista

Ocorre-me, com frequência, comparar o médium a um artista, a começar, como é óbvio, pela sensibilidade mais aguda que a ambos caracteriza. Não apenas o médium tem algo do artista, mas o artista tem muito do médium pela sua faculdade de captar inspirações sutilíssimas, em verdadeiros transes, para desenvolvê-las posteriormente no trabalho sofrido da elaboração. E até nisto podemos observar as simetrias, pois é no trabalho da interpretação e da tradução da mensagem mediúnica ou artística que se revela o bom médium ou o bom artista, ou seja, no processo da comunicação. Por isso tantos artistas sofrem ao contemplar a pobreza dos resultados obtidos na obra realizada, em confronto com a beleza imaterial do original, tal como concebido na mente. O mesmo se poderá dizer do médium. Não é fácil 'materializar', em toda a sua pureza original, numa mensagem psicofônica ou psicográfica, o pensamento do espírito manifestante de elevada condição evolutiva.

Emmanuel nos oferece uma ideia dessa dificuldade quando se viu ante a contingência de reproduzir, em toscas palavras do vocabulário humano, uma exortação do Cristo a um grupo de espíritos que acabavam de se libertar da carne, após sofrimentos inauditos, nos primeiros momentos do cristianismo nascente. Escreve ele, por Chico Xavier em *Há dois mil anos:*

> De modo algum se poderia traduzir, fielmente, na Terra, a beleza nova da sua palavra eterna, substância de todo o amor, de toda a verdade e de toda a vida, mas constitui para nós um dever, neste esforço, lembrar a sua ilimitada sabedoria, ousando reproduzir, imperfeitamente e de leve, a essência de sua lição divina naquele momento inesquecível. (Xavier, Francisco Cândido/ Emmanuel, 1989.)

O experimentado espírito faz o possível para reproduzir o pensamento do Cristo, mas está bem consciente de que a sua 'tradução' é precária, em face da grandeza do original. É como o artista que, ao contemplar um quadro vivo de indescritível beleza e harmonia, só disponha de um pincel, uma tela e poucas tintas, com o que não conseguirá reproduzir o que vê. Ou um compositor que, percebendo em exaltado estado de sensibilidade, toda uma sinfonia ou uma sonata, só disponha para reproduzi-la de sete notas e alguns recursos convencionais e simbólicos, com os quais tem de trabalhar intensamente para fazê-los expressarem um pouco do muito que ele percebeu nos planos rarefeitos do pensamento.

Também como o médium, o artista começa com manifestações esparsas de seu talento e de seu gosto por esta ou aquela atividade e, como muitos médiuns, ele deixa, às vezes, de atender ao chamamento ou vocação, abandonando sem cultivo faculdades que provavelmente tenha vindo programado para exercer na Terra. E, também como os médiuns, se deseja realizar sua tarefa e quer fazê-la bem, precisa submeter-se ao aprendizado das técnicas correspondentes à disciplina, ao treinamento, à busca de informações, ao estudo teórico e prático de tudo quanto possa oferecer algum interesse para aquilo que deseja fazer.

Mais uma simetria pode ser citada: tanto no artista como no médium, a estrutura é a mesma, ou seja, a sensibilidade, mas as manifestações devem ser apenas acompanhadas, nunca forçadas, neste ou naquele sentido. Como a água que desce das nascentes montanhosas, ela é que decide, pela lei básica da gravidade, que rumo seguir na direção do mar. Não adianta o médium forçar o desenvolvimento da psicografia se a sua condição está voltada para a doação magnética de energias através do passe magnético. Ou ficar anos a fio experimentando com a mediunidade dita de incorporação (psicofonia), se está programado para a psicovidência, ou para os fenômenos de efeitos físicos.

Da mesma forma, o artista deve deixar que seus talentos encontrem seus próprios meios de expressão material. Para que forçar o talento musical, por exemplo, se o desenho ou a pintura estão praticamente 'explodindo' nele ou nela?

Estava já escrito este capítulo, quando encontrei no livro de Colin Wilson, *Mysteries*, conceitos semelhantes, colhidos em Brunler, segundo o qual não apenas médiuns e artistas se assemelham no nível mental e na sensibilidade, como podem (e devem), segundo ele, ser treinados para desenvolver adequadamente suas faculdades.

Outra observação pessoal posso oferecer, a propósito das conexões das faculdades artísticas e mediúnicas: no que me foi possível apurar, verifiquei que alguns excelentes médiuns de meu conhecimento foram, em passadas existências, não menos excelentes artistas: músicos, poetas, escultores ou pintores.

2. Diversidade dos carismas

Por isso, dizem os espíritos a Kardec que eles se utilizam da faculdade que lhes pareça mais flexível no médium. É claro, pois é assim que encontrarão menor resistência para o que desejam transmitir por intermédio dele. Dessa maneira, um

DIVERSIDADE DOS CARISMAS

espírito pode preferir se comunicar psicofonicamente por intermédio deste sensitivo, enquanto que, por meio de outro, dará preferência à psicografia. Quando o médium é dotado de vidência, não adianta forçá-lo a produzir um texto psicografado.

Isso quer dizer que, embora uma só faculdade na sua *essência*, a mediunidade é especialização na sua *expressão*. Tal como os sentidos físicos normais são controlados por um núcleo central, no computador cerebral, não se pode transmitir, por via auditiva, uma mensagem destinada à visão e vice-versa. Os entendidos têm razão, pois, quando chamam os sentidos de analisadores, dado que essa é precisamente a tarefa que lhes incumbe, ou seja, proceder à análise sensorial de um estímulo exterior para que o cérebro possa conhecê-lo e tomar as medidas que julgar adequadas.

A tendência do médium iniciante, e até mesmo de muitos mais experimentados, é ambicionar o exercício de várias faculdades simultaneamente. – Fulano, – dizem, – é um médium formidável, completo, maravilhoso. Vê, fala, escreve, materializa, desdobra-se, tem todas as faculdades. É até possível que tenha mesmo, mas o exercício simultâneo de inúmeras faculdades é uma desvantagem para o médium, não um traço a ser estimulado. É melhor que ele se aplique a uma ou duas das diversas modalidades do que tentar ser eclético. Dedicando-se a uma ou duas, ele poderá alcançar um desempenho adequado, seguro, competente das faculdades que melhor se apresentam nele, ao passo que, tentando apoderar-se de todas, criará problemas complexos para si mesmo, para os espíritos e para os companheiros encarnados. Dificilmente ele poderá ser tão eficiente em todas as faculdades que experimentar quanto em apenas uma ou duas. Sabemos todos, por exemplo, que o nosso Chico Xavier poderia ter se dedicado ao exercício de outras faculdades mediúnicas ou anímicas, como nos trabalhos de efeitos físicos, em demonstrações mais ou menos espetaculares de fenômenos insólitos. Isto, porém, seria feito em prejuízo evidente de seu trabalho no campo da psicografia e da psicofonia, mesmo porque o médim tem de estar atento às suas limitações orgânicas. A mediunidade de efeitos físicos é das mais desgastantes. E o que estaria provando o nosso querido Chico? Que os espíritos se materializam ou que podem produzir efeitos sensacionais de palco para maravilhar plateias ocasionais?

Conta Ranieri que uma única vez, ao que se saiba, Emmanuel usou a expressão "Não quero!" Foi quando o Chico estava sendo levado a desviar sua atenção para certos trabalhos de efeitos físicos, que certamente ele tem condições de realizar, mas que não convinham ao seu plano de trabalho.

Assim como a um artista em potencial não se recomenda que procure ser tudo ao mesmo tempo – músico, pintor, escultor, poeta, desenhista, ator de teatro –, mas que desenvolva os talentos para os quais se acha mais inclinado, o médium iniciante deve ser aconselhado a desenvolver ou praticar a forma de mediunidade que espontaneamente venha se definindo nele. Se nos lembrarmos da observação dos espíritos de que eles se utilizam das faculdades em que o médium é mais flexível, estará indicado o caminho a seguir. Ou seja: os próprios espíritos definirão, pelo exercício, as faculdades mais apropriadas.

O desenvolvimento é, portanto, uma forma de treinamento, de familiarização com as técnicas envolvidas no processamento da mediunidade. Toda atividade humana regular – artística, profissional, doméstica, pública – tem uma técnica; tem sempre a maneira correta e mais eficiente de ser exercida, e todas elas se aperfeiçoam com a prática, com o estudo e atenção àquilo que fazemos.

3. Temperamento

Há, contudo, uma diferença fundamental entre o médium e o artista: enquanto no artista é apenas desejável que ele seja uma pessoa equilibrada, serena, sensata, no médium isto é fundamental. Muitos artistas têm tido temperamento insuportável, vaidades incontroladas, moral duvidosa ou arrogâncias lamentáveis e, nem por isso, deixam de produzir obras geniais. Quanto ao médium, por melhor que seja seu desempenho como médium, seu trabalho será logo posto em xeque e estará sujeito a complicações desagradáveis se não for amparado por um razoável padrão de comportamento. Isto porque ele não trabalha com objetos artísticos materializados que de certa forma independem do seu temperamento e de suas condições éticas. O médium tem como objeto de seu trabalho seres humanos, de um lado e de outro; espíritos e homens. Sua matéria-prima é a emoção viva, o pensamento atuante, a ação e reação espírito/matéria. Ele trabalha com o tecido vivo, com o coração palpitante dos seres que o cercam.

O artista limita-se a aprender a dominar uma técnica especial, enquanto que o médium precisa aprender *também* a dominar impulsos emocionais, a fim de que a mensagem que passa por ele, vinda de alguém no plano do espírito e destinada a alguém no plano da matéria, não se contamine com as suas próprias paixões e desacertos íntimos. Ele terá de ser como o lápis bem apontado, com o grafite na consistência própria, na cor certa, ou o aparelho de som dotado de dispositivos de alta fidelidade para que a boa gravação não seja reproduzida com distorções, zumbidos e estáticas que a tornem irreconhecível. Deve se esforçar para que a mesma qualidade de som existente na gravação-fonte seja a que se reproduz nos alto-falantes, com toda a fidelidade e autenticidade possíveis.

A mediunidade em si não apresenta, a meu ver, dificuldades na fase inicial, desde que não sejam criadas pelo médium ou por aqueles que se incumbem de ajudá-lo no desenvolvimento de suas faculdades. Ele deve ser assistido, orientado e esclarecido nas suas dúvidas, mas não compelido a este ou aquele processo. Não apenas o seu ritmo próprio e pessoal de desenvolvimento deve ser respeitado, mas também não se deve forçá-lo a cuidar de uma forma de mediunidade quando a que está aflorando é outra. Se é ele que está tentando forçar uma faculdade, simplesmente porque a deseja ou acha que lhe dará maiores projeções, então, sim, deve ser advertido, com franqueza e cordialidade, dos riscos que corre. Deve, porém, ser convencido com *argumentos* e não com ordens para serem cumpridas sem discussão, que é da sua conveniência deixar que as faculdades se desenvolvam naturalmente. E que seja também desestimulado da ambição prejudicial de querer ser o melhor médium do mundo, dotado de todas as faculdades possíveis, no seu mais alto grau de perfeição. Nem os atletas nem os artistas ambicionam tanto. O que eles desejam, usualmente, é serem bons naquilo que fazem, serem os melhores nas atividades de sua escolha. Na mediunidade, não há disputa de campeonatos nem medalhas de ouro ao vencedor, porque não há vencedores, no sentido de que um médium possa suplantar outros. Na mediunidade, ganha aquele que serve na obscuridade, modestamente, com devotamento e honestidade.

Quando ouço falar que alguém é "um grande médium", fico logo de pé no freio. Existem grandes médiuns? Mediunidade é grandeza? Muita gente avalia os médiuns pelos fenômenos espetaculares que podem produzir ou pela ampla variedade de faculdades que exibem. Quanto a mim, não é isso que busco num médium. Ele, ou ela, pode até dispor de ampla faixa de sensibilidades – que isto não é defeito –, mas prefiro aquele que, embora dotado de faculdades várias, dedica-se modestamente a uma ou duas para exercê-las bem e com dedicação.

4. A faculdade dominante

De acordo com a promessa do Cristo de que haveria um recrudescimento das faculdades mediúnicas, nestes últimos tempos, muitos estão renascendo dotados de mediunidade em potencial, a ser treinada e desenvolvida; mas é preciso examinar bem cada caso que se nos apresenta para que o surto de mediunidade, esperado e previsto, não se transforme numa corrida desabalada para as mesas mediúnicas e, de modo especial, para a psicografia. Kardec já observava, ao seu tempo, a preferência por essa forma de comunicação. Vejamos bem como ele coloca a questão:

> De todos os meios de comunicação, a escrita manual é o mais simples, mais cômodo e, sobretudo, mais completo. Para ele devem tender todos os esforços, porquanto permite se estabeleçam com os espíritos relações tão continuadas e regulares como as que existem entre nós. Com tanto mais afinco deve ser empregado, quanto é por ele que os espíritos revelam melhor sua natureza e o grau de seu aperfeiçoamento ou da sua inferioridade. Pela facilidade que encontram em se exprimir por esse meio, eles nos revelam seus mais íntimos pensamentos e nos facultam julgá-los e apreciar-lhes o valor. Para o médium, a faculdade de escrever é, além disso, a mais suscetível de desenvolver-se pelo exercício. (Kardec, Allan, 1975.)

Depreende-se, por conseguinte, que a psicografia é de fato uma faculdade desejável, mas não a única. Parafraseando Paulo de Tarso, poderíamos dizer que se todos fossem psicógrafos, que seria da psicofonia, da vidência, da audição, da cura, do passe, do desdobramento e de tantas outras variedades, dentro das categorias gerais?

Aliás, Kardec mesmo adverte, pouco adiante que:

402 HERMÍNIO C. MIRANDA

> Um médium pode, sem dúvida, ter muitas aptidões, havendo, porém, sempre uma dominante. Ao cultivo dessa é que, se for útil, deve ele aplicar-se.
>
> Em erro grave incorre quem queira forçar de todo modo o desenvolvimento de uma faculdade que não possua. Deve a pessoa cultivar todas aquelas de que reconheça possuir os germes. Procurar ter as outras é, acima de tudo, perder tempo e, em segundo lugar, perder talvez, enfraquecer com certeza, as de que seja dotado. (Idem)

São palavras inequívocas e que devem ser lidas, meditadas e postas em ação, porque partem de quem teve oportunidade de observar e aprender com quem tinha condições de ensinar.

Vejamos, por exemplo, o que acrescenta Sócrates (espírito) a esse comentário de Kardec:

> Quando existe o princípio, o gérmen de uma faculdade, esta se manifesta sempre por sinais inequívocos. Limitando-se à sua especialidade, pode o médium tornar-se excelente e obter grandes e belas coisas; ocupando-se de tudo, nada de bom obterá. Notai, de passagem, que o desejo de ampliar indefinidamente o âmbito de suas faculdades é uma pretensão orgulhosa que os espíritos nunca deixam impune. Os bons abandonam o presunçoso, que se torna então joguete dos mentirosos. Infelizmente, não é raro verem-se médiuns que, não contentes com os dons que receberam, aspiram, por amor-próprio ou ambição, a possuir faculdades excepcionais, capazes de os tornarem notados. Essa pretensão lhes tira a qualidade mais preciosa: a de médiuns seguros. (Idem)

Não precisamos procurar muito para confirmar tais observações. Ao escrevermos este livro (1984), o mercado literário está sendo inundado de livros psicografados, em prosa e verso. São mensagens, textos pseudocientíficos, depoimentos, romances, poesia, revelações, tudo quanto se possa imaginar. Ressalvado um ou outro documento de melhor qualidade literária e de texto confiável, a maioria dessa produção é de baixo nível, tanto na forma quanto no conteúdo, isto sem contar erros e distorções de natureza doutrinária, quando os seus autores resolvem discorrer sobre temas de maior responsabilidade.

Resulta essa subliteratura do açodamento com que se disputa um lugar no círculo dos médiuns psicógrafos, esteja ou não o sensitivo dotado para essa faculdade. Muitos são atraídos pelo nome na capa de um livro e por isso, no dizer de Sócrates, tornam-se "joguetes de mentirosos".

Enquanto assistimos a essa correria para a psicografia, vemos abandonadas faculdades outras da maior importância, como a que leva o médium devotado às tarefas de desobsessão ou doutrinação, a dar passes, consolar um sofredor, assistir um doente, alegrar o solitário. Mediunidade não é privilégio concedido a alguns e negado a outros para que aqueles possam projetar-se e estes não. As faculdades são distribuídas segundo um programa de ação previamente acertado como instrumen-

Diversidade dos Carismas

to de trabalho para ajudar o processo evolutivo do próprio médium e dos seres aos quais ele estender a mão para socorrer. É, portanto, responsabilidade e não título de nobreza ou destaque social.

Sobre esse aspecto específico, colho, no depoimento de uma pessoa, algumas observações:

> A tarefa mediúnica – diz ela – é de livre escolha, segundo afirmam nossos amigos espirituais, decidida antes da reencarnação. Está, pois, na programação da pessoa. É compromisso e, uma vez aceito, deve ser exercido com dedicação, com amor. Se o médium vai para a reunião porque *tem de ir*, então é melhor desligar-se do grupo e cuidar de outra coisa. Ele deve ir se *quer ir*. Aqueles que vão para o local da reunião como que arrastados, obrigados, porque acham que *devem* ou que *precisam* trabalhar mediunicamente, não terão sequer condições suficientes de concentração para um bom trabalho. Especialmente nos grupos maiores, muitos estão ali impacientes, com a atenção voltada para o relógio, à espera de que a reunião termine logo, contando os médiuns que ainda não 'receberam'..."

E já que estamos falando em concentração, vejamos isso um pouco mais atentamente. Muitos são os participantes de grupos – médiuns ou não – que se queixam de não saber como concentrar-se. Vão à reunião, fazem um esforço enorme, procuram *mentalizar* isto ou aquilo e os resultados são desanimadores.

Regina perguntou, certa vez, ao seu devotado amigo espiritual o que era concentrar-se; como é que a pessoa encarnada deve concentrar-se durante o trabalho mediúnico.

Explicou ele que concentrar-se não é prender a alma em determinado pensamento ou ideia, ao contrário, é *soltar a alma*, relaxar, a fim de que a mente se esvazie.

Já a concentração preparatória à meditação tem uma sequência diferente. Após uma espécie de limpeza prévia da mente, eliminando preocupações do momento e tensões provocadas pela vida material, deve ser buscado um tema de natureza evangélica, por exemplo, com o qual a mente possa repousar, tranquilizar-se. De minha parte, procuro, nesses momentos, lembrar-me de que, como dizia Paulo, vivemos e nos movemos em Deus e nele temos o nosso ser. E que, portanto, estou entregue a ele, indestrutível, imortal.

Isto me faz lembrar uma remota encarnação no século XVI, em que era meu lema o conhecido versículo 31, do capítulo 8, da Carta aos Romanos: "Se Deus está conosco, quem estará contra nós?" O problema se resume, portanto, em nos colocarmos nas mãos de Deus, como escreveu Antero de Quental, ainda encarnado:

> Na mão de Deus, na sua mão direita
> Descansou afinal meu coração
> Do palácio encantado da ilusão
> Desci a passo e passo a escada estreita.

E termina:

> Dorme o teu sono, coração liberto
> Dorme na mão de Deus eternamente!

Nada me relaxa tão profundamente como esse pensamento genial e tão bem expresso.

Não é assim, por um esforço de vontade, um trabalho quase braçal e físico, que vamos conseguir a concentração. Paradoxalmente, é evitando qualquer esforço.

Um bom dicionário nos dirá que concentrar é dirigir-se para um centro, buscar um centro. Nada conseguiremos, portanto, se procurarmos esse centro em nós, pois definitivamente não somos nós o centro do universo. Deus é o centro cósmico de tudo quanto existe, vibra, sonha e se manifesta. Concentrar-se, portanto, é procurá-Lo, repousar n'Ele, conscientes de que estamos de fato n'Ele, pois essa é a grande realidade da vida. Nada existe senão em Deus, nem mesmo aqueles que, por sua própria iniciativa e insânia, criam o mal. A lei combate o mal, não o mau. Onde, pois, estaríamos concentrados em paz, senão em Deus? Em suma: a concentração não é um estado de tensão, mas de relaxamento. Compreendido isso, não fica difícil concentrar-se e, uma vez relaxados os músculos e a mente, escorrem de nós, como de uma esponja embebida em água, todas as tensões, deixando desimpedidos os circuitos por onde os amigos espirituais podem fazer fluir seus pensamentos.

5. Lixo mental

Médiuns e demais participantes de grupos e centros queixam-se, às vezes, de que é difícil concentrar porque, mal conseguem aquietar a mente por alguns momentos, começam a surgir pensamentos e imagens indesejáveis, de baixo teor. É outro aspecto sobre o qual convém dizer uma palavra específica. Recorro, para isso, a um texto de minha autoria, publicado em *Presença Espírita*, de Salvador, BA., em maio/junho de 1984 e que se intitula *Lixo mental*.

> Um amigo e confrade que trabalha no mundo mágico dos computadores chamou minha atenção, há tempos, para uma expressão do jargão cibernético que circula entre os seus técnicos, algo assim como: 'de onde entra lixo só pode sair lixo'. (Miranda, Hermínio, 1984a.)

Isto significa, naturalmente, que o computador dá exatamente aquilo que recebe, ou seja, ele responde dentro dos dados confiados à sua memória e segundo a programação nele instalada. Não inventa, nem cria; apenas analisa, compara e escolhe, como lhe foi ensinado. Só que faz isso com fantástica eficiência e numa velocidade que não podem os seres humanos imitar.

Mesmo assim, dizia-me um instrutor especializado, nos Estados Unidos, na remota década de cinquenta, quando lá estive em trabalho e estudo, que o computador (que começava a engatinhar) era um instrumento burro (*stupid*). Um burro

DIVERSIDADE DOS CARISMAS

muito veloz, mas, ainda burro. Queria dizer com isso que o computador não tem capacidade criadora, a sua inteligência artificial fica dentro dos limites dos dados com os quais foi alimentada a sua memória, e sua eficiência depende, ainda, da sua capacidade de processamento e da competência de seus programadores humanos.

Se, portanto, os técnicos que o manipulam, alimentarem tais memórias com dados sobre a melhor maneira de destruir uma cidade, a máquina responderá, como lhe foi pedido, sem o menor remorso ou escrúpulo.

Vimos, na inteligente fantasia de Arthur Clarke, no filme *2001 – Uma Odisseia no Espaço*, que o computador executa com a maior frieza e precisão o comando programado para eliminar a tripulação humana, caso esta criasse, como criou, qualquer dificuldade ao exato cumprimento da missão espacial em que estavam empenhados. No momento em que a máquina percebe o sinal de rebeldia, entra em ação o programa assassino. Ela simula um defeito que obriga a saída dos dois astronautas. Logo que eles se encontram lá fora, em pleno espaço, ela comanda o fechamento das escotilhas para impedir que eles retornem ao interior da nave. Que eles morram lá fora da maneira mais horrenda não é problema que a preocupe. Cabe-lhe, apenas, executar ordens, segundo um programa que ela não tem condições de discutir nem desobedecer, ou ponderar aspectos éticos, a não ser que, para isso, seja também programada, o que não era o caso ali. Não é para eliminar os dois homens? Qual a dúvida? Cumpra-se. Feito isso, seriam descongelados os seres hibernados dentro da nave e tudo prosseguiria como se nada houvesse ocorrido.

É por isso que dizem que, se entrar lixo nele, só pode sair lixo, da mesma forma que, se for programado para dizer qual o melhor procedimento para ganharmos o Reino dos Céus, ele o fará, com a mesma competência e a mesma indiferença, aliás.

Também nós somos computadores. Superinteligentes e dotados de livre-arbítrio, programados para alcançar a paz e a felicidade totais, que o Cristo caracterizou como o Reino de Deus, explicando muito bem que esse Reino já está em nós, cabendo-nos, apenas, realizá-lo. Chegaremos lá, portanto, um dia. O único problema grave aí é que permitimos a entrada de uma quantidade espantosa de 'lixo mental' em nossas memórias e, por isso, a cada passo, o programa se desvia e acarreta atrasos imprevisíveis e lamentáveis, seculares, milenares até.

Que tipo de lixo mental? Tudo quanto você possa imaginar: ódio, vingança, crueldade, hipocrisia, vaidade, intolerância, indiferença... A lista é assustadora e arrasadora. E voluntárias as nossas opções.

Nem sempre, contudo, a gente percebe que está colocando lixo na memória. Por exemplo: uma leitura perniciosa, um filme pornográfico, uma anedota inconveniente, uma notícia escandalosa no jornal ou na tv, uma cena chocante na rua que, em vez de passar ao largo, vai ver de perto para 'conferir'. Enfim, inúmeros atos de verdadeira morbidez espiritual, por melhor que sejam as intenções.

Digamos que você seja espírita e que frequente um grupo mediúnico sério e devotado à tarefa do socorro espiritual. É bem provável que, no momento crítico em que toda a sua atenção e concentração estão sendo exigidas para levar a bom termo a tarefa coletiva, comecem a emergir dos recessos da memória certas cenas deprimentes, vistas ou lidas. A essa altura, já se cortou o fio da sua ligação com o trabalho. Em vez de servir aos que precisam de sua ajuda, você passa a *dar trabalho* aos mentores espirituais do grupo.

Eles precisam construir imediatamente um círculo de isolamento em torno de você para que, além de não ajudar, você, pelo menos, não atrapalhe.

É que sua memória começou, de repente, a regurgitar o lixo mental que você colocou lá. E, como era de se esperar, nos momentos mais inoportunos.

Coincidência? Nada disso. Espíritos desarmonizados deram, aí, sua contribuição para que, no momento crítico, você fosse neutralizado. Basta induzir um mergulho em imagens prejudiciais à tônica da tarefa socorrista, que exige de nós, pelo menos enquanto estamos ali, certa dose de renúncia e um mínimo de pureza. Como poderá haver pureza se o lixo mental está acumulado nas memórias de nosso computador pessoal?

Se você é médium atuante, pior ainda o quadro, pois, como sabemos, os espíritos manifestantes operam prioritariamente com o material que encontram em nós. Se você acumula lixo dentro de si, eles irão encontrá-lo e dele se utilizarão. Ou, então, se é um espírito harmonizado que desejaria transmitir, por seu intermédio, uma mensagem de consolo ou de aconselhamento, como irá fazê-lo se só dispõe de lixo para elaborá-la?

Não é preciso concluir estas observações com longos conselhos e sermões. Você sabe o que tem a fazer. É simples, claro e direto: *Não ponha lixo mental na memória!*

Aí termina o texto, mas fica no ar uma pergunta que interessa ao nosso livro: uma vez que o lixo já está lá, como eliminá-lo?

A primeira observação a respeito é contundente e pode gerar até algo parecido com o desalento, mas aí vai ela: a memória é indelével. Tudo o que ela registrou é para sempre. Para não tomar aqui espaço, repetindo o que está dito em *A memória e o tempo*, convido o leitor a uma leitura desse livro. Enquanto isso, vale a pena reiterar: da memória nada se apaga.

Isso não impede, porém, que você procure policiar o seu pensamento e esteja bem atento e vigilante para que, ao menor sinal de que sua memória vá começar a regurgitar, você mude prontamente o rumo, bloqueando, com um pensamento diferente, positivo, tranquilizante e harmonioso, as imagens ou lembranças indesejáveis. Um bom recurso é a prece imediata e atenta, *com o pensamento posto nas palavras que você está mentalmente recitando;* não uma prece pré-fabricada que se repete maquinalmente sem saber o que se está dizendo. Se você fizer isso, ou seja, apenas repetir palavras, observará com desgosto que a tentativa de prece prossegue num nível subliminar, ou subconsciente, enquanto o consciente continua ocupado com o pensamento indesejável. Eis aí uma das muitas coisas que não se pode fazer desatentamente.

Mas, além de combater as lembranças indesejáveis, procurando bloquear o fluxo inoportuno, você precisa, também, mudar o mobiliário da sua casa mental, ocupando com ideias novas, positivas, construtivas, espaços da memória que, deixados na ociosidade, tendem a ser ocupados com as latas de lixo mental que, infelizmente, são recolhidas ao longo do tempo. O problema é que, mesmo varrendo o lixo para debaixo do tapete, ele continua ali, sabemos que ele está ali e que um dia pode espalhar-se novamente.

Quando falo em mobiliário, quero dizer: introduzir na memória somente – e tanto quanto possível – material selecionado com o mais atento cuidado. O livro é suspeito? Não o leia. O filme cuida de uma temática duvidosa ou francamente repulsiva? Não o veja. A conversa encaminha-se para uma rodada de anedotas inconvenientes? Disfarce e saia, se não conseguir mudar o seu rumo. A notícia de jornal é escandalosa? Leia outra coisa.

Isso não quer dizer, certamente, que você terá de virar asceta, mesmo porque, como informa o velho ditado, o hábito não faz o monge. O que o faz é uma atitude correta perante a vida e isto não se veste; conquista-se na luta, na vigilância, na atenção com que se critica previamente o material que vamos admitir à mente.

Do que se depreende que, em matéria de lixo mental, o caminho certo é o da profilaxia, da prevenção, muito mais do que o da terapêutica. Em outras palavras: é infinitamente melhor tomar a vacina para não se contaminar com o vírus do que encher-se de remédios para se livrar dele, depois que o mesmo está instalado. Se conseguirmos que não entre mais lixo em nossa mente, já teremos alcançado importante vitória nas inúmeras batalhas da vida.

Insisto em dizer, contudo, que o médium, ou qualquer outro participante de trabalhos mediúnicos, não tem obrigação de levar uma existência monástica, preservado em atmosfera asséptica, dentro de uma redoma de vidro. A vida está aí para ser vivida, com as suas experiências, confrontos, vitórias e derrotas – pois estas nos ensinam, também, importantes lições. Como iríamos opinar sobre os problemas da vida – que são todos os problemas humanos – se não participamos dela? Como ajudar os que nos buscam com as suas aflições, se nunca soubermos o que é uma dificuldade, um problema, uma dor?

Nem a prática espírita em geral, nem a mediunidade em particular, exigem como condição preliminar um estado de santidade de todos e de cada um. Se assim fosse, não haveria ninguém entre nós, ou seriam raros aqueles em condições de exercer tais atividades. O importante em tudo isso é que não nos deixemos arrastar pelos chamamentos da inferioridade que remanesce em nós, em decorrência de antigas e recentes atitudes equívocas ou francamente desarmonizadas.

Sobre esse aspecto, Regina tem isto a dizer:

[...] o que mais temos dentro de nós são sensações negativas e deformadas, trazidas do passado. Por isso é muito mais fácil sintonizar com o negativo do que com o positivo. Agora, como livrar-se? Isto já é mais difícil. Com exercícios diários e constantes de autorreforma interior. Meditando e orando muito. Pedindo aos amigos espirituais que nos mostrem as coisas erradas que há dentro de nós para que possamos eliminá-las. Aceitando a nossa própria realidade de seres inferiores e cheios de mazelas morais e tentando nos melhorar, dia a dia. É uma luta enorme, difícil. Mas é o que nos cabe fazer. Não adianta querer ser bom e puro de uma hora para outra. Há que trabalhar, e muito mesmo. Carregamos séculos de erros e alguns anos (na existência atual) de boas intenções. É claro que não podemos mudar sem esforço.

6. Reforma moral

Isto nos leva de volta ao tema central de todo o conceito do chamado desenvolvimento mediúnico. Afinal de contas, o objetivo básico do espiritismo é, segundo Kardec – *a reforma moral do indivíduo*. O problema fundamental da mediunidade iniciante não está em desenvolvê-la, pois, quando a pessoa vem programada para o trabalho mediúnico, as faculdades correspondentes saberão encontrar seus próprios caminhos para se expressarem. Só precisam ser *acompanhadas*. No dia em que todos entenderem que a mediunidade é uma faculdade normal do ser humano, como a de desenhar, escrever, cozinhar ou tocar piano, será muito facilitada a tarefa de desenvolvê-la em si mesma e ajudar a desenvolvê-la nos outros. É só deixar que ela siga o seu rumo, dentro do ritmo que lhe é próprio. Ninguém ensina uma planta a crescer ou um recém-nascido a mamar. Para que a planta se desenvolva, precisa apenas que lhe sejam proporcionadas as condições adequadas de terreno, umidade, luz, adubagem, combate às pragas, temperatura apropriada etc.

Crescer, ela sabe fazer sozinha, pois para isso veio programada, desde a semente.

Alguns dirigentes, porém, acham que o médium precisa ser podado neste ou naquele aspecto, ou que tem de trabalhar desta ou daquela maneira, sem abrir os olhos, por exemplo, ou jamais permitir que o espírito manifestante se irrite, ou que não receba mensagens de espíritos considerados importantes, ou que mantenha as mãos sobre a mesa, sem agitar-se. São tantas as restrições e imposições que, em vez de desenvolver-se, a planta se estiola ou cresce torta, anêmica, sem vitalidade. Em vez de disciplina – que é necessária – é preciso evitar que se imponha um regime de opressão que iniba a mediunidade nascente e lhe retire todo o frescor da espontaneidade. Por que razão todos os médiuns têm de ser iguais nas suas manifestações mediúnicas?

Quando se descobre algum talento numa criança, como o da música, por exemplo, ela é estimulada a buscar realizar-se naquilo que faz como que por instinto, que é ouvir, executar ou compor música. É preciso proporcionar-lhe condições para que desenvolva seus talentos, instrumentos para tocar, professores e instrutores que lhe ensinem as diferentes técnicas e a teoria musical de que ela necessita para chegar a expressar-se convenientemente na arte de sua escolha. Seria lamentável, porém, que a obrigassem a tocar piano, se ela quer aprender violino, ou a compor exatamente como Beethoven, porque este foi um grande compositor, ou tocar como Paganini porque este foi um estupendo violinista. O que se deseja dela é que seja uma boa pianista, uma boa compositora ou uma competente violinista, não que adote precisamente este ou aquele padrão arbitrariamente escolhido para ela.

Se o indivíduo é pintor, que pinte com a sua sensibilidade e que aplique aos problemas suscitados na comunicação da *sua* mensagem artística as soluções que, a seu ver, lhe pareçam mais adequadas; não que pinte no estilo de Van Gogh, Raphael ou Giotto. Ele precisa de telas, pinceis, tintas e de alguém que lhe guie os passos na exploração das técnicas exigidas, mas que lhe seja permitido abrir os seus próprios caminhos.

Na arte, como na mediunidade, a padronização é indesejável. Na realidade, ninguém ensina ao médium *como ser médium*, tanto quanto ninguém ensina ao artista a ser artista; isso eles são capazes de fazer por si mesmos. No caso do médium, o que se tem a fazer é estimular nele uma boa 'arrumação' da sua mente, uma disciplina de suas emoções, dos seus impulsos e do seu comportamento. Mesmo aí, contudo, a disciplina não deve ser imposta a grito, na base da intolerância, da rigidez intransigente.

O médium precisa de apoio, esclarecimento, compreensão e crítica, certamente construtiva e moderada, firme e amorosa; mas nunca inibidora e sufocante, possessiva e arbitrária. É preciso ajudá-lo a ser, acima de tudo, uma boa pessoa; um ser pacificado e ajustado, tanto quanto lhe permitam suas condições humanas. Conseguido isso, a mediunidade correta será consequência natural e espontânea. O médium não deve ser endeusado e nem escravizado; nem indisciplinado ou inibido.

Se, ao cabo de algum tempo, verificar-se que as faculdades embrionárias que traz no seu psiquismo não se desenvolvem, nesta ou naquela direção, deve ser redirecionado para outro setor de trabalho ou desestimulado a prosseguir forçando a eclosão de faculdades para o exercício das quais não está programado. Sabemos de casos em que, só porque a pessoa, às vezes, ouve vozes ou traça alguns rabiscos no papel, fica presa à mesa mediúnica anos a fio, segurando um lápis diante de uma folha de papel ou esperando que os espíritos se manifestem por 'incorporação'. Pura perda de tempo.

Poderia estar dando passes, talvez, ou visitando doentes em hospitais, ou arrecadando víveres para distribuir aos necessitados, ou ainda, empenhada em alguma tarefa manual no centro que frequenta. Se é verdade que todos temos algum conteúdo mediúnico em potencial, não é menos verdadeiro que nem todos estamos destinados a ser médiuns dessa ou daquela modalidade. Assim é que se perdem muitas oportunidades, dado que ficam criaturas metade da vida à espera de se tornarem, um dia, psicógrafos, por exemplo, e deixam de realizar a tarefa para a qual vieram programadas. E, além do mais, para que tanto psicógrafo? O que não nos faltam são textos psicografados de boa qualidade para estudar e meditar, enquanto sobram, como já vimos, textos que não oferecem a mínima condição de serem aproveitados.

Como pode o leitor observar, voltamos ao mesmo ponto crítico de sempre: o do preparo do médium *como pessoa humana*. Esse é o aspecto vital em todo o esquema do desenvolvimento da mediunidade. A rigor, médium ele já é desde que renasceu com as programações correspondentes, na trilogia corpo/perispírito/espírito. O que tem ele a fazer para que suas faculdades funcionem a contento é criar em si mesmo condições adequadas de comportamento, de seriedade, de harmonização interior. Nisso é que está o seu programa de ação e o daqueles que se incumbem de orientá-lo e que, muitas vezes, acarretam-lhe ainda mais desorientação.

Ninguém precisa ensinar ao rio que leito escolher, que traçado fazer na face da terra. As águas podem ser disciplinadas e canalizadas; o rio pode ser cortado de pontes; suas águas podem ser preservadas da poluição para que a vida encontre nelas abrigo e sustento; suas cachoeiras podem ser aproveitadas para gerar energia elétrica, mas é preciso deixar que ele siga o seu curso. Ele sabe fazê-lo até que, cumprida a tarefa, suas águas se entregam ao mar imenso.

A diferença de um bom médium e um médium desajustado não está na mediunidade, mas no caráter de um e de outro; na formação moral; no esforço que um faz, e outro não, para criar as condições adequadas de comportamento. Nisso, como vimos, é que diferem os médiuns dos artistas. O compositor emocionalmente desajustado pode produzir uma sinfonia tão bela quanto a de outro companheiro equilibrado e sensato, e ninguém notará diferença alguma de técnica ou de beleza se realmente forem boas sinfonias. O trabalho do médium, nesse ponto, é infinitamente mais delicado, porque suas condições morais afetam definitivamente a qualidade do seu trabalho, num sentido ou noutro, para o bem ou para o mal. Daí a sua responsabilidade e a responsabilidade correspondente daqueles que se propõem a ajudá-lo no desenvolvimento de suas faculdades.

O médium não é apenas um piano que precisa estar bem afinado; ele é um piano que desafina quando não consegue redirecionar seus impulsos negativos e começar, penosamente, a substituí-los por valores novos e positivos. As faculdades mediúnicas *ele as recebeu*, não como privilégio, mas como responsabilidade e compromisso, no entanto as condições para exercê-las corretamente cabe a ele criar e desenvolver. Não é, pois, a mediunidade que se desenvolve ou se aprende, mas as técnicas de comportamento.

Capítulo XIX

O médium em ação

1. Introdução

Para o médium em potencial que sonha colher apenas rosas perfumadas, a carreira de médium atuante pode oferecer inesperados espinhos. É sempre bonito e parece fácil fazer acrobacias de ginástica olímpica, tocar bem um estudo ao piano, escrever um soneto perfeito. Para quem sabe, é realmente fácil fazê-lo. Mas até conseguir que a coisa pareça fácil, são necessários um esforço muito grande e uma dedicação incansável.

A mediunidade tem o seu aspecto fascinante, sua aura de mistério e encantamento, porque o médium é aquela estranha e curiosa pessoa que "fala com os espíritos", da mesma forma que poeta, segundo Bilac, é aquele que é "capaz de ouvir e entender estrelas". Muitos se deixam embevecer de tal maneira por esse fascínio, que colocam os médiuns em geral, e o 'seu' médium em particular, na categoria dos semideuses, considerando-os verdadeiros oráculos vivos, aos quais deve-se recorrer em qualquer situação. E o pior é que são muitos os médiuns que se deixam enredar nessa atmosfera de adoração e se julgam mesmo seres à parte e acima do comum dos mortais.

A verdade, porém, é que, ao lado dos fascinados mediólatras (adoradores de médiuns), há uma assistência tão grande ou maior, para a qual o médium está sempre em julgamento. Tudo o que ele faz ou diz, todas as informações que veicula são pesadas, medidas, comparadas, esmiuçadas.

Os espíritos responsáveis são os primeiros a recomendar que a produção mediúnica, venha de onde vier, seja qual for o médium, deve ser sempre examinada com atenção e criticada, para que os desajustados não se valham da mediunidade para contrabandear conceitos falsos e meias verdades. Mas tudo isso tem de ser feito com apoio da lógica, no conhecimento das questões envolvidas e no

411

bom-senso. Tanto se perde com elogios o médium promissor, como aquele no qual se sufoca a mediunidade nascente pelo rigor exagerado da crítica injusta.

Ninguém deve eleger nenhum médium como uma espécie de guru, cujas palavras e informações são aceitas sumariamente, sem qualquer exame, análise ou meditação. Muitas pessoas, infelizmente, agem assim, e quando se põe em dúvida algum item da comunicação, retrucam logo: "Não, não. Está tudo certo. Imagine, essa comunicação veio por intermédio de fulano!".

Embora muito citado, Kardec parece ser escassamente conhecido em certas instituições, onde recomendações e advertências das obras básicas são desconhecidas, ou simplesmente ignoradas, mesmo por aqueles que dizem estudar sistematicamente os livros fundamentais da Codificação. E convictos todos estão de se manterem sempre fieis a esses ensinamentos.

Tenho tido, a respeito, algumas experiências pessoais. Falam-me alguns do entusiasmo com que leram o livro *Diálogo com as Sombras* e declaram, com a maior convicção, que no grupo que dirigem ou de que participam são aplicados os mesmos preceitos que procurei resumir na referida obra. Se a conversa se prolonga um pouco mais, acabam percebendo que não é bem isso. Ao contrário, há desvios bastante significativos em práticas formalmente condenáveis. Não creio que tais companheiros sejam insinceros, contudo. Estão honestamente convencidos de que seguem sempre as melhores normas recomendadas pela doutrina, mas continuam impávidos, com as suas práticas pessoais, como que ritualísticas, seus modismos, sua maneira de considerar (ou desconsiderar) os médiuns e tudo como se não ouvesse uma só palavra escrita acerca daquilo que estão fazendo.

Em algumas oportunidades nas quais ofereci críticas (solicitadas, umas; não solicitadas, outras), não posso dizer que tenha sido compreendido e acatado. Pelo contrário, vi-me em choque com inesperadas resistências da parte de dirigentes e responsáveis pelo trabalho. Além de frustrante, a experiência me trouxe certa perplexidade, pois é sempre fácil identificar desvios doutrinários e perceber que o grupo está sendo envolvido por espíritos ardilosos, interessados na enxertia de doutrinas exóticas ou práticas perfeitamente dispensáveis, quando não francamente perniciosas.

Isto ocorre sempre que o médium passa à condição de guru, e somente o que vem através dele merece fé e deve ser posto em prática. A partir de certo ponto, começam a chegar 'ordens do alto' para fazer isto ou deixar de fazer aquilo. E começam a ocorrer 'sessões reservadas', só para uns poucos 'iniciados' de confiança, nas quais são tratadas questões e aspectos tidos por secretos. Há médiuns (e seus admiradores) que gostam de manter os fenômenos envoltos numa aura de mistério e de magia. A essa altura, já não há dúvidas: o grupo está sobre o controle de espíritos interessados na demolição de um trabalho que, até então, possa ter sido construtivo, embora modesto. A responsabilidade, nesses casos (mais comuns do que se poderia supor), é dos médiuns, claro, mas também dos que os cercam e que

DIVERSIDADE DOS CARISMAS

se deixam fascinar, quase sempre a troco de alguns elogios bem colocados que acariciam vaidades ainda muito ativas. É fácil, a partir daí, organizar um grupinho de elite, à parte, perante o qual os espíritos manifestantes se identificam com nomes imponentes que "sob motivo algum, devem ser revelados aos demais", a fim de ficarem mais à vontade. Médiuns ambiciosos acabam encontrando espíritos semelhantes e se entendem muito bem, em prejuízo certo de todos, inclusive daqueles que parecem excessivamente vigilantes em relação ao trabalho alheio, mas pouco atentos ao próprio, desde que este lhes proporcione a quota desejada de prestígio e satisfação pessoal.

Em situações como essa, o crítico é inapelavelmente rejeitado, quando não considerado um pobre obsediado.

Buscar apoio em Kardec para tais atitudes é pura perda de tempo, pois não há mesmo. Quando em dúvida sobre qualquer aspecto de maior relevo, o Codificador não hesitou em consultar diferentes espíritos, através de diferentes médiuns – às vezes, mais de dez médiuns... Ele questiona os espíritos pelo que lhe dizem, sejam eles quais forem. Confessa, por exemplo, que somente aceitou a ideia da reencarnação após muita relutância e porque acabou convicto de que era uma realidade insofismável, lógica e necessária ao entendimento dos problemas básicos do espírito. Lembramos, neste livro, a sua divergência com os espíritos quanto ao fenômeno de escrita direta, que, no seu entender, era uma realidade intelectual de mediunidade, mas que os espíritos insistiram em classificar como fenômeno de efeito físico.

Quer isso dizer que ele desconfiava de seus médiuns? Ou dos espíritos que o orientavam na elaboração da doutrina? Não e não. Quanto aos médiuns, se jamais fez questão alguma de promovê-los ou dar-lhes destaque especial, nunca, ao que se saiba, os submeteu a pressões e vexames. Só se sabe quais médiuns colaboraram na Codificação após uma pesquisa atenta e demorada. Apenas em *Obras póstumas*, que reúne documentos não destinados, em princípio, à publicação, aparecem algumas identificações: sra. e srta. Baudin; srta. Japhet; sr. Roustan; Aline etc. Mais parecem, contudo, anotações para seu uso, mesmo porque as mensagens reunidas naquele livro são quase todas de caráter pessoal, por cuidarem basicamente de seus diálogos com o Espírito de Verdade e outros mentores da doutrina.

Acho que vale a pena ver isso de perto, dado que a informação é importante, no contexto sobre o qual estamos conversando.

2. Uma lição de Kardec

Foi em 25 de março de 1856, em casa do sr. Baudin, através da menina Baudin, que o Espírito de Verdade declarou-se, formalmente, seu guia espiritual, recusando-se, não obstante, a identificar-se de outra maneira, como Kardec solicitou com insistência. Obviamente, Kardec confiava na mediunidade da moça. Cerca de duas semanas após, contudo, ou seja, a 7 de maio, desta vez em casa do sr. Roustan, funcionando como médium a srta. Japhet, Kardec pergunta *a outro espírito* (Hahnemann) se era verdade que ele tinha mesmo uma "importante missão a cumprir". O espírito o confirma.

Nem a jovem Baudin, nem a srta. Japhet, contudo, eram médiuns exclusivos do Espírito de Verdade, que se entende com Kardec através de outros medianeiros, como Alice C., a sra. Forbes. a sra. Schmidt, o sr. d'A., e outros. Por outro lado, ele acolhe, na *Revista*, e reproduz, em *O Evangelho Segundo o Espiritismo*, mensagens do Espírito de Verdade, recebidas em Bordeaux e no Havre, bem como em Paris, todas sem indicação de médium mas que evidentemente eram pessoas de sua confiança.

Na célebre mensagem em que Jesus se identifica pessoalmente em *O Livro dos Médiuns*, cap. XXXI, e que depois é reproduzida, com ligeiras alterações, em *O Evangelho Segundo o Espiritismo*, capítulo VI – assinada pelo Espírito de Verdade –, Kardec comenta que foi "obtida por um dos melhores médiuns da Sociedade Espírita de Paris", sem citar nome. Por que e para que destacá-lo como um grande médium? Somente porque deu boa conta de sua tarefa, recebendo com fidelidade e autenticidade uma comunicação mediúnica? Se uma mensagem dessas fosse recebida em certos grupos por aí, o médium teria problemas, na certa, seja porque passaria a ser endeusado ou porque seria considerado um pobre e irremediável obsidiado.

Kardec fez suas ressalvas, dizendo que não duvidava de que o Cristo pudesse manifestar-se mediunicamente, mas que preferia manter certa reserva em torno da questão. E, finalmente, que uma coisa era de admitir-se: "a superioridade incontestável da linguagem e das ideias, deixando que cada um julgue por si mesmo se aquele de quem ela (a comunicação) traz o nome não a renegaria".

Uma atitude sóbria, cautelosa, reservada, mas ao mesmo tempo, confiante de que a mensagem em si não era, a seu ver, indigna daquele que a havia subscrito. Tanto assim entendeu, que a colocou entre as comunicações aceitáveis, em contraste com outras, que considerou apócrifas. E mais: ao elaborar *O evangelho segundo o espiritismo*, anos depois, incluiu essa mensagem que, aliás, contém a muito citada exortação: "Espíritas! amai-vos, eis o primeiro ensino; instruí-vos, eis o segundo."

A essa altura, já estava ele, certamente, convicto de que o Espírito de Verdade, seu guia espiritual, era o próprio Cristo, mas manteve seu compromisso de não proclamar isso aos quatro ventos.

É importante, ainda, observar que, ao colocar a mensagem sob reserva, por medida de prudência, embora nada visse no texto que a desabonasse, ressalvou com palavras inequívocas a correção do médium, sem, contudo, proclamá-lo como um grande e excepcional medianeiro. Era apenas "um dos melhores médiuns" do grupo. Melhor em que sentido? Porque era *mais médium* do que os outros? Ele não o diz, mas, certamente, não por isso, e sim, porque era dos mais dedicados, dos mais assíduos, mais ajustado e moralizado, *como pessoa humana*.

Esse episódio ainda tem um desdobramento curioso que também contém importantíssima lição.

DIVERSIDADE DOS CARISMAS

Certa vez – em 10 de junho de 1856 –, ia já adiantado *O livro dos espíritos*, quando Kardec, desejoso de acelerar os trabalhos de elaboração da obra, consultou seus amigos espirituais (no caso, foi Hahnemann) sobre se devia acolher mais um médium (que ele identifica apenas com uma inicial: B.) para que o ajudasse.

Vejamos como transcorreu o diálogo, através da srta. Japhet:

> Kardec: (a Hahnemann) – Pois que dentro em breve teremos acabado a primeira parte do livro, lembrei-me de que, para andarmos mais depressa, eu poderia pedir a B... que me ajudasse, como médium. Que achas?
>
> Hahnemann: *Acho* que será melhor não te servires dele. Por quê? Porque a Verdade não pode ser interpretada pela mentira (destaque meu).
>
> Kardec: Mesmo que o espírito familiar de B. seja afeito à mentira, isso não obstaria a que um bom espírito se comunicasse pelo médium, desde que não se evocasse outro espírito.
>
> Hahnemann: Sim, mas aqui o médium secunda o espírito e, quando o espírito é velhaco, ele se presta a auxiliá-lo. Aristo, seu intérprete e B. acabarão mal. (Kardec, Allan, 1981.)

Em primeiro lugar, é preciso assinalar que Kardec era ainda um iniciante. Em 1854, *ouvira falar* das mesas girantes. Em 1855, teve uma conversa com o sr. Carlotti, e só em maio do mesmo ano assistiu a uma demonstração prática em casa da sra. Roger, cuja mediunidade operava por magnetização. A mensagem de Zéfiro, o precursor de toda uma equipe de elevadas entidades, é datada de 11 de dezembro de 1855 e foi recebida pela srta. Baudin. A sua conversa com Hahnemann, há pouco reproduzida, foi seis meses após o contato com Zéfiro e cerca de um ano após ter assistido à sua primeira sessão mediúnica. Na sua inexperiência inicial, o prof. Rivail achava possível receber boas e confiáveis comunicações através de um médium duvidoso, desde que tomadas certas precauções. Seu propósito era o melhor possível, ou seja, acelerar o trabalho de elaboração de *O livro dos espíritos*.

Se a consulta revela uma atitude humilde da parte de Kardec, demonstra, também, a correta maneira de agir do espírito. De fato, Hahnemann não lhe deu uma *ordem* taxativa, que liquidasse prontamente o caso.

Preferiu deixar a questão à decisão do próprio Kardec, não se eximindo , contudo, de uma advertência tranquila e amiga, ao dizer: "*Acho* que será melhor não te servires dele". Quando Kardec insiste, na esperança de que poderia contornar o risco, Hahnemann é firme na sua franqueza, mas nada proíbe. Limita-se a declarar que o espírito que se colocava como guia espiritual do médium era *velhaco* e que o médium o secundava. E concluiu com uma previsão que, aliás, deu certo, como era de se esperar: ambos, médium e espírito, acabariam mal.

Não é difícil a nenhum de nós imaginar o desastre que teria sido para a obra da Codificação se o médium B. fosse chamado a colaborar na formulação de *O Livro dos Espíritos,* que estava, então, apenas com a primeira parte concluída...

A grande lição desses episódios, postos aqui lado a lado para efeito de confronto, é a seguinte: aquele que se propõe trabalhar com médiuns precisa ter humildade suficiente para não se julgar infalível, mesmo que aparentemente seguro de que está apoiado em razões aceitáveis, bem como ter personalidade bastante lúcida para admitir como possível uma mensagem mais rara, sem botar o médium sob suspeita de fraude.

Como instrumento de comunicação, o médium tanto pode veicular mensagens aceitáveis e autênticas, como inaceitáveis e falsas, dependendo das condições que oferece. Não deve ser endeusado, no primeiro caso, nem crucificado, no segundo. Seria o mesmo que destruir o telefone porque acabamos de receber, por ele, uma notícia falsa, ou elogiá-lo porque acaba de nos trazer alegria. Ao mesmo tempo, não há como perder de vista o fato de que o médium é um ser humano que pode falhar por ser endeusado e pode embotar-se ou perder-se quando, em vez de socorrido, for arrasado, porque a sua comunicação é considerada inaceitável. Será mesmo? E por quê? O problema é do médium? É do espírito? É do próprio dirigente? O que se pode fazer para corrigir a situação? Se o médium se revela inequivocamente um trapaceiro, não é mais correto e humano procurar saber por que razões está ele trapaceando? E o que fazer para recuperá-lo?

Vimos, há pouco, que Hahnemann não tem meias palavras ao identificar o espírito manifestante como *velhaco*, mas não acusa o médium da mesma deformação moral, limitando-se a dizer que este o *secunda*, aceita, serve de instrumento. Não questiona, não examina, não critica aquilo que ele próprio está veiculando. Isto não quer dizer que ele médium também seja um trapaceiro; pode ser apenas uma vítima, um irresponsável, um joguete.

Seja como for, estamos observando que é vital um bom sistema de comunicação ou de convivência entre os médiuns e aqueles que acompanham ou dirigem os trabalhos. Se a ambição, a vaidade ou a ânsia de poder surgirem, de um lado ou de outro, podemos contar com graves problemas.

3. Disponibilidade e disciplina

Tão cedo quanto possível, no exercício de suas faculdades, o médium deve convencer-se de que o seu trabalho não se resume às poucas horas semanais, se tanto, que passa ao lado de outros companheiros, junto à mesa mediúnica. Aliás, a observação é válida para todos os que se dedicam ao trabalho na seara espírita. Como costuma nos dizer um dos nossos amigos espirituais, a qualquer momento, onde quer que estejamos, o Cristo pode precisar de nossa modesta colaboração para socorrer alguém em crise.

DIVERSIDADE DOS CARISMAS

De nada adianta preparar-se para o trabalho no dia da reunião ou fazer uma prece antes de sair de casa, se é só isso que você faz.

De fato, o exercício da mediunidade exige preparação constante, estado de vigilância, a dose certa de renúncia; enfim, um elenco de atitudes nada fáceis de cultivar em nosso estágio de imperfeição, mas não impossível de conseguir, pelo menos em parte. Um veículo em movimento para se cessar a força propulsora, que precisa ser constante, com a intensidade apropriada. A sustentação de um impulso regenerador, em nós, obedece a princípio semelhante.

Todos aqueles que estiverem empenhados no processo de reconstrução íntima, na reforma moral, que Kardec colocou como característica básica do verdadeiro espírita, precisa manter-se atento, não tanto com relação aos outros, mas consigo mesmo, pois a luta se trava é em nossa intimidade; a guerra é pessoal, intransferível, permanente. Algumas batalhas ganhamos nós, outras, ganham nossas paixões ainda arraigadas nas profundezas do psiquismo, entrincheiradas em velhas e sólidas matrizes.

O médium está particularmente exposto a certas dificuldades nesse aspecto, porque uma 'derrapagem' mais séria pode abrir caminho para influenciações indesejáveis, de vez que ele tem em si, as 'tomadas' apropriadas às ligações com entidades desencarnadas, tanto as boas como as outras, segundo as condições que lhes ofereça. Se, momentaneamente, a condição é negativa, é certo que pode sintonizar-se com as *estações transmissoras* da faixa indesejável.

É possível que nem sempre ele perceba que está sendo imprudente, neste ou naquele aspecto do seu proceder. Valemo-nos, mais uma vez, da experiência pessoal de Regina para ilustrar esta particularidade.

Tinha ela por hábito ler regularmente certa publicação doutrinária, quando começou a ficar inquieta e insatisfeita com o teor de determinados artigos e mensagens, ali veiculados. No círculo de seus amigos e companheiros de trabalho, comentava a matéria lida, às vezes, com certa dose de indignação (Que absurdo! Como é que deixavam sair aquilo?). Sem muita demora, um amigo espiritual lhe disse:

– Seria bom você parar com isso. Não é uma atitude cristã a que você está assumindo. Se as mensagens são autênticas ou não, se você concorda ou não com os artigos, não importa. Faça o *seu* trabalho. Cada um responde por si mesmo. Se você não consegue ler tais publicações sem desarmonizar-se, por favor, não as leia.

Foi o que ela fez. Mal chegava, a publicação era despachada, sumariamente, para a cesta.

Nunca se sabe em que momento o médium vai precisar entrar em ação. Não que ele tenha de ficar as vinte e quatro horas do dia à disposição dos espíritos como um telefone, no qual basta inserir uma ficha. Dentro de certa disciplina, que ele próprio acabará estabelecendo, há muito que ele pode e deve fazer nas horas em que não está no trabalho mediúnico propriamente dito.

Como vimos neste mesmo livro, Regina recebe, de vez em quando, visitas de espíritos, pelas mais diversas razões. Alguns parecem um tanto perdidos, sem rumo e sem objetivo conhecido.

Certa vez, recebeu a visita de um casal típico de nordestinos brasileiros (ambos desencarnados). Estavam indignados com alguém que certamente lhes fizera alguma patifaria. Tramavam um jeito de levar essa pessoa – ainda encarnada – a quebrar a perna, obrigando-a a ficar uns dias 'de molho' para ver o quanto era bom sofrer. Regina foi puxando conversa até que conseguiu convencê-los de que era uma grande tolice o projeto e uma perda de tempo gastar energias para quebrar a perna alheia. Cuidassem, antes, de coisas mais necessárias. Prometeram fazê-lo e se retiraram.

Às vezes, são pessoas encarnadas que a visitam, vêm acompanhadas de entidades desencarnadas, se retiram, deixam lá os 'acompanhantes', sem o perceberem naturalmente. Pode ser que resolvam ficar porque se sentem melhor ali, porque se 'esquecem' de acompanhar as pessoas com as quais vieram ou, então, porque a porta está fechada e não sabem como sair. São pessoas inofensivas; só estão perdidas, carentes, um tanto alienadas, sem perceber a situação em que vivem.

Em tais casos, Regina costuma recolher-se para fazer uma prece. Sem tardança aparece uma entidade amiga que recolhe o pobre errante.

Uma dessas entidades – uma mulher – ficou depois que as visitas, com as quais viera, se retiraram. Só algum tempo depois Regina foi dar com ela, encolhida a um canto da casa, chorosa, infeliz, lamentando-se porque era dia das mães e ninguém se lembrara dela. Sua aparência física era bem o retrato do seu desalento. Regina consolou-a carinhosamente e ela se retirou.

Além de atender aos espíritos, é preciso também dispor de algum espaço para os encarnados: amigos, conhecidos e desconhecidos que, na rua, em casa, no trabalho ou na condução, buscam-nos para uma palavra de conforto, de orientação, ou simplesmente para um desabafo. É incrível pensar, mas verdadeiro, que muitas pessoas não dispõem de quem as *ouça*! A maioria quer falar, contar histórias pessoais e alheias, discorrer sobre este ou aquele assunto, mas poucos são os que conhecem a sutil arte de ouvir. E como é bom encontrar alguém com essa rara qualidade, quando estamos oprimidos por aflições e conflitos íntimos! Se, contudo, estivermos do 'outro lado', ou seja, do lado que ouve e não do que precisa falar, tenhamos paciência, seja onde for. Se o ouvinte dispõe de mediunidade, deve estar em condições de captar uma ou outra sugestão, soprada, sugerida ou intuída do mundo espiritual. Às vezes, é de uma importância transcendental uma palavra bem escolhida e bem colocada no coração aflito.

É certo que essa atividade pode até cansar, se muito constante. Acabamos, sem querer, assumindo um pouco daquelas cargas e até envolvendo-nos um tanto com problemas emocionais alheios, mas, afinal de contas, não é isso mesmo que se chama solidariedade? Não é isso que buscamos quando também estamos em crise? Ou seja, alguém que pense conosco, que nos ouça e que aceite partilhar a dor que nos aflige?

Um dia havia sido particularmente difícil para Regina, que fora procurada por várias pessoas com problemas pessoais. Eram daquelas que costumam ser classificadas como 'difíceis de serem ajudadas'. Isso porque querem que as coisas mudem, mas não admitem mudar, elas próprias, ou querem soluções fáceis, que não exijam sacrifícios ou renúncias. As soluções propostas precisam ser do seu agrado. Tem de ser aquilo que lhes convém ao amor próprio e ao egoísmo. Em suma, querem receber tudo sem dar coisa alguma de si. Não vai nisto nenhuma crítica unilateral, porque acho que todos nós temos tendência semelhante. Ainda há pouco, queixava-se um espírito, numa reunião mediúnica, das dificuldades que iria encontrar no mundo ao reencarnar-se. Não seria melhor, propunha ele, esperar que o mundo melhorasse um pouco? Mas, afinal de contas, perguntei-lhe eu, quem deixou o mundo nesse estado em que se encontra senão nós mesmos, no passado? E as nossas responsabilidades, como ficam?

Em verdade, se é que é válida minha experiência pessoal de anos e anos de convivência com seres desencarnados, eu diria que a esmagadora maioria dos que se envolveram gravemente com as leis divinas reluta ante a perspectiva de reencarnar-se e adia o quanto pode esse momento crucial de voltar à carne, pois sabem muito bem o que os espera.

Pois bem, após um dia particularmente difícil com gente (encarnada) inconformada e desejosa de soluções miraculosas, Regina teve o seu próprio desabafo:
– Puxa – pensou ela – hoje só me apareceu gente difícil! Estou exausta.

Prontamente, um amigo espiritual captou-lhe o estado emocional e comentou:
– Se Jesus não mandar os casos difíceis para os seus amigos, para quem vai mandá-los?

Lição aprendida.

4. Assédios

Por outro lado, o médium está exposto a assédios de antigos comparsas ou de espíritos teleguiados, empenhados na tarefa de criar complicações, especialmente por causa do trabalho que ele vem realizando como médium. Como esse aspecto ficou tratado com maior profundidade em *Diálogo com as sombras*, é apenas mencionado aqui. São espíritos que aparecem com propostas sutis, ou não tanto, com ameaças e advertências ou com projetos mirabolantes, prometendo fenômenos insólitos, posições de destaque, revelações etc., desde que o médium faça isto ou aquilo, deixe de fazer tal ou qual tarefa, e coisas dessa ordem.

Tanto o médium como os demais componentes de um grupo empenhado em trabalho sério e proveitoso podem ser submetidos a uma severa e incômoda vigilância por parte dos espíritos que estão sendo trazidos à doutrinação e ao diálogo. Muitas vezes, eles fazem parte de antigas e bem estruturadas instituições devotadas a um trabalho que, para eles, é de vital importância para se protegerem; e se defendem valentemente de qualquer tentativa de interferência nos seus planos, nas suas vinganças e perturbações. Também vimos isso em *Diálogo com as sombras*. O médium deve estar particularmente atento a essa incômoda vigilância. Pretendem os espíritos ver se dizemos uma coisa e fazemos outra e acabam, como é de se esperar, verificando que somos pessoas iguais a eles próprios, com imperfeições e compromissos perante a lei, com a possível diferença de que estamos tentando fazer algo para melhorar nosso 'visual' espiritual e, simultaneamente, servir àqueles que ainda não se decidiram a fazê-lo.

Regina prefere aqueles que se aproximam e falam francamente ao que vieram – apresentar propostas, fazer sugestões ou trazer ameaças – aos que se empenham num trabalho de pressão psicológica, pelo silêncio, seguindo-a por toda a parte, com uma única mensagem inarticulada: – Cuidado, hein? Estou de olho em você!

Certa vez, ela foi acompanhada, durante toda uma semana, dia e noite, pelo espírito de uma mulher que se apresentava com hábito de freira. Onde quer que Regina estivesse, lá estava a freira, as mãos cruzadas por dentro das mangas amplas do hábito, o olhar atento, a boca fechada. Em tais situações, é preciso manter a calma, não se irritar nem perder o equilíbrio, que é o que eles desejam.

De outra vez, Regina foi assediada, durante cerca de um mês, por uma entidade ligada à umbanda, que lhe fazia ameaças, à espera de uma 'brecha'.

Não há dúvida de que Regina ficara exposta a tal situação por causa de um descuido seu. A entidade sentia-se ofendida por certo comentário, não muito fraterno, que Regina havia deixado escapar sobre a respeitável seita num momento de invigilância. O espírito a seguia, dia e noite, até mesmo nos seus desdobramentos. Vivia literalmente atrás dela, com ameaças e pressões. Até que Regina acenou a bandeira da paz. Convidou-o a sentar-se para uma conversa franca e leal. Começou com um pedido de perdão. Reconhecia que havia sido leviana no seu comentário e infeliz na maneira de dizer as coisas, mas que nada tinha de pessoal contra a umbanda; muito pelo contrário, nutria até um sentimento de respeito e gratidão, porque, em momento crítico de sua vida, fora beneficiada em uma casa umbandista que cuidara de delicado problema de sua saúde física. Revelou ao espírito o nome da entidade que a socorrera. Felizmente para ela, o espírito zangado a conhecia e isto parece tê-lo tranquilizado.

– Afinal de contas – disse ela –, somos todos filhos de Deus. Foi apenas um mal-entendido. Por favor, vamos ser amigos.

Selou-se a paz e o companheiro deixou de seguir seus passos.

5. O trato com os espíritos

Não é, pois, pelo exercício de suas faculdades que o médium irá ficar ao abrigo de pressões e assédios. Pode ocorrer até o oposto: precisamente por estar a exercê-la e 'incomodando' certos espíritos, que não desejam abandonar suas paixões, é que o médium ficará mais exposto a tais pressões, ameaças e intimidações. Não que ele vá sofrer as consequências do seu trabalho bem intencionado, o que seria equivalente a ser vitimado pelo seu desejo de servir e de ajudar aos que sofrem. O trabalho feito com critério e bom-senso terá sempre a cobertura necessária dos mentores desencarnados do grupo. Se, porém, o grupo se desarmoniza e entra em colapso, divergências, rivalidades e conflitos, então, salve-se quem puder, enquanto é tempo, pois caem as guardas e os amigos espirituais nada mais podem fazer, embora o lamentem. Isto acontece, com frequência, aos médiuns que se enamoram de suas próprias faculdades e aos dirigentes que se deixam envolver nessa atmosfera de endeusamento, de guruísmo, convertendo o médium num oráculo infalível.

Também não é tudo ação dos espíritos, como pensa muita gente. Como dizia o caro Deolindo Amorim, há pessoas que dão uma topada e atribuem logo o incidente aos espíritos. É verdade isso. Se caem é porque alguma entidade as empurrou; se agridem alguém verbalmente, por pura falta de educação ou caridade, foram os espíritos que 'atuaram'. Em suma, tudo é culpa dos 'obsessores'.

Outros vivem a repetir que 'os guias' disseram isto ou aquilo; mandaram fazer assim ou assado. Ou dão 'recados' incongruentes de entidades, cujos nomes citam:
– Fulano, mandou dizer isto para você. Faça o que ele manda.

A verdade é bem outra. Os espíritos responsáveis e de boa condição evolutiva raramente *mandam* fazer ou não alguma coisa, pois costumam respeitar o nosso livre-arbítrio. Ainda há pouco, vimos como foi que Hahnemann respondeu à consulta de Kardec sobre a admissão de mais um médium ao trabalho de elaboração de *O livro dos espíritos*. "Acho" – disse o espírito – "que será melhor não te servires dele". Uma boa regra, é desconfiar logo de 'guias' e 'mentores' que começam a distribuir ordens, a cada momento. Ou elogios fartos e constantes. Mau sinal. Alguma coisa está errada quando isso começa a acontecer.

Lembram-se de Paulo, em Filipes? A pitonisa local (médium), tomada de um espírito desses, começou a bradar em altas vozes: "Recebei os enviados de Deus Altíssimo! Eles anunciam a salvação!... Não são homens, são anjos do Senhor!"

Paulo, um tanto perplexo, de início, viu logo do que se tratava e comentou com Silas – que estava favoravelmente impressionado porque o espírito falava em nome de Deus: "Que fizemos para receber elogios? Dia e noite estamos lutando contra as imperfeições da nossa alma!"

É o que conta Emmanuel, ampliando a narrativa de Atos 16,16-23.

E, muitas vezes, não há recado algum a transmitir. É o próprio médium que procura influenciar ou decidir situações, investindo-se da autoridade presumida deste ou daquele espírito da confiança do grupo. Pode ocorrer, também, que espíritos ardilosos e envolventes estejam usando o nome de antigos orientadores, que se afastaram por causa dos desajustes e conflitos surgidos no próprio grupo...

De mais a mais, as entidades responsáveis e sérias não ficam à disposição dos médiuns ou de quem quer que seja para assessorá-los nos mínimos detalhes da vida.

Muita gente se deixa enganar porque assim o quer, aceitando tudo quanto venha de médiuns fascinados e fascinadores. Os espíritos confiáveis, mesmo quando têm de advertir, fazem-no com respeito ao livre-arbítrio e à condição daqueles a quem se dirigem. Preferem aconselhar de maneira indireta, que sirva para todo o grupo, sem agredir, sem proibir, sem expor ninguém ao ridículo ou à repreensão pública ou reservada, e são muito sóbrios, quase avaros no elogio. Muitas vezes percebi, ou senti, em falas de nossos orientadores espirituais, veladas e sutis advertências ou conselhos, nunca uma censura ou reprimenda, ainda que eu próprio tenha achado merecê-las, por alguma atitude impensada ou francamente errada.

E mais: se dependesse de algum elogio deles para trabalhar, eu não teria movido uma palha em todos esses anos de intensa atividade. Nunca me disseram que o meu trabalho foi ótimo, que eu sou formidável, que está garantido o meu lugar em 'Nosso Lar' ou que seres luminosos estão à minha espera quando eu partir. Em raríssimas oportunidades, tomo a iniciativa de solicitar-lhes alguma orientação específica sobre este ou aquele problema; nunca, porém, tais problemas são pessoais, meus, mas relacionados com o trabalho que está sendo desenvolvido. Parto do princípio de que, se eles entenderem necessário dizer algo a respeito, fa-lo-ão sem que eu o solicite. Mesmo quando me perguntam se tenho alguma pergunta a fazer, costumo responder que, melhor do que eu, eles sabem o que deve ou não ser dito. Até agora, temos nos entendido muito bem com esta severa dieta de conversas de caráter pessoal.

Quando percebem, esses queridos amigos e orientadores, que me encontro em alguma situação mais complexa e de caráter particular, costumam falar sobre o tema, na pequena conversa inicial das nossas reuniões habituais. Ninguém, contudo, chega a perceber que se trata de alguma questão pessoal, porque a fala tem o caráter genérico de um ensinamento ou de uma observação que poderia servir para vários dos componentes do grupo. E geralmente servem mesmo. Em suma: eles conversam sobre teses doutrinárias e não sobre problemas íntimos que cada um deve resolver dentro de suas forças e recursos. Também não me dizem se devemos tirar fulano do grupo ou admitir sicrano. Isso é problema nosso.

Certa vez, quando tive de tomar uma decisão que eu sabia conter, em potencial, consequências da maior gravidade, não me disseram uma só palavra de estímulo ou de desaprovação. Somente depois de tudo decidido (livremente e com total responsabilidade minha), veio uma palavra psicografada. Tudo muito simples e direto: "Sua atitude está correta" – escreveu um dos queridos companheiros. "Aja, porém, com prudência. É preciso respeitar as opções de cada um. Sua preocupação é justa; evite, contudo, a inquietação. Não somos, pessoalmente, responsáveis pelos atos alheios."

Como se observa, uma palavra tranquilizadora apenas, e, como sempre, despojada de elogios ou fanfarras. Sentiram que eu tinha necessidade disso, porque é difícil, às vezes, ante a complexidade de certas atitudes, ter a certeza de que agimos da melhor maneira possível. Não teria sido cometido algum erro de avaliação? Será que não exorbitamos, neste ou naquele ponto? Devemos falar ou calar? Quando é que o silêncio é omissão culposa e quando é a prudência necessária?

O máximo que poderão fazer é isso – uma palavra posterior, de apoio moral ou de compreensão; nunca uma ordem a ser cumprida, um elogio descabido ou, presumivelmente justificável. Para que elogiar aquele que apenas cumpriu o seu dever?

Certa vez, Regina queixou-se desse aparente abandono em que, às vezes, nos sentimos, como se nos houvessem esquecido.

"Estamos sempre com você" – foi a resposta. "Mas, quando a criança começa a andar, deve passar a ser supervisionada de mais longe para que possa aprender a ficar de pé sozinha e dar os primeiros passos, ainda incertos, para um dia saber caminhar com desembaraço, pelas suas próprias forças."

Cuidado, pois, com mensagens pessoais e 'recados' supostamente mediúnicos, que contenham verdadeiras 'broncas' e reprimendas ou reversamente elogios – merecidos ou não. Ou a fonte não é muito boa, ou o médium não está sendo fiel na transmissão. Como dizia o querido companheiro mencionado alhures, neste livro, os espíritos não são de "botar azeitona na empada alheia"...

Ficou dito aí que, às vezes, o médium é que está extrapolando de suas verdadeiras funções ao transmitir esta ou aquela informação. Isso ocorre também quando, fascinado pela sua própria mediunidade, para alardear sua intimidade com espíritos de elevada condição ou pelo prazer duvidoso de fazer 'revelações' inesperadas, dispõe-se a divulgar, sem nenhum critério, informações de que venha, eventualmente, tomar conhecimento.

Muitas vezes, contudo, o médium não o faz por vaidade, mas pelo legítimo interesse em ajudar, o que, sob certas circunstâncias, pode ser desastroso. A informação pode ter vindo apenas para facilitar a compreensão do problema individual a fim de que a pessoa em dificuldade tenha uma palavra de apoio, orientação e consolo, sem que seja necessário ou recomendável transmitir-lhe também a informação. Regina confessa que, na inexperiência dos primeiros tempos de exercício de suas faculdades, cometeu equívocos dessa natureza. Quando procurada por algum amigo ou conhecido em dificuldade, ouvia pacientemente a exposição e começava a 'ver' a situação espiritual, a razão dos problemas e até o possível encaminhamento de soluções. Arriscava-se a fazer certas 'previsões'. Coisas assim – Olha, pode ficar calma. A coisa vai resolver-se desta ou daquela maneira. Ou: – Não se preocupe com isso. Você vai arranjar logo um emprego ainda melhor do que esse.

E assim acontecia.

Bem cedo, ela reconheceu a tolice que estava fazendo. Em pouco tempo, estaria convertida numa verdadeira pitonisa ou ledora de *buena dicha*, porque, no primeiro tropeço, depois daquele, a tendência da pessoa era procurá-la novamente. Quando percebeu que estava criando em alguns amigos mais chegados essa dependência,

Regina cortou sumariamente essa atividade, pois estava sendo assediada por pessoas que queriam saber "o que ela estava vendo" para elas.

A faculdade desses *flashes* de intuição ela continuou tendo, mas passou a ajudar as pessoas no aconselhamento e no consolo, sem 'profecias' ou 'revelações' de nenhuma espécie. A informação recebida por via mediúnica é introduzida naturalmente no fluxo da conversa, sem nenhum caráter especial, como opinião e não como previsão. Às vezes, quando explicitamente autorizada pelos amigos espirituais, ela transmite à pessoa informes acerca do passado ou sobre suas dificuldades atuais. Observa, posteriormente, que tais revelações trazem sempre uma boa orientação e esclarecimento úteis ao caso.

Quanto à nossa atitude pessoal, podemos opinar sobre um problema alheio, pois, quando em crises mais sérias, sempre gostamos, nós próprios, de ouvir um amigo em quem confiamos; nunca, porém, devemos interferir com o livre-arbítrio de ninguém, nem tomar decisões pelos outros. Cada um responde por si, perante as leis de Deus.

Os próprios amigos espirituais respeitam com muita firmeza nosso livre-arbítrio. Eles nos esclarecem e nos orientam, mas nunca decidem por nós, nem mesmo quando percebem que estamos caminhando para cair dentro do poço. Se é nosso propósito deliberado correr o risco e cair, eles não o impedem. Mais tarde, vão lá nos estender as mãos, com a mesma atitude amorosa e compreensiva de sempre, a mesma dedicação imperturbável. Sem a menor censura.

6. Ainda a disponibilidade disciplinada

Ainda temos, contudo, algo a dizer sobre dois importantes aspectos da mediunidade: o da disponibilidade do médium e o da disciplina. Tratamo-los isoladamente, vejamos agora, sob outro ângulo, como interagem.

É certo, como ficou dito, que nunca se sabe quando e onde alguém irá precisar de nossa ajuda, através de uma palavra de consolo, de um passe ou de um esclarecimento tranquilizador; mas é igualmente certo que a tarefa da mediunidade tem de ser disciplinada. Como conciliar tendências e solicitações que, tão nitidamente, se opõem?

Creio que alguns exemplos nos levarão a uma conceituação mais nítida do problema.

Certa vez, Regina internou-se num hospital para cuidar de uma grave crise de saúde. Foi localizada numa enfermaria para três leitos, cabendo-lhe o do meio, entre duas outras pacientes. À sua esquerda, ficava uma senhora com um severo distúrbio de vesícula, sob dores intensas. Estava tomando soro e gemia continuamente. Era duro ficar ali ao lado, assistindo àquela aflição, sem nada poder fazer. Ou será que havia algo a fazer? E se conseguisse dar um passe nela? – pensou Regina. Reconhecia, contudo, a dificuldade da situação. Primeiro, porque estava num hospital e ela própria em precário estado de saúde. Segundo: como a mulher consideraria o assunto? Estava nesse dilema, quando viu aproximar-se um amigo espiritual (desencarnado) que lhe disse, simplesmente:

– Muito bem, minha irmã; vamos ajudar a nossa companheira.

Regina levantou-se e foi até o leito da outra. Sentou-se e perguntou-lhe se ela não queria que lhe fizesse uma massagem onde estava doendo. – Quem sabe, – comentou, – esquentando um pouco o local, não melhoraria?

– Ah, minha filha – respondeu a pobre senhora –, faça qualquer coisa. Esta dor me mata!

Regina viu, então, que o amigo espiritual colocava-se à sua frente, do outro lado do leito, junto da paciente. Levemente, enquanto orava, Regina começou a massagear a região do epigastro da senhora doente. Os gemidos foram se apagando lentamente, até que se extinguiram e ela adormeceu profundamente, coisa que não fazia há muito tempo. Regina voltou para o seu leito e deitou-se.

No dia seguinte, ao acordar, a vizinha estava sentada no leito, sorridente e feliz, esperando pelo café da manhã. Regina perguntou-lhe como se sentia.

A senhora dirigiu-lhe um olhar enigmático e perguntou: – Você fez *alguma* coisa comigo ontem, não fez?

– Como assim? Não fiz nada... Só a massagem...

– Não. Você fez *alguma* coisa, sim. Para uma dor horrível daquela passar assim... Eu já estou há uma semana neste hospital, sofrendo horrores...

– Bem, admitiu Regina, enquanto eu fazia a massagem, também fiz uma prece.

– Olha, minha filha, seja lá o que for que você fez, Deus te abençoe. Não vou discutir. Estou achando que, agora, vou ficar boa.

Aí está uma tarefa imprevista, em local considerado 'difícil' – já imaginou se um médico ou enfermeira intolerantes 'criassem um caso'? – e com uma pessoa que não tinha, e continuou não tendo, noção do que se passara. Nem por isso, deixou de haver a oportunidade de ajudar alguém que sofria.

Seria desumano recusar uma ajuda desse tipo somente porque o momento nos parece inoportuno ou o local impróprio. A dor e a necessidade não escolhem hora nem local. Nem as nossas, nem as alheias. Não custa contornar certas dificuldades momentâneas e servir, uma vez que se saiba como fazê-lo. Cruzar os braços, numa hora dessas e virar o rosto, indiferente ao drama alheio, quando se pode fazer algo, é gesto de covardia moral e ausência de solidariedade.

Há, porém, uma diferença sensível entre atender a uma necessidade e a um capricho ou pressão.

Vamos ao exemplo ilustrativo?

Em princípio, o trabalho mediúnico deve ser realizado no horário regulamentar e sob as condições habituais dos grupos a isso destinados. O médium não se livra, contudo, de solicitações extemporâneas e, se não impuser uma severa disciplina, poderá perder o controle das manifestações e 'ser tomado' em qualquer lugar e a qualquer hora, como acontece com muitos que não se cuidam. Tais solicitações podem vir de pessoas encarnadas ou de espíritos, mas a disciplina deve ser respeitada, a não ser que a situação seja de crítica emergência.

Há pessoas que, simplesmente por se saberem na presença de um médium atuante, querem logo 'falar' com os espíritos ou fazer 'consultas', às vezes, até por simples curiosidade. Como quem pede: – Faz uma mágica aí para mim!

O melhor procedimento, nesses casos, é ouvir, aconselhar o que for possível, tomar o nome da pessoa e colocá-lo num caderno, no qual são relacionados os que nos solicitam ajuda. Nas horas de recolhimento e prece, ou no culto semanal, no lar, tais pessoas serão lembradas em nossos pedidos. Em casos especiais poderá até ser solicitada uma orientação específica. Não, porém, que se faça uma sessão particular para cada pedido que se receba.

Quando se trata de entidade desencarnada que a procura com queixas, pedido de socorro ou recados para alguém, Regina costuma lhes dar o endereço do grupo mediúnico ao qual serve, convidando-as a comparecerem e entenderem-se com os seus mentores e amigos espirituais. Em casos realmente excepcionais, ela pode até concordar em dar algum recado, quando entender que o assunto é relevante e as condições são favoráveis.

Certo dia, por exemplo, ela estava dando uma aula, quando adentrou, pela sala, uma entidade desencarnada, em estado de agitação. Era um homem alto, trajado com simplicidade e com um cacoete característico: a todo instante, afastava o cabelo da testa com a mão esquerda. Dirigiu-se a ela e disse que queria dar um recado urgente à secretária da escola.

Ora, Regina estava em plena aula, em frente aos alunos. Hora e local absolutamente impróprios, portanto. Mentalmente 'falou-lhe'que sentia muito, mas, no momento, era impossível atendê-lo, e acrescentou: – se o recado é mesmo urgente e necessário, você me espera lá fora e, quando terminar a aula, poderei atendê-lo.

Ele pareceu ter compreendido e se retirou, enquanto Regina continuou com o seu trabalho. Terminada a aula, os alunos já fora da sala para o intervalo de quinze minutos, ele voltou. Regina sentou-se e pediu-lhe que falasse. Mas não era bem isso o que ele desejava. Ele queria *falar diretamente com a moça*, ou seja, incorporar-se para conversar com a pessoa. Nova recusa de Regina, decidida a manter um mínimo de disciplina.

– Sinto muito – disse ela. Aqui não é o lugar nem o momento para isso. Se você quiser mandar um recado, concordo em levá-lo. Deixar você falar diretamente, não posso. Ele, então, resolveu dar o recado que, de fato, revelou-se de grande importância para a sua destinatária. Tratava-se de problema grave de saúde de uma criança que fora filha da entidade – problema esse de que a própria mãe ainda não tinha tomado conhecimento.

Detalhe importante: a moça confirmou que, 'em vida', o homem tinha o cacoete de tirar, com a mão, o cabelo caído sobre a testa.

Este balanceamento entre estar à disposição para a ajuda, mas manter um regime de rigorosa disciplina de trabalho, é um dos segredos do êxito na tarefa mediúnica. São essas as coisas que precisam ser aprendidas quanto ao exercício da mediunidade, não a mediunidade em si. Por isso, não tenho grande entusiasmo pela expressão: desenvolvimento da mediunidade, e nem pela metodologia e as técnicas utilizadas por muitas pessoas para treinamento dos médiuns em potencial. Continuo afirmando que não é a mediunidade que se desenvolve, mas a pessoa do médium, ou, melhor ainda, o seu caráter, bom-senso, discernimento, comportamento, a sua maneira, enfim, de empregar a serviço do próximo as faculdades de que foi dotado. E continuo dizendo que a mediunidade deve ser treinada no próprio trabalho e nunca torcida para aqui ou para ali, forçando-se este ou aquele aspecto, mas acompanhada, assistida, amparada. Quando conveniente e discretamente apoiado por alguém que conheça bem a doutrina e tenha alguma experiência no trato com médiuns e espíritos, o próprio médium vai desbravando seus caminhos, sem padronizar sua mediunidade pela de outros companheiros de trabalho. Cada médium é um universo à parte e, dentro de algumas normas gerais do bom-senso, deve ficar com espaço suficiente para movimentar-se, segundo as peculiaridades de sua personalidade.

Por isso, em lugar de escrever um manual para desenvolvimento da mediunidade, com mil e uma regrinhas para serem decoradas e aplicadas (e, portanto, policiadas por alguém), preferi discorrer sobre a mediunidade em si, sugerindo que cada médium em potencial crie seu espaço e suas técnicas e descubra seus caminhos. Que se localize, enfim, no contexto da mediunidade.

7. O apoio dos amigos espirituais

Os espíritos amigos não colocam o médium numa redoma invisível de proteção simplesmente porque ele está exercendo suas faculdades, mesmo que com a maior dedicação. Eles proporcionam certa cobertura, assistem o médium em suas dificuldades maiores, proporcionam-lhe uma palavra ocasional de consolo ou estímulo, mas, quando realmente responsáveis e esclarecidos, nada têm de 'paparicadores', como se diz popularmente... O médium é uma pessoa como as outras e tem de ter suas próprias experiências, sujeito a erros e acertos, como os demais seres humanos em processo evolutivo. Não é correto mandar um filho ou uma filha à escola, fazer-lhes todos os deveres e substituí-los nas provas avaliadoras do conhecimento adquirido.

A vida do médium não é, pois, um mar de rosas, mesmo porque a atividade mediúnica, no contexto da doutrina espírita, só é entendida como doação, como testemunho, inteiramente livre de qualquer proveito pessoal ou profissionalismo.

Isso não quer dizer, porém, que o exercício correto da mediunidade não tenha suas compensações, imponderáveis, mas não menos reais. Em primeiro lugar, o caráter eminentemente consolador que proporciona a tarefa, como dever cumprido, não por obrigação, mas como um privilégio, este sim, *o de servir*. Por outro lado, mesmo um tanto severas, às vezes, ou aparentemente indiferentes, as entidades mais evoluídas que se incumbem de ajudar o médium na sua tarefa são pacientes, tranquilas, carinhosas e muito fieis e devotadas.

Acresce, ainda, que o constante intercâmbio com o mundo espiritual proporciona ao médium uma visão muito mais ampla e serena da vida como um todo. Questões tidas por transcendentais, como reencarnação, comunicabilidade e imortalidade do espírito, que a tantos assustam, preocupam, intrigam, ou não são cogitadas, o médium e demais trabalhadores aprendem a considerar como aspectos resolvidos de uma realidade óbvia por si mesma. Deixam, portanto, de ser problema de fé ou crença, para se tornarem certezas e convicções. O médium não *acha*, ou *crê*, que o espírito sobrevive – ele *sabe* que é assim.

Além disso, ele observa importantes aspectos da lei divina em plena operação, ao contemplar a situação desesperadora do suicida ou do criminoso, no além, ou a posição tranquila da pessoa que desencarnou em paz consigo e com o mundo em que viveu, quando na carne. Ele percebe que dificuldades são bênçãos sob disfarce; que lutas produzem o fortalecimento do espírito e que o amor é, de fato, a grande força construtora do universo cósmico e íntimo.

Tais convicções, contudo, não o levam a uma vida de fantasias, em estado de alienada beatitude. Nada disso. Quanto mais consciente e envolvido no dia-a-dia da existência, seus problemas, lutas e dificuldades, mais bem preparado estará ele para o exercício da mediunidade, dado que é precisamente nessa firme ancoragem na realidade que ele colhe elementos de conforto, estabilidade emocional e equilíbrio para levar a bom termo suas tarefas, em contato com um plano em que a vida apresenta características 'físicas' tão diferentes.

Quanto a problemas orgânicos e até espirituais, nem sempre ficamos sequer sabendo como e quando foram contornados ou minorados.

Regina tem duas experiências dessas bem gravadas na lembrança, entre outras de menor impacto.

Certa vez, sentia-se tão mal que não podia se mover. Sentou-se numa cadeira reclinável e ficou ali, como diria Antero, "na mão de Deus". Em frente a essa cadeira, ficava um pequeno sofá de dois lugares. Subitamente, Regina viu dois homens sentados no sofá. Procurando sintonizar-se neles, ela pôde perceber-lhes a conversa. Um deles era um mulato alto, simpático, com voz agradável de barítono. Ficou por algum tempo 'ouvindo' a conversa descontraída que mantinham, quando surgiu uma terceira personagem, à porta do aposento. Era claro, baixo, gordo e vestia um jaleco branco. Assim que ele surgiu, o mulato falou: "Ô Ismael, que bom que você chegou. Estávamos aqui somente à sua espera." O outro entrou e os três se aproximaram de Regina, que continuava na cadeira, como que desvitalizada, semimorta. O homem ao qual chamaram de Ismael mais o mulato tomaram os braços dela e introduziram algo em suas veias, como se lhe estivessem a aplicar uma injeção, uma em cada braço. Subitamente, ela começou a sentir um calor percorrendo-lhe o corpo, sensação semelhante à que experimentou, certa vez, ao tomar uma série de cálcio injetável. Em seguida, adormeceu por alguns minutos. Quando despertou, sentia-se outra. Vestiu-se, desceu as escadas e foi procurar um médico.

De outra vez, acordou com uma severa queda de pressão arterial, ou pelo menos foi essa a impressão que tinha. Tentou sentar-se na cama, mas não o conseguiu. Sua intenção era ir até à porta chamar a vizinha do lado, no mesmo andar. Com enorme esforço, conseguiu mover-se e deu alguns passos incertos, mas tombou ao chão e teve de voltar, arrastando-se, para a cama, na qual conseguiu subir, agarrando-se como pôde.

Logo que se deitou, surgiu uma senhora de aparência agradável e simpática, com uma xícara na mão. – Tome – disse ela. – Beba isso aqui. Ajudou-a a sentar-se de encontro às almofadas e chegou-lhe a xícara aos lábios, pois ela não tinha forças nem para segurar a xícara. No estado de fraqueza em que se encontrava, vivendo duas realidades superpostas, ficou a se perguntar como poderia ter entrado aquela mulher ali, se a porta da frente estava fechada. Seria alguma vizinha? Mas não havia forças nem para perguntar. Ingerindo o líquido da xícara, a moça fê-la deitar-se novamente e ali ficou por alguns momentos. Em seguida, saiu.

Minutos mais tarde, Regina sentiu-se melhor, levantou-se e foi até a sala para agradecer à boa 'vizinha' desconhecida que viera socorrê-la em tão dramáticas circunstâncias. Não havia ninguém em casa e a porta de entrada continuava fechada. Só então, Regina entendeu que a ajuda tinha vindo de alguma amiga do plano imaterial da vida. Abrindo a porta, conseguiu, afinal, chamar a vizinha do lado para prestar-lhe socorro, pois a amiga espiritual havia dado apenas uma quota de energia suficiente para levantar-lhe, provisoriamente, as forças.

O simpático mulato que pela primeira vez apareceu sentado no sofá, no dia em que ela foi socorrida pelo médico desencarnado, identificou-se como Jorge, e passou a ser visita frequente. É uma pessoa alegre, tranquila, dona de uma sabedoria sem pose e sem alardes. Ultrapassou a fase em que se experimenta o impulso tolo de exibir-se para mostrar que se é bom. No dicionário do espaço espiritual, grandeza aparece com sentido muito diverso daquele que encontramos nos nossos, da Terra. Curioso isso, não é mesmo?

Poderíamos ficar aqui a conversar, interminavelmente, sobre a mediunidade, seus mistérios, seus segredos, seus mecanismos e suas alegrias, mas já vai longe este livro e é preciso colocar-lhe um ponto final. Antes disso, no entanto, o leitor paciente há de permitir, por certo, que ponhamos, primeiro, um ponto e vírgula, pois ainda há dois aspectos relevantes que devem ser abordados, antes do ponto final. Ambos dizem respeito a tarefas paralelas ou conjugadas ao trabalho mediúnico propriamente dito, ou seja, àquele que se desenvolve no socorro aos irmãos desencarnados que são trazidos para debater com os encarnados seus problemas e conflitos pessoais.

No caso específico de nosso grupo, essas tarefas paralelas se desdobram em duas – a de orientação espiritual e a de assistência social. Veremos, a seguir, como se processam e por que foram iniciadas.

Capítulo XX
*Atividades paralelas
e complementares*

Orientação espiritual

Mais de uma vez, em conversa comigo, lamentou a querida Yvonne A. Pereira o fato de que tão poucos médiuns se dedicassem ao trabalho de orientação espiritual. A despeito de toda a sua intensa atividade no movimento espírita e fora dele, Yvonne fez questão de reservar uma parcela de tempo a essa tarefa que sempre considerou da maior importância, pelos benefícios que pôde observar durante a sua longa prática mediúnica. Sou testemunha da sua dedicação a esse trabalho, que manteve enquanto teve forças para fazê-lo, sem prejuízo da participação nas demais tarefas de desobsessão, nas quais funcionou durante muitos e muitos anos como médium psicofônico e de psicografia, como médium respeitável, que produziu obras de grande valor doutrinário e documental como *Memórias de um suicida* e outras. Além de tudo isso, escreveu livros com os seus próprios recursos, como *Recordações da mediunidade* e *Devassando o invisível*, bem como artigos em publicações doutrinárias.

Jamais abandonou, contudo, a tarefa da orientação. A mim mesmo atendeu, certa vez, num problema de natureza não pessoal, por sugestão sua, aliás. Comentava eu a questão, quando ela propôs a consulta formal aos amigos espirituais. Dentro de alguns dias recebi, pelo correio, um texto psicografado subscrito pelo caríssimo dr. Bezerra. Sei que sua correspondência era bastante intensa por causa desse trabalho, e sei, também, que nunca deixava de atender, na medida das suas forças – que, nos últimos anos, não foram muitas.

Eis aí um trabalho que, como os demais na área mediúnica, somente pode ser levado a bom termo se for realizado com a maior seriedade e com a melhor cobertura espiritual possível. Do contrário, converte-se, facilmente, em consultório sentimental de segunda categoria ou em *buena dicha*.

A orientação feita com critério por um médium bem ajustado e sob o controle de espíritos responsáveis e esclarecidos pode significar, em muitos casos, a diferença entre o equilíbrio e a desarmonia, entre a pacificação e o conflito. Através dela temos oportunidade de ouvir uma opinião sensata e esclarecedora de alguém que está em melhores condições de oferecê-la. É o equivalente a uma conversa de vital importância com um amigo paternal, ou uma amiga maternal, que nos ajude a 'botar a cabeça no lugar certo', antes de resolver uma situação que nos parece irremediável, ou aceitar outra que se nos afigura insuportável. Não saberia dizer eu quantas vidas têm sido preservadas com isso e quantos laços de família têm sido consolidados ante a palavra serena e consoladora de amigos invisíveis.

Sempre atenta às recomendações contidas na Codificação acerca do exercício da mediunidade, Regina procurou concentrar-se em duas faculdades predominantes – a psicofonia e a psicografia –, ainda que, eventualmente, servisse de veículo a manifestações episódicas de vidência, efeitos físicos e outras, como vimos.

Certa vez, contudo, foi levada em desdobramento a uma reunião no plano espiritual, onde encontrou vários dos seus amigos encarnados e desencarnados. Para sua surpresa e emoção, comunicaram-lhe que lhe estavam confiando uma tarefa paralela – a de receber orientação espiritual, pela psicografia. Seria um trabalho voltado exclusivamente para a orientação, o consolo, o esclarecimento e a pacificação, enfim, de pessoas encarnadas que, porventura, recorressem a ela em dificuldades emocionais.

De volta à vida de vigília, Regina não se preocupou demais com o assunto. Não tinha grande experiência desse tipo de trabalho, mas confiava nos seus amigos espirituais que, sem dúvida, socorrê-la-iam, assistindo-a da melhor maneira possível. Do contrário, não lhe teriam atribuído a tarefa.

Algumas semanas depois, uma entidade espiritual, que ela não identificou, aproximou-se e lhe deu instruções sobre a maneira de proceder. Que se dedicasse à prece e à meditação, a horas certas, e escolhesse um dia da semana para isso, e que somente em casos de extrema necessidade poderiam atender-lhe fora desse esquema. Ela decidiu pelo dia em que, habitualmente, realiza seu culto evangélico no lar. As pessoas desejosas de orientação deveriam fornecer-lhe nome e endereço e aguardar.

É um trabalho de psicografia igual aos outros. As folhas em branco, com nome e endereço anotados no alto, são colocadas sobre a mesa, enquanto ela faz suas preces e lê os textos escolhidos. A certa altura, terminada as leituras e as preces, ela coloca o papel à sua frente, toma do lápis e espera, em estado de 'concentração', ou seja, relaxamento. A entidade espiritual, então, se aproxima e transmite a orientação. Acontece-lhe, às vezes, ver na sua tela mental, enquanto psicografa, a imagem do consulente e sentir os seus problemas espirituais. Quando o problema está ligado a alguma existência anterior – e isso é comum –, ela entrevê cenas que se projetam como num videoteipe, suponho eu que pelo processo que resolvemos denominar de visão diencefálica.

Em alguns casos, a entidade dá certas informações adicionais, sem fazê-las constar do texto psicografado. Isto ocorre, principalmente, quando o pedido é formulado por terceiros, em favor de alguém. Explica-se: nem sempre a pessoa está em condições suficientes de equilíbrio para tomar conhecimento de certos aspectos da sua problemática ou, então, é uma criança que não tem como conhecer o texto.

O trabalho é de responsabilidade do espírito que lhe propôs o esquema disciplinar, embora ele não se identifique. Eventualmente, contudo, ele parece permitir que outros espíritos se incumbam de certas solicitações. Suponho que sejam entidades mais ligadas aos consulentes. Em alguns casos, a tarefa de responder às consultas é confiada a espíritos femininos, ao que depreendo por causa de maior acuidade e percepção de certos aspectos dos problemas envolvidos.

Nunca, porém, nunca mesmo, a página de orientação pretende ser mais do que isso, não transmitindo ordens, proibindo coisas ou sugerindo procedimentos exóticos. Nada disso. É uma opinião, um conselho, uma sugestão, quase sempre com apoio em esclarecimentos que explicam a situação de crise em que se acha a pessoa.

Outro aspecto importante: os benfeitores espirituais responsáveis por essas páginas não têm o hábito de atribuir qualquer distúrbio emocional ou psíquico à mediunidade embotada ou a obsessores desencarnados. Só quando, no entender deles, a situação é essa mesma; então, dizem uma palavra sobre esse aspecto particular, sugerindo esta ou aquela orientação.

Em suma, não são entidades oraculares dispostas a decidir o futuro do consulente; são amigos mais experimentados e com uma visão mais ampla dos problemas suscitados e que se limitam a dar uma discreta opinião. O que não impede de serem um tanto severos, às vezes, quando entendem necessário.

Como não houve nenhuma preocupação estatística ou de fichário, não se cuidou de registrar, um por um, os casos. Ficou, porém, um acervo suficiente de testemunhos, sobre os quais podemos comentar alguns aspectos, preservando-se a identidade das pessoas envolvidas.

Vamos, portanto, a alguns exemplos ilustrativos, colhidos sem nenhum plano preestabelecido, ou propósito específico.

Caso Nº 1

Trata-se de um jovem de inteligência brilhante (superestimada pelo próprio, mas real), profundamente desarmonizado em virtude do que se poderia chamar de uma 'indigestão intelectual', ou seja, leituras desordenadas e questionamento excessivo e estéril acerca dos problemas da vida. A consulta foi feita pela mãe, e da resposta não tomou conhecimento o jovem, por óbvias razões.

Vejamos o texto da orientação:

"Entidade altamente comprometida. Utilizou a inteligência como instrumento de tortura, em várias existências. O aparente caos mental em que se encontra é recurso da lei que visa auxiliá-lo a recompor-se e reestruturar o campo mental. Orgulho e vaidade ainda são evidentes. A entidade sente-se humilhada ante dificuldades e limitações. Precisa ser encorajado a aceitar-se como é para que procure ser o que deseja ser, amanhã.

"Não há interferência de entidades desequilibradas porque lhe foi concedida uma posição de relativa proteção, mesmo dentro da aparente confusão mental. Voltasse ao completo domínio do seu potencial intelectual e logo sintonizaria com asseclas e desafetos.

"Recomendam-se paciência, aceitação, trabalho de reequilíbrio, desenvolvendo os bons sentimentos através do trabalho da caridade. Sensação de culpa deve ser combatida porque, em realidade, resulta de sentimentos mais profundos de autocomiseração e orgulho ferido. Não adianta, agora, lamentar o passado. Há que reestruturar-se para promover o próprio reerguimento.

"A genitora deve se pacificar, compreendendo bem o quadro cármico para ajudar com proveito. Deve admitir que recebeu uma entidade que se desviou, precisamente para ajudá-la a reencaminhar-se. Não o lamente, nem se lamente. Antes, agradeça a sabedoria de Deus que lhe ajuda o filho, cerceando-lhe o poder mental. Que converse com o filho e pratique o culto do lar, ainda que somente com ele.

"Não seria aconselhável levar ao conhecimento da entidade todo o teor desta orientação. Isto lhe agravaria a problemática, atingindo-lhe o orgulho e a vaidade, ainda não dominados."

Detalhe relevante que me esqueci de mencionar: o jovem sofria de um indefinível, mas muito concreto, sentimento de culpa. Dizia ter 'pecados' horríveis na consciência, mas não saberia explicá-los, porque certamente estavam na 'consciência' do inconsciente.

Caso Nº 2

Este outro caso, já mencionado alhures (na obra *Nossos filhos são espíritos*), é o de um menino de sete anos que estava tendo um inesperado e singular problema na escola: entrava em pânico e, às vezes, não havia mesmo como convencê-lo a permanecer na sala de aula, junto dos demais coleguinhas. De outras vezes, concordava em ficar, desde que a irmãzinha mais velha – de outra turma – ficasse ao seu lado enquanto ele assistia à aula. Todos os dias, o mesmo drama incompreensível, desde que começava a se preparar para ir à escola. Não que fosse uma criança particularmente difícil ou rebelde, mas ficar naquela sala de aula estava acima das suas forças. Não havia argumento ou castigo que o fizesse ceder.

Familiarizados com os conceitos espíritas, os pais pensaram em alguma influência espiritual obsessiva, mas não atinavam com a maneira correta de proceder para eliminar ou contornar o estranho procedimento do menino. Estavam nesse 'impasse' quando, por intermédio de alguém da família, recorreu-se ao nosso grupo.

Eis a página recebida:

"Esta entidade está sob impacto de emoções do passado, adormecidas no seio de sua alma. Seu problema está ligado a uma vida anterior, na qual, em idade aproximada à que se encontra no momento, sofreu acidente fatal, em local semelhante – sala de estudos. Houve grande incêndio no qual pereceu. Imagens imprecisas se lhe desenham na mente e as emoções reprimidas afloram. Daí a insegurança, o medo, o desejo de evitar situação idêntica.

"Pais e familiares da entidade poderão ajudá-la, reforçando-lhe a autoconfiança. Conversem com ela, afirmando-lhe que algo muito desagradável lhe aconteceu numa vida anterior, na qual foi vitimada, e, a seguir, *assegurem-lhe* que isso não acontecerá novamente, que os pais a protegerão e que não tenha medo. Esse procedimento deve ser repetido insistentemente, inclusive no período do sono físico, porque o espírito, mais livre, poderá melhor entender e assimilar.

"Útil, também, aplicar passes magnéticos calmantes durante o culto no lar e no período do sono físico.

"Que os pais se tranquilizem, evitando qualquer ansiedade, para que a entidade se sinta realmente protegida, segura, amparada. Amigos espirituais auxiliarão.

"Não há problema de maior gravidade. A entidade está assustada e amedrontada. A mudança de atitude deverá resolver. Sobretudo, não usar a força e a coerção, que mais a assustariam, reforçando-lhe a insegurança e a sensação de desamparo. O amor, o carinho, a persuasão e a explicação da situação são as normas recomendadas."

Como se vê, o espírito esclarece os motivos e sugere um tratamento adequado. Sem criticar ou censurar a atitude dos pais – que, na sua aflição, estavam exercendo certas pressões –, recomenda "mudança de atitude" para não agravar a sensação de insegurança, especialmente trágica, porque indefinida – o medo do desconhecido, o pior deles. Curioso, também, que o amigo espiritual considera a criança suficientemente amadurecida para uma explicação clara e positiva e não fantasiosa ou fictícia, dado que sugere aos pais que lhe falem do acidente na vida anterior. Interessante, ainda, destacar o conselho de que os pais deveriam falar-lhe enquanto ele dormia, para alcançar-lhe o espírito em condição de melhor assimilar o que lhe fosse dito, a fim de assegurar-lhe a presença protetora dos pais.

Caso Nº 3

Temos, aqui, uma jovem de brilhante inteligência, muito culta, tímida, inibida, de vida anterior concentrada e intensa. Exibia, também, sintomas evidentes de mediunidade, bloqueada, contudo, por inibições graves.

"Esta entidade" – escreveu o orientador – "atravessa problemas normais, dentro do seu quadro provacional. Campo mental muito agitado. Procure pacificar-se. Confie em Deus e asserene-se.

"Os problemas referentes à mediunidade são empecilhos colocados pela própria entidade, em passado remoto, quando gozou de faculdades mediúnicas, mas não as usou com equilíbrio. É preciso calma e humildade agora. Paciência para vencer os obstáculos.

"Habitue-se a orar e meditar, pelo menos duas vezes ao dia, pela manhã e à noite. Com calma; sem ansiedade.

"As faculdades concedidas à grande maioria das entidades encarnadas servem ao objetivo de reequilibrar e rearmonizar a pessoa, e não para grandes expressões fenomênicas. Esforce-se, mas sem ansiedade. Trabalhe, mas sem expectativa. Procure filiar-se a qualquer grupo de trabalho, onde se sinta bem sintonizada e integrada. Faça sua parte. Está sob o amparo de entidades amigas".

Aí está, pois, uma pessoa que parece ter exercido faculdades mediúnicas prioritariamente para produzir fenômenos espetaculares e em grupos mais ou menos irresponsáveis. Agora que a mediunidade precisa ser canalizada para objetivos nobres, ela teme, inconscientemente, recair sob o domínio de determinados grupos, nos quais seja levada a cometer os mesmos equívocos do passado. Isto explica sua dificuldade em adaptar-se aos diversos grupos que tentou. Por isso, bloqueia suas faculdades, com o que represa uma energia que precisa liberar e deixa de cumprir uma tarefa para a qual veio programada, o que, no fundo, a inquieta e perturba. Nada, porém, de influências negativas por parte de espíritos perseguidores. Ao contrário, conta com amigos dispostos a ajudá-la, desde que ela faça a sua parte.

Caso Nº 4

Outra pessoa muito bem dotada, tanto de recursos mediúnicos como de capacidade de traduzir, na psicografia, o pensamento dos espíritos que a procuram. Encontramos, nesta moça, a mesma dificuldade em adaptar-se a grupos mediúnicos, que vai abandonando sucessivamente, depois de algumas tentativas de adaptação. Há uma insatisfação permanente, um desejo de definir melhor o tipo de mediunidade, quando isso deve ser deixado, tanto quanto possível, aos próprios espíritos, como assinala Kardec. Parece um tanto preocupada com mensagens de teor filosófico ou poético – para as quais tem condições, obviamente – em prejuízo de tarefas mais humildes de serviço puro e simples ao próximo. Não se trata, contudo, de orgulho, pois é dotada de bom coração e ajuda com prazer os que sofrem. São muitos os problemas psicossomáticos, talvez pela mesma razão da pessoa do caso nº3 – ou seja, mediunidade contida ou direcionada no sentido inadequado para ela. Este foi uma caso em que, em vez do orientador habitual, compareceu outro espírito, aliás, de elevada condição evolutiva e que se identificou.

DIVERSIDADE DOS CARISMAS

"Oh doce e suave mecanismo do tempo!" – começou ele. "Assim é que aqueles que se amaram e serviram, em nome de Deus, sempre voltam a encontrar-se! A eternidade a todos traz, aconchegados, tornando o tempo/hora sincopado na Terra fantasma que se esfumaça tão logo transcendam-se os limites da matéria.

"Minha filha: há muito esperava eu a oportunidade de poder falar-lhe. Você tem compromisso, sim, mas não deve temê-lo. No passado de sombras da humanidade, ninguém há que possa orgulhar-se de não ter errado. Todos nós passamos por experiências fascinantes que poderiam ter-nos alçado à glória do bem e, no entanto, perdemos, por menosprezar a oportunidade.

"Mediunidade é bênção, instrumento criativo e regenerador da alma. Não se deve temê-la, nem dela orgulhar-se, e, muito menos, considerá-la atividade humilhante de que se deva envergonhar. Servir é oportunidade única que ninguém deve desprezar. As dificuldades que encontramos em nossas realizações pessoais foram lá colocadas por nós mesmos, através de atos menos dignos, em vidas anteriores. Você tem sérios compromissos que não deve postergar. Não há justificativa para hesitações. Abrace com fé e carinho a bandeira de 'servir e passar' e avance para a frente, agradecendo à divindade pela sua misericórdia. O Senhor, em reconhecendo nossos propósitos de bem servir e melhorar, nos dará o amparo necessário. Siga os passos do cordeiro, com alegria e destemor. Em outra oportunidade, voltaremos. Paz com o Senhor e o carinho de um amigo de outras eras."

Poderíamos nos alongar nos relatos, mas creio que a amostra é suficiente para uma avaliação do trabalho. É fácil de sentir a sua seriedade, a linguagem sóbria, positiva e até severa, mas sempre amorosa e construtiva.

Nada de soluções miraculosas e mágicas, nem procedimentos estapafúrdios, como costurar a boca de um sapo, passar debaixo de uma escada à meia-noite ou recitar 'orações poderosas' para afugentar os males. Os problemas são os mesmos de sempre: equívocos e desvios, no passado, emergindo hoje. O remédio, também, é o mesmo de sempre: trabalho, luta, tenacidade, aceitação, humildade. A cura final é possível, ou para dizer mais enfaticamente, é uma certeza. Quanto tempo vamos levar para consegui-la? Isso é problema pessoal de cada um.

Alguns desses casos foram acompanhados. Outros perderam-se de vista. Nem sempre se sabe do que aconteceu, mas é certo que nem todos se dispõem a tomar os remédios recomendados, porque sabem que são amargos. Não custa reiterar, contudo: não há soluções mágicas. Tem de ser tudo trabalhado, conquistado palmo a palmo, sofridamente, pois voltamos pelo mesmo caminho que fomos. Cair é fácil e rápido; subir de novo é que é difícil, cansativo, penoso mesmo. Mas que fazer, se a felicidade está do outro lado da montanha e não há passagens secretas para ela? Muita gente ignora ou se esquece de que a felicidade final já é nossa, já existe o lugar e já estão lá muitas das pessoas com as quais desejamos conviver, na paz imperturbável dos que venceram a si mesmos. Tudo aquilo é nosso, só nos falta chegar lá para a posse do que ninguém conseguirá nos tirar.

A demora fica por nossa conta exclusiva. Quando os amigos maiores, em atenção aos nossos insistentes apelos, conseguem programar para nós uma vida de sacrifícios, solidão, trabalho árduo, mas iluminada pelo exercício de maravilhosas faculdades mediúnicas, ainda ficamos a hesitar e questionar. Mas logo eu? Mediunidade? Que é isso? Para quê? Poderia fazer outra coisa, como escrever poemas, pintar quadros, filosofar... Poderia mesmo, mas é que, quando a oportunidade nos foi concedida, no passado, não nos demos bem e, por isso, hoje queremos e não podemos.

Disse há pouco que nem sempre sabemos dos resultados, mas, às vezes, sim.

"Agradeço profundamente as orientações recebidas – "escreve alguém" – e vou procurar não desanimar mais. O que houve comigo foi uma melhora muito grande (impulsionada por orientação anterior) e, de repente, a partir de dezembro, piorei, voltando quase ao estado antigo. Comparando as duas vidas, isto é, a que eu levava, sempre doente, e a outra, sempre bem, é lógico que preferia ficar com a saúde e confesso que me revoltei um pouco, desanimado, quase 'entregando o caldo'. Daí o desespero, a procura de panaceias, como a hipnose etc."

Realmente, foi o que ocorreu. Pondo em prática uma orientação anterior, o correspondente melhorou consideravelmente. Ele até diz que pareciam duas vidas diferentes. Desejou, contudo, liquidar tudo de uma vez, pois ficara um compreensível resíduo. O que era apenas um desejo, acabou virando inconformação e até revolta. Desabou tudo de novo e ele saiu em busca de soluções mágicas, mesmo depois de provar a si mesmo que a solução estava na atitude de reforma íntima que adotara.

Ao que parece, pôs-se novamente de pé.

Outra carta típica:

"É com imensa gratidão que lhe escrevo, em resposta às suas duas cartas. Obrigada pela generosa acolhida, pelas orações e pelas palavras de conforto e coragem a mim endereçadas. Aguardei, em prece, durante este período, a orientação espiritual que viria, e confesso honestamente: nunca imaginei tivesse sido eu a origem de tantos desencontros e mágoas. Agradeço a Deus o amparo recebido durante estes anos nos quais, muitas vezes, pensei em desistir. Sabia que a minha dose de participação era elevada, mas não que tivesse sido o ponto de partida. Durante uns dias, com o coração bastante oprimido, senti-me incapaz de olhar meu marido e meus filhos. Mas a verdade nos é transmitida lenta e progressivamente e vem sempre no momento oportuno, oportunidade que não quero perder. É hora de reflexão, de reavaliações, para prosseguir. Há muito trabalho pela frente, eu sei; devo fazê-lo serena e confiante, pois como você mesmo diz: "um dia tudo isso estará em paz". Mais uma vez, agradeço e conto com suas orações. Acho que você não imagina o quanto tem contribuído para o meu progresso espiritual. Quero-lhe um bem imenso por isso."

Esse comovente testemunho veio de uma senhora que já desesperava com os conflitos e desentendimentos entre pessoas de sua convivência. A desarmonia vinha de outras existências, como sempre ocorre, em tais casos. Ela própria fora o pivô de tragédias remotas. Por vezes, pensou seriamente em abandonar tudo, até mesmo pela morte, pois se considerava impotente para fazer algo. No seu grupo familial, contudo, era a única pessoa equilibrada e com algumas conquistas já consolidadas. Somente através dela o socorro poderia chegar até eles. A orientação espiritual foi a transfusão de energia de que ela necessitava e que, certamente, mereceu, pelo que já acumulara de bom em seu coração generoso. Não é que a situação tenha mudado, mas mudou, radicalmente, a posição dela perante a situação.

Se havia obsessões e pressões espirituais? A rigor, não, como foi esclarecido na orientação; é que espíritos desencarnados, também envolvidos no processo da desarmonia anterior, ou por desafeições outras, se não provocavam os conflitos, pelo menos a eles assistiam, como espectadores privilegiados. Não precisavam, sequer, interferir ou provocar os incidentes, porque os próprios protagonistas se incumbiam de fazê-lo. Como não eram essencialmente maldosos e brutos, não cuidavam de agravar a situação, nem melhorá-la, é claro...

Caso Nº 5

Um casal jovem, belo, sadio, dispondo de todos os ingredientes necessários à felicidade terrena, teve uma criança normal sob todos os aspectos, exceto quanto ao cérebro. Como houve uma complicação inesperada no parto, a criança ficou, por alguns minutos, sem o atendimento de emergência necessário a manter a irrigação normal do cérebro, pois não respirava. Ingressou na vida sem o controle do corpo físico e, principalmente, dos sentidos indispensáveis ao intercâmbio com a realidade material deste mundo. Ficou isolado no seu íntimo, sem os canais de comunicação com a vida exterior. Não vê, não ouve e, consequentemente, não deverá aprender a falar, a não ser por algum prodígio de tecnologia da engenharia médica do futuro.

A tomografia computadorizada do cérebro revela exígua quantidade de massa encefálica.

É uma situação realmente dolorosa. Pai e mãe, jovens e bonitos, fortes, se questionam: por quê? Os avós sofrem de invencíveis mágoas: por quê? Por que teria a 'fatalidade' ou o 'destino' decidido dessa maneira cruel aspectos tão importantes para cada uma das pessoas envolvidas? O avô, médico competente, do melhor gabarito profissional e humano, lamenta não ter podido interferir no dramático momento da crise. Teria talvez conseguido salvar o cérebro do neto. Isso o deixou literalmente arrasado.

A pedido de um dos familiares, consultamos nossos amigos espirituais:

"Esta entidade" – escreveu o espírito – "está em processo de ressarcimento de graves problemas cármicos, mas está bem e consciente de seus problemas e limitações. A lei divina é igual para todos; os que creem e os que não creem. Que os pais não se revoltem nem se sintam culpados. Cada espírito é herdeiro de si mesmo. É claro que familiares da entidade não estão sendo vítimas da fatalidade, que não existe, senão na palavra. Pais e familiares estão todos no mesmo processo. Recolhem, hoje, como filho, alguém que ontem levaram ao suicídio, causando as lesões perispirituais que agora se plasmaram no corpo físico. Não rejeitem a provação. Amem e ajudem a entidade quanto puderem. Conversem com ela. Falem-lhe, sempre, de quanto a amam. Ela ouve e compreenderá, embora tenha os canais de comunicação do corpo físico lesados. A entidade não quer se sentir como um entrave ou elemento de constrangimento para a família. Visitada por nós, fez um apelo: 'Peçam-lhes que me ajudem. Eu me sinto muito só'. Portanto, que todos tenham a alegria de submeter-se à vontade de Deus. Vários amigos espirituais, avalistas da atual encarnação da entidade, estão dando o necessário apoio. E os pais estão conscientes porque foram para isto consultados e aceitaram a tarefa.

"Agradeçamos todos à sabedoria e misericórdia divinas que mantêm sempre abertas as portas do recomeço e da reabilitação. Que a oportunidade seja utilizada pelos pais para que estudem, meditem e busquem um pouco além das limitações dos cânones religiosos. Cada espírito sabe onde está a verdade. Basta procurar, que a encontrará. O atual avô tudo fez, no passado, para tentar salvar a vida da entidade, sem o conseguir. Muito sofreu, porque muito a amava (foi seu único filho). Por isso carrega até hoje a frustração, sentindo-se culpado. A entidade e a que hoje lhe é avô foram muito ligados, no passado, pelos laços do amor."

Além dos aspectos conhecidos do doloroso drama, lê-se, mais nas entrelinhas, como se pode observar.

Realmente, é essa a situação. O avô, inconformado porque, sendo médico, não conseguiu (mais uma vez) salvar o antigo filho, que ora retorna, como neto. O pai, um pouco mais otimista e conformado, enfrenta com bravura a situação e oferece espontâneo carinho ao filho. A mãe sente-se duramente atingida, o que é compreensível, pois foi na intimidade de seu organismo que se formou, com todo o seu amor, o pequeno ente que nasce tão bloqueado. A tendência da família é a de atribuir o problema a um descuido imperdoável do médico que fez o parto, mas a visão que temos, através dos espíritos, sugere coisa diferente. Ainda que possível influência tenha acarretado a falta de atendimento imediato – a criança custou a ser reanimada –, a verdade é que o cérebro já foi gerado com gravíssimas deficiências morfológicas e a criança não teria condições de fazê-lo funcionar a contento, mesmo sem o lamentável acidente. Ao colher a orientação, por psicografia, o médium 'viu' a cena trágica: ele se suicidara, na existência anterior, despenhando-se de um rochedo elevado, ficando com a cabeça completamente esfacelada. O antigo pai e atual avô fez tudo o que estava ao seu alcance para salvá-lo, sem nenhum êxito. A causa do gesto fatal? O jovem suicida, muito belo, rico e simpático, fazia parte de um triângulo amoroso; num dos vértices estava ele, no outro, o pai atual, e no terceiro, a que ora o recebe como mãe. Apesar de já haver assumido o compromisso do noivado, ela voltou atrás, rejeitando-o e preferindo o outro.

Em todo o processo de reajuste, uma grande dificuldade a vencer: a da resistência, que diríamos ideológica. Alguns dos componentes do grupo familiar são refratários a conceitos básicos como sobrevivência, reencarnação, imortalidade, leis divinas em ação. Outros estão condicionados a matrizes dogmáticas de pensamento religioso: a vida é uma só; a morte, uma incógnita; Deus, às vezes, parece injusto; o inocente sofre sem razão, e coisas dessa ordem. Para aceitarem a situação tal como se apresenta, em toda a sua dolorosa dramaticidade, mas como recurso da lei para reajustar todos, precisariam de uma reforma radical nos seus conceitos pessoais de justiça divina. Como convencê-los de que há um envolvimento, senão culposo, pelo menos responsável, de todos, na tragédia que suscitou a dor atual? De que maneira assegurar-lhes de que essa dor é precisamente a correção necessária de rumos, para que o futuro seja de paz e harmonia? Como explicar que as lesões perispirituais se transferem para o corpo físico? Como pedir aceitação aos que não têm fé? Ou que a têm deformada por dogmas?

Aspecto importante, no caso, é ainda o de que, embora preso a um corpo físico através do qual dificilmente poderá manifestar-se, a criança está lúcida, como espírito, o que demonstra razoável grau de maturidade, a despeito do gesto fatal com o qual expulsou-se do corpo físico, na existência anterior. Aos espíritos amigos que o visitaram, revela uma dor imprevista – a da solidão, e, para minorá-la, pede uma quota dinâmica de amor e compreensão que talvez não lhe fosse comunicada verbalmente por julgarem-no incapaz de percebê-la. Não por desamor ou por avareza emocional e sentimental, mas porque não são muitos os que, ao contemplar um ser que parece apenas ter vida vegetativa, sabem que ali está um espírito vivo, uma criatura humana sofrida, aprisionada, limitada, mas um filho de Deus, como qualquer um de nós e que, um dia, terá direito à plenitude da vida e da felicidade. É nesse entendimento com os espíritos visitantes que também revela notável traço da sua personalidade: não deseja ser estorvo ou constrangimento à família. Quer ser tratado como uma pessoa igual a outras, apenas com algumas deficiências graves, mas que certamente entende necessárias e, mais do que isso, justas.

O episódio doloroso contém lições para todos os que se detiverem, por alguns momentos, a meditar, e não apenas para as pessoas da família nele envolvidas. A lei divina não é punitiva, mas corretiva e ajustadora, de uma sabedoria intemporal e compassiva, se a entendermos nas suas verdadeiras e profundas motivações. Neste caso, por exemplo, o que vemos senão uma oportunidade irrecusável de recomporem-se todos perante a lei? Sofre o reajuste de um cérebro lesado, o ser que outrora destruiu um cérebro perfeito, num gesto impensado e impulsivo. Não se pode deixar de admitir inequívoca revolta ante uma situação que poderia ter sido contornada, com a dose certa de fé, de conhecimento, de equilíbrio. No entanto, é um espírito com importantes conquistas, pois está sereno, consciente do que se passa com ele e das causas que o levaram a tais efeitos. Só precisa de um pouco de espaço na emoção e no carinho dos que o cercam para levar a bom termo a parte que lhe compete na tarefa de reconstrução íntima.

Quanto aos pais, causadores indiretos do suicídio, não nos cabe agravar-lhes as culpas com acusações indevidas. Contribuíram, sim, para a morte do jovem apaixonado. De certa forma, partilharam de suas responsabilidades e, por isso, voltam novamente como marido e mulher para receber, de volta, como filho, o ser que outrora contribuíram para expulsar da vida. Como convencê-los, agora, de que concordaram com o esquema e voluntariamente aceitaram esta situação tão dolorosa, porque desejam e precisam também ressarcir compromisso que pode (mas não deve) ser adiado indefinidamente? Como espíritos, sabem disso; mas não como seres encarnados, no estado de vigília. No fundo, podem perguntar-se: – Que mãe, ou pai, aceitaria receber, espontaneamente, um filho com deficiências tão graves? Está certa essa lei, se é que existe alguma nesse sentido. Realmente é difícil, mas, como costumo dizer, em tais situações, tanto faz, creiamos ou não, essa é a realidade. O melhor mesmo é aceitá-la, ainda que provisoriamente, com todas as ressalvas e reservas, mas como possibilidade. Um dia chega a desencarnação e todos irão conferir essa realidade inquestionável. É bom que cheguemos a esse dia com uma hipótese viável, já formulada, mas o melhor é começar logo, ainda aqui, a trabalhar e a pensar, como se ela fosse real. Ainda mais que ela é mesmo real...

Resta o avô, que ficou como ponta solta inexplicada, mas certamente explicável. Que dramas e compromissos anteriores existem, no passado ainda mais remoto, que, por duas vezes, em duas existências diferentes, ele não consegue salvar a vida de um ser ao qual tanto ama? Qual a razão do seu sentimento de culpa por não tê-lo conseguido, especialmente desta vez, como médico competente, embora a mãe de seu neto estivesse entregue a colegas de excelente nível profissional e da sua confiança pessoal?

Isto não ficamos sabendo, mesmo porque não nos compete, jamais, estar a especular os problemas, por mera curiosidade. Os espíritos revelam apenas os elementos necessários à elucidação das questões suscitadas e ao encaminhamento de algumas sugestões, que é o objetivo da orientação. Podemos, contudo, formular uma hipótese, perfeitamente viável, no contexto desse drama pungente. Esta: é provável que, em tempos mais remotos, o antigo pai e atual avô tenha, por imprudência sua ou algum impulso passional, por mais de uma vez, aliás, contribuído para que o neto atual haja perdido sua vida. Que tenha sido até possível salvá-la e não quisesse fazê-lo.

Hipóteses, meras hipóteses, mais compreensíveis dentro do que as leis costumam nos demonstrar repetidamente.

Isto, contudo, nos levaria para outro terreno especulativo mais amplo ainda. Por que a atual criança deficiente se colocaria como vítima sucessiva de tantos desacertos? É certo que também tem seus compromissos pessoais, pois não há sofrimento inútil e inocente. O remédio da lei só é dado ao que está doente da alma. E, se vem o remédio, é porque há doença que pode e deve ser curada.

Por isso tudo, é tão rico em lições vivas o trabalho mediúnico desempenhado com seriedade e devotamento. A vida é um movimento encadeado de episódios, na sequência inexorável de causa/efeito, novas causas/novos efeitos; ação e reação, dentro do ciclo erro/culpa/sofrimento, até que, errando menos, haja menos culpa e doses menores de dor. Um dia, sem erros, não haverá mais culpas a resgatar e, portanto, estarão extintas as dores. Para sempre. É por isso que vivo a repetir: não é inteligente errar. E é por isso que dizem os espíritos, repetidamente, que a inteligência deve desenvolver-se harmonicamente com a moral. Antes de ser vivida, a paz tem de ser pensada. Inteligentemente.

Assim é o trabalho de orientação. Raramente sabe o médium do que se trata, nos seus pormenores e nas suas consequências. Não que para ele aquilo tudo seja apenas um nome e um endereço – ali está uma pessoa humana, angustiada e sofrida, às vezes, desesperada mesmo. Eis aí o trabalho mediúnico na sua pureza total. O médium é apenas um canal de comunicação, através do qual um espírito, muitas vezes desconhecido, se dirige a um ser encarnado, igualmente desconhecido, usando expressões e veiculando informações de que o médium não tem a menor ideia do que realmente signifiquem para o destinatário. E, no entanto, verdadeiras transformações e retomadas são conseguidas, sempre que a pessoa se convença de que não há soluções mágicas. A conquista da paz se fará pelo trabalho pessoal, a vigilância, o comportamento adequado, perante as (desobedecidas, mas não iludidas) leis divinas. Tão simples de entender, e, ao mesmo tempo, tão difícil de praticar...

Por isso, lamentava a querida Yvonne o desinteresse de tantos médiuns pelo trabalho da orientação, para o qual bastam uma hora ou duas por semana.

Uma só dor que se consiga minorar, uma só lágrima que seja enxugada, um único sorriso que volte a iluminar um rosto sofrido seriam recompensa generosa para toda uma vida. Cada vez que se elimina uma dor, uma lágrima ou se acende um sorriso, o mundo fica um pouco melhor do que antes...

Uma informação antes de encerrar este capítulo.

Às vezes, espíritos desencarnados, ligados a esses casos de orientação, são levados ao grupo mediúnico para tratamento ou diálogo. Foi assim no caso do qual transcrevemos a carta, onde uma senhora agradecida tem uma comovida palavra de gratidão e afeto pelos que tiveram a alegria de socorrê-la. Não sabemos que critérios são adotados pelos espíritos para isso, e nunca os questionamos. Basta saber que, se o trabalho foi trazido, é porque precisa ser feito com o mesmo coração aberto de sempre.

De outras vezes, são levados espíritos que estão exercendo pressões dolorosas sobre pessoas que apenas solicitam fossem seus nomes incluídos no caderno de prece do grupo. Se podemos estender as mãos para ajudar alguém, para que perder tempo com perguntas ociosas e indiscretas? Não se trata de *gente* (encarnada ou desencarnada) que sofre? Pois é isso.

Capítulo XXI

Os carismas e a caridade

Entendeu Regina, desde que se aplicou ao exercício regular da mediunidade, que alguma atividade assistencial paralela era de vital importância para que a caridade espiritual, que estava procurando exercer, fosse complementada, balanceada e sustentada pela caridade material. Por isso, tão cedo passou a frequentar regularmente uma instituição espírita, apresentou-se como voluntária ao atendimento de necessitados, tarefa que considerava necessária à sua reeducação espiritual.

Certa vez, teve ela um dos seus desprendimentos, tipo sonho. Via-se numa casa simples, parecida com um pavilhão rústico, em meia-água. Era noite e caía uma chuva fina e fria. Estava em companhia de uma senhora (espírito) que parecia interessada em observar suas reações, ante situações que pretendia mostrar-lhe.

De repente, Regina começou a ouvir o choro de um recém-nascido. Era um choro sofrido, de abandono e dor, que a afligia. Procurou localizar de onde vinha. Pareceu-lhe provir do quintal, nos fundos da casa. Estava escuro, mas ela saiu, disposta a ver o que estava acontecendo com aquela criança. Deixou a casa e começou a caminhar, sob a chuva, patinhando na terra molhada e lamacenta. Sempre se orientando pelo choro da criança, seguiu por uma trilha, ao cabo da qual encontrou o bebê. Chorava sem parar, completamente despido, tiritando de frio sob a chuva, depositado no capim à beira da trilha.

Abaixou-se prontamente com o coração tocado por profunda compaixão, apanhou-o e apertou-o bem junto ao seu próprio corpo, tentando aquecê-lo, pois estava literalmente gelado. Assim que se sentiu aconchegado a ela, o menino parou de chorar e ela voltou com ele para dentro da casa. A senhora continuava lá, à sua espera. Regina comentou com ela: – Veja esse pobrezinho. Temos de aquecê-lo e vesti-lo. O coitadinho está gelado. Não pode ficar assim. A mulher olhou-a e fez um sorriso enigmático, típico nos espíritos, quando preferem não comentar.

Regina dirigiu-se a um dos cômodos, onde havia uma cama, apanhou uma pequena manta e cobriu a criança, pedindo à senhora que arranjasse uma bacia de água morna para aquecê-la melhor. Assim foi feito. Ela banhou o menino e enxugou o seu corpinho, enrolou-o cuidadosamente na manta e saiu com ele de volta à salinha. E agora? O que fazer com aquela criança? Não podia abandoná-la novamente, pois era óbvio que ela precisava de proteção e amparo.

Logo após, viu-se de volta ao corpo físico, já desperta, mas com viva impressão de tudo quanto sucedera naquele estranho episódio, ainda inexplicado. Só entendia que estava ali contido o 'aviso' de uma nova tarefa para ela, mas qual?

Durante algum tempo, ficou na expectativa de algum acontecimento que a explicitasse. Tinha uma espécie de certeza de que a criança era real e que iria encontrá-la em algum lugar, algum dia não muito distante. Quem sabe alguém abandonaria uma criança na vizinhança de sua casa ou em algum ponto onde ela passasse? A expectativa era tão aguda, nas noites chuvosas, que lhe tirava o sono. Em algum lugar, poderia estar um pobre bebê despido, tiritando de frio e de medo, abandonado no quintal. Regina voltava, então, a sentir a impressão do seu corpinho gelado de encontro ao seu.

Passou-se um ano e nada de aparecer a criança. Pedira até a amigos e conhecidos residentes em zonas suburbanas mais distantes que ficassem atentos. Talvez a 'sua' criança aparecesse por lá.

Sempre gostara de crianças, com elas trabalhara com amor e elas pareciam entendê-la bem. Que tal fazer enxovais de bebê para distribuir às mães necessitadas? Confiou seu projeto a uma amiga e convidou-a a participar dele, o que a outra aceitou logo. Por coincidência (ou não seria?), essa amiga estava à espera do seu primeiro filho e trabalhava no respectivo enxoval. Além do mais, durante toda aquela semana caiu uma chuva fina e fria, lá fora. Parece que esses eram os sinais físicos e aparentes da 'tradução' do simbolismo das imagens para a realidade da vida física.

Prontamente, deu-se início à atividade e, enquanto Regina costurava o primeiro casaquinho de flanela, relembrava as dramáticas cenas de um ano antes, durante o desprendimento. Então, era aquela a tarefa que lhe estava sendo preparada: não apenas de um recém-nascido especial, tinha de cuidar, mas de muitos. Cabia-lhe vesti-los, protegê-los e amparar-lhes, de certa forma, a família, nos primeiros passos que dariam neste mundo. Logo um amigo espiritual lhe confirmou a 'decifração' do que lhe parecera um sonho incongruente. Diz ela que, naquela noite de chuva, conseguiu dormir em paz, pois, agora sabia o que fazer. Era só atender ao apelo do Cristo em Mateus (25,36): "... estava nu, e me vestistes..."

Assim começou a tarefa. Nunca foi um trabalho preocupado com estatísticas e com qualidades. Imaginou-se para isso uma filosofia algo diferente. Em vez de dar o mínimo possível, mais para o lado da exiguidade do que para a necessidade, a ideia foi a de proporcionar o suficiente para um bebê de família pobre. Em lugar de três ou quatro fraldinhas, três camisinhas e umas poucas peças mais, os enxovais prepa-

DIVERSIDADE DOS CARISMAS

rados constam de mais de cinquenta peças, o mínimo considerado indispensável. As camisinhas são de diferentes tamanhos para acompanhar o crescimento da criança até os quatro ou cinco meses. O objetivo é proporcionar aos pais algum 'fôlego', até que possam comprar peças avulsas para renovar o enxovalzinho inicial. Ainda é pouco, mas não se poderia fazer muito diferente disso, não apenas por dificuldades materiais, mas, principalmente, por suas limitações de saúde.

Outra divergência está na qualidade do material. A maioria das pessoas acha que "sendo para pobre, qualquer coisa serve" e, por isso, elas compram material de qualidade inferior, o mais barato possível, que, às vezes, se desfaz às primeiras lavagens. As fraldas são de tecido grosso e áspero, ou feitas de retalhos de vários tipos de fazenda, muitas vezes impróprias: duras e quentes demais.

Regina coloca as coisas da seguinte maneira:

1. quanto mais pobre a mãe, melhor deve ser a qualidade do material distribuído. A mãe que disponha de recursos pode dar-se ao luxo de comprar sem preocupação de durabilidade, porque, estragando-se a peça, está em condições de substituí-la. A mãe necessitada, não. Ela só tem aquele. Vai usar e lavar inúmeras vezes; o tecido tem de ser de boa qualidade;

2. tanto a mãe milionária, como a remediada, a pobre ou a indigente, experimentam o mesmo tipo de emoção e carinho e desejam o que melhor possa ser conseguido para os filhos. Se pudessem as mais pobres, as roupinhas seriam bonitas e enfeitadas, bordadas, com rendas etc. A única diferença entre elas é que algumas *podem* realizar o sonho do conforto, outras muitas não o podem. Muitas vezes, a criança está para nascer dentro de alguns dias e a mãe não dispõe de uma só fralda ou peça de roupa. Nada. Não por desleixo ou imprudência, mas porque não têm mesmo condições de adquiri-las. Além disso, entende Regina, com justeza, que a pele de um bebê pobre é tão sensível e delicada quanto a de um rico. Por que não deve, pois, a sua roupinha ser a melhor possível?

Em suma: os enxovais são mesmo caprichados, como se fossem para seu próprio filho. O material comprado é de boa qualidade, as peças são costuradas com o mesmo amor e zelo de sempre, mantendo-se um alto padrão de qualidade. Cada criança que recebe um desses enxovais – e ao escrevermos isto já somam mais de uma centena – é um pouco de Regina e de sua amiga também. Há críticas, por certo, ante a impossibilidade de agradar a todo mundo. Houve quem sugerisse vender as peças com aquele fino acabamento às butiques e comprar, com o dinheiro obtido, material mais barato, em maior quantidade, mesmo em sacrifício da qualidade, a fim de atender a maior número de bebês, mesmo porque – o velho argumento de sempre – "gente pobre não repara; qualquer coisa serve". "Além do mais" – acrescentam – "Eles não sabem mesmo cuidar. Logo, logo, isso estará mal lavado, encardido, manchado, estragado".

Regina não se deixa convencer por esses 'argumentos'. Se as peças vão ser maltratadas, paciência. E os enxovais continuam a ser produzidos com capricho invariável. Caberá à mãe manipulá-lo como entender, mesmo porque não vamos dar um presente e ficar vigiando para ver como é que a pessoa vai cuidar dele...

A intenção pode ser boa, mas as pessoas que pensam dessa maneira estão aparentemente mais preocupadas com a estatística. Estão mais atentas à quantidade do que à qualidade. Doutrinariamente, uma curiosa maneira de raciocinar. Suponhamos que, amanhã, uma dessas pessoas vá renascer em família paupérrima e precise de um enxovalzinho feito e doado por mãos caridosas. Serve qualquer coisa, porque "pobre não repara?" Claro que serve; mesmo porque a pobreza é tão extrema, às vezes, que não dá sequer para recusar a mais mísera das oferendas. Mas é certo que um enxoval melhor costuma produzir curiosas situações, como veremos.

Regina obstinou-se na sua filosofia de trabalho. Preferia vestir *bem* dez crianças do que remediar ou mal vestir vinte. Quanto às outras dez, também há espaço para eles no seio imenso de Deus. Como dizem os chineses, é melhor acender uma vela do que ficar a maldizer a escuridão. O trabalho de Regina é a sua velinha acesa. Alguns acendem verdadeiros holofotes. Ótimo. Outros, nem riscam fósforo. Paciência. Cada um sabe de si e dá conta de seus atos à lei maior.

Além do mais, se, cada pessoa que pode, resolvesse adotar uma criança, não haveria necessitados sobre a Terra.

O leitor talvez fique curioso de saber como é que surgem os bebês. Estranho como possa parecer, Regina sempre é 'avisada', através de suas faculdades. A tarefa é conjugada com a do trabalho mediúnico, propriamente dito, ou seja, espíritos de que o grupo cuidou, em longos diálogos e apelos dramáticos, são encaminhados à reencarnação em situações difíceis e acabam atendidos pelos enxovais trabalhados pela própria médium que lhes serviu de veículo, quando estavam na condição de espíritos desencarnados.

Usualmente, Regina é levada em desdobramento a ver a criança a ser atendida e que está com o nascimento programado para daí a uma semana ou um mês. Quase sempre, ela sabe também se será uma menina ou um menino. Encontra-os em situação de penúria ou pobreza, sob as quais irão renascer. Toma-os nos braços, brinca com eles, lava-os e os veste. Só então volta ao corpo.

Dentro de uma semana, quinze dias ou, no máximo, um mês, recebe o pedido para um enxoval, vindo das mais inesperadas situações: encontros de rua, recomendação de uma pessoa que sabe do seu trabalho, pedido de um amigo ou amiga que sabe de um caso de mãe pobre.

Alguns desejam comprovar a necessidade e querem trazer as mães para as quais se destinam os enxovais, mas Regina prefere mandá-los. Ela acha que poderia ser um tanto constrangedor e humilhante para a mãe vir pessoalmente pedir um enxoval a uma pessoa totalmente estranha a ela.

Regina gosta, contudo, de receber-lhes a visita depois que a criança nasceu. Muitas têm insistido em conhecê-la pessoalmente e vão lá com a criança, felizes, mesmo na

Diversidade dos Carismas

dificuldade. Desejam que a "moça do enxoval" conheça-lhes o filho que, aliás, Regina já viu no plano espiritual. Como costuma acontecer, é comum ser reconhecida, identificada pelos bebês que, com facilidade surpreendente, passam para os seus braços e lhe sorriem sem o menor sinal de estranheza. Ela acha que eles 'sabem'. Quanto a mim tenho certeza, pois me ocorreu um fato desses, no qual o espírito de que eu ajudara a cuidar, enquanto desencarnado, reconheceu-me e sorriu, logo após reencarnado. Quase que eu virei desencarnado na hora, sufocado pela emoção...

Mas não são apenas as crianças que parecem reconhecer Regina, pois sempre que tem oportunidade de 'conferir', ela própria observa que o local exato que visitou, em desdobramento, quando o bebê se preparava para renascer, é o local onde vive a mãe. Certa vez, 'cuidou' de quatro bebês, numa só noite. Tinha exatamente quatro enxovais prontos; logo a seguir, quatro foram pedidos, e nenhuma solicitação a mais ocorreu durante o resto do mês. Curiosas essas 'coincidências', não é mesmo? Outra vez, nas proximidades do Natal, ela foi ver, em desdobramento, duas crianças. Na semana seguinte, chegou-lhe, 'por acaso', um pedido de um enxovalzinho. Foi atendido. Regina ficou à espera do outro. Dois dias depois, a mesma pessoa que havia levado o primeiro, telefonou para solicitar-lhe mais um. Eram gêmeos e meninos.

Temos algumas experiências comoventes nesse trabalho. Achei que o leitor gostaria de conhecer algumas de suas historinhas. Uma tia minha, muito dinâmica e educadora nata, não podia ver ninguém na ociosidade, mesmo crianças pequenas. Arranjava-lhes logo um serviço qualquer. E justificava, com sua inata sabedoria:

– Para gente pequeninha, tem serviço pequenininho.

O mesmo posso dizer das histórias, – gente miúda, historinhas miúdas..., onde a dramaticidade e a emoção também ficam concentradas. Se uma ou outra lágrima, por acaso, escorrer dos seus olhos, leitor, não se envergonhe, pois não estará sozinho...

Historinha I

Uma senhora pediu um enxoval para uma pessoa de seu conhecimento e que, tendo já oito filhos, encontrava-se em dificuldades, à espera do nono. O marido, desempregado há meses, acabara cedendo à pressão das dificuldades e da frustração de não ter como dar de comer aos filhos, começou a beber, com o escasso dinheiro que conseguia nos biscates. E porque bebia, passou a maltratar a mulher e as crianças. O nono filho era esperado para o fim daquele mês, que mal começava.

Assim que a mulher soube que o enxoval já estava com a sua conhecida, foi buscá-lo. Os problemas eram os mesmos de sempre, mas ela não fazia carga sobre o marido desorientado. Dizia que ele não era mau e que tomava aquelas atitudes violentas por causa da bebida e bebia pelo desespero de não encontrar emprego.

Ao abrir o pacote com o enxoval, foi de surpresa em surpresa, e não se conteve – começou a chorar, sem nada dizer. Ficou tão emocionada, que saiu sem agradecer, porta afora. Na semana seguinte, ela voltou para desculpar-se e agradecer. Não imaginara que aquilo tudo era para ela. Nunca sonhara ter um enxoval tão bonito para um filho seu. Estava realmente feliz. Quando o marido chegou, ela foi mostrar-lhe o régio presente, peça por peça. Ele estava perplexo e olhava-a com certa desconfiança. De quem é isso? – perguntou. Quando ela explicou que era deles mesmo, ou seja, para o filho, o comentário foi simples e eloquente: – Impossível! Onde teria ela conseguido aquilo? Presente? De quem? Para seu filho? E tudo isso? E dado por pessoa que nem se conhece? Quer dizer que a bondade existe *mesmo!*

Comovido, envergonhado mesmo, tomou, naquele momento, uma decisão inesperada: nunca mais iria beber! E cumpriu a palavra. Renascia nele também a esperança, quase certeza, de que agora iria conseguir um emprego, ainda que modesto.

Esse foi, portanto, o enxoval que reacendeu a chama da esperança e expulsou sombras que envolviam um lar pobre e desalentado.

HISTORINHA II

Esta começou a ser contada pela faxineira que trabalhava, uma vez por semana, em casa de Regina. Falou de uma vizinha, lá na favela, que estava grávida. E como se parecem os quadros da miséria! Não havia dinheiro nem roupa. Marido desempregado e doente, mal sobreviviam com o auxílio pago pela Previdência Social. Embora no oitavo mês de gravidez, ainda lavava roupa para fora, porque isso significava alguns cruzeiros a mais para minorar as privações, no exíguo barraco de um só cômodo. Nem luz podiam ter, porque ainda não haviam conseguido comprar alguns metros de fio, mesmo usado. Às vezes, deixava-se vencer pelas incertezas da vida e chorava, junto do tanque. Um filho já perdera, sem ter conseguido levar a termo a gestação. Rezava para que o segundo nascesse com vida e alguma saúde, pelo menos.

Regina ofereceu o enxoval e acrescentou, por sua conta, alguns caprichos adicionais; afinal, era o primeiro filho, desejado e esperado com amor. Na semana seguinte, estava tudo pronto e ela disse à faxineira que poderia levar o enxoval, mas esta informou que a própria mãe queria vir buscá-lo. Era simpática; bonita mesmo, embora triste e muito tensa. Regina mandou-a entrar e sentar-se, enquanto preparava o pacote. Quis, porém, dar-lhe a alegria de lhe mostrar tudo logo, antes de embrulhar, para ela ver como estava tudo bonito e caprichado. A surpresa começou com o tamanho do volume. Era *tudo* aquilo para o filho dela? Era.

Ela trouxera uma sacola de papel e, sem uma palavra, foi colocando as peças dentro. Não precisava embrulhar, não. Regina supõe até que ela teve algum receio de que, de repente, aquilo não fosse verdade e a doadora mudasse de ideia.

– Levantou-se – conta Regina – e, ainda sem dizer nada, pegou a sacola apressadamente. Eu toquei-a no ombro e desejei-lhe felicidade para o seu primeiro filho. Ela saiu porta afora, sem dizer um "ah". Havia perdido a fala.

Na semana seguinte, a faxineira trouxe o seu pedido de desculpas. Contou o seu drama: ficara tão nervosa, ante o impacto daquela incrível felicidade, que não conseguira dizer nem "muito obrigada".

– Imagine a senhora – contou a faxineira – que, quando chegou lá, no morro, ela parecia uma maluca. Fez uma trouxa das roupas, botou na cabeça e saiu, de porta em porta, mostrando o enxoval do filho dela.

Acabaram-se as lágrimas de tensão e incerteza. Cantava, agora. Estava lavando mais roupa ainda, porque agora tinha de fazer uma força maior para comprar os fios e botar luz no barraco, antes de o bebê nascer. Mudara o seu mundo; as pecinhas de roupa pareciam um talismã mágico que ela não se cansava de ver e acariciar, como se fossem coisas vivas.

Quando o garoto estava com cerca de dois meses, ela o levou para Regina ver. Era uma criança linda, forte e vestido a capricho.

Historinha III

Eram cerca de dez horas da noite, quando alguém telefonou a Regina para saber se ela tinha, à mão, algumas roupinhas de criança para dar a uma senhora muito necessitada. Ela já estava no centro que distribuía enxoaizinhos, mas a praxe ali era provar que tinha a criança, levando-se para alguém da administração 'conferir' a necessidade. Acontece que a criança não podia ir, precisamente porque não tinha uma peça para vestir. Quando conseguiu alguma roupinha emprestada para levar a criança, a pessoa incumbida da distribuição não estava e a pobre mãe não sabia o que fazer. Compadecido dela é que a pessoa ligara para Regina, na esperança de resolver a situação sem mandar a mulher de volta, pois ela ainda estava lá no centro com a criança.

Havia sempre alguns enxovais reservados para situações de emergência, como aquela. A mulher podia buscar um deles.

Cerca de dez e meia da noite, eles chegaram. Era uma mulher ainda jovem, magra, cansada, com a resignação escrita em seu rosto sofrido. Não parecia revoltada, nem magoada com a vida, mas conformada com a situação aflitiva. O bebê, no colo, estava enrolado numa fralda velha e encardida.

Regina recebeu-os e pediu que se sentassem, enquanto ela providenciava as coisas. A criança chorava sem cessar. Mais parecia uma reclamação, um desespero. A mãe disse que era fome, pois ela não tinha leite e o que o médico recomendara era muito caro. Por isso, duas mamadas já haviam sido suprimidas naquele dia.

Como, junto com a moça e a criança, vieram também o amigo que pedira as roupas e mais uma senhora que servia ao grupo espírita, Regina pediu a esta que preparasse uma mamadeira, com leite em pó, enquanto ela vestia a criança.

Em seguida, levou a criança para o seu quarto e depositou-a sobre a cama. Retirando a fralda, na qual ele estava enrolado (era um menino), viu que a sua roupinha era a de uma criança bem mais velha, de cerca de um ano. Fora o que a mãe conseguira por empréstimo para levá-lo ao grupo espírita.

O menino chorava sem parar, mas, enquanto o vestia, Regina foi conversando com ele. Que ficasse bem calminho, que 'titia' ia dar *mamá* para ele e que ele ia ficar todo bonito na roupa nova. Parece que a voz tranquila e pausada foi acalmando a criança, que acabou se calando. Depois de vesti-lo, Regina enrolou-o numa das mantas de flanela e perguntou, na direção da cozinha, se já estava pronto o leite. Pegou o menino e foi ver o que se passava. A operação, no momento, consistia em fazer um furo no bico da mamadeira, o que o amigo estava tentando. A criança percebeu o sentido daqueles preparativos (ou já estava 'informada' pela conversa de Regina) e começou a mamar desesperadamente, assim que teve a mamadeira ao alcance da boca faminta. De repente, ele parou de mamar e voltou ao berreiro de há pouco. O que teria acontecido? A investigação revelou que o furo, no bico, não era suficiente para deixar sair o leite. Afinal, o dono da 'refeição' estava morto de fome. Dessa vez, o furo ficou no ponto certo, ou melhor, no ponto exagerado, pois foi convertido num verdadeiro rombo, compatível, aliás, com a fome do bebê.

Regina levou-o à mãe, agora vestido e mamando, pedindo a ela que o fizesse do seu jeito. A paz voltou a reinar, o bebê mamou até fartar-se e dormiu, sem a menor cerimônia. Regina arrumou o restante do enxoval, a lata de leite já aberta e outra, ainda fechada. O bebê continuava dormindo pacificamente, satisfeito, afinal, e aquecido. Quando Regina aproximou-se dele, sem fazer ruído algum, o menino despertou, virou o rosto, olhou-a e sorriu um largo e agradecido sorriso. Ela acariciou-lhe a cabecinha e lhe disse, baixinho:

– Então, heim, matou a fome, não foi? Que bom!

Cumprida a sua tarefa de gratidão, ele voltou-se e adormeceu novamente.

Ao sair, adormecido no colo da mãe, repetiu a atitude de há pouco. Virou a cabecinha, sorriu, e voltou a dormir. Da primeira vez, poderia ter sido mera coincidência, mas agora, não. O bebê quis mesmo deixar claro que estava grato porque fora vestido e alimentado por Regina. Mas ainda não estava encerrado o ritual da gratidão. Como era tarde e o portão de entrada do prédio estava fechado a chave, Regina teve de descer com os visitantes. Na última despedida, junto ao portão, novamente o garoto repetiu o seu gesto e o seu sorriso, que Regina nunca mais esqueceu...

Se o leitor pensa que isto é exagero, deve ler o livro da dra. Wambach (*Vida antes da vida*, Livraria Freitas Bastos), que fala das emoções dos recém-nascidos quando, já adultos, são hipnotizados e regredidos. Ali está um ser vivo, inteligente, humano, que só não tem como articular palavras porque ainda não preparou o seu 'cassete'. Eu mesmo já tive mais de uma dessas experiências. Certa vez, visitei uma senhora que, com os filhos já adultos, resolveu tomar uma recém-nascida para criar. Esta criança vivera um desses dramas traumáticos de abandono e rejeição. Agora, estava num lar seguro, sem riquezas, mas farto, amoroso e tranquilo. Por alguns momentos que fiquei junto dela, falei-lhe baixinho que agora ela estava protegida, graças a Deus, que tudo acabara bem e que não se preocupasse mais, pois tudo iria dar certo.

Quase morri de susto. A criança me olhou profundamente e fez um esforço dramático para falar. 'Falava', contudo, com os olhinhos expressivos, as feições agitadas, a boquinha trêmula, com a qual não conseguiu expressar o que desejava. O

Diversidade dos Carismas

que mais me comoveu, no entanto, foram umas pequeninas lágrimas que eu vi nos olhinhos dela. Ou será que eram as minhas?

Historinha IV

Pelo telefone, uma pessoa amiga pedia a Regina algumas camisinhas de pagão para um caso aflitivo. O apelo viera de uma empregada da senhora que telefonava, que lhe pedira alguns lençóis velhos que pudessem ser recortados a aproveitados como fraldas, porque uma sobrinha, muito jovem, começara a passar mal e, levada para o hospital, verificou-se que estava já em trabalho de parto. Era uma moça pobre, muito jovem e que vivia em companhia do pai, já bem idoso e muito desgastado pelas lutas. A irmã casada não podia acolhê-la, porque morava em uma casinha de dois cômodos, com quatro filhos e o marido. A moça com a nova criança não teria onde ficar e nem recursos próprios para tentar a vida de outra maneira. Essa irmã é que telefonara para a tia, em pranto, dizendo que a mais nova teria logo alta e que o hospital pedira que levassem roupas para o recém-nascido e ela não sabia o que fazer. Além disso, havia outro problema. O velho pai – avô da criança – sentia-se decepcionado e envergonhado com a situação. Criado à maneira antiga, segundo as tradições de seu tempo, declarou que não receberia de volta a filha 'desonrada'. De maneira alguma concordaria. Ficava o problema com a irmã mais velha. Onde colocar a outra, com o filho, assim de repente?

Regina respondeu que não apenas as camisinhas, mas que tinha um enxoval completo, pois era esse mesmo o objetivo de seu trabalho. Combinou-se, então, que no mesmo dia, após o trabalho, a tia passaria em casa de Regina para pegar o enxoval, pois a moça sairia do hospital no dia seguinte.

Regina esclarece que alguns hospitais adotam a prática de entregar a criança apenas envolvida numa peça de gaze, caso a mãe não tenha providenciado roupa suficiente, e a tempo, o que deve acontecer com frequência. Num caso desses, a moça confessou a Regina que tivera de apanhar uns jornais para proteger melhor a criança, porque fazia frio.

À noitinha, a senhora apareceu para pegar a roupa. Estava ainda muito aflita pela situação da sobrinha, pois o pai mantinha-se irredutível e não a queria com o filho, em sua casa. Regina sugeriu que a tia insistisse com ele e lhe pedisse compreensão e caridade. Afinal de contas, estavam todos diante de um fato consumado; a criança estava ali e, mais do que nunca, a moça ia precisar do apoio do pai.

Dias depois, telefonou a amiga que pedira as roupinhas para dar notícias. A criança era uma menina. Regina perguntou-lhe se a tia havia conversado com o pai da moça, como lhe pedira.

– Nem foi preciso – foi a resposta. O enxoval que você deu fez o serviço sozinho!

– Como assim?

Simples. A surpresa do velho foi grande. A primeira reação era esperada. Não queria saber de nada; não queria ver nada; mas a tia da moça insistiu. Não custava olhar. Aliás, ela tinha mesmo de ver, porque precisava separar as peças necessárias para vestir a criança, no dia seguinte, quando fosse buscá-la no hospital.

Abriu o pacote, sob o olhar do velho e notou que, aos poucos, o semblante dele foi "se soltando". De repente, ele sentou-se na cama e chorou a quanto quis. Quando se acalmou, tinha uma decisão tomada:

– Já que Deus está ajudando tanto, eu não posso deixar minha filha na rua. Pode trazer ela e a criança para casa.

Há, aqui, uma historinha dentro da outra. Deixo ao leitor o privilégio de descobrir qual delas é mais tocante. Ao regressar à casa, com a filhinha nos braços, as esperanças renasceram, por certo, no coração da moça; mas lá havia tristezas sem solução. O pai da criança fora um rapaz de São Paulo. Pedira a ela que não contasse nada da gravidez à família, porque se casariam primeiro, para contar, em seguida. Dias depois dessa conversa, ele foi atropelado e morto na avenida Brasil. A moça tinha, com ela, um recorte de jornal com a notícia. Vivera todo aquele tempo na terrível tensão da incerteza e da agonia, quando o futuro imediato parece estar somente acumulando mais tempestades. Não tinha a quem recorrer, mesmo porque, conhecendo os princípios de seu pai, não podia esperar alguma compreensão dele. Resolvera enfrentar tudo sozinha, corajosamente, na esperança de que algum milagre aconteceria.

E, de fato, o milagre veio...

Assim foi que um enxovalzinho feito com amor ajudou a consertar uma porção de coisas: as aflições da moça, da irmã, da tia; convenceu o avô a fazer a sua parte, contribuindo com a compreensão, já que Deus fizera tanto. Com isso, restituiu à jovem mãe o teto que já estava perdido, vestiu a criança e deixou todos felizes. Será que um enxovalzinho, desses que "para-pobre-qualquer-coisa-serve", teria desencadeado todo esse processo de revisão? Tenho minhas dúvidas...

Além do mais, como deve ter ficado feliz aquele espírito, recém-trazido de volta à carne, e que nem podia ainda expressar a sua gratidão! Estou certo de que um dia vai fazê-lo...

Finalmente, há, na história, o espírito do jovem pai desencarnado, que deveria estar vivendo momentos de aflição, dado que gostava da moça e queria casar-se com ela.

Historinha V

Este é chamado por Regina de "o caso do bebê do galinheiro".

Uma amiga telefonara pedindo um enxoval. A filha da empregada fora visitar a avó num subúrbio pobre e distante. Estava lá, conversando, quando uma criança da vizinhança entrou correndo para anunciar que havia uma menina com um "nenem" no galinheiro. E convidava todos: – Venham ver! E tinha mesmo. A jovem mãe teria seus treze anos e segurava uma criança ao colo, enrolada em trapos, sem uma peça de roupa.

Segundo contou, ficara grávida no interior de Minas Gerais. Como costuma acontecer, o pai da criança fugira. O pai dela, indignado e intolerante, botara-a para fora de casa. Mal sabia como viera parar no Rio de Janeiro. Quando começou a passar mal, alguém chamou uma ambulância que a levou ao hospital mais próximo, senão iria ter a criança nalgum canto de calçada, pois era onde dormia, a perambular pelas ruas, sem rumo. Estava ali, no galinheiro, porque a dona da casa concordara que ela ficasse, embora não a quisesse na sua casa, talvez por receio de mais essa responsabilidade, pois era gente pobre também e já tomava conta de vários netos para que as filhas pudessem trabalhar fora. Não dava para ter mais uma criança em casa e, ainda por cima, com a mãe, outra criança. O arranjo combinado fora aquele: a menina ficava com a criança no galinheiro durante o dia e, à noite, dormia dentro de casa, nalgum recanto.

Assim, por linhas indiretas, Regina ficou sabendo do drama e providenciou logo um dos seus enxovais. Estávamos na quadra fria do ano e, às vezes, caía uma chuvinha fina e longa, dessas que duram dias inteiros. Além do mais, Regina sonhara, há poucos dias, com uma criança que correspondia àquela situação: tiritando de frio, nos fundos de um quintal, enrolada em trapos.

No dia seguinte, a empregada da sua amiga passou em sua casa para apanhar o enxoval para o bebê do galinheiro. E, mais uma vez, a roupinha produziu seus costumeiros milagres. A menina-mãe, ao ver o enxoval, desatou a chorar com a criança aconchegada ao seio. A dona da casa, comovida, ou porque a criança pelo menos tinha roupa suficiente, acolheu de uma vez a menina. Uma vizinha, que ouvira falar no incrível enxoval, ofereceu emprego à moça e a criança ficou com a primeira – que já cuidava mesmo de netos e não lhe faria muita diferença olhar a criança, enquanto a mãe trabalhava, ali mesmo, por perto. Com autorização da patroa, a menina ia, nas horas certas, dar de mamar à criança.

É assim a vida. Alguns retornam dentro de palácios; outros preferem um galinheiro. Sabem por quê? É que o bebê do galinheiro provavelmente já andou pelos palácios e não deu muito certo. Talvez tenha tropeçado nas riquezas. Voltando pelo galinheiro, vai recuperar sua identidade de ser humano, como os outros, e nunca mais irá tropeçar no ouro, porque vai preferir pular por cima dele.

Historinha VI

Este é o caso do bebê baiano.

Os pais de uma vizinha de Regina eram fazendeiros no interior da Bahia. A moça estava de viagem marcada para lá, em visita, quando recebeu da mãe a carta que trazia uma história. Descobrira lá uma pobre mulher, trabalhando de 'gari', grávida do décimo filho. E com as constantes de sempre: marido doente e sem emprego.

O dinheirinho escasso, mal dava para enganar a fome de todos. Como pensar em comprar roupa para o décimo filho? A saúde era precária, varizes pelas pernas, alimentação deficiente, o mesmo quadro penoso de milhões e milhões de pessoas marginalizadas pela miséria.

A vizinha de Regina disse-lhe que ia levar alguns metros de flanela para ajudar a pobre criatura.

– Por que não leva um enxoval? É para isso que os temos.

Assim foi feito. Semanas depois, quando retornou da Bahia, contou-lhe a história do enxoval. Logo que chegou à fazenda, foi com a mãe levá-lo à família necessitada. A mulher parecia nem estar entendendo direito. Enxoval? Para ela? De onde vinha? Quem mandava? Por quê? A moça abriu o pacote e começou a mostrar as diversas peças. A outra assistia, muda, em evidente agitação emocional. Em seguida, desatou a chorar e, sem controle das emoções, ria também, e, à medida que ia pegando as peças, suas mãos tremiam. O pai, cego, que morava com ela, desejou saber qual o motivo de toda aquela agitação e ela queria, por força, que ele *visse* a roupinha que o neto estava ganhando. Quando lembrou que ele não podia ver, ela passou-lhe as roupinhas para as mãos, para que ele pudesse *vê-las*, pelo tato.

Também esse enxoval produziu alguns milagres menores, além da enorme alegria a um coração que, talvez, nem mais soubesse o que era sorrir. O fazendeiro, pai da moça, deu emprego ao marido da mulher necessitada para que ele pudesse gozar logo dos benefícios do Funrural e, por isso, a mulher já teve condições de ter aquele filho num hospital razoável. Com o marido empregado, ela não precisou mais varrer ruas e passou a cuidar melhor das crianças. No hospital, uma freira pediu por ela ao médico, que não apenas a livrou das varizes, mas ligou-lhe as trompas para que não tivesse mais filhos, naquelas condições de penúria e de saúde. Recebido o auxílio-natalidade, voltou para casa com mais uma criança para retomar a vida, agora com um pouco mais de esperança.

Num incidente quase despercebido, esta mulher viveu, na realidade, o papel da viúva de que fala o Cristo. Pediu à moça, que insistira em levar-lhe alguns metros de flanela, que desse aquele pano a quem precisasse mais do que ela. Afinal de contas, ela acabara de ganhar um enxoval completo. Havia gente precisando mais do que ela.

Talvez nem saiba que viveu a parábola do óbulo da viúva. Na sua pobreza extrema dera o mais rico presente. Enquanto uns dão do que sobra, ela deu quase tudo o que tinha...

Historinha VII

Neste caso, interferiu, mais uma vez, aquela faxineira da outra história. Sua vizinha de barraco estava grávida. Tinha já uma criança de dois anos e meio e o marido a abandonara por outra moça. Na aflição do primeiro momento, foi para a casa da mãe, com uma criança pelo braço e a outra em gestação. A pobre senhora, contudo, não tinha como suportar aquela carga adicional, pois vivia de lavar roupa. E reclamava. A moça resolveu, então, dar a criança que estava para nascer a uma senhora de posses. A mulher lhe daria o enxoval, mas queria a criança antes mesmo de sair da maternidade. Iria buscá-la, no momento oportuno.

Regina pediu à moça que viesse à sua casa. Ela veio. Sentou-se, barriga enorme, já nos últimos dias, desalentada, sofrida, revoltada mesmo. Regina procurou acalmá-la, pedindo-lhe que tivesse fé em Deus, que a situação haveria de ter um jeito. Mas, o que fazer ante a realidade? O pai não iria ajudar e ela não podia trabalhar, porque ainda tinha o outro para cuidar.

– Mas, por que essa senhora não ajuda você, ao invés de pedir a criança para ela?

– Ela disse que não pode ter filhos. E como eu não tinha nem uma fralda para a criança, concordei. Como é que meu filho ia nascer assim?

Mas, agora, já tinha a roupa, ponderou Regina. Quem sabe se dava um jeito? O fato, porém, é que já havia prometido a criança à senhora rica.

Regina tentou outra fórmula, propondo à moça que, em vez de entregar a criança na maternidade, a levasse para casa, vestisse-a bem bonitinha e a entregasse à moça, lá no barraco. Ela concordou com a sugestão. Obviamente, não era uma mãe insensível. Estava apenas desesperada e, talvez, disposta à separação a fim de proporcionar futuro melhor para o seu filho.

Regina soube, depois, do ocorrido. Aconteceu o previsto. A senhora foi buscar a criança, mas a mãe recusou-se a entregá-la. Estava disposta a criar mais um, fosse qual fosse o sacrifício.

São muitas historinhas; cerca de uma centena delas. Os enxovais parecem ter uma carga mágica; e têm mesmo, porque foram feitos com amor, caprichosamente. Levam, consigo, a vibração pacificadora do amor. A mãe, quase sempre em desespero, que recebe o impacto de um enxoval 'assim', volta a acreditar na bondade, sente renascer a esperança, fica fortalecida para as lutas que continuam; parece considerar como mensageiros da paz crianças nem sempre desejadas, que se apresentavam apenas como "mais um" filho. Por isso há tanto choro e tanta emoção. São pessoas habituadas ao sofrimento e à humilhação; à penúria e à provação e, de repente, alguém lhes mostra que são gente também, e que não estão esquecidos de Deus.

Por isso tudo, os enxovais são também mensagens vindas de um mundo futuro, quando todas as mães terão enxovaizinhos e os espíritos que renascerem não precisarão mais passar pelos galinheiros ou pelos barracos sem luz e sem água, onde nem sempre há espaço para o amor, porque a dor incompreendida vira revolta.

Por tudo isso, a tarefa dos enxovais é mais do que um suporte ao exercício da mediunidade e muito mais do que um mero trabalho manual. Ela, é o capítulo 13 da Epístola de Paulo aos Coríntios. Na sua sabedoria luminosa, o caríssimo apóstolo colocou o apelo à caridade exatamente no meio de seu maravilhoso 'Livro dos Médiuns', entre o capítulo 12, que fala dos dons espirituais e o 14, que discorre sobre a hierarquia dos carismas.

Ficou clara a sua mensagem: mediunidade não se resume em receber espíritos, por incorporação ou na psicografia; é também *recebê-los nos braços*; dar-lhes roupa, afeto, encorajamento, esperança, para que tenham fé, enquanto não estiverem convencidos da realidade espiritual. Como dizia Paulo, a fé é a substância das realidades invisíveis. Uma vez chegados a essa realidade, em lugar da fé, a convicção assume, em nós, o seu posto. E aí, cremos porque sabemos.

– ... subsistem a fé, a esperança e a caridade, essas três – diz Paulo ao encerrar o capítulo 13. Mas a maior de todas elas é a caridade.

Por isso é que os gregos, que sabiam das coisas, criaram raízes semelhantes para *caridade* e para *carismas*. Queriam dizer, com isso, como o fez Paulo, que a caridade é também um dom mediúnico, como os demais; aliás, "o caminho mais excelente", no dizer do apóstolo.

E, se dermos mais um passo nesta meditação, descobriremos que o capítulo seguinte – o de número 15 – cuida da ressurreição, ou seja, da sobrevivência, a grande mensagem esquecida do cristianismo.

A tarefa dos enxovais foi posteriormente ampliada através de um pequeno centro espírita instalado numa das favelas cariocas, que proporcionou ao nosso grupo e a outras pessoas de boa vontade, condições de desenvolver trabalho paralelo com certa continuidade, visando a minorar necessidades mais prementes de alimentos básicos, agasalhos, roupa e calçado, bem como aulas de evangelização para crianças, de bordado para as mães e outras atividades assistenciais.

Como sempre acontece em situações assim, os recursos começaram a aparecer. São pessoas que trazem mantimentos, roupas, cobertores, donativos em dinheiro, bem como a doação valiosa de seu próprio tempo e trabalho.

Como do aprendizado inestimável de toda essa tarefa de tantos anos surgiram alguns livros como este, que vêm sendo acolhidos generosamente, entendemos de nosso dever retribuir as alegrias que nos foram proporcionadas. Concretizamos essa aspiração com a doação dos direitos autorais correspondentes, a instituições através das quais o trabalho mediúnico tenha seu desdobramento natural, no apoio material a gente como a gente que veio renascer em contexto social marcado pela carência. É bom lembrar que, ainda há pouco, a criança necessitada de hoje vivia, na condição de espírito desencarnado, suas dificuldades e esperanças. Muitos deles foram encaminhados à nossa mesa mediúnica, para que debatêssemos juntos os problemas que os afligiam e os encorajássemos a aceitarem, mais uma vez, as bênçãos da reencarnação, sabidamente difícil para tantos deles, mas com as características da porta estreita de que falou o Cristo, e que se abre para a libertação. Divaldo Pereira Franco tem experiências semelhantes no círculo mediúnico no qual atua. Suponho que outros grupos também as tenham.

Não importa, contudo, saber se estamos cuidando daqueles que compareceram ou não ao nosso trabalho mediúnico; o que importa é ajudar, com a materialização do amor fraterno, os que aceitaram mais uma vez o desafio e o privilégio de nova existência na carne.

Essa tarefa, surgida como que inesperadamente, proporcionou-nos a oportunidade de perceber insuspeitadas dimensões, profundidades e amplitudes numa simples e desambiciosa tarefa mediúnica e, consequentemente, as graves responsabilidades contidas no exercício da mediunidade.

Desejo, pois, encerrar este livro com um reiterado testemunho de gratidão a todos os companheiros, encarnados e desencarnados, com os quais tive a felicidade de aprender, em cerca de três décadas, algo sobre o intercâmbio com os habitantes da dimensão espiritual. A todos, indistintamente, devo aspectos importantes do aprendizado em que me empenhei. Ensinamentos valiosos colhidos com esses amigos acham-se incorporados ao texto desta e de outras obras. Estou certo de que servirão a outros trabalhadores da seara, como serviram a mim, no melhor entendimento das questões suscitadas. Pude sentir as dificuldades que cada um de nós teve de vencer, no esforço de dar o melhor de si. Alegramo-nos com pequenas conquistas e realizações, compartilhamos as alegrias do dever cumprido, sempre que o trabalho tenha sido feito a contento, dentro de nossas limitações, mas em toda extensão de nossas modestas possibilidades. Percebi que os médiuns foram, em repetidas oportunidades, os mais severos críticos de seu próprio trabalho, na busca obstinada da melhor maneira de realizá-lo.

Referências

AKSAKOF, ALEXANDRE. *Animismo e espiritismo*. Federação Espírita Brasileira, Rio de Janeiro, 1983.

ANDRADE, HERNANI G. *O poltergeist de Suzano*. IBPP, São Paulo, 1982.

ANDRADE, HERNANI G. *Morte, renascimento e evolução*. Pensamento, São Paulo, 1983.

ANDRADE, HERNANI G. *Espírito, perispírito e alma*. Pensamento, São Paulo, 1984.

ANDRADE, HERNANI G. *O poltergeist de Guarulhos*. IBPP, São Paulo, 1984.

BERGSON, HENRY. *Matière et memoire*. Felix Alcan, Paris, 1934.

Bíblia de Jerusalém. Edições Paulinas, São Paulo, 1985.

BODDINGTON, HARRY. *The university of spiritualism*. Spiritualist Press, London, 1948.

BODDINGTON, HARRY. *Secrets of mediumship*. Spiritualist Press, London, 1949.

BOZZANO, ERNESTO. *Light*, 1923, p. 214.

BOZZANO, ERNESTO. *Phenomènes de hantise*. Felix Alcan, Paris, 1920.

BOZZANO, ERNESTO. *Animismo ou espiritismo?* Federação Espírita Brasileira, Rio de Janeiro, 1987.

BOZZANO, ERNESTO. *Os enigmas da psicometria*. Federação Espírita Brasileira, Rio de Janeiro.

BROWN, HUGH JUNIOR, *Light,* Spiritualist Press, London, 1908, p. 117.

BUCHANAN, RHODES. *Manual of psichometry*. Boston, 1885.

CERMINARA, GINA. *Insights for the age of aquarius*. The Teosophical Publishing House, Wheaton, 1978.

CROUZET, J. P. L. .*Répertoire de spiritisme*. Federação Espírita Brasileira, Rio de Janeiro, 1976.

CUMMINGS, GERALDINE. *The road to immortality*. Aquarian Press, London, 1955.

CURRAN, PEARL/ WORTH, PATIENCE. *The sorry tale*. Henry Holt, New York, 1917.

DELANNE, GABRIEL. *Recherches sur la mediumnité*. Librairie des Sciences Psychiques, Paris, 1902.

DELANNE, GABRIEL. *Les aparitions materialisées des vivants et des morts*. Leymarie, Paris, 1909.

D'AUT–HOOPER, *Spirit Psychometry.*

DENTON, WILLIAM. *The Soul of things*. Denton Publisher, Boston, 1873.

DENTON, WILLIAM. *Nature secrets*. Denton Publisher, Boston, 1863.

DOOLEY, ANNA. *Guidance from Silver Birch*. Psychic Press, London, 1966.

DUNE, J. W. *An experiment with time*. London, 1927.

Encyclopaedia Britannica. Willian Benton Publischer, 1962.

ESPERANCE, Mme. D'. *No país das sombras*. Federação Espírita Brasileira, Rio de Janeiro, 1987.

FERREIRA, AURÉLIO BUARQUE DE HOLANDA. *Novo dicionário da língua portuguesa*. Nova Fronteira, Rio de Janeiro, 1965.

FLOURNOY, THÉODORE. *Des Indes à la planete Mars*. Felix Alcan, Paris, 1900.

FODOR, NANDOR. *An encyclopaedia of psychic science*. University Books, New York, 1969.

FRANCO, DIVALDO P./ MIRANDA, MANOEL PHILOMENO DE. *Grilhões Partidos*. Livraria Espírita Alvorada Editora, Salvador, 1981.

GATTAI, ZÉLIA. *Anarquistas, graças a Deus*. Record, Rio de Janeiro, 1984.

GRIS, HENRY ET DICK, WILLIAN. *The new soviet psychic discoveries*. Warner Books, New York, 1979.

GHISELIN, BREWSTER. *The creative process*. Mentor Books, 1955.

GULDENSTUBBÉ, baron de. *La realité des esprits et le phenomène merveilleux*. Librairie des Sciences Psychiques, Paris, 1889.

HARTMANN. *Die Philosophie des Unbewussten*. Berlim, 1869.

HAWKSWORTH, HENRY. *The five of me*. Pocket Books, 1978.

KARDEC, ALLAN. *O livro dos espíritos*. Federação Espírita Brasileira, Rio de Janeiro, 1981.

KARDEC, ALLAN. *O livro dos médiuns*. Federação Espírita Brasileira, Rio de Janeiro, 1975.

KARDEC, ALLAN. *O Evangelho segundo o espiritismo*. Federação Espírita Brasileira, Rio de Janeiro, 1983.

KARDEC, ALLAN. *A gênese*. Federação Espírita Brasileira, Rio de Janeiro, 1979.

KARDEC, ALLAN. *Obras póstumas*. Federação Espírita Brasileira, Rio de Janeiro, 1978.

KILNER, WALTER. *The human aura*. Citadel Press, Secaucus, New York, 1976.

LOBATO, JOSÉ BENTO MONTEIRO. *A reforma da natureza*. Editora Brasiliense, São Paulo.

BELLO, NINO LO . *The Vatican papers*. Nel Books, London, 1984.

LOEHR, FRANKLIN. *The power of prayer on plants*. Signet Books, New York, 1969.

MICHAUD. Biographie universelle.

MIRANDA, HERMÍNIO C. *O que é o fenômeno mediúnico*. Edições Correio Fraterno, 1990.

MIRANDA, HERMÍNIO C. *Diálogo com as sombras*. Federação Espírita Brasileira, Rio de Janeiro, 1987.

MIRANDA, HERMÍNIO C. *A memória e o tempo*. Edicel, São Paulo, 1984.

MIRANDA, HERMÍNIO C. *As marcas do Cristo*. Federação Espírita Brasileira, Rio de Janeiro, 1974.

MIRANDA, HERMÍNIO C. *Histórias que os espíritos contaram*. Livraria Espírita Alvorada Editora, Salvador, 1980.

MIRANDA, HERMÍNIO C. *As três faces de Eva*, *in*: Reformador. Federação Espírita Brasileira, Rio de Janeiro, dezembro, 1959.

MIRANDA, HERMÍNIO C. *Sybil – o drama da possessão*, *in*: Reformador. Federação Espírita Brasileira, Rio de Janeiro, março, 1974.

MIRANDA, HERMÍNIO C. *Condomínio espiritual.*, *in*: Jornal Espírita. São Paulo.

MIRANDA, HERMÍNIO C. *Lixo mental, in*: Presença Espírita. Livraria Espírita Alvorada Editora, Salvador, maio/junho, 1984a.

MONROE, ROBERT. *Journeys out of the body*. Anchor Press, New York, 1977.

MOSES, STAINTON. *Ensinos espiritualistas*. Federação Espírita Brasileira, Rio de Janeiro, 1981.

MYERS, FREDERICK W. M. *Human personality and its survival after bodily death*. Longmans, London, 1920.

PEREIRA, YVONNE DO A. *Devassando o invisível*. Federação Espírita Brasileira, Rio de Janeiro, 1978a.

PEREIRA, YVONNE DO A. *Recordações da mediunidade*. Federação Espírita Brasileira, Rio de Janeiro, 1978.

PLAYFAIR. *The indefinite boundaries*. Souvenir Press, London, 1977.

POLLACK, JACK H. *Croiset, the clairvoyant*. Doubleday/ Bantam, New York, 1965.

RHINE, LOUISE. *Canais ocultos da mente*. Bestseller, São Paulo, 1966.

SARAIVA, SANTOS. *Novíssimo dicionário latino-português*. Garnier, Rio/Paris, 8ºedição.

SPENCE, LEWIS. *An encyclopaedia of occultism*. University Bokks. New Hyde Park, New York, 1960.

STEVENSON, IAN. *Twenty cases suggestive of reincarnation*. SPR, 1966.

WAMBACH, HELEN. *Life before life*. Bantan Books, New York, 1979.

WEBSTER. *New collegiate dictionary*. G/C Merrian Co. Publisher Springfild. Massachussets, 1945.

WICKLAND, CARL. *Thirty years among the dead*. Spiritualist Press, London.

WILSON, COLIN. *Mysteries*. Granada Publishing, London, 1979.

WILSON, COLIN. *The psychic detectives*. Pan Books, London, 1984.

WILSON, THOMAS JAV. *The law of psychic phenomena*. Putnam, London, 1902.

XAVIER, FRANCISCO CÂNDIDO & VIEIRA, WALDO/ ANDRÉ LUIZ. *Evolução em dois mundos*. Federação Espírita Brasileira, Rio de Janeiro, 1973.

XAVIER, FRANCISCO CÂNDIDO/ANDRÉ LUIZ. *Mecanismos da mediunidade*. Federação Espírita Brasileira, Rio de Janeiro, 1986.

XAVIER, FRANCISCO CÂNDIDO/ANDRÉ LUIZ. *Nos domínios da mediunidade*. Federação Espírita Brasileira, Rio de Janeiro, 1973a.

XAVIER, FRANCISCO CÂNDIDO/ANDRÉ LUIZ. *Nosso lar*. Federação Espírita Brasileira, Rio de Janeiro, 1985.

XAVIER, FRANCISCO CÂNDIDO/ANDRÉ LUIZ. *Libertação*. Federação Espírita Brasileira, Rio de Janeiro, 1974.

XAVIER, FRANCISCO CÂNDIDO/EMMANUEL. *Há dois mil anos*. Federação Espírita Brasileira, Rio de Janeiro, 1989.

XAVIER, FRANCISCO CÂNDIDO/EMMANUEL. *Paulo e Estevão*. Federação Espírita Brasileira, Rio de Janeiro, 1982.

Esta edição foi impressa pela Assahi Gráfica e Editora Ltda., Itu, SP, em agosto de 2024, sendo tiradas duas mil cópias, todas em formato fechado de 160x230 mm e com mancha de 132x190 mm. Os papéis utilizados foram o Off-set 63 g/m² para o miolo e o Cartão Supremo 300 g/m² para a capa. O texto principal foi composto em Adobe Garamond Pro 11,5/13,0, as citações em 9,5/131 e os títulos em 30/36 e 20/24. A programação visual de capa foi elaborada por Andrei Polessi.